SC-164
(VA)
(VC)

Waldemar Hopfenbeck/Peter Zimmer

Umweltorientiertes Tourismusmanagement

Waldemar Hopfenbeck/Peter Zimmer

Umweltorientiertes Tourismusmanagement

Strategien, Checklisten, Fallstudien

Dieses Werk wurde auf chlor- und säurefreiem, alterungsbeständigem Papier gedruckt.

Die Deutsche Bibliothek – CIP-Einheitsaufnahme

Hopfenbeck, Waldemar:
Umweltorientiertes Tourismusmanagement : Strategien, Checklisten, Fallstudien / Waldemar Hopfenbeck ; Peter Zimmer. – Landsberg/Lech : Verl. Moderne Industrie, 1993
  ISBN 3–478–34400–X
NE: Zimmer, Peter:

© 1993 verlag moderne industrie, 86899 Landsberg/Lech
Alle Rechte, insbesondere der Vervielfältigung und Verbreitung sowie der Übersetzung, vorbehalten. Kein Teil des Werkes darf in irgendeiner Form (durch Fotokopie, Mikrofilm oder ein anderes Verfahren) ohne schriftliche Genehmigung des Verlages reproduziert oder unter Verwendung elektronischer Systeme gespeichert, verarbeitet, vervielfältigt oder verbreitet werden.
Umschlaggestaltung: Hubert Patscheider, 86150 Augsburg
Satz: ad hoc! Typographie, 73760 Ostfildern
Druck und Bindearbeiten: S.GB, 77963 Schwanau
Printed in Germany 340 400/0693201
ISBN 3–478–34400–X

Inhaltsverzeichnis

Vorwort 11

Teil 1
Die Notwendigkeit einer umweltorientierten Unternehmensführung im Tourismus

Dauerbrenner Ökologie 16

Die aktuelle Umweltsituation – eine frustrierende Bestandsaufnahme .. 18

Deutliche Streßsymptome als Warnsignale im Tourismus 20
Die Umweltschäden treten ins Bewußtsein 21
Der Aufstand der Bereisten 25

Der Bewußtseinswandel beim Touristen 27
Zeichen des Umdenkens im Tourismus 28

Teil 2
Die Wirkungen des Tourismus

Die Entwicklung des Tourismus 34

Tourismus: weltweit größter Wirtschaftszweig des 21. Jahrhunderts ... 35

Vorteile/Nutzen des Tourismus 38

Nachteile/Kosten des Tourismus 43
Das Problem der großen Zahl 51
Der Druck auf unberührte Gebiete 54

Teil 3
Leitmotive touristischer Handlungen

Die Prinzipien des Verminderns von Umweltbelastungen 60

Leitmotiv vernetztes Denken und Handeln 61

**Die Bedrohung der natürlichen Ökosysteme
(oder: Der unausweichliche Konflikt zwischen
Ökonomie (Tourismus) und Ökologie)** 72

Die Umwelt als Produktionsfaktor 75

Teil 4
Die Forderung nach einem offensiven Umweltmanagement in der Tourismusindustrie

Die strategische Neuorientierung im Tourismus 80

Die Idee des sanften Tourismus als Vorläufer 83

Marktsegment: Umweltverträglicher Tourismus 86

Umweltorientierung als Qualitäts-Marketingstrategie
der Gesamtbranche 91

Einflußfaktoren auf die Nachfrage nach
umweltverträglicheren Reiseformen 95

Teil 5
Die Notwendigkeit wissenschaftlicher Betriebsführung

Gestaltungsprinzipien eines professionellen Tourismusmanagements . . . 98
Wer gibt den Anstoß zum Wandel? 102

**Dimensionen einer umweltorientierten Unternehmenspolitik
im Tourismus** 103

Situationsanalyse 112
Unternehmensanalyse (Stärken/Schwächen) 113
Umweltanalyse (Chancen/Risiken) 115

Einflüsse im normativen Bereich 117
Unternehmenskultur 117
Unternehmensphilosophie/-grundsätze/-leitlinie 119
Verhaltenskodizes 123

Einflüsse im strategischen Bereich 126
Veränderungen im Zielsystem 126
Formulierung von Ökostrategien 133

Teil 6
Allgemeingültige Techniken eines touristischen Umweltmanagements

Aufbau eines umweltorientierten Informationswesens 141
Inanspruchnahme von Datenbanken 142

Betriebliche Umweltberatung 144
Private Berater 144

Hochschulen/private Organisationen ... 151
Zusammenarbeit und Kooperation mit verschiedenen Institutionen ... 153

Grünes Tourismusmarketing – Strategie und nicht nur Etikett ... 155
Preispolitik ... 159
Kommunikationspolitik ... 160
Werbung ... 161
Umweltgütezeichen ... 162
Preise/Ausschreibungen/Wettbewerbe ... 175
Öffentlichkeitsarbeit/PR ... 177
Sponsoring ... 179

Organisation ... 183

Personalpolitische Maßnahmen ... 187

Finanzierung ... 190

Ansätze einer tourismusspezifischen Abfallwirtschaft ... 194
Optimierungslösungen im Abfall- und Entsorgungsbereich ... 194
Reduzierung des tourismusinduzierten Müllaufkommens ... 195
Aufbau eines betrieblichen Abfallwirtschaftsmanagements im Tourismus . 198
Die Prioritäten eines abfallwirtschaflichen Konzepts ... 203

Erste Ansätze eines Umweltcontrolling im Tourismus ... 211
Aufgabe eines Umwelt-Controlling-Systems ... 211
Instrumente auf betrieblicher Ebene ... 215
Umweltberichte ... 216
Aufbau eines Öko-Kennzahlensystems ... 219
Umweltverträglichkeitsprüfung ... 226
Audits ... 231
Ansatzpunkte einer Ökobilanz ... 238
Der deutsche Ansatz ... 239
Der schweizerische Ansatz ... 251

Teil 7
Neue Formen des Leistungsmanagements

Schritte zu einer Ausgewogenheit von Tourismusentwicklung und Umweltschutz ... 254
Die „Prinzipien eines nachhaltigen Tourismus" als Leitmotiv eines umweltorientierten Managements ... 255
Das „Prinzip der gemeinsamen Verantwortung" aller Beteiligten ... 265

Besuchermanagement („Visitor Management") und sein Instrumentarium ... 266

Bestimmung von Belastungsgrenzen („Carrying Capacity") 268
Zugangsmanagement („One at a time, please") 277
Begrenzungsstrategien 282
Verkehrsmanagement 284
Einbezug der Betroffenen 287
Veränderung der Arbeitszeitordnung 288
Flexibilisierung der Reisezeiten 288
Notwendigkeit einer Freizeitpolitik 288

Teil 8
Umweltorientiertes Hotel- und Gaststättenmanagement

Bestandteile eines umweltorientierten Unternehmenskonzeptes 292

Standort und Baubiologie 295

Betriebliche Umweltschutzmaßnahmen 301

Schlüsselfunktion Einkauf 307

Abfallmanagement 309

Die Pioniere 322

Umweltorientierte Unternehmensführung in der Gastronomie 336

Teil 9
Die Verantwortung von Reisevermittlern und Reiseveranstaltern

Reiseveranstalter 340
Was tun die Großen? 352

Reisevermittler 363

Die Verbandsarbeit 368

Teil 10
„Sustainable Mobility" und die Rolle der Verkehrsträger

Tourismus und Verkehr 372

Die Wahl des Verkehrsmittels 375
Flug: Ökologie zwischen Himmel und Erde 377
Bahn: Der Umwelt zuliebe 384
Bus: Umweltfreundliche Reise mit Chauffeur 392
Auto: Umweltfeind Nummer 1 393

Teil 11
Handlungsfeld Fremdenverkehrsorte

Neue Standortbestimmung unter Einbezug der Einheimischen 400

Das Instrumentarium der Verkehrsberuhigung/Autofreiheit 409

Gesundheitstourismus als Strategie 419

Teil 12
Die Rolle der Fremdenverkehrsverbände

Fremdenverkehrsverbände in neuer Funktion 422

Beispielhafte Konzepte 424

Teil 13
Das „Honey-Pot-Konzept"

Freizeitparks als Lösung? 440

Oder doch lieber Natur im Park? 447

Teil 14
Sport und Umwelt-/Naturschutz

Sport heute: High-Tech und Kommerz 456

Umweltbelastungen 458

Gesamtkonzeptionelle Lösungsansätze 459

Teil 15
Wie bringen wir den Menschen zu einem umweltbewußten Freizeit- und Reiseverhalten?

Umwelt – Mitwelt (Wider die anthropozentrische Sicht) 464

Ein Handlungskonzept zwischen Anreizen und Verboten 467
Restriktionen durch die staatliche Umweltschutzpolitik 467
Die Frage des richtigen Mix 472

Umwelt und Tourismus in der Europäischen Gemeinschaft 474

Ist der Tourist lernfähig? 475
Erziehung/praktisches Handeln 476
Tourismus als Thema in der Schule 480
Information/Aufklärung 482
Schulung der Beschäftigten in der Tourismusbranche 485

Teil 16

Tourismus und Ethik

Moral – Verantwortung – Ethik 488

Wie geht's weiter
(Verzicht oder „To go or not to go?") 492

Anhang

Abkürzungsverzeichnis 496

Literaturverzeichnis 499

Praxisbeispiele – Firmenverzeichnis 516

Wichtige Adressen 521

Stichwortverzeichnis 427

Vorwort

Mit einer zeitlichen Verzögerung von etwa fünf Jahren zu bestimmten Industriebranchen (Chemie, Auto etc.) und dem Handel als Vorreiter ist in jüngster Zeit nun auch eine „Ökowelle" über den Tourismus hereingebrochen. Als typische Dienstleistungsbranche, als „weiße" Industrie mit der Assoziation von Urlaub und unberührter Natur schienen touristische Betriebe von der „ökologischen Herausforderung" bisher weitgehend verschont.

Wenn man in der Flut von Veröffentlichungen zum Umweltschutz den Bedarf für ein neues Buch festzustellen glaubt, gilt es dies zu begründen. Unseres Erachtens besteht eine große Lücke darin, daß das heute bereits von Teilen der Tourismusbranche erfolgreich praktizierte Umweltmanagement breiten Kreisen noch viel zu wenig bekannt ist. Den „State of the Art" in ökologieorientierter Unternehmensführung anhand zahlreicher Fallbeispiele darzustellen ist Anliegen dieses Buches. Führungskräften aller Ebenen sollen Möglichkeiten gezeigt werden, der ökologischen Herausforderung erfolgreich zu begegnen.

Manager sind in der Umweltdiskussion zumeist in der Defensive. Eine außergewöhnlich polarisierte Meinungssituation kennzeichnet die Situation zwischen denjenigen, die wirtschaftlichen Interessen (Gewinnerzielung, Arbeitsplatzsicherung etc.) nachgehen und denjenigen, die als „Anwälte" der Umwelt auftreten. Verzögerungs- und Verschleierungstaktiken, Informationszurückhaltung und Verharmlosung – Vorwürfe dieser Art bestimmen das Klima.

Der Konflikt zwischen Ökonomie (und damit auch dem Tourismus) und der Ökologie wurde rein rational „gemanagt", man bezog sich auf Fakten und Zahlen, vernachlässigte emotionale Aspekte und rückte die Ängste und Initiativen der Bevölkerung jenseits von wirtschaftlichen Rahmenbedingungen oder bezeichnete sie als „Ökotrip". Es wird dabei übersehen, daß man auf Dauer eine verunsicherte Bevölkerung nicht mit Passivität, PR-Aktionen oder freiwilligen Absichtserklärungen beruhigen kann. Das Wirtschaften braucht aber einen gesellschaftlichen Konsens. Für den Manager darf es auch keine Entfremdung zwischen seinem Tun im Beruf und seinen persönlichen Interessen geben. Die jüngere Generation an Führungskräften muß ihr kritischeres Bewußtsein auch umsetzen. Wirtschafts(Tourismus-)ethik heißt i.d.S. auch Einheit zwischen Arbeits- und Lebenswelt.

Ein Wandel auch im Tourismus ist unverkennbar. Mag die Zahl der Unternehmen, Fremdenverkehrsorte oder Verkehrsträger, die eine ganzheitliche, umweltorientierte Unternehmenspolitik betreiben, noch sehr klein sein, ihre Zahl wächst beständig. Vielen geht die Entwicklung sicherlich zu langsam, anderen ist die Notwendigkeit einer ökologischen Umorientierung der Tourismusbranche jedoch immer noch nicht bewußt. Die Recherchen zu diesem Buch zeigten immer wieder, daß von einem umfassenden Bewußtseinswandel noch gar keine Rede sein kann. Ein neues Bewußtsein sowohl beim Reisenden als auch bei den Leistungsanbietern ist aber die Voraussetzung für eine echte Veränderung in Richtung innovativer Lösungen unserer Umweltkrise. Immer noch wird eine umweltorientierte Unternehmensführung durch ideologische Brillen gesehen, erschweren Vorurteile auf beiden Seiten einen fruchtbaren Dialog.

Dieses Buch will nicht nur helfen, bei verantwortlichen Führungskräften ihre „Sensibilität" gegenüber der ökologischen Herausforderung zu erhöhen, sondern ihnen

- zum einen ein theoretisch fundiertes, aktuelles Managementwissen für ihre Funktionserfüllung zu geben,
- zum anderen mit Praxisbeispielen zeigen, wie selbst für einen ausschließlich wirtschaftlich denkenden Manager im Tourismus eine umweltbewußte Unternehmensführung eine Chance darstellt, die sich in vielen Fällen auch „rechnet".

Zudem gibt es unter strategischen Gesichtspunkten – mit dem Ziel der Sicherung der Überlebensfähigkeit einer Unternehmung – keine Alternative: Wer nicht rechtzeitig ökologisch fundierte Erfolgspotentiale geschaffen hat, wird eines Tages als Unternehmer verschwunden sein. Da die natürliche Umwelt für den Tourismus wie für keine andere Branche die „Lebensgrundlage" bedeutet, würde außerdem ein Zerstören dieser Grundlage zwangsläufig auch das Ende der „ökonomischen" Tätigkeit nach sich ziehen.

Die Notwendigkeit einer umweltorientierten Umstrukturierung der Wirtschaft ist im Grunde unbestritten, auch wenn der Betroffenheitsgrad der Branchen unterschiedlich einzustufen ist. Bisher war die unternehmerische Antwort auf diese Herausforderung primär eine passive Anpassung an ordnungspolitisch gesetzte bzw. veränderte Rahmenbedingungen. Die in unseren Augen bessere Alternative ist eine aktive Antwort, die den Gedanken einer Umweltschonung als Chance zur Sicherung der unternehmerischen Zukunft begreift, Aktion statt Reaktion. Die Umweltaufgabe ist für zukünftige Generationen und für die Natur selbst (über-)lebensnotwendig – wir müssen deshalb zu deren Lösung „heute" Antworten finden. Vorausschauendes Umweltmanagement gehört zu den wichtigsten Aufgaben. Und: Wenn wir nicht heute handeln, wird es morgen noch viel teurer werden.

Dieses Handeln darf jedoch nicht den Anschein der Alibifunktion erwecken, PR-Aktionen mit Hochglanzbroschüren allein schaffen nicht die unbedingt notwendige Glaubwürdigkeit.

Wir müssen Tourismus und Umweltbelastung als zwei Seiten der gleichen Medaille begreifen – eine Minimierung der mit jeder touristischen Tätigkeit verbundenen Umweltbelastung (Rohstoffverbrauch, Erosionsschäden, Lärm, Bodenokkupation, Emission, Abfall etc.) muß unser Ziel sein.

Umwelt- und Naturschutz ist längst kein Modethema mehr. Umweltbewußtsein steuert zunehmend das Verhalten der Verbraucher und auch der Touristen, und damit wird das entsprechende Engagement der Unternehmen unausweichlich. Die unternehmerischen Aktionen müssen aber mehr sein als reine Marketingstrategien für ein „grünes" Zielgruppensegment – gefordert ist eine ganzheitliche Denkweise, die alle touristischen Bereiche durchdringt. Die extreme Heterogenität der verschiedenen Anbieter und Träger im Tourismus erschwert die Lösung sehr und zwingt zu neuartigen kooperativen Ansätzen.

Einige erfolgreiche Pioniere wollen wir vorstellen. Die Beispiele sollen zeigen, wie viele touristische Betriebe sich bereits wirkungsvoll den Erfordernissen auf operativer, strategischer und normativer Führungsebene angepaßt haben. Wir versuchen zu zeigen, wie ein umweltbewußtes Denken in allen Funktionsbereichen einer Unternehmung implementiert werden kann. Die vorherrschende, meist passive Umweltschutzpolitik ist sicherlich eine der Ursachen dafür, daß im gegenwärtigen Status quo der Tourist die steigende Umweltproblematik durch die Dienstleistung/das Produkt „Reise" selbst vernachlässigt und den Verursacher der Umweltschäden weniger bei sich selbst als bei anderen sieht. Es wird deshalb auch zu zeigen sein, daß die Bedrohung nicht nur von spektakulären Katastrophen oder etwa vom Massentourismus allein ausgeht, sondern entscheidend durch jeden einzelnen „Otto Normaltourist" als Folge seines gewöhnlichen Alltags-, Konsum- und Reiseverhaltens bewirkt wird.

Zur Sicherung der geschäftlichen Basis und zum Schutz einer lebenswerten Umwelt hilft nur ein Umdenken aller Beteiligten und Betroffenen im Tourismus hin zu einer umweltorientierten Unternehmensführung. Strategien, Instrumente, Checklisten und Praxisbeispiele für eine solche Unternehmenspolitik sollen hier aufgezeigt werden.

München, im Juni 1993   Waldemar Hopfenbeck und Peter Zimmer

Teil 1
Die Notwendigkeit einer umweltorientierten Unternehmensführung im Tourismus

Dauerbrenner Ökologie

Die aktuelle Umweltsituation – eine frustrierende Bestandsaufnahme

Deutliche Streßsymptome als Warnsignale im Tourismus
Die Umweltschäden treten ins Bewußtsein
Der Aufstand der Bereisten

Der Bewußtseinswandel beim Touristen
Zeichen des Umdenkens im Tourismus

„Like so many serpents in Eden, tour operators, travel agents, airlines, hoteliers and timeshare agents promise us that we will be happier, wiser and wealthier if only we would bite into their apple. But, like it or not, each time we succumb to temptation and book a holiday in a particular resort, area or country, we are effectively voting for further tourism-related development there.

We can't wriggle off the hook by switching our holidays from the busiest areas to less-known ones. All we are doing is shifting the problem from today's pressure points to tomorrow's. But what we can do is keep the tourism business under constant vigilance and pressure and learn how we can put together a low-impact holiday.

From the planet's point of view, the impact meter is running from the moment we decide to travel. It clocks up our environmental bill just like an electrical meter, registering the implications of our choices on:

- *how far we travel – and how we get there*
- *the type of accomodation we choose*
- *where and what we eat and drink*
- *the activities we pursue while on holiday*
- *what we buy and where we buy it*
- *how we behave."*

(Quelle: Elkington/Hailes, 1992, S. 34)

Dauerbrenner Ökologie

> „Klar wird, daß wir uns als unwürdige Gäste auf der Erde aufführen. Mit unseren Aktivitäten, die Gewinn bringen, erleiden wir aber auch täglich Verluste, auch wenn sie nicht sofort sichtbar werden. Die Gewinne benutzen wir für uns selber, die Verluste geben wir leichtsinnig an die Generation nach uns weiter."

Diese von Königin Beatrix in ihrer Weihnachtsbotschaft 1988 in eindringlicher, mahnender Weise an ihre Landsleute gerichteten Worte umreißen ein Zeitproblem, das wie kein zweites eine Herausforderung für Politiker, Manager, ja, für jeden einzelnen geworden ist.

Kaum ein Thema fand in den letzten Jahren ähnliche „Medienaufmerksamkeit" wie die Umweltfrage. Überdrüssig der ständigen Umweltskandale scheint die öffentliche Mediendiskussion sich jetzt bereits wieder neuen Themen zuzuwenden (das Katastrophenjahr 1986 mit Tschernobyl und den Rheinschäden bereits weit weg und ohne Folgen ...). Aktuelle politische Entwicklungen – Wiedervereinigung, Asylbewerberstrom, Zusammenbruch der kommunistischen Regime in Osteuropa – „belegen" die Aufmerksamkeit.

Handelt es sich nur um eine vorübergehende „Ökoflaute" oder bewirkt die ständige Medienpräsenz bereits eine Verdrossenheit statt einer Sensibilisierung, ist die ökologische Krise auch eine Krise der Wahrnehmung? Eine Neuorientierung in unserem Denken, das dem Umweltschutz einen ganz anderen Stellenwert in unserem Wertgefüge zumißt, muß deshalb auch da ansetzen, „was" wir überhaupt als Problem wahrnehmen.

Dieses in unseren Augen aber mehr temporäre Zurückdrängen der Umweltprobleme sollte jedoch nicht mißgedeutet werden, denn es sind gewisse (irreversible) Veränderungen unübersehbar, zudem lassen ständig wechselnde, neue Schlagworte (Waldsterben, Ozonloch, Treibhauseffekt) die ökologische Herausforderung zum „Dauerbrenner" werden. Gestern ein Tankerunglück vor Alaska, heute in Spanien vor der Küste Galiziens oder in Schottland bei den Shetlands, morgen wo? Besonders die „direkte Konfrontation" der Urlauber mit Algenteppichen an der Adria und angeschwemmten toten Robben an den Nordseeküsten ließ die Tourismusverantwortlichen aufschrecken. So dokumentierten viele Fernsehsendungen, wie die Meldungen der Medien über diese Tatsachen als „Geschäftsschädigung" empfunden wurden.

Zahlreiche Umfragen der letzten Jahre, wie etwa vom Institut für praxisorientierte Sozialforschung, belegen einen deutlichen Wandel in der öffentlichen Meinung (siehe nächstes Kapitel). Insbesondere die Klimaveränderungen haben das Gefühl einer globalen Bedrohung verstärkt. Die politischen Folgen, gerade auch im Nord-Süd-Verhältnis, sind noch gar nicht absehbar; sollen etwa die Entwicklungsländer wegen unserer Umweltschutzgedanken auf die Früchte „ihrer" Industrialisierung verzichten? Unser ungebrochenes extensives Wachstum (besonders im Reise- und Freizeitverhalten) hat zwar für Teile der Industriegesellschaften einen bisher nicht gekannten materiellen Wohlstand geschaffen, aber er ist offenkundig immer schwerer mit der ebenso begehrten Lebensqualität zu vereinbaren: Immer häufigeres Reisen führt zu lästigen Verspätungen am Boden und in der Luft, der quantitativ ansteigende Konsumwohlstand mit der Müllawine zieht auch die Deponie oder Müllverbrennungsanlage in der Nachbarschaft nach sich usw. Dieser Wohlstandsfortschritt ist gekoppelt an ökologische Folgeschäden, aber auch an soziale und kulturelle Implikationen, da zunehmend nicht nur die Natur, sondern auch der Mensch überfordert scheint. Diese Folgen unseres Wirtschaftens und unseres Reisens bedürfen dringend einer gesellschaftlichen Bewertung.

Die drohende ökologische Katastrophe wird zum beherrschenden politischen Thema der nächsten Jahrzehnte werden. „Die für alle Beteiligten auf offene Rechnung fortgeschriebenen Geschäfte gingen aber bislang zu Lasten der schweigenden und duldenden Natur. Sie präsentiert nun – in steigenden Raten – ihre Rechnung. Auf die zivilisierten Gesellschaften und ihre Unternehmer wartet eher eine Jahrtausend- als eine Jahrhundertaufgabe" (Seidel, 1989).

Die ökologische Herausforderung ist nicht mehr Sache kleiner Minderheiten (Ökofreaks, Grüne, Spinner oder wie auch immer bezeichnet), sondern die zentrale Zukunftsfrage für jeden einzelnen. Da die Tourismusbranche einen Teil der heutigen Probleme mit verursacht hat, ist sie auch für ihre Beseitigung mit verantwortlich. Der Staat allein wäre überfordert, den Unternehmen (und den touristischen Betrieben für ihren Verantwortungsbereich) fällt damit eine gesellschaftspolitische Schlüsselrolle zu. Während über viele Jahre für den touristischen Bereich entweder überhaupt kein Handlungsbedarf konstatiert wurde oder eine mehr passive Verdrängungs- und Abwehrstrategie festzustellen war, ist nun zunehmend ein Umdenken zu erkennen.

Der Beginn dieser Entwicklung beschränkte sich auf einige Pionierunternehmen aus dem mittelständischen Bereich, in jüngster Zeit wird die Notwendigkeit einer Integration der ökologischen Dimension in wirtschaftliches Handeln generell kaum mehr angezweifelt. Die ökologische Verantwortung der Unternehmen wird, zumindest im Ansatz, allgemein akzeptiert. Strittig ist weitgehend das „Wie", die instrumentelle Ausgestaltung der Lösungsansätze.

Umweltorganisationen malen die „apokalyptischen Folgen des Massentourismus" (Bund Naturschutz in Bayern) an die Wand, warnen vor einem „ökologischen Kollaps" durch das ungehemmte touristische Besitzergreifen auch letzter unberührter Gebiete. Deshalb kommt zur Zeit ein nach außen dokumentiertes Umweltbewußtsein der Tourismusindustrie beim Verbraucher gut an.

Trotz dieses zunehmend aktiven Bemühens der Unternehmen, vor allem in Branchen mit großem Konfliktpotential wie etwa der Chemie, ist als Bestandsaufnahme dennoch ein nüchterner Befund angezeigt. Wir stehen im Bestreben nach einem offensiven, integrierten Umweltmanagement in Theorie und Praxis noch ganz am Anfang. Erste Schritte eines langfristigen Entwicklungsprozesses und tiefgreifenden Bewußtseinswandels sind sicherlich getan, mehr noch nicht.

Diese behutsamen Ansätze gilt es aufzuzeigen. Das unausgeschöpfte Knowhow ist allerdings noch groß, es sind zunächst kleine Fortschritte auf dem langen Weg zu einem wirklich umweltgerechten Tourismus und zu einer Veränderung der vorherrschenden Reisephilosophie im Sinne der „schönsten Wochen des Jahres" erreicht. Ein wirklicher (Umwelt-) Entlastungseffekt kann nur unter Einbeziehung des gesamten Spektrum des Phänomens „Massentourismus" kommen; die Nischenphilosophie des tatsächlich „grünen Reisesegmentes" ist von der Bedeutung her nur sekundär.

Verantwortungsbewußtes menschliches Handeln ist immer zielorientiert – wir brauchen deshalb ein „umweltorientiertes" Management bei den Trägern im Tourismus als unternehmenspolitisches Ziel. Diese Erweiterung des Managementverständnisses wird nicht mit einem „großen Wurf" auf einmal durchsetzbar sein, denn jede Veränderung beginnt mit dem ersten Schritt und zieht dann andere Veränderungen nach sich. Aber wir können nicht länger immer auf „andere" warten, denn erst, wenn dieser erste Schritt getan wurde, kann der nächste folgen. Jeder einzelne kann in diesem Sinne an der Gestaltung der Zukunft mitwirken, steht dafür aber auch in der Verantwortung. Der einzelne Reisende wie auch der einzelne Manager mag für sich allein vielleicht wenig bewirken, doch wie die Beispiele in diesem Buch zeigen, gibt es bereits viele „Verbündete", auf deren Erfahrungen aufgebaut werden kann.

Die aktuelle Umweltsituation – eine frustrierende Bestandsaufnahme

Eine öffentliche Anhörung zum Umweltproblem in Bonn im Mai 1989 zeigte die rapide Zunahme der ökologischen und sozialen Schäden des Wirtschaftens und erhöhte die geschätzten Reparaturkosten bereits auf über 200 Milliarden DM, das Wissenschaftszentrum Berlin spricht jetzt bereits von 10 % des Bruttosozialprodukts. Unzweifelhaft sind auf bestimmten Teilgebieten (so etwa bei der Luftreinhaltung/Schwefeldioxyd oder der Wasserqualität) Erfolge erzielt worden. Ohne diese Maßnahmen wäre die heutige Situation noch wesentlich schlechter.

> „Dieses Tun bringt zwar Profite in den Bilanzen unserer Generation, aber unsere Kinder werden die Verluste erben. Wir borgen Umweltkapital von den zukünftigen Generationen ohne jede Absicht oder auch nur Aussicht zurückzuzahlen."
> (Brundtland-Bericht der UN-Umweltbehörde, 1987)

Für den EG-Binnenmarkt wird laut Cecchini-Report eine dynamische Wirkung von 4 bis 6,5 % prognostiziert (Investment Morgan Stanley rechnet mit 7,5 bis 9 %). Eine Ende 1989 vorgestellte Studie von 14 Wirtschaftswissenschaftlern aus allen EG-Ländern („Umwelt und der Binnenmarkt') befürchtet ein beträchtliches Potential negativer Auswirkungen der Wachstumseffekte auf Umwelt und Lebensqualität; insbesondere wird eine Zunahme der Schadstoffe in der Luft erwartet. Der mit der Hinwendung zur Marktwirtschaft einsetzende Konsum und Reisenachholbedarf in den osteuropäischen Ländern und die zunehmende Industrialisierung der Entwicklungsländer (insbesondere der Schwellenländer) bei gleichzeitig ungebrochener Bevölkerungsexplosion lassen nur die einzige Schlußfolgerung zu, daß zwar der Umsatz im technischen Umweltschutz stark zunehmen wird, die Umweltkrisen damit aber keineswegs weniger werden und aufgrund ihres wachsenden globalen Ausmaßes ein ökologisches Umdenken immer dringlicher erscheint.

Bedrückend sind insbesondere zwei Tatsachen: zum einen unsere fortbestehende Art der Energieversorgung über den Verbrauch fossiler Energieträger, zum anderen das ungebrochene Bevölkerungswachstum auf unserer Erde. Wenn von den zur Zeit 5 Mrd. Menschen nur eine Milliarde ihren Energieverbrauch im Zuge einer Verbesserung ihrer Lebensbedingungen auch nur auf ein Drittel unseres heutigen Verbrauchs anheben würde, hätte dies eine Steigerung der CO_2-Belastung um mehr als 20 % zur Folge. Die Entwicklungsländer fragen sich, warum man ihnen den Fortschritt nicht „gönnt", wollen sich nicht bevormunden lassen oder sehen dies als neokoloniale Einmischung – zudem steht der Erhaltung der Natur der Zwang zum Export zur Bezahlung von Auslandsschulden gegenüber. Als neues Mittel ist auf dem Weltwirtschaftsgipfel in Toronto 1988 das Konzept „Dept-for-nature-swaps" (Tausch von Schulden gegen Naturschutz; erste Projekte dieser Art in Bolivien, Costa Rica und Ecuador) entwickelt worden.

Gerade dieser globale Aspekt erschwert das Handeln – die internationalen Konferenzen zur drohenden Klimaveränderung sind so zahlreich, daß man die Tagungsorte kaum mehr in Erinnerung behalten kann, die politischen Aktionen zeichnen sich dagegen nur in Ansätzen ab. Wird die Umwelt zerredet?

Müssen die unzähligen Konferenzen zu einem „umwelt- und sozialverträglicheren Reisen", die weitgehend rhetorische Ergebnisse zeitigen wie auch jüngst der als Medienspektakel vermarktete Welt-Umweltgipfel der Regierungschefs in Rio de Janeiro demonstrierte, bereits als Ausdruck der Ohnmacht gesehen werden?

Wir werden im folgenden die Notwendigkeit des Umdenkens vom Reparatur- zum Vermeidungsprinzip und den Übergang von der sektoralen zur integralen Betrachtungsweise im Tourismus als langfristig einzig richtige Strategie immer wieder betonen, da ein erfolgreicher Umweltschutz dringend die Nutzung innovativer Lösungen benötigt.

Deutliche Streßsymptome als Warnsignale im Tourismus

Der Begriff Tourismus umfaßt üblicherwiese die zeitweilige, kurzfristige Reise von Menschen außerhalb ihrer normalen Arbeits- und Lebenswelt und die damit verbundenen Aktivitäten. In der Regel wird in der Literatur terminologisch unterschieden in Besucher und Touristen, wobei letztere Kategorie Besucher umfaßt, die über Nacht bleiben. Mit dem Begriff „Tourismusindustrie" wollen wir in diesem Buch in einer weiten Fassung sowohl Besucher als auch Touristen und die davon betroffene „Industrie" in ihren äußerst vielgestaltigen Erscheinungsformen bezeichnen. Eine Beschränkung auf Übernachtungsgäste wäre unter Umweltgesichtspunkten unzulässig, da Umweltbelastungen zunehmend auch aus dem Freizeit- und Sportbereich resultieren und insbesondere die Tagesausflügler zahlenmäßig die Übernachtenden meistens weit übertreffen.

Auch Tourism Concern (1992, S. 1) zeichnet die Tourismusindustrie als ein extrem heterogen auftretendes Phänomen:

> „In fact, what we call tourism really embraces a vast and diverse range of activities, from large-scale mass or package tours to small-scale-, individually-tailored holidays; from internal domestic visits to family or friends, to international or intercontinental journeys, to business trips and ‚sun sand and sea' recreational breaks; from activity, sports, nature, health, „green" or alternative holidays, to culture or adventure. The tourism industry includes visits to beaches, coral reefs, countryside, skislopes, mountains, streams, islands, forests, deserts, national parks and wilderness. Apart from such natural resources, tourism also depends on human resources: towns and cities, historical, cultural, religious, archeological and heritage sites and traditions, as well as a vast array of economic, social, cultural, natural, technological and organizational assets."

Die Umweltschäden treten ins Bewußtsein

In den letzten Jahren sind im Tourismus auf verschiedenen Ebenen deutliche Streßsymptome, die eine Überforderung und einen Handlungsbedarf signalisieren, offensichtlich geworden:

- Der Tourist selbst leidet zum einen unter der zunehmenden „Überfüllung" der „unberührten Natur" (Berge, Strände usw.) und auch der „künstlichen Systeme" (Straßen, Flughäfen etc.) und den damit verbundenen Beeinträchtigungen der Lebensqualität (Massenbetrieb, Staus, Verspätungen etc.)
- Der Tourist wird zunehmend kritischer in bezug auf eine selbst wahrgenommene Verschlechterung der Umweltsituation in touristischen Zielgebieten (verschmutzte Strände, Abgase, Lärm, Bodenerosionen etc.)

Die Reiseanalysen (RA) des Studienkreises für Tourismus zeigen, daß Reisende im Urlaub vermehrt Umweltprobleme bemerken (1985: 21,9 %; 1991: 54,3 %!); eine Untersuchung von Raffée/Wiedmann (1985, S. 143) erbrachte, daß 61 % der Deutschen, würden sie von einer Umweltverschmutzung ihres Zielgebietes erfahren, das bereits ausgesuchte Urlaubsgebiet nicht aufsuchen würden. Eine (DoE/NOP) Befragung in Großbritannien brachte ähnliche Ergebnisse (vgl. dazu Smith/Jenner, 1989, S. 69). Getrübt wurden die Urlaubsfreuden durch folgende bemerkte Umweltschäden (in der Rangfolge): abgestorbene Bäume, unsaubere Strände, verbaute Landschaft, Lärm, Baustellen, Luftverschmutzung, Algenwachstum. Nach einem EG-Report (SZ, 7. 1. 92, S. 39) ärgert sich knapp ein Viertel der mitteleuropäischen Touristen über Staus, Flugverspätungen und andere Engpässe.

- Die Grenzen der Belastbarkeit scheinen in der natürlichen Umwelt an manchen Orten/Regionen/Nationalparks entweder erreicht oder bereits überschritten (überfüllte Strände, Müll-/Abwasserprobleme, Erosion, Überfüllung der Straßen, Überlastung des Luftraumes usw.), zum anderen sind in Kulturstätten auch die Artefakte unserer Vergangenheit unter konservatorischen oder museumspädagogischen Gesichtspunkten nicht weiter belastbar.

Daß diese Belastungen nicht nur in den Zentren des Massentourismus anfallen, zeigt u.a. die Tatsache, daß seit 1991 vom Nepalesischen Bergsteigerclub in Zusammenarbeit mit anderen Organisationen eine „Himalaya Säuberungskampagne" durchgeführt werden muß (man schätzt allein den am Sagarmatha zwischen 1952 und 1991 von 127 Expeditionen zurückgelassenen Müll auf 16510 kg!). Eine Umweltaktion 40 freiwilliger Helfer des Österreichischen Alpenvereins im Sommer 1992 füllte am Großglockner, dem höchsten Berg Österreichs, 450 Müllsäcke. Die 6 Tonnen Abfälle und Sperrmüll enthielten u.a. verrostete Betten, Kanister, Klappstühle, Matratzen, Glasflaschen.

- Die Auswirkungen des Tourismus beziehen sich nicht nur auf die Umwelt, sondern auch auf ökonomische, gesellschaftliche oder medizinische Bereiche (zur Auswirkung des durch Tourismus induzierten Drucks und zu seinen Kontrollmöglichkeiten siehe Abbildung 1, aus Hugo u.a., 1992, S. 706).

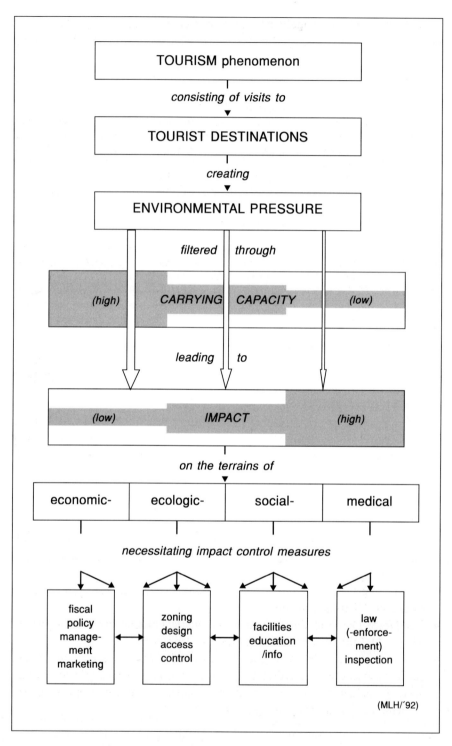

Abb. 1: The tourism impact process

Das Geschäft mit den angeblich schönsten Wochen des Jahres – Schatten auf dem kurzen Glück! Zeitungschlagzeilen wie „Tourismus total", „Exzesse des Tourismus" oder „Reisefreiheit bis zum Kollaps" zeichnen ein Bild der Problematik.

Negativ-Hitliste der Consumer Association (UK)
Eine Hitliste ganz besonderer Art hat die in London ansässige Verbraucherorganisation Consumers Association veröffentlicht: Aufgrund eigener Recherchen und Leserzuschriften ermittelte die von den britischen Konsumentenschützern herausgegebene Zeitschrift „Holiday which?" die neun angeblich „schlechtesten Urlaubs-Resorts der Welt". Zu den Plätzen, die Touristen nach Ansicht der Zeitschrift „wie die Pest" meiden sollten, zählt das thailändische Pattaya – neben Bangkok „Welthauptstadt der Prostitution" – ebenso wie Bulgariens Sonnenstrand am Schwarzen Meer. Dort, nördlich von Burgas, würden Urlauber „seit dem Ende des kommunistischen Regimes durch Prostitution, Drogendealer und Jugendbanden" belästigt.
Wegen verschmutzter Strände, Bauarbeiten rund um die Uhr oder anderer Schattenseiten des Massentourismus können laut „Holiday which?" auch die folgenden Urlaubsorte leicht zum Alptraum werden: das tunesische Nabeul, El Arenal auf Mallorca, Gumbet auf der türkischen Halbinsel Bodrum, La Grande Motte in Südfrankreich sowie Quarteira an der portugiesischen Algarve. Als den „schlimmsten Slum auf Malta" bezeichnet das Blatt den dortigen Ferienort Gzira, und in Kanoni auf der griechischen Insel Korfu mache Touristen der nahegelegene Flughafen „mit Sicherheit taub".
Wer sich tatsächlich über die Verhältnisse vor Ort informieren will, so die Zeitschrift weiter, darf sich niemals auf bunte Kataloge allein verlassen. Statt dessen sollten Urlaubswillige ganz gezielt bei Reisebüro-Mitarbeitern nachfragen, ob sie den ins Auge gefaßten Zielort persönlich kennen.

Das Problem ist im Kern ein quantitatives Problem. Der ständig ansteigende Besucherstrom bzw. die Besucherfrequenzen lassen Grenzen der Belastbarkeit erreichen, die neue Formen des „Besucher-Managements" (siehe dazu Teil 7) zwingend erforderlich machen.

Einige willkürlich gewählte Beipiele zur Verdeutlichung:

- Die Schlösser Potsdam-Sanssouci wurden 1992 von rund 1,7 Millionen Gästen (Sanssouci hatte allein mehr als 430 000 Besucher) besucht; künftig sollen es nicht mehr als 1800 pro Tag sein.
- Südtirol registrierte 1960 3,7 Millionen Übernachtungen, jetzt sind es rd. 25 Millionen Übernachtungen.
- Für Notre Dame in Paris wurden detaillierte Untersuchungen eingeleitet, wie die 11 Millionen Besucher jährlich zu lenken seien.
- Orte wie Venedig, Florenz oder Sehenswürdigkeiten wie die Pyramiden, das Pantheon oder die Alhambra, Salisbury oder die Westminster Kathedrale, Stonehenge – um einige wenige zu nennen – sind einem enormen permanenten Besucherdruck ausgesetzt.

> „It is no understatement that very difficult decisions must be made at these sites. If the sites are to be preserved for future generations, then some form of control or protection measures must be introduced now to limit visiting to a sustainable level. If this is not done, then the managers must realize that progressive, irrevocable damage to the site is inevitable. If the sites are part of the nation's heritage we consider that to be an unacceptable option."
>
> (English Tourist Board, 1991 e, S. 10)

Die erkennbare Sensibilisierung gegenüber Umweltbeeinträchtigungen ist sicherlich zum einen stark von der Berichterstattung in den Medien abhängig, zum anderen ist über die Jahre ein Anstieg immer auch im Gefolge von bestimmten Katastrophen festzustellen gewesen.

> „Hat nun diese Sensibilisierung für Umweltprobleme im Urlaub bereits einen erkennbaren Einfluß auf die Urlaubsentscheidung? Ein dramatischer Einbruch der Touristenzahl in den traditionellen Feriengebieten der Deutschen ist bisher nicht zu konstatieren, sieht man einmal von Italien ab, das wohl nach wie vor mit der Vorstellung Algen zu kämpfen hat, obwohl diese 1989 und 1990 nicht aufgetreten sind. Für Spanien, wo Urlauber neben Italien die meisten Umweltprobleme registriert haben und der Urlaub in den letzten Jahren teurer geworden ist, wurde Stagnation bzw. eine rückläufige Tendenz prognostiziert, die neuesten Zahlen bestätigen dies jedoch nicht. Daraus könnte man den Schluß ziehen, daß sich der Urlauber sensibler gibt, als er tatsächlich ist, und daß dramatische Umstände eintreten müssen – wie die Algenpest in Italien –, um ihn zu veranlassen, ein Urlaubsgebiet wirklich zu meiden."
>
> (Roth, 1992, S. 61)

Trotzdem stellt auch Roth ein weiteres Ansteigen der Umweltsensibilität der Urlauber fest, die Branche sei aber darauf noch nicht genügend eingestellt. Wir sehen die Tourismusindustrie noch zu sehr von kurzfristigen Zielkriterien geleitet. Abgesehen von Einzelaktivitäten wird das Umweltargument gerne als kurzfristige Marketing(verkaufs-)hilfe benützt, ohne daß bisher ein grundlegender Wandel zu erkennen ist. Ein nachhaltiges Tourismusmanagement, wie wir es im Teil 7 zeichnen, erfordert jedoch einen wesentlich längerfristig ausgerichteten Planungshorizont.

Auf Möglichkeiten, die „Umweltverträglichkeit" touristischer Angebote nach bestimmten einheitlichen und überprüfbaren Kriterien zu messen, gehen wir im Teil 6 ein.

Der Aufstand der Bereisten

> „There used to be a phrase for aggressive, selfish individuals who were insensitive and ignorant of foreign cultures: The Ugly American. Nowadays, The Ugly American syndrome isn't restricted to any particular nationality, so he's now known as The Ugly Tourist."
>
> Grotta/Grotta, 1992, S. 40)

In zunehmendem Maße mehren sich kritische Stimmen bei den Einheimischen, kommt es zum berühmten „Aufstand der Bereisten", da sie dem Nutzen aus dem Tourismus dessen wachsende Kosten gegenüberstellen. Der Widerstand bezieht sich nicht nur auf ökologische Gründe, sondern auch auf Beschränkungen ihrer eigenen Lebensqualität (z.B. Zutritt zu den Stränden). Erkennbar auch, daß unsere heutige Form des Massentourismus mit ihren stereotypen Images sowohl den Reisenden als auch den Bereisten von der Großartigkeit der persönlichen Erfahrung beraubt hat. Der von uns skizzierte „umweltorientierte Tourismus", der sich eng an das Konzept eines „Sustainable Tourism Development" anlehnt, sieht deshalb den Einbezug der betroffenen einheimischen Bevölkerung in die Entscheidungsprozesse bei Planung und Durchführung der zukünftig gewünschten „Entwicklung" als Grundvoraussetzung an. Das ist noch nicht immer selbstverständlich.

> Verbittert zeichnet O'Grady/ECTWT (1990) ein apokalyptisches Bild: „Die Entwicklungsländer wurden in einen riesigen Freizeitpark für die Wohlstandsgesellschaften der Erde verwandelt."

In der Vergangenheit haben schon einige Vorkommnisse für Aufsehen gesorgt, vor allem die Aktionen gegen eine nicht gewünschte Entwicklung des Tourismus in Goa, wo den ankommenden Touristen Handzettel überreicht wurden mit der „Begrüßung": „Wir wollen Sie wissen lassen, daß Sie nicht erwünscht sind" (Ussler, 1989, S. 43). Ähnliches passierte auf La Palma. In jüngster Zeit alarmierten die Tourismusverantwortlichen folgende Meldungen, die deutlich zeigen, daß weltweit die „Stimme der Einheimischen" ertönt und eine neue Qualität bekommt:

> „Auch im Land am Nil herrscht der in Entwicklungsländern auftretende Konflikt zwischen Segen und Fluch des Tourismus: Hunderttausende Ägypter zwischen Luxor und Assuan leben davon, daß die Fremden aus dem Norden ins Niltal geschwemmt werden wie vor Jahrzehnten der fruchtbare Schlamm aus dem Süden. Aber um so mehr sich die sozialen Gegensätze in diesem von Arbeitslosigkeit, Überbevölkerung und Verelendung geplagten Dritte-Welt-Land verschärfen, desto provokanter wirken die oft schamlosen Auswüchse des Massentourismus."
>
> (Durm, 1992, S. 87)

- Radikale Moslems machen 1992 und 1993 in Ägypten mit Überfällen auf Touristen international Schlagzeilen.
- In Paranggupito auf der Insel Java wehren sich 165 Bauern gegen ein neues Resort-Projekt.
- In Honduras protestierten zu Beginn des Jahres 1993 Vertreter der schwarzen Bevölkerungsminderheit gegen ein Tourismusprojekt an der Nordküste des Landes. Die geplanten 5-Sterne-Hotels, für deren Bau rund 20.000 Hektar Land enteignet werden müßten, würden die Existenz der dort lebenden Bauern und Fischer bedrohen.
- In Japan formiert sich ein Global Network for Anti-Golf Course Action.
- Ende 1992 bildete sich zur Abwehr eines neuen Club-Med-Dorfes in Australien (Byron Bay) eine Radical Anti-Club Med Action.
- In Phuket (Thailand) waren Ende 1992 viele Gäste „Gefangene im Urlaubsparadies". Tausende Thais blockierten die Straßen, nachdem Strände für Einheimische und öffentliche Straßen gesperrt werden sollten. Die nationale Tageszeitung The Nation überschrieb ihren Artikel am 7. 12. 1992 mit „Fremde im eigenen Land". Besonders auf Inseln werden die Erholungsmöglichkeiten der Einheimischen durch Tourismusprojekte stark behindert. Auf Barbados forderte man „Windows on the sea", da selbst der visuelle Zugang zum Meer versperrt war (vgl. Beller u.a., 1990, S. 387).
- Bei einem Besuch der „Gesellschaft für bedrohte Volker" in Göttingen kritisiert der polynesische Menschenrechtler Tetiarahi (Päsident der „Unabhängigen Liga für Menschenrechte") die Entwicklung des Tourismus in seiner Heimat, die an der einheimischen Bevölkerung „vollkommen vorbeigegangen sei".
- In Hawaii kämpfen Umweltorganisationen gegen den weiteren Ausbau der Tourismusindustrie.
- In Bath (Großbritannien) besprühten bei Überhandnehmen der offenen Sightseeing-Busse die „Bereisten" die Touristen aus Wasserschläuchen oder warfen faule Äpfel.
- Der Widerstand gegen den zur Zeit in Asien grassierenden Golfplatzbau nimmt zu. Die aus Japan operierende Global Network for Anti-Golf Course Action (GNAGA) sandte eine klare Botschaft an den Rio-Gipfel: „In this age of increasing environmental awareness, there is no more room on earth to destroy nature for the sake of a mere game" (Pleumarom, 1992, S. 2).
- Großer Protest rührte sich in zahlreichen Orten der Alpenregion, in der sieben Millionen Menschen leben und rund 50 Millionen Jahr für Jahr urlauben.

> Auch wenn die Visionen des Schwarzen-Humor-Thrillers „Tourist Season" von Carl Hiasson (1986) frei erfunden sind, muten sie heute längst nicht mehr ganz so abenteuerlich an. Ein abtrünniger Miami-Journalist hatte die

> erste Anti-Tourist-Terroristengruppe gegründet, da er durch den Tourismus das örtliche Leben korrumpiert sah. „Brian, what is Florida anyway? An immense sunny toilet where millions of tourists flush their money and save the moment on Kodak film. The recipe for redemption is simple: scare away the tourists and pretty soon you scare off the developers" (S. 166).

Obwohl die Notwendigkeit einer kontrollierten Weiterentwicklung (zum „sustainable development") von vielen Seiten betont wird, ist die Erkenntnis noch nicht überall gegeben. „Zwar sind inzwischen auch in Ländern der Dritten Welt Umweltgruppen aktiv, aber die Entscheidungen über Investitionen werden gerade dort oftmals von politischen und wirtschaftlichen Kreisen getroffen, die eine schnelle, quantitative Entwicklung befürworten. Sie begünstigen vielfach Investoren aus dem Ausland und stellen damit eine umweltfreundliche Entwicklung sowie die Selbstbestimmmung der Bevölkerung in Frage" (Roth, 1992, S. 55).

Der Bewußtseinswandel beim Touristen

Neben den in den letzten Jahren in allen westlichen Industriestaaten zunehmend restriktiver werdenden Umweltgesetzen und -vorschriften sehen wir deutliche Ansätze eines Bewußtseinswandels. Der Umweltschutz wird durchweg als eines der wichtigsten Themen angesehen und liegt zwischen 60 und ca. 70 % auf der allgemeinen Bewertungsskala. Da diese Prioritätsverteilung seit sechs Jahren stabil bleibt, dürfen Umweltschutz und Ökologie heute keineswegs mehr als reine Modeerscheinung abgetan werden.

Zunehmend wird die Notwendigkeit gesehen, unsere Umwelt zu schonen. Zahlreiche Meinungsumfragen (IPOS, GfK oder Gruner + Jahr) bestätigen die – neben der Arbeitslosigkeit – absolute Priorität dieses Anliegens. Im Zuge der Wiedervereinigung haben aktuelle politische Sorgen den Umweltschutz zwar vom ersten Platz verdrängt, jedoch behält er weiterhin seine überragende Stellung.

Diese stark gestiegene Umweltsensibilität zeigt sich in allen europäischen Ländern außer Frankreich und Irland. Nach einer Emnid-Studie aus dem Jahr 1989 ist für 72 % der ca. 350 Millionen EG-Bürger der Kampf gegen die Umweltbeeinträchtigung ein „dringliches, sofort in Angriff zu nehmendes Problem". Das Umweltbewußtsein im europäischen Vergleich zeigt einen hohen Anteil von Umweltbewußten in Deutschland, den Niederlanden, Schweden, der deutschsprachigen Schweiz und Österreich. Der höchste Anteil an Umweltaktiven findet sich dabei in der deutschsprachigen Schweiz mit 34 % (vgl. G&I Forschungsgemeinschaft für Marketing, 1989).

Besteht jedoch tatsächlich bereits ein gesellschaftlicher Wert, die Natur als Lebensgrundlage zu bewahren, so wird dies auch von den Anbietern touristischer Leistungen ein qualitativ verändertes Verhalten erzwingen.

Zeichen des Umdenkens im Tourismus

Subjektiv zusammengestellte Beispiele solcher Ansätze im Tourismus, die erkennen lassen, daß zumindest ein Problembewußtsein in den letzten Jahren entstanden ist, zeigt diese Aufstellung:

- Spuren einer Ökowelle bei verschiedenen Leistungsträgern:
  Hotels wurden ökologisch, die Angebote nicht nur von Spezial-Reiseveranstaltern, sondern auch der „Großen" werden zunehmend „grüner", Fremdenverkehrsorte werben mit ihrer Umweltfreundlichkeit und Autofreiheit.
- Nischensegmente für Ökotourismus, Gesundheitstourismus, Naturtourismus etc. entstehen.
- Die Kommission der EG proklamierte 1987/88 zum „Europäischen Jahr des Umweltschutzes" (nachdem allerdings erst 1986 die Umweltpolitik Bestandteil des EWG-Vertrages wurde) und 1990 zum „Europäischen Jahr des Tourismus".
- Die kanadische Regierung organisierte 1990 erstmals die „Globe"-Konferenz, die den Bericht „An Action Strategy for Sustainable Tourism Development" verfaßte.
- Den Ländern der sogenannten Dritten Welt wird ein „Low Impact Ecotourism Aid"-Programm zur Verfügung gestellt.
- Es läuft ein Forschungsprogramm der Federation for Nature and National Parks of Europe.
- Die International Federation of Tourism Journalist verleiht 1989 den „Pomme d'or" der National Tourist Organisation of Greece für die Restaurierungsarbeiten am Berg Pelion.
- Eine steigende Zahl von Umweltpreisen/-auszeichnungen wird vergeben:
  – vom English Tourist Board in Form einer „Green Tourism"-Kategorie bei den „England for Excellence"-Auszeichnungen;
  – von der Aktion „Umweltbewußter Hotel- und Gaststättenbetrieb" des Freistaates Bayern;
  – durch den Deutschen Golf-Verband für bereits umgesetzte Naturschutzmaßnahmen auf deutschen Anlagen;
  – durch den Deutschen Reisebüro-Verband (DRV) für vorbildliche Umweltschutzmaßnahmen („Tourismus und Umwelt"; im Schnitt nehmen 70 Bewerber teil).
- Der Deutsche Reisebüro-Verband (DRV) entwickelte eigene „Umweltempfehlungen für Reiseveranstalter, Reisebüros und touristische Anlagen".
- Bei der Eröffnung der Caravan + Boot Reisemarkt (CBR) Februar 1993 plädierten die Festredner für einen umweltschonenden Urlaub und warnten vor einer ausufernden Freizeitbewegung.
- Es finden zahlreiche Kongresse zum Thema sanfter, intelligenter, ganzheitlicher und nachhaltiger Tourismus statt (so etwa 1992 „Ecotourism – A sustainable option?" der Royal Geographical Society oder „Green Tourism. The growth Sector" des GFI in London oder die Envirotour Vienna 1992 „Strategies for reducing the environmental impact" der Internationalen Gesellschaft für Umweltschutz (IGU)).
- In Deutschland wird 1990 endlich die EG-Richtlinie zur Umweltverträglichkeitsprüfung aus dem Jahre 1985 in nationales Recht umgesetzt.

- In Salzburg unterzeichnen 1991 die Umweltminister der Alpenstaaten und der EG die Alpenkonvention, 1993 sollen acht Fachprotokolle der als Absichtserklärung formulierten Konvention ausgearbeitet werden; das Protokoll über die Bereiche Tourismus liegt unter der Federführung Frankreichs; z.Z. bestehen zwischen den einzelnen Ländern allerdings große Meinungsverschiedenheiten, eine Ratifizierung ist noch nicht absehbar.
- Die „Charta von Nicosia" (1990) strebt eine ökologische Umorientierung im Mittelmeerraum an.
- Für touristische Betriebe wird die „Nürnberger Erklärung" kodifiziert.
- Forderungen nach einer „sanften Technologie", einer „sanften Chemie", einer „alternativen Ökonomie" oder einem „sanften Reisen" werden erhoben.
- In New-Age-Seminaren werden sanfte Führungsmethoden, neue Managementphilosophien („Management by Love"), postmoderne Unternehmenspolitik, eine neue Ethik, ökologisches und ganzheitliches Denken als Ausdruck eines allgemeinen gesellschaftlichen Wandels vorgestellt.
- Im Winter 1990 diskutierten 2000 Skilehrer aus 30 Ländern zum 14. Interski-Kongreß in Sankt Anton über „Skilauf und Naturschutz".
- Es werden die ersten Stellen für Umweltschutzbeauftragte in touristischen Betrieben installiert (TUI, Lufthansa, Swissair, DEHOGA, Landesfremdenverkehrsverbände – als erster der in Baden-Württemberg).
- Gütezeichen werben für umweltverträgliche Angebote (Blaue Flagge, Grüner Koffer u.ä.).
- Korsikas Umweltschützer feiern den gerichtlich angeordneten Abriß des ohne Genehmigung errichteten privaten Jachthafens des US-Milliardärs Jacky Setton und die Rückverwandlung in ein Naturschutzgebiet.
- Auf der Internationalen Tourismusbörse (ITB) 1992 pflegten nicht nur alternative Organisationen, sondern auch die „Großen" ihr Umweltimage. Dazu fanden bei der weltweit größten Veranstaltung dieser Art auch zahlreiche Fachveranstaltungen zu negativen Aspekten des Reisens statt („Umweltschutz contra Tourismus – Tourismus contra Umweltschutz" oder „Reisefreiheit bis zum Kollaps – Grenzen touristischen Wachstums").
- Die „freizeit-fatal"-Ausstellung des BUND Landesverbands Nordrhein-Westfalen will nicht nur die bekannten Horrorszenen zeigen, sondern auch sinnvolle, realisierbare Alternativen.
- Das Thema Umweltschutz steht im Mittelpunkt eines Schwerpunkttages während der Intergastra 92.
- Das ZEIT magazin widmet dem Trend zur Ökoreise ein eigenes Special (7. 2. 1992).
- Tourismus- und Umweltfachleute gründen im Juni 1991 am „Tag der Umwelt" in Bonn den Verein „Ökologischer Tourismus in Europa" (ÖTE) zur Förderung des „sanften Tourismus".
- Auf der Caravan-Boot-Reisemesse (CBR) 1992 in München erstrecken sich die Angebote aus 38 Ländern auch auf Öko- und Gesundheitstourismus.
- Der spanische Fremdenverkehrsverband führte 1990 eine Espana-Verde – („Grünes Spanien") – Kampagne durch.
- In Benidorm wird 1990 im Rahmen einer neuen Imagekampagne der erste „Umweltmanager" bestellt.
- Die grüne Welle schwappt auch in die Karibik: 1992 trafen sich rund 120 Teilnehmer unter dem Motto „Tourism in Partnership with Nature" zur zweiten Internationalen Konferenz über Ökotourismus auf den amerikanischen Jungferninseln.
- Im asiatischen Raum werden sich ebenfalls Gedanken zum Thema gemacht: Das ASEAN Tourism Forum veranstaltete 1992 in Malaysia eine Konferenz mit „green touch" und die PATA 1993 eine Ecotourism Conference im Batangas auf den Philippinen.

- Im Mai 1992 fand in Belize der „First World Congress on Tourism and the Environment" statt. Im Brennpunkt standen Fragen zum touristischen Management in Küstenregionen mit unterschiedlichen Ökosystemen.

In exemplarischer Weise versuchte die britische Regierung über die Arbeit einer Task Force (siehe ETB, 1991a–e) Tourismus und Entwicklung untersuchen zu lassen. Die vier nun geltenden Leitprinzien für die Unterstützung der Tourismusindustrie sind:

- ... to look to support the development of the industry in ways to contribute to, rather than detract from, the quality of our environment;
- ... to promote environmental quality issues within the industry as well as issues concerned with the quality of its services and products;
- ... to ensure through the Tourist Boards and Training and Enterprise Councils that managers in tourism become increasingly aware of visitor management techniques and ways of protecting the environment whilst promoting their industry;
- ... to look particularly to encourage and disseminate those types of tourism which in themselves aim to safeguard the environment (vgl. auch OECD, 1992, S. 139).

Ähnliche Bestrebungen zu „ecologically sustainable development" (ESD) – Strategien auch im Tourismus laufen zur Zeit in Kanada, Australien und Neuseeland (vgl. OECD 1992).

Obwohl jede wirtschaftliche Tätigkeit – und damit auch jede touristische – zwangsläufig zu einer Beeinträchtigung der natürlichen Umwelt führt, also jede einzelwirtschaftliche Zielerreichung auch von ökologischen Faktoren abhängt, ist die Haltung vieler Betriebe (bzw. ihrer Verbände) gegenüber dem Umweltschutz z.Z. noch eher hinhaltend oder ablehnend. Doch zunehmend wird die Chance erkannt, die zukünftigen Erfordernisse einer umweltorientierten Unternehmensführung nicht nur mehr oder weniger passiv innerhalb der staatlich gesetzten Restriktionen, sondern offensiv im Sinne einer agierenden Unternehmenspolitik selbst zu gestalten.

Auch wenn unzweifelhaft in der letzten Dekade das Umweltbewußtsein der Touristen (und Konsumenten allgemein) dramatisch zugenommen hat, also von dem vorhandenen Wissen um die eigene Mitverantwortung ausgegangen werden kann, wird ein vermehrtes umweltorientiertes Reisen vor allem durch zwei Faktoren beeinflußt:

- Dem umweltbewußten Reisenden muß auch ein nutzbares, attraktives und bezahlbares Angebot gegenüberstehen (eine Umorientierung setzt entsprechende Kapazitäten voraus).
- Das geäußerte ökologische Bewußtsein muß sich in einem aktiven Handeln konkretisieren, d.h. zu persönlichen Verhaltensänderungen führen.

Leider werden ökologische Verhaltenstendenzen häufig durch mangelnde Bereitschaft zu persönlichen Opfern begrenzt, der eigene Beitrag zur Reduzierung der Umweltbelastungen wird zu gering eingeschätzt, die Verantwortung abgeschoben (z.B. auf Veranstaltungen); bislang besteht im allgemeinen wenig Interesse an einer entsprechenden Informationsbeschaffung vor Antritt einer Reise.

Nur 31 % der Bundesbürger glauben, „die Umwelt durch das eigene Freizeit- und Urlaubsverhalten zu schädigen. Anders als im allgemeinen Sozialverhalten hat das Umweltbewußtsein im Freizeitbereich weitgehend noch nicht zu einem auf das eigene Verhalten bezogenen Problembewußtsein geführt." Es zeigt sich die (noch) starke Diskrepanz zwischen der verbal-ideellen Ebene und der Verhaltensebene ökologieorientierter Werte" (Kirstges, 1992, S. 64). Das heißt:

- Der Umorientierungsprozeß ist ein sehr langwieriger Prozeß, der auch in Verbindung mit anderen Komponenten gesehen werden muß (Erziehung, Schulung, Ethik).
- Die offensichtliche Diskrepanz zwischen Anspruch und tatsächlichem Verhalten erschwert Planung und Umsetzung von Marketingstrategien.

Auch Opaschowski sieht bei den Bundesbürgern zwar eine große Einsicht, daß umweltbewußtes Freizeit- und Urlaubsverhalten nötig ist, aber wenig Bereitschaft, persönliche Freizeit- und Urlaubsaktivitäten einzuschränken.

> „Neben den Umweltschutzgedanken stellen die Bundesbürger subjektiv den Freizeitschutzgedanken. In ihren Augen ist die eigene Freizeit fast genauso erhaltens- und schützenswert wie die Umwelt ... Deutlich spiegelt sich die geringe ökologische Opferbereitschaft in der Einstellung zum Urlaub (= extreme Freizeit) wider. Die Urlauber wollen selbst bestimmen, was umweltbewußt ist, und sich nicht zu umweltbewußtem Handeln zwingen lassen. Sie wollen die Freiheit der Wahl behalten – und sich im Einzelfall auch gegen die Umwelt entscheiden."
>
> (1991, S. 94 f.)

„Gibt es Reiseziele, in denen die natürliche Umwelt bereits durch den Tourismus geschädigt ist?" lautet eine Frage im Rahmen der RA 1992. Die Ergebnisse zeigen deutlich, daß den Reisenden eine Schädigung der natürlichen Umwelt zunehmend bewußt wird.
Die Bewertung der 45 abgefragten Reiseziele bezog sich auf die touristischen Zentren und Ziele und weniger auf die Gesamtsituation im Land.
Umweltbewußtsein im Sinne eines aktiven Handelns ist bei den meisten Reisenden allerdings noch schwach ausgeprägt. Nach Antworten auf die Umweltfragen klassifiziert, lassen sich zwei große, eine mittlere und fünf kleinere

Gruppen herausbilden: „Naturfreunde" (34,4 Prozent), die „Uninteressierten" (33,1 Prozent) und die „Bus- und Bahnfreunde" (10,7 Prozent der Befragten). Die anderen fünf Gruppen, darunter z.B. „aktive Umweltbewußte", machen jeweils etwa 5 Prozent aus. Damit zeigt sich, daß die Reisenden an ihren Urlaub im Hinblick auf die Angebotskomponente „Natur und Landschaft" dieselben Ansprüche wie an gutes Wetter, saubere sanitäre Anlagen oder die Versorgungslage mit Gegenständen des täglichen Bedarfs stellen. Sie beziehen damit für ihr Entgelt eine Leistung, von der sie erwarten, daß sie möglichst viel geboten bekommen.

Teil 2
Die Wirkungen des Tourismus

Die Entwicklung des Tourismus

Tourismus: weltweit größter Wirtschaftszweig des 21. Jahrhunderts

Vorteile/Nutzen des Tourismus

Nachteile/Kosten des Tourismus
Das Problem der großen Zahl
Der Druck auf unberührte Gebiete

> *„So zeigen sich nicht nur in den klassischen Reiseregionen wie Alpen und Mittelmeer immer deutlicher die Schattenseiten sonniger Ferienmonate. Verschmutzte Strände, erosionsgeschädigte Berghänge und asphaltgraue Betonburgen sind unübersehbare Belege für eine verfehlte touristische Entwicklung. Durch eine ausschließlich wachstumsorientierte Geschäftsphilosophie einiger Reiseunternehmen und einer weitverbreiteten ‚Ex- und Hopp'-Mentalität der Urlauber werden viele Urlaubsgebiete zur puren Kulisse uneingeschränkter Urlaubsfreuden. Dies gilt auch in zunehmendem Maße für Individualtouristen, die die sprichwörtlich letzten Paradiese unserer Erde aufspüren und damit zu Wegbereitern eines unkontrollierten Fremdenverkehrs werden."*
>
> *(WWF, Natourismus, o.J.)*

Die Entwicklung des Tourismus

Freizeitkonsum ist heute Massenkonsum. Als ein solches Phänomen ist der Tourismus relativ jung. War Reisen früher beruflich, politisch oder religiös begründet, so galt der private Tourismus zuerst noch als das Privileg weniger (zur Geschichte des Reisens von der Pilgerfahrt bis zum modernen Tourismus vgl. Bausinger u.a., 1991). Das Reisen als Vergnügen entwickelte sich weitgehend erst im 18. Jahrhundert. Eine gewisse Berühmtheit hat die „Grand Tour" der aristokratischen Jugend im 18. und 19. Jahrhundert erhalten (vgl. dazu Black, 1992). Der Beginn des Pauschalreisetourismus, der Wandel einer statischen in eine mobile Gesellschaft, ist eng (fast synonym) mit dem Namen Thomas Cook verbunden, der mit einer Sonderzugfahrt von Leicester nach Loughborough am 5. 6. 1841 für den Preis von einem Schilling den Pauschaltourismus einleitete. „Thomas Cook saw tourism as his mission to humanity; it was a means of emancipation for large numbers of people whose work was drudgery and whose recreation was drink" (Brendon, 1992, S. 2). Das Phänomen des Massentourismus ist also sehr jungen Datums: beginnend in den 60er Jahren und der eigentliche Durchbruch in den 70er und 80er Jahren.

Bekannt und ausführlich in der Literatur dokumentiert sind die Ursachen des Reisebooms und die Entwicklung des Freizeitmenschen:

- fortschreitende Arbeitszeitverkürzung (und damit Verlängerung der Freizeit) (die Entwicklung von der Arbeits- zur Freizeitgesellschaft)

- demographische Gründe (steigender Anteil älterer Personen)

- Ausgleichs(Flucht-)funktion aus der Monotonie/Anonymität/Langeweile der Großstädte bzw. der industriellen Arbeitsprozesse in die Natur und in die Freizeit („to get away from it all", „mental lift"). Oder wie Armanski (1986, S. 34) es formuliert: „Die Attraktivität der Ferne hat etwas mit der Deklassierung der Nähe zu tun."
Auch Müller (1991, S. 12 ff.) sieht i.d.S. die Hauptmotivation der Reisenden weniger im „hin-zu" als im „weg-von". (Der WWF fragt allerdings: „Lohnt es sich noch anzukommen?"). Reisen ist bereits zu einer „sozialen Norm" geworden. Ein eventueller Wertewandel hätte Einfluß auf die touristische Nachfrage und wäre ein guter „Nährboden" für neue touristische Verhaltensmuster. Appleyard sieht den Urlaub als eine Pflicht und einen Ritus mit bestimmten Zeremonien. „Everbody talks about ‚needing' a holiday, with the implication that to do without would constitute a threat to mental and physical health" (1992, S. 10)

- steigende Einkommen, steigende Ausgaben für Freizeitinteressen (nach Berechnungen des Statistischen Bundesamtes hat eine vierköpfige Arbeitnehmerfamilie mit mittlerem Einkommen im Jahr 1991 8148 DM für Freizeit und Urlaub ausgegeben (vom gesamten verfügbaren Jahreseinkommen sind das 14 %, also jede siebte Mark), das ist viermal soviel wie noch vor 20 Jahren)

- Die Ausgaben der Deutschen bei Auslandsreisen erreichen jährlich neue Höhepunkte (1991 erstmals über 50 Mrd. DM; 1992 53 Mrd. DM von Ausgaben für Reisen insgesamt in Höhe von 175 Mrd. DM) und setzen sie an die „Weltspitze"
- höheres Bildungsniveau
- größere Mobilität und gestiegener Motorisierungsgrad (Auto, Aufkommen der Großraumflugzeuge)

Eine Studie des B.A.T. Freizeitforschungsinstituts, „Freizeit 2001", zeigte folgende Ergebnisse (vgl. dazu Opaschowski, 1992):

- Die zukünftige Freizeitentwicklung ist mit mehr Risiken (20 %) als mit Chancen verbunden
- Größte Beeinträchtigung der Lebensqualität durch Belastungen des Autoverkehrs (82 %)
- Landschaftszerstörung durch Freizeitanlagen (70 %).
- Zu den Zukunftchancen der Freizeit zählt insbesondere das wachsende Naturbewußtsein (76 %), der Reise kommt große Bedeutung zu (70 %)
- Die Mobilität überschreitet die Schmerzgrenze: Nach dem Jahr 2000 wird ein Drittel der Bevölkerung ständig irgendwo unterwegs sein; Einschränkungen werden zwingend; autofreie Freizeit- und Feriengebiete werden immer dringlicher.
- Massenfreizeit beherrscht die Szene: neue Dimension der „Überfüllung". Freizeitmensch wird sich zum „Warte-Profi" entwickeln müssen.
- Konsumieren um jeden Preis: Freizeit wird zunehmend zur Konsumzeit, Kauflust als Langeweileverhinderung auf Schuldenbasis.
- Zukunftsperspektive „Leben statt Lifestyle" (als moralischer Wertewandel zu neuem Verantwortungsgefühl)
- Grenzen zwischen Freizeit und Arbeit werden fließender. Hoffnung liegt im Kurswechsel zu einer sozial- und umweltverträglicheren Freizeitentwicklung (Alternativen zum Konsum oder Reinvestierung der gewonnenen Zeit in soziale Aufgaben).

Der Tourismus: weltweit größter Wirtschaftszweig des 21. Jahrhunderts

„Tourism is big business." Der Tourismus ist weltweit dabei, der Autoindustrie den Rang abzulaufen: Mit fünf Billionen Mark Umsatz und 127 Millionen Beschäftigten ist er bereits jetzt der größte Wirtschaftszweig der Welt. Gemäß einer soeben erschienenen Studie des World Travel and Tourism Council wird sich daran auch nichts ändern, vorausgesetzt, die wachsenden Verkehrs- und Umweltprobleme werden gelöst.

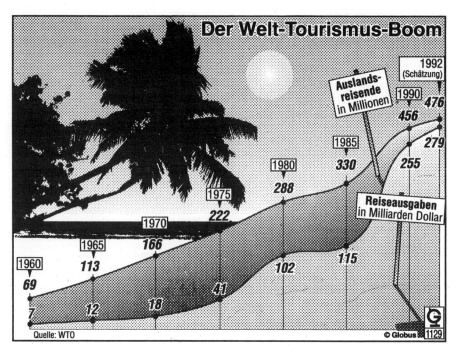

Folgende Zahlen mögen seine Bedeutung als weltweit führende Industrie verdeutlichen (vgl. Tolba, 1992; WTTC, 1993):

- Die internationalen Tourismusankünfte haben sich in den letzten zwei Dekaden fast verdreifacht (von 170 auf 450), seit 1960 nahezu versiebenfacht (s. Graphik).
- Die Einkünfte aus dem internationalen Tourismus stiegen im gleichen Zeitraum von etwa 22 Milliarden auf 3500 Milliarden Dollars 1993.
- In der Branche sind 127 Millionen Menschen beschäftigt, der Tourismus wurde zur größten Beschäftigungsquelle in der Welt.
- Die Branche investierte 1992 422 Milliarden Dollars (das entspricht 6,7 % der Weltinvestitionen).
- Innerhalb der Europäischen Gemeinschaft stellt der Tourismus 5,5 % des Bruttoinlandsprodukts, etwa 5 % der Ausfuhrerlöse und 6 % der Arbeitsplätze (ca. 6 Millionen Vollzeit-Arbeitsplätze)
- Europa ist immer noch Welt-Tourismuszentrum:
  1970: 70 % aller internationalen Touristenankünfte, 113 Millionen
  1990: 64 % aller internationalen Touristenankünfte, 271 Millionen
- Der Mittelmeerraum trägt immer noch 35 % des internationalen Fremdenverkehrs (320 Mill. Anrainer, über 100 Mill. Touristen – 1984 waren es 55 Millionen, 150 Mill. Autos –; Spanien allein über 50 Millionen Touristen; der UNEP Blue Plan für den Mittelmeerraum schätzt – in Übereinstimmung mit der WTO – den Anstieg je nach den wirtschaftlichen Wachstumsraten bis zum Jahr 2025 auf 360 bis 760 Millionen pro Jahr – zusätz-

lich zu den demographischen Veränderungen dieser Region). Das würde bedeuten: Bis zum Jahr 2000 wird das Doppelte an Fläche benötigt! Bis zum Jahr 2025 könnte sich das Abfall- und Abwasseraufkommen mehr als verdreifachen! Schwerwiegende Probleme und Belastungen der Umwelt sind damit bereits vorgezeichnet.
- Starke Expansion in Asien: 1970 5 Millionen, 1990 47 Millionen Touristen.
- Die Tourismusausgaben als Beitrag zum Bruttosozialprodukt variieren stark von Land zu Land (im April 1991 wurde vom OECD Council ein neues Berechnungsschema vereinbart, das in verbesserter Form den Beitrag des Tourismus feststellen soll; dieser „Manual on Tourism Economic Account" wird nun drei Jahre getestet; vgl. OECD, 1992, S. 179).

Der Tourismus galt in der Vergangenheit als die „Wachstumsbranche" schlechthin, mit jahrelangen, quasi vorprogrammierten zweistelligen Zuwachsraten.

Verwunderlich, daß die betriebswirtschaftliche Forschung sich bis zum heutigen Tag relativ wenig mit Phänomenen des Tourismus beschäftigte (DRV, 1989; zu den Versäumnissen der Tourismus-Theorie siehe Roth/Schrand, 1992, S. 51 ff.). Die in jüngster Zeit festzustellende Erweiterung der Betriebswirtschaftslehre auf eine umweltorientierte Unternehmensführung (Hopfenbeck, 1992; Wicke u.a., 1992; Meffert/Kirchgeorg, 1992; Steger, 1992) könnte Wege aufzeigen, wie auch im Bereich des Tourismus die Ökonomie ökologieverträglicher werden könnte.

Kirstges (vgl. 1992, S. 32 ff.) sieht gewisse Sättigungserscheinungen aufgrund folgender Faktoren:

- Der starke Anstieg der Nettoreiseintensität (Anteil der Bevölkerung über 14 Jahren mit einer Urlaubsreise von mindestens 5 Tagen im Kalenderjahr) erscheint beendet. Es wird eine Stagnation auf hohem Niveau (70 %) erwartet. Das bedeutet zukünftig ein geringeres Marktvolumen in Personen (Gesamtbevölkerung sinkt, NRI stagniert).
- Die Reisehäufigkeit der Mehrfachreisenden nahm von 2,3 Urlaubsreisen mit 5 Tagen und mehr (1987) auf 1,23 (1990) ab – Indikator einer einsetzenden Reisemüdigkeit?
- Das in Reisen gemessene Marktvolumen wird jedoch bis zur Jahrtausendwende noch leicht zunehmen (weniger Personen werden mehr Reisen unternehmen).

„Daher ist also zu erwarten, daß mit einer Art ‚Selbstheilungsprozeß' hinsichtlich der ökologischen und sozialen Schädigungen in den Zielgebieten des (deutschen) Tourismus nicht zu rechnen ist. Im Gegenteil: Zumindest quantitativ wird die Belastung der Reiseziele durch den Tourismus noch zunehmen!" (ebd., S. 36).

Verstärkt wird diese Entwicklung durch den Trend zu Fernreisen (heute über 7 %) und zu Kurzurlaubsreisen, die häufig im Auto durchgeführt werden.

Der OECD – Bericht (1992, S. 9) zeigt, daß der Anteil mit Kurzreisen von 1 bis 3 Übernachtungen nun bereits 20 % bei den von Europäern unternommenen Auslandsreisen ausmacht und der am schnellsten wachsende Sektor ist.

Der Tourist wird offensichtlich immer wechselhafter, unbeständiger sowohl bei der Auswahl von Veranstaltern als auch Zieldestinationen; zyklische Trends charakterisieren das Bild:

- In Italien ist in den ersten neun Monaten 1992 die Nachfrage um 4,6 % auf 179,5 Millionen Übernachtungen gefallen (minus 4,8 % bei ausländischen Gästen; minus 20,2 % weniger Gäste aus Deutschland).
- Auch der schweizerische Tourismus (drittgrößte Branche) kämpft mit Problemen: Die Übernachtungen gingen 1992 um 2,5 % auf 76 Millionen zurück.
- Dagegen hat Österreichs Tourismusbranche 1992 ihren Umsatz um 6 % auf 52 Milliarden DM gesteigert und erwartet für 1993 eine ähnliche Steigerungsrate (bis zum Jahr 2000 soll der Tourismus jährlich um real 3,5 bis 4 % wachsen).

Auch der Bericht zum fünften EG-Aktionsprogramm „Für Umwelt und Maßnahmen im Hinblick auf eine dauerhafte und umweltgerechte Entwicklung" (1992) sieht aufgrund der zunehmenden Einkommen und der verfügbaren Freizeit ein weiteres beträchtliches Wachstum voraus. Betroffen werden vor allem die Küstengebiete, die Bergregionen und Gebiete mit besonders hoher Umweltqualität für die Kurzurlaube sein. Nicht abzuschätzen sind zur Zeit die Auswirkungen des europäischen Binnenmarktes mit dem Wegfall der Grenzkontrollen oder der Liberalisierung des Luft- und Bodenverkehrs.

Vorteile/Nutzen des Tourismus

Durch den Tourismus und seine Aktivitäten werden zahlreiche Wirkungen auf die Umwelt ausgelöst, wobei neben den erwünschten Wirkungen in den letzten Jahren zunehmend auch die negativen Effekte diskutiert werden. Eine Pro-Contra-Diskussion darf jedoch nicht pauschal geführt werden oder durch beliebige Auswahl „gewünschter" einzelner Auswirkungen nur den eigenen Standpunkt berücksichtigen. Es gilt hier immer, eine „Gesamtschau" aller Auswirkungen auf den spezifischen Ort oder die Region zu liefern. Generalisierende Aussagen sind selten treffsicher, der „Saldo" ist nur für den Einzelfall zu ermitteln.

Die positiven Effekte des Tourismus liegen u.a.

- beim Reisenden primär in Erholung, Entspannung (obwohl McKee, 1992, S. 5, berichtet, daß immer mehr Urlauber unter einem „post-holiday blues syndrome" leiden), neuen Abenteuern, intensiven Eindrücken, persönlicher Entwicklung, Neugierbefriedigung, Erfüllung seiner Mobilitätsträume
- für die Tourismusindustrie vor allem in ökonomischen Vorteilen (im Inland und Ausland):
  - Schaffung von Arbeitsplätzen (direkt und indirekt), in der Bundesrepublik Deutschland 1,2 Millionen Vollarbeitsplätze, zuzüglich der Teilzeit- und Saisonarbeitskräfte einschließlich Familienangehörigen; durch die Devisenausgaben im Ausland und deren Rückfluß in die deutsche Industrie kommen nochmals ca. 400.000 Beschäftigte dazu; vgl. DRV, 1992, S. 9 und S. 29 ff. zu dem von der Reisebranche im Ausland bewirkten Beschäftigungsffekt
  (bis zu 20 % der Arbeitsplätze werden direkt/indirekt in Orten wie Stratford upon Avon, Chester, Windsor oder Woodstock vom Tourismus unterstützt. Dazu kommt der Multiplikatoreffekt; vgl. dazu Mathieson/Wall, 1982, S. 76 ff.).
  Als Probleme sind hier insbesondere die Saisonalität, vom Land zu erbringende Vorleistungen und die Entlohnung zu sehen.
  - Einhalt von Entsiedelung/Abwanderung (z.B. im Alpengebiet),
  - Einkommensverbesserung (manche Gemeinden wie Grindelwald oder Obergurgl schöpfen über vier Fünftel der Einkommen aus dem Tourismus); die Ausstrahlung der Tourismusausgaben auf andere Wirtschaftsbereiche zeigt einen Einkommensmultiplikator (vgl. Quest, 1990, S. 11 ff.; zur Berechnung Murphy, 1985, S. 90 ff.; Mathieson/Wall, 1982, S. 64 ff.; Pearce, 1989, S. 205 ff.).
  - Tourismus finanziert auch Maßnahmen der Landschafts-/Denkmalpflege etc.
  (nach einer Studie von English Heritage sind ca. 23.000 als schützenswert gelistete Gebäude dem Risiko einer Vernächlässigung oder anderweitiger Nutzung ausgesetzt. „Conversion to a beneficial tourism use is one means by which the owners can ensure the continuity of a building" (English Tourist Board, 1991 e, S. 2)
  - Wohlstand in benachteiligten Regionen
  - Nutzung von Brachland (z.B. beim Thorpe Park, Surrey, UK)
  - Verbesserung der örtlichen Infrastruktur, Dienste, Kultur, Freizeiteinrichtungen etc.
  - Einkauf bei der örtlichen Geschäftswelt (nach englischen Untersuchungen entfallen 17 % der Ausgaben von Tagesausflüglern auf das Einkaufen und 30 % (23 % bei nationalen und internationalen Touristen) auf das Essen (ETB, 1991 d, S. 5)
  - Devisenbeschaffung (die Tourismuseinnahmen sind vor allem dann erwünscht, wenn sie defizitäre Zahlungsbilanzen abdecken helfen; vgl. Mathieson/Wall, 1982, S. 52 ff.)

– Der Beitrag des Tourismus am Bruttosozialprodukt ist nach einer Studie des DWIF auf den Seychellen am höchsten (20 %), gefolgt von Jamaica (13,4 %) und Singapur (10,3 % des BSP)

Wäre der Bereich „Tourismus und Verkehr" ein Staat, so wäre nach einer Berechnung des „Economist" sein Sozialprodukt das fünftgrößte der Welt (vgl. Swoboda, 1989, S. 2).

Innerhalb der Tourismusindustrie steht das Hotel- und Gaststättengewerbe an erster Stelle; in Deutschland sind etwa 75 % der Beschäftigten in diesem Bereich tätig (eine Million Beschäftigte in rund 220.000 Betrieben mit über 80 Mrd. DM Umsatz 1991).

Der Tourismus hat an der Wirtschaftsleistung eines Landes u.U. einen großen Anteil. Im Kontext steigender Arbeitslosenzahlen und dem Niedergang zahlreicher traditioneller Industriezweige ist es für Deegan (1992, S. 11) verständlich, daß eine aufstrebende Industrie mit den genannten Vorteilen große Unterstützung erfuhr. Auch von Institutionen wie der Weltbank wurde der Tourismus besonders für Entwicklungsländer geradezu euphorisch beurteilt.

> „The promoters of tourism, both in government and in business, made fantastic claims for the benefits of the industry:
> - the tourist industry is a quick and highly profitable way of Third World countries to earn foreign currency which is needed for national development
> - the tourism industry is a smokeless industry, and because it is based on the existing culture and environment it is relatively easy to develop, requiring few infrastructural facilities
> - the tourism industry provides jobs and income for the local people
> - tourism promotes mutual understanding and cultural enrichment, thus bringing peace into the world."
>
> (Srisang, 1992, S. 3)

In vielen Ländern stellt der Tourismus einen der wichtigsten Wirtschaftszweige dar. Einige Zahlen für 1992 mögen dies verdeutlichen:

- etwa 18 % des BSP in Portugal
- etwa 14 % in Österreich (363,4 Milliarden Schilling)
- in der Schweiz ließen die Ausländer 13,4 Milliarden Franken im Land
- Italien hat rund 32,9 Milliarden Mark an Devisen eingenommen (deutscher Anteil: 6,5 Milliarden DM)
- In Spanien macht der Tourismus 8,7 % des Bruttoinlandsprodukts aus.
- für die Karibikinseln beträgt der Anteil der Tourismuseinnahmen an den Exporteinnahmen im Durchschnitt 25 %; dies ist der höchste Anteil weltweit, gefolgt von Südeuropa mit 18 %).

Sehr ausführlich wurde in der Literatur der (oft überschätzte) Devisenbeschaffungseffekt untersucht. Der (Durch-) Sickereffekt („trickle down effect") in die örtliche Wirtschaft ist geringer als angenommen. In vielen Fällen ist erkennbar, daß in den Entwicklungsländern durch die Erstausgaben in der Infrastruktur, den Kapitaldienst für tourismusinduzierte Importe (Lebensmittel, Einrichtung etc.), den Einsatz ausländischer Veranstalter, Kommissionsgebühren usw. erst nach vielen Jahren ein positiver (Netto-) Einkunftseffekt feststellbar ist. Tolba, Direktor des UN-Umweltprogramms, stellt nüchtern fest: „In fact, the balance of foreign exchange accruing to developing countries is relatively small" und „It is now becoming increasingly clear that it is not tourism that leads to development, but a country's general development that makes tourism profitable" (1992, S. 170 f.).

Nach einer Untersuchung, die in der englischsprachigen The Nation (Thailand) veröffentlicht wurde, beträgt der Abfluß 60 %. Von den im Land bleibenden 40 % heißt es: „Hardly any significant portion of this is distributed to the people on the lower rungs of Tai society. But even worse is that these people are forced, often painfully, to adjust their way to the changing environment brought about by development that comes with tourism" (13. 3. 1990). Einige empirische Befunde zur Abflußrate (mit extremen Ausschlägen) finden sich bei Smith/Jenner (1992, S. 54 ff.).

Für eine Fachexkursion des Forschungsinstituts für Freizeit und Tourismus an der Universität Bern wurde errechnet, daß nur zu einem Drittel mehr Einkommen nach Kenya gebracht wurde, d.h., rund zwei Drittel erreichten nicht das Zielland oder verließen es wieder als Devisenausgaben (vgl. Maurer, 1992, S. 58, daraus Abbildung 2 nach einem Entwurf von Müller, 1988; weitere Zahlenbeispiele zur Sickerrate bei Mason, 1990, S. 24; Holloway, 1989, S. 174 f).

Nutzen und Kosten des Tourismus sind in der Literatur ausführlich beschrieben worden, es genügt deshalb an dieser Stelle ein schlagwortartiger Überblick zur Verdeutlichung der Problematik. Ein Problem besteht jedoch in der Tatsache, daß Nutzen und Kosten ungleich verteilt sind und daß diejenigen, die die Kosten tragen, nicht unbedingt auch am Nutzen partizipieren. Ein anderes Problem liegt darin, daß die ökonomischen Effekte des Tourismus (Deviseneinnahmen, Arbeitsplätze etc.) i.d.R. recht einfach zu bestimmen sind, während die ökologischen Auswirkungen oft nicht in gleicher Weise quantitativ „meßbar" sind, sondern nur qualitativen Charakter haben (Verschandelung der Natur durch touristische Anlagen, Verkehrsstau- oder Lärmbelastungen für die Einheimischen, Ausverkauf der Kultur etc.).

Im Rahmen dieses Buches fokussieren wir unser Interesse auf die Wirkungen des Tourismus auf die natürliche Umwelt, wohl wissend, daß i.S. einer ganzheitlichen („Mit-Welt"-)Betrachtung eine klare Abgrenzung des Objekts nicht möglich ist.

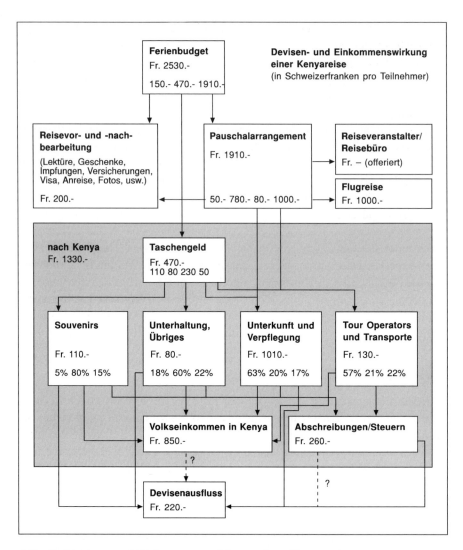

Abb. 2: Devisen und Einkommenswirkung einer Kenyareise

Da die natürliche Umwelt als Geschäftsbasis der Tourismusindustrie als solche „vorgegeben" ist (Kaspar spricht hier vom „natürlichen Angebot"), d.h. der steigenden Nachfrage nicht angepaßt werden kann, führt ein Beibehalten der Wachstumsphilosophie beim touristischen Angebot („Erschließungskreisel"/Kapazitätenausbau) zu Attraktivitätsverlusten, wird der Faktor Natur zunehmend „knapp". Werden Ressourcen (auch durch Aktivitäten anderer Wirtschaftszweige) in bestimmten touristischen Zielregionen aber knapp, so führt dies zwangsläufig zu Konflikten wegen verschiedener konkurrierender Nutzungsansprüche (vgl. Tschurtschenthaler, 1992, S. 643).

Der normale Regelungsmechanismus, nämlich über den Preis, funktioniert hier schlecht, da die Umweltressourcen z.T. den Charakter von öffentlichen Gütern haben, die von allen kostenlos genützt werden können. Eine Grenze der Belastbarkeit wird dort anzunehmen sein, wo die Regenerationsfähigkeit der Natur überfordert wird. Obwohl gerade Umweltfaktoren für den Erfolg oder Mißerfolg in vielen Bereichen des Tourismus (etwa für die Alpen) ausschlaggebend sind, lassen sich zum Schutz dieser touristischen Landschaft „Qualitätsstandards" nicht quantifizieren. „Im Gegensatz zu den Umweltmedien wie ‚Luft' und ‚Wasser' fehlt es hier an objektiven Kriterien, ab welchem Erschließungsgrad die ... touristisch relevanten Landschaftsfunktionen" (Gewährleistung der ökologischen Stabilität, ästhetisches Erleben, Fähigkeit zur physischen und psychischen Erholung) beeinträchtigt werden. Es wird zu zeigen sein, daß hier die politische Instanz aufgerufen ist, durch ein Werturteil entsprechende Kapazitätsgrenzen zu fixieren" (ebd, S. 646; vgl. auch unsere Ausführungen im Teil 7). Die Forderung nach einer „nachhaltigen Tourismusentwicklung" wird es notwendig machen, ethische Leitbilder (Kodizes) für den Tourismus zu entwerfen. Die Funktion der Verbände wird sich dabei auch wandeln: weg von einer einseitigen „Promotion-Aufgabe" und hin zu einer „Qualitätskontrolle" der vom Leitbild vorgezeichneten Tourismusformen.

Nachteile/Kosten des Tourismus

Sehr stark wird der Tourismus durch die Aktivitäten anderer Branchen bedroht: Die Algen- und Ölteppiche vor den Küsten oder der Baudenkmäler angreifende saure Regen mögen als „symbolische" Beispiele genügen. Wir wollen hier die Probleme kurz ansprechen, die durch den Tourismus selbst verursacht werden.

> „Already the effects of international tourism have been devastating. From the Lake District to Athens, the Kenyan Game Parks to Bhutan, tourism has taken its toll. Its opponents argue that it pollutes, threatens endangered wildlife, causes deforestation, strains local resources, sullies the indigenous culture and damage monuments."
>
> (Churchill, 1991, S. 29)

Die unbestreitbaren ökonomischen Vorteile des Tourismus sind nicht ohne Nachteile/Kosten zu erlangen. Im Vergleich zu Industrie oder Handel ist insbesondere zu bedenken, daß die Natur das Kapital und damit die „Lebensbasis" dieser Branche darstellt. Strände, Korallenriffe, die historischen Gebäude und Stätten, die natürliche Landschaft, Flora und Fauna, alle zusammen sind eine starke Attraktivität für den Tourismus – eine Beschädigung oder Zerstörung reduziert damit zwangsläufig die „Potentiale" des Tourismus (vgl. Niles, 1991, S. 3). „The environment, natural and anthropogenic, constitutes the basic asset of the tourist industry. If the carrying capacity of this asset is exceeded, it can deteriorate and may even be irreversibly damaged" (Tolba, 1992, S. 172).

> In ihrem Video „Thailand for Sale" (1991) beschreibt die Phuket Environmental Protection Association die Entwicklung der Halbinsel Phuket binnen einiger Jahre von einem friedlichen Platz zu einem internationalen Tourismuszentrum mit einem Verhältnis Tourist/Einheimischer von 10 zu 1. „But now everything has totally changed. It's become commercial – everything, everybody. With commercialism everything must be fought over. We have this feeling that other people can visit Phuket, take whatever they want from here and leave again. But we have to live with what they leave behind."

Die Umweltwirkungen des Tourismus sind so zahlreich, daß nur besonders signifikante Punkte herausgegriffen werden können; dies erscheint zulässig, da die „Tourismuskritik" diese Elemente ausführlichst in der Literatur beschrieben hat (zur frühen Tourismuskritik siehe Enzensberger, 1964; Knebel, 1960; später vor allem Krippendorf 1976/1984; weiter Armanski, 1981; Adler, 1988; Maurer u.a., 1992, S. 75 ff.; Österreichischer Gemeindebund, 1989, S. 23 ff.; Opaschowski, 1991, S. 53 ff.; WTTERC, 1992); in zahlreichen Untersuchungen werden die umweltbelastenden Effekte dargelegt (vgl. Edington and Edington, 1986).

Aus dieser Tourismuskritik heraus sind zahlreiche Organisationen gegründet worden, die sich vor allem mit dem internationalen Tourismus in der dritten Welt beschäftigten (ECTWT, TEN, TmE oder Tourism Concern). Dazu treten Bürgerbewegungen in den jeweiligen Ländern selbst (Goa „Jagrut Goenkaranchi Fauz", Indien, Thailand „Phuket Environment Protection Association", auf La Gomera „Guarapo" oder auf Penang „Sahabat Alam Malaysia" etc.).

Die Countryside Working Group hat in ihrem Bericht (1991) der „Tourism and the Environment Task Force" in Großbritannien vorgeschlagen, die Kosten des Tourismus in drei Hauptkategorien einzuteilen:

- die ökonomischen Kosten, die nicht vom Touristen bzw. der Tourismusindustrie getragen werden (z.B. Verkehrsstau)
- die sozialen und kulturellen Kosten (z.B. Ärger über eine unerwünschte Entwicklung des Tourismus)
- die Umweltkosten

Die Arbeitsgruppe zieht aus diesen potentiellen Wirkungen die Vermutung, daß die Umweltkosten „... do violence to the principle of sustainable tourism" (vgl. dazu Ravenscroft, 1992, S. 8). In österreichischen Gemeinden kommen auf einen Einheimischen bereits zwei oder mehr Touristen, sind in einem Dutzend Alpentäler die Luftschadstoffkonzentrationen größer als in den Städten (vgl. Zolles, 1989, S. 2).

Stellvertretend sollen für die Gruppe der Umweltwirkungen stichwortartig genannt werden:

- Müll/Abfall (z.B. in Fremdenverkehrsorten)
- Luftbelastung (z.B. durch Tourismus induzierter Verkehr)
- Bodenerosion (z.B. Alpen, Küsten)
- Wasserbelastung (z.B. Eutrophierung, Abwässer)
- Bedrohung des natürlichen Lebensraumes (für Pflanzen, Tiere)
- Verlust an Wäldern
- Einwirkungen auf Tierwelt (Aufschrecken, Töten etc.)
- „Visuelle" Verschmutzung der angenehmen Umgebung
- Ersatz eines natürlichen Ökosystems durch ein technisches System
- Landschaftsversiegelung, -zerstörung, -zersiedelung, („Zupflastern" der Landschaft, Urbanisierung, Spekulation, Ortsbildverfremdung, Überprägung, Zweitwohnungen; nach Danninger (1991, S. 9) wurden in Österreich allein in den zehn Jahren von 1970 bis 1980 in den Fremdenverkehrsgemeinden ein Drittel der heutigen Gebäude errichtet)
- Bedrohung des ökologischen Gleichgewichts (z.B. Antarktis, Korallenriffe)

Tolba (1992, S. 172) beziffert den Stromverbrauch eines einzigen Multihotels in Kairo mit dem Verbrauch von 3600 Haushalten mittleren Einkommens.

Wie wir später noch ausführlich zeigen, werden die Kosten für die Beseitigung der vom Tourismus ausgehenden Schäden (Strandsäuberungen, Lawinensicherung, Abwasserreinigung, Wiederaufforstungen, Beseitigung von Erosionsschäden u.ä.) nur zu geringen Teilen vom Verursacher selbst getragen.

Euler (1991, S. 53 ff.) spricht von den sieben Umweltsünden: Landschafts-, Wasser-, Luftverschmutzung, Pflanzen- und Tiergefährdung, Landschaftszerstörung und -zersiedelung.

Dazu treten die soziokulturellen Belastungen, die ebenfalls in der Literatur ausführlich erörtert wurden:

- Zerstörung traditioneller Sozial- und Wertsysteme
- Aufgabe einheimischer Lebensweise
- Kulturverfall, Kommerzialisierung der örtlichen Kultur/Kunst
  („Folklore ist von Bühnenshow nicht zu unterscheiden – mehr oder minder gut gemachtes Theater mit unterschiedlichen Kostümen und modifizierten Instrumenten: Csárdás, Sirtaki, Schuhplattler – alles dasselbe. Kulturen werden geebnet zu videoreifen Zivilisationen", Swoboda, 1989, S. 1)

- Übernahme westlicher Lebensstile, Konsummuster etc.
- Weckung von neuen Bedürfnissen
- Prostituierung, Alkoholismus, Kriminalität
- Menschen als „Besuchsobjekte"
- Verteuerung der Grundstücke und Lebenshaltung (Einheimische können nicht mithalten)
- Stabilisierung von Diktaturen
- Verstädterung und Landflucht

> „Die Zahl der Teilnehmer an Expeditionsreisen ist mit kaum mehr als 10.000 im gesamten deutschsprachigen Raum nicht sehr hoch. Das ändert aber nichts an der fatalen Wirkung dieser Exkursionen. Wenn der Studienrat aus Frankfurt dem Ounan-Indianer auf Borneo gegenübertritt, treffen unüberbrückbare Welten aufeinander: Der eine hat 10.000 Kilometer im Düsenjet zurückgelegt, sich 200 Kilometer im Schlauchboot stromaufwärts transportieren lassen und will nun was geboten bekommen für sein Geld. Der andere gehört zu einem Nomadenvolk, das sich in jahrtausendwährender Anpassung den Lebensraum des tropischen Regenwaldes erschlossen hat. Seine Welt ist zerbrechlich, seine Lebensform bis ins kleinste Detail den alles andere als romantischen Gesetzen des Dschungels unterworfen. Die Begegnung mit Deutschen oder Schweizern ist für ihn absurd. Denn sie bringt traditionelle Sozial- und Wertgefühle durcheinander.
> Als Stoßtrupp westlicher Industriegesellschaften wecken die Touristen mit ihren großzügigen Gastgeschenken nur neue Bedürfnisse. Ihre Besuche führen letztlich zu einer Aufgabe der traditionellen Lebensweise und zu schnellem Kulturverfall.
> Auf den direkten Zusammenhang zwischen Touristenbesuchen und Grippe-Erkrankungen der im brasilianischen Yanoami-Gebiet lebenden Bewohner weist die Gesellschaft für bedrohte Völker hin: Die Grippe-Epidemien im Yanoami-Gebiet hätten ihren Höhepunkt zwischen 1972 und 1974 erreicht, als Pantanal zum Touristengebiet erklärt worden sei. Die Erkrankungen seien aber spürbar zurückgegangen, nachdem die venezolanischen Behörden dem Tourismus Einhalt geboten hätten. Inzwischen stehen die Yanoami-Indianer bei fast allen Expeditionsveranstaltern wieder ganz oben auf dem Programm."
>
> (Kleindienst, 1992, S. 91)

In diesem Zusammenhang sollten nicht übersehen werden:

- negative ökonomische Auswirkungen (Anstieg der Bodenpreise oder Lebensmittel, Importsog, Druck auf örtliche Infrastruktur, Abhängigkeit von nicht beeinflußbaren Entwicklungen im Ausland wie etwa Rezessionen),

- politische Auswirkungen (Abhängigkeit von politischen Ereignissen wie Golfkrieg, Bürgerkrieg im ehemaligen Jugoslawien, Streiks, Terroristenaktivitäten, Flugzeugabstürze etc.).

Der Tourismus ist also ein relativ instabiler Wirtschaftszweig, was besonders gefährlich wird bei einseitiger Abhängigkeit eines Landes von diesem Sektor („touristische Monokultur"). Als Indikatoren zur Darstellung der tourismusrelevanten Umweltwirkungen verwendet Pillmann die als störend wahrgenommenen Umweltbelastungen (vgl. Abbildung 3, aus Pillmann, 1992, S. 6). Die Wechselwirkungen zwischen Tourismus und Umwelt aus systemischer Sicht beschreiben wir im Teil 4.

Tourismusform	Beispiele für Aktivitäten	Wahrnehmbare Umweltbelastung
Erholungs-tourismus	Wandern, Spazieren, sich bewegen, Verweilen, (Natur) Beobachten, Besichtigen, Einkehren, Kommunizieren	Lärm, Flächenverbrauch, Störungen des Landschaftsbildes, Vegetationsverarmung, Waldschäden, Erosionen
Sport-tourismus	Skifahren, Schwimmen, (Meere, Binnenseen), Bootfahren, an Massenveranstaltungen teilnehmen	Immissionen, Wasserverschmutzung, Beeinträchtigung von Lebensräumen, Naturzerstörung durch Bau von Sportanlagen, Risikopotentiale, Vandalismus
Wirtschafts-tourismus	Geschäfts-, Messe-, Kongreß-tourismus; Fortbildung	Lärm-, Immissions-, Geruchsbelastungen, Materialschäden
Rundfahrt-tourismus	Auto-, Bahnfahren, Flug- und Schiffsreisen; Lagern, Campieren; Städtetourismus, Besichtigung von Kulturgütern	Verkehrsstärke, Lärm, Immissionen, Gerüche, Vegetationsschäden, Flächenverbrauch durch Verkehrseinrichtungen, Flächenzerschneidung, Monotonie der Umgebung, „Touristenmassen", Unfälle
Gesundheits-tourismus	Spazieren, Ausruhen, sich schonen, „Kuren"	Immissionen, „Landschaftsverbrauch". Beeinträchtigung von Lebensräumen, Wahrnehmungen von Mängeln bezüglich der sozialen Welt

Abb. 3: Touristische Aktivitäten und wahrnehmbare Umweltbelastungen

Aus der Aufzählung ist die Notwendigkeit erkennbar, die Natur zu schützen. Hier zeigt sich aber bereits ein Dilemma und bis zu einem gewissen Grad auch unlösbares Problem:

- Der Tourismus ist ein eminent wichtiger Wirtschaftsfaktor.
- Der Großstadtmensch will beim heutigen Arbeits- und Wohnstreß der Unwirtlichkeit der Städte entfliehen. Diese Sehnsucht nach heiler Welt zerstört gleichzeitig die Natur und treibt den Menschen auch noch in die letzten unberührten Landschaften. Jedes Mehr an Gästen bedeutet einen zunehmenden Verlust an Qualität und einen Verlust dessen, was man eigentlich sucht.
- Die Basis eines Großteils des Tourismus und ein beträchtlicher Teil der Freizeit- und Sportaktivitäten beruhen auf Umweltfaktoren, i.d.R. ist der Tourist ja gerade besonders angezogen von Orten mit empfindlicher Umwelt (z.B. Alpen, Küsten

oder historische Städte). Ein Dilemma also zwischen „the need to protect the environment for tourism and the need to protect it from tourism. Whilst the former might be a goal for all areas or countries, the latter is highly dependent upon the nature of the tourist destination and the economic and political strength of individual nations. A current example of this is the extent to which local communities can exploit the tourism potential of some of the lesser known islands of the West Indies without allowing it to dominate their culture, as has become the case elsewhere" (Ravenscroft, 1992, S. 10).

So fordert der Bund Naturschutz (bei entsprechendem Ausbau des Bahn-/ Busverkehrs) die Sperrung der Zufahrt und einen Shuttle-Service zum Spitzingsee (2000 Parkplätze). Das Bayerische Innenministerium lehnt dies ab, da das Spitzingseegebiet weiterhin der erholungssuchenden Bevölkerung uneingeschränkt zur Verfügung stehen soll.

Diese „Balance" zwischen den Erträgen und Kosten, zwischen Entwicklung und Ökologie zu finden ist demnach eine ungewöhnlich schwierige Aufgabe, die nur im Einzelfall zu beurteilen ist (vgl. auch unsere Ausführungen zum Sustainable Tourism). In einigen Fällen scheinen nicht nur Obergrenzen des Konsums, sondern auch des Reisens erreicht, die Möglichkeiten und die Wünschbarkeit der weiteren Entwicklung muß einem neuen gesellschaftlichen Diskurs zugeführt und wo nötig, einer ungewünschten Entwicklung bewußt Einhalt geboten werden.

Niles (1991, S. 3) weist aber darauf hin, daß Umweltschäden und Ausbeutung der Gastgeberländer zwar große Probleme darstellen, aber im Prinzip oft nur die Konsequenz eines anderen Problems sind. Dieses ist nicht einfach die Einführung oder das Wachstum der Tourismusindustrie, sondern der Grund seiner Einführung: das Streben nach ökonomischer Erholung, verstärkten Beschäftigungschancen und Einkommen. Die meisten Tourismusempfängerländer leiden unter großen Auslandsschulden, steigender Arbeitslosenzahl, geringem Einkommen und anderen sozialen Problemen. Der Tourismus scheint hier vordergründig das beste Potential für wirtschaftliche Erholung und Beschäftigung zu bieten.

> „... tourism can sometimes provide a conundrum. A poor country has a natural or cultural attraction and wishes to exploit to the maximum the economic benefits which can flow from it in the short term; foreigners may be concerned about its preservation – but those foreigners are not on the poverty line. But after a few years of successful tourism, the attraction can suffer permanent damage, so depriving future generations not only of the attraction but the possibility it offers to provide tourism flows and economic benefits."
> (Bodlender, 1990, zit. ebd., S. 10)

„Im schönen Land Tirol. Touristen ja! Aber müssen es so viele sein?" fragt das ZEITmagazin (19. 7. 1991). „Im Kinderlied sind die Tiroler noch immer lustig. In Wirklichkeit wissen sie längst, daß sie mit ihren Betten auch ihre Natur verkauft haben, ihre Kultur und ihre Familien. Jetzt suchen sie nach einem neuen Weg für den Tourismus. Ob er ans Ziel führt, scheint fraglich – zu groß sind die Abhängigkeiten ... Erst hat der Fremdenverkehr Tirol gerettet, dann hat er es deformiert. Jetzt versuchen die Tiroler endlich, von weniger Touristen zu leben." (Lechner, 1991, S. 10). Von 2,3 Millionen im Jahr 1950 stieg die Zahl der Übernachtungen 1990 auf 42,5 Millionen in 370.000 Gästebetten. Sie ließen 9 Mrd. DM im Land, von den 620.000 Tirolern arbeiten 140.000 direkt oder indirekt für den Fremdenverkehr. Der neue „Tiroler Weg" beinhaltet eine dreijährige „Nachdenkpause" mit einem Stopp für neue Seilbahnen etc., und mit dem 1991 in Kraft getretenen neuen Fremdenverkehrsgesetz sind örtliche Tourismusleitbilder für die Tourimusverbände vorgeschrieben.

> Werkmeister (1991, S. 18) zeigt die Probleme anhand des Pyramidengebietes, eines der Sieben Weltwunder: „Alles in allem ein kulturelles Welterbe von höchstem Rang. Es steht aber seit mindestens drei Jahrzehnten in der Gefahr, vom Massenstrom der Touristen, von einer unkontrollierten Entwicklung der Siedlungen, von Umweltschäden und von gewissenlosen Geschäftemachern regelrecht massakriert zu werden. Das ganze Gebiet, einst ehrwürdiger Friedhof des Alten Reiches, steht kurz davor, selbst endgültig der Vergänglichkeit anheimzufallen."

Spiegler (1992, S. 427 f.) zeichnet folgenden Problemkatalog des Tourismus:

1. Verkettung Tourismus mit Verkehr und Reiseverhalten
2. Lokale/flächenhafte Übernutzung der Landschaft
3. Erschließungskreisel (mehr Betten, mehr Lifts, mehr Straßen etc.)
4. Soziokulturelle Erosion
5. Vermehrte Inanspruchnahme gefährdeter Gebiete
6. Steuerung des Touristenstromes (Ein-/Ausgrenzung etc.)
7. Dominanz des technik- und belastungsintensiven Tourismus in großer Zahl („harter Massentourismus"), weiteres Zurückdrängen alttradierter Nutzungen (z.B. bergbäuerlicher Wirtschaftsweisen)
8. Zu geringe Übernahme von Verantwortung und Kosten von Tourismusträgern gegenüber jenen, die zur Landschaftserhaltung beitragen
9. Versorgungs- und Entsorgungsfragen
10. Alpen: Skibetrieb, „neue Sportarten"

So oder so (Das Original):

dene urlauber
is unser landschaft wurscht:
wenn sees aafgarbat ham,
fahrns woanders hi;
uns einheimische
is unser landschaft aa wurscht:

wenn ma's aafgarbat ham,
fahrn ma in urlaub.

(Harald Grill: eigfrorne gmiatlichkeit, Passau 1982)

So oder so (Für Nicht-Bayern):

„Den Urlaubern ist unsere Landschaft gleichgültig: Wenn sie sie zerstört haben, fahren sie woanders hin. Uns Einheimischen ist unsere Landschaft auch gleichgültig. Wenn wir sie zerstört haben, fahren wir in Urlaub."

Die gezeichneten Umweltschäden werden auch von vielen Tourismuskritikern nicht geleugnet. „Sie vertreten aber die Auffassung, daß die wirtschaftlichen Vorteile des Tourismus diese Umweltschäden sowie andere negative Aspekte bei weitem aufwiegen. Sie sehen im Tourismus für gewisse Länder die einzige Möglichkeit, sich wirtschaftlich zu entwicklen ... Sie machen ferner auf gewisse Umweltschutzbemühungen im Tourismussektor aufmerksam, die in anderen Wirtschaftszweigen der betreffenden Länder völlig fehlen. Außerdem ergeben sich ihrer Meinung nach bei einem Verzicht auf Tourismus in den meisten Fällen eher größere Umweltbelastungen ... Diese Argumente sind nicht alle ohne weiteres von der Hand zu weisen, auch wenn der wirtschaftliche Nutzen vieler Tourismusprojekte negativ beurteilt wird" (Maurer u.a., 1992, S. 85).

Für Elkington/Hailes (1992, S. 15) ist die Tourismusindustrie erstaunlich kurzsichtig. Extrem fragmentiert, mit z.T. mörderischer Konkurrenz tendiert sie dazu, „Umweltqualität" zu opfern, ohne Interesse in die ausgebeuteten Gebiete zu reinvestieren. Ist ein Shangri-La zerstört, suggeriert die Goldgräberstimmung der Branche, daß immer ein neues gefunden werden kann.

Die Tourismusindustrie scheint sich – allerdings unbeabsichtigt – ihrer eigenen zerstörerischen Gewalt bewußt zu sein, wie sonst ist das ständige Werbeargument für neue und noch „unberührte" Gebiete zu interpretieren („See it before it's gone")? Gilt für die alten Gebiete das, was im Englischen als „bugger it up and pass it down" – Philosophie bezeichnet wird?

Wir beschäftigen uns in diesem Buch nur mit den von der Tourismusindustrie ausgehenden Umweltbelastungen und möglichen Lösungen. Zweifelsfrei ist diese Industrie aber auch selbst „Opfer", d.h. extrem von außen durch von anderen Bereichen verursachte Umweltschäden bedroht, die hier nicht Gegenstand der Betrachtung sind.

Obwohl, wie bereits gezeigt, der Tourismus von enormer ökonomischer Bedeutung ist, existieren keine zufriedenstellenden Mechanismen, um den Tourismus gegenüber den anderen wirtschaftlichen Interessen zu schützen. „There is no model, for example, for quantifying the economic damage to tourism caused by acid rain degradation of an ancient site, nor any formal mechanism for preventing that damage. No one knows how many tourists are put off visiting a beach that is polluted by sewage nor is there any compensation for the tourism industry for such effects. It would be quite unthinkable for any other comparably sized industry to adopt such a weak posture"(Jenner/Smith, 1992, S. 13).

Bekannt sind auch die wesentlichen Ursachen ökologischer Belastungen:

(1) der quantitative Boom der Touristenanzahl
(2) der Druck auf immer entlegenere Regionen.

Das Problem der großen Zahl

Wir haben bereits an anderer Stelle ausführlich beschrieben, daß ökologische Probleme sehr häufig ein „quantitatives" Problem darstellen (dazu Hopfenbeck, 1992, S. 929 f.). Das Problem der Masse ist zwar keine sonderlich neue Erkenntnis, aber trotzdem zentral für die Probleme des Tourismus. Und zwar dreifach: zum einen in bezug auf das bereits bestehende „Volumen", zum anderen in der weltweit steigenden absoluten Anzahl von Reisenden und schließlich in der zunehmenden Reisehäufigkeit.

Die beschriebenen negativen Effekte dominieren, wenn die Zahl der Besucher eine bestimmte Wendemarke überschreitet, ab der die positiven Effekte progressiv abnehmen. Dieser Punkt kann mit der tatsächlichen Belastungskapazität oder dem Sättigungsgrad einer Ressource beschrieben werden (vgl. WTO, 1985, S. 2). Die Auswirkungen beziehen sich

- zum einen auf das Image, d.h. auf den Qualitätsverlust der Attraktion, der ab einem bestimmten Kapazitätsgrad eintritt,
- zum anderen auf die einheimische Umwelt, d.h. Schäden der physikalischen, kulturellen und sozialen Umwelt.

Der Mengeneffekt steigender Verkaufszahlen (also verkürzt das Wachstum) „überkompensiert" den (Belastungs-)Reduktionserfolg beim Einzelstück. Simples Beispiel: Was bringt der „recyclierbare" Ski an echter Entlastung, wenn weltweit immer mehr davon in der Umwelt genützt werden? Was nützt der Katalysator, wenn die Zahl der motorisierten Tagesausflügler ständig steigt?

> „Das wahre Problem ist quantitativ. Ein Naturfreund auf dem Krottenkopf – welch schöne Vorstellung! Eine Gruppe von zehn Naturfreunden am Piz Palü – warum nicht? Ein Haufen von 300 Naturfreunden auf dem Weg

> zum Scheinberg (Ammergauer Alpen) – eine Katastrophe. Das wahre Problem ist, daß 300 Naturfreunde, selbst wenn sie daheim *Natur* abonniert oder schon an einer Greenpeace-Aktion teilgenommen haben, nur durch ihre gleichzeitige Absicht, die Scheinberg-Tour zu machen, unversehens zu Umweltfrevlern werden. Die Natur verträgt halt nur ein begrenztes Maß an Mensch. Ideen zur Lösung dieses Problems sind entweder zynisch und makaber – oder utopisch."
>
> (Rübesamen, 1992, S. 45)

Daß die Touristenzahlen in den nächsten Dekaden nochmals einen rasanten Anstieg verzeichnen werden, ist vor allem auf folgende Tatsachen zurückzuführen:

- Erst 10 % der Amerikaner verfügen über einen Paß und damit über die Möglichkeit einer Auslandsreise.
- In Japan wird von der zweiwöchigen Urlaubsmöglichkeit generell noch kein Gebrauch gemacht; allerdings wird jetzt das „Freizeitdenken" auch von offiziellen Stellen stark gefördert; 11 Millionen reisten 1991, eine Verdoppelung wird noch vor dem Ende des Jahrhunderts erwartet (OECD, 1992).
- Der pazifische Raum zeigt einen enorm wachsenden Binnentourismus.
- Langfristig wird eine Reisewelle in und aus Osteuropa erwartet.
- Die Zahl der Kurzreisen klettert weiter nach oben.
- Die „Reiseintensität" der Deutschen, die eine oder mehrere Urlaubsreisen innerhalb eines Jahres unternehmen, stieg von 24 % (1954), über 52,5 % (1974) auf 71,1 % (1992).

Auch bei den Verkehrsträgern ist mit enormen Steigerungsraten zu rechnen:

- so etwa bei Fluggästen in Europa: 1988   267 Millionen
                                                      2000   500 Millionen
                                                      2010   740 Millionen
- Weltweit haben wir z.Z. über 1 Billion Fluggäste.

> „Es gibt auf dieser Erde fast kein Problem, das nicht eines der großen Zahl (Menge) ist, formuliert ein bekannter Ökologe. Spätestens diese Feststellung muß den Touristikern bekannt sein (Problem des Massentourismus)."
>
> (Spiegler, 1992, S. 416)

Die schiere Menge und die Konzentration der Reiseströme (Peter nennt dies die „Gleichzeitigkeit der Nachfrage") führen dazu, daß in zunehmendem Maße die „Qualität" des Produkts Urlaub bedroht wird. Auch der Tourist selbst leidet inzwischen unter dieser Überfüllung. „Bedingt durch das Gesetz der großen Zahl und die daraus folgende Massierung der Nachfrage beeinträchti-

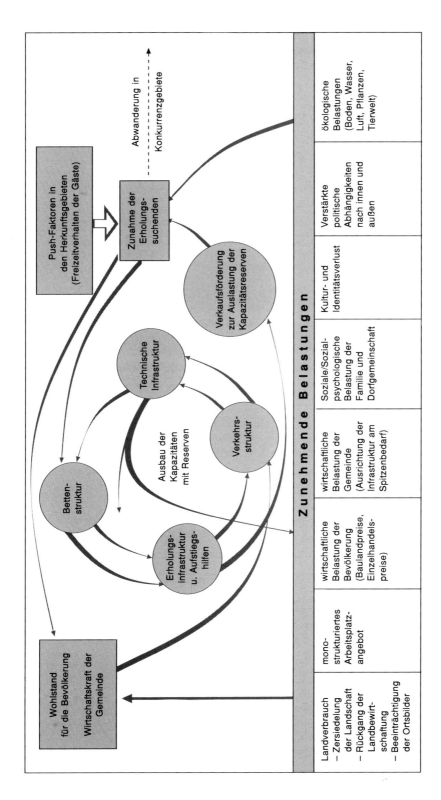

Abb. 4: Die quantitative Wachstumsspirale

gen die Freizeitmenschen ihre eigene Lebensqualität während der schönsten, weil selbstbestimmten Stunden und Tage im Jahr" (Peter, 1992, S. 12).

Auch die OECD (1992, S. 14) sieht hierin eine Gefahr: „Congestion is also a growing problem of road transportation. The heavy demands on the infrastructure and on passenger transportation by travel and tourism growth have created problems that, in the long run, risk having an adverse effect on tourism growth itself." Und an anderer Stelle zu den zu erwartenden Marktveränderungen: „Destination popularity in the 1990s is likely to be directly linked to factors such as pollution and the environment" (S. 18).

Eng damit zusammenhängend sind die Phänomene der „quantitativen Wachstumsspirale" oder des „Erschließungskreisels" zu sehen, durch die sich ein aufschaukelnder Wirkungsmechanismus zwischen Nachfrage und Angebot ergibt, wobei mit dem Erreichen eines jeden neuen Plateaus eine Erhöhung der Umweltbelastungen etwa für einen Fremdenverkehrsort verbunden ist (vgl. Abbildung 4, aus Falch, 1988, S. 47).

Der Druck auf unberührte Gebiete

Die nachfrageorientierten Beziehungen in der Tourismusindustrie sind sehr dynamisch: Sie lassen manche Aktivitäten und Zielgebiete eine Art des klassischen „Produktlebenszyklus" durchlaufen (vgl. Prosser, 1992). Diesem Wandel im Nachfragerverhalten wird von der Tourismusindustrie durch ständig neue Angebote entsprochen. „Historically the industry's answer was to find even newer and even more beautiful destinations but we are fast running out of alternatives and many within the industry now recognize that a different approach is needed" (Sissman, 1992).

„Die ‚edlen Wilden' liegen im Reisetrend. Technisierter Alltag und Wohlstandslangeweile lassen hierzulande Sehnsucht nach Unverbrauchtem und Ursprünglichem gedeihen. So werden Menschen, die noch vor kurzem völlig zurückgezogen und im Einklang mit der Natur lebten, zu begehrten Besuchsobjekten" (Kleindienst, 1992, S. 91).

Die Arbeitsgemeinschaft „Tourismus mit Einsicht" kritisiert besonders
- die bedenkenlose Erschließung möglichst exotischer Urlaubsziele,
- das Verkommen ganzer Inseln zu „Kellnerstaaten", in denen die Einheimischen nur noch für die fremden Gäste arbeiten,
- die „Busensafaris" in Nordkamerun,
- den „Sextourismus" in Südostasien oder Kenia,
- den „Slumtourismus" (z.B. in Kalkutta),
- den Expeditionstourismus in immer zivilisationsfernere, unberührtere Gebiete, der trotz aller Kritik blüht.

Die Touristen, insbesondere auch die Alternativtouristen (und ihre Namensvettern), suchen nach immer neuen Regionen, die „untouristisch" oder „unverdorben" sind, und ebnen damit den Weg für die langfristige Entwicklung. Wie viele Inseln, die als „Geheimtips" noch vor einer Dekade in Alternativreiseführern gehandelt wurden, sind heute fester Bestandteil im Katalog großer Reiseveranstalter? Über Alternativtouristen als Wegbereiter des kommerziellen Pauschaltourismus vgl. Zimmer, 1984.

> Scheuer (1992, S. M3) plädiert für einen touristischen „Verzicht". „Auch wenn es naiv ist zu glauben, die industrielle Entwicklung und Vereinnahmung der Dritten Welt stoppen oder gar rückgängig machen zu können, so muß dennoch immer wieder die Frage gestellt werden: Muß und darf die internationale Tourismusindustrie auch noch die letzten weißen Flecken auf der touristischen Landkarte erschließen? Dürfen wegen kurzfristiger Gewinnaussichten langfristig wirkende, irreparable Schäden in sogenannten primitiven Gesellschaften, Stämmen und Volksgruppen angerichtet werden? Müssen die letzten Buschmänner Afrikas aufgesucht, die letzten frei lebenden Amazonasindianer belästigt, müssen in Sarawak bislang vergessene Urwaldflüsse für Rafting und die nahezu unberührten Andamaneninseln vor Indien erschlossen und ihre Ureinwohner den europäischen und nordamerikanischen Touristen vorgeführt werden? Muß denn die erschreckende Eintönigkeit des zivilisatorischen Einheitsbreis westlicher Prägung bis ins letzte Kordillerennest oder in das Dschungeldorf am Rande der bewohnten Welt vordringen?"

In sensiblen Biotopen (z.B. Moore) gefährdet selbst der sich umweltgerecht verhaltende Wanderer Flora und Fauna (z.B. indem an Schuhsohlen und Kleidung Nährstoffe oder Samen von Pflanzen eingebracht werden). Der Interessengegensatz Tourismus – Naturschutz läßt sich an unzähligen Beispielen dieser Art aufzeigen.

Zur Einschränkung der negativen Wirkungen des Tourismus werden wir zahlreiche Lösungswege aufzeigen. Es ist Maurer u.a. (1992, S. 72) zuzustimmen, die davor warnen, den Umweltaspekt zu eng zu fassen:

> „Die Umwelt ist nicht bloß eine physikalische Realität. Sie hat vielmehr einen großen Einfluß auf die Bevölkerung im Gastgeberland: und aus deren Perspektive ist Umwelt auch eine soziale, wirtschaftliche und kulturelle Realität. Die Zerstörung der Umwelt entspricht der Zerstörung ihrer Lebensbasis, ihrer Werte und eventuell ihres kulturellen Umfelds. Der größere Teil der Literatur über Tourismus und Umwelt konzentriert sich auf die effiziente Nutzung der Umwelt als Ressource. Der wichtigste Punkt, der dabei jedoch weitgehend verkannt wird, ist der Konflikt um diese sogenannte Ressource, der zwischen der Tourismusindustrie und der einheimischen Bevölkerung stattfindet ... Die grundlegende Frage, die sich in diesem Zusammenhang stellt, ist, wer über die Nutzung der Umwelt entscheidet und wer längerfristig von solchen Entscheidungen profitiert."
> (Indische Gruppe Equations, 1990)

Ziel eines „umweltorientierten Managements im Tourismus" muß sein:

- die beschriebenen negativen Auswirkungen des Tourismus möglichst minimal zu halten („Low-impact tourism", „Environmental Quality Tourism"),
- die Vorteile („Benefits") des Tourismus auszuschöpfen, ohne Zukunftsoptionen zu vermindern („Sustainable Tourism").

Wir wollen dabei aber nicht primär Formen des sog. Ökotourismus (Naturtourismus etc.) aufzeigen, wie etwa den Safari/Wildlife- oder Farm-/Landtourismus. Zum einen sind diese Reiseformen nur Nischensegmente mit (auch zukünftig) äußerst bescheidenen „Zahlen", zum anderen ist auch jede Form des „Alternativtourismus" mit Umweltwirkungen verbunden („... it should also be recognized that some apparently harmless, sensitive activities, such as bird-watching, can be equally damaging if the participants are not aware of the effect that they can have on the environment. In the case of bird-watching this could involve the disruption of the behavioural and ecological relationships of the birds that are being watched" (Ravenscroft, 1992, S. 10).

Kreib zeichnet ein düsteres Bild dieser „Ökoparadiese" und relativiert die „grünen Luxushotels mit Vollwertbuffets", „Öko-lodges" im privaten Regenwaldschutzgebiet oder landschaftsverschönernden Golfplätze in Thailand (Kreib, 1992, S. 436 f.), wo das Augenmerk der Tourismusbranche auch wiederum nur der Umweltqualität dieser begrenzten Ökoparadiese dient und nicht den Bereisten, deren Interessen im „Ökowirbel" unterzugehen drohen.

Angesichts der ungeheuren Anzahl von Touristen (sowohl in der Form der Individual- als auch der Pauschalreisenden) kann ein wirklicher Umweltentlastungseffekt aber nur über den Einbezug aller Tourismusformen gefunden werden, alles andere ist Illusion.

Als die Touristen kamen
Der Finanzminister sprach
„Die Wirtschaft wird angekurbelt,
die Dollars werden fließen."

Der Innenminister sprach
„Das heißt vielfältige Beschäftigungen
für alle Eingeborenen."

Der Kulturminister sprach
„Das wird unser Leben bereichern ...
der Kontakt mit anderen Kulturen
verbessert sicherlich die Lebensqualität."

Der Hilton-Manager sprach
„Wir werden für euch
ein zweites Paradies erschaffen;
für euch ist das der Morgen
eines ruhmreichen Neubeginns!"

Als die Touristen kamen,
verwandelte sich unser Inselvolk
in einen grotesken Narrenzug,
ein zweiwöchiges Vorprogramm.

Als die Touristen kamen,
legten unsere Männer ihre Fischernetze weg,
um Kellner zu werden,
unsere Frauen wurden Huren.

Als die Touristen kamen,
flog unsere alte Kultur zum Fenster hinaus,
wir tauschten unsere Bräuche gegen Sonnenbrillen und Pop,
aus heiligen Zeremonien wurden billige Peepshows gemacht.

Als die Touristen kamen,
wurde unser Essen knapp,
gingen die Preise hoch,
doch unsere Löhne blieben niedrig.

Als die Touristen kamen,
konnten wir nicht mehr hinunter an unsere Strände gehen,
der Hoteldirektor sagte: „Wilde verschandeln den Strand."

Als die Touristen kamen,
wurden Hunger und Elend
bewahrt als bedrohtes historisches Bild
– ein schicker Schandfleck! –
für die klickenden Kameras.

Als die Touristen kamen,
wurden wir aufgefordert „Bürgersteig-Botschafter" zu sein,
stets lächelnd und höflich ihn immer zu führen,
den „verirrten" Gast ...
Teufel! könnten wir ihnen nur sagen
wohin wir sie wirklich wünschen!

(Cecil Rajendra 1992)

Teil 3
Leitmotive touristischer Handlungen

Die Prinzipien des Verminderns von Umweltbelastungen

Leitmotiv vernetztes Denken und Handeln

Die Bedrohung der natürlichen Ökosysteme
(oder: Der unausweichliche Konflikt zwischen Ökonomie (Tourismus) und Ökologie)

Die Umwelt als Produktionsfaktor

> *„Die Frage ist nämlich schon lange nicht mehr, ob junge Menschen in der Lage sind, komplexe Zusammenhänge zu verstehen; die Frage ist vielmehr, ob sie überhaupt noch Lust haben, sich der Flut der täglichen Katastrophenmeldungen auszusetzen, geschweige denn, ob die Erwachsenen jung genug geblieben sind, solch komplizierte Vorgänge zu erklären.*
>
> *Wer macht sich schon täglich von neuem Gedanken darüber, wie diese Welt in sich zusammenhängt? Was der Säuregehalt südnorwegischer Flüsse mit einem mitteleuropäischen Kohlekraftwerk ohne Rauchgasentschwefelung zu tun hat, in dem der Strom produziert wird, der für den Betrieb eines Videorecorders notwendig ist. Salopp formuliert und auf Kinder bezogen: Was soll ein so belangloses Wort wie Emission im Vergleich zu einer dpa-Nachricht mit der Überschrift: „Pumuckl wird dreißig" ...*
>
> *Tourismus wird wirtschafts- und gesellschaftspolitisch nach wie vor wie ein Einzelphänomen behandelt – mit einigen unerwünschten Nebenwirkungen. Doch das industriell organisierte Freizeitbusineß ist weltweit dabei, der Automobilindustrie den Rang abzulaufen. Und dieses Geschäft läßt sich nicht dadurch verstehen, indem man lediglich ein paar Wirtschaftsdaten aneinanderreiht und gegebenfalls eine Verhaltensvorschrift formuliert".*
>
> (Betz, 1992, S. 29)

Die Prinzipien des Verminderns von Umweltbelastungen

Es wurde bereits dargelegt, daß touristische Aktivitäten zwangsläufig mit Umweltbelastungen (Bodenversiegelung durch Hotelanlagen, Emission durch Verkehrsträger usw.) verbunden sind. Da eine Forderung eines totalen Verhinderns von Tourismus – bis auf bestimmte Schutzzonen – illusorisch ist (und wie im letzten Teil gezeigt auch gar nicht erwünscht sein kann) und damit wohl ausscheidet, sind restriktive Entscheidungen zur Verminderung der Umweltbelastungen zu treffen. Die Frage, wie den Umweltbelastungen zu begegnen ist, ist dabei nicht nur ein technologisches, sondern auch ein gesellschaftspolitisches (Wertungs-)Problem.

Vier Prinzipien, die z.T. sowohl auf touristischer Anbieter- als auch auf Nachfragerseite verwirklicht werden können, kommen unseres Erachtens in Betracht.

Erstens: Mit Vermeidungsstrategien sollen die belastenden Auswirkungen verhindert werden.

Verzicht: • entweder zwingend als Verbote (bestimmte Stoffe, Zugangssperre für überlastete Museen, Naturbereiche etc.)

• Partiallösung (z.B. Verpackungsvermeidung beim Frühstück),

• freiwillig als „gemäßigter" Verzicht (z.B. weniger Kurzreisen) bei der Befriedigung von Reisebedürfnissen

Die immer wieder als Lösung geforderten Vermeidungsstrategien werden unseres Erachtens nur auf Teilgebieten realistisch durchsetzbar sein. Die in Presseveröffentlichungen der Wirtschaft oft als „Vermeidung" bezeichneten Maßnahmen sind in Wirklichkeit eher Verminderungs- bzw. Reduzierungsstrategien.

Zweitens: Mit Verminderungsstrategien sollen die belastenden Auswirkungen reduziert werden.

Sparen: Ökonomischer Einsatz der Einsatzmenge durch geringeren Verbrauch an Energie, Rohstoffen oder Okkupation.

Substitution: Ersatz einer umweltschädlichen Problemlösung durch eine weniger belastende Lösung.

Emissionsverminderung: Reduktion von Schadstoff- und Lärmemissionen und des Abfallvolumens.

Drittens: Mit Verwertungsstrategien werden die Outputs wieder in Inputs zurückgeführt, solange dies technisch, ökonomisch und auch ökologisch sinnvoll erscheint.

Recycling: erneute interne oder externe Behandlung von Emission/Müll als Material oder Energie.

Viertens: Mit Beseitigungsstrategien sind die unvermeidbaren Restemissionen geeignet/gefahrlos zu entsorgen.

Deponierung: Umwandlung/Diffusion
Verbrennung: thermische Verwertung, „Energierecycling"

Innerhalb unserer arbeitsteiligen Gesellschaft stellt aber die einzelne Unternehmung nur ein Teilelement vernetzter Verbindungen dar. Die Ableitung umweltpolitischer Strategien darf deshalb nicht auf die Vorgänge der Pozesse innerhalb der Unternehmung beschränkt bleiben. Die im jeweiligen touristischen Betrieb verwendeten Inputarten müssen selbst auch produziert werden und haben dabei Emissionen erzeugt. Eine systemorientierte Umweltbetrachtung muß also neben der Betrachtung des eigenen Prozesses auch den Lieferanten und den Kunden mit einschließen.

Leitmotiv vernetztes Denken und Handeln

Die Umweltprobleme haben das Bewußtsein dafür geschärft, daß wirtschaftliche Prozesse grundsätzlich in offenen Systemen stattfinden. Dieses Eingebundensein des touristischen Betriebes als ein Teil eines wesentlich umfassenderen politischen, ökologischen und gesellschaftlichen Systems, mit dem es in enger Wechselbeziehung und dynamischer Anpassung steht, läßt die Perspektive der traditionellen Betriebswirtschaftslehre mit der angestrebten Optimierung des Ressourceneinsatzes innerhalb der Unternehmung als zu eng erscheinen. Einzelphänomene müssen wieder im Kontext des ganzen Systems gesehen werden.

Die Grenzen unserer traditionellen Kriterien – technische Effizienz, Kosten-Nutzen-Berechnung und ökonomische Rationalität – „werden manifest, sobald wir die dynamische Interaktion offener sozialer und ökonomischer Systeme mit spezifischen ökologischen Systemen wahrnehmen", schrieb Kapp bereits in den fünfziger Jahren.

Lange vor Wissenschaftlern wie Ulrich oder Vester (dessen Wanderausstellung „Unsere Umwelt – ein vernetztes System" jahrelang in vielen Unternehmen gezeigt wurde) forderte Kapp das Denken in Systemzusammenhängen. Dieses Systemdenken

- ist seiner Natur nach mehrdimensional, multidisziplinär geöffnet und integrativ,
- erfordert einen viel umfassenderen Zeithorizont,
- sieht ökonomisches Handeln in einem Netzwerk von Beziehungen und dynamischen Strukturen zwischen ökonomischen, natürlichen und sozialen Systemen, die in einer ständigen und offenen Interaktion miteinander stehen.

Menschliches Handeln einzelner Entscheidungsträger kann also durchaus „rational" erscheinen, aber die Vernachlässigung der Rückwirkungen auf die von der Entscheidung betroffenen Umweltbereiche und ihre Gesetzmäßigkeiten bewirken ein destruktives Ergebnis (z.B. eine Umweltzerstörung).

Diese Phänomene sind von zentraler Zukunftsbedeutung, da ja die ökonomischen Systeme vom Austausch mit dem ökologischen System abhängig sind. Die natürliche Umwelt einer Unternehmung ist damit eine wichtige Determinante der Unternehmenspolitik und erfordert integriertes Denken in der Ziel- und Strategieplanung.

Die Unternehmung ist als ein ökologisches Modell aufzufassen, das mit der Umwelt vernetzt ist. Aus dieser Vernetzung resultiert eine starke Komplexität.

Wir wissen, daß unsere Art, wirtschaftliche Entscheidungen aus einer limitierten Betrachtungs- und linearen Denkweise heraus zu treffen, ohne dabei vernetzte Zusammenhänge zu berücksichtigen, zunehmend unerwünschte bzw. unbeabsichtigte Auswirkungen zeitigt. Ein Bewußtseinswandel im Managementdenken ist erkennbar, unternehmerisches Tun wird im Sinne eines holistischen (ganzheitlichen) Konzepts als Integration von Unternehmung, Mensch und Umwelt in ihren konkurrierenden und komplementären Beziehungen zueinander dargestellt.

Der Terminus „ganzheitlich" erfreut sich zur Zeit einer solchen Beliebtheit, daß er Gefahr läuft, zum Schlagwort zu verkommen.

Unternehmensführung, verstanden als vieldimensionierte Ganzheit, ist wesentlich beeinflußt vom St.Gallener systemtheoretischen Ansatz. Die Reduktion der Betrachtungsweise ausschließlich auf die Unternehmung stellt demnach einen fundamentalen Fehler in der System-„abgrenzung" dar, da die Unternehmung als System nur als Teil eines viel größeren ökologischen und gesellschaftlichen Gewebes zu begreifen ist.

„Die Wirtschaft", das heißt insbesondere ihre Führungspersonen, Manager, Aufsichtsräte und Finanziers, benötigt ein neues Verständnis der Wirklichkeit: Die Welt ihrer Entscheidungen besteht zwar aus einer Menge von Einzeldingen, doch diese sind zu Systemen vernetzt. Nur wer in Zusammenhängen denkt, kann sinnvolle Strategien für die Zukunft entwickeln (Vester, 1988).

> „Wohin kommen wir, wenn wir uns selbst als Teil des Netzes verstehen müssen, das wir zerrissen haben? Dann werden wir zu Geiseln der eigenen Tat, die sich ihr Ultimatum selbst gestellt haben – und plötzlich erkennen, daß es schon so gut wie abgelaufen ist. In dieser Lage ist es eine unangenehme Entdeckung, daß wir von dem Gegenüber, mit dem wir es zu tun haben, sehr wenig wissen. Was wir ‚Natur' genannt haben, löst sich auf in ein unüberblickbares System von Regelkreisen und Rückkoppelungsphänomenen, von dessen Gleichgewicht wir erst etwas zu begreifen anfangen, seit es – sogar für uns fühlbar – gestört ist. Die Botschaft der Störung lautet klipp und klar auf uns; die Zerstörung hat ein Gesicht, in dem wir unser eigenes erkennen müssen."
>
> (Muschg, 1992, S. 10)

Auf der Suche nach neuen Entscheidungshilfen fordern Wissenschaftler wie Ulrich oder Vester, verstärkt auf Vorbilder des biologischen Systems zurückzugreifen und die Energiegesetze der Natur und der Evolution als praxisgerechte Lösungsvorschläge zu interpretieren. Deren Strukturen, Funktionen und Organisationsformen können als wichtigste Orientierungshilfe dienen. Für die Überlebensfähigkeit von Systemen leitet Vester (1988) einige allgemeingültige biokybernetische Grundregeln ab.

Strukturen und Prozesse im Unternehmen sind stark von ihrer Umwelt geprägt und nur aus dieser heraus verständlich, deshalb müssen Schlüsse für die Unternehmung aus dem Erkennen der Mechanismen der Evolution von Gesamtsystemen gezogen werden, d.h., es ist der Blick auf die Dynamik des Geschehens und auf die Ordnungsmuster in den Prozessen zu richten. Es werden Fragen gestellt wie: Welches sind die Gemeinsamkeiten solcher Ganzheiten, wie verhalten sich solche Systeme, und wie können sie überleben?

Dieses auf das Ganze gerichtete, integrierende Denken bedeutet eine Abkehr vom bisher einseitig praktizierten (linear-)analytischen Denken, das zur Problembewältigung in den heutigen komplexen Situationen offensichtlich nicht mehr ausreicht.

Die Komplexität der heutigen Führungssituation zeigt immer deutlicher die Grenzen traditioneller betriebswirtschaftlicher Planungs- und Kontrollinstrumente. Gomez/Probst (1987) und Ulrich/Probst (1988) sehen beim Management einige „typische Denkfehler" im Umgang des Problemlösens in komplexen Situationen. Diesen Denkfehlern ist durch eine ganzheitliche Methodik entgegenzusteuern. „Die Antwort liegt im vernetzten Denken für das Management." (Zu den Bausteinen der Methodik dieses Denkens siehe auch Hopfenbeck, 1991, S. 52 ff.)

Die Phasen sind nicht im Sinne eines sequentiellen Durchlaufs, sondern iterativ und vor- und zurückschreitend zu durchlaufen:

Erster Schritt: Abgrenzung des Problems
Zum Erkennen der wirklichen Probleme wird die Problemsituation (z.B. Funktion und Zweck des Systems) aus verschiedenen Perspektiven mit Hilfe von „Umschreibungen" abgegrenzt, d.h. ein Modell der Situation gebildet, ohne dabei vorschnell eine Sichtweise zu akzeptieren oder auszuschließen.

Zweiter Schritt: Ermittlung der Vernetzung
Mit Hilfe der Metaplan-Technik wird ein Bild eines Wirkungsgefüges entwickelt. Dies geschieht in Form einer graphischen („Netzwerk") Gestaltung und mit Pfeilen, die die Richtung der Beeinflussung aufzeigen, wobei ein – einen stabilisierenden, ein + einen verstärkenden Kreislauf bezeichnet.

Dritter Schritt: Erfassung der Dynamik
Jede Wirkungsbeziehung ist auf die Art des Einflusses, gleichgerichtete oder entgegengerichtete Wirkungen, und auf die zeitliche Wirkung zu veranschaulichen (z.B. durch unterschiedlich dicke Pfeile je nach Zeithorizont, die kurz-, mittel- oder langfristige Wirkungen signalisieren).

Darüber hinaus ist die Wirkungsintensität der gegenwärtigen Einflußnahme der beteiligten Größen zu ermitteln (z.B. mit Hilfe des sog. Papiercomputers; vgl. das Beispiel).

In einer zweidimensionalen Matrix werden dazu alle Elemente der Problemsituation aufgelistet und mit jeder anderen in Verbindung gesetzt; die Stärke der Verbindung drückt eine Skala von 0 bis 3 aus. Die Wirkungen (vom linken Element auf die anderen) werden in jeder Zeile festgehalten, die Beeinflussungsintensität des Elements durch die anderen wird in der Kolonne dargestellt. Durch horizontales und vertikales Aufaddieren werden die Aktivsumme (AS) und die Passivsumme (PS) gebildet und für jede Größe ein Quotient (Q) und ein Produkt (P) aus den beiden Summen gebildet. Dies ermöglicht folgende Beurteilung der „relativen Rolle" der einzelnen Elemente:

- aktive Größe (höchster Q): beeinflußt die anderen am stärksten, wird selbst am schwächsten beeinflußt
- passive Größe (tiefster Q): beeinflußt die anderen am schwächsten, wird selbst am stärksten beeinflußt
- kritische Größe (höchstes P): beeinflußt stark, wird aber selber auch stark beeinflußt
- träge Größe (tiefstes P): beeinflußt schwach und wird selber schwach beeinflußt

Die Interpretation des Papiercomputers soll verschiedene Erkenntnisse liefern, etwa:

- Welches ist meine aktive Größe, die alle anderen Größen stark beeinflußt? Diese hat auch die größte Hebelwirkung bei Eingriffen.
- Welches ist meine passive und träge Größe?
- Welches ist meine kritische Größe, bei der ein Eingriff Kettenreaktionen im ganzen System auslöst?

Für die spätere Suche nach erfolgversprechenden Eingriffsmöglichkeiten sind diese Wirkungsbestimmungen sehr wichtig. Von ebenso großer Bedeutung ist die Ermittlung des Zeitverlaufs einer Wirkungsbeziehung.

Vierter Schritt: Interpretation der Verhaltensweisen
Über die künftige Entwicklung der einzelnen Größen sind Szenarien für unterschiedliche Zukunftsmöglichkeiten zu erstellen, wobei das wahrscheinliche Szenario als die eigentliche Basis für Problemlösungsstrategien, ein pessimistisches als Auslöser für die sog. Eventualplanung dient; zusätzlich kann ein optimistisches Szenario erstellt werden.

Fünfter Schritt: Bestimmung der Lenkungsmöglichkeiten
Die möglichen Lenkungseingriffe werden in Form eines Lenkungsmodells erfaßt, dessen fünf Bausteine sich wie folgt charakterisieren lassen:

- Indikatoren
- lenkbare Größen
- nichtlenkbare Größen
- Rückkoppelung
- Vorkoppelung.

Aus dem Lenkungsmodell läßt sich dann ein Maßnahmenkatalog ableiten.

Sechster Schritt: Gestaltung der Lenkungseingriffe
Nachdem im vorigen Schritt festgestellt wurde, wo überhaupt Eingriffsmöglichkeiten bestehen, wird nun die Wirksamkeit dieser Maßnahme beurteilt (z.B. ergibt sich eine große Hebelwirkung, wenn der Einflußfaktor gleichzeitig aktives Element und lenkbare Größe ist). Diese Wirkungsanalysen als Entscheidungshilfen, für die die Ergebnisse des Papiercomputers zugrunde gelegt werden, lassen sich mit Hilfe entsprechender Computerprogramme schnell erstellen.

Dabei sind die Regeln für das Funktionieren komplexer lebensfähiger Systeme aller Art, die „übersetzt" werden müssen, zu befolgen (Gomez/Probst, 1987):

- Passe deine Lenkungseingriffe der Komplexität der Problemsituation an.
- Richte deine Maßnahmen auf die aktiven und kritischen Einflußgrößen aus.
- Vermeide unkontrollierte Entwicklungen mit Hilfe stabilisierender Rückkoppelungen.
- Nutze die Eigendynamik und die Synergien der Problemsituation.
- Finde ein harmonisches Gleichgewicht zwischen Bewahrung und Wandel.
- Fördere die Autonomie der kleinsten Einheit.
- Erhöhe mit jeder Problemlösung die Lern- und Entwicklungsfähigkeiten.

Siebter Schritt: Realisierung und Weiterentwicklung der Problemlösung
Die praktische Umsetzung von Problemlösungen soll adaptiv sowie reparatur-, entwicklungs- und frühwarnfähig sein.

Als Orientierungshilfe zur Diskussion tourismusbedingter Umweltveränderungen innerhalb eines betrieblichen, politischen und gesellschaftlichen Rahmens entwirft Pillmann eine „Systemdarstellung" Tourismus und Umwelt (siehe Abbildung 5, aus Pillmann, 1992, S. 7), bei der die Wirkungen durch Touristen und Tourismusindustrie auf die Umwelt vereinfacht durch zwei gekoppelte Regelkreise dargestellt werden (zum nachfolgenden ebd., S. 6 ff.). Steuergrößen für dieses System sind einerseits touristische Motive, die Rahmenbedingungen der Nachfrageseite (Einkommen, Freizeit etc.) und wirtschaftliche, politische und gesellschaftliche Einflüsse, andererseits primär ökonomische Zielsetzungen der Tourismuswirtschaft.

„Die in Abbildung 5 gezeigten Blocksymbole symbolisieren Tourismusbetriebe, Verkehrsträger, Menschengruppen, Umweltmedien usw. Die sie verbindenden Wirkungspfade deuten Einwirkungen und Reaktionen (Eingangs- und Ausgangsgrößen) des betreffenden Teilsystems an. Mit dieser Darstellung werden dynamische Beziehungen (z.B. Übergangs-, Verzögerungs- und Speichereffekte) zwischen den Systemgrößen dargestellt. Die örtliche Verteilung der Einwirkungen und die lokale, regionale bis globale Wirkung auf die Umwelt kann grafisch mit Karten oder rechnergestützt mit geografischen Informationssystemen dargestellt werden" (ebd., S. 7).

Beispiele für solche rechnergestützten Umweltmodelle sind Simulationsmodelle, das Weltmodell von Meadows oder das Sensitivitätsmodell von Vester. Besonders mit dem Sensitivitätsmodell Prof. Vesters, das jetzt auch als Softwarepaket angeboten wird, liegt nun ein computergestütztes Planungsinstrument zur Erfassung und Bewertung komplexer Systeme vor. Mit diesem kybernetischen Planungsinstrument wird Komplexität transparent gemacht und können Strategien entworfen werden, die den Systemzusammenhang berücksichtigen (vgl. Vester, 1992). Durch seine offene Struktur ist das Instrumentarium praktisch unbegrenzt einsetzbar, so für den Tourismus etwa in der strategischen Planung, der Verkehrsplanung oder der Regional- und Umweltplanung. Über eine Umweltverträglichkeitsprüfung (UVP) weit hinausgehend, kann das Instrumentarium – auf der Basis eines biokybernetischen Assessments – auch für die unterschiedlichsten Projekte im Sinne einer Systemverträglichkeitsprüfung (SVP) eingesetzt werden.

Um kurzfristige Großvorhaben bzw. langfristige sanfte Strategien in ihrer Gesamtzusammensetzung abbilden und eine umfassende Folgenabschätzung durchführen zu können, hat z.B. die Umwelt-Akademie das Simulationsinstrument REGIO im Einsatz.

Für die Orientierung innerhalb der vielschichtigen Nutzungskonflikte sind neue Entscheidungen erforderlich.

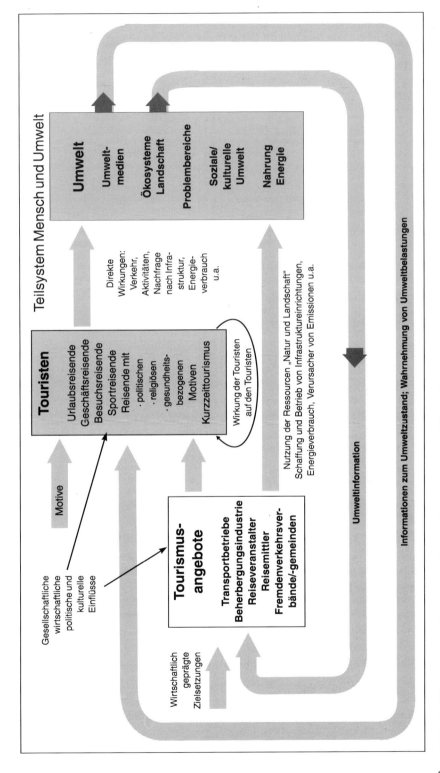

Abb. 5: Wirkungsbeziehungen zwischen Tourismus und Umwelt

Beispiele für solche Wirkungsketten tourismusbedingter Umweltbeeinträchtigungen (die über die „normalen" Bedürfnisse wie Ressourcenverbrauch, Entsorgung, Unterkunft etc. hinausgehen) gibt Abbildung 6 (aus Pillmann, 1992, S. 8).

Umweltbezug	Auslösefaktor Tourismus	Wirkungen auf Umwelt und Erholung
Boden	Bautätigkeit, Schaffung von Infrastruktureinrichtungen	Änderung der Flächennutzung, Flächenzerschneidung, Verluste von Biotopen und Biotopverbundsystemen
Landschaft	Flächenbedarf für Bautätigkeit und Verkehrseinrichtungen, Zersiedelung	Optische Beeinträchtigung, Verlust von Vielfalt, Eigenart und Naturnähe, Verlust von Lebensraum für Tiere, Waldflächenverluste
Luft, Gerüche	Emissionen aus dem Verkehr, Gebäudeheizung, Kläranlagen, Gewerbeeinrichtungen	Immissionsbelastung (Stickstoffoxide, Kohlenwasserstoffe, Ozon), Deposition von Schadstoffen in Böden, Schäden an Materialien und Kulturgütern, lokal hohe Belastungen
Gewässer	Lokal hohe Schadstoff-, Nährstoff- und Öleinträge in Binnen- und Küstengewässer	Verschmutzung, Eutrophierung, Beeinträchtigung des Lebensraumes von Tieren, hygienisch/bakteriologische Belastungen
Wald	Flächenverluste, Belastungen durch Luftschadstoffeintrag	Zunahme von Waldschäden, Verlust von Waldflächen, Verminderung des Erlebniswertes, Risikoerhöhung durch Verlust von Schutzwald, Erosionen
Lärm	Verkehr, Freizeitaktivitäten, Sportstätten, Veranstaltungen	Belästigungen und Belastungen von Erholungssuchenden (auch durch Erholungssuchende)
Umweltinformation	Tourismusberatung, Touristeninformation, Forschungsarbeiten, internat. Vereinbarungen	Wirkungen auf Touristen, auf die Fremdenverkehrsbetriebe und die Tourismuspolitik

Abb. 6: Wirkungsketten tourismusbedingter Umweltbeeinträchtigungen

Taurer (1992, S. 600) sieht die Gefahr einer fehlgesteuerten touristischen Entwicklung vor allem

- im Nicht-Erkennen der Vernetzung der unterschiedlichen Einflußfaktoren und

- im Einsetzen eindimensionaler Steuerungsinstrumente, die den komplizierten Wechselwirkungen nicht gerecht werden.

Abbildung 7a, b (aus ebd., S. 601) zeigt die Nutzen-Schaden-Matrix (nach Müller) eines Berg-Ökosystems mit den gegenseitigen Wechselwirkungen einzelner Faktoren.

Abb. 7a: Nutzenmatrix eines lokalen Berg-Sozio-Öko-Systems

aktive Beziehung auf → von ↓	① Landschaft	② Luft	③ Wasser	④ Infrastruktur	⑤ Ortsansässige	⑥ Touristen	⑦ Gastgewerbe	⑧ Parahotellerie	⑨ Seilbahnen	⑩ Landwirtschaft	⑪ Gewerbe	⑫ Dienstleistungen	AS	Q
① Landschaft	xx	3	3	2	3	3	3	2	3	3	2	1	27	1,8
② Luft	3	xx	2	1	3	3	3	3	3	3	0	0	24	6,0
③ Wasser	3	1	xx	0	3	3	3	3	2	3	1	1	25	3,6
④ Infrastruktur	1	0	1	xx	2	3	3	3	2	2	1	2	20	1,7
⑤ Ortsansässige	1	0	1	2	xx	3	3	2	1	2	1	1	17	0,6
⑥ Touristen	1	0	0	1	3	xx	3	3	3	2	3	3	22	0,8
⑦ Gastgewerbe	1	0	0	1	3	3	xx	2	2	2	1	2	17	0,7
⑧ Parahotellerie	1	0	0	1	2	2	2	xx	1	2	2	2	15	0,6
⑨ Seilbahnen	1	0	0	1	2	2	2	xx	xx	2	1	1	14	0,6
⑩ Landwirtschaft	2	0	0	1	3	1	2	2	3	xx	1	1	17	0,8
⑪ Gewerbe	1	0	0	1	1	1	1	2	1	2	xx	2	13	0,7
⑫ Dienstleist.	0	0	0	1	3	2	1	2	0	1	1	xx	11	0,7
Kennziffern PS	15	4	7	12	29	27	23	26	23	21	20	15		
P	405	96	175	240	493	594	391	390	322	357	260	165		

Legende
AS Aktivsumme
PS Passivsumme
P Produkt = AS • PS
Q Quotient = AS : PS

Bewertungsskala
0 kein Nutzen (unwichtig)
1 geringer Nutzen (nicht so wichtig)
2 mittlerer Nutzen (eher wichtig)
3 großer Nutzen (sehr wichtig)

Abb. 7b: Schadenmatrix eines lokalen Berg-Sozio-Öko-Systems

aktive Beziehung auf → von ↓	① Landschaft	② Luft	③ Wasser	④ Infrastruktur	⑤ Ortsansässige	⑥ Touristen	⑦ Gastgewerbe	⑧ Parahotellerie	⑨ Seilbahnen	⑩ Landwirtschaft	⑪ Gewerbe	⑫ Dienstleistungen	AS	Q
① Landschaft	xx	0	1	2	2	1	1	2	1	2	1	1	14	0,7
② Luft	3	xx	1	0	1	2	1	1	0	2	0	0	11	0,8
③ Wasser	2	0	xx	3	2	2	2	2	2	1	1	1	18	1,3
④ Infrastruktur	3	3	1	xx	3	2	2	2	1	1	1	1	20	1,3
⑤ Ortsansässige	1	1	2	2	xx	1	1	1	1	1	1	1	13	0,7
⑥ Touristen	2	2	2	3	xx	2	1	2	2	1	1	1	19	1,4
⑦ Gastgewerbe	1	1	1	2	1	2	xx	0	0	1	1	0	10	0,8
⑧ Parahotellerie	3	2	3	3	1	2	1	xx	1	3	1	0	20	1,5
⑨ Seilbahnen	3	1	0	3	1	1	1	1	xx	2	0	0	12	1,5
⑩ Landwirtschaft	1	0	2	1	1	0	1	1	xx	xx	0	1	9	0,5
⑪ Gewerbe	2	2	2	1	0	1	0	2	0	1	xx	1	13	1,6
⑫ Dienstleist.	1	1	1	1	1	0	1	1	0	1	1	xx	9	1,1
Kennziffern PS	21	13	14	19	19	14	13	13	8	18	8	8		
P	294	143	252	380	247	266	130	260	96	162	104	72		

Legende
AS Aktivsumme
PS Passivsumme
P Produkt = AS • PS
Q Quotient = AS : PS

Bewertungsskala
0 kein Schaden (unwichtig)
1 geringer Schaden (nicht so wichtig)
2 mittlerer Schaden (eher wichtig)
3 großer Schaden (sehr wichtig)

> „Tourismus, Verkehr und Energieausbeute hinterlassen natürlich ihre Spuren in Form einer zunehmend verbauten Landschaft, bedenklichem Artenschwund, verpesteter Luft, sterbenden Bergschutzwäldern, erodierenden Hängen, verheerenden Hochwassern, überlasteten Bergbächen und Bergseen. Doch trotz aller Alarmsignale der geschundenen Natur ist ein Ende der bedenkenlosen Vermarktung und die damit einhergehende Zerstörung eines der empfindlichsten Groß-Ökosysteme der Erde noch immer nicht erkennbar."
>
> (Schneider, 1993, S. 11)

Sehr ausführlich haben sich Müller/Egger (1991; daraus S. 32 Abbildung 8) mit den Wechselwirkungen zwischen Wald (insbesondere in Berggebieten) und Tourismus beschäftigt. Wegen der enormen ökonomischen Bedeutung des Tourismus für das Alpengebiet wollen wir die „Tourismus-Wald-Vernetzung" genauer verdeutlichen. Neben postiven Wirkungen (z.B. Mitfinanzierung waldpflegerischer Maßnahmen, Stützung der Nebenerwerbslandwirtschaft, Verwertung von einheimischem Holz für touristische Bauten) treten zahlreiche negative Wirkungen des Tourismus (wie Luftverschmutzung).

> „Das Berggebiet längerfristig als Lebens-, als Wirtschafts-, als Erholungs-, als Transit- und als Naturraum zu erhalten ist ein Ziel von uns allen. Der Tourismus stellt zusammen mit der Land- und Forstwirtschaft die wirtschaftliche Grundlage dieser Zielsetzung sicher. Er ist angewiesen auf einen intakten Erholungsraum. Und dies setzt einen gesunden Wald voraus. Ohne den intakten Wald wäre das Berggebiet auch als Lebensraum nicht denkbar. So eng sind die gegenseitigen Abhängigkeiten" (ebd., S. 14) ...
> „Mit dem Bergwald stirbt der Tourismus."
>
> (ebd., S. 39)

Müller/Egger sehen zwei gegensätzliche Entwicklungen, die aus touristischer Sicht das Hauptproblem der Waldschäden darstellen:

- eine sinkende Schutztauglichkeit gegen Naturgewalten (d.h., die Risikozunahme wird zu einer Einschränkung des touristischen Angebotes im Berggebiet führen),
- bei laufend steigenden Schutzansprüchen, die der Mensch an den Wald stellt.

„Es scheint, als beginne sich die Natur zu wehren: Sie erobert sich Flächen zurück, die ihr im Zuge der touristischen Entwicklung entrissen worden sind. Folgen für das touristische Angebot könnten sein:
- Bedrohung bisher sicherer Unterkünfte und touristischer Transportanlagen mit Auswirkungen auf die entsprechenden Kapazitäten
- Einschränkung touristischer Aktivitätsräume
- Störung des inneralpinen und internationalen Reiseverkehrs und sinkende Leistungsfähigkeit der Verkehrsinfrastruktur
- Abnahme der Investitionsbereitschaft in touristische Objekte

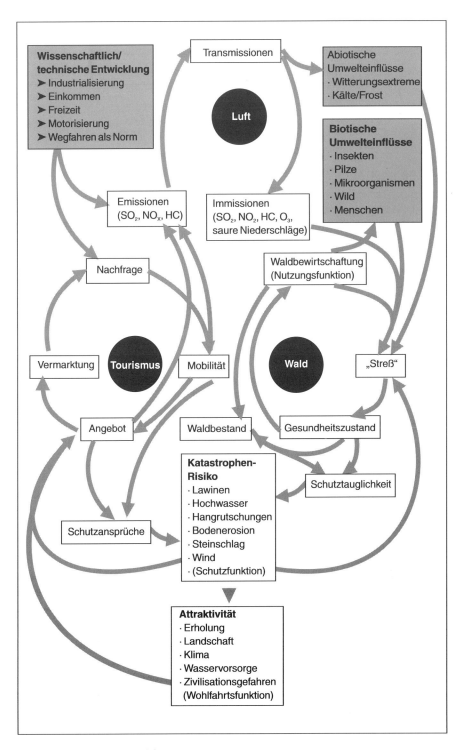

Abb. 8: Tourismus-Wald-Vernetzung

- Unterbrüche bei der Versorgung mit elektrischer Energie und im Telekommunikationsnetz
- Konsequenz: Rückgang der Gästenachfrage infolge objektiver und subjektiv empfundener Gefährdung sowie abnehmender touristischer Angebote im Berggebiet."

Die Bedrohung der natürlichen Ökosysteme (oder: Der unausweichliche Konflikt zwischen Ökonomie (Tourismus) und Ökologie)

Das auf der Erde gegebene Ökosystem mit der unbelebten und belebten Natur ist in seinen Wechselwirkungen durch eine natürliche Ausgewogenheit charakterisiert. Innerhalb der verschieden Lebensräume gibt es, als Folge unterschiedlicher Zusammensetzungen diverser Faktoren (wie Bodenstruktur, Wasserhaushalt, Lichteinfall etc.) spezifische Biotope, in denen sich mehr oder weniger komplexe Lebensgemeinschaften herausbilden. Das Wirkgefüge solcher Ökosysteme befindet sich in einem Gleichgewicht. Da Störfaktoren (z.B. Klimaschwankungen) dieses Gleichgewicht beeinflussen und über Rückkoppelungen zur Anpassung führen, spricht man von einem sog. dynamischen (oder Fließ-) Gleichgewicht.

Entscheidend ist die Erkenntnis, daß bereits die Änderung einer einzigen Komponente eines solchen Ökosystems aufgrund der zahlreichen Wechselwirkungen über die ausgelöste Kettenreaktion zu einer gravierenden Störung des gesamten ökologischen Gleichgewichts führen kann (die Abbildung 9, entn. aus Opaschowski, 1991, S. 10, zeigt am Beispiel einer Nahrungskette den möglichen Weg einer nicht abgebauten chemischen Substanz bis zum Menschen).

Der Mensch als Teil der Natur wird, wenn er das Ökosystem zerstört, sich selber zerstören.

Die vom Menschen für das Ökosystem als weitere Komponente geschaffene „künstliche Umwelt" ist – als unvermeidbare Begleiterscheinung – mit Umweltbelastungen verbunden, die eine ernste Bedrohung des Gesamtsystems darstellen bzw. zur Umweltschädigung, d.h. zum Zusammenbruch ökologischer Zyklen, führen. Wirtschaftliche Tätigkeit verbraucht nicht nur begrenzt vorhandene Ressourcen, sondern verändert (oder zerstört) auch natürliche Gleichgewichte. Dies gilt selbstverständlich auch für Tätigkeiten im Tourismus. Die gegenseitigen Abhängigkeiten der natürlichen und künstlichen Systeme werden immer noch zuwenig im Sinne einer vernetzten Planung berücksichtigt.

Die künstliche Umwelt ist dabei immer sowohl Belastender als auch Belasteter:

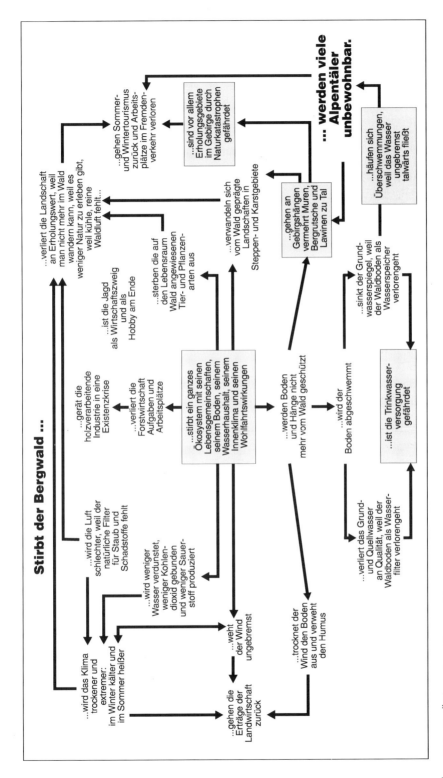

Abb. 9: Ökosystem Bergwald

> „Die Auswirkungen Okkupation und Emission treten an unzähligen Orten und ständig auf. In den verschiedensten Transportvorgängen und unter Wettereinflüssen mischen und verteilen sie sich zu den belastenden Einwirkungen auf die natürliche Umwelt. Dadurch entstehen in der natürlichen Umwelt Wirkketten zwischen dem belebten und dem unbelebten Teil (z.B. Wirkungen in der Nahrungskette). Je nach Art und Länge dieser Wirkketten liegen die schädigenden Einwirkungen, die dann letzten Endes das Umweltsubjekt ‚Mensch' erreichen, zeitlich und räumlich verschieden weit von den Auswirkungen entfernt. Sie sind deshalb auch einmal besser erkennbar, ein andermal verdeckter, okkulter; und so mischen sich dann auch hektische Aktivitäten und dumpfe Angst in oft irrationaler Weise, wenn es um Umweltschutz geht."
>
> (Siemens, 1986)

Neben diesen kaum überschaubaren Wirkmechanismen und Rückkoppelungseffekten kommt als zweites Problem dazu, daß i.d.R. die Umweltbelastungen auf eine Vielzahl von Verursachern zurückzuführen sind.

Wir stimmen mit Schütze überein, der den Konflikt zwischen Ökologie und Ökonomie für unaufhebbar ansieht, denn wie aufgezeigt ist jedes Wirtschaften mit einem Eingriff in natürliche Zusammenhänge verbunden mit dem Ziel, sie zum Nutzen des Wirtschaftenden umzugestalten. Jedes Wirtschaftswachstum bedeutet deshalb aufgrund der Entropievermehrung bei Veredelungsprozessen mit naturgesetzlicher Notwendigkeit auch mehr Umweltbelastung.

> „Die Formel aus dem politischen Tagesvokabular, Ökonomie und Ökologie sind kein Widerspruch, sie lassen sich versöhnen, mag Ausdruck von Einfalt oder Harmoniebedürfnis sein; oder sie wurde erfunden, um Interessenpolitik zu vernebeln. Sie ist falsch, hat aber Tradition. Schon in der Aufbruchstimmung der Umweltpolitik unter der sozialliberalen Koalition machte man sich Illusionen über die Verträglichkeit von Wirtschaftswachstum und Umweltschutz. Die Wirtschaft sollte die saubere Umwelt sozusagen unter ihre Produktionsziele aufnehmen."
>
> (Schütze, 1990)

Da auch der Tourismus (selbst in seiner „grünsten" Form) zwangsläufig immer mit einer Umweltbelastung verbunden ist, bedeutet also das Postulat einer „umweltorientierten Unternehmensführung" nur das Ziel einer „relativen Umweltschonung". Trotzdem gilt es natürlich, alle Möglichkeiten in der „Schnittmenge", wo touristische Maßnahmen mit einem relativen Entlastungseffekt verbunden sind (z.B. Energie- oder Ressourceneinsparungen), auszunutzen.

Der Tourismus mit seinen Aktivitäten steht in einem ständigen Spannungsfeld zwischen dem ökonomischen „Nützen" und dem ökologischen „Schützen" der Natur und Umwelt. Dem Umweltschutz werden wirtschaftliches Wachstum und Arbeitsplätze („Wir leben vom Tourismus") entgegengestellt, oder richtiger, „unsere Kinder gegen unsere Jobs ausgespielt" (Sierra Club).

Den ökologischen Lippenbekenntnissen folgt leider zu oft und zu schnell ein „business as usual."

Konfliktfelder sind auch vorgezeichnet im Naturnutzungsstreben durch die Touristen oder Sportler einerseits und den Grundeigentümern andererseits sowie mit den Anwohnern. So ergeben sich beispielsweise Interessenkollisionen zwischen

- Sportausübenden und Anwohnern (Beschwerden über Lärmbelästigung etc.),
- Sportausübenden wie Reitern, Skifahrern, Mountainbikern, Windsurfern, Riverraftern, Paraglidern und Wieseneigentümern, Jägern, Fischern, Almbauern etc.,
- Reisenden und Bereisten (Individualrecht auf unbeschränktes Reisen versus Recht der Einheimischen auf Lebensqualität),
- Dauergästen und Tagesausflüglern,
- Individualtouristen und Pauschalreisenden.

Den Widerspruch zwischen Schutz der Natur und Naturnutzung durch den Erholungs- und Freizeitsuchenden zeigt Rübesamen (1991, S. 45), der bei der Durchsicht des Informationsgehalts einiger Kataloge für die neue Skisaison eine verblüffende Übereinstimmung findet:

„Sie lassen befürchten, daß es bei den Absendern mit dem logischen Denken nicht weit her sein kann.
These 1: Wir sind ein Schneeloch. Bei uns liegt Schnee, wenn man bei den Nachbarn über grüne Wiesen wandern muß.
These 2: Wir haben eine tolle Beschneiungsanlage mit 24 Hoch- und Niederdruckkanonen installiert. Denn für unsere Gäste tun wir alles.
These 3: Als Anhänger eines sinnvollen Umweltschutzes bekennen wir uns zum sanften Tourismus. Wir versenden nur noch Prospekte aus glanzlosem, chlorfreiem Papier mit attraktiv gedämpften Farben."

Die Umwelt als Produktionsfaktor

Einer der Hauptgründe für die Umweltschäden durch den Tourismus liegt in der Tatsache begründet, daß der Ressourcenverbrauch und die Umweltbelastungen nicht mit den „ökologisch wahren Preisen" in die betriebliche Preiskalkulation eingehen. Da der Naturverbrauch entweder mit gar keinen oder zu geringen Kosten betriebswirtschaftlich bei den touristischen Betrieben erfaßt wird, erscheint ein exzessiver Naturverbrauch (sei es die Nutzung eines Gletschers fürs Helikopter-Skifahren oder die Übernutzung eines Strandes) zwangsläufig. Es tritt kein Regulativ wie bei mit Preisen bewerteten „knappen" Gütern ein, wo ein Mehrverbrauch zu einem Preisanstieg führen würde. Es ist also kein Knappheitsindikator gegeben, der einen individuellen Anreiz zu einem sparsameren Umgang mit diesen Gütern bieten würde. Dieses Phänomen der externen (sozialen) Kosten wird in den Wirtschaftswissenschaften schon seit langem diskutiert (vgl. dazu Hopfenbeck, 1992, S. 951 ff.).

Touristen und touristische Betriebe sind einerseits Verursacher von Umweltschäden, andererseits sind sie selbst Betroffene. Die vom Touristen verursachten externen Kosten (etwa Luft- oder Wasserverschmutzung) werden weitgehend nicht von ihm selbst, sondern von allen Mitgliedern einer Gesellschaft getragen. Andere Beispiele sind die intensive Nutzung der Infrastruktur, die Belastungen der Baudenkmäler. Eine Rückführung der bisher von der Gesellschaft insgesamt getragenen Kosten beim Verursacher (die sog. Internalisierung) könnte – wie im vorigen Kapitel gezeigt – über verschiedene Instrumente erfolgen (Abgaben, Steuern etc.; siehe das Beispiel für einen See-Ausflugsort bei Smeral, 1992, S. 27).

> „Tourist markets are likely to be characterized by externalities with a region whose comparative advantage depends on outstanding natural beauty attracting ‚too many' tourists leading to congestion, overcrowding, pollution and the destruction of the environment which formed the basis of the area's competitiveness. Similarly, this can occur with ancient buildings, footpaths, cliffs and waterways. Where property rights are well defined the private markets can easily ‚solve' such problems by charging a price, thus, excluding those unwilling to pay and using some of the income to maintain the asset.
> The reason why the destruction of natural resources and the pollution of the environment have proceeded apace is that they do not show up in the accounts of those responsible. This is because substantial parts of the tourism market are based on ‚common property' in such forms as scenery, coastlines and mountains. Beautiful views are available to all and one person's consumption of a view does nor spoil that of another. In other words, parts of the tourist market are characterized by property rights which are ill defines, unenforceable or not worth policing and enforcing."
> (Deegan, 1992, S. 12)

Ein Stop des „Ausverkaufs der Natur" und das Setzen erhaltenswerter Umweltstandards (weitgehend durch den Staat) werden logischerweise auch die touristische Nachfrage betreffen. Durch die dann bei umweltbelastenden touristischen Leistungen entstehenden höheren Kosten bzw. Preise würden somit Anreize zum Vermeiden des umweltschädlichen Verhaltens (und damit wieder wettbewerbsfähigeren, sprich niedrigeren Preisen) gegeben.

Einen Teil dieser externen Effekte, die bisher auf „Dritte" (wie die Gesellschaft generell oder auch auf zukünftige Generationen) abgewälzt wurden, müssen die touristischen Betriebe inzwischen bereits in ihrer Kostenrechung durch gesetzgeberische Restriktionen übernehmen (Auflagen, Abgaben, Versicherungsprämien). Bis jetzt konnte ja bei Investitionsentscheidungen im Tourismus mit Kosten-Nutzen-Rechnungen der bekannten Art (interner Zinsfuß etc.) gearbeitet werden, ohne daß die außerhalb des Betriebes verursachten (externen) Kosten Berücksichtigung fanden. Je mehr aber nun diese Elemente zunehmen und umweltschädigendes Verhalten mit einer Erhöhung betrieblicher Kosten verbunden ist, um so eher wird die Natur zu einem (betrieblichen) „Produktionsfaktor". Und damit hätten auch touristische Betriebe ein Interesse an „Vermeidungsstrategien".

Deutlich wird damit aber auch, daß zukünftiges Wachstum nicht wie bisher nur in einem rein quantitativen Wachstum definiert werden kann. Priorität wird ein „nachhaltiges Wachstum" (Sustainable Development) mit einem neu zu definierenden touristischen Qualitätsbegriff haben (siehe unsere Ausführungen im Teil 4).

Auch wenn über eine Spielart von Abgaben (z.B. „Eintrittsgeld für die Natur") in diesen Gebieten die anfallenden Reparatur- und Entschädigungskosten internalisiert werden, führt Miglbauer (1992., S. 398 f.) jedoch soziale Vorbehalte (z.B. für einkommensschwache Bevölkerungsteile) und auch ökologisch-pädagogische Einwände an, da das „Naturticket" als Blankoscheck für die Naturnutzung angesehen werden könnte.

Eine andere Gefahr sieht das English Tourist Board (vgl. 1991 e, S. 13): Ein nachhaltiger Tourismus, wie auch wir ihn fordern, wird mit beträchtlicher Kostenerhöhung verbunden sein. Der hohe Standard in den Mangementtechniken, die Erhaltungs- und Pflegemaßnahmen usw. sind kosten- und personalintensiv. Das könnte zu dem Dilemma führen, daß für die Eigentümer (oder ihre Manager) ein Anreiz besteht, zur Deckung dieser höheren Kosten aus dem Tourismus maximales Einkommen herauszuholen, also genau entgegen den Prinzipien eines nachhaltigen Tourismus zu handeln.

Teil 4
Die Forderung nach einem offensiven Umweltmanagement in der Tourismusindustrie

Die strategische Neuorientierung im Tourismus

Die Idee des sanften Tourismus als Vorläufer

Marktsegment: Umweltverträglicher Tourismus

Umweltorientierung als Qualitäts-Marketingstrategie der Gesamtbranche

Einflußfaktoren auf die Nachfrage nach umweltverträglicheren Reiseformen

„Wo Besitzstände und Existenzgrundlagen in Gefahr scheinen, ist in den letzten Jahren ein umweltverträglicher Tourismus plötzlich zu einem Modethema ersten Ranges geworden. Nun gibt es keine Zunft und kein Gremium mehr, in der oder dem heute nicht über Naturschutz diskutiert würde ... Noch vor wenigen Jahren war kein Skilehrer bereit, die Umweltschützer ernst zu nehmen. Für diese sogenannten Naturburschen waren das nur ‚grüne Deppen'. Ein Fortschritt also, immerhin. Fragt sich nur, was schneller ist: Die Lernfähigkeit auf der einen oder die Zerstörung auf der anderen Seite?".

(Rübesamen, 1991, S. 45)

Die strategische Neuorientierung im Tourismus

Das, wie eingangs erwähnt, in Umfragen sich artikulierende hohe Umweltbewußtsein wird sich langfristig auch in einem veränderten Umweltverhalten bei Reisenden und touristischen Betrieben auswirken. Besonders aus der Umwelt werden zunehmend neue Forderungen an die Unternehmungen herangetragen. Die Übernahme sozialer, kultureller, politischer oder ökologischer Verantwortung kann die Realisierung unternehmerischer Ziele erheblich beeinträchtigen. Diese neuen Beziehungsfelder sind in den Untersuchungsbereich eines umweltorientierten Tourismusmanagements zu integrieren.

Winter (1987), der mehrfach ausgezeichnete Unternehmerpionier im Umweltmanagement, sieht sechs gewichtige Gründe, „die jeden verantwortungsbewußten, aber auch das eigene Interesse im Auge behaltenden Unternehmer oder Manager veranlassen sollten, mit dem von ihm geleiteten Unternehmen umweltorientierte Unternehmensführung zu praktizieren:

- Ohne umweltbewußte Unternehmen keine umweltbewußte Wirtschaft – und ohne umweltbewußte Wirtschaft kein menschenwürdiges Überleben.
- Ohne umweltbewußte Unternehmen kein öffentlicher Konsens mit dem Unternehmertum – und ohne öffentlichen Konsens mit dem Unternehmertum keine Marktwirtschaft.
- Ohne umweltbewußte Unternehmensführung Verlust rasch wachsender Marktchancen und Risiko einer Umwelthaftung in Millionenhöhe mit Gefährdung des Unternehmens samt seiner Arbeitsplätze.
- Ohne umweltbewußte Unternehmensführung verschärftes Haftungsrisiko für Vorstände, Direktoren, Abteilungsleiter und weitere Mitarbeiter mit Gefährdung des Arbeitsplatzes und zukünftiger Berufschancen.
- Ohne umweltbewußte Unternehmensführung Verzicht auf zahlreiche Chancen zur Kostenverminderung.
- Ohne umweltbewußte Unternehmensführung kein Bestand vor dem eigenen Gewissen – und ohne Bestand vor dem eigenen Gewissen keine volle Identifikation mit dem Beruf."

Betriebliche Entscheidungen sollen so gefällt werden, daß sowohl die Interessen der Gesellschaft in sozialer und ökologischer Hinsicht als auch die des Unternehmens gewahrt bleiben. Der Gedanke eines Umweltmanagements und eines umweltorientierten Marketings ist verstärkt als betriebswirtschaftliches Instrument zur Erzielung von Wettbewerbsvorteilen einzusetzen. Der Ansatz im Tourismus kann nur ein „integrierter Ansatz" sein, d.h. umweltorientierte Unternehmensführung darf nicht isoliert von einer „Öko-Ecke" (vielleicht durch einen Umweltreferenten oder ähnliches) aus kommen, sondern muß unter einem ganzheitlichen Aspekt verschiedener potentieller Möglichkeiten gesehen werden: etwa der Kostensenkung, der Ertragssteigerung, der

Riskoverminderung, der Motivation oder der leichteren Gewinnung von qualifizierten Mitarbeitern. Durch die Zersplitterung des touristischen Angebots sind kooperative Formen der Zusammenarbeit zwingend.

Wir sehen den vorausschauenden (strategischen) Umweltschutz als eine der wichtigsten Managementaufgaben der Zukunft – anderenfalls wird die staatlich reglementierte, gesetzgeberische (Zwangs-) Beeinflussung des Umweltverhaltens der Unternehmen immer restriktiver werden. Es sind auch im Tourismus in den letzten Jahren Ansätze zu einem Umdenken zu erkennen, doch scheinen die Probleme schneller zuzunehmen als der Fortschritt.

Ähnlich sieht Charter (1992, S. 14) diesen Wettbewerbsvorteil: „For a number of reasons the profile of environmental problems caused by travel and tourism is being raised. The consumer is starting to think about how travel decisions may impact on ecological and social systems. Those European hotel companies that take up on the environmental gauntlet before they are forced into action will therefore be at a competitive advantage."

Eine Anpassung des unternehmerischen Wettbewerbsverhaltens an die durch umweltpolitische Einflüsse veränderten Umfeld-Rahmenbedingungen sollte über Wettbewerbshandlungen erfolgen, also mit Aktivitäten, über die die Unternehmung selbständig entscheidet und die ihre Stellung gegenüber den Konkurrenten verbessern sollen. Ein „offensives" statt passives oder reaktives Umweltmanagement, das die touristischen Unternehmen in ihrer gegenseitigen Vernetzung erkennt, wird im Rahmen der operativen und strategischen Planung die Umweltanforderungen integrieren.

Eine Art „Corporate Ecology" „zahlt" sich für die Unternehmen in vielen Fällen betriebswirtschaftlich aus. Einige wenige Beispiele mögen dies verdeutlichen:

- vor allem Rohstoff- und Energieeinsparungen und damit Kostensenkung
- zusätzliche Recyclingmöglichkeiten
- eine stärkere Identifikation der Mitarbeiter mit dem Unternehmen (Motivation)
- Kostenreduzierung in den Bereichen Ver- und Entsorgung
- zusätzliche Umsatzerfolge, denn in einer zunehmend umweltorientierten Gesellschaft werden auf lange Sicht nur umweltverträgliche Tourismusangebote Marktchancen besitzen
- Imagesteigerung (Nachfrageerhöhung)
- Attraktivität auf dem Arbeitsmarkt

> „Durch den Verlust des ökologischen Gleichgewichts wird die Wirtschaft ihre Existenz aufs Spiel setzen, Umweltschutz ist keine Wachstumsbarriere, sondern eine Voraussetzung für Wachstum."
>
> (Necker, BDI-Präsident)

Nur durch einen Einklang von Ökologieerfordernissen und betriebswirtschaftlichen (Rentabilitäts-)Zielen, nur durch das rechtzeitige Schaffen von – den Umweltschutz berücksichtigenden – Erfolgspotentialen (Image, Kompetenz etc.) ist eine langfristige und dauerhafte Gewinnerzielung auf der Basis einer gesicherten Marktposition innerhalb der gewandelten Umweltproblematik gesichert. Diese (legitimen) ökonomischen Interessen der im Tourismus Beschäftigten und von ihm Partizipierenden müssen in Einklang mit den ökologischen Erfordernissen gebracht werden.

Ein aktives, umweltgerechtes Management ist langfristig die bessere Unternehmensstrategie. Das Aufzeigen erfolgreicher umweltorientierter Strategien in Fallstudien (sowohl bei Großfirmen als auch bei klein- und mittelständischen Betrieben der Tourismusbranche) soll zur Nachahmung anregen und Informationsdefizite bei den touristischen Anbietern und den Touristen selbst abbauen.

Gefordert ist also bei einer Umweltorientierung nicht ein Umweltmarketing als bloßer Ausdruck eines alibimäßigen Aufspringens auf den grünen Zug, sondern ein systematisches Einbeziehen der Umwelt in alle betrieblichen oder regionalen Bereiche innerhalb eines umfassenden Umweltmanagements.

Auch Swoboda (1992, S. 597) betont die Notwendigkeit einer ganzheitlichen Ausrichtung moderner Tourismuskonzepte: „Es gibt kaum einen Lebensbereich, der nicht in wechselseitigem Einfluß zum Tourismus steht. Einseitige Tourismuskonzepte, die das räumliche, physische und psychische Umfeld sowie Neben- und Folgewirkungen außer acht lassen, sind wertlos; eine davon ausgehende Strategie könnte sogar umweltgefährdend sein". Für ihn heißt ein „intelligentes" Tourismusmanagement:

- Abkehr von der rein marktorientierten „Einzelkämpfermentalität"
- Bevölkerung und Gäste als Mitträger für einen umweltbewußten Tourismus gewinnen
- Zusammenhänge transparent und bewußt machen
- Verständnis finden und Verständigungsbereitschaft fördern

Das Umwelt-Forschungszentrum des World Travel & Tourism Council (WTTERC) in Oxford ist der Meinung, daß der Akzent im nächsten Jahrzehnt sich von Vereinbarungen und Regulierungen mehr zu problemlösungsorientierten und proaktiven Instrumenten hin verlagern wird unter Einschluß umfassenderer Umweltverträglichkeitsprüfungen und Umwelt-Managementpraktiken. Die neuen Umweltpolitiken werden folgende Gebiete mit umfassen (1992, S. 9):

- vermehrte Planung und Kontrolle innerhalb der Zielgebiete mit Auswirkungen auf die Tourismusentwicklung
- vermehrte Umweltverträglichkeitsprüfungen bei neuen Projekten
- vermehrter Einsatz von Instrumenten des Kapazitätsmanagements
- vermehrter Druck auf Einhaltung von Umweltvorschriften
- vermehrter Druck auf die Tourismusindustrie zur Identifizierung und Übernahme der Kosten für eine nachhaltige Entwicklung
- eine stärkere Betonung „nachhaltiger" Geschäftspraktiken und Entwicklungsprogramme

Die Idee des sanften Tourismus als Vorläufer

Seit vielen Jahren wird der Gedanke eines „sanften Tourismus" (und all die sprachlich ähnlichen Mutanten) äußerst ausführlich auf Kongressen diskutiert, ohne daß wir über einzelne Erfolgserlebnisse in der Praxis hinausgekommen sind. „Längst ist jedoch klargeworden, daß hier eher eine Worthülse transportiert wird, als daß ein echtes Umdenken, geschweige denn ein an Umwelt-Vorsorge orientiertes Handeln erwachsen ist" (S. 11). Und weiter: „Umfassende ‚sanfte' Konzepte sind unserer Kenntnis nach bisher in der BRD weder auf kommunaler noch auf regionaler Ebene realisiert worden. Einer so umfassenden Neuordnung steht eine Fülle organisatorischer, verwaltungstechnischer, traditioneller, z.T. auch ökonomischer und gesetzlicher Restriktionen entgegen. ‚Sanfter Tourismus' scheint nur längerfristig als eine ‚Politik der kleinen Schritte' realisierbar" (Behrens-Egge, 1992, S. 612).

Geprägt wurde der Begriff 1980 von dem Zukunftsforscher Robert Jungk, der in einer sogenannten Kontrastliste Formen des harten und des sanften Reisens gegenüberstellte. Eine wissenschaftliche Pionierrolle fällt dem Schweizer Jost Krippendorf zu, der in den 80er Jahren (vor allem mit seiner Veröffentlichung über „Die Ferienmenschen" 1984) die Gefahren eines ausufernden Tourismus zeigte.

Seine damals veröffentlichten und vielfach zitierten **Thesen** seien wegen ihrer Vorreiterrolle aufgeführt:
These 1: Für einen sanften und menschlichen Tourismus eintreten – oberste Ziele neu gewichten. Voraussetzung: ein klares Bekenntnis zu neuen Prioritäten, im Mittelpunkt sollen die Menschen stehen.
These 2: Den Massencharakter des Reisens und die eigene Touristenrolle akzeptieren. Voraussetzung: realistische Selbsteinschätzung als Tourist.
These 3: Die Reiseströme entzerren und besser verteilen. Voraussetzung: Hinwirken aller Beteiligten auf eine Entzerrung der Reiseperioden durch Einschaltung nationaler und internationaler politischer Gremien. Dezentralisierung der touristischen Einrichtungen in den Zielgebieten.

These 4: Tourismusförderung nicht als Selbstzweck und Allheilmittel betrachten – breitgefächerte Wirtschaftsstrukturen anstreben – Monokulturen vermeiden. Voraussetzung: Andere Wirtschafts- und Gewerbezweige sind mit gleicher Priorität wie die Tourismusentwicklung zu fördern.

These 5: Den Kapitaleinsatz für touristische Investitionen fördern. Voraussetzung: Auswärtiges oder ausländisches Kapital muß sich wie das einheimische auch an den unrentablen Investitionen (zum Beispiel: Infrastruktur) beteiligen. Die breite finanzielle Beteiligung der einheimischen Bevölkerung ist vorrangig.

These 6: Betonung des Einheimischen und Landestypischen. Voraussetzung: ein eindeutiges Bekenntnis zur einheimischen Kultur – in der Architektur, im Handwerk, in der Gastronomie.

These 7: Die Vorteile künstlicher Urlaubszentren einsehen und nutzen. Voraussetzung: Den Aufbau künstlicher Urlaubswelten, großer Ferienzentren als notwendig und wünschenswert anerkennen.

These 8: Ein ehrliches und verantwortungsbewußtes Reisemarketing betreiben. Voraussetzung: Tourismus-Anbieter müssen sich zu ihrer Verantwortung gegenüber reisenden Menschen bekennen.

These 9: Tourismus-Verantwortliche umfassender und besser ausbilden. Voraussetzung: Die enge fachspezifische Ausbildung muß um eine Dimension erweitert werden, die man als Tourismusethik bezeichnen könnte.

These 10: Die Menschen in den Ferien zu einem neuen Erleben und Verhalten animieren. Voraussetzung: Anleitung zur Kultivierung des Reisens, Hilfe zur Selbstfindung, Hilfe zur Kontaktfindung zu anderen Touristen und zu den Bereisten.

These 11: Die Bereisten über die Reisenden und die Tourismusprobleme informieren. Voraussetzung: Informationsmittel schaffen, Informationskanäle wie Schulen und Massenmedien nutzen.

Für die inhaltliche Umschreibung des Begriffs „sanfter Tourismus" liegen vielfältige Definitionen vor. Eine sehr ausführliche Definition (unter dem Schlagwort „Sanfter Tourismus ist umwelt- und sozialverträglich") findet sich bei Hamele (1989, S. 14). Für Behrens-Egge (vgl. ebd.) sollten darin enthalten sein:

- Akzeptanz der natürlichen Leistungsfähigkeit des Landschaftshaushaltes als planerische Rahmenbedingung (Entwicklungskonzepte, Grenzen der Nutzung)
- Aufstellung und kontinuierliche Verbesserung von Ressourcensparkonzepten
- Ansätze zur Reduktion des PKW-Verkehrs
- Förderung der regionalen bzw. örtlichen Wirtschaft und Strukturen.

Obwohl viel darüber geschrieben und diskutiert wurde, ist es beim sanften Tourismus letztendlich bei der Idee geblieben. Hindernisse für die Realisierung sieht Roth (1992, S. 50 ff.) auf mehreren Ebenen:

- Die Tourismuskritiker blieben konkrete Umsetzungsbeispiele schuldig.
- Die Tourismuswirtschaft ist zu kurzfristig an Gewinnoptimierung orientiert.
- Die zuständigen Stellen versäumten es, entsprechende gesetzliche Rahmenbedingungen zu schaffen.

- Die Touristen haben zwar ein geändertes Bewußtsein, aber noch kein geändertes Verhalten.
- Der Begriff selbst ist irreführend und negativ („alternativ") belastet.
- Der Charakter von nur unverbindlichen Empfehlungen.
- Die Fokussierung auf einen Nischentourismus, mit dem aber die Probleme der Umweltbelastung nicht zu lösen sind. Damit falsche Zielsetzung.
- Der Einbezug der Sozialverträglichkeit ist kaum realisierbar.
- Fehlende Planungs- und Orientierungshilfen.
- Keine Differenzierung nach dem Entwicklungsstand von Zielgebieten.

Reisepavillon – Marktplatz für anderes Reisen
Zum dritten Mal fand vom 15. bis 17. Januar 1993 in Hannover die Messe „Reisepavillon – Marktplatz für anderes Reisen" statt. Mehr als 50 Aussteller aus ganz Deutschland und dem europäischen Ausland haben sich zu der Veranstaltung angemeldet, die sich schwerpunktmäßig mit Formen des umweltverträglichen und sozialverantwortlichen Tourismus beschäftigt. Die Organisatoren des Reisepavillons haben sich zum Ziel gesetzt, das Schlagwort vom „Sanften Tourismus" zu konkretisieren. Zahlreiche Vorträge, Diskussionsrunden und Veranstaltungen sollen dazu beitragen, Besuchern und der Presse vermeintlich oder tatsächlich umweltfreundliche Reiseangebote transparenter zu machen.

Die verschiedenen Formen des alternativen Tourismus können u.E. keine Lösung anbieten, da sie zum einen selbst auch mit Umweltbelastungen verbunden sind (vgl. dazu die ausführliche Studie von Boo, Vol. 1, 1990, S. 7 ff.) und zum anderen das fundamentalste Problem des Tourismus, nämlich sein quantitatives Wachstum (60 Millionen international Reisende 1960 – über 400 Millionen Ende der 80er Jahre) ignorieren. Quasi losgelöst vom einzelnen Touristen selbst wurde dem Pauschalreisenden der („bessere") Individualreisende und der „small scale" – Tourismus gegenübergestellt. Dieser (gleichwohl) lobenswerte Ansatz ist in seiner jetzigen Form keine Lösung. „At best, this is a micro solution to a macro problem" (Deegan, 1992, S. 12).

„Aber es soll hier nicht um die Frage gehen, wer nun der bessere Tourist ist, sondern um die Feststellung, daß Alternativtouristen sehr wohl auch Touristen sind. Auch sie benutzen die für/durch den Tourismus geschaffenen Segnungen (Flughäfen, Wechselstuben, Straßen, Hotels usw.), besonders die preiswerten Angebote der Tourismusindustrie (Billigflüge). Auch sie profitieren von der ungerechten Weltwirtschaftsordnung und den Abhängigkeitsstrukturen, die zwischen Herkunftsländern als Vertreter der Industrienationen und den Empfängerländern als Vertreter der Dritten Welt bestehen.
Auch sie weilen zu Erholungs- und Erlebniszwecken dort, wo die Besuchten ihre Arbeits- und Lebensorte haben, und Geld ist allemal der Mittler der Begegnung.
Auch sie müssen sich fragen: Wer hat uns denn eigentlich gerufen? Wer sagt denn, daß den Einheimischen der alternative Besuch recht ist, bloß weil er den Travellern billig ist? Genauso wenig wie die Betroffenen (Besuchten, Bereisten) bei der Planung von riesigen Hotelanlagen und Feriendörfern für den konventionellen Tourismus nicht gefragt werden, ob sie diese überhaupt wollen und falls ja, in welcher Form, genauso wenig fragen die Alternativen, ob sie eigentlich willkommen sind.

Die Einheimischen machen oft keinen Unterschied zwischen Pauschali und Alternativo. Beide erscheinen ihnen reich, da sie über freie Zeit und Geld verfügen, beide sind weiß usw., usw., usw.," (Zimmer, 1984 S. 72 ff.).

Nützlich war sicherlich auch nicht die „Verteufelung" des Massentourismus. Die Gegenposition diente überhaupt nicht der Lösung des Problems, „denn letztlich wird jeder Tourist zum Massentourist, wenn er in Massen auftritt" (Moser, 1992, S. 22). „Die Kritik am Massentourismus ist so alt wie das Phänomen selber. Was verständlich ist. Denn der Massentourismus mußte jene stören, die das Reisen lieber für eine an Zeit und Geld reiche Minderheit reserviert gesehen hätten ... Wenn wir den Massentourismus abschaffen, ist noch lange nicht das Problem gelöst, daß wir ihn brauchen" (Aschenbrenner, 1991, S. 21).

Heutige Formen und Ausmaß des Tourismus können nicht einfach verboten werden – es müssen Wege der (umwelt-)verträglicheren Gestaltung gefunden und durch ein professionelles Besuchermanagement alternative Lösungen ebenfalls für den „Massenmarkt" entwickelt werden. Auch die kürzlich von der „Economist Intelligence Unit" veröffentlichte, umfangreiche Studie „The Tourism Industry and the Environment" (vgl. Jenner/Smith, 1992) kommt zu dem Schluß, daß der alternative Tourismus ex definitione nicht die vorherrschende Form des Tourismus sein kann. Die Zukunft des Tourismus liegt deshalb in der Art und Weise, wie der Massentourismus durchgeführt wird. Es gilt, den dort tätigen Entscheidungsträgern Hilfen zu geben.

Bei der natürlichen Abneigung gegen jeden Wachstumsgedanken ist von einigen Seiten der Alternativbewegung die ökonomische Bedeutung einer touristischen Entwicklung zu eng gesehen worden. Frick/Schaller (1990, S. 157 f.) zeigen dies am Beispiel des Alpentourismus: „Der Tourismus hat also die Berggebiete vor der Verarmung und den entsprechenden Folgen bewahrt; er ist für sie das wichtigste wirtschaftliche Entwicklungsinstrument. Eigentliche Alternativen zur touristischen Entwicklung in den Berggebieten gibt es nicht. Die Frage für sie lautet also nicht ‚touristische Entwicklung oder nichttouristische Entwicklung', sondern: ‚Welche Ergänzungsmöglichkeiten gibt es zum Tourismus?'" Fragen der „nachhaltigen Tourismusentwicklung" innerhalb tragbarer Grenzen werden wir im Teil 7 besprechen.

Marktsegment: Umweltverträglicher Tourismus

Unter einer umweltverträglichen Unternehmensführung verstehen wir eine gezielte, integrierte Gesamtkonzeption, die das Kriterium „Umweltqualität" als Bestandteil aller Managementaktivitäten und des Controlling sieht. Dieses Ziel ist von allen touristischen Betrieben anzustreben und umzusetzen.

Zusätzlich ist ein spezielles Marktsegment des „Öko(Natur-, Alternativ-)tourismus" entstanden, das einer spezifischen Marketingstrategie bedarf. Dieses Nischensegment braucht wegen der Besonderheiten seiner Beschaffenheit und Struktur besondere Angebotsformen und einer spezifische Ausgestaltung der Instrumente des Marketing-Mix (anderer Kommunikationsformen etc.). Nach Meinung von Experten auf der Londoner Konferenz „Ecotourism – A sustainable option?" wurde der Natur- oder Ökotourismus als der am schnellsten wachsende Sektor in der Tourismusindustrie bezeichnet. Ende 1992 fand in Whistler, British Columbia, bereits die zweite Weltkonferenz über Adventure Travel and Eco-Tourism statt. Diese Angebotsgruppe ist jedoch nicht das Anliegen dieses Buches. Unser Augenmerk gilt dem Massenphänomen des Tourismus.

Grotta/Grotta (1992, S. 11) sehen sechs Typen von grünen Reiseprogrammen:

- nature field trips
- physically challenging endeavors
- intellectually satisfying tours
- people-to-people encounters
- volunteer programms
- reality tours

Für diese Zielgruppen sind inzwischen zahlreiche Reiseführer veröffentlicht worden (The Green Travel Sourcebook, The Good Tourist, Holidays that don't cost the earth) mit ausführlicher Beschreibung der Touren, Veranstalter etc.

In einer verkürzten Sicht wird unglücklicherweise darunter nicht nur eine „umweltverträglichere Form" des Reisens verstanden, sondern vor allem eine Form des Tourismus, die auf der Attraktivität der natürlichen Umwelt basiert. Auch ein Bericht der thailändischen Tageszeitung The Nation (27. 8. 92) warnt den Konsumenten vor dem Begriffswirrwarr zum Ökotourismus: „For the last three years, outfitters and consumers have been struggling to discover just what that word means. According to some, ecotourism is any travel in an ecologically interesting place. According to others, ecotourism is travel that adheres to inviolable principles of education, environmentally correct camping, cultural sensitivity, and local involvement in the tour. To anyone who's ever sat staring at a coffee table full of green, vague, similar-sounding catalogs, it's all pretty darn confusing."

Wesentliches Kennzeichen sozialverträglicher Reiseangebotsformen ist der stärkere Einbezug der Einheimischen bei Einkommenseffekten und Durchführung. Häufig sind die Projekte auf genossenschaftlicher Basis:

- beim Vatukarasa Village Eco-Tourism Culture Hotel Projekt in Fiji hat die Gemeinde volles Besitz- und Kontrollrecht
- das Kutubu Lodge am Kutubu See in Papua-Neuguinea ist eine Kooperative der Einheimischen
- verschiedene Projekte in Belize, Dominikanische Republik, Costa Rica und Ecuador (im einzelnen Boo, Vol. 2, 1990; Elkington/Hailes, 1992, S. 284 ff.)
- das „Integrierte Tourismus Projekt" im Senegal (Casamance)

Casamance
Einige Dörfer in der Casamance errichteten kleine Campements; im örtlichen Baustil gehalten und mit üblicher Ausstattung versehen, bieten sie etwa 20 bis 30 Gästen Aufnahme. Die Verwaltung des Camps erfolgt im jeweiligen Dorf, die Einnahmen werden von den Dorfbewohnern für ihre Zwecke verwendet (Schulbauten, Saatgut, Gesundheitsstationen usw.). Den Gästen wird Teilnahme am Alltag geboten. Die Verpflegung erfolgt aus der Dorfküche, beim Essen sitzt man auf Strohmatten. Wer Lust hat, kann sich etwa bei den anfallenden Arbeiten betätigen – aber auch bloßes Zusehen ist selbstverständlich erlaubt. Bis hin zum abendlichen Beisammensein spielt sich alles im Dorf und in der näheren Umgebung ab. Gleichsam als Gegenleistung erwarten die Dorfbewohner, daß man sich schon vor der Reise einige Kenntnisse in Geschichte, Sitten und Sprache verschafft. Trotz der auch in Ansätzen vorhandenen Probleme wie aufkommende Kinderbettelei gilt der „tourisme intégré" als durchaus brauchbare Gratwanderung und beispielhaft für sogenannte Dritte-Welt-Länder.

Auch hier besteht natürlich die dem (nun „grünen") Marketing gegebene Aufgabe, nämlich Nachfrage zu erkennen oder zu wecken und zu befriedigen. Das Kleingruppenprinzip verlangsamt zwar die Geschwindigkeit der Veränderung, trotzdem besteht ebenfalls die Gefahr der „Vermarktung" und „Nachfragerproduktion" in traditioneller Weise, und es gilt: Je erfolgreicher, desto schneller entstehen die bekannten Probleme der Masse. Der Verkauf einer Ökotour leistet allein noch keinen Beitrag zur Schonung der Natur.

> „Sanfter Tourismus per Jet ist pure Illusion. Da ändert auch das schönste Umweltseminar am Zielort nichts, selbst wenn es auf einem Segelboot stattfindet und der Veranstalter Trintel Yacht-Charter versichert, ‚Segeln ist schon von Haus eine Form des sanften Reisens'.
> Selbsttäuschungen geben sich auch brave taz-Leser hin, die nach Venezuela fliegen, weil ihr Blatt ihnen versichert, dort habe ein ‚rühriger Deutscher ein Konzept zum Sanften Tourismus' entworfen. Besuche bei den Campesinos statt an Pool und Hotelbar qualifizieren noch nicht zum ‚Öko-Touristen'."
> (Paulus, 1991)

Helu-Thaman weist vor allem darauf hin, daß viele Entwicklungsmodelle von falschen Voraussetzungen über die Einheimischen ausgehen und deren Kultur als eine „Variable" betrachten. Auch nachhaltiger Tourismus (und der Erhalt der natürlichen Umwelt) wird mit den Augen des Westens definiert und dient dessen Zielen. „But this is a problem with a universal ‚development' culture based on money rather than people. Eco-tourism incentives that protect the ecosystems of Pacific islanders will doubt be exploited by those out to make a buck. According to the world Resources Institute, in 1990 there were more than 300 US companies selling wildlife and nature tours. The questions always seem to be: ‚How can we profit from this?' A major new US aid project is appropriately entitled PEP (Profitable Environmental Projects)" (1992, S. 9).

Wie sensitiv diese Nische zu betrachten ist, sollen zwei Beispiele verdeutlichen. Beim gerade angelaufenen Projekt „Dorfurlaub in Österreich" erfüllten 21 Gemeinden die ökologischen Auswahlkriterien. Kritiker werfen der Gruppe die Vermarktung auch noch der letzten ruhigen Plätze vor.

> Wie ernst man gerade im sogenannten Dritte-Welt-Tourismus den Vorwurf des Neo-Imperialismus nehmen muß (vgl. stellvertretend ECTWT, 1992), zeigt ein Bericht in der britischen Tageszeitung The Independent über die „Öko-Missionare" des Kibale Forest Tourism Project in Uganda: „The white man has been coming to these parts for more than a century to save our souls or lives, but Africa has a way of swallowing the grand schems of outsiders. First there were missionaries saving souls, then traders bringing trade, then adminsitrators bringing civilization, all trying to save Africa from itself. Now they are coming to save the chimpanzees. The locals are being educated about this by the new missionaries. These enthusiastic young volunteers mimic their predecessors in dress and style and they carry the fervour of fundamentalism in there eyes."
> (Dowden, 1992, S. 10)

Ähnlich wie bei der „Grünen Welle", die über viele Supermarktprodukte schwappt, besteht die Gefahr, daß dieses Segment (vor allem von den Großen) nur als weiteres neues Wachstumssegment erschlossen wird, wobei man das Ökologische auf das reduziert, was in die herkömmlichen (wachstums- und rentabilitätsorientierten) Marketingkonzeptionen paßt, und lediglich an Teilaspekten herumgebastelt wird und damit die Notwendigkeit zu einem grundsätzlich anderen Denkansatz innerhalb einer umweltorientierten Umweltpolitik zu kurz kommt.

Klingenberg/Aschenbrenner (1991, S. 66) betonen eine mögliche Alibifunktion: „Schon jetzt gibt es genügend ‚harte' Reiseangebote mit grünen Farbtupfern. Ökologie an Vorzeigeobjekten läßt das Stichwort des sanften Reisens zur Kuschelvariante der weißen Industrie verkommen." Ähnlich die Kritik Wheelers (1991, S. 96): „Indem man in einen grünen Mantel schlüpft, hat die Industrie ein Schutzschild, mit dem man sowohl berechtigte Kritik abwehren als auch sein eigenes Image verbessern kann, während man in Wirklichkeit weiterhin kurzfristig orientiert ökonomisch weitermarschiert."

Wheeler (1991, S. 96) demaskiert den sanften Tourismus als Ausweichroute der Bildungsbürger: „Responsible tourism is a pleasant, agreeable, accessible but dangerously superficial, ephemeral and inadequate escape route for the educated middle classes unable, or unwilling, to appreciate or accept their own destructive contribution to the international maelstrom. Irresponsible tourism might be more apt terminology. The current, in-vogue ‚solutions' to tourism are, I suggest, actually further fuelling the rapid spread of tourism without offering any real, lasting answers."

Auf der ersten Caribbean Conference on Ecotourism (1991, Belize) stellten Vertreter der Tourismusindustrie (Reisebüros, Veranstalter, Transportunternehmen, Hotels etc.) 70 % der Konferenzdelegierten. „Commercial pressures may well dictate that ecotourism will merely replicate the economic, social and physical problems associated with conventional tourism. The only difference, and herein lies perhaps the greatest threat, is that previously underdeveloped areas, all the more vulnerable, become the prime targets" (Cater, 1991, S. 19).

> „Der organisierte Ego- und Ökotrip zum Mittelpunkt der grünen Hölle, die Safari in den Dschungel: Man kann sie buchen. Doch statt furchteinflößender Krokodile trifft der pauschale Naturtourist Indios mit Kassettenrecordern."
>
> (Goerdeler, 1992, S. 72)

Nach einer Urlaubsanalyse des B.A.T. Freizeitforschungsinstituts bilden die „Ökotouristen" die dritte große Trendgruppe für den Tourismus der 90er Jahre (vgl. Kohl, 1992, S. 160). Dieser Typus gibt sich zwar „ökotouristisch", aber nicht unbedingt umweltbewußt; seine Kennzeichen:

- Marktumfang: 21,8 Millionen
- soziodemographische Merkmale: hohe Bildung, hohes Einkommen, Großstädter, mehrheitlich „Yuppies"
- besondere Ansprüche: Sauberkeit, umweltfreundliche Ferienorte, Bereitschaft, mehr zu bezahlen
- spezielle Aktivitäten: Ausflüge machen, Folkloreveranstaltungen besuchen
- „In"-Trendziele: Kanada, Australien

Andere Schätzungen beziffern dieses Marktsegment auf ca. 10 bis 20 % (vgl. die Ergebnisse der Reiseanalyse des StfT, bei Hamele, 1989, S. 152). Krippendorf schätzt den Anteil auf 20 % und die kritische Größe, um die Branche schwenken zu lassen, bei vielleicht 30 Prozent.

Der idealtypische Nachfrager in diesem Marktsegment ist durch folgende Eigenschaften gekennzeichnet (vgl. ADAC, 1991, S. 10):

- Bereitschaft zur Annahme eines weniger technisierten Angebots
- Bereitschaft zur Erhaltung einer naturnahen Landschaft

- Bereitschaft zur Nutzung öffentlicher Verkehrsmittel
- Bereitschaft zur Rücksichtnahme auf die Einheimischen
- Bereitschaft zum Komfortverzicht
- Bereitschaft zum aktiven Umwelt- und Naturschutz

Umweltorientierung als Qualitäts-Marketingstrategie der Gesamtbranche

Kreatives Denken gehört zu den Managementaufgaben ersten Ranges. Einem Innovationswettberb wird sich auch die heutige Tourismuswirtschaft nicht entziehen können, weil (Müller/Kramer, 1990, S. 8; Steinecke, 1992, S. 8)

- in vielen Teilbereichen der Markt gesättigt ist, der Wettbewerb zwischen touristischen Zielgebieten und Reiseprogrammen also härter wird,
- sich die touristischen Zielgebiete mehr und mehr angeglichen haben,
- die touristischen Nachfragebedürfnisse immer rascher wechseln,
- das mengenmäßige Wachstum an einengende ökologische und psychologische Grenzen stößt und der Anpassungsdruck in Richtung eines vermehrt umwelt- und sozialverträglichen Tourismus wächst,
- die neuen Konsumenten (mit großer Vielfalt in Lebensstilen/-haltungen) erheblich höhere Anforderungen an die Qualität des touristischen Angebotes stellen,
- die wachsende Sensibilität (auch in der Wahrnehmung von Umweltbelastungen) mittelfristig zu veränderten Raumstrukturen des Tourismus führen wird.

Das Problem der „Zahl" kann wie gezeigt durch Formen des zu kurz greifenden sanften oder alternativen Tourismus nicht gelöst werden. Es besteht auch die Gefahr, daß dieses zusätzliche Nischensegment in „traditioneller" Weise nur unter Wachstumsaspekten interpretiert wird. Eine Verlagerung auf Ökotourismusformen ist zum einen gar nicht möglich, würde andererseits das Problem auch überhaupt nicht lösen. Ähnliche Probleme haben wir in der Industrie: Was nützten die jährlichen Steigerungsraten an verkauftem Recyclingpapier der Natur, wenn gleichzeitig der Gesamtverbrauch an Papier steigt? Oder wenn zwar zunehmend Flugzeuge mit leiseren Triebwerken und weniger Verbrauch eingesetzt werden, aber immer mehr Flüge diese positiven Effekte (über-)kompensieren? Das Gesamtvolumen, die Gesamtbelastung müßte kleiner werden!

Um die bei realistischer Betrachtung weiter steigenden Massen so zu „managen", daß die damit verbundenen Umweltbelastungen soweit wie möglich minimiert werden, ist eine „relative Umweltorientierung" mit Hilfe verschiedener Instrumente nötig:

- Auf politischer Ebene müssen durch ordnungspolitische oder Anreizinstrumente Preis- und Kostensignale zum Umweltschutz auch im Tourismus gesetzt werden (siehe Teil 15).
- Die wirtschaftlichen Meßinstrumente müssen geändert werden, und zwar
  - auf volkswirtschaftlicher Ebene durch eine geänderte Erfassung des BSP und
  - auf einzelwirtschaftlicher Ebene durch eine Internalisierung externer Kosten (m.a.W.: Auch touristische Betriebe werden die Kosten für den Erhalt der natürlichen Umwelt zunehmend als „normale" Kosten des Geschäftes zu sehen haben; siehe dazu Teil 6, Umweltcontrolling).
- Die Reisenden (siehe Teil 15) und die Bereisten (siehe Teile 1 und 2 und insbesondere 7) müssen informiert und in Entscheidungsprozesse einbezogen werden.
- Die „Wachstumsstrategien" der Vergangenheit sind unter dem Aspekt einer „Nachhaltigkeit" (siehe Teil 7) neu zu formulieren.

Wir wollen einen „umweltorientierten Tourismus" als ein strategisch orientiertes Erfolgskonzept skizzieren. Ein „nachhaltiger Tourismus" mit dem Ziel, die Natur in ihrer jetzigen Form als Kulturlandschaft zukünftigen Generationen als („Betriebs-") Kapital zu hinterlassen, wird das Kriterium „Umweltverträglichkeit" als ein zusätzliches Qualitätskriterium in das touristische Leistungsangebot (neben den traditionellen Wettbewerbsfaktoren wie Preis oder Qualität) einbeziehen müssen. Produkt- oder Dienstleistungsqualität wird heute auch definiert als Umweltqualität. Das Anbieten einer solchen Umweltqualität (in Verbindung mit den anderen Argumenten) verschafft einem Fremdenverkehrsort, einem Verkehrsträger, einem Hotel oder einem anderen touristischen Betrieb drei zentrale Erfolgsfaktoren:

- Sie ermöglicht den Aufbau einer „spezifischen Ökologiekompetenz" (Service, Sortimentsgestaltung, Hotelanlage, Kommunikationspolitik usw.).

- Dies erfordert aber gleichzeitig den Aufbau einer Managementkompetenz (Organisation, Warenwirtschaft, Abfall-/Entsorgungsmanagement, Beschaffungswege, Managementtechniken).

- Dies muß begleitet sein von einer personellen Kompetenz als Schlüsselqualifikation (Umweltschutz als Chefsache, einschließlich Mitarbeitermotivation und -qualifikation).

Ähnlich Kirstges (1992, S. 77): „Ökologisches und sozialverträgliches Tourismusmarketing umfaßt somit alle Maßnahmen eines Unternehmens, die darauf abzielen, mit einem minimalen Maß an Belastungen des ökologischen und sozialen Systems maximalen Beitrag zur Erhaltung des Unternehmens zu erzielen. Ein derart ausgerichtetes Tourismusmarketing bedeutet nicht Gewinnzielung *trotz* ökologischer und sozialer Orientierung, sondern *durch* eine solche Orientierung."

Das Schweizer Gastgewerbe (nach SHV/SWV, 1993, S. 9) skizziert einige typische Vorurteile als „Ökokiller":

- „Ich wäre schon für Umweltschutz, aber alle anderen rundherum halt nicht."
- „Wie soll ich denn Umweltschutz meinen Gästen schmackhaft machen?"
- „Und wie erst meinen Mitarbeitern?"
- „Umweltschutz kann ich mir nicht leisten."
- „Das Thema ist doch für den einzelnen Betrieb viel zu komplex."
- „Dieses Handgestrickte paßt uns nicht."
- „Und überhaupt, noch mehr Umweltschutz heißt bald, den Betrieb ganz zu schließen."

Umweltverantwortliches Handeln eröffnet jedoch einen Weg „vom Ökokiller zur Umweltchance". Mit konkreten Maßnahmen können aus vermeintlichen Umweltgefahren, aus Vorurteilen der Ökologie gegenüber sieben eigentliche Umweltchancen werden:

- höherer Sympathiewert
- kurz- und langfristige Ökonomie
- ökologische Innovationen
- echte Qualität
- motivierte Mitarbeiter
- Zukunftssicherung
- gutes Gewissen

Wanhill spricht eine deutliche Warnung aus, daß die Idee eines „Sustainable Tourism Development" auch eine willkommene Ausrede sein könnte: „Die Schwierigkeit liegt darin, daß unser Wissen über zukünftige Technologie, die uns sowohl das Wachstum aufrechterhalten läßt als auch die Umweltschäden korrigiert, den Entscheidungsträgern die Gelegenheit geben könnte, Aktionen zu verschieben und mit privaten Marktlösungen fortzufahren. Zu oft reden wir von Qualität, die wir jedoch in Besucherzahlen messen" (1992, S. 625).

Wir definieren den „umweltorientierten Tourismus" also nicht als eine Nischenpolitik für bestimmte Marktsegmente (etwa das „sanfte Nachfragepotential" im Naturreisesektor, Ökosektor usw.), sondern als eine Strategie, mit der alle Beteiligten im Tourismus aus ganzheitlicher Sicht ihre jeweilig spezifischen Aktivitäten (Unterkunft, Transport, Freizeit- und Unterhaltungsangebot usw.) mit möglichst geringer Umweltbelastung durchführen, also eine Integration des „Prinzips der Umweltschonung" in alle Entscheidungsprozesse bei den Mitgliedern der touristischen Wertschöpfungskette unter Einbezug auch des Reisenden. Ein nachhaltig umweltorientierter Tourismus ist also nicht primär produktbezogen, sondern er ist ein Ansatz, eine „Philosophie": Umweltorientierung als Bestandteil der spezifischen „touristischen Kultur" des Ferienortes, des Hotels etc. Diese Notwendigkeit halten wir langfristig sowohl aus ökonomischen als auch ökologischen Gründen für unerläßlich. Sie ist auch unabhängig von Betriebsgröße oder Standort.

Die OECD sieht in ihrem letzten Bericht zwei klare Trends, nämlich

- ein wachsendes Umweltbewußtsein und
- ein steigendes Qualitätsbewußtsein (1992, S. 19).

Wir sind mit anderen (so Wheeler, 1992; Wanhill 1992) der Ansicht, daß ein sanfter, alternativer, Öko-(oder wie auch immer bezeichneter)tourismus zwar für bestimmte Standorte durchaus angebracht und nützlich ist. Er ist jedoch nicht die Antwort auf unsere Probleme, die sich aus der zu prognostizierenden Tourismusentwicklung ableiten, die es erforderlich macht, daß ein professionelles Management an Orten hoher Touristendichte erfolgreich praktiziert wird. Aber auch hier wird die ökologische Qualität eines Zielgebietes u.E. als Teil der Urlaubsqualität erwartet werden.

Kirstges (1992, S. 73) spricht in diesem Zusammenhang von der „Paradoxie" eines sanften Massentourismus. Würden alle Reisenden plötzlich ein umweltbewußtes Verhalten (z.B. Wandern) pflegen, so würde sofort das bekannte Massen(Überfüllungs-)problem auftauchen. „Es bleibt festzuhalten: Sanfter Tourismus ‚in Reinform' ist angesichts der heutigen Reiseströme nicht realisierbar. Einziger Ausweg: Man müßte Reisen verbieten oder Reiseberechtigungsscheine ausgeben, um die Qualität und die zeitliche Verteilung von Reiseströmen gezielt zu steuern. Dies ist ebenso wie die Vergabe von ‚Qualifikationszeugnissen' für Reisende in einer freiheitlichen Gesellschaftsordnung jedoch absolut undenkbar. Individuelle Reisefreiheit führt jedoch nahezu zwangsläufig zu Massenbewegungen. Jede Massenbewegung widerspricht aber grundsätzlich den Idealen eines sanften Tourismus. Daher ist es allenfalls möglich, in wesentlichen Dimensionen des Tourismus auf einen sanfteren Tourismus hinzuwirken."

Kronbichler (1992, S. 151) bemerkt richtig: „Der Tourismus lebt u.a. vom Gefälle in der Umweltqualität zwischen Herkunftsgebiet und Urlaubsort." Unsere Ausführungen in diesem Buch versuchen diese strategische Notwendigkeit zu begründen. Die Qualität einer Landschaft ist etwa im alpinen Tourismus ein wichtiges Kriterium der Wahl eines Zielgebietes. Damit ist die Natur ein entscheidender Wettbewerbsfaktor. Ökologische Vorsorge ist gleichzeitig Vorsorge für die langfristige, also zukünftige ökonomische (Überlebens-)Vorsorge. Umweltdenken also nicht nur als ethisches Gebot, sondern als ein elementarer ökonomischer Faktor.

Roth (vgl. 1992, S. 53 ff.) betont, daß die Voraussetzungen für die Realisierung umweltverträglicher Konzepte höchst unterschiedlich sind und vom Entwicklungsstand eines Feriengebietes bestimmt werden. Die Prioritäten sind also situativ richtig zu setzen.

„Für ein noch nicht erschlossenes Gebiet sind die Maximalforderungen, Schutz der Umwelt, Rücksicht auf die einheimische Bevölkerung, Einbeziehung des Tourismus in eine gesunde Wirtschaftsstruktur, realisierbare Ziele, und es ist wünschenswert, daß Gebiete und Orte, auf die diese Beschreibung zutrifft, Experten zuziehen und eine entsprechende Planung einleiten ... Ganz anders stellt sich die Situation bei hochentwickelten Tourismusgebieten dar. Hier muß mit allem Nachdruck der Schutz der Natur und Umwelt als primäres Ziel angesteuert werden, bevor dann im Sinne einer Langfristplanung auch Fragen der sozialen Verträglichkeit und der Wirtschaftsstruktur aufgegriffen werden" (ebd.).

Peter (1992, S. 18) ist der Meinung, daß nicht alle Unternehmen den Strukturwandel zum „wertschöpfungsintensiven Qualitätstourismus" bewältigen können, d.h., das Angebot „wird schrumpfen müssen, um über ökologisch und sozial bedingte Verknappungen sinnvolle Auslastungen und kostendeckendes Preisniveau zu erreichen".

Inzwischen sind in jüngster Zeit einige Instrumente entwickelt worden, die dem touristischen Betrieb oder Ort planerische Hilfestellung bei der Umweltorientierung geben können. Wir werden diese ersten Ansätze in späteren Kapiteln vorstellen. Zu nennen sind etwa:

- Checklisten (z.B. vom ADAC, des DEHOGA)
- Kennzahlen – Kennziffern (z.B. des DEHOGA, des Forschungsinstituts für Freizeit und Tourismus in Bern)
- Umweltverträglichkeitsprüfung, Audits, Ökobilanzen

Es sollte jedoch nicht verschwiegen werden, daß eine umweltorientierte Unternehmensführung im Tourismus den Pionieren auch Risiken bringen kann. So zeigt etwa Kirstges (1992, S. 129) am Beispiel von Reiseveranstaltern die Möglichkeit von „Bumerangeffekten" bei einer Ökosensibilisierung ihrer potentiellen Kunden.

„Da bei vielen Bundesbürgern das Erlebnisstreben im Urlaub dominiert und ihr Umweltbewußtsein durch eine nur geringe Bereitschaft zu persönlichen Opfern beschränkt ist, können beispielsweise vom Veranstalter in seinen Katalogen verbreitete Informationen über Umweltschäden, schädigendes Verhalten von Touristen usw. beim Konsumenten zu Dissonanzen führen, die ihn empfänglich für die ‚Heile-Welt-Werbung' anderer Reiseveranstalter machen. Insofern sind Konzepte eines sanfteren Tourismus zwar langfristig notwendige, aber noch keine hinreichenden Bedingungen für die Unternehmensexpansion."

Einflußfaktoren auf die Nachfrage nach umweltverträglicheren Reiseformen

Kirstges (1992, S. 45) sieht folgende Einflußfaktoren, die den Kunden bei der Wahl für oder gegen eine umweltverträglichere Reiseform (oder einen bestimmten Reiseveranstaltertyp) leiten:

- Steigerung des Bildungsniveaus in der Bevölkerung (Wert auf Urlaubsqualität, Umweltqualität wird zur Entscheidungsdeterminante)
- Anspruchsinflation und Bedürfnisdifferenzierung gegenüber touristischen Leistungen im Zuge einer zunehmenden Reiserfahrung (Veranstalter muß Zusatznutzen bieten, individuelle Reisegestaltung; Verfeinerung und Kultivierung der Erholungsbedürfnisse)
- Werteentwicklung (u.a. wachsende Natur- und Umweltorientierung)
  - multifunktionaler Urlaub (neue Motivbündel, Verlagerung des Urlaubsinhaltes, Zunahme Club-/Gesundheitsurlaub)
  - Individualisierung
  - ökologisches Bewußtsein (siehe auch Teil 1)

Die Chancen eines sanfteren Tourismus sieht Kirstges (1992, S. 68 ff.) jedoch durch folgende Tendenzen relativiert:

- Die verstärkte Preisorientierung beim Nachfrager (hybrides Verbraucherverhalten: erhöhte Qualitätsorientierung einerseits und stärkere Preisorientierung andererseits; der Reisemarkt wird stärker polarisiert in Form einer Glocke mit einem Verlust der Mitte.) „Eine hohe Bereitschaft zu (finanziellen) Opfern zugunsten sanfterer Tourismusformen ist jedoch nur im oberen Markt zu erwarten." Eine Positionierung im Billigsegment erscheint für diese Zwecke nicht möglich.

„Da im Tourismusmarkt im wesentlichen die Nachfrage das Angebot steuert, kann die Forderung gegenüber den Reiseveranstaltern – als *ein* Teil der touristischen Wertschöpfungskette – nach einer völligen Abkehr von bislang marktgängigen (aber ‚harten') Angeboten von diesen nicht ‚freiwillig' entsprochen werden" (ebd., S. 75).

- Zudem vermindert auch die bereits angesprochene „Paradoxie eines sanften Massentourismus" die Chancen für einen umweltverträglicheren Tourismus. Hätten alle Touristen nur mehr umwelt- und sozialverträgliche Reisemotive und würden sich von den verbauten Mittelmeerorten zum umweltfreundlichen Wandern in die österreichische Bergwelt begeben, „müßte Österreich seine Berge wegen Überfüllungsgefahr und Naturschäden schließen" (ebd., S. 73; ähnliche Gedanken bei Deegan, 1991, S. 13).

Teil 5
Die Notwendigkeit wissenschaftlicher Betriebsführung

Gestaltungsprinzipien eines professionellen Tourismusmanagements
Wer gibt den Anstoß zum Wandel?

Dimensionen einer umweltorientierten Unternehmenspolitik im Tourismus

Situationsanalyse
Unternehmensanalyse (Stärken/Schwächen)
Umweltanalyse (Chancen/Risiken)

Einflüsse im normativen Bereich
Unternehmenskultur
Unternehmensphilosophie/-grundsätze/-leitlinie
Verhaltenskodizes

Einflüsse im strategischen Bereich
Veränderungen im Zielsystem
Formulierung von Ökostrategien

„Tourism carries the inherent danger that it can destroy the thing that generated it in the first place.

The key to ensuring that this does not happen – and that the benefits outweigh the costs – is to recognize that tourism and the environment are mutually dependent. Tourism cannot thrive in the long term without an attractive environment to sustain it. Similarly, without tourism, heritage sites, historic towns, and rural communities would lose a powerful source of potential support and in many instances would ultimately suffer.
This interdependence can best be illustrated as a three-way relationship between the visitor, the place and the host community. If this relationship is in harmony, then tourism can be seen as a rich source of opportunity – widening the visitor's horizons, improving the quality of life for the local community and leaving our heritage in a better condition for succeeding generations. However, the relationship is a dynamic one and does not preclude change."

(English Tourist Board, b, S. 47)

Gestaltungsprinzipien eines professionellen Tourismusmanagements

Der Tourismus und seine einzelnen Elemente sind durch einige Besonderheiten charakterisiert, die eine Durchsetzung betriebswirtschaftlicher Führungsmodelle (und damit auch eine umweltorientierte Unternehmensführung) sehr erschweren:

- Das Tourismusgeschäft ist überwiegend eine „Praktikerbranche", erst in jüngerer Zeit sind Nachwuchskräfte von den Hochschulen (insbesondere Fachhochschulen) gekommen.
- Es ist eine typische klein- und mittelständisch geprägte Branche (allerdings mit einigen dominierenden „Großen" und multinationalen Unternehmen etwa im Hotel-, Autovermietungs-, Reisefinanzierungs- oder Transportbereich).
- Die Rentabilitätslage ist z.T. kritisch. Da Umwelthandeln bei vielen Betrieben (fälschlicherweise „automatisch") mit Kostenerhöhungen verbunden wird, liegen hier bereits starke Restriktionen, wobei die möglichen Ertragspotentiale in vielen Fällen übersehen werden.
Die wirtschaftliche Situation mögen einige Zahlen verdeutlichen:
   - Die Nettorendite bei Reisevermittlern liegt unter 1 %.
   - Die 212 der IATA angehörenden Fluggesellschaften flogen 1992 ein Defizit von über 3 Milliarden Dollar ein.
- Es herrscht eine große Konkurrenz.
- Die Eintrittsbarrieren sind niedrig.
- Die Tourismusbranche setzt sich aus einer Vielzahl unterschiedlichster Betriebe zusammen, was zwingend kooperatives Handeln nahelegt (Veranstalter, Vermittler, verschiedene Transporteure, Reiseorte mit verschiedenen Elementen, Übernachtungsbetriebe, Verpflegungsbetriebe).
- Die Größe dieser Betriebe variiert extrem: Sie reicht vom multinationalen Konzern bis zu (Teilzeit-) Kleinbetrieben.
- Der Tourismus besteht aus den unterschiedlichsten Aktivitäten (z.B. Wochendausflüge, Tagestrips, Geschäftsreisen, Kuren, Verwandtenbesuche, Bustouren, Fernreisen usw.).
- Tourismus findet in zahlreichen Formen statt (Städtetourismus, Landurlaub usw.); er umfaßt damit ein breites Feld und reicht von dem Besuch der Weltstadt London bis hin zum Urlaub auf einem Bergbauernhof.
- Einige dieser Plätze sind sehr robust, andere sind äußerst zerbrechlich (je nach Art können eine Handvoll Touristen schon zuviel sein, während andere Sehenswürdigkeiten Millionen Besucher ohne großen Schaden verkraften können).
- Während einige Orte chronisch überlaufen sind, würden andere Orte, Museen etc. gerne noch mehr Touristen sehen.

- Der Bereich Tourismus ist sehr komplex aufgrund starker Überlagerung mit anderen Industriesektoren (Transportwesen, Landwirtschaft etc.); der Tourismus ist nur eine von mehreren Wirkungsquellen.
- Bisher erfolgt eine relativ geringe wissenschaftliche Durchdringung in Managementsystemen, die wissenschaftliche Forschungsbasis ist unterentwickelt.
- Der jahrzehntelange Boom macht (erfolgs-)„blind", Wachstumsgrenzen sind erkennbar.
- Die ökologische Sensibilisierung hat in vielen Zielgebieten (und bei den dortigen Tourismusverantwortlichen) nicht den gleichen Grad wie in Deutschland.
- Die Verbindung von privaten, öffentlichen und halböffentlichen Betrieben, Verbänden, Institutionen etc. Übergeordnete Träger der Fremdenverkehrspolitik sind auf öffentlich-rechtlicher Körperschaftsebene die Länder und Gemeinden, bei den privatrechtlichen Fremdenverkehrsorganisationen ist vor allem an die verschiedenen Berufsorganisationen (wie DEHOGA) und die Fremdenverkehrsverbände zu denken. Dazu treten zahlreiche (privatwirtschaftliche) Vereine und Verbände, die sich mit Tourismusfragen beschäftigen (z.B. ÖTE, ADFC) und staatliche Stellen (z.B. Fremdenverkehrsausschuß des Deutschen Bundestages oder das Wirtschaftsministerium).

> „A well managed resource requires two things; planning and investment. It must be a particular cause for concern in the West Country, for instance, that there are still over 30 different bodies with a statutory authority over the coastal zone, making coastal zone management as difficult as the coast itself is popular."
>
> (Gompertz, 1992, S. 13)

- Entscheidende Rahmenbedingungen für touristische Strategien sind bereits öffentlich-rechtlich vorweg festgelegt (z.B. durch Flächennutzungs- oder Bebauungs-, Verkehrspläne, Umweltgesetzgebung).
- Die Fremdenverkehrsförderungspolitik steht in Konkurrenz mit anderen politischen Zielsetzungen (Landschaftsplanung, Wirtschaftsförderung, Landwirtschaft).

> *Maintaining the balance* suggests, as one principle, for the balanced development of tourism, that ‚the environment has an intrinsic value which outweighs its value as a tourism asset'; it also accepts that 1989 road traffic forecasts suggest that car ownership could increase by between 32 per cent and 48 per cent in the next 15 years. A transport policy which helped to reduce the car travel associated with tourism would do more for the terrestrial environment than almost any amount of land management for tourism. Changing in farming policy and improvements in sewage disposal would do more to keep fresh and sea water healthy than ever be achieved

> on the beaches. We must not allow ourselves to take for granted that tourism is entering an already balanced equation between man and his environment."
>
> (Gompertz, 1992, S. 12)

- Schwieriger Aufbau einer Kundenbindung (z.B. wenig Markentreue bei Wahl des Veranstalters).
- Der Tourismus ist eine saisonale Industrie (damit oft zeitgebundene Belastungen).
- Damit einhergehend ist oft ein krasses (Miß-)Verhältnis Einheimische/ Touristen (in Windsor, U.K., etwa 1/100!).

Romeiß-Stracke (1989, S. 7 ff.) sieht folgende Schwächen:

- Jeder Anbieter versucht, sich kurzfristig und individuell Marktvorteile zu verschaffen.
- Die notwendige Koordination von einzelbetrieblichen Maßnahmen findet nicht statt.
- Das Angebot wird nicht zielgruppenspezifisch gestaltet.
- Ökonomie geht vor Ökologie. Zusammenhänge zwischen beiden Größen sind zuwenig bekannt.
- Es fehlt ein professionelles Dienstleistungsbewußtsein.
- Urlaub wird nicht wie ein Produkt professionell vermarktet, sondern amtlich verwaltet.

Als Wege aus der Krise schlägt sie vor:

- Neue Wege gehen
- In Zusammenhängen denken und in Kategorien (Markt, Zielgruppenorientierung, Professionalität und Kreativität, Berücksichtigung von ökologischen Zusammenhängen)
- Neue Zielgruppen gewinnen
- Tourismusstrategien formulieren
- Ein gemeinsames Bewußtsein herstellen
- Eine gemeinsame Kommunikationsplattform schaffen (Offenes Forum Tourismus)

> „Voraussetzung für ein Neues Denken ist ein gemeinsames Denkmodell, das alle Beteiligten miteinschließt ... Keine der touristischen Produktkomponenten ist allein lebens- und marktfähig. Gerade in der Praxis handeln Hotels und Gaststätten oft autonom und auch Verkehrsbetriebe und Einzelhandel. Dadurch entsteht ein ‚schiefes' Erscheinungsbild voller Kompromisse. Die einzelnen Produktkomponenten können zwar am Markt eine Weile bestehen, aber zusammen hätten sie mehr Erfolg."
>
> (ebd., S. 13)

Die Schaffung einer strategischen Erfolgsposition wird also erschwert dadurch,

- daß zur Herstellung des Produkts „Urlaub" viele zusammenwirken müssen (vgl. Abbildung 10, aus ebd., S. 16),
- daß neben einzelnen Personen und Betrieben zahlreiche Interessenverbände involviert sind, die wiederum z.T. nach rechtlichen und politischen Vorgaben übergeordneter Behörden handeln (vgl. Abbildung 11, aus ebd., S. 17).

Wohnen	Essen + Trinken	Service	
Hotellerie, Parahotellerie, Privatvermieter, Ferienclubs, Campingplätze, Time-Sharing-Gesellschaften	Gastronomie, Kioskbesitzer, Einzelhändler, Landwirte	Kommunale Ämter, Fremdenverkehrsämter, Vereine, Reiseleiter, Reisebüros, Unternehmen der Dienstleistungsbranche	
Infrastruktur	Ortscharakter	Landschaft	Verkehr
Stadt-/Kreisbauamt, Wirtschaftsförderungsamt, Kultur-/Sportamt, Kurverwaltung, Architekten, Privatunternehmer (mit kommunaler Genehmigung), Vereine	Regionale Planungsbehörden, Stadtbauamt, Denkmalschutzbehörde, Kultur-/Sportamt, Architekten, Privatunternehmer, Bürgerinitiativen	Natur- und Landschaftsschutzbehörde, Flurbereinigungsbehörde, Landwirtschaftskammer, Planungsbehörden, Forstverwaltung, Landwirte, Forstwirte, Dorfbevölkerung, Naturschutzinitiativen	Straßenbaubehörden, kommunale Verkehrsbetriebe, Tiefbauamt, Bundesbahn, Polizei, Automobilclubs, Privatunternehmer wie Reisebüros, Bus- und Taxiunternehmer

Abb. 10: Produkt-Bausteine von „Urlaub in Deutschland"

Wohnen	Essen + Trinken	Service	
Deutsche Zentrale für Tourismus, Deutscher Fremdenverkehrsverband, Deutscher Reisebüroverband, Deutscher Hotel- und Gaststättenverband, Deutsche Gesellschaft für Freizeit, Einzelhandelsverband, Fremdenverkehrspräsidium, Präsidium der Deutschen Tourismuswirtschaft, Unterausschuß Fremdenverkehr im Bundesministerium für Wirtschaft (Staatssekretär)			
Infrastruktur	Ortscharakter	Landschaft	Verkehr
Bundesministerium für Raumordnung, Bauwesen, und Städtebau + Länder, Bundesministerium für Wirtschaft + Länder, Deutscher Städtetag, Städte- und Gemeindebund		Bundesministerium für – Ernährung, Landwirtschaft und Forsten + Länder – Umwelt, Naturschutz und Reaktorsicherheit + Länder – Raumordnung, Bauwesen und Städtebau + Länder, Landwirtschaftsverbände, Fremdenverkehrsgemeinschaften, Landschafts- und Naturschutzverbände	Bundesministerium für Verkehr + Länder, Deutsche Bundesbahn, Deutsche Lufthansa, Automobilindustrie, Allgemeiner Deutscher Automobil-Club e. V.

Abb. 11: Tourismuspolitik in der Bundesrepublik Deutschland

Dieser für Deutschland gezeichnete komplizierte Aufbau des Tourismusnetzes und der daraus resultierenden Schwierigkeiten ist in anderen Ländern vom Prinzip her ähnlich strukturiert (vgl. etwa das Beipiel für Zypern bei Jenner/Smith, 1992, S. 152).

Wer gibt den Anstoß zum Wandel ?

Wenn wir nach Ansatzpunkten in dem gerade skizzierten Tourismusumfeld suchen, kann uns vielleicht ein Blick auf die zeitlich vorlaufende Entwicklung in der Industrie Möglichkeiten und Wege aufzeigen:

(1) Es waren zuerst mittelständische Pioniere (wie Werner & Mertz mit ihrer Frosch-Serie), die die „ökologische Herausforderung" nicht nur als Kostenfaktor bzw. als Gefahr interpretierten, sondern durch eine offensive Integration des Umweltgedankens in alle betrieblichen Funktionsbereiche, durch ein proaktives Handeln mit Parametern (wie Produktgestaltung, PR, Werbung), die sie selbst beeinflussen konnten, sich gegenüber den „Großen" einen Wettbewerbsvorteil verschafften. Umweltschutz quasi als operativer und strategischer Erfolgsfaktor.

Die Struktur der Tourismusindustrie steht demnach einer Integration umweltorientierter Kriterien nicht im Weg.

Erster Anstoß ging auch hier z.T. von der Kostenseite aus: steigende Umweltabgaben etwa bei der Abfallbeseitigung (so stieg die Jahresgebühr pro Müllbehälter für Gastbetriebe um bis zu 400 Prozent!). Zugleich wird aber auch der Umweltschutz als zukünftiger Erfolgsfaktor zur Marktpositionierung im Wettbewerb erkannt.

(2) Unternehmerische Selbsthilfeorganisationen wie B.A.U.M. oder future halfen, den Umweltgedanken über ihre Mitgliedsfirmen hinaus bekannt zu machen.
Im Tourismus fehlen bisher solche von der Wirtschaft getragenen Initiativen.

(3) Enormer Druck wurde schließlich vom Handel ausgelöst. Die „Mittlerrolle" des Handels, der durch Auslistung oder Wahl bestimmter Lieferanten die Handelswege offen oder geschlossen halten kann, hat die Entwicklung zu „grünen" Produkten entscheidend beschleunigt.

Im Tourismus könnte eine ähnliche Rolle wohl nur dem Reiseveranstalter und den Fremdenverkehrsverbänden zufallen. Um Wirkung und Symbolkraft zu zeigen, sind hier insbesondere die vier „Großen" der Branche angesprochen.

Da dem Reisevermittler über seine Beraterfunktion für die letztendliche Reisewahl große Bedeutung zukommt, ist auch hier ein Handlungspotential gegeben.

(4) Ein Wandlungsdruck kann durch Zwang (ordnungspolitische Maßnahmen) erreicht werden und/oder durch Anreizinstrumentarien (siehe Teil 15).

(5) Letztendlich ist der Kunde und damit jeder von uns selbst als Reisender mit seiner Kaufentscheidung der entscheidende Initiator jedes Wirtschaftens. Wie wir bereits zeigten, ist im Konsumgüterbereich und auch im Reisemarkt ein „grünes" Marktsegment entstanden.
So wie ein heilsamer Druck auf Waschmittel-, Spraydosen-, Auto- oder Papierhersteller ausgeübt wurde, könnte ein analoger „Nachfragerdruck" nach umweltverträglicheren Leistungen genausogut auf alle Glieder der touristischen Wertschöpfungskette ausgeübt werden. Wir haben die Diskrepanz zwischen Wort und Tat bereits skizziert.
Dieser Anstoß zum Wandel hat jedoch nicht nur – wie zu zeigen sein wird – bei den professionellen Anbietern anzusetzen, sondern auch beim Touristen selbst. Ohne sein Mitwirken, sein Verhalten, seine Einstellungen laufen die Strategien ins Leere.

Dimensionen einer umweltorientierten Unternehmenspolitik im Tourismus

Nachdem Umweltprobleme erst mit Verzögerung zum allgemeinen Bewußtseinswandel in der Bevölkerung auch als „tourismusbedingte" Probleme erkannt wurden, wird in der Praxis auf die ökologische Herausforderung nun zunehmend mit neuen Konzepten marktorientierter Unternehmenspolitik geantwortet. Parallel dazu verläuft bei den verschiedenen Anbietern touristischer Leistungen der vermehrte Einsatz moderner Managementmethoden (Analysen, Planung, Marketing, Kommunikation etc.).

Das World Travel & Tourism Environment Research Centre stellt in seinem ersten Bericht (1992, S. 5) fest: „We believe it is an inevitable consequence that destinations for the holiday and leisure sector of Travel & Tourism must increasingly be designated and managed for visitor purposes. The greater the pressure of visitor numbers, the more comprehensive the management influences must be."

Jägemann (1992, S. 409) zeichnet folgendes Drei-Stufen-Schema zur Integration von Umweltthemen im Tourismus:

1. Stufe: Ignoranz. Das Thema wird für irrelevant, man selbst für nicht zuständig erklärt.

2. Stufe: Etikettenschwindel. Das Thema wird für PR-Aktionen mißbraucht.
3. Stufe: Umorientierung. Die ernsthafte Auseinandersetzung mit der eigenen Rolle setzt ein.

Er sieht einen Teil der Tourismusbranche in Stufe 1, einen anderen in Stufe 2. „Wünschenswert ist sicherlich, daß möglichst bald und möglichst umfassend Stufe 3 erreicht wird und eine spürbare Umorientierung eingeleitet wird. Viele scheinen zu spüren, daß die Zeit reif ist für neue Konzepte, daß die ökologische Krise im Tourismus dabei ist, auch eine ökonomische zu werden: Für kaputte Natur besteht keine Nachfrage".

> „Die Forderung einer umfassenden umweltplanerischen Neuorientierung im Tourismus läuft zur Zeit leer. Umweltschonende touristische Aktivitäten sind derzeitig allenfalls punktuell erkennbar ..., haben aber noch keine Breitenwirkung erreicht. So verfügen bisher nur rund 50 % der bedeutenden Tourismusgemeinden der BRD (alte Bundesländer) über einen Landschaftsplan und damit theoretisch über das erforderliche Wissen zur Beschreibung der natürlichen Rahmenbedingungen einer touristischen Entwicklung. Um den Vorstellungen eines umweltschonenden Tourismus zu mehr Handlungsbezug zu verhelfen, bedarf es keiner neuen Konzepte und nicht unbedingt neuer Instrumente. Erfolgsversprechender erscheint der Weg einer innovativen Anwendung der bestehenden Kenntnisse und Instrumentarien, um dieses Ziel mit mehr Leben zu erfüllen."
> (Behrens-Egge, 1992, S. 613)

Meffert u.a. (1987) sehen vier strategische Anpassungsmöglichkeiten der Unternehmen:

- Passivität
- reaktives Verhalten
- Konfrontation
- kreative Umsetzung

Sie fordern die offensive Berücksichtigung der neuen strategischen Dimension „Umweltorientierung" in der Unternehmenspolitik und den betrieblichen Funktionsbereichen. Die Dimensionen einer umweltorientierten Unternehmungspolitik sind z.T. erst in Umrissen erkennbar. Erste bausteinartige Ansätze für den Tourismus sollen aufgezeigt werden.

Eine die rentabilitätsorientierte Unternehmenspolitik ergänzende, verstärkte Berücksichtigung ökologischer Belange soll als Chance zur strategischen Profilierung, als ein Erfolgsfaktor zur Schaffung eines strategischen Wettbewerbsvorteils verstanden werden. Ein Zusatznutzen „Umweltverträglichkeit" kann heute für eine Nischenspezialisierung Erfolg versprechen, langfristig wird er selbstverständlich. Diese Entwicklung ist klar in der Industrie erkennbar. Von 1985 bis 1990 wurde weitgehend nur die Umsatzsteigerung durch einen weiteren Zusatznutzen gesehen (früher war's „neu", „verbessert", jetzt „umweltfreundlich"). Zu dem Zeitpunkt, da jedes Auto bleifrei fährt, einen Katalysator hat oder recyclierbar ist, wird aus dem anfänglichen Zusatznutzen ein (vorausgesetzter) Grundnutzen. Eine Profilierung muß dann wiederum auch über andere Qualitätskriterien erfolgen. Das unterstreicht die Notwendigkeit, sich nicht nur kurzfristig in der PR-Arbeit „grün" anzumalen oder einige punktuelle Verbesserungen einzuführen (Energiesparlampen etc.). Umweltorientiertes Tourismusdenken heißt: ein ganzheitlicher Ansatz – basierend auf einem Strategiekonzept.

Den steigenden Anforderungen nach umweltverträglicheren Tourismuskonzepten sollte deshalb vor allem mit einem offensiven Umweltmanagement begegnet werden.

Die ökologischen Anforderungen sind für die Unternehmen Ursache wirtschaftlicher Risiken, aber auch Chancen. So sieht Dyllick (1989) ökologisch bedingte Verlierer, aber auch Gewinner.

Gewinner sind u.a. Betriebe, die durch Umstellungen und Neueinführungen Absatzchancen im Ökosegment nutzten konnten oder bei denen das Image eines umweltbewußten Arbeitgebers positive Auswirkungen auf die Akquirierung neuer Mitarbeiter ausübt.
Verlierer sind vor allem Betriebe, deren Existenzgrundlage die „geschädigte" Natur ist (die Tourismusindustrie, die Fischerei etc.).

Um eine umweltorientierte Unternehmensführung im Sinne eines integrierten, ganzheitlichen Konzepts zu betreiben, ist in Erweiterung des von Winter vorgeschlagenen Konzeptes folgendes Vorgehen notwendig:

- Mit einer Situationsanalyse sind die ökologischen Schlüsselprobleme zu identifizieren.
- Ökologische Gedanken sind in den Wertvorstellungen der Führungskräfte und Mitarbeiter zu verankern („Transformation der Unternehmungskultur").
- Die Unternehmensgrundsätze werden aufgrund der Ergebnisse der Situationsanalyse überprüft und ggf. erweitert.
- Es wird ein integrierendes Zielsystem entworfen.
- Situationsadäquate Strategien werden festgelegt.
- Ökologisches Denken muß alle Funktionsbereiche des Betriebes (von der Materialbeschaffung über die Personalausbildung bis zum Marketing) durchdringen und in betriebliche Entscheidungen integriert werden.

- Ökologisches Denken muß sich auch institutionell niederschlagen (Umweltausschuß, Umweltbeauftragter etc.).
- Zur Planung, Steuerung und Kontrolle umweltorientierter Maßnahmen muß ein Öko-Controlling-System installiert werden. Instrumente (wie z.B. Audits) zur Überprüfung der Zielerreichung sind darin enthalten. Für größere und neue Projekte sind Umweltverträglichkeitsprüfungen durchzuführen.

Der Einsatz umweltorientierter Instrumente bedarf zu seiner Umsetzung im betrieblichen Alltag als Grundvoraussetzung zum Gelingen einer entsprechenden Motivation. Dabei sind nicht nur die Geschäftsführung, sondern alle Mitarbeiter vom Sinn ökologieorientierter Unternehmenspolitik zu überzeugen, da entsprechende Strategien sonst wirkungslos verpuffen müssen.

Entsprechend der im novellierten Abfallgesetz gegebenen Prioritätenfolge muß eine ökologische Unternehmenspolitik versuchen,

- Vermeidungskonzepte zu entwickeln, d.h., ökologische Schäden gar nicht erst entstehen zu lassen,
- Verminderungsstrategien zu entwickeln, d.h., unvermeidbare Schäden durch technische Maßnahmen möglichst zu minimieren,
- Verwertungs- und Verwendungsstrategien zu entwickeln, d.h., Reststoffe möglichst in Recyclingkreisläufe einzubinden,
- Entsorgungskonzepte zu entwickeln.

Über den touristischen Betrieb hinaus muß u.E. eine integrierte Gesamtschau auch den Touristen selbst und die Bereisten einbeziehen. Es muß deshalb die überspitzte Warnung von Kreib (1992, S. 444) durchaus ernst genommen werden:

„Die sich abzeichnende Verengung des ‚Sanften Tourismus' auf Kläranlagen, Energiesparmaßnahmen, Baumpflanzaktionen und Biokost ändert an der bestehenden Kluft zwischen den Ferienzielen und den Entsenderländern nichts. Zum Glück aber erheben immer mehr Betroffene ihre Stimme (z.B. Mallorca, Gomera, La Palma, Ägypten, Indien, Hawaii, Korsika). Nicht nur gegen den touristischen Ausverkauf ihrer Länder, sondern auch gegen den dahinterstehenden Entwicklungsbegriff, der Wachstum oder Fortschritt (hin zur modernen Industriegesellschaft) in den Mittelpunkt stellt, setzen sie sich zunehmend zur Wehr. Statt den Westen nachzuäffen, wollen sie endlich eigene Potentiale nutzen und den Tourismus gleichberechtigt mitgestalten."

Je nach Unternehmensgröße und nach Art des touristischen Betriebes/Leistungsträgers wird die situative Betroffenheit im Tourismus sehr unterschiedlich sein. Die Spanne wird hier

- von fast gar nicht (etwa bei Reisemittlern)
- über eine mittlere Reaktionsnotwendigkeit (etwa bei größeren Reiseveranstaltern)

- bis sehr stark (z.B. große Kettenhotels, Verkehrsträger) reichen,

so daß unsere nachfolgenden Ausführungen nur selektiv verwertbar sind!

Wir haben an früherer Stelle (Teil 4) bereits auf die Notwendigkeit einer ganzheitlichen Betrachtung hingewiesen. Für einen Tourismusbetrieb, der eine umweltorientierte Unternehmensführung praktizieren will, gilt es, folgende Komponenten i.S. eines integrierten Gesamtsystems zu berücksichtigen:

- ökologisch orientierter Unternehmer/Unternehmerfamilie
- Mitarbeiter
- Gäste
- Einheimische
- Lieferanten
- Mit-/Umwelt (vgl. Kohl, 1992, S. 159)

Fontanari (1992, S. 582) betont die Notwendigkeit einer „gemeinsamen" Gesamtkonzeption:

„Aus der Komplexität des sanften Tourismus ergeben sich eine Reihe von Komponenten, die direkt oder indirekt mit der Natur und dem gesellschaftlichen Umfeld zusammenhängen. Jedes Agieren der beteiligten Akteure ist dabei ein weiterer Beitrag zur Verschärfung oder Verminderung der bekannten Probleme. Es gilt daher, von Grund auf in einem gemeinsamen ‚Tourismus-Haus' aufzuzeigen, wie die einzelnen Akteure im Markt zusammenwirken. Das Modell des gemeinsamen Tourismus-Hauses verdeutlicht durch die Schnittstellen der verschiedenen Anbieter die gegenseitigen Abhängigkeiten hinsichtlich der kurzfristigen Bestrebungen nach Gewinnmaximierung und dem langfristigen Ziel der Zukunftssicherung der Tourismusbranche." (vgl. Abbildung 12, aus ebd.).

Die zu skizzierenden Maßnahmenfelder beziehen sich in unserer Veröffentlichung auf folgende Bereiche:

- Hotel- und Gaststättenbetriebe
- Reisevermittler/-veranstalter
- Verkehrsträger
- Fremdenverkehrsorte/-regionen
- Touristen/Bereiste
- Tourismusverbände

Es ist Fontanari zuzustimmen, daß eine Verminderung der durch den Tourismus induzierten Probleme nur durch eine „gemeinsame Gesamtkonzeption" aller Akteure erreicht werden kann. Diesen gemeinsamen Anstrengungen stehen jedoch eine Reihe von „Störfaktoren" gegenüber: Zum einen sind Interdependenzen einzelner Akteure als Problemfelder struktureller Abstimmungen zu erkennen, so z.B. die vertikalen Abhängigkeiten von vor- oder nachgelagerten Tourismusunternehmen; des weiteren gilt es, trotz der horizontalen Differenzierung (verschiedene Hotelklassen, Pauschal- vs. Individualreisen) eine gemeinsame und gleichberechtigte Vorgehensweise zu finden.

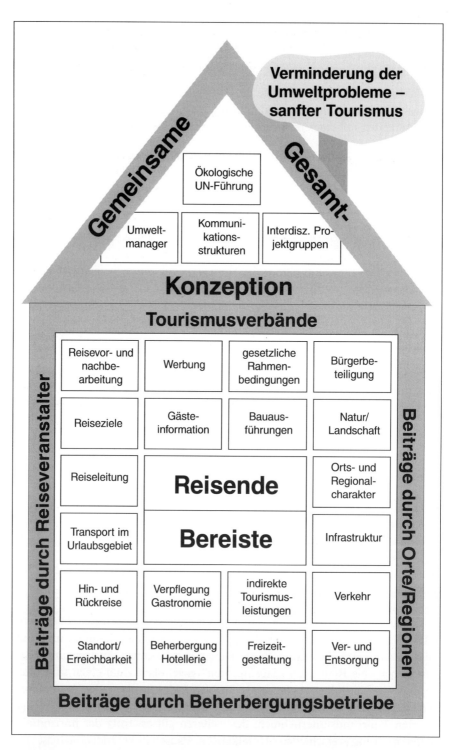

Abb. 12: Modell eines ganzheitlich orientierten Tourismus-Hauses

Es ist klar, daß etwa Veranstalter, die eine vertikale Vorwärtsintegration betreiben (wie etwa die TUI), prädestiniert wären, eine Umweltorientierung durchzusetzen, da hier eine einheitliche Entscheidungsdurchsetzung viel leichter erzielbar ist. Dies trifft auch für andere große Träger zu wie Club Med, Disney, Center Parks, die großen Hotelketten oder Fluglinien. Hier ist das Know-how und die einheitliche Leitung für eine stimmige Unternehmenspolitik gegeben.

Das Produkt „touristische Leistung" ist dadurch gekennzeichnet, daß viele einzelne Anbieter spezifische Beiträge beisteuern. Gerade diese Tatsache erschwert eine Planung und Steuerung innerhalb des Tourismus außerordentlich. Ein signifikanter „Umweltbeitrag" des einzelnen wird durch verschiedene Faktoren behindert: die zu kleine Betriebsgröße, die eine Einflußnahme verhindert, die Kosten, der schwache Kooperationsgrad, zu geringe Humanressourcen der oft inhabergeführten Betriebe. Die „gemeinsame Verantwortung" von öffentlichem und privatem Tourismussektor wird zuwenig erkannt und beachtet.

Zur Koordination der einzelnen Anstrengungen bedarf es eines starken Trägers, der über die strukturellen Voraussetzungen verfügt und „der die Kraft hat, alle am Tourismus-Haus beteiligten Bereiche zu einer gemeinsamen Anstrengung zu bewegen ... Als Träger der gemeinsamen Gesamtkonzeption kommen somit, auch aus ureigenem Interesse, nur die Tourismusverbände in Frage, deren Aufgabe es zukünftig mehr denn je sein wird, ein langfristiges und dauerhaftes Tourismusangebot für alle Akteure zu organisieren und zu sichern" (Fontanari, 1992, S. 583). Zu dieser Neuorientierung der Verbände siehe Teil 15.

Bevor wir die einzelnen Bausteine innerhalb dieses „Tourismus-Hauses" näher untersuchen, sollen jedoch zuerst allgemeingültige Techniken eines touristischen Umweltmanagements aufgezeigt werden. Bedingt durch die spezifischen Merkmale dieser Branche werden die unmittelbaren Anwendungs- und Verwertungsmöglichkeiten der aufgezeigten Strategie von Fall zu Fall höchst unterschiedlich sein. Trotzdem schien uns das Voranstellen dieser generalisierenden Techniken notwendig.

Der Ablauf eines strategischen Führungsmodells im Tourismus, mit dem die zukünftige Entwicklung konkret festzulegen ist, kann mit dem traditionellen Phasenmodell (vgl. im einzelnen Hopfenbeck, 1992, S. 586 ff.) beschrieben werden:

- Aufbauend auf einer systematischen Analyse
- werden Strategien entworfen und bewertet
- und im Rahmen der Steuerung durchgeführt und kontrolliert.

Dieser Prozeß soll helfen, die zukünftigen Leistungs- und Markterfolgspotentiale zu definieren, m.a.W., er soll das langfristige erfolgreiche Überleben der touristischen Unternehmung (des Ortes, der Region etc.) sicherstellen. Wir wollen die Ökoplanung und ihre erfolgreiche Umsetzung an zwei Beispielen nochmals verdeutlichen:

Das Umwelthandbuch des Schweizer Hotelier-Vereins und des Schweizer Wirteverbands gibt ein Schema zum erfolgreichen „Anpacken" mit den Stufen Sensibilisierung, Bestandsaufnahme, Maßnahmenplanung und Umsetzung; siehe Kasten (aus 1993, S. 15). Als Umweltspielregeln für ein erfolgreiches Umsetzen werden genannt:

1. mit motivierenden Maßnahmen beginnen
2. die MitarbeiterInnen sensibilisieren und miteinbeziehen
3. Umwelthandeln ist Chefsache – darf es aber nicht bleiben
4. dem Gast mehr Umweltverständnis zutrauen
5. von den Chancen der Kooperation profitieren
6. den Umweltschutz nicht als Alibiübung betreiben
7. die Aktivitäten als Prozeß statt als einmalige Aktion verstehen

Schweizer Hotelier-Verein

Die Öko-Planung im Betrieb

im Klein- und Mittelbetrieb	im Mittel- und Großbetrieb
Sensibilisierung	
wer: Team	wer: Kader oder bereichsweise im Team
wie: Öko-Nachmittag	wie: Öko-Tag
Bestandsaufnahme „Umweltsünden"	
wer: Betriebsleitung oder selbständig durch jeden Bereich	wer: Kader oder bereichsweise mit Einbezug des Teams oder betriebseigene Öko-Gruppe
wie: Handbuch	wie: Workshop, Handbuch
Maßnahmenplanung	
wer: Betriebsleitung oder bereichsweise	wer: Kader oder Öko-Gruppe mit Information des Teams
was: 10–20 Sofortmaßnahmen	was: Öko-Leitsatz, 10–20 Sofortmaßnahmen und 10–20 kurzfristige Saison- oder Jahresziele und 10–20 mittelfristige Ziele
in der Folge 1–2 weitere Maßnahmen pro Monat	jährliches Überarbeiten der Ziele
Umsetzung	
wer: ganzes Team	wer: Kader oder Öko-Gruppe oder Umweltverantwortlicher
wie: eventuell Kursbesuche Information der Gäste und Partner	wie: Information und Zusammenarbeit mit Team, interne Schulung

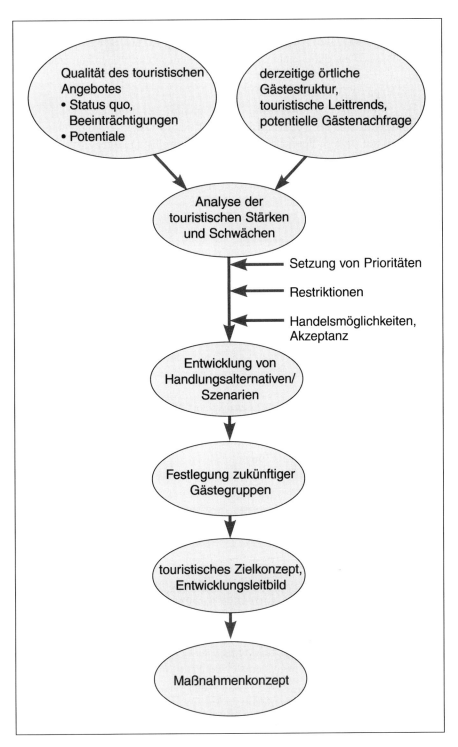

Abb. 13: Arbeitsschritte einer Fremdenverkehrsplanung

Die Arbeitsschritte am Beispiel einer Fremdenverkehrsplanung (allerdings ohne Implementierung und Kontrolle) zeigt Abbildung 13 (aus Behrens-Egge, 1992, S. 616). Wir wollen die einzelnen Elemente nachfolgend näher kennzeichnen.

Behrens-Egge (1992, S. 617) sieht das Setzen von Entwicklungszielen, in denen die Leitbilder der Entwicklung festgelegt sind, als unumgänglich an. Das Leistungsprofil für ein Tourismuskonzept (hier für einen Fremdenverkehrsort, jedoch auf andere Bereiche übertragbar) umreißt demnach etwa folgende Fragen:

- Welche Qualitäten prägen das touristische Angebot und sind zu sichern oder zu entwickeln?
- Wo bestehen gravierende Schwächen im touristischen Angebot, wie können sie abgebaut werden?
- Welche organisatorischen und strukturellen Anpassungen sind im touristischen Angebot und insbesondere im infrastrukturellen Bereich erforderlich?
- Welche Gästegruppen kommen zur Zeit, welche könnten gut in den Ort passen, welche Zielgruppe sollte lieber nicht beworben werden?
- Wo bestehen Engpaßsituationen, wie können diese beseitigt werden?
- Wie ist der Rahmen der touristischen Entwicklungsmöglichkeiten definiert?
- Wie intensiv dürfen einzelne Flächen genutzt werden, ohne an für die Gemeinde essenzieller touristischer Angebotsqualität zu verlieren?

Danninger (1991, S. 11) nennt folgende konzeptionelle Grundsätze:

- Vorrang der Interessen der einheimischen Gäste (demgemäß Begrenzung der Tourismusentwicklung)
- Bewahrung der Erholungslandschaft vor Eingriffen und Überbeanspruchung sowie Intensiverschließungen
- Vorrang der Qualitätsverbesserung vor Kapazitätserweiterung

Situationsanalyse

Die neuartigen ökologischen Fragestellungen müssen innerhalb betrieblicher Planungs- und Entscheidungsprozesse berücksichtigt werden. Bevor jedoch eine operative, strategische und normative ökologische Unternehmenskonzeption erstellt werden kann, muß eine Analyse der internen und externen Einflußfaktoren zur Bestimmung der strategischen Ausgangslage erfolgen. Die zukünftige Gestaltung der Unternehmensführung als Steuerung eines zielorientierten und zweckgerichteten Systems erfordert möglichst frühzeitige Informationen über Veränderungen im unternehmensinternen Bereich und die aus dem externen Bereich, deren Interpretation und geplante Reaktion.

Mit den Ergebnissen einer solchen Situationsanalyse („Unternehmensinventur") sollen ökologische Schlüsselprobleme in den Geschäftsbereichen identifiziert werden (vgl. Abbildung 14, aus Hopfenbeck, 1992, S. 969). Es gilt festzustellen, inwieweit die touristische Unternehmung, der Fremdenverkehrsort etc. in der Lage sind, mit ihrem spezifischen Stärken-Schwächen-Profil den Chancen bzw. Risiken der neuen ökologischen Dimension entgegenzutreten.

Vor Durchführung der Unternehmens- und Umweltanalyse empfiehlt es sich bei Großformen touristischer Betriebe, jeweils individuelle Profile und ein gemeinsames Wertvorstellungsprofil für die Unternehmung zu erstellen, um festzustellen, ob innerhalb des Führungsgremiums eine „Unite de doctrine" bezüglich sozialökologischer Ziele besteht.

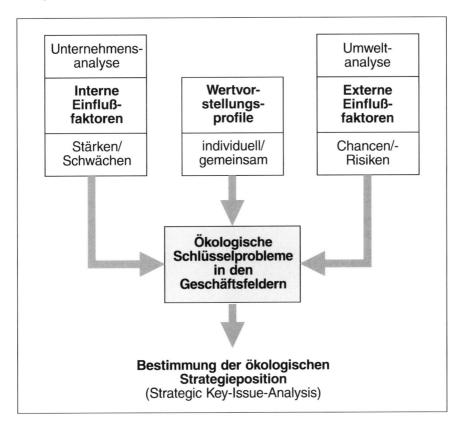

Abb. 14: Ökologische Situationsanalyse

Unternehmensanalyse (Stärken/Schwächen)

Für diese Ebene werden mit Hilfe einer individuell auszuformenden Checkliste die ökologischen Schlüsselprobleme in den Geschäftsfeldern identifiziert und deren Lösung versucht (Strategic-Key-Issue-Analysis). Die Informationen werden zuerst für relevante Beobachtungsbereiche gesammelt, dann (subjektiv) bewertet und ihre Ausprägung relativ zum stärksten Konkurrenten erfaßt.

Zweck der durch diese Analyse gewonnenen Informationen (Pümpin, 1980):

- Erkennen der eigenen Stärken, auf die neue Strategien aufbauen können
- Erkennen der eigenen Schwächen, die im Rahmen der neuen Strategie zu vermeiden sind
- Erkennen der Synergiepotentiale, die von neuen Strategien auszunützen sind
- Erkennen der eigenen Mittel
- Beurteilung der heutigen Situation hinsichtlich der rentabilitätsbestimmenden Faktoren
- Erkennen der strategischen Erfolgspotentiale.

Im Vergleich zur Umweltanalyse sind die Informationen hier aus dem eigenen Datenbestand des Controllingwesens relativ leicht zu beschaffen. Eine Analyse der internen Stärken und Schwächen in der Unternehmung bezieht sich im ökologischen Bereich u.a. auf folgende Fragen:

- Bestehen im Einkauf Kontakte zu Herstellern umweltfreundlicher Produkte, und wie ist die Versorgungssicherheit?
- Ist ausreichend Finanzierungspotential vorhanden, um zum einen die gesetzlichen Auflagen auch zukünftig zu erfüllen, zum anderen, um in umweltfreundliche Problemlösungen zu diversifizieren?
- Besteht bei der Unternehmensleitung gegenüber ökologischen Problemen eine Aufgeschlossenheit oder nicht?
- Geht die qualitative Leistungsfähigkeit der Mitarbeiter konform?
- Inwieweit sind die Eigenschaften des bestehenden Leistungsprogramms bezüglich einer Ökologieorientierung zu beurteilen (Qualität, Preis, Marktbearbeitung etc.)?
- Inwieweit sind die Forschungsaktivitäten und das technische Know-how bereits ökologiebezogen (etwa bei Fluggesellschaften)?

Bei Roth (1992, S. 66) leiten sich für Reiseveranstalter die Stärken und Schwächen aus folgenden Faktoren ab:

- Möglichkeiten der Einflußnahme auf Zielgebiete und -orte
- Möglichkeiten des Austauschs problembehafteter Angebote
- Kooperationsmöglichkeiten im Zielgebiet mit anderen Veranstaltern in Umweltfragen
- umweltorientiertes Management und Mitarbeiterpotential

Für Zielgebiete/Zielorte ergeben sich Stärken und Schwächen aus folgenden Faktoren:

- Natur/Landschaft: Grad der Eingriffe, wahrnehmbare Schäden von Natur und Landschaft, Situation der Landwirtschaft
- Ver- und Entsorgung: Vorhandensein von Energie- und Müllkonzepten, Abwasserentsorgung
- Verkehr: Verkehrsbelastung, Grad der Verkehrsberuhigung, öffentliche Verkehrsmittel
- Vorhandensein finanzieller Mittel (Fördermittel) für umweltgerechte Einrichtungen
- Einstellung der einheimischen Bevölkerung
- Kooperationsbereitschaft aller am Tourismus beteiligten Unternehmen

Die Antworten auf diese Fragen geben Aufschluß, ob die Unternehmung/ Fremdenverkehrsort/Verkehrsträger mit ihren internen Potentialen über die Möglichkeit verfügt, auf die ökologische Herausforderung mit einer entsprechenden strategischen Reaktion zu antworten. Am Ende dieser Phase steht die Identifikation von strategischen Erfolgsfaktoren in Markt und Gesellschaft.

Die Ergebnisse der Unternehmensanalyse lassen sich gut im Rahmen eines Stärken-Schwächen-Profils visualisieren.

Umweltanalyse (Chancen/Risiken)

Für die touristische Unternehmung als ein offenes, mit der Umwelt und anderen Wirtschaftssubjekten (Konkurrenten, Lieferanten, Touristen, Kapitalgeber, Verbände, Staat oder Arbeitnehmer) in Austauschbeziehungen stehendes System ist das rechtzeitige laufende Erkennen der Umfeldentwicklung und das Einstellen darauf (überlebens-)notwendig. Die Entwicklungen sind deshalb notwendigerweise systematisch in den Planungs- und Steuerungsprozeß einzubauen, um auf Dauer erfolgreich zu bestehen. Obwohl ein bewährtes Instrumentarium zur Verfügung steht, ist die Umweltanalyse vor allem bei kleinen und mittleren Betrieben vielfach noch ein Stiefkind.

> „Unternehmen sollen nicht trotz Umweltveränderungen leben, sondern von ihnen leben."
>
> (Duch, 1985)

Die Ermittlung dieser unternehmensrelevanten Umweltfaktoren schließt auch eine Prognose über ihre Entwicklung mit ein. „Umweltanalyse ist nicht darauf angelegt, Unvorhersehbares vorhersehbar zu machen. Sie ist aber darauf angelegt, Zeit für Problemlösungen zu schaffen, bevor die Probleme unlösbar werden" (Grünewald, 1983).

Bei der praktisch niemals in ihrer Gesamtheit erfaßbaren Fülle von möglichen Untersuchungsbereichen und ihrem jeweiligen Datenmaterial ist aus Gründen des Informationsbeschaffungsaufwandes eine Selektion durchzuführen. Dazu stehen zahlreiche Checklisten zur Verfügung.

Diese externen Einflußfaktoren beziehen sich auf folgende Analysefelder:

- Entwicklungen der sozialen Dimension (Wandel des öffentlichen Bewußtseins/ Reiseeinstellung, Wertedynamik, Priorität des Schutzes der Umwelt etc.)
- Entwicklungen der ökonomischen Dimension (Branchen-, Marktanalyse: Segment für umweltverträgliche Reisen, Reiseverhalten, Kaufkraft, Konkurrenzaktivitäten als Aktion/Reaktion etc.)

- Entwicklungen der technologischen Dimension
- Entwicklungen der rechtlichen Dimension (Umweltschutzgesetzgebung national und international, Neueinführung bzw. Verschärfung von Grenzwerten, Veränderung der Haftungsrisiken u.ä.)

Zusätzlich zu einer allgemeinen Umfeldanalyse ist eine Analyse und Beurteilung der Gesamtbranche und möglicher Teilbranchensegmente durchzuführen. Diese Branchenanalyse ist durch eine Konkurrentenanalyse und -prognose zu vertiefen, da eine Unternehmung ihren eigenen strategischen Wettbewerbsvorteil immer in bezug zur Konkurrenz aufbauen und erhalten muß. Es sind etwa folgende Fragestellungen hinsichtlich ihrer ökologischen Wertigkeit zu untersuchen:

- Welche Strategien verfolgen die Konkurrenten heute mit welchem Erfolg?
- Welche ökologischen Wertvorstellungen und Zielsetzungen sind erkennbar?
- Welche Strategien können in der Zukunft von den Konkurrenten erwartet werden, und welche Möglichkeiten ergeben sich bzw. welche Gefahren drohen daraus?
- Auf welchen Prämissen beruhen die voraussichtlichen Strategien der Konkurrenten?
- Über welche Stärken und Möglichkeiten verfügen die Konkurrenten?
- Welche Schwächen der Konkurrenten sind Ansatzpunkte für eigene Offensivstrategien?

Die Analyse muß Aussagen vermitteln über die Wahrscheinlichkeit und das Ausmaß der Reaktion auf unsere ökologische Marketingkonzeption sowie über die Fähigkeiten der Unternehmung, sich gegenüber den Wettbewerbskräften abzuschirmen und Reaktionen der Konkurrenten wirksam zu begegnen.

Die Auswirkungen der Umweltentwicklungen für die eigene Unternehmung werden in einer Chancen-Risiko-Analyse prognostiziert. Anhand von Schlüsselgrößen eines Indikatorenmodells entwickelte Seiler (1989; siehe auch Teil 6, Umweltcontrolling) ein „Warn- und Chancenprofil" für Fremdenverkehrsgemeinden.

Probleme und Chancen ergeben sich etwa für Reiseveranstalter unter anderem aus diesen Faktoren (nach Roth, 1992, S. 66):

- Natur und Landschaft, Umweltbelastungen in den angebotenen Zielgebieten
- umweltgerechte Ausstattung der angebotenen Hotels
- Umweltbewußtsein und -verhalten der Gäste
- Einstellungen der einheimischen Bevölkerung zu Tourismus und Umwelt
- Strategien und Konzepte der direkten Wettbewerber
- Einstellung der Absatzpartner im Reisebüro zu Umweltfragen

Probleme und Chancen ergeben sich für Zielgebiete/-orte z.B. aus folgenden Faktoren:

- Umweltbewußtsein der Gäste
- Strategien und Verhalten der direkten Wettbewerber
- Image von Land und Region

Eine systematische Gegenüberstellung mit dem bereits erstellten Stärken-Schwächen-Profil als „Ergebnis" der Unternehmensanalyse erlaubt eine vertiefte Beurteilung. So kann eine bestimmte Entwicklung, trifft sie auf eine Unternehmensstärke, durchaus als Chance angesehen werden; wenn nicht, sind die Gefahren daraus zu prognostizieren. Meffert (1988) schlägt für einen Überblick denkbarer Beziehungszusammenhänge die Form einer Matrix vor.

Die beiden Analysen und ihre Bewertung ermöglichen die Bestimmung der ökologischen Strategieposition eines touristischen Betriebes/Zielgebietes und eine konsequente Ausrichtung der Marketingstrategie auf die Lösung der Schlüsselprobleme sowie eine Bestimmung und Bewertung der kritischen Faktoren in der strategischen Ökobilanz (z.B. fehlende Sensibilität der Geschäftsleitung, Ausstrahlungseffekte einer Ökoleistung auf das Restleistungsangebot u.ä.).

Einflüsse im normativen Bereich

Unternehmenskultur

Unternehmenskultur wird allgemein definiert als das von innen heraus gewachsene unverwechselbare Gepräge einer Unternehmung. Die Betriebswirtschaftslehre hat lange verkannt, daß auch das Unternehmen als Ganzes eigene verhaltensbestimmende und gemeinsam geteilte Wertvorstellungen („shared values"), die das Verhalten ihrer Mitglieder steuern, hervorbringen kann. Der enge Zusammenhang mit den Begriffen Unternehmensphilosophie, -grundsätze oder -leitbild wird offensichtlich. Werden Werte als Orientierungsmaßstab interpretiert, sind alle Tätigkeiten in einer Unternehmung als Ausdruck geteilter Werte anzusehen.

Die Unternehmenskultur drückt sich in verschiedensten Elementen aus oder kann durch sie in gewissem Maße auch beeinflußt werden. Als Faktoren für eine ökologisch orientierte Unternehmenskultur lassen sich anführen:

(1) Ökologiesensible Unternehmensleitung

In seiner Rolle als Vorbildfunktion kommt dem Kreis der Führungskräfte oder dem Chef große Bedeutung zu. Umweltschutz wird heute weitgehend als „Chefsache" angesehen. Deshalb müssen in dieser Vorreiterrolle auf allen betrieblichen Hierarchieebenen Lernprozesse angestoßen und von subjektiven Erfolgserlebnissen sowie der Möglichkeit, Erfahrung zu sammeln, begleitet werden.

Als „trigger" können

- ein aktives Engagement der Geschäftsleitung in Verbänden wie B.A.U.M. oder future, Tourism Concern, ECOTRANS oder ÖTE,
- Mitarbeit in umweltorientierten Arbeitsgruppen (z.B. einiger Münchner Hotels) oder auf internationaler Ebene die Zusammenarbeit in der International Hotels Environment Initiative (IHEI),
- Vorträge bei einschlägigen Kongressen, Artikel in der Firmenzeitung, Formulierung der eigenen Wertvorstellungen in ökologisch erweiterten Leitbildern usw. gesehen werden.

Dabei ist unbedingt darauf zu achten, daß zwischen „Worten" und „Taten" keine Diskrepanz entsteht. Das tatsächliche, sichtbar vorgelebte Verhalten muß der ökologisch ausgerichten Werthaltung auch tatsächlich entsprechen.

(2) Zeichen setzen durch Symbole

Dies kann durch kulturelle Artefakte wie eine baubiologische Architektur der Gebäude und der Arbeitsplätze geschehen oder durch menschliche Handlungen. Symbolcharakter können ökologisch gestaltete Erweiterungen haben, etwa bei

- dem betrieblichen Vorschlagswesen,
- den Themenbereichen von Qualitätszirkeln,
- der Herausgabe eines Umweltbriefes,
- der Anbringung eines „Öko-Brettes",
- einer neuen Form der Öffentlichkeitsarbeit und des Dialogs mit Umweltorganisationen u.a.,
- der Aufstellung von Recyclingbehältern für die Mitarbeiter,
- der Institutionalisierung eines Umweltbeauftragten,
- dem Anlegen von Biotopen auf dem Hotelgelände/in der Region,
- dem Einsatz umweltfreundlicher Autos in touristischen Betrieben oder in den Fremdenverkehrsorten,
- dem Einsatz von Fahrradkurieren bei innerstädtischen Transportdiensten.

(3) Verhaltensänderung durch Erfolgserlebnisse

- öffentliche Prämierung von Vorschlägen,
- spezielle Besuchsprogramme von Mitarbeitern,
- Veranstaltung spezieller Schulungen, Seminare etc.,

- Änderung der Ausbildungspläne etc.,
- Stolz der Mitarbeiter auf das Image der Firma (gezielte Informationen über Aktivitäten der Geschäftsleitung, Presseberichte usw.).

Diese auf Betriebe bezogenen Darstellungsformen einer Unternehmenskultur sind auch auf Fremdenverkehrsorte zu übertragen. Passen die sieben Produktkomponenten (Wohnen, Essen und Trinken, Service, Infrastruktur, Ortscharakter, Landschaft und Verkehr) zusammen und umschließen einander, so entsteht eine erkennbare „Identität" (vgl. Romeiß-Stracke, 1989, S. 13). Eine Stimmigkeit ist dabei Grundvoraussetzung für eine Profilierung. „Touristische Kultur" bedeutet i.d.S. eine gemeinsame Philosophie aller am touristischen Produkt Beteiligten.

„Jeder einzelne muß begriffen haben,
- was wichtig ist,
- warum es wichtig ist,
- welchen Nutzen es bringt,
- was in Zukunft nicht mehr sein soll.

Erst dann ist er in der Lage, im Alltagsleben im Sinne der gemeinsamen touristischen Kultur zu handeln. Das reicht von der Auswahl der Rohmaterialien für die Küche über die Architektur für den Zimmertrakt und über die Einrichtung des neuen Informationspavillons bis hin zu Straßenquerschnitten und Ausweisung von Naturschutzgebieten ... Touristische Kultur ist die Antwort auf die Herausbildung von Lebensstilen. Sie spricht auch die Gefühlskomponenten im Reiseverhalten an und versucht, Verbindungen vom Stil des jeweiligen touristischen Angebotes zum Lebensstil der Zielgruppe herzustellen" (ebd., S. 27).

Unternehmensphilosopie/-grundsätze/-leitlinien

In jeder Unternehmung „existiert" – ob bewußt oder unbewußt – eine bestimmte Unternehmensphilosophie. In ihr drückt sich das allgemeine Wertesystem der Unternehmung bzw. die allgemeinen Ziel- und Wertvorstellungen der betrieblichen Entscheidungsträger aus. Sie erleichtern dem Mitarbeiter (und auch der Außenwelt) quasi als Kompaß die Orientierung und Identitätsfindung. Immer mehr Unternehmen haben inzwischen ihre allgemeinen Wertvorstellungen explizit in schriftlich formulierten und veröffentlichten Unternehmensgrundsätzen oder -leitbildern niedergelegt (siehe die Beispiele bei Hopfenbeck, 1991, S. 131 ff.).

Um umweltgerecht zu wirtschaften, d.h., den Betriebszweck mit weniger Umweltbelastungen und geringerem Ressourcenverbrauch zu erzielen, sind in die Unternehmensphilosophie und den daraus resultierenden -grundsätzen ökologisch relevante Gesichtspunkte mit einzubeziehen. Damit erfährt die Unternehmenspolitik eine Neuausrichtung, indem

- deren Richtgrößen („Identität" und „Ziele"),
- deren grundlegender Handlungsrahmen („Strategien") und
- die notwendigen operativen Handlungen („Instrumente")

um eine ökologische Dimension erweitert werden. Diese Neubestimmung der Unternehmungspolitik erscheint aufgrund der Umfeldentwicklung, d.h. der geänderten Umweltansprüche der Öffentlichkeit, zwingend. Ändern sich nämlich die dem Unternehmensverhalten zugrunde gelegten Werte und Verhaltensnormen nicht parallel zu dem Wandel der gesellschaftlichen Wertvorstellungen, entstehen zwischen der Unternehmung und ihrer Umwelt Wertkonflikte. Zudem vergibt die Unternehmung sich die durch eine Neuausrichtung der Unternehmenspolitik möglichen Markt- und Ertragschancen.

Die zunehmend kritischere Einstellung breiter Bevölkerungskreise gegenüber einer Zunahme des materiellen Wohlstandes bzw. technologischer Entwicklungen bei einer damit verbundenen Verschlechterung der Lebensbedingungen führt zu der Erkenntnis, daß sich „Lebensqualität" nicht allein am ökonomisch meßbaren Lebensstandard (z.B. Wachstumsraten des BSP) orientieren kann. Die Einsicht in die Notwendigkeit eines verstärkten Umweltschutzes ist auch bei vielen Managern gewachsen.

Zu diesen Erfolgspotentialen zählen u.a. ein hohes Vertrauenskapital in der Öffentlichkeit und die Fähigkeit, gesellschaftsbezogene Problemlösungen zu entwickeln.

> „Wie ist die allbekannte immerwährende Diskrepanz zwischen Sonntagsrede (Ethik) und Werktagshandeln (Politik, Ökonomik) zu vermindern? Wie sind die – zwangsläufig abstrakten – ethischen Maximen in der jeweils konkreten Handlungssituation je hinreichend zu operationalisieren? Mit der Formulierung handlungsethischer Maximen kann man sich durchaus auch von der Realität und dem mühevollen pragmatischen Handeln in ihr verabschieden. Werden damit nicht kleine unbedeutende Verbesserungen zur ‚großen Wende' hochstilisiert, so daß das Thema geradezu zur Tarnung, zu Augenwischerei und Ablenkung dient: ‚Reden' als Ersatz für ‚Handeln'."
>
> (Seidel, 1989)

Auf einem Symposium über „Wirtschaft und Ethik – Ethik und Management" im Benediktinerkloster Weltenburg 1989 wurden solche Unternehmensverfassungen sehr skeptisch beurteilt. Diese „papiernen" Führungsgrundsätze „lägen in den Archiven und warteten auf den Tag ihrer Wiederauferstehung" (Nahrendorf, 1989), Anspruch und Realität würden weit auseinanderklaffen, Ethik müsse man vorleben.

Bei der Formulierung gesellschaftsorientierter Unternehmensleitlinien wird allerdings nicht selten übersehen, daß damit zumeist ein grundlegender organisatorischer Wandel einzuleiten ist und neue Planungsinstrumente sowie Strategie- und Führungskonzepte erforderlich werden. So kann man von den Mitarbeitern und Führungskräften kein gesellschaftsorientiertes Denken erwarten, wenn sie kurzsichtig gewinnbezogenen Beurteilungs- und Entlohnungssystemen unterworfen sind.

Beispiele für in die Unternehmensphilosophie einzuarbeitende Kriterien der sozialen Verantwortung können etwa für den Tourismus sein:

- Anerkennung der gesellschaftlichen (und damit auch umweltpolitischen) Verantwortung der Unternehmung
- verantwortungsbewußte Nutzung von Ressourcen
- aktive Problemlösungssuche nach umweltfreundlichen Dienstleistungsangeboten, Transportlösungen oder Entsorgungsverfahren
- Streben nach integrierten Umweltschutzkonzepten
- kooperativer Informationsaustausch mit den verschiedenen Gruppen der Gesellschaft und den eigenen Mitarbeitern
- gleichrangige Gewichtung wirtschaftlicher, sozialer und ökologischer Ziele
- Achtung vor dem einzelnen
- Dienst am Kunden
- faires Verhalten gegenüber Lieferanten
- Anerkennung, daß die natürliche Basis des Tourismus (Boden, Wasser und Luft) nur begrenzt zur Verfügung steht und entsprechend zu schützen ist.

Inter-Continental Hotels Group – Policy Statement
Inter-Continental Hotels Group, as a company servicing the needs of our guests and employees throughout the world, recognizes its moral and ethical responsibilities as a global citizen in protecting the environment for this and future generations, and it will endeavour to be the leader, among hotel companies, in such issues.

This will be achieved by the implementation of a realistic and practical programme as an integral part of both our hotel operations and corporate activities, that:

- Actively conserves natural resources and energy in our hotel operations, while maintaining optimum guest satisfaction, and without sacrificing operational requirements or safety.
- Efficiently manages and minimizes our waste production, to the benefit of our environment.
- Utilises products and materials which have the least negative impact on the environment, and which are beneficial whenever possible, both in their use and source of origin.
- Fully recognizes that environmentally favourable activities are practised unevenly throughout the globe, necessitating regionally diverse programmes and adaptation of the programme to local constraints, thereby generating improvement in environmental performance in every hotel.

- Pursues action programmes benefitting the environment in each hotels local community.
- Fosters the education of environmental awareness both internally and externally.

The implementation and achievement of the programme will be monitored on an ongoing basis, and as our environmental knowledge continues to grow, the programme will be developed and expanded accordingly.

Kuoni
Innerhalb der 10 Leitsätze der Kuoni-Unternehmenspolitik ist ein Umweltbezug in folgenden Abschnitten zu finden:

- Wir wollen mit unserer Unternehmenspolitik einen umweltverantwortlichen Tourismus fördern.
- Wir setzen uns für umweltfreundliche und landschaftsschonende Tourismusformen ein.

Frankfurter Flughafen
Bereits 1971 hatte sich der Frankfurter Flughafen ein Leitbild gegeben, in dem schriftlich die Unternehmensziele formuliert wurden. Erstaunlicherweise war damals bereits unter Punkt 5 formuliert: „... den Umweltschutz fördern und eigene umweltschützende Maßnahmen erarbeiten."

Marriott – Hotel München
Die Mitarbeiter setzen sich zum Ziel:

1. Ein optimales Arbeitsklima und soziales Umfeld zu schaffen. Qualitätsorientierte und freundliche Mitarbeiter werden durch individuelle Aus- und Weiterbildung, berufliche Entwicklungsmöglichkeiten, faire Behandlung und Empowerment ein hohes Maß an Zufriedenheit erreichen.
2. Ein tatkräftiges Team zusammen mit einem verantwortungsvollen und zukunftsorientierten Management aufzubauen, um ein erfolgreiches Marriott-Produkt als Marktführer zu präsentieren.
3. Ein Höchstmaß an Zufriedenheit für ihre Gäste unter Berücksichtigung derer Wünsche zu erreichen. Ihre Schwerpunkte setzen sie auf Partnerschaft, Vertrauen, Loyalität und ein ausgewogenes Preis-Leistungs-Verhältnis.
4. Ihrem Erfolg Umweltbewußtsein und Total Quality Management zugrunde zu legen.

Grecotel
Environmental policy statement
The Board of Directors and Management of Grecotel SA recognise their role as the leading hotel company in Greece and therefore agree to the following:

- To formulate and implement a programme to improve the environment for both local people and seasonal visitors thereby encouraging fellow hoteliers and members of the tourism industry to undertake similar responsabilities.
- To be realistic in setting goals, due to local considerations, there will be short-term; medium-term and long-term programmes.
- Any environmental project must complement the existing Grecotel product. At no time will any conservation or protection plan be accepted if it may lower the quality of services already offered.
- To take notice of changing attitudes and suggestions from staff, guests or other interested parties and adapt programmes accordingly.
- To undertake regular environmental audits (by an independent company) of the Grecotels and to implement the findings in stages.

- The conservation and protection of the landscape, wildlife and historical resources near each Grecotel will have priority over other regional or general projects.
- Grecotel SA aims to collate information regarding similar programmes being undertaken by other members of the tourism industry and by local authorities in order to make better use of available resources and avoid duplicaton of activities.
- To use local, natural, raw materials & recycled products; save energy & water; minimise waste; and control air/water pollution.
- To increase level of awareness of environmental issues within its own organisation, to local residents, hotel guests and business partners.
- To include improved environmental considerations in all new building and renovation plans.
- To balance financial benefits from waste management and energy saving against increased initial costs of other improvements.

Taurer (1992, S. 608) sieht folgende Bestandteile eines schriftlichen Leitbildes für einen Ort/eine Region:

- Visionen
- tourismuspolitische Grundsätze zu Umwelt, Bevölkerung und Wertschöpfung
- strategische Zielrichtungen (qualitativ, quantitativ)
- Strategien und Entwicklungsziele in den Teilbereichen mit starker Verknüpfung zu anderen Bereichen (z.B. Raumordnung, Verkehr, Landwirtschaft, Fassungsvermögen)

Es werden also im Prinzip die Fragen beantwortet:

- Wer sind wir?
- Was wollen wir?
- Wie kommen wir dorthin?

Ein Leitbild „konkretisiert" damit bestimmte Zielvorstellungen über den gewünschten Tourismus (Art/Zahl) und über die Art und Qualität des Angebots. Erst nach einer solchen Standortbestimmung sind Strategien und Maßnahmenplanungen sinnvoll (siehe auch Teil 11).

Bei einer so formulierten, ökologisch orientierten Unternehmensphilosophie wird der Umweltschutz zu einem integralen Bestandteil der Unternehmenspolitik. Die dort niedergelegten Verhaltensgrundsätze enthalten Bewertungskriterien für die auf den nachfolgenden Hierarchieebenen zu treffenden Unternehmensentscheidungen. Die inhaltlichen Bestandteile dieser Rahmenrichtlinien sind für alle Mitarbeiter bindend.

Verhaltenskodizes

In den letzten Jahren sind auf nationaler und internationaler Ebene von diversen Verbänden und Institutionen Umweltleitlinien entwickelt worden, die für die jeweiligen Mitglieder bzw. Unterzeichner eine gewisse Verhaltensrichtlinie vorgeben sollen. In einem der ersten Vorläufer, dem 1973 auf dem 3. Europäischen Management-Symposium verfaßten „Davoser Manifest", wird unter Punkt 4 bereits festgehalten:

„Die Unternehmung muß der Gesellschaft dienen. Die Unternehmensführung muß für die zukünftigen Generationen eine lebenswerte Umwelt sichern. Die Unternehmensführung muß das Wissen und die Mittel, die ihr anvertraut sind, zum Besten der Gesellschaft nutzen ..."

Als Vorreiter bei der Entwicklung von Regeln, die die internationale Wirtschaft auf freiwilliger Basis bei ihren Entscheidungen beachten soll, spielt die Internationale Handelskammer (ICC) eine wichtige Rolle. Sie hat bereits 1974 „Umweltschutzleitlinien" veröffentlicht, die 1981 überarbeitet wurden.

Daneben gibt es eine Reihe von Bemühungen anderer Stellen, so die Erklärungen des BDI, die „Tutzinger Erklärung" oder die sog. „Valdez Principles" des Social Investment Forum (Boston) und die „Prinzipien der nachhaltigen Entwicklung" der Rio-Konferenz.

Erste Bestrebungen im Tourismus gehen bis auf die „Manila Declaration" von 1980 zurück. Diese betonte, „that the needs of tourism must not be satisfied in a fashion prejudicial to the social and economic interests of the population in tourist areas, to the environment or, above all, to natural resources and historical and cultural sites, which are the fundamental attraction for tourism". Die Deklaration betonte, „that these resources are part of the heritage of mankind, and national communities and the international community must take the necessary steps to ensure their preservation. Long-term and environmentally sound planning is a prerequisite for maintaining a balance between tourism and environment, and for ensuring that tourism is a sustainable development activity" (Tolba, 1992, S. 174).

Nürnberger Erklärung zur umweltbewußten Hotel- und Gaststättenbetriebsführung
Auf der Vorstandssitzung des Bayerischen Hotel- und Gaststättenverbandes am 12. April 1991 in Nürnberg wurde die nachfolgende Erklärung im Einvernehmen mit den Bayerischen Staatsministerien für Landesentwicklung und Umweltfragen sowie für Wirtschaft und Verkehr verabschiedet. Sie enthält 10 Leitsätze, an denen der umwelt- und energiebewußte Hotelier und Gastwirt sein Handeln ausrichtet:

1. Eine umweltbewußte Betriebsführung trägt zur Sicherung der Umwelt und der wirtschaftlichen Zukunft des Betriebes bei.
2. Energiesparmaßnahmen lohnen sich mehrfach: sie senken den Rohstoffverbrauch und die Schadstoffbelastung sowie auch die Kosten.
3. Wassersparmaßnahmen sind ökologisch und ökonomisch sinnvoll.
4. Umweltgerechtes Reinigen und Waschen vermindert die Chemikalienbelastung der Umwelt.

5. Der umweltbewußte Hotelier und Gastwirt achtet bei Bau, Renovierung und Einrichtung auf ökologische Aspekte und gestaltet Außenanlagen naturnah.
6. Abfallvermeidung beginnt beim Einkauf durch Verzicht auf portionsverpackte Artikel und die Bevorzugung von Mehrwegpackungen bzw. Großpackungen.
7. Die Verwendung von Mehrweggeschirr und -besteck, von Zapfanlagen und Mehrwegflaschen sowie von Recyclingprodukten vermindert den Abfallberg und entlastet die Umwelt.
8. Die Getrenntsammlung von Abfällen (Papier, Glas, Metall, wenn möglich auch Kunststoffe und kompostierbare Abfälle) dient der Wiederverwertung im Sinne des Bayerischen Abfallwirtschafts- und Altlastengesetzes. Sondermüll gehört in die Sondermüllsammelstelle.
9. Der Einsatz kraftstoffsparender und schadstoffarmer Betriebsfahrzeuge, das Erledigen von Botengängen zu Fuß oder mit dem Fahrrad, die Information der Gäste über das öffentliche Verkehrsangebot sind Beiträge zum Umweltschutz in Transport und Verkehr und dienen der Energiesicherung.
10. Zur umweltbewußten Hotel- und Gaststättenführung gehört die Schulung der Mitarbeiter und die Information der Gäste in Sachen Umweltschutz.

Im Bereich des Tourismus gibt es eine Reihe spezifischer Richtlinien oder meist auf Spezialbereiche bezogene Empfehlungen, so etwa:

- „Tourism Bill of Rights and Tourist Code" der WTO
- Leitbilder der Arbeitsgemeinschaft „Tourismus mit Einsicht"
- „Code of Ethics" der Christian Conference of Asia 1975
- Tips für Bergwanderer und -steiger (Deutscher Alpenverein: „Sanft und sicher")
- Himalayan Trekking (oder Tourist) Code des Tourism Concern
- „Minimum Impact Code" des Annapurna Conservation Area Project
- Die Toblacher Thesen 1985
- 11 Thesen von Krippendorf (1984)
- Tips der Umweltstiftung WWF-Deutschland („Urlaub auf die sanfte Tour", „Natours")
- WWF-Empfehlungen für den Öko-Tourismus (vgl. im einzelnen Jenner/Smith, 1992, S. 154 ff.)
- Bierenwanger Aufruf und die Mörfelder Erklärung des Touristenvereins „Die Naturfreunde"
- Tips der Zeitschrift natur (H. 3/1990)
- Umweltplan 2000 (Deutscher Skiverband)
- Tourist in National Parks (A guide to good protection)
- „10 goldene Regeln in der Natur" (Deutscher Naturschutzring/Wassersportverbände)
- Zahlreiche Konferenzempfehlungen (Internationaler Gegenworkshop zur WTO Konferenz in Manila 1980; Third World People and Tourism in Bad Boll 1986)
- DRV Umweltempfehlungen 1992
- Charta für Ethik im Tourismus und Umwelt der AIT 1992

In all diesen Erklärungen ist generell eine eher deklaratorische Wirkung zu sehen, da die freiwillige Verpflichtung gegenüber der Umwelt eine rein moralische Basis darstellt. Zudem sind die Umweltziele i.d.R. sehr breit und allgemein formuliert. Zur Zeit fehlt es aber immer noch an einem allgemein akzeptierten und präzis formulierten Verhaltenskodex für ein umweltorientiertes Management, dessen verpflichtende Maßstäbe auch in irgendeiner Form mit den betrieblichen Aktivitäten evaluiert, d.h. überprüfbar sein müßten. Gemeinsame Ziele und Leitlinien gewissermaßen mit einem „moralischen Überbau" und einer „ethischen Orientierung" zu versehen ist begrüßenswert – sie müssen jedoch zu rechtlich verpflichtenden Vorgaben werden, um den Widerspruch zwischen Normen und Fakten wirklich zu ändern.

Einflüsse im strategischen Bereich

Veränderungen im Zielsystem

Über das Verhältnis wirtschaftlicher Interessen und ökologischer Forderungen werden von den betroffenen Personenkreisen (Politiker, Umweltschützer, Unternehmer, Wissenschaftler etc.) konträre Standpunkte vertreten:

- grundsätzlicher Widerspruch zwischen Ökonomie(Tourismus) und Ökologie oder
- Spannungsverhältnis zwischen Ökonomie und Ökologie (Gebot der Abwägung) oder
- Vorrang ökologischer Erfordernisse vor ökonomischen Interessen bzw. Vorrang ökonomischer Interessen vor ökologischen Erfordernissen.

Einigkeit besteht darüber, den Umwelt- und Naturschutz als ein (neues) gesellschaftliches Ziel zu integrieren, die Stellung dieses Ziels (Staatsziel oder Grundrecht) ist dabei umstritten.

Der Umweltschutz ist als ein Optimierungsproblem zu sehen. Dies gilt für den Menschen selbst als Umweltsubjekt und die touristischen Betriebe als Ort der Leistungserbringung. Die vom einzelnen Menschen durchgeführten Wertungen der Umweltbelastungen zeigen den zwangsläufigen Konflikt zwischen künstlicher und natürlicher Umwelt auf. Der Mensch will zwar einerseits die natürliche Umwelt erhalten, andererseits restriktive Auswirkungen auf die Befriedigung seiner Konsum- und Reisebedürfnisse möglichst vermeiden.

Der Konfliktausgleich als Optimierungsaufgabe ist in zwei Schritten durchzuführen:

In einem ersten Schritt ist als Ergebnis eines politischen Entscheidungsprozesses ein Konsens über die Grenzen des Erfüllungsgrades der beiden Ziele herbeizuführen. Ähnlich sieht es Steger (1989):

„Die Frage, wieviel Umweltbelastung wir durch Wirtschafts- und Lebensprozesse akzeptieren, wieviel Beeinträchtigung der Natur wir bereit sind, für andere Ziele hinzunehmen, ist eine normative Frage, die sicherlich von den zuständigen parlamentarischen Gremien in einer Demokratie entschieden werden muß."

Die Gewichtung dessen, was wir uns ökonomisch und ökologisch als „Konsumstandard" leisten können, spiegelt Prioritätensysteme der Gesellschaft wider. Linke (1988) fordert dazu:

- Das Vorschriftensystem muß sich am derzeit Machbaren orientieren.
- Einmal festgelegte Gewichtungen müssen in Zeiträumen beibehalten werden, die mit wirtschaftlichen Planungs- und Realisierungszeiträumen übereinstimmen.
- Der internationalen politischen und wirtschaftlichen Verflechtung entsprechend, müssen auch Gesetze und Vorschriften großflächig international einheitlich sein.
- Vorschriften sollten Wirkungen und nicht Ausführungsformen festlegen.

Neben der Berücksichtigung gesellschaftlicher Zusammenhänge durch den Gesetzgeber ergibt die Festlegung der Gewichte Ökonomie/Ökologie durch den jeweiligen touristischen Leistungsanbieter oder den Fremdenverkehrsort „seinen besonderen Markencharakter".

Das 5. Aktionsprogramm der EG „Für Umwelt und Maßnahmen im Hinblick auf eine dauerhafte und umweltgerechte Entwicklung" (1992) betont die Schwierigkeit der Vorgabe von Umweltschutzzielen: „Es ist schwierig, allgemeine Umweltvorgaben und langfristige Zielsetzungen festzulegen, die sich unmittelbar auf den Tourismus beziehen (zusätzlich zu den sonstigen Lärm-, Wasser- und Luftqualitätsnormen), da Tourismus positive und negative Auswirkungen auf die Umwelt haben kann und in hohem Maße von individuellen Verbraucherentscheidungen abhängt. Die Auswirkungen des Tourismus hängen in hohem Maße von der Art des Tourismus, dem Verhalten des Touristen und der Qualität der Touristikdienstleistung ab" (o.V., 20. 6. 1992, S. 2).

Nach Bestimmung des gesellschaftlichen Konsensus ist in einem zweiten Schritt die Gestaltung des künstlichen Systems „touristische Unternehmung" bei minimaler umweltbelastender Auswirkung und besserer Erreichung des ersten Zieles anzustreben.

Fragen wir nach der Möglichkeit einer verstärkten und expliziten Einbeziehung des Umweltschutzes in das betriebswirtschaftliche Zielsystem und damit als Kalkül betrieblicher Entscheidungen, so ist davon auszugehen, daß

- die Rentabilität als primäres Ziel erwerbswirtschaftlichen Handelns anzusehen ist,
- (freiwillige) Umweltschutzmaßnahmen z.T. mit Kostenbelastungen (oder z.T. Umsatzeinbußen) verbunden sind

und damit zwischen ökonomischen und ökologischen Zielen häufig ein Konflikt besteht.

> „Hapag-Lloyd plant, die Catering-Müllmengen um jährlich über 20 Tonnen Plastikmüll zu verringern, indem nur noch Metall – anstelle von Plastikbestecken eingesetzt werden – erhebliche höhere Kosten sind die Folge. Im harten (Preis-)Wettbewerb auf der Reiseveranstalterebene können es sich jedoch nur wenige Unternehmen leisten, solche Mehrkosten freiwillig in Kauf zu nehmen. Mit einer Honorierung durch Kunden, die bereits für 20 DM Preisvorteil den Reiseveranstalter wechseln, kann zumindest vorerst nicht gerechnet werden."
> (Kirstges, 1992, S. 85)

Roth (1992, S. 65) fragt: „Soll ein Reiseveranstalter ein bisher gut verkauftes Zielgebiet aufgeben, weil festgestellt wurde, daß die einfachsten Anforderungen an die Entsorgung von Müll und Abwasser mißachtet werden? Hier entsteht ein Konflikt zwischen ökologischer Verantwortung und ökonomischen Interessen."

Zu wenig wird erkannt, daß das Streben nach Rentabilität und der Erfüllung nach umweltorientierten touristischen Angeboten sich vor dem Hintergrund einer sich wandelnden Verbrauchereinstellung auch in vielen Fällen zu einer Zielkomplementarität verbinden läßt:

- Wettbewerbsvorteile durch Umweltschutzinnovation bei der Leistungsgestaltung
- Wettbewerbsvorteile durch Gewinnung neuer Kundenpotentiale
- (aktive) Vorwegnahme von gesetzlichen Entwicklungen (oder späterer Kundenforderungen)
- Möglichkeit zur Diversifikation (Nischenstrategie/Marktsegmentierung)
- Imageverbesserung
- innovatives Kompetenzpotential
- Ausnutzen von Preisspielräumen bei Qualitätsführerschaft
- Energie- und Materialkosteneinsparungen

Die Schnittmenge zwischen ökologischen und einzelwirtschaftlichen Zielen ist größer als vielfach vermutet. Es zeigt sich, daß in den Fällen, in denen Umweltschutz nicht nur als ein lästiger Zwang empfunden, sondern als eine (vor allem auch in strategischer Hinsicht vielleicht überlebensnotwendige) unternehmerische (Markt-)Chance gesehen wird, es notwendig erscheint, ein ökologisches Unternehmenskonzept zu entwerfen, in dem

- auf der Basis eines entsprechenden Unternehmensleitbildes als dem „Dokument" der langfristigen Unternehmenspolitik
- das betriebliche Zielsystem um die Komponenten Umweltschutz, Umweltschonung etc. zu erweitern

ist, um sicherzustellen, daß in die unternehmerischen Entscheidungsprozesse zukünftig auch ökologische Bewertungskriterien einfließen werden.

Bei Management-by-Objectives-Systemen (z.B. großer Hotelketten) etwa sind konkrete ökologische Zielvereinbarungen (z.B. Reduktion des Energie-, Wasserverbrauchs um 15 %) mit einzubeziehen.

Erfolgt keine entsprechende Modifikation im einzelwirtschaftlichen Zielbündel, geht diese kurzfristige (Gewinn-)Orientierung eventuell auf Kosten zukünftiger Erfolgspotentiale, die sich durch die Entwicklung umweltfreundlicher Leistungen ergeben.

Es wird keine Schwierigkeiten bei der Umsetzung umweltorientierter Maßnahmen geben, die gewinnsteigernd (oder zumindest -neutral) sind. Entsprechend wird allgemein als zweckmäßige Schrittfolge „pragmatisch" folgende Prioritätenreihenfolge vorgeschlagen:

- Maßnahmen, die gesetzlich vorgeschrieben sind
- Maßnahmen, die dem touristischen Anbieter nützen
- Maßnahmen, die sich kostenneutral auswirken und
- erst zuletzt Maßnahmen, die das Unternehmen/den Ort belasten.

Das traditionelle betriebliche Zielsystem ist primär ausgerichtet auf leistungs-, erfolgs- und finanzwirtschaftliche Ziele, die durch soziale Ziele ergänzt werden. Die Elemente eines spezifischen „Umweltschutzzieles" müssen, so Dyllick (1989), die drei Bereiche Ressourcenschutz, Emssionsbegrenzung und Risikobegrenzung betreffen. Wie die Untersuchungen von Meffert (vgl. Meffert/Kirchgeorg, 1992, S. 34 ff.) zeigen, hat das Umweltschutzziel innerhalb des gesamten Zielsystems einer Unternehmung nur eine relativ untergeordnete Rolle. Eine stark positive Beziehung wird allerdings zu den (langfristigen) Zielen der Mitarbeitermotivation und zum Image festgestellt.

Da als langfristiges Oberziel immer die „Sicherung der Wettbewerbsfähigkeit" definiert werden kann, ist eine strategische Umweltorientierung aus Eigeninteresse heraus zur Sicherung einer erfolgreichen Wettbewerbsposition gegeben. Kurz- und mittelfristig sind für Kirstges (1992, S. 86 f.) „die Ziele eines sanften Tourismus als Randbedingungen zu sehen, deren Erfüllung in Höhe eines bestimmten Anspruchsniveaus bei der Verfolgung anderer Ziele gewährleistet sein muß. Dadurch erhält der Umweltschutz den Charakter einer (selbst gesetzten) exogenen Restriktion, unter der beispielsweise eine Maximierung von Gewinn, Umsatz, Pax-Zahl u. dgl. angestrebt werden kann".

Das Spannungsfeld zwischen verschiedenen Zielen hat Rochlitz (1986) mit „magischen Vierecken" erläutert (vgl. Abbildungen 15a, b, aus ebd.). Im „har-

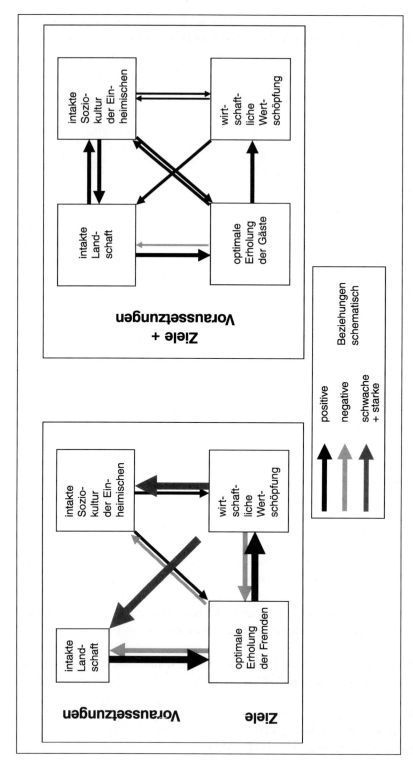

Abb. 15a: Schematische Darstellung des „harten" Tourismus (Tourismus im Ungleichgewicht)

Abb. 15b: Schematische Darstellung des „sanften" Tourimus (Tourismus im Gleichgewicht)

ten" Tourismus ist die wirtschaftliche Wertschöpfung dominierendes Hauptziel. Nebenziel ist die optimale Erholung der Gäste – während die Landschaft und die einheimische Bevölkerung nur als Mittel zum Zweck angesehen werden. Dieses Modell bringt zwar kurzfristig vor allem ökonomisch positive Effekte, aber langfristig vor allem ökologische Nachteile (vgl. dazu auch Murphy, 1985, S. 156 ff.).

Dieses für die Vergangenheit charakteristische Schema der Entwicklung hat sich für Krippendorf zu einer Tourismusentwicklung im Gleichgewicht zu wandeln, in der alle vier Ziele (intakte Landschaft, intakte Soziokultur der Einheimischen, optimale Erholung der Gäste und wirtschaftliche Wertschöpfung) gleichberechtigt nebeneinander stehen. Sie sind Ziele und Voraussetzungen in einem. Harmonisierung bedeutet, daß bei möglichst geringen negativen Auswirkungen die positiven Beziehungen maximiert werden sollen. „Gegenüber dem heutigen Zustand bedeutet dieses Konzept vor allem eine Aufwertung der Umweltinteressen und eine relative Abwertung der wirtschaftlichen Interessen" (Krippendorf, 1992).

Ziel einer Unternehmung ist es, Gewinn zu erzielen. Ein Unternehmen, „das sich umweltunfreundlich verhält, wird aus dieser Gesellschaft keinen Gewinn mehr ziehen können – langfristig gesehen" (Repenning, 1988, Umweltschutzbeauftragter BP).

Beispiele für umweltorientierte Zielinhalte im Zielsystem eines Reiseveranstalters gibt Kirstges (1992, S. 79):

- Unser Ziel ist es, in der Zielgebietsregion xy Dauerarbeitsplätze zu schaffen!
- Unser Ziel ist es, in der Zielgebietsregion xy für eine Verringerung der Umweltbelastung durch ungeklärte Abwässer zu sorgen.
- Unser Ziel ist es, eine Verhaltensänderung unserer Fernreisegäste in den Destinationen A, B und C in der Art zu bewirken, daß unsere Urlauber zurückhaltender, unauffälliger und bescheidener gegenüber Einheimischen auftreten und gezielte Informationen über die Lebensweisen und Probleme der Zielgebietsbevölkerung suchen und von uns erhalten.
- Unser Ziel ist es, nur lärmarme und emissionsreduzierte Flugzeuge (nach dem internationalen Standard Kat. III) zu chartern.

Die verbal formulierten Ziele bedürfen für ihre Umsetzung der Konkretisierung nach (vgl. Hopfenbeck, 1992, S. 513 f.):

- Zielausmaß (z.B. „Steigerung der Öko-Sponsoringausgaben um 10 %"),
- Zieltermin (z.B. „Budget 1994"),
- Zuständigkeitsträger (z.B. „PR-Abteilung"),

- konkret definierte Maßnahmen und Ressourcen (Finanzmittel, Personal, Sachmittel) für die Zielerreichung.

Roth (1992, S. 67 f.) gibt Beispiele für umweltorientierte Marketingziele eines Reiseveranstalters:

- Erschließung eines neuen Marktsegments (parallel zu einem bereits erschlossenen Zielgruppenpotential) durch Akquisition einer umweltbewußten Urlauberzielgruppe für ein bestimmtes Zielgebiet,
- Aufbau von Bekanntheit und Aktualität für umweltverträgliche Katalogangebote innerhalb einer gegebenen Zeit.

Beispiele für Zielgebiete/-orte:

- Vergrößerung des Anteils umweltbewußter Urlauber um x Prozent innerhalb von drei Jahren (ökonomisches Ziel),
- Entwicklung von konkreten Imagefacetten, aufbauend auf einem umweltverträglichen Ortskonzept bei einer näher definierten Zielgruppe innerhalb von drei Jahren (psychographisches Ziel).

Die TUI, die ihr Umweltengagement als einen strategischen Erfolgsfaktor interpretiert, den es rechtzeitig aufzubauen gilt, differenziert ihr Zielsystem entsprechend dem Zeitraum in kurzfristige, mittelfristige und langfristige Pläne. Die umweltorientierten Unternehmensziele zeigt Abbildung 16 (aus TUI, Prüfstand März 1992, S. 6).

Zeitraum	ökologische Zielsetzung	Maßnahmen	ökonomische Zielsetzung
kurzfristig (1992/93)	Umweltentlastungen	Vertiefung und Verbreiterung von Umweltaktivitäten	Qualitätssicherung Produktoptimierung Ergebnissicherung
mittelfristig (bis 1997/98)	Umweltentlastungen Prävention von Umweltbelastungen	Umweltstandards/ Gütesiegel Umwelt-Informations-System Planungsziele/UQZ	Risiko- und Chancen-/ Innovations- Management
langfristig (bis 2002/3)	Umweltentlastungen Prävention von Umweltbelastungen Umweltverbesserungen	Umwelt – G+V/ Öko-Bilanz ÖPPS Umwelt-Controlling	Zukunftssicherung durch strategische Erfolgs-Faktoren SEF

Stand 03/92

Abb. 16: TUI – Unternehmensziele

Formulierung von Ökostrategien

Strategisches Management hat die Aufgabe, die zukünftige Wettbewerbsfähigkeit einer Unternehmung durch den Ausbau bestehender oder den Aufbau neuer „Erfolgspotentiale" (Image, Kompetenz, Marktanteil etc.) sicherzustellen. Für eine erfolgreiche Führungskonzeption wird die Einbeziehung einer – im Gegensatz zu früher – wesentlich erweiterten „Umwelt" und ihrer relevanten Einflußtatbestände zunehmend wichtig. Hierbei ist eine deutliche Erweiterung der traditionellen wirtschaftlichen und technischen Faktoren um ökologische und gesellschaftspolitische Einflußkomponenten erkennbar.

Diese permanente Veränderung im Unternehmensfeld erzwingt eine ständige Neuausrichtung der „Erfolgspotentiale" einer Unternehmung zur langfristigen Sicherung der Existenz und Gewinnerzielung. Will die Unternehmung von der gezeichneten Entwicklung nicht unvorbereitet überrascht werden, muß sie darauf vorbereitet sein.

Auf die Einflußnahme der Ökologie kann ein Unternehmen prinzipiell auf zweifache Weise reagieren, wobei diese beiden Verhaltensweisen je nach individueller Situation der Unternehmung zu differenzieren sind:

- passive Umweltschutzstrategie (d.h. erst planerische Tätigkeiten aufgrund gesetzgeberischen Zwanges; man beschränkt sich auf die Erfüllung der gesetzlich oder behördlich vorgeschriebenen Mindestanforderungen; reaktives Verhalten in der Kommunikationspolitik)
- aktive Umweltschutzstrategie (d.h. A-priori-Integration in sämtliche Planungsphasen, um dadurch Wettbewerbsvorteile zu erlangen; aktive Kommunikationspolitik)

Für die jeweiligen Geschäftseinheiten einer Unternehmung müssen differenzierte umweltorientierte Marketingaktivitäten entworfen werden. Zur Ableitung ökologischer Basisstrategien stehen bewährte betriebswirtschaftliche Planungsinstrumente wie Portfolioanalyse oder Szenariotechnik zur Verfügung.

Eine bewährte Hilfestellung bei der grundsätzlichen Definition strategischer Verhaltensweisen liefert die von Ansoff entwickelte Produkt-Markt-Matrix (Diversifikationsmatrix; vgl. Abbildung 17, aus Hopfenbeck, 1992, S. 616). Dieser grobe Denkrahmen versucht, zukünftig mögliche Betätigungsalternativen einer Unternehmung (Sind bestehende Angebote zur Zukunftssicherung ausreichend? Wenn nicht, welche neuen Möglichkeiten stehen uns zur Verfügung?) mit einem 4-Felder-Grundraster zu strukturieren. Daraus abgeleitet wird für

Produkte \ Märkte	jetzige	neue
jetzige	I Marktintensivierung 50 %	II Markterweiterung 20 %
neue	III Programmerweiterung und -erneuerung 33 %	IV Diversifikation 5 %

Abb. 17: Strategische Produkt-Markt-Matrix

Feld I eine Marktdurchdringungsstrategie (-intensivierungsstrategie):
für bestehende Produkte in bestehenden Märkten durch Einbringen spezifischer Stärken (z.B. Qualitätsverbesserung)
Beispiel Reiseveranstalter: Eliminierung uninteressanter (i.S.v. umweltschädlich) Angebotsbestandteile wie Helikopterskiing

Feld II eine Markterweiterungsstrategie (-entwicklungsstrategie):
für bestehende Produkte in neuen Märkten durch geographische Erschließung neuer Märkte und/oder neue Anwendungen für neue Abnehmerzielgruppen in bisherigen Märkten
Beispiel Reiseveranstalter: Trekkingtouren nicht nur in Nepal, sondern auch in Ecuador anbieten

Feld III eine Programmerweiterungsstrategie (-erneuerungsstrategie):
für jetzige Kunden in bisherigen Märkten neue Marktleistungen
Beispiel Reiseveranstalter: Angebot von nach Umweltkriterien ausgewählten Zielorten an bisherige Zielgruppe durch alte oder neue Anbieter
Beispiel Ort: Ausbau des bereits bestehenden umweltorientierten Angebots („autofrei" etc.)

Feld IV eine Diversifizierungsstrategie (neue Angebote für neue Märkte):
Beispiel Reiseveranstalter: Aufnahme von Fahrradtouren, Naturreisen
Beispiel Hotel: Integriertes Gesamtkonzept (Baubiologie, regionaler Einkauf etc.)

Es ist dabei aber das „Gesetz der abnehmenden Synergie" zu beachten. Je weiter man sich von Bekanntem („Vertrautem") entfernt, desto schwächer sind die Synergieeffekte.

Für Porter (vgl. 1986) ist es der Zweck einer Wettbewerbsstrategie, für das Unternehmen eine Position zu finden, in der es sich am besten gegen Wettbewerbskräfte (z.B. Bedrohung durch neue Konkurrenten, Substituierbarkeit, Marktstärke der Lieferanten oder Abnehmer) schützen oder sie zu seinen Gunsten beeinflussen kann. Die Möglichkeiten zum Aufbau einer verteidigungsfähigen Marktposition reduzieren sich demnach entweder auf

- eine umfassende Kostenführerschaft,
- eine Differenzierung (d.h. höhere Preisklasse durch Einzigartigkeit z.B. in Qualität, Service, Image) oder
- eine Schwerpunktkonzentration (d.h. auf eine bestimmte Region als Kundengruppe).

Bezogen auf eine umweltorientierte Positionierung dürfte die erste Möglichkeit für touristische Betriebe ausscheiden. Denkbar sind jedoch die Differenzierungsstrategien durch eine Qualitäts- und Imageprofilierung und die Konzentrationsstrategien etwa als spezialisierter Veranstalter im Ökosegment.

Wir haben an früherer Stelle bereits gezeigt, daß eine eigenständige Profilierung u.E. über eine Marketingstrategie der „Umweltqualität" helfen kann, einen Wettbewerbsvorsprung zu erzielen. Dies ist jedoch nicht durch kurzfristige „grüne" Aktivitäten zu erreichen, sondern nur durch ein integriertes Gesamtkonzept, das ein langfristiges, stufenweises Vorgehen erfordert. Um beim Reisenden die notwendige Glaubwürdigkeit zu erlangen, müssen die Merkmale einer „Umweltorientierung" alle betrieblichen Bereiche erfassen (also etwa ökologieorientierter Einkauf, Bestellung eines Umweltreferenten, umweltfreundlicher Transport usw.). Die Erreichung eines Umweltimage zur Bindung umweltbewußter Reisender erfordert eine intensive Kommunikation. Wie Untersuchungen der FH Trier (am Beispiel von Hotels) gezeigt haben, besteht durch eine solche eigenständige (Umwelt-)Marktpositionierung die Möglichkeit, eine verstärkte Kundenbindung und einen höheren Preis zu erreichen.

Eine andere bewährte Hilfestellung leisten die vor allem in der strategischen Planung Verwendung findenden Portfolio-Modelle. Zur Ableitung empfehlenswerter Strategien entwickelte Meffert ein Ökologie-Portfolio mit den Dimensionen (vgl. Abbildung 18, aus Antes, 1988)

- Umweltgefährdung (Ausmaß aller negativen Umwelteinwirkungen eines Unternehmens),
- Vorteile des Unternehmens aus ökologieorientiertem Verhalten (Erlangung von quantitativen Vorteilen wie z.B. Marktanteilserhöhung, oder qualitativen Vorteilen wie z.B. Imageaufbesserung).

Die Portfolioanalyse verwertet in ihren Matrixdimensionen die bei der Situationsanalyse gewonnenen Daten (Stärken/Schwächen – Chancen/Risiken). Die beiden Matrixdimensionen sind mit einem Bündel bestimmter Indikatoren zu beschreiben. Dies kann bei der Dimension Umweltbelastung die durch Leistung oder Entsorgung verursachte Luft-, Boden-, Wasser- oder Lärmbeeinträchtigung sein. Für die Bestimmung der betriebswirtschaftlichen Vorteile umweltorientierten Verhaltens bieten sich die Marktanteilserhöhung, Imageverbesserung, Gewinn- oder Produktivitätserhöhung, Kostensenkung, Markentreue, verbesserte Kooperation mit Behörden/Umweltorganisationen u.ä an.

Die einzelnen Leistung/Produkt-Markt-Kombinationen werden je nach Ausprägung der jeweiligen Dimension (niedrig/hoch) in den vier Matrixfeldern positioniert. Aus der sich ergebenden Matrixlage werden dann bestimmte, für diesen Quadranten charakteristische Normverhaltensweisen abgeleitet, die aber unbedingt einer individuellen Inter-

pretation bedürfen (Hopfenbeck, 1992, S. 662 ff.). Aus der durch die Positionierung definierten Position wird dann die anzuwendende Marketingstrategie definiert (vgl. dazu Meffert u.a., 1986).
Nach dieser Grobpositionierung geht es in einem nächsten Schritt darum, „die Auswirkungen von zusätzlichen Umweltschutzaktivitäten zu überprüfen, indem die Kompatibilität mit der bisherigen Unternehmensstrategie analysiert und die Auswirkungen auf den Markt erfaßt werden. Hier geht es darum, den Zusammenhang zwischen Leistungszielen (Umweltschutz) und Markt- bzw. Ertragszielen näher zu klären" (Steger, 1988).

Abb. 18: Ökologie-Portfolio

Für eine umweltbewußte Strategieplanung ist, ausgehend von einer ökologiegerichteten Marktwahlentscheidung,

(1) „als Basisentscheidung das Ausmaß der Marktabdeckung und die Differenzierung des Marketingprogramms zu bestimmen,
(2) das grundsätzliche Verhalten gegenüber den Marktteilnehmern festzulegen,
(3) die Produkt- und Programmstrategie zu präzisieren und
(4) der Einsatz der Marketinginstrumente festzulegen" (Meffert u.a., 1986).

Für eine aktive umweltorientierte Strategieformulierung skizziert Kirstges (1992, S. 89 ff.) folgende Stoßrichtungen und Basisstrategien:

- Qualitätsführerschaft (in Verbindung mit Preisführerschaft)
  (zur Differenzierungsmöglichkeit über qualitätsbezogene Wettbewerbsvorteile siehe auch S. 91 f.)
  Primär als Strategie geeignet für Fremdenverkehrsorte/Zielgebiete, indirekt auch starke Auswirkungen auf Veranstalterleistungen.
- Nischenstrategie
  Zur Differenzierung als umweltorientierter Veranstalter für einen spezifischen Kundenkreis (z.B. Natur-, Fahrradreisen).
- Strategie der Marktsegmentierung
  Aufteilung des Marktes in klar abgrenzbare, erreichbare, mit ausreichendem Nachfragevolumen versehene, stabile und mit klarem Anforderungscharakter der Zielgruppe versehene Teilmärkte.

„Für Tourismusunternehmen, die
- mehr als nur eine Marktnische bearbeiten (wollen), sich in bestimmten Bereichen den Herausforderungen eines sanfteren Tourismus stellen wollen,
- in anderen Bereichen hingegen eine zu starke Profilierung als ‚sanfter Anbieter' vermeiden wollen
- oder erste Schritte hin zu einem sanfteren Tourismus einleiten wollen, ohne die Risiken eines vollständigen ‚strategischen Schwenks' einzugehen,

bietet sich die Ermittlung spezieller ‚sanfter Nachfragepotentiale' für eine gezielte Bearbeitung mit Angeboten, die den Anforderungen eines umwelt- und sozialverträglichen Tourismus in besonderer Weise genügen. Daneben können andere Segmente ohne eine spezifische Profilierung durch sanften Tourismus abgegrenzt und bearbeitet werden" (ebd., S. 91).

Bei einer solchen Marktsegmentierungstrategie müssen für den „umweltorientierten Kundenkreis" alle Bestandteile des Leistungspakets (Verkehrsträger, Unterkunft usw.) durch enge Zusammenarbeit von Einkauf und Marketing aufeinander abgestimmt werden, da diese Zielgruppe ganz spezifische Präferenzen hat.

- Pionierstrategie („First") oft wirken kleinere Unternehmen (von den Medien unentdeckt), bevor die „Großen" nachfolgen.

Teil 6
Allgemeingültige Techniken eines touristischen Umweltmanagements

Aufbau eines umweltorientierten Informationswesens
Inanspruchnahme von Datenbanken

Betriebliche Umweltberatung
Private Berater
Hochschulen/private Organisationen
Zusammenarbeit und Kooperation mit verschiedenen Institutionen

Grünes Tourismusmarketing – Strategie und nicht nur Etikett
Preispolitik
Kommunikationspolitik
Werbung
Umweltgütezeichen
Preise/Ausschreibungen/Wettbewerbe
Öffentlichkeitsarbeit/PR
Sponsoring

Organisation

Personalpolitische Maßnahmen

Finanzierung

Ansätze einer tourismusspezifischen Abfallwirtschaft
Optimierungslösungen im Abfall- und Entsorgungsbereich
Reduzierung des tourismusinduzierten Müllaufkommens
Aufbau eines betrieblichen Abfallwirtschaftsmanagements im Tourismus
Die Prioritäten eines abfallwirtschaftlichen Konzepts

Erste Ansätze eines Umweltcontrolling im Tourismus
Aufgabe eines Umwelt-Controlling-Systems
Instrumente auf betrieblicher Ebene
Umweltberichte
Aufbau eines Öko-Kennzahlensystems
Umweltverträglichkeitsprüfung
Audits
Ansatzpunkte einer Ökobilanz
Der deutsche Ansatz
Der schweizerische Ansatz

Aufbau eines umweltorientierten Informationswesens

Jede Unternehmensführung basiert auf Informationen. Ein effizientes umweltorientiertes Informations- und Kommunikationssystem in Verbindung mit einem Beratungswesen schafft erst die Grundlage weiterer Aktionen. Es könnte zukünftig etwa folgende Bausteine haben:

- Inanspruchnahme von Informations- und Kommunikationstechniken
- Inanspruchnahme von Beratungsleistungen
- Zusammenarbeit mit verschiedensten Institutionen
- Öko-Assessment

Der im Zeitraum 1986–89 unter der Federführung der IHK Nürnberg in Zusammenarbeit mit dem BMU, dem UBA und anderen Institutionen im Wirtschaftsraum Nürnberg/Mittelfranken durchgeführte Modellversuch „Umweltschutz und Mittelstand" zeigte insbesondere die Notwendigkeit solcher Systeme für die mittelständischen Unternehmen. Diese stellen zwar die Mehrzahl der insgesamt über 2 Millionen Selbständigen und Unternehmen dar, fühlen sich jedoch durch Umweltgesetze und den daraus resultierenden Anforderungen häufig überfordert und erarbeiten unter Vollzugsdruck vielfach dann auch nicht die umweltpolitisch und betriebswirtschaftlich optimalen Lösungen. Diese Erkenntnisse aus der Industrie treffen analog für touristische Betriebe zu.

Während Großunternehmen intern auf Spezialisten zurückgreifen können, ist der Mittelstand hier insbesondere auf eine unterstützende externe Beratung angewiesen. Die Möglichkeiten sind äußerst zahlreich; ihre Beratungsdienste bieten etwa an:

- private Beratungsfirmen/Consultants
- kommunale Industrie- und Handelskammern
- örtliche touristische Verbände
- Fremdenverkehrsverbände/-vereine
- Selbsthilfeorganisationen der Unternehmer wie B.A.U.M., INEM oder future
- Industrieverbände (ICC, BDI, BJU, ASU)
- Banken und Versicherungen
- Landesgewerbeämter
- Fachverbände
- kommunale Referenten
- Hochschulen/Forschungsinstitute
- Umweltbundes-/landesämter

Inanspruchnahme von Datenbanken

Ein kontrollierter Umweltschutz bedarf als Rückgrat einer effektiven Informations- und Kommunikationstechnik. Mit Hilfe solcher Systeme sollen

- Erkenntnisse über die Wirkzusammenhänge der natürlichen und technischen Systeme gewonnen werden; die Erforschung solcher Wirkgefüge ist Aufgabe einer relativ jungen Wissenschaft, der Ökosystemforschung,
- die Informationen im Sinne eines Regelkreises das Steuerinstrumentarium liefern; dieser kybernetische Regelkreis umfaßt den Soll-Ist-Vergleich, die Abweichungsanalyse und die Einleitung von Korrekturmaßnahmen,
- die Informationen eine verbesserte Zustandsbeschreibung liefern und damit die Möglichkeit zu besseren Vorsorgemaßnahmen eröffnen.

Aufgrund der überwiegend klein- und mittelständischen Struktur der Tourismusbranche ist der Aufbau eines eigenen Umweltinformationssystems (UIS) nur bei einigen der Großunternehmen überhaupt vorstellbar. So sind z.Z. u.a. TUI und NUR dabei, rechnergestützte Datenbanken aufzubauen. Das Thema sei deshalb hier nur kurz angerissen (für detaillierte Beispiele siehe im einzelnen Hopfenbeck, 1991, S. 77).

ECOMOST-Projekt Mallorca:
Das Deutsche Wirtschaftswissenschaftliche Institut für Fremdenverkehr (DWIF) hat mit NUR einen Vertrag geschlossen. Darin ist vereinbart, daß NUR Touristic seine Umweltdaten aus dem Hotelbereich für das ECOMOST-Projekt auf Mallorca zur Verfügung stellt. ECOMOST steht für „European Community for Models of Sustaining Tourism". Im Rahmen dieses Projekts sollen die „Chancen eines umweltverträglichen Tourismus der großen Zahlen" am Beispiel Mallorcas untersucht werden.

Während in einigen Teilbereichen des Umweltschutzes das rechnergestützte Arbeiten zur Lösung der komplexen Aufgaben bereits Stand der Technik darstellt, erscheint die Verknüpfung der vorhandenen Insellösungen zu einem integrierten System für die Querschnittsaufgaben Umweltplanung, -kontrolle und -schutz erst in jüngster Zeit möglich. Für eine umfassende Analyse (Sammlung/Interpretation von Daten) und Entscheidungsfindung fällt den Informationstechnologien (Datenbanken/Expertensystemen) eine Schlüsselrolle zu. Zunehmend wichtiger werden auch Simulationsprogramme, mit denen die Folgen von Umwelteingriffen abgeschätzt werden können (vgl. dazu auch Teil 7).

Ecotrans
Der Studienkreis für Tourismus in Starnberg baut z.Z. zusammen mit anderen Partnerorganisationen in mehreren europäischen Ländern ein computerunterstütztes Informations- und Dokumentationsnetz zum Thema „Tourismus und Umwelt" auf. Dabei sollen praktische Initiativen (vorbildliche Betriebskonzepte, naturverträgliche Freizeit- und Tourismusangebote, sanfte Fremdenverkehrskonzepte, beispielhafte Checklisten

u.s.w.) aufgezeigt werden. Abgeschlossen sind bereits die Befragungen in Österreich (alle Fremdenverkehrsgemeinden, einzelne Beherbergungsbetriebe). Es folgen noch weitere Länder wie Spanien und Deutschland. Unter dem Begriff „ECOTRANS und Parke" wurde eine spezielle Datenbank gleichen Themas eingerichtet mit dem Namen „EUROPAN". Die Daten über zunächst alle deutschen Nationalparks und Schutzgebiete können über die Föderation der Natur- und Nationalparks (FÖNAD) bezogen werden.

ADAC – Sommerservice
Der ADAC führt in der Reisesaison 1993 wieder seinen sog. „Sommerservice" durch. Dieser Sommerservice wird über verschiedene Vertriebswege den ca. 12 Millionen Mitgliedern und einer breiten Öffentlichkeit zugänglich gemacht.

Ziel des Projektes ist
- Berichterstattung über die aktuelle Qualität der Badegewässer an Mittelmeer, Nord- und Ostsee
- Berichterstattung über den aktuellen Zustand der Badestrände

Die Gründe für diese Aktivitäten sind
- massenhafte Anfragen beim ADAC zu diesen Themen
- Mißtrauen der deutschen Urlauber gegenüber der Berichterstattung durch ausländische Behörden
- übertriebene Schreckensmeldungen in manchen Medien
- gestiegene Sensibilisierung der Öffentlichkeit für Meldungen über Wasserverschmutzung

Eine effektive Berichterstattung kann nur erfolgen, wenn eine enge und vertrauensvolle Zusammenarbeit mit den Behörden und Forschungsinstituten des Gastlandes gewährleistet ist.
Diese Kooperation funktioniert zum jetzigen Zeitpunkt bereits mit den Regierungen von Katalonien (Spanien), Frankreich, Ligurien, Toskana, Emilia Romagna, Veneto und Friaul (alle Italien), Slowenien, der Türkei und Deutschland. Bereitschaft zur Zusammenarbeit wurde signalisiert von Kroatien und Griechenland.
Die Zusammenarbeit mit dem gastgebenden Land erfolgt in Form von
- Zustimmung zum Sommerservice auf politischer Ebene
- Herstellung von Kontakten zu Fachinstitutionen
- Organisatorische Hilfestellung
- Bereitstellung von Bürogeräten, Räumen und Unterkünften

Mit der Durchführung der gesamten Berichterstattung aus sämtlichen Zielgebieten wird das „Institut für angewandte Hydrobiologie" aus Konstanz beauftragt. Das Institut stationiert während der Hauptsaison Mitarbeiter in der Türkei, Italien, Frankreich, Spanien und Deutschland. Die Wissenschaftler haben folgenden Auftrag:
- Herstellen der Kontakte zu den örtlichen Behörden und Instituten
- Dokumentation der jeweiligen Strukturen von Meßprozeduren und Berichtswesen bezüglich Wasserqualität in den einzelnen Ländern und Regionen
- Recherchieren der aktuellen Meßwerte
- Recherchieren bei besonderen Vorkommnissen (Strandsperren, Zeitungsmeldungen ...)
- Weiterleitung der Daten und Berichte zum ADAC nach München
- Besichtigung und Beschreibung der wichtigsten Strände
- Sammeln von relevanten Hintergrundinformationen zur Wasser- und Strandqualität (Kläranlagen, Industrie und Landwirtschaft im Hinterland ...)
- Verfassen von Zwischenberichten

Die gesammelten Informationen werden von den Wissenschaftlern zu Berichten zusammengefaßt, zum ADAC nach München gefaxt und über folgende Vertriebswege an die Mitglieder und an die Öffentlichkeit gebracht:
- Die Berichte werden täglich (oder bei Bedarf) in ein elektronisches ADAC-Informationssystem eingegeben und können somit von allen 170 ADAC-Geschäftsstellen zu Informationszwecken abgerufen werden.
- Mitarbeiter der ADAC-Zentrale können telefonisch erreicht werden. Sie geben während der Bürozeiten Auskunft über die aktuelle Lage der Wasserqualität in europäischen Badegewässern.
- Die Berichte werden täglich (oder bei Bedarf) auf den neuen Sprachspeicher des ADAC aufgesprochen und können bei Tag und Nacht abgerufen werden.
- Die Berichte werden täglich (oder bei Bedarf) per Fax und Telex an einen interessierten Verteiler (Medien, Fremdenverkehrsämter ...) geschickt.
- Einmal wöchentlich wird speziell für die Medien ein Bericht zusammengestellt und versandt.
- Einmal wöchentlich wird der Bericht an die ADAC-Partnerclubs in ganz Europa geschickt.

Betriebliche Umweltberatung

Private Berater

Um vor allem mittelständischen Unternehmen, die in den seltensten Fällen über ein ausgeprägtes Umweltradar verfügen, zu einer erhöhten Markttransparenz zu verhelfen, ist in vielen Fällen für eine begrenzte Zeit auf externe Beratung zurückzugreifen. Eine umfassende Umweltschutzberatung ist zudem für den operativen, strategischen und normativen Führungsbereich und unter Einbezug auch organisatorischer, personeller, produktionstechnischer, risikopolitischer und wirtschaftlicher Fragen erforderlich. Neben verschärften Auflagen haben Umweltschutzberatungen ihren Anlaß in generellen Informations- und Know-how-Defiziten dieser Unternehmenskategorie – etwa Kenntnisse, wie und wo der Betrieb Umweltbelastungen hervorrufen kann (Umweltrecht, Förderprogramme, Lösungsmöglichkeiten etc.) oder wie eine umfassende strategische Neuorientierung in Richtung „Umweltverträglichkeit" durchzuführen ist. Dazu treten mangelnde Erfahrungen im Umgang mit den zuständigen Behörden oder ungenügende personelle Kapazitäten, um diese Umweltaspekte aufzuarbeiten.

Das Hinzuziehen externer Fachleute mit ihrer breiten Branchenerfahrung erlaubt eine Kombination mit dem eigenen betriebsspezifischen Wissen. Die Kosten einer Beratung schwanken außerordentlich. Den „richtigen" Berater auszuwählen ist sicherlich nicht einfach, obwohl das Angebot im touristischen Bereich nicht ganz so umfangreich ist wie in der Industrie.

Beispiele aus der Vielzahl von Anlaufstellen (Adressen im Anhang):

In Deutschland:
- Büro für Tourismus- und Erholungsplanung (BTE)
- Environmental Protection Service (EPS)
- FUTOUR Umwelt- und Tourismusberatung Peter Zimmer & Partner

In der Schweiz:
- Ökoscience
- Büro Krippendorf für soziale und ökologische Fragen

In Österreich:
- kraftWerk
- Kohl & Partner Tourismusberatung
- OecoManagement
- ÖAR-Regionalberatung
- IÖW

In Italien:
- Tourismus- und Ökologieberatung Südtirol Lois Kronbichler
- Ökoinstitut Bozen

In Großbritannien:
- The Tourism Company, Tourism Development & Marketing Consultants

Auf die Zusammenarbeit von privaten Organisationen mit dem akademischen Bereich gehen wir im nächsten Abschnitt ein.

Bei der Beratung sind aufgrund der Komplexität der Anforderungen aus den unterschiedlichen Teilbereichen des Umweltschutzes mehrere Faktoren zu berücksichtigen. Umweltrelevante Maßnahmen, wie z.B. die Anschaffung oder der Bau einer Abwasserreinigungsanlage, müssen den gesetzlichen Vorschriften und Richtlinien genügen, technisch realisierbar und betriebswirtschaftlich vertretbar sein. Die interdisziplinären Anforderungen an die Beratungstätigkeit setzen umfassende Kenntnisse in allen relevanten Teilgebieten voraus.

Auch von den Banken werden für Firmenkunden zunehmend Servicepakete angeboten, die neben der Finanzierung eine umfassende Beratung (Datenbanken zu Schadstoffen, Verfahrenslösungen, Umwelttechnikanbieter, Fördermittel etc.) beinhalten.

Der Ablauf bei allgemeinen Unternehmensberatungen kann folgende Teilphasen einzeln oder gesamt beinhalten:

- Kontaktaufnahme
- Aufbereitung der Informationen zur Einleitung der Beratung

- Grundberatung (Ist-Aufnahme, Analyse/Auswertung, Prioritätsmaßnahmenkatalog)
- Intensivberatung (Durcharbeit der Maßnahmen und Realisierung der Vorschläge)
- Nacharbeit (Nachschau/Erfolgskontrolle, weiterführende Betreuung)

Bayerisches Förderprogramm

Zur Förderung von umweltorientierten Betriebsberatungen können auch öffentliche Mittel in Anspruch genommen werden. Neben dem Bundesprogramm „Förderung von Unternehmensberatung für kleine und mittlere Unternehmen" gibt es auch Förderungsangebote der Länder. Antragsberechtigt sind kleine und mittlere Unternehmen der gewerblichen Wirtschaft in Bayern bis zu einer jährlichen Umsatzhöhe von max. 30 Millionen DM und bis zu 150 Mitarbeitern. Entscheidungs- und Bewilligungsstelle für eine eventuelle Umweltberatung ist die Landesgewerbeanstalt in Nürnberg.
Dem 1991 herausgegebenen Informationsblatt gemäß soll die Beratung erfassen:

- eine Bestandsaufnahme der Umweltsituation des Unternehmens und der Umweltauswirkungen auf Luft, Wasser, Boden
- eine Schwachstellenanalyse und Verbesserungsvorschläge, insbesondere für Maßnahmen, die über die gesetzlichen Anforderungen hinausgehen bzw. die integrierten Umweltschutz verwirklichen helfen, einschließlich der Abfallvermeidung und Abfallverminderung
- eine Kostenschätzung für die vorgeschlagenen Maßnahmen sowie das Aufzeigen von Finanzierungsmöglichkeiten, ggf. auch unter Berücksichtigung von öffentlichen Förderprogrammen

Die Förderung erfolgt durch Zuschüsse zu den Beratungskosten, höchstens 2 400 DM zur Beratung und 360 DM zu den Reisekosten des Beraters. Die Beratung darf maximal drei Tage je acht Stunden dauern. Bei den bisher eingegangenen Anträgen befanden sich zunächst relativ wenige gastgewerbliche Betriebe und Hotels.

Ökologische Betriebsberatung Salzburg

Ein neues Beratungsmodell für die Salzburger Wirtschaft dient auch der Hotellerie/Gastronomie. Es verläuft auf zwei Ebenen:
Startberatungen:
In enger Zusammenarbeit mit dem für Umwelttechnologie spezialisierten Techno-Z Bischofshofen sollen alle umweltrelevanten Branchen durch Impulsberatungen systematisch durchleuchtet werden. Ziel ist es, die in allen Betrieben einer bestimmten Branche gemeinsamen umweltrelevanten Probleme zu erheben und einer praxisgerechten Lösung zuzuführen. Dadurch soll den Gewerbetreibenden ein Fundament für eine umweltgerechte Unternehmensführung gebaut werden.

Schwerpunktorientierte Einzelberatungen:
Im Rahmen dieses Beratungsprogrammes sollen vor allem solche Firmen betreut werden, die Lösungen zur Bereinigung spezieller Umweltprobleme suchen. Ziel ist es, die Unternehmen dahingehend zu beraten, daß die Probleme im Einverständnis mit Behörden und Anrainern durch die Erfüllung technisch moderner Umweltstandards und die damit verbundenen Investitionen gelöst werden. Aber auch Unternehmen, die gerade vor einer Investitionsentscheidung stehen und diese sowohl technisch als auch rechtlich und wirtschaftlich im Hinblick auf deren Umweltauswirkungen überprüft haben wollen, sollen durch diese Beratungen erfaßt werden.

FUTOUR Umwelt- und Tourismusberatung

- ist ein privates und unabhängiges Consulting-Unternehmen
- bietet fachübergreifende, ganzheitliche und vernetzte Lösungen an
- ist eine auf nachhaltige Tourismusplanung spezialisierte internationale Beratergruppe
- realisiert anwendungsbezogen wirtschaftlich rentable und ökologisch sinnvolle touristische Projekte
- kooperiert mit anerkannten Fachleuten der unterschiedlichen Bereiche, die projektorientiert, maßgeschneidert zu Experten-Teams zusammengestellt werden
- arbeitet eng mit der Tourismusbranche und den Umweltverbänden zusammen
- ist engagierter Partner der Praxis und Wissenschaft bei Analyse, Forschung, Planung, Beratung, Umsetzung und Schulung umweltverträglicher und sozialverantwortlicher Tourismusformen

Das Berater-Team von FUTOUR möchte das wachsende Potential an ökologischem Wissen, an Umwelttechnologien und nicht zuletzt an zunehmendem guten Willen innerhalb der Tourismusbranche bündeln und als marktwirtschaftliche Antwort auf die brennenden Fragen unsere Zeit verstanden wissen.

Leistungsangebot:
Erarbeitung und Entwicklung von umweltorientierten Strategien, Marketing- und Fremdenverkehrskonzeptionen sowie innovativer Unternehmenskonzepte. Stichworte:

Management und Marketing
Umweltorientierte Unternehmensführung
Ganzheitliches Management
Unternehmenskultur
Angebots-/Strategienentwicklung
Öko-Marketing
Marktforschung
Umwelt-Kommunikation
Werbung, Öffentlichkeitsarbeit
Öko-Sponsoring

Kommunikationsdesign
Konzepterstellung
Layout
Texte
Produktion
Messegestaltung
Film

Hotellerie und Gastronomie
Rentabilitätsanalysen
Feasibility-Studien
Ökologische Bestandsaufnahme
Umweltgerechte Betriebskonzepte
Ernährung (vollwertigere Küche)
Gesundheit (psychisches Wohlbefinden)
Hotelatmosphäre
Erlebnisgastronomie

Umwelt und Naturschutz
Umweltverträglichkeitsprüfung (UVP)
Landschaftsplanung
Betrieblicher und kommunaler Umweltschutz
Ökologische Land- und Forstwirtschaft
Naturschutz

Orts- und Regionalplanung
Entwicklungsleitbilder
(touristische, räumliche, wirtschaftliche)
Ökologische Siedlungsplanung
Baubiologie

Sport und Freizeit
Konzeptionen und Programmentwicklung
Situationsanalysen
Gesundheitsorientierte Sportprogramme
Animation

Verkehr
Intelligente Verkehrsberuhigung, -entflechtung
Attraktivierung des öffentlichen Personen-Nahverkehrs
Entwicklung und Optimierung von Rad- und Fußwegsystemen

Energie
Einsparungskonzepte
Kraft-Wärme-Kopplung
Erneuerbare Energiequellen (Sonne, Wind, Hackschnitzel)

Seminare/Veranstaltungen
Touristische Zukunftswerkstätten
Umweltworkshops
Tagungen/Seminare/Vorträge
Schulungsfahrten/Fachexkursionen
Führungskräfte-Training/Coaching

Kultur
Denkmalspflege
Belebung von regionaler Kultur und Küche
Interkulturelle Begegnungen

Abfallberatung
Müllvermeidung
Rationelle Trinkwassernutzung
Abwasserentsorgung

Die Leistungen von FUTOUR werden von Ministerien, Verbänden, touristischen Regionen, Fremdenverkehrsämtern, Reisemittlern, Reiseveranstaltern, Verkehrsträgern und Hotels in Anspruch genommen.

Vernetzte Konzepte – neue Chancen (s. Abb.)

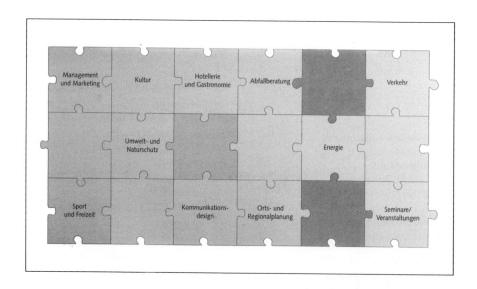

Ökoscience – Institut für praxisorientierte Ökologie
„Umweltschonende Produkte aus umweltschonender Produktion" so lautet das Ziel der auf ökologische Industrieberatung spezialisierten Schweizer Ökoscience AG.

- Ökobilanzen
  Erstellung von Ökobilanzen für den Teil- oder Gesamtbetrieb als Entscheidungsgrundlage für zu treffende Maßnahmen.
- Beschaffungskonzepte
  Entwickeln von ökologisch vertretbaren Beschaffungskonzepten auf allen Betriebsebenen
- Ökobilanz von Produkten und Inhaltsstoffen
- Prozeßoptimierung im Produktionsbereich aus ökologischer Sicht
- Mitarbeiterschulung
- Umwelt-Hearings

Kohl & Partner Tourismusberatung

Die „Kohl & Partner Tourismusberatung" ist ein ausschließlich auf die Tourismuswirtschaft spezialisiertes Unternehmensberatungs-, Forschungs- und Management-Trainings-Institut.
Die Haupttätigkeitsfelder sind:
1. Betriebskonzepte, Projektgutachten (Feasibility-Studien) und Consulting von Hotels, Restaurants und Freizeitanlagen aller Art.
   - Konzeptbeurteilung
   - Marketing-Entwicklungskonzepte für Tourismusbetriebe
   - Wirtschaftliches Baumanagement touristischer Projekte
   - Sicherung einer optimalen Unternehmens- bzw. Projektfinanzierung
   - Unternehmenssanierungen
   - Existenzgründungsservice (Jungunternehmerbetreuung)
   - Finanz- und Rechnungswesen, Kontrollsystem
   - Führungskräfte-Training in Form von Spezialseminaren bzw. Erfahrungsaustauschgruppen
   - Mitarbeiterkosten-Kontrollprogramm (Umsetzungsberatung)
2. Regionalstudien für touristische Orte, Regionen und Länder
   - Ausarbeitung touristischer Entwicklungsleitbilder als Basis für die Orts- und Regionalplanung
   - Beurteilung touristischer Infrastrukturprojekte (Konzeptbeurteilung und Feasibility-Studien)
   - Wissenschaftliche Grundlagenforschung für den Tourismus- und Freizeitbereich
   - Erarbeitung längerfristiger Marketingkonzeptionen für Orte und Regionen
   - Aktivierung und Reorganisation örtlicher Fremdenverkehrsstellen (Verkehrsvereine, Kurdirektionen)
3. Management- und Mitarbeiter-Training
4. Touristische Grundlagenforschung

ÖAR Regionalberatung

„Neuland betreten
Innovative Schritte setzen
Zukunfts-Betriebe gründen
Flexible Formen der Zusammenarbeit finden
Ökologische Lösung verwirklichen"

lautet das Motto dieser weit über die Grenzen Österreichs bekannt gewordenen Beratungsfirma. 1992 blickten die 65 Berater aus 16 Büros auf 350 erfolgreich betreute Projekte zurück.

Die Spezialisten für regionale Problemlösung bieten Innovationsberatung für:

Landwirtschaft
- Beratung neuer agrogewerblicher Unternehmen
- Ökologisches Agrarmarketing
- Umstellungsberatung auf biologischen Landbau
- Integrierte regionale Entwicklungsprogramme

Tourismus
- Neuer Landtourismus
- Leitbildentwicklung
- Orts- und Regionalentwicklungsprogramme
- Beratung innovativer Spezialangebote
- Ökoberatung
- Marketingservice
- Betriebsberatung

Energiealternativen
- Regionale Energieprojekte
- Energie-Gemeinschaftsprojekte
- Integrierte regionale Energiekonzepte
- Technologie- und Informationstransfer

Gemeindeentwicklung
- Entwicklungsleitbilder
- Entwicklungsstrategien
- Konkrete Problemlösungen
- Praxisgerechte Unterstützung
- Umsetzungsberatung
- Expertenvermittlung

Internationale Beratung
- Konsulentenaufträge
- Langfristige Prozeß- und Fachberatung
- Organisation von Fortbildungs- und Trainingsaufenthalten
- Aufbau regionaler Beratungseinrichtungen
- Durchführung von Ausbildungs- und Trainingsprogrammen
- Entwicklung und Beratung grenzüberschreitender Projekte
- Prozeß-Know-how zur Regionalentwicklung und Selbsthilfeförderung
- Fach-, Kurzzeitberatung und längerfristiges Monitoring
- Methodisch-organisatorische Beratung
- Ausbildung für Projekte und Fachkräfte der Entwicklungszusammenarbeit

Büro Krippendorf für soziale und ökologische Fragen
Jost Krippendorf, langjähriger Institutschef und ehemaliges „Markenzeichen" des FIF, zuletzt Ordinarius und Leiter der Koordinationsstelle für Allgemeine Ökologie an der Universität Bern, betreibt mittlerweile ein eigenes Büro mit ganzheitlichem Anspruch. Schwerpunkt der Arbeit sind:

- Forschung
- Kulturelle Arbeit
- Umweltbildung
- Beratung öffentlicher Institutionen

- Unternehmensberatung
- Instrumente des vernetzten Denkens
- Öffentlichkeitsarbeit

Hochschulen/private Organisationen

Zusätzlich zu den privaten Beratern kann mit Universitäten und Fachhochschulen oder sonstigen Forschungseinrichtungen zusammengearbeitet werden (Adressen im Anhang). An einigen Hochschulen in Deutschland gibt es Studienrichtungen „Tourismus" (z.B. an den Fachhochschulen München, Worms, Kempten, Heilbronn). Der Studiengang Tourismus an der FH München ist u.E. zur größten Ausbildungsstätte im Tourismus in Europa geworden.

FH München
FH Rheinland-Pfalz, Abt. Worms
FH Kempten
FH Heilbronn
Berufsakademie Ravensburg
FH Wilhelmshaven, Studienschwerpunkt Tourismus
Freie Universität Berlin Institut für Tourismus
Universität Trier
Universität Lüneburg, Angewandte Kulturwissenschaften
Deutsches Wirtschaftswissenschaftliches Institut für Fremdenverkehr an der Universität München (DWIF)
Europäisches Tourismus Institut (ETI) an der Universität Trier
TU Berlin, Institut für Landschafts- und Freiraumplanung
Arbeitskreis für Freizeit und Tourismus (AFT) an der Universität Innsbruck
Wirtschaftsuniversität Wien
Institut für Fremdenverkehr und Verkehrswirtschaft (IFV) an der Hochschule St. Gallen
Futurista, Arbeitsgemeinschaft studentischer Arbeitskreise für Tourismus (SAT, München; AFT Innsbruck; SKT, Heilbronn; TIK, Dresden; ATBR, Ravensburg; LUST, Lüneburg; SFA, Allgäu; TIP, Würzburg u.a.)
University for Tourism and Hotel Management Opatija
Geographisches Institut der Universität Zürich
SET, Scuola di Economia del Tourismo
Oxford Centre for Tourism and Leisure Studies, Oxford Polytechnic
World Travel & Tourism Environment Research Centre (WTTERC), Oxford Polytechnic
Centre for Tourism, School of Leisure and Food Management, Sheffield City Polytechnic
University of Wales, Swansea
Institute of Tourism, Warschau

FIF – Forschungsinstitut für Freizeit und Tourismus, Universität Bern
Das FIF repräsentiert nicht nur über 50 Jahre Tourismusforschung in der Schweiz, es gilt auch als „Wiege des sanften Tourismus". Unter seinem heutigen Leiter Hansruedi Müller widmet sich das FIF besonders folgenden Bereichen:
- Lehre, z.B. „Ökologische Aspekte von Freizeit und Tourismus" und entsprechende Fachexkursionen
- Grundlagenarbeiten (Innovationen im Tourismus, Ethik im Tourismus, (Frei-)Zeit- und Konfliktforschung sowie die Themen Nachhaltigkeit und Wirtschaftsethik)

- Angewandte Forschung (zahlreiche Fremdenverkehrs- und Marketingentwicklungsgutachten)
- Publizistische Tätigkeit
 Herausragend ist die Reihe „Berner Studien zu Freizeit und Tourismus"
- Vortragstätigkeit
- Teilnahme an Kongressen/Seminaren
- Mitarbeit in Kommissionen/Gremien
- Dokumentation

Studienkreis für Tourismus
Der Studienkreis für Tourismus e.V. in Starnberg gilt als das renommierteste Tourismusforschungsinstitut in Deutschland. Über 300 Mitglieder aus allen Bereichen des Tourismus, aus Wissenschaft, Politik, Publizistik, Familien-, Jugendreisen, Bildungswesen, Fremdenverkehr, Beratungsunternehmen, Verkehr, kirchlichen und wissenschaftlichen Organisationen und Verbänden sowie Vereinen garantieren Unabhängigkeit, Offenheit, Internationalität, Interdisziplinarität, Professionalität, Umweltbewahrung und vorausschauendes Denken.

Die Arbeit des StfT umfaßt
- Wissenstransfer zwischen Forschung und Praxis
- Sammlung, Aufbereitung und Verbreitung von Informationen
- Publikation wissenschaftlicher Arbeiten
- Aufdecken, Beschreiben und Erklären von Entwicklungen und Zusammenhängen im Tourismus
- Diskussionsplattform für den Tourismus

auf den Arbeitsgebieten Ferntourismus/Dritte-Welt-Tourismus, Jugend-, Familienreisen, Regionalentwicklung und Umweltfragen, Markt-, Sozialforschung, Marketingkonzeptionen, Fremdenverkehrsplanung. Auftraggeber sind Mitglieder, Ministerien, Fremdenverkehrsverbände, kirchliche Träger, Airlines, Reiseveranstalter und andere.

Vor allem im Referat „Regionalentwicklung und Umweltfragen" geht es um die Erarbeitung und Verbreitung von Wissen zum Thema Tourismus und Umwelt sowie die Förderung einer umweltverträglichen und sozialverantwortlichen Tourismusentwicklung. Untersucht werden: Wechselwirkungen zwischen Tourismus und Umwelt, Kriterien, Beispiele und Initiativen für umweltschonende Angebote in Europa, die sich allesamt in der Datensammlung ECOTRANS wiederfinden.

Umweltbundesamt
Das Umweltbundesamt nimmt eine Beraterfunktion vor allem gegenüber den Sport- und Freizeitverbänden und den Anbietern von Freizeitinfrastruktur wahr. Tourismuswirtschaft und Verbraucher sollen für umweltgerechte Angebote zur Freizeitgestaltung interessiert werden.

Erwähnenswert ist in diesem Zusammenhang
- die Beratung der DEHOGA in Sachen „Umweltfreundliche Hotels und Gaststätten",
- die Mitwirkung bei der geplanten Einführung eines Gütesiegels für touristische Angebote („Blaue Flagge", „Grüner Koffer"),
- die Mitwirkung bei der Entwicklung und Erprobung umweltorientierter Angebote für den Jugendtourismus,

- die Förderung von Informationsmaßnahmen für Führungskräfte und regionale Fremdenverkehrsstellen beim Deutschen Fremdenverkehrsverband,
- die Mitwirkung bei der jährlichen Vergabe des Umweltpreises des Deutschen Reisebüroverbandes und
- die Förderung umweltgerechter Tourismusangebote in Staaten Mittel- und Osteuropas. (vgl. Storm, 1993)

Eine unübersehbare Zahl von privaten Institutionen arbeiten im Bereich Tourismus, Freizeit, Sport und Natur- bzw. Umweltschutz. Einige der privaten Vereine und Organisationen finden sich im Adressenverzeichnis am Ende dieses Buches.

Zusammenarbeit und Kooperation mit verschiedenen Institutionen

Zum Schutz einer intakten Umwelt als Grundlage eines jeden Tourismus sind in den letzten Jahren zu den bereits bestehenden Umweltorganisationen zahlreiche Gruppen und Vereine mit Schwerpunkt Tourismus gegründet worden. Es sollen hier nur einige Beispiele gegeben werden (Adressen im Anhang):

1. Auf nationaler Ebene mit direktem Tourismusbezug

    In Deutschland:
    - Tourismus mit Einsicht
    - Gruppe Neues Reisen (GNR)
    - Ökologischer Tourismus in Europa (Ö.T.E.)

    In der Schweiz:
    - Arbeitskreis Tourismus und Entwicklung

    In Österreich:
    - Pro Vita Alpina

    In Großbritannien:
    - Centre for the Advancement of Responsible Travel (CART)
    - Friends of Conservation
    - Friends of the Ionian
    - Green Flag International
    - Tourism Concern

2. Übergeordnete Organisationen mit indirektem Tourismusbezug

    In Großbritannien:
    - World Wide Fund for Nature (WWF)
    - The National Trust
    - Friends of the Earth (die z.B. 1990/91 zusammen mit fast 60 örtlichen Gruppen eine Umweltkampagne in Ibiza durchführten)

Tourismus mit Einsicht
Die Dachorganisation der Tourismus-Kritiker, die Arbeitsgemeinschaft Tourismus mit Einsicht (TmE), hat das verflixte siebte Jahr nicht überstanden. Ausgelaugt von dem großen ehrenamtlichen Aufwand, hat sich die Gruppe 1992 aufgelöst. Die Arbeitsgemeinschaft wurde 1986 insbesondere von der Gruppe Neues Reisen zusammen mit dem Berner Tourismusforscher Jost Krippendorf und der Berliner Journalistin Ludmilla Tüting gegründet. Ziel war Touristiker, Tourismuspolitiker und Touristen über ihr Tun und Unterlassen zum Nachdenken anzuhalten. Die Arbeit von Tourismus mit Einsicht konzentrierte sich auf den gemeinsamen Auftritt anläßlich der ITB in Berlin, wo die Gruppe mit einem eigenen Informationsstand und zahlreichen kritischen Podiumsdiskussionen und Veranstaltungen ihr Anliegen Jahr für Jahr vorbrachte.

Von den Touristikern am Anfang belächelt und gemieden, gelang es der Gruppe zunehmend, einen Dialog mit der Branche herzustellen. Die von ihr verbreiteten Forderungen nach umweltverträglichem und sozialverträglichem Reisen sind mittlerweile als Schlagworte in aller Munde. In der Zwischenzeit umfaßte das Netzwerk der Arbeitsgemeinschaft nicht weniger als 28 tourismuskritische Organisationen, von denen allerdings nur ein kleiner Kern zu den wirklich Aktiven zählte. In der Zeit ihres Wirkens auf der ITB nahmen die Veranstalter die Herausforderung an, über ihre Umwelt-Verantwortung nachzudenken. Tourismuskritische Veranstaltungen wurden zum festen Bestandteil der ITB. So wie einst die Forderungen der Grünen von den etablierten Parteien übernommen wurden, haben nun die Touristiker die Anliegen der Tourismuskritiker – zumindest verbal – adaptiert.

Ökologischer Tourismus in Europa (ÖTE)
Mit Unterstützung durch die Stiftung „Wald in Not" will der Verein Ökologischer Tourismus in Europa in Nordhessen zeigen, wie der Tourismus einen aktiven Beitrag zum Schutz des Waldes und zur Bekämpfung des Waldsterbens leisten kann. An dem Projekt in Waldeck-Frankenberg sind Fremdenverkehrseinrichtungen und kommunale Verwaltungen beteiligt. Untersucht werden Möglichkeiten zur Aktivierung der Bahnstrecke Korbach-Frankenberg/Eder sowie die Erschließung des Landkreises durch Busverbindungen. Ein Besucher-Konzept schließt Informationsstellen über Ökologie, Natur und Kultur, Naturlehrpfade ein.

Tourism Concern
Tourism Concern ist ein Netzwerk von Personen und Organisationen, die sich mit den Auswirkungen der weltweiten Tourismusindustrie beschäftigen. Aus den zahlreichen Projekten sei auf die in Zusammenarbeit mit dem WWF entstandenen „Principles for Sustainable Tourism" (siehe Fallstudie) und den Bericht „Tourism, development and the environment" zum Umweltgipfel 1992 in Rio verwiesen. Das Netzwerk fördert insbesondere eine Form des Tourismus, die die Rechte und Interessen der Einheimischen in den von Touristen bereisten Gebieten berücksichtigt.

Green Flag International
Green Flag International was founded in 1990 as a non profit making organisation to work with the tourism industry to help it to improve its environmental performance and to establish environmental improvement projects at tourism destinations. GFI operates a membership scheme and membership has grown from an initial 19 companies to over 60 representing all aspects of the industry from tour operators and carriers to site based attractions and local authorities. A number of national tourist offices representing 9

different countries are also members. GFI does not receive any form of sponsorship, it can therefore act as an impartial voice within the industry.

GFI also has close working relationships with the Association of Independent Tour Operators (AITO), the Association of National Tourist Offices (ANTOR) and the Pacific Asia Travel Association (PATA). One of GFI's strenghts is its ability to show businesses how they can incorporate an improved environmental performance from a profitable and positive position, drawing upon the improved client loyalty and image that a strong environmental ethic can give.

GFI launched a „Travellers Guide to Green Tourism", a guide of good practice and a series of tips for the traveller concerned about environmental protection. This guide has been widely distributed to travellers and has formed the basis for more comprehensive guides for specific destinations. This pocket-sized guide is intended to help the traveller to take account of a whole range of environmental issues in the planning, travelling and enjoyment of a holiday. It is a guide of good practice which should enable the visitor to make an effective contribution to the goal of a more sustainable and environmentally friendly holiday.

INEM
„As part of INDUSTRY 21, the private sector's first major post-Rio initiative, INEM, the International Network for Environmental Management, has started a Global Tourism and Environment Initiative. The goal of this initiative is to assemble all available guidelines for eco-tourism, environmentally-friendly hotel and resort management etc; to distill them and spread them to the whole sector; and to conduct pilot projects in cooperation with major travel and hotel companies. One result of this initiative could be the introduction of a unitary worldwide environmental soundness rating scheme for hotels, restaurants, destinations etc: INEM, together with professionals, may develop guidelines for other entertainment sectors as well."

Die Liste umfaßt u.a. die Charter of Ethics for Tourism and the Environment (1992) der Alliance Internationale deTourisme (AIT), den Code for Environmentally Responsible Tourism der Pacific Asia Travel Association, den Code of Ethics for Tourists der Tourism Industry Association of Canada sowie verschiedene Guidelines der gleichen Association, wie z.B.: Guidelines for the Tourism Industry Association, Guidelines for Accommodation, Guidelines for Foodservice, Guidelines for Tour Operators, Guidelines for Ministries of Tourism.

Grünes Tourismusmarketing – Strategie und nicht nur Etikett

Den betont wachstumsfördernden Marketingkonzeptionen (man denke nur an die zunehmend aggressivere „Vermarktung" der Freizeitaktivitäten, die zu immer neuen Sportarten und -geräten führt) werden verschiedene Negativwirkungen auf die natürlicheUmwelt angelastet; z.B.:

- Ausbeutung der Rohstoffressourcen
- Beeinträchtigung der natürlichen Umwelt
- Zuwenig Berücksichtigung der eigentlichen Bedürfnisse und Wünsche der Verbraucher
- Angebot umwelt- sowie gesundheitsgefährdender Produkte/Dienstleistungen

- Ausweitung des Anspruchsniveaus und des Bedarfs
- Förderung bedenklicher Konsum- und Freizeitverhaltensmuster

Durch die Umweltschutzdiskussion und nicht zuletzt auch durch das zunehmende Umweltbewußtsein der Reisenden bzw. der Öffentlichkeit wird die Forderung an das kommerzielle Marketing der touristischen Unternehmen erhoben, bei den absatzwirtschaftlichen Aktivitäten neben dem ökonomischen Aspekt verstärkt auch den Aspekt der „sozialen Verantwortung" zu berücksichtigen, der das Interesse der Allgemeinheit in ökologischer Sicht vertritt (Meffert u.a., 1986; Raffée, 1985).

Neben den ökonomischen Interessen stärker auch die der Allgemeinheit zu berücksichtigen fordert von den Unternehmen bei der Wahrnehmung dieser sozialen Verantwortung, daß sie etwa

- die Erfordernisse der natürlichen Ökosysteme besser berücksichtigen,
- den Ressourcenverbrauch (z.B. Energie) minimieren,
- die Bedürfnisse der im Tourismus beschäftigten Arbeitnehmer mehr respektieren,
- die Bedürfnisse der Bereisten ernst nehmen,
- die sog. externen Kosten, die durch den Tourismus entstehen, weitgehend übernehmen.

Das Marketing der Zukunft darf nicht mehr als Denk- und Operationsstil „ausschließlich an einer absatzorientierten Unternehmenspolitik ausgerichtet sein, sondern muß um die Entscheidungsfaktoren der Ökologie erweitert werden ..." (Schreiber, 1983).

> Die damit verbundene zunehmende Komplexität der Marketingentscheidungen erfordert eine Erweiterung des betrieblichen Informationssystems. „Da der Unternehmung Instrumente zur Analyse der gesellschaftlichen Auswirkungen der Marketingaktivitäten bislang kaum vorliegen und die eigenen unternehmensspezifischen Interessen und Ziele weitaus operationaler formuliert sind als das weite Spektrum allgemeiner gesellschaftlicher bzw. ökologischer Interessen, ist für die Unternehmung die Erfüllung ihrer sozialen Funktion überaus schwierig. Das soziale Engagement der Unternehmen ist durch die Forderungen der Kapitalgeber und durch Wettbewerbsnachteile gegenüber der Konkurrenz begrenzt. Somit erweist sich eine Orientierung an Umweltproblemen durch die Ausrichtung des Gewinnziels an einem für die Unternehmung notwendigen Gewinn, wie sie beim Human-Concept of Marketing vorgeschlagen wird, als wenig praktikabel."
> (Meffert u.a., 1986)

Marketing heißt Kommunikation zwischen Marktpartnern. Relativ unstrittig ist, daß in den letzten Jahren das Wissen und die Einstellung zu ökologischen

Fragen zugenommen haben. Wir haben die Entwicklung bereits im Teil 1 skizziert.

Daraus ist jedoch nicht zwingend zu folgern, daß diese Größen auch auf der Konsum-/Verhaltensebene wirksam werden (vgl. auch Gierl, 1987); denn:

(1) Nimmt ein umweltorientierter Tourist auch einen eventuellen Mehraufwand (z.B. umständlichere Informationsbeschaffung über entsprechende Angebote, höherer Preis etc.) in Kauf?
(2) Glauben Touristen, die generelle ökologische Einstellungen vertreten, auch an die Umweltfreundlichkeit oder gesundheitliche Vorteilhaftigkeit ökologischer Produkte oder Dienstleistungen? Oder werden diese Einstellungen von leistungsspezifischen Zweifeln überlagert?
(3) Sind ökologisch eingestellte Personen bereit, gewisse Einbußen in der subjektiv wahrgenommenen Qualität ökologischer Produkte/Dienstleistungen hinzunehmen?

Bei einer empirischen Überprüfung der Erklärungsmuster ergab sich als zentrales Resultat der Befund, „daß ökologische Einstellungen oder Wissen um ökologische Zusammenhänge den Konsumanteil ökologischer Produkte nur zu einem geringen Teil erklären. Erst unter Berücksichtigung produktspezifischer Variablen wird das ökologische Konsumverhalten verständlich: Erst wenn z.B. auch die Bereitschaft, einen höheren Aufwand zur Beschaffung ökologischer Alternativen in Kauf zu nehmen (Informationsbeschaffung, Einkaufswege, Preis), vorliegt, kaufen Personen ökologisch bewußt; diese Bereitschaft ist von Produkt zu Produkt unterschiedlich hoch" (ebd.). Dies gilt analog für den Kauf/Buchung einer „umweltverträglicheren" Reise.

Als Konsequenzen für das Marketing leiten sich ab: Es genügt nicht, allein den quantitativen Umfang des (Ziel-)Segments ökologisch eingestellter Personen zu bestimmen, sondern es sind Maßnahmen in die absatzpolitischen Konzepte einzubinden, die geeignet sind, die produktspezifisch unterschiedlich gewichtigen Barrieren zu beseitigen (z.B. Informationsmaßnahmen zum Verständnis des höheren Preises, zur Anpassung des Distributionsnetzes oder der Qualität). Da ein touristisches Anbieterunternehmen die langfristigen Reisebedürfnisse erfüllen will, kommt dem ökologischen Bewußtsein der Reisenden eine zentrale Stellung zu (m.a.W.: Eine geänderte Verhaltensstruktur der Reisenden erfordert eine entsprechende unternehmerische Anpassung).

Ein „ökologisches Bewußtsein" des Touristen setzt voraus:

- ein Informiertsein
  (= subjektives Wissen über die ökologischen Konsequenzen seines Verhaltens)
- die Einsicht in die Konsequenzen seines Verhaltens
  (= Einstellung gegenüber den mit ökologischen Aspekten zusammenhängenden Problemen und Streitfragen)

- die Bereitschaft zu einer geänderten Verhaltensweise (= aus ökologischem Bewußtsein resultierendes Verhalten, das einen Beitrag zur Lösung der Umweltprobleme leisten soll).

Alle Formen des Umweltschutzes greifen ohne ein entsprechendes Bewußtsein der Touristen zu kurz. Ein umweltorientiertes Marketing hat demnach auch die wesentliche Aufgabe, das Bewußtsein des Touristen für Umweltzusammenhänge zu „öffnen".

Diese geänderte Nachfrage bedingt eine Veränderung bestimmter Verhaltensmuster beim Touristen: Er muß bereit sein,

- etwa auf häufigen Bettwäsche- und Handtuchwechsel im Hotel zu verzichten
- mit umweltverträglicheren Verkehrsmitteln anzureisen
- zur Unterstützung des Recyclinggedankens an der Sammlung mitzuarbeiten
- sich an vorgeschriebene Wege/Routen zu halten
- usw.

Aufgrund empirischer Untersuchungsergebnisse sind die Unternehmen in der Lage, ökologisch relevante Konsumentengruppen als eigenständige Marktsegmente zu identifizieren. Dieses „grüne" Reisesegment (vgl. unsere Ausführungen im Teil 4) zu beschreiben ist nicht unser alleiniges Anliegen, da wir den umweltorientierten Tourismus unter Einbezug aller Elemente betrachten wollen.

„Die Mehrzahl der Verbraucher ist, entgegen allen Behauptungen, ökologisch noch nicht ausreichend sensibilisiert. Zwar hat der Umweltschutz inzwischen in der Werteskala einen hohen Aufmerksamkeitsgrad erreicht, zwischen allgemeiner Einstellung und persönlichem Verhalten klafft jedoch immer noch eine erhebliche Lücke. Es ist nach wie vor nur eine – allerdings meinungsbildende – Minderheit, die so konsequent ist, ihr Interesse an der Umwelt auch im tatsächlichen Kaufverhalten auszudrücken" (Bremme, Tengelmann).
Diese Ausführungen eines Vertreters des Handels treffen sicherlich auch für den Reisenden zu. Die Theorie klingt zwar recht gut, aber was die Praxis angeht, so ziert sich König Kunde noch.

Die Umsetzung der bekundeten Eigenverantwortung in die Tat wird bei höherem Preis, dem Umweltschutz gegenläufigen Motivationen (wie Bequemlichkeit, Genuß) oder bei geringerer Nutzenstiftung behindert.

Obwohl der Tourist die Auswirkungen seines eigenen Verhaltens zeitweilig zu sehen und spüren bekommt (wachsende Müllberge, verschmutzte Strände, zersiedelte Landschaften, die Zerstörungen des Alpenraums für die Bedürfnisse der Touristen), leitet er direkte Konsequenzen für sein persönliches Verhalten (z.B. Benutzung umweltfreundlicher Verkehrsmittel, reduzierte Sportaktivitäten) daraus nicht zwangsweise ab.

Die äußerst komplexen Sachverhalte lassen aus der Sicht des Touristen eine Beurteilung der tatsächlichen Umweltverträglichkeit angebotener Problemlösungen kaum zu. Daraus resultiert eine große Verunsicherung auf der Nachfrageseite, wie wir anschließend bei den Gütezeichen noch näher darlegen werden.

- Der Tourist leidet durch die „Inflationierung" verschiedenster Umweltlogos und durch die immer häufigere Verwendung von gesetzlich nicht geschützten Zusatzattributen wie „Öko", „Natur", „umweltverträglich" etc. an einer gewissen Informationsüberlastung.
- Andererseits hat er aber den Wunsch nach sog. Schlüsselinformationen, die er braucht, um sein Verhalten als Tourist im gewünschten (umweltverträglicheren) Sinn zu ändern.

Neben den Aktivitäten verschiedener Organisationen (Umweltverbände wie BUND, WWF, Alpenverein usw.) und anderer Institutionen (z.B. für Forschungsaufgaben oder zur Durchführung neutraler Umweltverträglichkeitsprüfungen) kommt den einzelnen Elementen der Tourismusbranche (ob Hotelier oder Reisebüroangestellter oder Reiseveranstalter) eine große Beratungs- und Informationsverpflichtung zu.

Den durch die verstärkte Forderung der Touristen (Konsumenten) bewirkten Nachfragesog nach Bereitstellung umweltgerechter Problemlösungen bezeichnet Meffert als „Ökologie-Pull-Wirkung". Einer anderen externen Einflußgröße, dem Internalisierungsdruck, den der Gesetzgeber mit Umweltschutzkosten auf die Unternehmen ausübt, wird eine „Ökologie-Push-Wirkung" zugesprochen.

Die durch den ökologischen Aspekt induzierten Marktverhaltensweisen sollen an den Instrumenten des Marketing-Mix skizziert werden. Da im Tourismus unter Umweltgesichtspunkten die Distributionspolitik wenig Bedeutung hat, betrachten wir die Preispolitik und vor allem die Kommunikationspolitik.

Preispolitik

Bei einer Wettbewerbsstrategie, wie wir sie an früherer Stelle skizziert hatten, die auf eine Kompetenz in Umweltqualität ausgerichtet ist, wird in der Regel auch ein höherer Preis kalkuliert werden. Verbietet sich dies aus Konkurrenzgründen, wäre eine Mischkalkulation eine Möglichkeit. Da in vielen Fällen bei einer umweltorientierten Unternehmensführung (insbesondere bei Ressourceneinsparungen) auch Kosteneinsparungen gegeben sind, ist eine Hochpreispositionierung nicht nötig.

Der Preis spielt bei der Buchungsentscheidung eine große Rolle. Da aber der Markt z.T. über eine beträchtliche Preiselastizität verfügt, sind höhere Preise im oberen Qualitätssegment durchaus denkbar und möglich.

Eine Preisdifferenzierung könnte schwerpunktmäßig bei den Einzelleistungen ansetzen, also etwa günstigere Preise bei Benutzung von Bahn und Bus oder bei der Ausübung umweltfreundlicher Sportarten.

Kommunikationspolitik

Eine ökologische Kommunikationspolitik versucht, über den Einsatz ihrer Elemente Werbung, Public Relations und Sponsoring eine umweltbewußte Identität zu schaffen und Botschaften über das touristische Leistungsangebot und seine Merkmale (Preis, Nutzen etc.) an potentielle Kunden weiterzugeben. Insbesondere PR-Aktionen dienen – allerdings innerhalb enger Grenzen – dazu, das Ökologiebewußtsein in der Gesellschaft zu stärken und gleichzeitig ein umweltgerechtes Öko-Image mit ökologischer Kompetenz bei den Zielgruppen aufzubauen. Ziel der Kommunikationspolitik ist es, ein einheitliches Bild der Unternehmung (Corporate Identity) zu prägen, das dem Kunden eine schnelle Identifikation ermöglicht.

Diese Vertrauensbasis setzt einen Einklang der Kommunikationspolitik mit den anderen Marketinginstrumenten voraus. Es wird deutlich, daß das gesamte Öko-Marketing-Mix dem angestrebten Umweltimage entsprechen muß – eine vordergründige, rein kurzfristig orientierte Kommunikationspoltik etwa, die nicht von einer entsprechenden Produktpolitik begleitet wird, ist unglaubwürdig. Mit anderen Worten: Ein glaubwürdiger Umweltgedanke muß ganzheitlich und strategisch im Unternehmen umgesetzt werden.

Dieses ganzheitliche Denken und Handeln in Verbindung mit einer wahren, objektiv nachprüfbaren Kommunikationspolitik ist auch deshalb so wichtig, weil der Begriff Umwelt durch die um sich greifenden Schäden auch negative Assoziationen hervorruft. Die Kommunikationspolitik hat dieses Mißtrauenspotential zu berücksichtigen. Die Angst, mit den eigenen Umweltaktivitäten mißverstanden oder in die falsche Ecke gedrängt zu werden, erklärt vielleicht die Tatsache, daß Unternehmen z.T. sehr zurückhaltend darüber berichten.

Die Information der Marktpartner kann auf zwei Arten erfolgen:

- Eine defensive Kommunikationspolitik soll einem Imageverlust oder einer kritischen Einstellung entgegenwirken.
- Eine offensive Kommunikationspolitik begreift die ökologische Herausforderung als eine Chance, um langfristig am Markt Erfolgspotentiale aufzu-

bauen. Man versucht, das Ökologiebewußtsein zu stärken und das geänderte Verhalten mit einer entsprechenden langfristigen Konzeption zu nutzen."

Werbung

Stellte das Kriterium „umweltverträglich" früher eine kaum beachtete Nebenleistung dar, gewinnt es heute als Verkaufsargument mehr und mehr an Bedeutung. Ein Werbekonzept für umweltverträgliche Dienstleistungen/Produkte darf nicht vordergründig eine vermeintliche „Umweltverträglichkeit" als Verkaufsargument vorschieben – die inflationäre plakative Verwendung von in Deutschland gesetzlich nicht geschützten Begriffen wie „Öko", „Bio", „Natur" o.ä. läßt die Vermutung zu, daß man schnell auf der ‚grünen Welle' mitschwimmen will („band-wagon-jumping"). Es wird geglaubt, nur einer vermeintlichen „Mode" folgen zu müssen, ohne jedoch eine klare umweltorientierte Strategiebasis zu haben. Kurzfristige Aktionen sind beim Umweltmarketing aber selten umsetzbar, denn die Komplexität des Themas erfordert i.d.R. eine umfassende Vorbereitung.

Da sich eine „Umweltverpackung", ein grüner Touch aufgrund des Nachfragepotentials zur Zeit gut verkaufen läßt, wird z.T. mit „ökologischem Marketing" auf kurzfristige Geschäfte geschielt. Wie sehr sich die Verbraucher von der Umweltwerbung irreführen lassen, zeigt eine Umfrage im Auftrag des Umweltbundesamtes: 75,2 % der Verbraucher glauben fälschlicherweise, daß die Ökobegriffe als Werbeaussagen nur nach einer besonderen Zulassung verwendet werden dürfen. Sich in der Tourismusbranche plötzlich mit einem „Ökokonzept" einfach ein anderes Etikett „draufzukleben", kann jedoch leicht zu umgekehrten Reaktionen der Reisenden führen, da die Glaubwürdigkeit fehlt. Eine ökologische Werbekonzeption wird die wahren Umweltargumente in ein vernünftiges Verhältnis zu anderen Argumenten setzen.

Das Umweltkriterium tritt zum Teil in Konflikt mit anderen Interessen des Reisenden wie Bequemlichkeit, Nutzen u.ä. In der Regel wird die Umweltverträglichkeit nur eine Zusatzkomponente darstellen. Abgestimmt auf die anzusprechende Zielgruppe werden sachliche und informative Botschaften Voraussetzung einer ökologischen Werbung sein. Schwierig kann dabei die verständliche Aufbereitung der sehr komplexen Umweltinformationen sein. Der positive Umweltbeitrag, den sowohl die Unternehmung als auch der Tourist durch diese Leistung erbringen, sollte erkennbar sein.

Gerade in Zeiten zunehmender Vergleichbarkeit der Dienstleistungen (bei Qualität, Preis, Konditionen etc.) kann eine erfolgreiche Positionierung und Differenzierung durch den Zusatznutzen „Umweltverträglichkeit" (in Verbindung mit anderen Vorteilen wie soziale Anerkennung oder Prestige) durchgeführt werden. Die Berücksichtigung ökologischer Aspekte, etwa eine umweltverträgliche Reisegestaltung, bestimmt zunehmend den Verkaufserfolg. Zur Erhöhung der Erfolgschancen kann ein zusätzlicher Nutzen zur Umweltverträglichkeit ausgeführt werden: Convenience (z.B. Ruhe), Gesundheitsaspekte (z.B. biologischer Gemüseanbau) oder finanzielle Vorteile (z.B. billigere Angebote, Preisreduktionen bei Bahnanreise).

„Eine einwandfreie Befriedigung der touristischen Grundbedürfnisse wird von deutschen Urlaubern als selbstverständlich vorausgesetzt. Qualitätsorientierte Profilierung ist deutschen Reiseveranstaltern nur noch durch differenzierte, vor allem erlebnisvermittelnde Zusatzleistungen möglich. *Eine* mögliche Ausrichtung könnte hierbei den Anforderungen eines sanfteren Tourismus folgen" (Kirstges, 1992, S. 74).

Eine Umorientierung der Tourismusindustrie auf das Angebot von Dienstleistungen und Produkten mit ökologischen Vorteilen sollte insbesondere für die bekannten Namen eine Chance sein. Die durch den Wildwuchs an Ökoetiketten verbreitete Unsicherheit des Touristen auf diesem Sektor läßt ihn eher auf Bekanntes zurückgreifen, das damit als Orientierungshilfe dienen kann.

Umweltgütezeichen

Eine überzeugende Darstellung umweltbezogener Informationen kann wesentlich durch den Einbezug neutraler Testergebnisse und Untersuchungen an Glaubwürdigkeit gewinnen.

Bei Produkten nimmt seit vielen Jahren hierbei der „Blaue Umweltengel" aus dem Umweltemblem der Vereinten Nationen einen überragenden Platz ein, der vom Deutschen Institut für Gütesicherung und Kennzeichnung in Zusammenarbeit mit dem Umweltbundesamt verliehen wird. Zur Zeit sind bereits rund 3 200 Waren und Geräte (davon 10 % ausländischer Herkunft) von rund 630 Herstellern mit dem Umweltzeichen ausgezeichnet (1992 trat ein europaweites Ökolabel hinzu). Mit diesem Umweltzeichen will man Verbraucher und Handel eine Hilfestellung beim Einkauf geben; daneben soll der Hersteller motiviert werden, umweltfreundliche Produkte anzubieten. (Vgl. im einzelnen Hopfenbeck, 1991.) Den mit dem Umweltzeichen ausgezeichneten Waren schenken die Konsumenten besondere Aufmerksamkeit. Nach einer Untersuchung der „Aktionsgemeinschaft Umwelt, Gesundheit, Ernährung" (A.U.G.E.) im Jahre 1989 ziehen rd. 75 % der Befragten „meistens, wenn möglich" den Kauf eines umweltfreundlichen Produktes vor.

Die gleichen Überlegungen haben im Tourismus Bestrebungen ausgelöst, über Gütezeichen dem Touristen eine Orientierungshilfe bei der Suche nach umweltverträglichen Angeboten zu geben. Da der einzelne Tourist bei der Beurteilung mehrerer Alternativen in bezug auf ihre Umweltwirkungen völlig überfordert wäre, soll eine Hilfestellung geboten werden. Außerdem kann das jeweilige Gütezeichen von den Ausgezeichneten als Werbemittel innerhalb ihrer Kommunikationspolitik verwendet werden. Die Gefahr eines Mißbrauchs dieser Gütezeichen zu reinen PR-Aktionen darf nicht unterschätzt werden, das Gütesiegel allein macht noch keinen umweltverträglicheren Tourismus aus. Das „Irreführungspotential" der Labels als fragwürdige Bescheinigung (Alibi-Plaketten) für ökologische Unbedenklichkeit ist sehr groß (vgl. dazu Müller/Mezzasalma, 1992; Zimmer, 1990).

Probleme sind vor allem auf drei Ebenen zu erkennen:

- Welche Kriterien werden herangezogen und innerhalb welcher Systemgrenzen?
- Wie kann der stark heterogenen Angebotsstruktur im Tourismus entsprochen werden?
- Durch wen soll die Bewertung durchgeführt werden?

Aus der Fülle der in letzter Zeit enstandenen Gütesiegel seien einige wesentliche erwähnt:

(1) Pionier bei den Gütezeichen war die „Blaue Flagge".

Die Kampagne für die Blaue Europa-Flagge wird in der Bundesrepublik Deutschland eigenverantwortlich durch die Deutsche Gesellschaft für Umwelterziehung e.V. (DGU) durchgeführt. In den anderen Staaten hat sie Partnerorganisationen. Im Prospekt heißt es:

- Die Blaue Europa-Flagge wird als erstes gemeinsames Umweltzeichen für ein Jahr an vorbildliche Badeorte und Sportboothäfen in allen EG-Staaten verliehen. Es können sich sowohl Orte an der Küste als auch im Binnenland bewerben.
- Alle mit der Blauen Europa-Flagge ausgezeichneten Badeorte und Sportboothäfen müssen nach einem umfangreichen Katalog von Anforderungskriterien ihre vorbildliche Arbeit im Umweltschutz und bei der Umweltinformation nachweisen. Dazu gehören z.B. das Einhalten der mikrobiologischen Richtwerte der EG-Badewasser-Richtlinie sowie ein Angebot umweltbezogener Veranstaltungen.
- Natürlich gibt die Blaue Europa-Flagge keine absolute Garantie für unbedenkliche Urlaubsfreuden. Sie markiert Badeorte und Sportboothäfen, die vorbildlich etwas für die Umwelt tun und sich um die Blaue Europa-Flagge bewerben.

Folgende Kriterien werden berücksichtigt:
- Badewasserqualität:
  Maßstab für die Bewertung des Badewassers sind die hohen EG-Richtwerte. Die nationalen Verordnungen der EG-Mitgliedstaaten lassen alle wesentlich schlechtere Werte zu. Grundlage für die Auszeichnung mit der Blauen Europa-Flagge bilden die gesamten Ergebnisse des zurückliegenden Jahres, die aktuellen Badewasserwerte werden in den Orten öffentlich bekanntgegeben.
- Abwasser:
  Industrielle und kommunale Abwässer werden in vorbildlichen Urlaubsorten weder in den Strandbereich direkt eingeleitet, noch dürfen sich andere Einträge negativ auf das Badewasser auswirken.

- Strandqualität und Strandverwaltung
  In den Orten mit Blauer Europa-Flagge ist die Pflege des Strandes oberstes Gebot. Für eine einwandfreie Abfallbeseitigung ist gesorgt, eventuell auftretende Algenansammlungen oder Ölverschmutzungen werden beseitigt. Naturbelassene Abschnitte werden vom Feizeitbetrieb nicht gefährdet. Sanitär- und Sicherheitseinrichtungen sind in ausreichender Anzahl und allgemein zugänglich vorhanden. Gehören mehrere Strände zu einem Urlaubsort und erfüllen nur einzelne Strände die Kriterien, so wird die Auszeichnung auf diese Strände beschränkt.

Die „Blaue Flagge" ist allerdings nicht unumstritten. Sowohl die Verbraucherschützer, u.a. aus wettbewerblichen und juristischen Gründen, als auch zahlreiche deutsche Fremdenverkehrsgemeinden und -verbände lehnen die durchaus gut gemeinte Kampagne ab. Kritisch werden vor allem auch, besonders von Reiseveranstaltern, der lange Zeitraum zwischen Untersuchung und möglicher Veröffentlichung im Katalog (die Daten sind nicht mehr aktuell) sowie die vermuteten unterschiedlichen Untersuchungsmethoden in den einzelnen europäischen Ländern, die eine echte Vergleichbarkeit ausgezeichneter Orte nicht gewährleisten können, gesehen.

(2) Der „Grüne Koffer" vom Verein „Ökologischer Tourismus in Europa (ÖTE)", der für einen umweltverträglichen und sozialverantwortlichen Tourismus in Europa eintritt (vgl. dazu Röscheisen, 1992, S. 317 ff.). Ein Teil der Arbeit des von Natur- und Umweltschutzverbänden gegründeten Vereins ist dies Gütezeichen. Es erfüllt die Forderung, nicht nur Einzelkriterien zu werten, sondern die Umweltqualität des Urlaubsangebots umfassend zu analysieren.

Ab sofort hat der Sanfte Tourismus ein Zeichen.

◂6

Zielgruppen sind Fremdenverkehrsorte, Beherbergungsbetriebe und Reiseveranstalter, denen verschiedene Vergabekriterien zugeordnet werden.

Bei Reiseveranstaltern, die ja Dienstleistungen anbieten, gelten die Kriterien primär für den Umfang von umweltverträglichen Reisen, die im Katalog angeboten werden. Bei

Beherbergungsbetrieben beziehen sich die Gesichtspunkte auf den Energiebereich, die Gästeinformation u.a. Die Akzeptanz auf Seiten des DRV und der DEHOGA (beide Verbände erarbeiteten eigene Kriterien und empfanden verschiedene ÖTE-Kriterien als überzogen) ist jedoch (noch) nicht gegeben.

Der Deutsche Städte- und Gemeindebund (DStGB) als kommunaler Spitzenverband befürwortet dagegen grundsätzlich die Erarbeitung eines bundesweiten Gütesiegels. Bis zur „Serienreife" des Grünen Koffers schlägt er allerdings, ähnlich wie der DFV, vor, einen kommunalen touristischen Umwelt-Wettbewerb vorzuschalten.

ÖTE hat im August 1992 ein Rechtsgutachten unter dem Aspekt des Warenzeichen- und Wettbewerbsrechts des „Grünen Koffers" und der juristischen Haltbarkeit und Überprüfung der aufgestellten Kriterien erarbeiten lassen. Das Gutachten stellt zunächst das geplante Gütesiegel auf die gleiche Ebene wie ein geschütztes Gütesiegel (z.B. RAL-Gütesiegel). An dieses sind hohe Qualitätsanforderungen zu stellen. Dabei wird davon ausgegangen, daß entsprechende Kriterien grundsätzlich klar, genau und objektiv formuliert sein müssen. Dabei soll die Allgemeingültigkeit im Vordergrund stehen, und es darf keine Werbung mit Selbstverständlichkeiten betrieben werden.

Im Prinzip sind die ÖTE-Kriterienkataloge unter diesen Gesichtspunkten zulässig. Das Rechtsgutachten zeigte aber eine Reihe von Mängeln auf, die für die Weiterarbeit wichtige Denkanstöße vermittelt haben. So ist für die meisten der Kriterien eine Präzisierung erforderlich. Einige werden soweit in Frage gestellt, ob deren Erfüllung und Realisierbarkeit überhaupt in den Zuständigkeitsbereich des/der Auszuzeichnenden, z.B. des Fremdenverkehrsortes, fällt. Darüber hinaus wird grundsätzlich angeregt, den Katalog zu reduzieren und zunächst auf einige Kriterienpunkte zu verzichten.

Verbunden mit den Ergebnissen aus den Verhandlungen mit DFV, DEHOGA, DStDB wurden die Kriterienkataloge für Reiseveranstalter, Beherbergungsbetriebe und Fremdenverkehrsorte daraufhin noch einmal geändert und aktualisiert. Der neue Stand für Fremdenverkehrsorte ist nachfolgend dokumentiert.

Der Grüne Koffer
Kriterien für Fremdenverkehrsorte

- Verkehr
  - Maßnahmen zur Verringerung des innerörtlichen motorisierten Individualverkehrs
  Mögliche Bewertungskriterien:
  - 40 % Anteil verkehrsberuhigter Flächen (Tempo 30) an der Gesamtverkehrsfläche
  - eigene Busspuren
  - Vorrangschaltung bei Verkehrsampeln für ÖPNV
  - 30 % Anteil Radverkehrsverbindungen am Gesamtverkehrsnetz
  - 10 % Anteil Fußgängerzonen am Gesamtverkehrsnetz
  - Fahrpreis- und Gebührenermäßigung für Gäste ohne Anreise mit PKW beim ÖPNV von 50 %
  - täglich organisierte Ausflugsangebote
  - kommunaler und privater Fahrradverleih (mind. jeweils fünf verkehrssichere Herren-, Damen-, und Kinderfahrräder einschließlich Fahrradhelme)
  - Zubringer- oder Abholdienste, sofern als kommunaler Eigenbetrieb vorhanden
- Fremdenverkehrsplanung
  - Kriterien zur Bewertung der Umweltverträglichkeit der Bebauungsplanung und des Flächennutzungsplans gemäß 9 Abs. 1 BauGB (noch zu benennen)
  - UVP von Bebauungsplänen und Flächennutzungsplänen
- Umweltverträglichkeitsprüfung
  - Freiwillige UVP nach vorgegebenen standardisierten Verfahrensregeln

Mögliche Bewertungskriterien:
- Umwelterheblichkeitsprüfung
- Status-quo-Analyse der Umweltsituation (Boden- und Wasserhaushalt)
- Benennung von Alternativen
- Auswirkungen des geplanten Vorhabens auf die Umwelt
- Umweltaudit für Gemeinden und kommunale Eigenbetriebe
- Bereitschaft der Kommune, Zugang zu Umweltinformationen nach EG-Richtlinie (90/313/EWG) zu ermöglichen (Bewertungskriterien werden noch erstellt)
- Müll
  - Maßnahmen zur Müllvermeidung
  Mögliche Bewertungskriterien:
  - kommunale Verpackungssteuer
  - Verbot von Einweggeschirr bei kommunalen Veranstaltungen
  - Recycling: Getrenntsammlung von Biomüll, Wertstoffen und Sondermüll mit nachgewiesener Verwertung
- Wasserversorgung/-entsorgung (sofern in kommunaler Regie)
  - Einhaltung der Grenzwerte der EG-Trinkwasserrichtlinie 0/778/EWG (50 mg Nitrat je Liter und 0,1 Mikrogramm Pestizide je Einzelwirkstoff und je Liter)
  - Anschluß an eine vollbiologische Kläranlage mit 3. Reinigungsstufe (für Phosphat und Stickstoff)
- Lärm
  - Folgende Immissionsgrenzwerte dürfen nicht überschritten werden:
  55 dB (A) tagsüber (6.00 bis 22.00 Uhr)
  45 dB (A) nachts (22.00 bis 6.00 Uhr)
- Freizeitaktivitäten
  - keine umweltschädigenden Freizeitaktivitäten (eine Positiv- /Negativliste wird noch erstellt)
- Informationen
  - Kommunale Umweltberatung durch ausgebildete Umweltberater/Innen, vor allem für den Abfall- und Energiebereich, sowohl für die Öffentlichkeit allgemein als auch für das Gastgewerbe. (Mindestens eine halbe Stelle, bei Orten über 10000 Einwohner mindesten eine volle Stelle)
  - Darstellung der örtlichen Umweltsituation nach den Umweltmedien Luft, Boden, Wasser, Lärm, Lebensräume von Tieren und Pflanzen in bestimmten Maßstäben je Einheit in Form einer Tabelle (Muster wird beigefügt, Orientierung am Entwurf der Allgemeinen Verwaltungsvorschrift über die Ausführung des Gesetzes über die UVP, an der TA Luft und der TA Lärm).

Zusätzliche Kriterien für Fremdenverkehrsgemeinden mit Wintersportangeboten

- Neuanlage/Kapazitätserweiterung von Skipisten nur bei Bestätigung der Unbedenklichkeit durch UVP
- Keine Verwendung von Beschneiungsanlagen
- Auflagen für die Liftbetreiber, z.B. Betrieb nur bei Mindestschneehöhe von 30 cm (und weitere noch zu benennende Kriterien)

Zusätzliche Kriterien für Fremdenverkehrsgemeinden an Küsten und Binnengewässern

- Verbot der Verwendung von Geräten/Hilfsmitteln für Wasserfahrzeuge (Ausnahme für öffentlichen und wirtschaftlichen Verkehr)
- Ausreichende Entsorgungsanlagen (wird noch präzisiert)
- Schutz empfindlicher Lebensräume (Maßnahmenkatalog wird noch erstellt)

(3) Der „Grüne Baum" in Kärnten

Arbeitsgemeinschaft Umweltberatung Kärnten (ARGE UBK)
Dieser Kriterienkatalog, erstellt von der Arbeitsgemeinschaft Umweltberatung Kärnten (ARGE UBK), soll eine „Bewertungstabelle" darstellen, an Hand derer eine Einstufung ökologisch wirtschaftender und orientierter Tourismusbetriebe möglich ist. Für die folgenden acht Bereiche wurden konkrete Umweltschutzmaßnahmen erarbeitet:

1. Beschaffungswesen
2. Abfallwirtschaft
3. Energie
4. Wasser
5. Verkehr
6. Garten-/Freizeitanlagen
7. Soziales
8. Verpflegung

Die Prämierung erfolgt an Hand eines Punktesystems, wobei die genannten acht Bereiche einer Beurteilung unterzogen werden. Um überhaupt eine Auszeichnung erlangen zu können, müssen bestimmte Mindestkriterien erfüllt werden, die keine besonderen Investitionen erfordern. Mit steigendem Investitionsbedarf, aber auch Eigenengagement werden drei Bewertungsklassen unterschieden, die mittels „Grüner Bäume" klassifiziert werden:

Mindestkriterium:	0 Punkte
1-Baum-Kriterium	1 Punkt
2-Baum-Kriterium	2 Punkte
3-Baum-Kriterium	3 Punkte

Jeder Punkt des Kriterienkataloges wird bewertet und die erreichten Punkte aller acht Bereiche werden sodann zusammengezählt. Die maximal erreichbare Punktezahl wird mit einhundert Prozent (= 100 %) klassifiziert, woraus sich die prozentmäßige Einteilung der einzelnen Auszeichnungsstufen ergibt:

1 % – 50 %	1-Baum-Betrieb
51 % – 75 %	2-Baum-Betrieb
76 % – 100 %	3-Baum-Betrieb

Biohotel Alpenrose (A)
Für umweltgerechte Ausstattung und Führung des Betriebes erhielt das Biohotel Alpenrose, übrigens ein absoluter Nichtraucherbetrieb, vom Collegium Touristicum Carinthia (CTC) das Umweltgütesiegel verliehen.

Das Biohotel Alpenrose in Obermillstatt setzt durch seine Umweltaktivitäten neue Maßstäbe. So wird nicht nur im Hause selbst umweltaktives Handeln praktiziert, auch die Gäste werden zu umweltfreundlichem Verhalten motiviert. Das Engagement setzt sich selbst auf Gemeindeebene fort – um eine ökologische Gesamtentwicklung im Ortsbereich zu erreichen.

Gastronomiebereich
- Vollwertkost, keine Friteuse im Haus, Altölentsorgung fällt komplett weg, nur frisches Gemüse
- hausgemachter Apfelsaft, die Flaschen gehen wieder zum Bauern zurück und werden erneut verwendet

- nur frisch gemixte Säfte und Kräutertees
- Joghurt in Kübeln, die ebenfalls an die Molkerei zurückgehen
- keine Einwegverpackungen beim Frühstückbuffet
- Küchenabfälle werden zuerst verkocht und dann im Garten kompostiert
- Düngung der Blumen mit Kaffee- und Teesud
- Verpackungen wie Steigen und Kisten, werden nach Möglichkeit an die Firmen zurückgegeben, Schachteln in einem eigens dafür vorgesehenen Raum als Altpapier gesammelt.

Maßnahmen zur Motivation der Gäste
- Der Gast erhält regelmäßig jede Woche einmal zum Frühstück ein „Guten-Morgen-Blattl"
- In jedem Zimmer liegen Umweltmappen auf, die weitere praktische Öko-Tips geben
- Veranstaltung von autofreien Tagen und Wochen
- Ein grünes Bäumchen wird als Geschenk für besondere Besuchertreue, zum Geburtstag oder Hochzeitstag überreicht

(4) Partner bei „Verträglich Reisen" zeichnet eine „Schwalbe" als umweltorientierte Betriebe aus.

(5) Das Verkehrsamt Kleinwalsertal vergibt als Umweltsiegel eine „Silberdistel". (vgl. Darstellung „Kriterien 1993")

(6) Die Gemeinde Uhldingen-Mühldorf (Bodensee) verleiht „Grüne Sterne" für Betriebe der Hotellerie und Gastronomie, die bestimmte umweltfreundliche Kriterien erfüllen.

(7) Unter dem Motto „Wir tun etwas für die Umwelt", ziert eine „Grüne Hand" die Betriebe in Saalbach-Hinterglemm.
Die Kriterien für diese Umweltplakette werden gemeinsam von der Initiative umweltbewußter Gastgeber, der Landes-, Abfall- und Umweltberatung und des Umweltausschusses erarbeitet. Die Vergabe erfolgt durch die Gemeinde bzw. den Verkehrsverband auf Antrag des Vermieters. Die Überprüfung findet jährlich ohne besondere Vorankündigung durch einen externen Umweltberater statt. Neben Muß-Kriterien für die Bereiche Service, Küche, Energie, Gast, Personal, Keller und außerbetriebliche Maßnahmen gibt es noch Vorschläge , die je nach Art und Beschaffenheit der Betriebe durchzuführen sind sowie eine einmal jährlich stattfindende gemeinsame Arbeitstagung.

(8) Das „Umweltsiegel Tirol". Die Kampage des Landes Tirol begann im Herbst 1992, die erste Verleihung ist für das Frühjahr 1994 geplant.

Umweltsiegel Tirol
Unter dem Slogan „Der Tiroler Weg – Wirtschaften mit der Natur" übernimmt Österreichs Tourismusland Nr. 1 die Führung im Bereich der touristischen Umweltsiegel. Unter fachlicher Beratung des Öko-Institutes Wien und der FUTOUR Umwelt- und Tourismusberatung werden nach knapp zweijähriger intensiver Vorbereitung im Mai

Betrieb:

GEMEINDEAMT
MITTELBERG · KLEINWALSERTAL
RIEZLERN · HIRSCHEGG · MITTELBERG

KRITERIEN 1993
für das
Umweltsiegel des Kleinwalsertales

erarbeitet von der Initiative Umweltbewußte Gastgeber
in Zusammenarbeit mit dem Umweltausschuß

Unsere Gäste kommen zu uns, weil unsere Landschaft und Natur zum größten Teil noch intakt sind. Unser Fremdenverkehr funktioniert nur so lange, wie wir einen Vorsprung im Bereich Umweltqualität haben. Diesen Vorsprung zu sichern muß in unserem ureigensten Interesse sein.

Die Gemeinde will jene im Tal auszeichnen, die sich in diesem Bereich mehr einsetzen als andere.

Das Umweltsiegel der Gemeinde Mittelberg erhalten jene Betriebe, gewerbliche aber auch Privatvermieter, groß und klein, die die Mindestpunktzahl in der Kriterienliste erfüllen.

Das Umweltsiegel bedeutet eine besondere Kennzeichnung im Unterkunftsverzeichnis und einen Aufkleber für die Haustüre. Diese besondere Kennzeichnung ist ein Wettbewerbsvorteil. So soll es auch sein.

Es gibt Muß-Kriterien, die auf jeden Fall erfüllt sein müssen, und Punktekriterien. Es werden pro Thema durch den Prüfer gemeinsam mit dem Umweltausschuß maximal 4 Punkte vergeben und maximal 4 zusätzlich für Eigeninitiativen.

Es gibt:

4 Punkte, wenn alle Forderungen erfüllt sind und keine Verbesserungen mehr möglich sind.

3 Punkte, wenn nur noch Kleinigkeiten verbessert werden können.

2 Punkte, wenn wesentliche Punkte erfüllt sind, aber doch noch eine Reihe von Verbesserungen denkbar sind.

1 Punkt, wenn Ansätze vorhanden sind und der gute Wille zur Verbesserung erkennbar ist.

Insgesamt müssen 20 von 30 möglichen Punkten erreicht werden, um das Umweltsiegel der Gemeinde zu erhalten.

Es gibt Kriterien, die nicht für alle Betriebsarten zutreffen. Aber auch der kleine Privatzimmervermieter kann die Höchstpunktzahl erreichen, wenn er die für ihn zutreffenden Kriterien erfüllt.

BEREICH MÜLLVERMEIDUNG

MUSS-KRITERIEN

– Das Frühstück ist grundsätzlich ohne Portionspackungen
  (Ausnahme: Sonderfälle wie Diabetiker u. ä.).
– Kein Getränkedosen-Verkauf.
– Kein Einweggeschirr.
– Keine Getränke in Plastikflaschen und Tetrapack.
– Toilettenpapier aus Recyclingpapier.

Punkte-Kriterien   **4**

– Verpackungen sind möglichst zurückzugeben (Joghurtkübel, Waschmittelcontainer).
– Wo immer möglich, sind Mehrweg-Flaschen zu verwenden.
– Neben Toilettenpapier ist auch sonst möglichst Recycling-Papier zu verwenden,
  beispielsweise Briefpapier, Schmierpapier, Computerpapier, usw.
– Farbbänderrecycling

MÜLLTRENNUNG

MUSS-KRITERIEN

Es sind Vorkehrungen (auch Gästen zugänglich) zu treffen für das Sammeln und
Wiederverwerten von

– Papier und Kartonagen getrennt.
– Metall, Dosen.
– Glas, getrennt nach 3 Sorten (braun, grün, weiß).
– Problem-Müll (eigene Sammelbehälter für Medikamente und Batterien).
– Separates Sammeln sonstigen Sondermülls für die halbjährlichen Sammlungen
– Separates Sammeln von Neonröhren und Sparbirnen (Entsorgung an den Händler
  oder als Sondermüll).

– **Müllverbrennung ist grundsätzlich verboten!** *(dazu gehört auch gebeiztes
  und beschichtetes Holz*

Punkte-Kriterien   **4**

– Zwei Mülleimer (Kompost u. sonstiger Müll) in Appartements, wo gekocht wird.
– in Betrieben, wo mit Fett gearbeitet wird, muß die Rücknahme der Fette gewährleistet sein.
  (kleine Mengen können in der Mülldeponie abgegeben werden)
– Eigene oder mit Nachbarn gemeinsame Kompostierung.
– Einkaufskörbe bzw. Stofftaschen werden dem Gast zum Einkaufen angeboten
  und kostenlos zur Verfügung gestellt.
– Fettabscheider in Gewerbeküchen.

– Besonders originelle Problemlösungen.

Bereich Wasser und Abwasser

MUSS-KRITERIEN

– Biologisch abbaubare Reinigungsmittel (Positivliste der Initiative).
– umweltverträgliches Spülmittel und Schmierseife in den Ferienwohnungen.
– keine Duftspender zum Einhängen in die WC-Schüsseln oder Spülkästen.
– Einschränkung des Wäscheverbrauchs durch Information der Gäste
  (z. B. Handtuch auf dem Boden heißt: bitte wechseln!/Serviettentasche/Bettwäsche)

Punkte-Kriterien   **4**

– Dosieranlagen sind in allen Bereichen für Spül- und Reinigungsmittel zweckmäßig.
– Wo immer möglich und sinnvoll, sind Durchflußminderer einzubauen (Duschen, Wasserhähne).
– Alle WC sind mit Eimer für Hygienebeutel auszustatten.
– Streusalz wird nicht verwendet (Ausnahme: Extremsituation).
– Austausch von Zweihandbatterien in Einhebelmischventile (in Duschen und Waschbecken).
– Verzicht auf verpackte Einwegkosmetik in den Bädern.
– Regenwassertonne (z. B. für Blumengießen) vorhanden.

170

Begleitende Informationen für Mitarbeiter und Gäste

MUSS-KRITERIEN
- *Aushang der Kriterienliste für Gäste auf der Info-Tafel mit Verkehrsamtsadresse für evtl. Reklamationen oder Verbesserungsvorschläge ....*
- *Information der Gäste bei der Begrüßung oder im Zimmer (schriftlich) über ökologisch richtiges Verhalten im Haus und in der Natur....................*
- *Information für fremdsprachige Mitarbeiter ....*

Punkte-Kriterien **2**
- Mitarbeiterschulungen zum Thema............................
- Meinungsaustausch mit Kollegen zum Thema ....

Bonus für Eigeninitiativen

Hier ist jedem der Freiraum für die eigene Kreativität gegeben.
Diese werden mit bis zu 4 Punkten entsprechend anerkannt. **4**

Gute Beispiele sind:
Aktive Mitgliedschaft bei ökologisch orientierten Vereinigungen — Besondere Angebote für gesunde Ernährung, regionale Küche — Besondere Vorreiterfunktionen — Verwendung von Produkten aus biologischem Anbau in Küche und Keller — Verwendung von Produkten aus heimischer Landwirtschaft (auch Allgäuer Bergbauernmilch-Produkte) von Walser Bauern, Händlern und Lieferanten.

Der Phantasie sind keine Grenzen gesetzt:

_____
_____
_____
_____

Höchstpunktzahl 30 — Für das Umweltsiegel erforderliche Mindestpunktzahl 20

Rahmenbedingungen

Kontaktstelle zum Erwerb des Umweltsiegels sind die Initiative Umweltbewußte Gastgeber, die Gemeinde und das Verkehrsamt.
Die Überprüfung wird von der Initiative organisiert. Der Aufwand der Überprüfung ist mit DM 30,— an die Initiative abzugelten.
Das Umweltsiegel wird durch den Umweltausschuß der Gemeinde Mittelberg verliehen. Es erfolgt eine besondere Kennzeichnung im Unterkunftsverzeichnis und die Ausgabe einer Klebeplakette. Das Umweltsiegel gilt nur für ein Jahr (jeweils Mai bis Mai).
Das Umweltsiegel scheint im offiziellen Teil des Unterkunftsverzeichnisses auf. Es darf in Hausprospekten und Anzeigen nur verwendet werden, wenn die zeitliche Begrenzung ersichtlich ist.
Das Umweltsiegel ist grundsätzlich personenbezogen, d. h., daß alle Betriebsstätten eines Unternehmens den Kriterien entsprechen müssen.
Die Unabhängigkeit des Kontrolleurs ist eine wesentliche Voraussetzung für die Glaubwürdigkeit des Umweltsiegels. Dieser ist deshalb ausschließlich dem Umweltausschuß der Gemeinde Mittelberg verantwortlich.
Jeder Bewerber verzichtet auf die Anwendung von Rechtsmitteln gegen die Entscheidung des Umweltausschusses.

Bankverbindung: _____

Unterschriften: _____   _____
                   Betriebsinhaber   Kontrolleur und Berater

Vom Bewerber erreichte Gesamtpunktzahl .... _____

BEREICH LUFT/VERKEHR

MUSS-KRITERIEN
— Informationen für Gäste über öffentliche Verkehrsmittel (Aushängen der Fahrpläne, Preise) ....

Punkte-Kriterien **4**
— Der Wirkungsgrad der Heizung soll über 90 % sein ....
 (wird festgestellt bei der Routineüberprüfung durch den Kaminkehrer); schlechte Heizkessel sind möglichst bald auszutauschen
— Heizungen mit automatischen Regelanlagen ....
— 0-km-Bonus für Gäste, die ihr Auto im Urlaub nicht benützen, wenn möglich, bereits im Hausprospekt oder Schriftverkehr erwähnen ....
— Bonus für Gäste, die mit öffentlichen Verkehrsmitteln anreisen (die Abholung wird vom Betrieb organisiert. Preisbonus für Taxi und Bus, Erwähnung im Hausprospekt) ....
— Dem Gast wird die Möglichkeit geboten, seine Skiausrüstung den Sommer über im Haus zu lagern ....
— Andere Aktionen zur Verbesserung der Verkehrssituation:

_____
_____
_____

BEREICH ENERGIE

Punkte-Kriterien **4**
— Wärmepumpen ....
— Wärmerückgewinnung von Kühlhäusern und Lüftungen ....
— Solaranlagen ....
— Isolierungen ....
— Verwendung von Zeituhren zur Steuerung (z. B. Beleuchtung) ....
— Sparlampen bei Dauerbeleuchtung ....
— Energieberatung (z. B. WIFI) ....

— Für besondere Spareinrichtungen wird ein Bonus gewährt

_____
_____
_____

BEREICH LANDSCHAFTSPFLEGE

MUSS-KRITERIEN
— Standortgerechte Bewirtschaftung der eigenen Flächen; Heuen (mind. 1 mal) ....
— Viehbesatz nur mit nachfolgender Bearbeitung der Flächen ....
— Keine heimischen Pilze im Restaurant (Erhaltung der Bestände) ....

Punkte-Kriterien **4**
— Das äußere Erscheinungsbild ist der Landschaft angepaßt (blühende Stützmauern, keine Böschungssteine, Anknüpfungen an die Tradition der alten Bauerngärten ....
— Die Bepflanzung ist standortgerecht (heimische Pflanzen, keine exotischen Koniferen) ....
— Nicht mehr befestigte Flächen als unbedingt notwendig; bei Neugestaltung nicht versiegeln, sondern pflastern oder mit verdichtetem Kies gestalten (kein Teer oder Beton) ....
— Kein Torf und möglichst keine chemischen Pflanzenschutzmittel in Balkon und Garten ....
— Bei Um- und Neubauten wird auf die Verwendung von natürlichen Materialien geachtet (Farben und Lacke mit Umweltengel) ....
— Es werden keine tropischen Hölzer verwendet ....
— Mitwirkung an Aktionen im Bereich der Landschaftspflege ....

1994 die gewerblichen Beherbergungs- und Gastronomiebetriebe, Privatzimmer, Ferienwohnungs- und Ferienhausvermieter, Alpine Schutzhütten und Anbieter von Urlaub auf dem Bauernhof, sofern sie die 51 Kriterienpunkte von der Erarbeitung eines betrieblichen Abfallkonzeptes über konsequente Kontrolle der Maßnahmen in einem separaten Wartungsbuch bis hin zum mehrsprachigen Aushang des Umweltsiegelkriterienkataloges alle erfüllen, mit der „Sonnenscheibe" ausgezeichnet.

Grundlage für die Glaubwürdigkeit des Tiroler Umweltsiegels ist ein strenger Kriterienkatalog für die Bereiche Müllvermeidung, Mülltrennung, Wasser und Abwasser, Luft, Energie, Boden, Verkehr, Lärm und die Information von Gästen und Mitarbeitern.

„Wir stellen bewußt hohe Anforderungen an die Teilnehmer. Das verlangt auch klare Linien für das Tiroler Umweltsiegel. Es geht uns nicht um Öko-Gags, sondern um ein Konzept, das allen kritischen Fragen standhalten kann", so lautet das Credo.

Das Wichtigste in Kurzform
- Die Teilnahme ist freiwillig.
- Es gibt nur Mußkriterien, keine Kann-Kriterien. Nur wer alle erfüllt, erhält das Umweltsiegel.
- Die Kriterien liegen schriftlich vor und sind verbindlich.
- Der Kriterienkatalog ist dynamisch. Er wird der steigenden Umweltsensibilität der Gäste und der raschen, technischen Entwicklung gemäß fortgeschrieben.
- Die Gültigkeitsdauer des Umweltsiegels beträgt jeweils ein Jahr.
- Die Einhaltung der Kriterien wird laufend überprüft.
- Vorab wird eine qualifizierte Beratung und persönliche Information für den Betrieb angeboten. Ein spezielles Beratungsförderungsprogramm des Landes Tirol übernimmt einen Großteil der Beratungskosten.
- Die Prüfungskommission setzt sich aus speziell geschulten, qualifizierten Fachleuten zusammen und arbeitet völlig unabhängig auf der Basis der schriftlich festgelegten Umweltsiegel-Kriterien.
- Bei Nichteinhaltung der Kriterien kann das verliehene Umweltsiegel zurückgefordert werden.
- Jeder Betrieb, der die Kriterien erfüllt, erhält eine Auszeichnung.

Beratung ist wichtiger als Kontrolle
Sieben Frauen und siebzehn Männer drücken für das Umweltsiegel Tirol noch einmal die Schulbank. Sie wurden für ihre Aufgabe als Erstberater und Prüfer ausgebildet. Zehn Unterrichtseinheiten machen die engagierten Tiroler in den Bereichen Chemie, Abfall und Energie fit. Die Vorkenntnisse der Seminarteilnehmer sind recht unterschiedlich: Etliche sind bereits als Umwelt- und Abfallberater tätig, andere stammen aus der Hotellerie und Gastronomie, manche arbeiten auch als Lehrer oder in der Privatwirtschaft oder in artverwandten Berufen.

Neben dem naturwissenschaftlichen Grundwissen geht es aber auch um Themen wie Informationen für Gäste und Mitarbeiter-Motivation oder Umweltrecht und Informationsbeschaffung. Die Seminarteilnehmer sollen nämlich in der Lage sein, sich künftig alle für ihre Arbeit relevanten Grundlageninformationen auch selbst zu beschaffen. Es ist nicht Aufgabe der Prüfer, ausführliche Beratung während des Prüfungsablaufes zu geben. Für eine umfassendere Beratung sind dann spezielle Betriebsberater zuständig. Nach bestandener Abschlußprüfung kommen die Prüfer ab Frühjahr 1993 zum Einsatz. Jeweils zu zweit – als Prüfer-Tandem können sie die Objektivität ihrer Bewertung besser gewährleisten – checken sie bei den Anwärtern auf das Umweltsiegel Tirol im Betrieb Punkt für Punkt des Kriterienkataloges durch. Das Ganze wird gemeinsam mit dem Unternehmer durchgegangen und vertraulich behandelt. Pro Prüfungstermin werden etwa zwei bis vier Stunden veranschlagt.

Darüber müssen die Prüfer Bescheid wissen
- Chemie: allgemeine Grundlagen über Umweltchemikalien, Human- und Ökotoxizität, Haushaltschemie (Wasch- und Reinigungsmittel), Büro- und Bauchemie (Lösungsmittel, Farben, Lacke, Kleber, Kunststoffe, Papier) und Agrochemie (Pestizide, Düngemittel).
- Abfall: Recycling, Vermeidung, Verwertung vegetabiler Abfälle, Entsorgung und betriebliche Abfallkonzepte.
- Energie: energiewirtschaftliche Rahmenbedingungen in Österreich und Tirol, Heizung, Warmwasserbereitung, Kochen und Beleuchtung.
- Gesprächsführung
- Kommunikationstechniken

Die Problematik von Gütezeichen zeigt auch die Entwicklung in Großbritannien. Nachdem die strikteren Abwasserbestimmungen ungefähr 24 Seeorte von 35 letztes Jahr ihrer Blauen Flagge beraubten, hat die Tidy Britain Group eine eigene „Seaside Award" – Flagge mit geringeren Standards herausgegeben (The Times, 23. 5. 92, S. 5). Die Marine Conservation Society sieht diese Auszeichnung „simply aimed to mislead the public by adding hopeless confusion to the already troubled blue flag scheme".

„Den Grünen Koffer vollgestopft mit Produkten, auf denen der Grüne Punkt prangt oder der blaue Engel salbungsvoll die Arme ausbreitet, geht's entweder an den Strand, wo die Blaue Flagge weht, oder in die Berge, wo die Silberne Distel blüht. Einfach wunderbar, dieses reine Gewissen, das einem da ein paar schlaue Menschen bescheren, da erholt man sich doch gleich dreimal so gut." (Lanz, S. 128)

Sind die Gütezeichen also nur ein besserer Werbegag? Genauso wie beim Blauen Umweltengel, der mittlerweile auf über 3200 Produkten zu finden ist, ist die sachliche Beschreibung der Umweltverträglichkeit schwierig:

- Welche einheitlichen Kriterien (Anforderungen) werden in die Prüfung miteinbezogen? (Z.B. wo/wie wird die Wasserqualität gemessen, wann/wie oft, welche Kriterien gelten gesondert, z.B. für Hotel- und Freizeiteinrichtungen/Ferienorte/Strände/Problem der Systemgrenzen.
- Wie wird das jeweilige Einzelkriterium gemessen?
- Wie ist die Nachprüfbarkeit geregelt? (Zeitliche Abstände, wer führt dies durch, z.B. neutrale Institute?) – Wie sind die wettbewerbsrechtlichen Auswirkungen zu sehen? (juristische Überprüfbarkeit).
- Wo ist der Geltungsbereich? (national/europaweit/regional). Ein Nebeneinander von Gütesiegeln führt zur Verwirrung des Reisenden, d.h. der Bekanntheitsgrad des Siegels muß gesichert sein.

Das Forschungsinstitut für Freizeit und Tourismus (FIF) der Universität Bern hält die Vergleichbarkeit verschiedener Ferienangebote nur sehr bedingt für möglich, zudem sieht man einen äußerst geringen Informationsgehalt solcher Gütezeichen. Anstelle von derartigen Auszeichnungen wird eine ökologische Produktdeklaration auf zwei Ebenen vorgeschlagen (Müller/Mezzasalma, 1992, S. 22 f.):

- Eine Energiebilanz für alle Transporte einer Reise: Sie dient als Indikator für die Umweltbelastungen eines Programms.

  (Wie die Abbildung 41 in Teil 10 zeigt, erfordert jeder Skitag in den Rocky Mountains mehr Energie als 100 Durchschnittsbürger zusammen pro Tag in ihren Haushalten verbrauchen. „Bei jeder Interkontinentalreise sind die Belastungen allein durch den Flug schon derart hoch, daß sie durch kein noch so umweltverträgliches Hotel und durch keine noch so häufige Benützung öffentlicher Verkehrsmittel vor Ort kompensiert werden könnten" (ebd., S. 22).

- Eine subjektive Einschätzung verschiedener Umweltaspekte am Ferienort seitens der Feriengäste: Sie zählt als Indikator für die Umweltsituation in einem Zielgebiet.

Neben die Gütesiegel treten zusätzlich noch Umweltpreise, die von verschiedenen Institutionen verliehen werden.

Preise/Ausschreibungen/Wettbewerbe

Inzwischen werden im touristischen Bereich zahlreiche Umweltpreise verliehen, um mit der Auszeichnung Betriebe zu motivieren, gezielt auf eine umweltorientierte Betriebsführung umzustellen:

- 1991/92 wurde erstmals in Bayern landesweit der Wettbewerb „Umweltbewußter Hotel- und Gaststättenbetrieb" ausgeschrieben. Die bundes- und europaweit bis dahin einmalige Aktion wurde von den Staatsministerien für Landesentwicklung und Umweltfragen und für Wirtschaft und Verkehr in Zusammenarbeit mit dem Bayerischen Hotel- und Gaststättenverband und dem Landesfremdenverkehrsverband Bayern durchgeführt. Der große Erfolg zeigt sich mit 1319 Beteiligungen. Die Zahl der Preisträger betrug 739 (davon 672 nur eine Anerkennungsurkunde), 15 Betriebe erhielten eine Gold-, 52 Betriebe eine Silbermedaille.
  Neben Medaillen, Urkunden gab es auch das neu geschaffene „Umweltwapperl", einen Aufkleber mit der Umschrift „Wir wirtschaften umweltbewußt".

- Den Europäischen Umweltpreis 1992 gewann die Bürgerinitiative „Für Rügen", die sich für eine umweltverträgliche Wirtschaftsentwicklung und sanften Tourismus auf Rügen eingesetzt hatte.

- Die Deutsche Umweltstiftung schrieb 1992 für Kommunen bereits zum dritten Mal den Wettbewerb „Bundeshauptstadt für Natur- und Umweltschutz" aus, um fortschrittliche Gemeinden als Schrittmacher der Umweltpolitik herauszustellen.
  Die Bewertungskriterien beziehen sich auf Organisation der Verwaltung, Flächenschutz/Artenschutz, Landwirtschaft, Fließgewässer, überregionaler Naturschutz, Trinkwasserverbrauch und Abwasserreinigung, Verkehr, Abfallwirtschaft, Energieeinsparungen, Umweltverträglichkeit, Kooperation mit bundesweit tätigen Naturschutzverbänden, Bilanz der Öffentlichkeitsarbeit, Ergänzungen. 1991 wurden Erlangen (100700 Einwohner) und Nettersheim (6500 Einwohner) gemeinsam Sieger, 1992 die Stadt Freiburg.

- Der Deutsche Golf Verband (DGV) verleiht einen eigenen Umweltpreis.

- Seit 1987 vergibt der Deutsche Reisebüro-Verband den „Internationalen DRV-Umweltpreis". Die Preisträger waren:
  1987: die Umweltschutzorganisation Montenegro für die Aktivitäten zur Rettung der Taraschlucht
  1988: der Fremdenverkehrsverband Berner Oberland für die Aktion „Bäumiger Sommer"
  1989: der King Mahavodra Trust for Natural Conservation in Nepal für das Annapurna Conservation Area Project (ACAP)
  1990: die Grup Balear d'Orintologia i Defensa de la Naturalesa (GOB), größte Umweltschutzgruppe der Balearen für ihren Einsatz zum Schutz der bedeutendsten Feuchtzonen des Mittelmeerraumes
  1991: das Fremdenverkehrsamt Uhldingen am Bodensee für seine Umweltschutzmaßnahmen
  1992: das Hotel Kürschner in Kärnten, für die konsequente ökologisch orientierte Umsetzung des Betriebs und Angebots

- Die Vereinigung Deutscher Reisejournalisten (VDRJ) verlieh ihren Preis für herausragende Leistungen im Umweltschutz 1993 an den Tourismusminister der Baleareninsel Mallorca.

- Die Touristik Union International (TUI) vergab ihren Umweltpreis an die türkische Naturschutzinitiative Bodrum Gönüllüler.

- Die kommunale Umweltaktion U.A.N., eine Initiative des Deutschen Städte- und Gemeindetages, hat der Wirtschaftsfachschule für das Gaststätten- und Hotelgewerbe Dortmund den Kommunalen Umweltpreis 1991 für die besipielhafte und richtungsweisende Projektuntersuchung „Gastgewerbe contra Ökologie" verliehen.

- Die British Tourist Authority verleiht den „Tourism for Tomorrow Award"
  Tourism for Tomorrow Award (UK)
  Bereits zum dritten Mal wurde 1992 ein Preis für umweltfreundlichen Tourismus ausgeschrieben, den British Airways zusammen mit der Britischen Fremdenverkehrszentrale (BTA) und der Tour Operators Study Group(TOSG) trägt. Unter dem Namen „Tourismus für morgen" werden Ideen für umweltfreundliches Reisen in drei Kategorien bewertet – für Projekte in Großbritannien, in Europa und in der

übrigen Welt. Ziel dieser ersten weltweiten Kampagne ist es, das Umweltbewußtsein in der Tourismusindustrie zu schärfen und sie zu einem verantwortlichen Umgang mit der Natur zu ermutigen.

Die Liste der 64 Bewerbungen reichte vom Schutz einer vom Aussterben bedrohten Gruppe von Schildkröten in Florida bis hin zur bewahrenden Entwicklung der ehemaligen Gefangeneninsel Sentosa bei Singapur. In der Kategorie „Europa" gewann z.B. das österreichische Lungautal mit der Idee eines Elektrobusses: Auf ihrem Weg zu den Parkplätzen verursachten die Wanderer mit Hunderten von Autos enorme Staubwolken und in hohem Maße Bodenerosionen. Schließlich wurden die Zugangsstraßen für den Privatverkehr gesperrt und ein Elektrobus eingesetzt, der die Touristen zu den von ihnen bevorzugten Ausgangspunkten bringt.

- Auf dem Weltgipfel in Rio wurde von dem World Travel and Tourism Council (WTTC) und der Australian Tourist Industry Association der Start eines neuen „Tourism Education Award" beschlossen.

Ökopreis Neuseeland
Wenn sich ein touristisches Unternehmen intensiv für den Umweltschutz engagiert, die Beeinflussung der Umwelt durch seine Tätigkeit überwacht, minimiert und den Umweltschutzgedanken aktiv an die Reiseteilnehmer weitergibt und schließlich in Neuseeland ansässig ist, dann ist es ein klarer Anwärter auf diesen Ökotourismus-Preis. Er wurde erstmalig 1992 während der Ecotourism Conference in Auckland drei inländischen Touristikunternehmen (Kiwi Dundee, Lake Moeraki Wilderness Lodge, Southern Heritage Expeditions) verliehen. Der Preis ist mit 7500 Neuseeland-Dollar (etwa 6375 DM) dotiert. Der Ökotourismus-Preis wird nun jedes Jahr vergeben. Die Auszeichnung soll das Bewußtsein sowohl bei der inländischen Reiseindustrie als auch bei der Bevölkerung dafür stärken, daß der Schutz der Umwelt für ein „grünes Land" wie Neuseeland besonders wichtig ist.

Öffentlichkeitsarbeit/PR

Eine zentrale Stellung im Kommunikations-Mix der Unternehmung wird die Öffentlichkeitsarbeit durch das eigene Unternehmen oder durch Verbände innehaben. Im Mittelpunkt der PR-Arbeit steht die gesamte Unternehmung mit ihren auf die Umwelt ausgehenden Handlungen. Die Unternehmung muß ihrer enorm gestiegenen gesellschaftspolitischen Bedeutung Rechnung tragen. Es ist jedoch ungeheuer wichtig, die PR-Arbeit nicht als Ersatz bzw. Ablenkungsmanöver für unterlassene Umweltschutzmaßnahmen zu begreifen. Nur wenn die Öffentlichkeitsarbeit eingebettet ist in eine schlüssige Umweltgesamtkonzeption und eine entsprechend ökologisch geprägte Unternehmenskultur, wird sie die Glaubwürdigkeit beanspruchen dürfen, die notwendig ist, um eine echte Vertrauensbasis in der Öffentlichkeit zu schaffen. Gute PR-Arbeit dient aber nicht nur zur Schaffung eines positiven Firmen-Umweltimages, sondern auch der Sensibilisierung und Information der Reisenden.

Winter (1988) nennt die „Maximen der Wahrheit, Klarheit und Einheit von Wort und Tat" als Regeln und gibt folgende Beispiele:
- Public-Relations-Aussagen über umweltorientiertes Handeln nur zulassen, wenn der Inhalt jeder Prüfung standhält, die Aussagen belegbar sind.

- Nicht allgemein über die „Umweltfreundlichkeit" des Unternehmens berichten, sondern über konkrete Aktivitäten – nicht über Pläne, sondern über Taten.
- Bei den Medien überprüfen, ob die Taten der Unternehmung in geplante Themen passen; nutzen, daß gerne über innovatives Verhalten berichtet wird.
- Die Öffentlichkeit in Umweltmaßnahmen einbeziehen, z.B. die Umweltberatung für Mitarbeiter.
- In den PR-Aussagen Fortschritte darlegen.
- Unterschiedlichste Zielgruppen ansprechen, also Mitarbeiter, Außenstehende, Kunden und interessierte Laien, alle Gesellschafts- und Altersschichten, positiv oder kritisch eingestellte Gruppen.

Gute Multiplikatoren und Imagebildner sind die eigenen Mitarbeiter und ihre Familien. Als Betroffene sind auch die Bereisten eine wichtige Zielgruppe. Einer besonderen Ansprache bedürfen sicherlich die Personenkreise, die sich mit Umweltfragen beschäftigen und in Umwelt- und Naturschutzorganisationen, Bürgerinitiativen, Instituten, Verbänden, Ämtern oder sonstigen Behörden arbeiten. Zum einen kann der Dialog mit ihnen leichter sein, da es sich um Experten handelt, wobei unterschiedliche wissenschaftliche Anschauungen aber zu Unstimmigkeiten führen können. Zum anderen kann natürlich, und dies dürfte nicht selten der Fall sein, eine skeptische, kritische oder ablehnende Haltung den Dialog sehr konfliktträchtig gestalten.

Es gilt, die unterschiedlichen Interessenlagen (etwa von Skiliftbetreibern, von Skifahrern, Einheimischen und Naturschützern) in einem „offenen" Dialog zu berücksichtigen. Es muß auch bei den Führungskräften ein Klima der Konfliktbejahung geschaffen werden in dem Sinne, daß die durch das Unternehmen ausgehenden Umweltbelastungen erkannt und in den Dialog eingebracht werden. Um langfristig das Vertrauen der sozialen Umwelt zu genießen, müssen auch die touristischen Unternehmen in einen aktiven Dialog mit der Öffentlichkeit treten.

Im Bereich des Umweltschutzes müssen touristische Betriebe/Verbände/Fremdenverkehrsorte durch ihre PR-Arbeit klarmachen, daß

- sie einen Ausgleich zwischen touristischen (ökonomischen) und ökologischen Interessen nach bestem Wissen und Gewissen anstreben,
- die Öffentlichkeit in diesem Bereich Zwiespältigkeit zeigt (Eigenverantwortung des einzelnen; Denken und Taten, die nicht übereinstimmen),
- jede wirtschaftliche Tätigkeit (und damit auch der Tourismus) mit einer Umweltbelastung (und einem Risiko) behaftet ist.

Als Mittel für eine umweltorientierte Öffentlichkeitsarbeit kann auf die klassischen Instrumente zurückgegriffen werden:

- Pressekonferenzen, Presseveröffentlichungen
- Vorträge/Umweltseminare

- Geschäftsbericht, Sozialbilanz, erweiterter Sozialbericht
- Eigene Umweltberichte/Umweltmitteilungen
- Firmenzeitung/Fremdenverkehrsprospekte
- Betriebsbesichtigung, Tag der offenen Tür
- Umwelttelefon
- Öko-Sponsoring
- Umwelt-, Naturstiftungen
- Mitarbeit bei umweltorientierten Verbänden
- Umweltorientierte Unternehmensführung
  (Mitarbeiterschulung, Umweltweltbeauftragter, -referent, Vorschlagswesen etc.)

Wichtigste Zielgruppe für die öffentliche Meinungsbildung sind sicherlich aufgrund ihrer multiplikatorischen Wirkung die Medien.

Sponsoring

Während sich in den achziger Jahren zuerst das Sport- und später zunehmend auch das Kultursponsoring als neues Instrument der betrieblichen Kommunikationsarbeit einen festen Platz erobert hat, ist das Öko-Sponsoring in Deutschland noch recht jungen Datums. Neben einer Integration im Kommunikations-Mix einer Unternehmung ist eine Verankerung in der Unternehmenskultur und -philosophie unabdingbar, da diese Art des „sensiblen" Sponsorings nur auf der Grundlage einer glaubwürdigen gesellschaftlichen Verantwortung der Unternehmung basieren kann. Die damit dokumentierte Orientierung am Gemeinwohl bedarf einer umweltorientierten Unternehmensidentität, einer dokumentierten Üereinstimmung von Handeln und Taten. Ein gesellschaftsorientiertes Marketing braucht eine gesellschaftsorientierte Unternchmensführung.

Öko-Sponsoring-Aktivitäten gibt es in allen Branchen. Einige Beispiele aus dem Tourismus verdeutlichen die Vielfalt:

- Gründung eines „Umweltfonds", der aus einem Betrag der Buchung und einer zusätzlichen Spende des Kunden zusammengesetzt ist (z.B. K&S-Reisen für Projekte in den französischen Alpen)
- Die Lufthansa fördert ein Kranich-Schutzprojekt des Deutschen Bundes für Vogelschutz.
- Baumpflanzaktionen werden unterstützt durch Terraplan Touristik, Medico Reisen, Orion Interconti, Maya Travels u.s.w.

Beispiele aus Großbritannien:
- Thomas Cook (U.K.) macht eine jährliche Spende an eine Pferdeklinik in Ägypten.
- STA Travel unterstützt die Umweltorganisation Tourism Concern.
- Bei jeder Buchung eines Airtours-(UK-)Urlaubs auf der „Green Hotline" geht eine 10-Pfund-Spende an das Bellerive Kenyan Tree Planting Scheme (zusätzlich gibt's das Kinderbuch „Tomorrow's World" umsonst).
- Countrywide Holidays spendet 1 Pfund von jeder gebuchten Reise für ein Umweltprojekt.

- Cox & Kings kauft Regenwaldteile in Belize.
- Detours unterstützt finanziell Umweltprojekte weltweit.
- Hays Travel fördert mit 10 Pfund per Buchung verschiedene Umweltprojekte.
- Sensibility Travel spendet 25 Pfund per Buchung an den Sensibility Trust.

Europäische Reiseversicherung (ERV)
Mit dem Umweltgroschen 1992 unterstützt die Europäische Reiseversicherung im Rahmen ihrer „Rat & Tat-Aktion Umweltgroschen" das „Ökodorf Brodowin". Wie 1991 zweigt sie von allen pro Jahr verkauften Rat &Tat-Paketen einen Groschen ab und stellt ihn für das Projekt zur Verfügung. Bei tatkräftiger Verkaufsunterstützung durch die Reisebüros dürfte auf diese Weise ein Spendenbetrag von ca. 100 000 DM erreicht werden.

Das Dorf Brodowin befindet sich ca. 60 km nordöstlich von Berlin innerhalb des größten Biosphärenreservates Deutschlands; in seiner Nähe liegt der Parsteiner See, an dessen Ufern Graureiher, Störche, Kraniche, Seeadler und Kormorane nisten. Ziel des Umweltschutzprojektes „Ökodorf Brodowin" ist der Schutz und die Erhaltung des Biosphärenreservates. Inzwischen hat die Europäische Reiseversicherung bereits eine erste Rate von 50 000 DM überwiesen.

Erste Ergebnisse der geleisteten Arbeit:
- Die Umbaumaßnahmen am Informationszentrum sind fast beendet. Seit Ende 1992 kann das Zentrum für Filmvorführungen, Vorträge und eine Ausstellung der Tier- und Pflanzenwelt rund um Brodowin genutzt werden.
- Der Ausbau eines Wegenetzes, das die Schönheiten der Natur und ihrer schutzbedürftigen Pflanzen und Tiere erschließen soll, wurde in Angriff genommen.
- Ein Fahrradverleih wurde eingerichtet, da wegen der vorgesehenen Beschränkung des Autoverkehrs mit entsprechender Nachfrage zu rechnen ist.

Das Projekt motiviert inzwischen auch die Einwohner von Brodowin, eigene Mittel zum touristischen Aufbau des Ökodorfes einzusetzen.

Anforderungskriterien für ein ERV-Umweltprojekt
1. Der touristische Bezug muß bei dem auszuwählenden Projekt vorhanden sein.
2. Die Expedienten als Verkäufer von ERV-Produkten sollen sich mit dem Projekt identifizieren können.
3. Die Aktion sollte eine positive emotionale Motivationskomponente enthalten.
4. Das Projekt sollte sich auf ganz konkrete pragmatische Maßnahmen, also nicht auf theoretische „politische" Projekte, beziehen.
5. Mit dem Betrag, den die ERV zur Verfügung stellt, muß ein sichtbarer Erfolg gewährleistet sein.
6. Der ERV muß eine eigenständige Position bei dem Projekt zufallen, sie darf nicht in einer Vielzahl von Sponsoren untergehen.
7. Es sollte ein Projekt sein, das in engem Zusammenhang mit deutschen Urlaubern steht.
8. Das Vorhaben sollte nicht in einer Krisenregion stattfinden.

DER – Umweltgroschen für Schutzgebiet
Auch 1993 will das Deutsche Reisebüro (DER) sein Umwelt-Sponsoring fortsetzen und für jeden Kunden der DER-Tour-Spezialprogramme einen „Umweltgroschen" für einen guten Zweck einbehalten. Für 1992 hat das Unternehmen durch diese Maßnahme 93 000 DM (Teilnehmeraufkommen 930.000 Gäste) bereitgestellt, um sich an der Pflege und Erhaltung des Unesco-Biosphärenreservates „Mittlere Elbe" bei Dessau/Sachsen-Anhalt zu beteiligen. Das Geld soll zweckgebunden für die Errichtung eines Informations- und Leitsystems innerhalb des Reservates eingesetzt werden. Beim Unesco-Biosphärenreservat handelt es sich um das mit 43 000 Hektar größte Schutzgebiet in Sachsen-Anhalt mit dem größten noch bestehenden Auenwaldkomplex Mitteleuropas.

Ramada International und American Express
Während einer viermonatigen Kampagne haben Ramada International Hotels & Resorts und American Express gemeinsam 102.000 US-$ aufgebracht, die an die Umweltorganisation „The Nature Conservancy" gehen. Jedesmal, wenn ein Gast in einem Ramada Hotel, Ramada Renaissance Hotel, Ramada Resort Hotel oder Ramada Inn mit der American Express Karte bezahlte, ging von den beiden Unternehmen zusammen ein Dollar an „The Nature Conservancy".
Die Spende ist bereits die zweite ihrer Art. Bei der ersten gemeinsamen Kampagne im Jahre 1991 wurde ein Projekt zum Schutz der Felseninseln auf Palau, Mikronesien, mit 83.000 US-$ unterstützt.
Geworben wird für diese „letzten Reservate" mit den zentralen Themen der Kampagne: „If I could, I'd give you the world" (Wenn ich könnte, schenkte ich dir die Welt) und „Take charge of tomorrow" (Verantwortung für morgen übernehmen).
Die Mitarbeiter von mehr als 1.900 American Express Reisebüros und aller 122 Ramada International Hotels, Renaissance Hotels und Resorts unterstützen die Aktion weltweit durch die Weitergabe von Informationsmaterial an ihre Kunden.
1992 ging die Spende an das neue Büro von „The Nature Conservancy" in Jakarta, Indonesien. Das Geld wird eingesetzt in Programmen zum Schutz der wichtigsten Ökosysteme in den bedrohten indonesischen Nationalparks, den Regenwäldern und Korallenriffen sowie zum Aufbau einer Datenbank mit allen relevanten Informationen über die dortige Pflanzen- und Tierwelt.

K&S-Reisen
Der Spezialveranstalter K&S-Reisen in Karlsruhe konnte mit seinem drei Jahre zuvor ins Leben gerufenen Umweltfonds-Programm insgesamt bis Ende 1992 33 000 DM ansammeln. K&S fordert seine Kunden bei Buchung einer Skireise zu einem kleinen Beitrag für Umweltschutz-Projekte in den französischen Skigebieten auf und spendet zusätzlich für jede Buchung 10 DM. Über 30 Prozent der K&S-Kunden haben sich mit einem freiwilligen Beitrag an der Aktion beteiligt. Im Katalog und in einer separaten Broschüre werden die Möglichkeiten und Probleme eines sanften Skitourismus thematisiert und den Skifahrern Verhaltenslinien empfohlen.

Hindelang Natur & Kultur
Zwei Drittel der ursprünglich ungastlichen Alpenoberfläche wurden im Laufe der Jahrhunderte von den traditionellen Bergbauern nutz- und bewohnbar gemacht. Auch heute erfüllen diese Bauern ihre wichtige Rolle als Wächter einer vielfältigen Landschaft und Beschützer menschlicher Siedlungen. Aber für wie lange noch? Gleichzeitig dazu fallen auf den Alpenraum 25 % der weltweit im Tourismus erzielten Umsätze, was ohne die Anwesenheit dieser Bauern als natürliche Landschaftspfleger undenkbar wäre. Der alpine Tourismus kann daher nur in Partnerschaft mit der Landwirtschaft überleben, so daß es natürlich erscheint, daß die Bergbauern einen Teil der aus dem Tourismus zufließenden Gelder erhalten.

Als deutsche Premiere hat nun eine Gemeinde als Ganzes die Notwendigkeit zur Unterstützung erkannt – also Tourismusverantwortliche, Gewerbe und Öffentlichkeit – und mit der Schaffung eines Fonds für ihre Bergbauern auf die Notlage reagiert. Am 3. Oktober 1992 gaben die Bergbauern von Hindelang, Riso Deutschland und Prinz Aga Khan, Präsident von Alp Action, unter der Schutzherrschaft der CIPRA den offiziellen Startschuß für das Projekt „Hindelang Natur & Kultur". Es handelt sich dabei um ein integriertes Entwicklungsprojekt, das Berglandwirtschaft, Natur- und Landschaftsschutz sowie sanften Tourismus harmonisch miteinander verbindet.

63 der 70 Bauern von Hindelang haben die „Satzung der Hindelanger Bauernvereinigung" unterzeichnet, in der die künftig einzuhaltenden Bedingungen für Produktquali-

tät, Umwelt- und Landschaftsschutz genau definiert sind. Ein Schlüsselelement für den Erfolg des Projektes „Hindelang Natur und Kultur" ist das Hindelanger Qualitätslabel, das sich in Zukunft auf den von der Bauernvereinigung hergestellten Produkten befindet. Eine für die breite Öffentlichkeit angelegte Informationskampagne wird dafür sorgen, daß sich die Konsumenten über die Qualität der Produkte aus Hindelang und den positiven Einfluß ihrer Herstellungsmethoden auf Umwelt und Landschaft bewußt werden. Da sich dieses Projekt als Modell für ähnliche Aktionen im Alpenraum eignet, hat sich Alp Action, der internationale, institutionelle Fonds für die Bewahrung der alpinen Umwelt, dazu entschlossen, für das Projekt private Gelder in Form eines Umweltschutzpartners aus der Privatwirtschaft zu suchen. Der Hilfsfonds für die Bergbauern wird zum einen Teil mit lokalen Steuern und zum anderen Teil von der Riso Deutschland GmbH alimentiert werden. Der Verwendungszweck der Gelder wird von den Bergbauern selber bestimmt, die dazu eine vom Bund Naturschutz in Bayern erarbeitete und von den Bauern und der Gemeinde genehmigte Vereinbarung unterzeichnet haben, wonach aus diesem Fonds getätigte Ausgaben und Investitionen strengen Regeln unterworfen sind.

WWF
Auf ein umfangreiches Spendenspektrum kann vor allem der World Wide Fund for Nature verweisen, der mit den Sponsorships für seine Sektion Deutschland fast 10 % seiner Gesamteinnahmen erreicht (der Anteil soll auf 20 % angehoben werden): IBM, Artists United for Nature, Ringfoto, Holsten Brauerei, Opel, Otto-Versand, Deutsche Bank, Commerzbank, Starmix u.a. Die Umweltstiftung ist die größte private Naturschutzorganisation der Welt und hat seit ihrer Gründung 1961 fast 4000 Projekte in ca. 140 Ländern durchgeführt oder unterstützt. Der WWF, als politisch und wissenschaftlich neutral angesehen, verfolgt eine offensive Vertriebsstrategie und bietet den Sponsoren maßgeschneiderte Projekte an.

Die Umweltstiftungen müssen zur Wahrung ihres Rufes und ihrer Glaubwürdigkeit klare Vorstellungen über die Auswahl von Sponsoren (und deren „reiner Weste") haben – damit keinesfalls die finanzielle Unterstützung solcher Umweltprojekte nur eine Alibifunktion in der PR-Arbeit des Sponsors darstellt. Ein gewisses Dilemma ist zu erkennen: Das positive Image der Umweltschutzorganisation verleiht dem Sponsor Glaubwürdigkeit. Da auch der Umkehrschluß gilt, muß die geförderte Organisation klare Auswahlkriterien befolgen, um nicht über bekanntwerdende Umweltsünden des Sponsors selbst in Mißkredit zu geraten (ihr „Gesicht zu verlieren"). Außerdem muß verhindert werden, daß die Gelder an der Unabhängigkeit der Organisationen „knabbern". So zeigen sich einige Organisationen (wie etwa Greenpeace) gegenüber industriellen Großspenden verschlossen.

Bei der Verwendung dieses Instruments sind die Besonderheiten eines solchen Engagements auch auf seiten des Sponsors zu berücksichtigen. Als Gegenleistung für die unternehmerische Verpflichtung, auch soziale Verantwortung zu tragen, erwartet die Unternehmung öffentliche Anerkennung, Sympathie, Vertrauen und Profilierung.

Ohne ein umweltgerechtes Verhalten „im eigenen Haus" wird der Sponsor jedoch unglaubwürdig. Der Sponsor wird entweder bei den Projekten, in Informationsschriften, Presseberichten etc. direkt als Förderer genannt, oder er integriert das Sponsorship im Rahmen seiner Kommunikationspolitik und erwähnt das Engagement etwa in der Werbung („Tue Gutes und rede darüber"). In der von Pro Natur ins Leben gerufenen Vogelschutzaktion „Save the Birds", die Finanzmittel primär über ein in vielen Sprachen veröffentlichtes Buch erbringt, wurden den Sponsoren bereits Anzeigenvorlagen zur Verfügung gestellt, in die nur mehr die Firmenlogos eingearbeitet werden mußten.

Die Gefahr eines gewissen „Freikaufens" von der eigenen Verantwortung ist aber nicht nur beim Sponsor zu sehen, sondern auch bei dem Reisenden selbst, wenn er (freiwillig) zusätzlich in solche Aktionen mit einbezogen wird.

Organisation

Das „Umweltdenken" ist im Unternehmen institutionell zu verankern. Bei der innerbetrieblichen Organisation des Umweltschutzes ist an die normalen Kriterien zur Gestaltung der Aufbau- und Ablauforganisation zu denken. Da wir Umweltschutz als eine integrale Managementaufgabe verstehen, die ein ganzheitliches strategisches Denken erfordert, sind damit i.d.R. auch Änderungen im Organisationskonzept notwendig.

Wird die Funktion „Umweltschutz" von einer selbständigen Stelle wahrgenommen, kann dies

- durch eine Stabsstelle (vgl. Abbildung 19) oder
- durch eine zentrale Abteilung mit Leitungscharakter oder
- durch spezielle Projekt-(Arbeits-/Umwelt-)gruppen vollzogen werden.

Die Entscheidung für eine dieser Gestaltungsformen wird von der jeweiligen betrieblichen Organisationsumwelt geprägt sein.

Die erste Möglichkeit wird vor allem für den mittelständischen Bereich (der für den Tourismus charakteristisch ist) in Betracht kommen; in vielen Fällen wird diese Aufgabe verlagert auf externe Berater. Während Stabsstellen generell mit einem Akzeptanzproblem zu kämpfen haben, neigen Zentralstellen zu Schwerfälligkeit und Formalismus.

Bei einigen Großunternehmen der Tourismusbranche, z.B. TUI (vgl. Abbildung 20), ITS, LTU, LH, Swissair, British Airways, Canadian Pacific Hotels, Steigenberger (vgl. Abbildung 21), bei allen 70 Best Western Hotels der Schweiz usw. sind in den letzten Jahren Umweltverantwortliche (Umweltreferenten oder ähnliche Bezeichnungen) eingesetzt worden. Den Auszug einer Stellenbeschreibung zeigt Abbildung 22 (aus Kirstges, 1992, S. 187 f.).

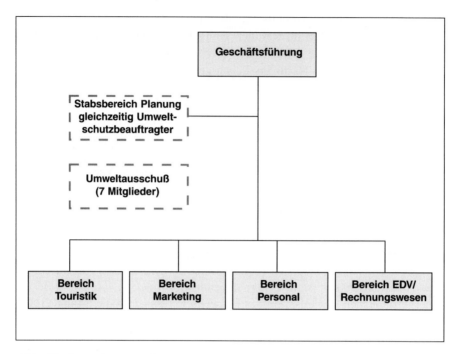

Abb. 19: Organigramm Ameropa Reisen

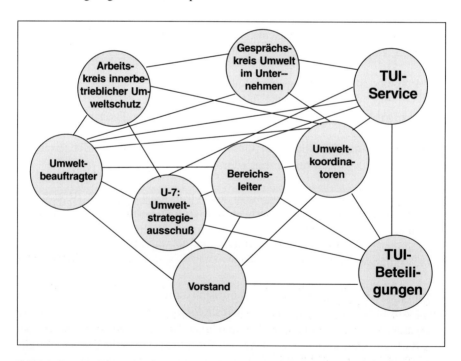

(Quelle: Prüfstand, 03/1992)

Abb. 20: Organisation TUI

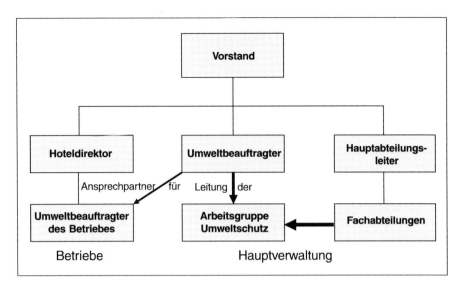

Abb. 21: Organisation bei Steigenberger Hotels

Kirstges (1992, S. 96) wendet sich gegen einen Partialansatz: „So ist oft zu beobachten, daß Unternehmen den Umweltschutz als zusätzliche Aufgabe der Presse- und PR-Abteilung übertragen ... Ein deutlicheres Zeichen für eine von Ignoranz oder allenfalls Anpassung geprägte Grundhaltung gegenüber den Anforderungen eines sanften Tourismus ... läßt sich kaum setzen. Nachvollziehbar wäre eine solche partial implizite Lösung allenfalls bei Kleinveranstaltern, die sich aufgrund finanzieller Restriktionen ... keine bessere organisatorische Umsetzung erlauben können, oder aber als kurzzeitige Übergangslösung bis zur ‚richtigen' Implementierung."

Ein Umweltreferent eines touristischen Betriebes hat ein breit gefächertes Aufgabenfeld, nämlich:
- die Entscheidungsträger bei neuen Konzeptionen zu beraten und zu informieren,
- die Mitarbeiter aufzuklären und zu motivieren,
- Verbesserungsvorschläge vorzulegen, Innovationen anzustreben,
- die (technischen) Maßnahmen zur Verbesserung des betrieblichen Umweltschutzes zu planen und zu überwachen,
- die Kosten des Umweltschutzes zu erfassen und zu beurteilen,
- Umweltvorschriften zu beurteilen und die Verwirklichung externer Auflagen sicherzustellen,
- über Maßnahmen intern und extern zu berichten, ökologische PR-Arbeit zu leisten,
- die Einhaltung von Vorschriften zu überwachen,
- die Aus- und Weiterbildung ökologisch anzureichern,
- an der strategischen Planung beteiligt zu sein, UVPs oder Audits zu planen und begleiten, ein ökologisches Controlling- (z.B. durch Öko-Kennzahlen) und Informationssystem aufzubauen und zu handhaben,
- je nach Bedarf spezielle Ökoteams, Projektgruppen, Quality Circles, Umweltausschüsse anzuregen,

Stellenbeschreibung Umweltschutzbeauftragter

Stellenbezeichnung:
Umweltschutzbeauftragter

Rangstufe:
Stabsstelle der Geschäftsführung
Abteilungsleiter

Ziel der Stelle:
Vermittlung aller, die DSG betreffenden Umweltaspekte und Durchsetzung der Unternehmensziele im Bereich Service im Zug und im stationären Bereich zur Optimierung des Umweltschutzes bei der DSG
Entwicklung von entsprechenden Konzepten, fachliche Beratung der Geschäftsführung, der Fachfunktionsträger in allen Fachbereiche
Vermarktung der Umweltkompetenz und Aufbau dazu notwendiger Geschäftsbereiche

Unterstellung:
Geschäftsführung

Überstellung:
nachgeordnete Mitarbeiter

Vertretung:
AL FP

Spezielle Vollmachten:
Verhandlungsführung im Rahmen der Zielsetzung mit allen internen und externen Partnern und Institutionen
Besuch von Fachveranstaltungen aller Art, die der Zielsetzung der Stelle dienlich sind

Tätigkeits- und Kompetenzbeschreibung
- Aufbau eines ganzheitlichen Konzeptes
- Beratung und Zuarbeitung der Geschäftsführung in Umweltschutzfragen
- Koordinierung der betrieblichen Umweltschutzaktivitäten
- Leitung des Umweltschutzausschusses und Unterstützung interdisziplinärer Arbeitsausschüsse
- Repräsentation des Umweltschutzgedankens bei allen strategischen Unternehmensentscheidungen
- Teilnahme an allen entsprechenden Sitzungen
- Prüfung aller Geschäftsfälle im Hinblick auf Umweltschutz
- Mithilfe bei der Entwicklung umweltschutzorientierter Maßnahmen
- Anprechpartner für alle ökologischen Fragestellungen
- Wahrnehmung der Fachpromotorenfunktion gegenüber den Fachfunktionsträgern
- Wahrnehmung der Prozeßpromotorenfunktion, die auf allen hierarchischen und funktionellen Ebenen ökologisch orientierte Entscheidungsprozesse und Qualifikationen näherbringt
- Berücksichtigung der zu treffenden Maßnahmen nach wirtschaftlichen und kostenorientierten Gesichtspunkten
- Ansprechpartner für Umweltschutz gegenüber Dritten, insbesondere der DB
- Enge Zusammenarbeit mit den bei der DB zuständigen Fachbereichen bei der Verbesserung der Situation und zukunftsorientierter Projekte
- Führung von Mitarbeitern
- Umsetzung und Realisierung des Gedankens der kommerziellen Vermarktung der DSG-Umweltschutzkompetenz und des DSG-Umweltschutz-Know-how
- Mitarbeiter-Aktionen
- Bereichs-Aktionen
- Lieferanten-Aktionen

Abb. 22: Auszug aus der Stellenbeschreibung der DSG

- Kontakte zu Behörden, Politikern, verschiedenen Verbänden im Freizeit- und Tourismusbereich, Umweltschutzorganisationen usw. zu pflegen,
- Kooperationen anzuregen (z.B. Einkaufskooperation mehrerer Hotels),
- im Sinne eines „change agent" zu wirken.

„Es empfiehlt sich in jedem Bereich innerhalb der Linienorganisation Projektleiter zu bestimmen, die als Mitglieder von interdisziplinären Projektteams an übergreifenden Zusammenhängen arbeiten. Gerade beim Umweltmanagement zeigt sich auch wieder, daß eine flache Hierarchie wesentlich flexibler und unbürokratischer zu Ergebnissen führt als eine traditionelle Hierarchie und daß kurze Entscheidungswege die Motivation der Beteiligten nachhaltig steigern können" (Zimmer, 1993).

Inter-Continental Group – Environmental Committee
Das Handbuch der Inter-Continental Group (siehe auch Teil 8) spricht für die verantwortliche Durchführung des Programms durch den Einsatz von Umweltausschüssen. Der jeweilige Ausschuß sollte geleitet sein vom Executive Assistant Manager/Resident Manager des jeweiligen Hotels. Neben dem Chairman sollten die Bereiche F&B, Front office, Housekeeping, Materials, Accounts, Marketing/PR, Engineering, Human Resources und Executive office personell vertreten sein. Je nach Aufgabe werden spezielle Verantwortungsträger bestimmt (z.B. „Recycling-Coordinator").

Personalpolitische Maßnahmen

Ökologisch orientiertes Management zielt letztendlich ins Leere, wenn es keinen Niederschlag im Verhalten der Menschen findet. Ohne aktive Mitarbeit möglichst vieler Mitarbeiter ist ein Ausrichten auf Umwelterfordernisse nicht möglich. Man braucht kein Pessimist zu sein, um festzustellen, daß wir noch weit davon entfernt sind, alle Führungskräfte oder alle Mitarbeiter für diese Aufgabe motiviert und qualifiziert zu haben. Besonders die Personalsituation in touristischen Hotel- und Gastronomiebetrieben, die gekennzeichnet ist mit

- hoher Fluktuation,
- hohem Ausländeranteil,
- geringem Ausbildungsniveau

erschwert diese Forderung außerordentlich.

Zudem kommt dem Unternehmen mit seinen Instrumenten nur eine beschränkte Beeinflussungsmöglichkeit zu. Es kann zwar durch Schulung, Fortbildung und ähnliches eine umweltorientierte Grundeinstellung fördern, diese wird aber bereits in der Schule und der nachfolgenden Berufsausbildung vorgeprägt und durch Einflüsse des privaten und gesellschaftlichen Bereichs zusätzlich determiniert. Nach dem Motto „Was Hänschen nicht lernt, lernt Hans nimmermehr" kann nicht früh genug mit der Umwelterziehung begonnen werden (siehe auch Teil 15).

Auch sollte man menschliches Verhalten generell nicht zu idealistisch sehen. Der gleiche Mitarbeiter, von dem umweltgerechtes Verhalten am Arbeitsplatz erwartet wird, findet es vielleicht normal, privat seinen persönlichen Beitrag zum jährlichen Konsum von 130 Mrd. Zigaretten zu leisten.

Das Arbeitsverhalten des Mitarbeiters kann auf mehreren Ebenen ökologisch beeinflußt werden:
- Schaffung einer umweltgerechten Arbeitsumwelt und eines entsprechenden Arbeitsplatzes (dies ist neben humanen Aspekten wichtig, da die Qualität der Arbeitsleistung stark von der Qualität des Arbeitsplatzes abhängt),
- Integration des Umweltgedankens in betriebliche Aus- und Weiterbildungsveranstaltungen (= Lernort Betrieb),
- Integration des Umweltgedankens in betriebliche Beurteilungs- und Anreizsysteme (so könnten meßbare ökologische Zielvorgaben wie z.B. Energieeinsparungsprozentsätze Bestandteil von Management-by-Objectives-Systemen sein),
- Ausdehnung der Themenbereiche von Qualitätszirkeln auf ökologische Verbesserungen,
- Mitwirkung der Unternehmen bei der entsprechenden Erweiterung der Berufsausbildung in ihrer Branche,
- Prämierung von Öko-Ideen im betrieblichen Vorschlagswesen.

Viele Firmen berichten, daß der eigentliche Anstoß zum Umdenken und die besten Umsetzungsideen aus den Reihen der eigenen Mitarbeiter gekommen sind. Dies ist durch Ideenwettbewerbe und Incentives auszubauen.

Inter-Continental Hotels – Personalpolitische Maßnahmen
In „The Green Machine", the environmental newsletter produced by the Mayfair Inter-Continental Hotel, the Chief Engineer describes how employees can help the hotels bottom line by watching their energy consumption and explains what saving energy means in terms of revenues and the hotels potential for expenditure.

To assist in the collection of recyclables and increase environmental awareness among the different departments, the Hotel Inter-Continental Miami has created a new position – „Captain Inter-Cycle is his name and the collection of recyclabes is his game."

Wichtig erscheint dabei insbesondere eine Leistungsbeurteilung, die nicht mehr allein an ökomomischen Größen orientiert ist. „Für die Verantwortlichen im Tourismus, für die Reiseveranstalter, Hoteliers, Kurdirektoren, Vertreter von Fremdenverkehrsvereinen, die Interessenverbände oder Tourismuspolitiker ergeben sich daraus neue Erfolgsmaßstäbe. Nicht mehr nur Touristen- oder Umsatzzahlen entscheiden über eine erfolgreiche Arbeit, sondern ökologische Meßgrößen wie Energie- und Wasserverbrauch, CO_2-Ausstoß, Flächenverbrauch oder Abfallmengen kommen hinzu. Je besser einzelne Maßnahmen zur Sensibilisierung von Leistungsträgern und Gästen etwa zur Müllvermeidung greifen, desto besser ist der Wert der entsprechenden Meßgröße" (Hamele, 1992, S. 323).

Steigendes Engagement bei betrieblichen Umweltaktionen, die Beteiligung an Seminaren und Fortbildungsveranstaltungen, die Mitarbeit im betrieblichen Vorschlagswesen oder bei „Ökotips"-Aktionen und vieles mehr zeigen ein wachsendes Interesse, das es für eine umweltgerechte Einstellung zu verstärken gilt. Gerade im Umweltschutzbereich ist ein schrittweises Vorgehen einem „zu viel" und einem „zu schnell" als realistischer Weg vorzuziehen. So lassen sich die – auf die Tatsache der extremen Komplexität des Themas, einer enormen Halbwertzeit des Wissens, einer mit dem Wissenszuwachs oft verbundenen „Neu-Interpretation" vorher gesicherter Erkenntnisse u.a. zurückzuführenden – zwangsläufigen Frustrationen vieler Öko-Engagierten etwas mildern.

Wann immer – auch im Tourismus – die Parole „Umweltschutz ist Chefsache" zu hören ist, dann unseres Erachtens in der Bedeutung, daß die „Sonne immer von oben scheint" im Sinne einer von oben nach unten laufenden Motivation der Menschen zum umweltgerechten Verhalten. Umweltschutz darf nicht auf die Geschäftsleitung allein beschränkt bleiben, es ist Aufgabe eines jeden einzelnen. Allerdings: Das (Vorbild-)Verhalten der Führungskräfte, ihre sichtbaren symbolischen Taten und Worte prägen die Unternehmenskultur der Firma und damit auch die Grundhaltung eines jeden Mitarbeiters. Diese zu leistende Motivation umfaßt auch das Einwirken auf eine entsprechende Aus- und Fortbildung.

Eine Integration von Umweltthemen in die berufliche Fortbildung ist u.W. in den Bereichen des Tourismus lediglich in Form des sich an arbeitslose Touristik- und Hotelfachleute wendenden, fünfzehnmonatigen Qualifikationslehrgangs „Umweltexperte/-tin für Tourismus und Hotelökologie" (EPS Bonn) erfolgt, während bereits in vielen anderen Branchen der Umweltschutz nicht nur integraler Bestandteil des Lehrplans der Auszubildenden, sondern auch der Weiterbildungsprogramme von Führungskräften ist. Auch an den Hochschulen besteht bisher nur ein geringes Angebot an entsprechenden Qualifizierungsmöglichkeiten.

In Analogie zum betrieblichen Vorschlagswesen könnte zusätzlich ein „Umwelt-Vorschlagswesen" installiert werden etwa in Form eines Vorschlagskastens neben einem „Schwarzen Brett" für Umweltinformationen. Damit soll der Mitarbeiter zu einem umweltschonenden Verhalten am Arbeitsplatz angeregt und gegebenenfalls, insbesondere für kostensparende Verbesserungsvorschläge, auch prämiert werden. Ein solches Prämierungssystem für Umweltideen führte z.B. British Airways ein („Greenwaves Scheme").

Die Verantwortung der Unternehmung bezieht sich in einem weiten Rahmen nicht nur auf das betriebliche Geschehen, sondern auch auf eine Sensibilisierung zum umweltbewußten Verhalten der Mitarbeiter im privaten Bereich. Von zahlreichen Firmen werden inzwischen auch eigene Seminare zum „Umweltschutz im Haushalt" angeboten. Referenten sind dabei häufig externe Umweltberater/-innen. So können etwa mit Hilfe von computergestützten Checklisten (wie sie z.B. die A.U.G.E. entwickelt hat) der Mitarbeiterhaushalt nach Umweltverträglichkeit durchforstet und Einsparungsmöglichkeiten aufgezeigt werden. Die Erfahrung zeigt ein durchschnittliches Einsparungspotential pro Haushalt von ca. 800 DM im Jahr. Auch das Hotel Zürich hat bereits im Rahmen der Mitarbeiterschulung Kurse über umweltgerechtes Waschen im Privathaushalt durchgeführt.

Zur Unterstützung einer Umweltphilosophie könnte auch auf das Gesundheitsbewußtsein der Mitarbeiter Rücksicht genommen und in der Kantine ein entsprechendes, ernährungswissenschaftlich vernünftiges Angebot (Vollwertmenü etc.) gemacht werden.

Finanzierung

Die Erfüllung der immer dichter werdenden Umweltgesetze, d.h. die Investitionen selbst und die Betriebskosten, trägt gemäß dem Verursacherprinzip zwar immer das Unternehmen. Es liegt jedoch im allgemeinen gesellschaftlichen Interesse, den Vollzug durch flankierende finanzielle Unterstützungen oder Anreize zu fördern. Da sich die mittelständische Wirtschaft nicht so leicht refinanzieren kann, ist die Hilfe stark auf diese Gruppe bezogen. Die Vielfalt der Programme, unterschiedliche Voraussetzungen und Kombinationsmöglichkeiten erschweren zunehmend eine Orientierung im „Förderdschungel". Die starke Werbung der Kreditinstitute für Umweltschutzfinanzierungsprogramme zeigt, daß der zunehmende Beratungsbedarf erkannt wurde. Es gilt, unter Einbezug der Eigenmittel, Mittel der Geschäftsbanken und der öffentlichen Förderprogramme ein optimales „Gesamtfinanzierungskonzept" zu erarbeiten.

Die öffentlichen Finanzierungshilfen beziehen sich immer nur auf eine anteilige Finanzierung eines Umweltschutzinvestitionsvorhabens, d.h., es müssen in einem bestimmten Verhältnis auch Eigen- und/oder andere Fremdmittel eingesetzt werden. Zur Mitfinanzierung eines Vorhabens stehen zur Zeit rund 50 unterschiedliche Förderprogramme zur Verfügung. Einen guten Überblick über das Angebot gibt die Broschüre „Investitionshilfen im Umweltschutz", herausgegeben vom Bundesumweltminister (daneben leisten noch zahlreiche Broschüren der Banken oder der Länderministerien gute Dienste wie die „Förderfibel Umweltschutz" in Bayern).

Da der Einzelfall immer einer umfassenden Prüfung bzw. individuellen Beratung bedarf und Modalitäten sich ständig ändern, soll hier nur ein Überblick der Möglichkeiten gegeben werden. Das Instrumentarium an Finanzierungshilfen umfaßt:

- zinsverbilligte Darlehen
- Investitionszuschüsse bzw. -zulagen
- Bürgschaften
- steuerliche Finanzierungserleichterungen.

Wichtigstes Element im Anreizsystem sind zinsverbilligte Investitionskredite des Bundes, der Länder und der EG. Darlehen werden im sog. Bankenverfahren i.d.R. unter eigenem Obligo der Hausbanken (Primärhaftung) den investierenden Unternehmungen bereitgestellt; bei der Hausbank ist auch der Antrag einzureichen, die ihn prüft und dann weiterleitet. Die Zinssätze liegen deutlich unter dem allgemeinen Zinsniveau für normale Investitionsdarlehen, die Auszahlungsquoten zwischen 96 und 100 %. Die Kredite werden langfristig vergeben (meist 10 Jahre) und sind in den ersten zwei oder drei Jahren tilgungsfrei. Diese Merkmale wirken risikomindernd.

Die jeweiligen Merkmale der Förderhilfen (Höhe der Zinsverbilligung, Höhe des Förderanteils, Höchstlaufzeit, Zinssicherheit, zins- und/oder tilgungsfreie Jahre, Kombinationsmöglichkeit) sind innerhalb der Programme unterschiedlich und bedürfen deshalb ausführlicher Recherchen. Subsidiäre öffentliche Förderdarlehen des Bundes werden (nach einheitlichen Richtlinien im Gegensatz zu den recht unterschiedlichen Länderprogrammen) etwa

- von der Kreditanstalt für Wiederaufbau (KfW) mit den Umweltschutz-Kreditprogrammen aus dem ERP-Sondervermögen (Luftreinhaltungs-/Abwasserreinigungsprogramm) und zusätzlichen Eigenmittelprogrammen mit Schwerpunkt der Förderung von Klein- und Mittelbetrieben,

- der Deutschen Ausgleichsbank (ERP-Abfallkredite und Bürgschaftsprogramme) vergeben.

Auf europäischer Ebene ist vor allem das Finanzierungsangebot der Europäischen Investitionsbank (EIB) zu prüfen. Fast 15 % des Betrages der Finanzierungen der EIB (1,2 Mrd. ECU) betreffen Investitionen, die speziell auf den Schutz und die Verbesserung der Umwelt ausgerichtet sind.

Vielfältige Unterstützung wird bei touristischen Infrastrukturmaßnahmen durch europäische Infrastrukturprogramme gewährt. Allerdings wird dabei kritisiert, daß die EG europäische Gelder ohne Prüfung der Umweltverträglichkeit weiterleitet: „Es geht nicht an, daß die EG-Kommission Hotelbaumaßnahmen bis zu 80 % mit Zuschüssen und Krediten fördert und dabei nicht eine einzige Silbe über den erforderlichen Umweltschutz verliert" (Feibel, 1990, S. 95).

Investitionen in den Fremdenverkehr werden als Instrument der Regionalpolitik vor allem in strukturschwachen Gebieten gesehen. „Ob für ein Skilanglaufzentrum im ostbelgischen Malmedy, das irische Folktheater Tralee, Freizeitpark in Plymouth oder Fährschiff zwischen Madeira und Porto Santo – für all diese mehr oder weniger sinnvollen Vorhaben greift die EG-Kommission in den Topf ihres Regionalfonds ... Noch überhaupt keine Lösung hat die EG-Kommission für den inzwischen geradezu klassischen Konflikt zwischen Tourismus und Umwelt" (Ussler, 1989, S. 44). Mittel stehen auch im Rahmen des MEDSPA Programms der EG für den Mittelmeerraum zur Verfügung (z.B. für das Laona Tourismus-Projekt in Zypern).

> **Gelder für die Umwelt aus Brüssel** (nach Spielberger)
> Im Rahmen der Umweltschutzprogramme der EG laufen mehrere Maßnahmen, die direkt oder indirekt auch den Fremdenverkehr betreffen.
> MEDSPA: Programm zur Verbesserung der Umweltqualität im Mittelmeerraum. Die EG beteiligt sich mit bis zu 50 Prozent an den Kosten für Projekte im Bereich Abwässer und Abfallwirtschaft, Entsorgung von Giftmüll, Kläranlagen, Schutz von Biotopen. Die mediterranen Mitgliedsländer erhielten zwischen 1986 bis 1991 insgesamt circa 13,5 Mill. ECU.
> NORSPA: Finanzielle Unterstützung der technischen Hilfe im Umweltschutz für die Küsten Irlands, die Nord- und Ostsee sowie den Nordostatlantik. Zwischen 1989 bis 1991 flossen rund 3,7 Mill. ECU in entsprechende Projekte und Programme.
> INTERREG: Im Rahmen dieses Programms stehen von 1990 bis 1993 circa 800 Mill. ECU an EG-Mitteln für grenzüberschreitende Zusammenarbeit im Fremdenverkehr, einschließlich Agrotourismus, sowie für die Einrichtung und touristische Nutzung von Landschaftsschutzgebieten bereit.
> ENVIREG: Verbesserung der Wasserqualität vor allem an den Mittelmeerküsten. Gebiete, die in den Sommermonaten hohe Besucherzahlen aufweisen, werden vorrangig gefördert. Für 1990 bis 1993 stehen 500 Mill. ECU an Gemeinschaftsmitteln zur Verfügung.

> LIFE: Förderung der Erarbeitung von Raumnutzungsmodellen: Wirtschaft und Gesellschaft sollen auf schonenden Umgang mit den Ressourcen in der Natur, dem Verkehr, im Tourismus und Städtebau verpflichtet werden. Bis Dezember 1995 stehen hierzu 400 Mill. ECU zur Verfügung. MEDSPA und NORDSPA sollen in LIFE eingebaut werden. Zu den aktuellen Aktivitäten der EG siehe auch Fiquet 1993.

Für Investitionen im Tourismussektor stehen den neuen Bundesländern Mittel aus ca. 700 deutschen und europäischen Töpfen zur Verfügung, darunter über 1 Mrd. DM ERP-Kredite und 250 Mio. DM im Eigenkapital-Hilfsprogramm sowie Mittel aus dem Europäischen Fonds für Regionale Entwicklung, dem Europäischen Sozialfonds und dem Europäischen Ausrichtungs- und Garantiefonds für die Landwirtschaft. Bezuschußt werden auch Modellprojekte wie umweltgerechte Jugendherbergen und Autobahnraststätten sowie Ökoprojekte (Friedrich-Ebert-Stiftung, 1992, S. 7/13).

Auch die Weltbank und ihre Finanzinstitute wie IDA und IFC fördern Tourismusprojekte. Dabei werden allerdings in einem Widerspruch zwischen den theoretischen Einsichten in eine rücksichtsvolle Tourismuspolitik und der Realität

- sehr kapitalintensive Großprojekte in wenigen, meist bereits touristisch erfolgreichen Ländern gefördert,
- konzentrieren sich die aktuellen Bemühungen vor allem auf Infrastrukturmaßnahmen (Straßen-, Flughafenbau) (vgl. Maurer u.a., 1992, S. 11 f.); die Weltbank unterstützt auch das z.Z. in der Türkei laufende „South and West Anatolia Environmental Tourism Infrastructure Project", das Abwasserprobleme beheben soll (OECD, 1992, S. 134).

In einigen Bundesländern (z.B. Bayern/Baden-Württemberg) gibt es seit kurzem Zuschüsse zur verstärkten Nutzung erneuerbarer Energie (Laufzeit 5 Jahre). Für die Finanzierung deutscher Hotelinvestitionen in der sogenannten Dritten Welt können Förderungen über die „Deutsche Investitions- und Entwicklungsgesellschaft mbh" (DEG) erreicht werden.

Für die Aufnahme von Investitionskrediten sind bankübliche Sicherheiten erforderlich; das technische Risiko von Umweltschutzinvestitionen engt die Beleihungsmöglichkeiten oft ein. Stehen Sicherheiten nicht oder nicht in ausreichendem Maße zur Verfügung, können mittelständische Unternehmen Bürgschaften beantragen, die im Rahmen besonderer Programme übernommen werden: etwa über die Deutsche Ausgleichsbank oder in Bayern über die Kreditgemeinschaft des Handwerks bzw. über die Bayerische Landesanstalt für Aufbaufinanzierung. In der Regel wird eine 80 %ige Haftungsfreistellung des Kreditbetrages gewährt.

Insbesondere von den Großbanken wird in jüngster Zeit für computergestützte Beratungen über hauseigene Datenbanken geworben, um die richtige Finanzierung im Sinne eines auf den individuellen Fall abgestimmten „Mix" zu finden: die Deutsche Bank mit ihrem „db-select" oder die Dresdner Bank mit ihrem „drefin". Dieser Finanzierungsservice wird i.d.R. verknüpft mit einer umfassenden Umweltschutzberatung. Die Geschäftsbanken bieten inzwischen ein breites Angebot an speziellen Krediten zur kostengünstigen Finanzierung von Umweltschutzinvestitionen an, entweder als eigenständige Programme oder zum Teil auch in kooperativer Form mit öffentlichen Instituten.

Vertreter der Banken nehmen auch immer öfter an Seminaren, Workshops und Tagungen zum Thema Tourismus und Umwelt teil, weil diese Fragen zukünftig z.B. bei der Vergabe von Krediten für touristische Vorhaben immer wichtiger werden.

Ansätze einer tourismusspezifischen Abfallwirtschaft

Optimierungslösungen im Abfall- und Entsorgungsbereich

Zwar kommt der Materialwirtschaft im Tourismus nicht die gleiche überragende umweltbezogene Rolle zu wie etwa bei industriellen Betrieben, doch sind auf zahlreichen Ebenen (vor allem im Hotel- und Gaststättenbereich) Ansatzpunkte vorhanden.

Als Einzelmaßnahmenkatalog sind folgende Möglichkeiten gegeben:
- Sparmaßnahmen
  - im Energiebereich (z.B. durch verbesserte Meß-, Steuer- und Regeltechnik),
  - im Wasserbereich (z.B. durch geschlossene Wasserkreisläufe) entsorgungsbezogene Lieferantenauswahl (spätere Rückgabe des Produktes, Rücknahme der Verpackung);
- umweltgerechter Einkauf
  (z.B. Auswahl von Produkten für den Leistungs- und Verwaltungsbereich, Aufnahme von Zusatzinformationen in den Beschaffungsmarktdateien, Kooperation mit Lieferanten);
- Auswahl entsorgungsfreundlicher Materialien bei den eingekauften Produkten;
- entsorgungsbezogene Produkteliminierung;
- Möglichkeiten zu internen Verwertungsmöglichkeiten durch sortenreine Erfassung von Abfällen als entscheidende Bedingung für die Qualität der Entsorgung;

- entsorgungsausgerichtete Kommunikationspolitik mit dem Gast (z.T. Vermeidung von Umweltbelastungen durch Informationen über Umgang/Entsorgung mit Produkt);
- Aufstellen von Recyclingstrategien;
- umweltgerechte Entsorgung;
- umweltgerechte Verbesserung der Beschaffungspolitik.

Reduzierung des tourismusinduzierten Müllaufkommens

Als ein zentrales Problem der Gesellschaft werden zunehmend die steigenden Müllberge als sichtbares Zeichen einer ungebrochenen Wegwerfmentalität erkannt. Die Beseitigung von Abfällen, die Errichtung von Mülldeponien oder Verbrennungsanlagen erweist sich für die Gemeinden als ein immer größeres politisches Debakel.

Je höher die Beseitigungskosten in Zukunft sein werden, um so schneller wird daraus ein Antrieb zu Vermeidung und Verwertung erwachsen. Umweltschutz wurde bisher in erster Linie als Verwaltungsaufgabe praktiziert. Nötig ist eine kosteneffiziente Neuorientierung, wobei die Betroffenen selbst ihre Anpassungswege innerhalb eines vorgegebenen Rahmens möglichst flexibel gestalten können.

Diese Probleme unserer Wohlstandsgesellschaft stellten bisher für den Tourismus nur ein sekundäres Problem dar. Dies wird sich jedoch zukünftig ändern:

- Die weitere Entwicklung wird zu stark steigenden Entsorgungskosten führen.
- Die Deponiekapazitäten werden immer knapper und die technischen Verfahren teurer.
- Außerdem bewirkt die verschärfte Gesetzgebung einen ständig steigenden Anteil von Stoffen, die zukünftig als Sondermüll (z.B. im Hotel- und Gaststättenbereich) zu entsorgen sind.

Obwohl der Fremdenverkehr in den verschiedensten Lebens- und Wirtschaftsbereichen (wie Hotels, Gaststätten, Badestrände, Autobahnraststätten, Zielorte von Tagesausflügen usw.) Abfälle induziert, ist über diese Abfallarten und -mengen bisher kaum etwas bekannt. Es liegen erst wenige Untersuchungen dazu vor.

Eine vom DWIF (vgl. dazu Feige, 1992) durchgeführte Pilotstudie zur Erfassung kommunaler Belastungen durch fremdenverkehrsbedingtes Müllaufkommen (vgl. Abbildung 23, aus ebd., S. 10) zeigte unter anderem folgende Ergebnisse:

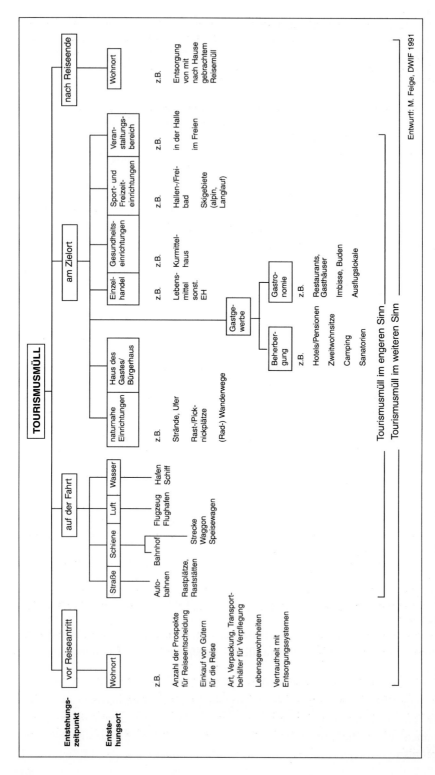

Abb. 23: Tourismusmüll – Systematik nach Entstehungszeitpunkt und Entstehungsort

- Bei der quantitativen Erfassung ist eine aggregierte Erfassung speziell für den Bereich „Tourismusmüll", der Nachweis des Einflusses des Fremdenverkehrs, nicht möglich. Viele Einrichtungen werden auch von Einheimischen in Anspruch genommen, dies erschwert eine Grenzziehung (vgl. Eder u.a., 1993, S. 50).
- Bei der qualitativen Betrachtung des fremdenverkehrsinduzierten Mülls ließen sich ebenfalls keine repräsentativen Schlüsse ziehen (der gastinduzierte Abfall unterscheidet sich kaum von der normalen Hausmüllzusammensetzung; beim Hotel- und Gaststättengewerbe ist ein relativ hoher Anteil von organischen Abfällen feststellbar; Problemabfälle fallen überwiegend in Form von Speisefetten und -ölen an).
- Konkrete Aussagen zu Menge und Qualität sowie zur verwertungsgünstigsten Zusammensetzung sind nur durch direkte Analysen auf der Ebene der Verwender (Betriebe, Gäste) zu leisten (vgl. ebd., S. 77).

Eine kürzliche Analyse für den Kreis Ostholstein, der zu den fremdenverkehrsintensivsten Regionen der Bundesrepublik Deutschland zählt, brachte folgende Ergebnisse (vgl. dazu Eder u.a., 1993, S. 51 ff.):

- Das Abfallaufkommen unterliegt starken saisonalen Einflüssen (höchste Werte während der Sommerferien; niedrigster Wert 137 t pro Woche, höchster Wert 836 t).
- Der Großteil der Fremdenverkehrsabfälle entstammt dem Übernachtungssektor (71 %).
- Küchenabfälle stellten mit durchschnittlich 26,8 % die wichtigste Einzelfraktion im Beherbergungsmüll dar. In Hotels und Restaurants besteht ca. die Hälfte des Mülls aus Küchenabfällen (Drank), der jedoch nur bedingt für die Kompostierung geeignet ist. Zum Teil werden die Rückstände getrennt erfaßt und in der Schweinemast eingesetzt.
- Der Beherbergungsmüll unterscheidet sich vom normalen Hausmüll vor allem in höheren Werten bei Verpackungen (2,49 Kilogramm pro Gast und Woche gegenüber 1,24 Kilogramm); das Mehrgewicht rührt zu über 50 % vom Glas her.
- Yachthäfen und Hotels weisen die größten Abfallmengen pro Feriengast auf (10,8 bzw. 10,5 kg pro Gast und Woche). Die Zusammensetzung der Abfälle in Beherbergungsbetrieben zeigt Abbildung 24 (aus ebd., S. 53).

Die Analyse kommt zu folgenden Schlußfolgerungen:

- Offensichtlich ist der Urlauber wesentlich weniger abfallbewußt als in der häuslichen Umgebung. Dies zeigt sich in einer im Vergleich zum Hausmüll deutlich höheren Verpackungsmenge.
- Das getrennte Sammeln von Wertstoffen im Fremdenverkehrsbereich müßte ausgeweitet werden.
- In Hotels sollte auf die Verwendung von Portionsverpackungen freiwillig verzichtet werden und der Verbrauch an Hygienepapier auf das absolut notwendige Maß beschränkt werden.
- Die in verschwenderischer Zahl (fast unbenutzt) weggeworfenen Gästeseifen sind zu reduzieren (z.B. durch Seifenspender oder nur auf Anforderung).

Für eine Reduzierung des Müllaufkommens gemäß der Prioritätenrangfolge des Abfallgesetzes ist zum einen das Verhalten der Touristen selbst durch Information, Aufklärung und Zwang zu beeinflussen, zum anderen sind für die touristischen Betriebe/Orte neuartige abfallwirtschaftliche Konzepte zu entwickeln.

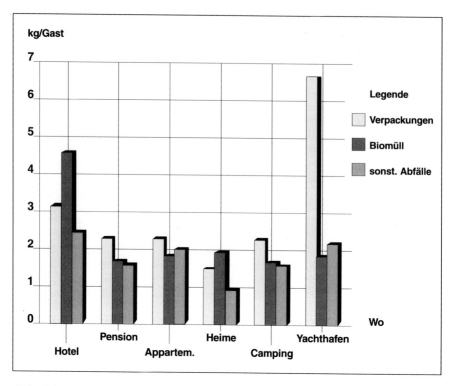

Abb. 24: Zusammensetzung der Abfälle in Beherbergungsbetrieben

Aufbau eines betrieblichen Abfallwirtschaftsmanagements im Tourismus

Die Entsorgungslogistik in touristischen Betrieben befaßt sich vor allem mit Transport-, Umschlags- und Lagerproblemen aller in den Betriebsprozessen anfallenden Abfall-, Rest- und Schadstoffe sowie mit nicht mehr benötigten Materialien (z.B. Leergut, Retouren), Anlagegütern und Ersatz- und Reserveteilen. Gestaltungsfeld der Entsorgungslogistik ist demzufolge der innerbetriebliche und außerbetriebliche Fluß der Entsorgungsgüter und die Vermeidung, Verminderung, Vernichtung oder Beseitigung der vorgenannten Entsorgungsgüter. Hierzu gehören in Analogie auch die erforderlichen Informationsflüsse. Eine wesentliche Voraussetzung zur effektiven Nutzung von Vermeidungsströmen stellt die notwendige Transparenz der entsorgungslogistischen Strukturen dar, erst dann können etwa durch Einkaufs- oder Distributionsmaßnahmen Teilströme des Abfalls vermieden werden.

Ein touristisches Abfallwirtschaftsmanagement muß demnach folgende Grundfunktionen erfüllen:

1. Aufbau einer entsprechenden Organisation:

- alle Rückstandsarten und -mengen erfassen (Erfassungsfunktion),
- Vorschläge zur Ablaufumgestaltung oder zu einer Änderung der logistischen Ketten unterbreiten (Analysefunktion),
- Sammel-, Transport- und Lagersysteme aufbauen.

2. Veränderung in Beschaffung/Einkauf

- Bewußte Lieferantenauswahl
  - Erstellung von Grundsätzen bei der Lieferantenauswahl (z.B. Berücksichtigung ökologischer Eigenschaften des Leistungsangebots oder Beeinflussung der Lieferanten hinsichtlich ökologischer Belange).
  - Innerhalb der Einkaufs- und der Materialbeschaffung kann eine Unternehmung versuchen, durch gezielten Einfluß auf seine Lieferanten bestimmte Einkaufspositionen (z.B. Papier, Lacke, Reinigungsmitel, Kfz) durch umweltverträgliche Alternativprodukte (im Rahmen wirtschaftlicher Vertretbarkeit bzw. gegebener Möglichkeiten) zu substituieren. Durch einen gezielten Einkauf können spätere Probleme bereits vermieden werden.
  - Dies setzt eine gezielt umweltorientierte Beschaffungsmarktforschung bei der Auswahl der Lieferanten und eine Lieferantenkooperation für die Bestellvereinbarung voraus. Gefordert ist i.d.S. ein enger Dialog Einkäufer – Lieferant, da die Produktentscheidung des Einkäufers immer mehr unter Recycling- und Entsorgungsgesichtspunkten getroffen wird.
  - Kooperative Vereinbarungen.

- Bewußte Produktauswahl (siehe auch Teil 8)
  Exemplarisch kann von den touristischen Leistungsanbietern auf einen umfangreichen Maßnahmenkatalog zurückgegriffen werden:
  - Erstellung von Beschaffungsrichtlinien für umweltfreundliche Produkte sowie für alle weiteren Betriebsstoffe,
  - Erstellung von Prüflisten zur Ermittlung der Tauglichkeit,
  - enge Kooperation mit anderen Funktionsbereichen der Unternehmung (z.B. Marketing). Als Orientierungshilfe bei der Beschaffung können dienen:
  - diverse Beschaffungshandbücher über umweltfreundliche Produkte (z.B. „Das alternative Branchenbuch" mit mehr als 15000 Bezugsquellen, „Umweltfreundlich Einkaufen" oder das Handbuch „Umweltfreundliche Beschaffung" des Umweltbundesamtes,
  - der blaue Umweltengel bzw. andere Gütezeichen,
  - die Testergebnisse im Öko-Test-Magazin oder der Stiftung Warentest,
  - die Bestätigung der Umweltverträglichkeit eines Produktes bereits im Kaufvertrag.

  Umweltverantwortliches Verhalten beim Einkauf hat in drei Bereichen anzusetzen:
  - informieren über die Belastungen des jeweiligen Produktes,
  - umweltschonendes Organisieren des Beschaffungsvorgangs (Lagerungen und Energieverzehr beim Transport minimieren);
  - umweltbewußte (also nicht überhöhte) Dimensionierung der Anforderungen, die man als Kunde stellt.

3. Ausbildung/Schulung des Personals zum Thema Abfallwirtschaft

4. Information/Aufklärung der Reisenden durch

- Hotel,
- Veranstalter (wie der DAV-Summit-Club mit seinen Katalogen und durch Aushändigung eines „Drecksacks" mit der Aufschrift „Lieber Bergsteiger, nehmen Sie Ihren Müll wieder mit nach Hause. Vielen Dank!"),

Umwelt- und sozialverträgliches Reisen

Erstes Schwerpunktprogramm

Abfallvermeidung und Müllentsorgung

Die Philosophie des DAV Summit Club ist geprägt von der Idee des umwelt- und sozialverträglichen Reisens.

Wir wollen die Berge der Welt erleben, ihre unberührte Natur, ihre unverdorbenen Bewohner und deren unverfälschte Kultur.

Wir wollen Gäste sein, gern gesehen und freundlich begrüßt. Wir wollen alles vermeiden, was die Schönheit der von uns durchwanderten Bergwelt beeinträchtigt und die Gastfreundschaft der besuchten Menschen mißbraucht. Höfliche Gäste hinterlassen keine häßlichen Spuren, nicht in der Natur und nicht in den Herzen der Menschen.

Der DAV Summit Club sieht mit Sorge, daß der zunehmende Bergtourismus immer mehr Abfall und Müll produziert. Müll ist häßlich und zum Teil gefährlich. Deshalb hat der DAV Summit Club im Rahmen seiner Philosophie des umwelt- und sozialverträglichen Reisens ein erstes Schwerpunktprogramm „Abfallvermeidung und Müllentsorgung" entwickelt.

Die Bergreisen des DAV Summit Club werden nach zwei Grundsätzen organisiert und durchgeführt:
1. den Anfall von Müll soweit wie möglich zu vermeiden;
2. den unvermeidlichen Restmüll umweltverträglich zu entsorgen.

Der DAV Summit Club hat als Veranstalter dafür bestimmte Rahmenbedingungen geschaffen. Aber darüber hinaus müssen auch alle Beteiligten partnerschaftlich zur Realisierung des Schwerpunktprogramms Müll mit dem DAV Summit Club zusammenarbeiten:
- die Hersteller und Lieferanten von Ausrüstung und Versorgung,
- die regionalen Beauftragten in den besuchten Ländern,
- die Bergführer und Reiseleiter.

Doch den wichtigsten Beitrag müssen die Reiseteilnehmer selbst leisten. Ihr Verhalten entscheidet letztlich über das Gelingen unserer Zielsetzung. Deshalb geht an sie der dringende Appell: Helft mit, Müll zu vermeiden und zu entsorgen.

Liebe Bergsteiger,
liebe Teilnehmer der DAV Summit Club-Bergreisen!

Sie wollen die Schönheiten der Gebirge der Welt erleben, ihre Bewohner und deren Kultur kennenlernen. Der DAV Summit Club zeigt Ihnen die richtigen Wege zum Erleben und Verstehen.
Doch wir wollen diese Wege gehen, ohne zu stören, ohne zu verändern, ohne Spuren zu hinterlassen. Das ist unsere gemeinsame Verantwortung.

Wir wollen vor allem nicht, daß unsere Wege und Lagerplätze von häßlichen Abfällen und gefährlichem Müll verunstaltet werden. Helfen Sie mit und befolgen Sie unsere Ratschläge; denn wer Müll sät, wird Dreck ernten.

Günter Sturm
Geschäftsführer

Reisen Sie leichter

Nehmen Sie in Ihrem persönlichen Gepäck nur das wirklich Notwendige mit. Versuchen Sie für kurze Zeit auf einige gewohnte Güter unseres täglichen Lebens zu verzichten. Sie haben damit weniger Ballast und sind frei für das Erleben der Fremde. Und Sie produzieren weniger Abfall.

Brauchen Sie tatsächlich
- den Walkman mit Musikkassetten und Ersatzbatterien?
- den Weltempfänger mit Ersatzbatterien?
- die Videokamera mit Ersatzbatterien?
- die ganz große Fotoausrüstung und so viele Filme?
- die übervolle Kosmetiktasche und Reiseapotheke?
- die große Packung Erfrischungstücher, einzeln in Folie verpackt?

Machen Sie sich davon frei und reisen Sie mit leichtem Gepäck. Sie werden sehen, „Verzicht bedeutet Gewinn" – und weniger Müll.

Meiden Sie Verpackungsmüll

Achten Sie sorgfältig darauf, daß Sie Ausrüstung und Verpflegung soweit wie möglich nur in umweltverträglicher Verpackung und Ausführung mitnehmen. Alufolien, Blechdosen, Plastikbehälter, Glasflaschen sind Müll, den die Natur nicht verdauen kann. Was nicht problemlos verrottet oder verbrennt, sollten Sie gar nicht mitnehmen.

Entsorgen Sie daheim

Nehmen Sie den Problemmüll, den Sie nicht vermeiden konnten (oder wollten), unbedingt vollständig wieder mit nach Hause. Zur umweltgerechten Entsorgung.
Batterien, Alufolien, Kunststoffe, Arzneimittel u. a. sind Erzeugnisse unserer Zivilisation. Sie gehören nicht in die Natur der Bergwelt, auch nicht versteckt und vergraben.

Seien Sie ein höflicher Gast

Beherzigen Sie die bekannten Regeln zur Schonung der Natur, der empfindlichen Tier- und Pflanzenwelt der Berge. Respektieren Sie die gastgebende Bevölkerung, ihre Sitten und Gebräuche. Seien Sie ein höflicher Gast: Hinterlassen Sie keine Spuren und keine schlechten Erinnerungen.

Helfen Sie mit! Unachtsamkeit und nachlässiger Umgang mit Müll schaden der Natur, unseren Gastgebern und damit letztendlich uns selbst.

Wer Müll sät, wird Dreck ernten.

*Der Müllrücktransportsack, genannt DreckSack. Dichtes, waschfestes Nylongewebe. Volumen ca. 3 Liter.
Jeder Teilnehmer der DAV Summit Club Trekkingreisen erhält einen DreckSack zum Rücktransport seines persönlichen Problemmülls.*

- Orte (z.B. Insel Föhr: Stoff- statt Plastiktüten; Nordseebad Spiekeroog: Müllsammelaktion mit Gästen),
- Verbände (DEHOGA Abfalleitfaden, DRV, DAV usw.),
- Umweltorganisationen (z.B. BUND „Einfälle statt Abfälle").

Das Schwerpunktprogramm Müll

Die Partner	Die Maßnahmen zur Abfallvermeidung	Die Maßnahmen zur Müllentsorgung
DAV Summit Club Der DAV Summit Club setzt das Müllkonzept in praxisgerechte Einzelmaßnahmen um. Er trifft innerhalb seines Aufgabenbereichs als Veranstalter alle organisatorischen Vorkehrungen, um Abfall von vornherein zu vermeiden und Restmüll umweltverträglich zu entsorgen.	• Auswahl von geeigneten Materialien und Versorgungsgütern. • Wiederverwendbare Verpackungen für Ausrüstung und Verpflegung. • Aktive Zusammenarbeit mit Herstellern und Lieferanten. • Information, Schulung und Vorschriften für alle Partner.	• Geeignete Ausrüstung der Reisegruppen, z.B. Müllsäcke, Toilettenzelte. • Organisation des Rücktransports von Problemmüll, unter Umständen bis zum Hersteller. • Information, Schulung und Vorschriften für alle Partner.
Hersteller und Lieferanten Der DAV Summit Club informiert seine Hersteller und Lieferanten von Ausrüstung und Versorgungsgütern über sein Müllkonzept und konkrete Probleme mit ihren Produkten. In aktiver Zusammenarbeit sollen geeignetere Produkte und Verpackungen ausgewählt oder neu entwickelt werden. Falls aus technischen Gründen Problemmüll noch nicht zu vermeiden ist, sollen die Hersteller und Lieferanten die Entsorgung nach Rücktransport durch den DAV Summit Club übernehmen.	• Verpackung auf das technisch Notwendige beschränken. • Wiederverwendbare Verpackungen verwenden. • Geeignete Ersatzprodukte anbieten oder entwickeln.	• Gebrauchsanweisungen ergänzen mit Hinweisen auf umweltgerechte Entsorgung. • Entsorgung von Problemmüll übernehmen.
Trekking-Agenturen Die Trekking-Agenturen des DAV Summit Club haben bei der Organisation und Durchführung der Reisen die Vorschriften für Abfallvermeidung und Müllentsorgung entsprechend der lokalen Möglichkeiten zu erfüllen. Dies betrifft besonders den Einkauf von unverpackter Verpflegung und die Schulung der Begleitmannschaften. Der DAV Summit Club wird seine Trekking-Agenturen in den Zielländern dabei unterstützen, beraten und die Einhaltung des Konzepts kontrollieren.	• Kritische Überprüfung und Auswahl des gesamten mitgeführten Materials. • Wiederverwendbare Großpackungen für Lebensmittel. • Alternativen zur Dosennahrung, z.B. Trockenfrüchte anstatt Ananas in Dosen.	• Schulung und Kontrolle der Begleitmannschaften. • Verwendung probleml oser Materialien (verrottbar, verbrennbar) und umweltschonende, lokale Entsorgung. • Rücktransport von Problemmüll. • Benutzung vorhandener Zeltplätze, Feuerstellen.
Bergführer und Reiseleiter Die Bergführer und Reiseleiter haben eine Schlüsselfunktion bei der praktischen Realisierung des Müllkonzepts des DAV Summit Clubs. Ihre Erfahrungen und Vorschläge gehen in das Konzept ein. Sie beobachten und beeinflussen das Verhalten während der Reisen, und sie treffen Entscheidungen vor Ort. Sie informieren und beraten und gehen mit gutem Beispiel voran. Der DAV Summit Club unterstützt ihre Aufgaben durch geeignete organisatorische Maßnahmen, durch Erfahrungsaustausch und Schulungen.	• Information und Kontrolle aller Teilnehmer und Begleitmannschaften. • Kritische Beobachtung der Situation und Verbesserungsvorschläge.	• Information aller Teilnehmer. Entscheidung über Maßnahmen zur situationsgerechten Entsorgung. • Kontrolle über Rücktransport von Problemmüll.
Teilnehmer der DAV Summit Club-Reisen Der DAV Summit Club informiert seine Reisekunden über sein Müllkonzept und erwartet die Bereitschaft, partnerschaftlich ihren eigenen Beitrag zu leisten. Durch die kritische Auswahl des persönlichen Gepäcks kann ohne nennenswerten Komfortverzicht viel Abfall von vorneherein vermieden werden. Alle Teilnehmer sollen strikt die Regeln für umweltverträgliches Verhalten beachten und sind verpflichtet, den von ihnen verursachten Problemmüll wieder selbst nach Hause zurückzutransportieren.	• Nur die unbedingt notwendige persönliche Ausrüstung mitnehmen. • Auf entsorgungsgeeignete Verpackung und Materialien achten. • Auf batteriebetriebene Geräte verzichten.	• Verhaltensregeln und Informationen des DAV Summit Club und seiner Reiseführer beachten. • Eigenes Verhalten kritisch überprüfen nach der Regel: keine Spuren hinterlassen. • Persönlichen Problemmüll zurücktransportieren (Batterien, Alufolien, Plastik).

Die Bereitschaft der Übernachtungsgäste zur Müllreduzierung während Reise und Aufenthalt zeigt Abbildung 25 (aus Feige, 1992, S. 38) mit den Ergebnissen einer bundesweiten Gästebefragung.

Maßnahmen zur Müllreduzierung	in %
Verzicht auf Einweggeschirr, -besteck	20,6
weniger bzw. umweltgerechtere Verpackung verwenden	17,1
Verzicht auf Plastik(tüten), Kunststoff	12,8
Abfall sammeln, nicht vor Ort wegwerfen	10,2
getrennte Müllerfassung	9,3
Verzicht auf Dosen; Verwendung von Thermoskannen	5,3
mehr Abfallbehälter mit häufigerer Leerung	4,8
Umwelbewußtsein entwickeln	4,3
Klein- und Portionsverpackungen vermeiden	3,5
umweltverträgliche Produkte verwenden	3,3
Mülleimer benutzen	2,1
sonstiges (z.B. Toilettenhäuser bauen; Motorboote verbieten)	6,1

Abb. 25: Bereitschaft der Übernachtungsgäste zur Müllreduzierung während Reise und Aufenthalt 1991

Das DWIF (Feige, 1992, S. 151) sieht es vor allem als Aufgabe der Kommunen/Kreise (als den Entsorgungsverantwortlichen) an, übergreifende Konzepte für eine Abfallwirtschaft unter Berücksichtigung des Fremdenverkehrs bzw. von Fremdenverkehrskonzepten, die eine umweltgerechte Abfallwirtschaft des Fremdenverkehrsbereiches mit einbeziehen, zu entwickeln. Als ebenso wichtig wird die Vorbildfunktion der Kommunen und ihrer Veranstaltungen angesehen sowie Öffentlichkeitsarbeit, begleitende Aufklärung und Schulung auf allen Ebenen (Betriebe, Verbände, Orte/Regionen, Forschung).

Den Kur- und Fremdenverkehrsorten kommt also eine Vorreiterrolle zu. Beschrieben werden (ebd. S. 49) folgende Ansätze einer umweltverträglichen Abfallwirtschaft:

- getrennte Wertstofferfassung
- verbesserte Aufklärung der Haushalte
- ausgearbeitetes Abfallkonzept
- vermehrte Kompostierung
- Recyclinghof
- Sondermüllaktionen

Auch bei den Maßnahmen zur Abfallvermeidung sieht das DWIF bei den Fremdenverkehrsgemeinden eine verstärkte Orientierung auf die besondere Bedeutung des Fremdenverkehrs (ebd.), die Ansätze beziehen sich auf:

- verstärkte Öffentlichkeitsarbeit
- Unterstützung vermehrter Kompostierung, z.B. durch Zuschüsse
- Einsatz von Geschirrmobilen/Verzicht auf Einweg

- getrennte Wertstofferfassung
- Abfallwirtschaftskonzepte
- Förderung des Umweltbewußtseins in der Bevölkerung
- Verzicht auf (Alu-)Dosenkauf

Auf die besondere Situation der Fremdenverkehrsbetriebe waren bei den Abfallgebühren 46 % der befragten Gemeinden eingestellt.

Die Prioritäten eines abfallwirtschaftlichen Konzeptes

Den Orientierungsrahmen für ein solches entsorgungslogistisches Konzept auf der betrieblichen Ebene bildet die im „Gesetz zur Vermeidung und Entsorgung von Abfällen" (Abfallgesetz, 1986) vorgegebene Zielrichtung mit ihrer Prioritätenhierarchie:

1. Vermeiden
2. Vermindern
3. Verwerten
4. Entsorgen

zu 1 und 2: Vermeiden/Vermindern
Wirkungsvollste Bekämpfung vom Umweltbelastungen durch touristische Handlungen ist, sie von vornherein zu verhindern. So lassen sich relativ einfach Verpackungen vermeiden (durch Mehrwegsysteme, Großgebinde, direkte Anlieferung durch örtliche Produzenten, Reparatur statt Wegwerfen, Weiterverwendung in anderer Funktion u.a.).

Im Gegensatz etwa zur Industrie sind die technischen Möglichkeiten im Tourismus eingeschränkter. Beispiele wären:

- integrierte Rückgewinnungsanlagen
- bestimmte Einsatzstoffe durch umweltverträglichere zu ersetzen (Ersatz organischer Lösungsmittel durch lösungsmittelfreie Klebstoffe); ein Vergleich substituierbarer Stoffe setzt allerdings entsprechende Kenntnisse über Art und Zusammensetzung voraus.

Abfallwirtschaft darf aber nicht nur als ein primär technisches oder rechtliches Problem, sondern vor allem als bedeutendes „wirtschaftliches" Problem angesehen werden. Vor der Entwicklung von Optimierungsstrategien sind in einer Bestandsaufnahme alle Eingangsstoffe und alle im Betrieb anfallenden Abfälle in Menge und Konsistenz an ihrer Quelle zu erfassen.

Da verschiedene Verpackungen für Distribution/Transport/Produkt geschaffen wurden, ist unter dem Vermeidungsgedanken ein Systemansatz zur Vermeidung von Transport- und Umverpackungen notwendig (z.B. offene Anlieferung oder Abfüllung in Mehrwegsystem). Nachdem die Abfallverordnung über die Vermeidung von Verpackungsabfällen auch auf Transport- und Umverpackungen ausgedehnt wurde, besteht für alle Unternehmen zunehmend die Notwendigkeit, die Verpackung ganzheitlich in die interne logistische Struktur der Unternehmung einzubinden.

> „Noch nie in der Geschichte der Menschheit ist in so kurzer Zeit so viel wertvoller Rohstoff in so viel wertlosen Abfall verwandelt worden."
> (ehemaliger bay. Umweltminister Dick, 1988)

zu 3: Recyclingmanagement
Da das Recyclingprinzip im natürlichen Ökosystem als „Grundprinzip des ökologischen Gleichgewichts" uns die Funktionsweise eindrucksvoll dokumentiert, ist dieses Prinzip auch für das „technische System" unumgänglich. Recycling ist eine vernünftige Partiallösung. Gefordert ist eine Umdrehung des vorherrschenden Gedankens des Sammelns und Deponierens zu Aufarbeitung und Vermeidung. Am Ende bereits an den Anfang denken!

Recycling ist ökologisch gesehen nur eine Maßnahmen zum zeitlichen „Strecken" der Rohstoffvorkommen, eine totale Kreislaufökonomie ist sowieso nicht möglich. Zum Teil besteht auch die Gefahr, daß es eine Alibifunktion für schmerzhaftere Vorsorgestrategien erfüllt, die bei der Produktion bzw. beim Konsum ansetzen müssen. Zudem erscheint das Problem der Rohstoffversorgung zur Zeit wesentlich weniger ein Engpaß zu sein als die Entsorgung. Vermeidungsstrategien sind im Prinzip richtig, nur benötigt ihre Planung und Implementierung längere Zeithorizonte, sie lösen nicht den zur Zeit gegebenen Müllentsorgungsnotstand.

Der Einsatz von Recyclingprodukten im Tourismus wird u.a. in manchen Bereichen an Widerständen der Verarbeiter und Nutzer scheitern (etwa Werbebroschüren auf recyliertem Papier, Recyclingprodukte im gehobenen Hotelbereich usw.).

Die Tourismusindustrie kann den Verwertungsgedanken

- beim Einkauf berücksichtigen (durch bewußte Bevorzugung von Recyclingprodukten etwa im Bürobereich, Toilettenbereich, Recyclingpapier, Kataloge auf Recyclingpapier wie bei Eurocamp etc.) und
- durch Zuführung eines möglichst großen Teil des Abfalls zur Verwertung (dies setzt die genannte Organisation voraus)

Hotel Inter-Continental New Orleans: Recyclingprogramm
The recycling programme at the Hotel Inter-Continentel New Orleans began in May 1990 by sorting aluminium cans and newsprint. Glass was then added to the sorting

and produced 10.000–16.000 lbs a month. With the purchase of a Fox 30 „waste compactor and a Picqua 60" bailer, the engineering department began removing all boxes from the trash bins which produced as much as 5.000–6.000 lbs of cardboard a week. The added high density compaction and recycling has enabled the hotel to reduce yard volume by 75 %. Waste is compressed to 2.200 PSI at which rate, an entire days trash can be reduced to two cubic yards. Waste removal bills are down to about one seventh of the original cost. It took only two years for the equipment to have paid its way in savings.

Sorting is saving.
Pre-sorting is done by three „environmental" engineers with separate bins provided for aluminium, computer paper, bond paper and newspaper. Glass is sorted by colour: clear, brown and green, and a programme to sort plastics is to be introduced shortly.

The things you find in bins! By sorting through the trash the hotel discovered discarded glasses, sheets, silver pepper shakers, cream jugs, plates etc. and were able to retrieve roughly $ 1.000-worth of operating equipment a month. The sale of recyclable material produces about $ 400–$ 600 a month. Total savings through the reducton of waste haulage, sale of recyclables and retrieval of operating material was estimated to be worth $ 79.000 in 1991.

In der aktuellen Umweltdiskussion haben die unaufhaltsam ansteigenden Müllberge als Ausfluß unserer „Ex-und-Hopp-Mentalität" mit Zuwächsen beim Verpackungsverbrauch und die Diskussion um eine Verpackungssteuer die Verpackung ins ökologische Blickfeld gerückt. Die Verpackung, die bei Produktgebrauch zum „Abfall" mutiert, wird als Hauptverursacher des Müllnotstandes gesehen; dies gilt insbesondere für Formen des Overpacking. Als klassisches Beispiel galten etwa die traditionellen Frühstücksbuffets mit den einzeln verpackten Portionen für Marmelade, Butter usw.

Da der Großteil der Verpackungen, nachdem sie ihre vielfältigen Funktionen erfüllt haben, in den Mülltonnen der Verbraucher (er stellt dort 50 % des Volumens und ein Drittel des Gewichts) und dann in Mülldeponien oder Verbrennungsanlagen landet, wird eine Reduzierung der Verpackung auf das Notwendigste (vor allem dort, wo das Volumen der Verpackung mancher Produkte im krassen Gegensatz zum Produkt selbst steht) und ein verstärktes Recycling gefordert. Die Wiederverwertungsmöglichkeit darf aber nicht überschätzt werden. Selbst mit den besten Recyclingmöglichkeiten wird die Maximalgrenze bei 35 % des Hausmülls gesehen.

Das Angebot umweltfreundlicher Verpackungen ist insbesondere auf die Akzeptanz

- beim Handel (etwa für die Errichtung von Redistributionssystemen) und
- des Verbrauchers/Reisenden (z.B. für die Mitarbeit bei Recyclingsystemen)

angewiesen.

Besonders beim Verbraucher/Reisenden muß auch die Diskrepanz zwischen Interesse und tatsächlichem Verhalten mit berücksichtigt werden. Zweifel an der Ehrlichkeit mancher Absichtserklärungen sind angebracht, zudem wird die Verantwortung gerne auf andere abgewälzt.

In Deutschland wurde 1990 mit dramatischen Mitteln begonnen, die Verpackungsflut einzudämmen, Einwegverpackungen zurückzudrängen und die Recyclingquote von Verpackungen drastisch zu erhöhen. Von rd. 32 Mio. t Hausmüll, die auf Deponien landen, sind rd. 11 Mio. t Verpackungsabfall. Mit dem Entwurf einer Verpackungsverordnung des Umweltbundesministers wurden die beteiligten Gruppen (Industrie, Handwerk, Handel, Entsorger) dazu gebracht, in eigener Verantwortung privatwirtschaftlich ein flächendeckendes Wertstoff-Sammelsystem (mit verschiedenen Tonnen pro Haushalt) auf die Beine zu stellen. Dieses System, das die öffentliche Müllabfuhr um 30 % entlasten soll, hat unter dem Namen „Duale Abfallwirtschaft" nun konkrete Konturen angenommen. Am 1. 1. 1993 ist weitgehend in den einzelnen Bundesländern eine Befreiung ausgesprochen worden. Dual heißt private Entsorgung und Verwertung des Verpackungsabfalls, der restliche Hausmüll bleibt weiterhin kommunale Entsorgungsaufgabe.

Der Aufbau dieses Systems wird jährliche Kosten von 1,5 bis 2 Mrd. DM erfordern, der Kaufpreis jeder Verpackung beim Verbraucher verteuert sich damit um einige Pfennige. Recyclingfähige Produkte kann der Verbraucher an einem grünen Punkt erkennen, viele Produkte sind bereits auf dem Markt. Bedenklich an diesem System ist, daß beim Verbraucher kein wirklicher Anreiz zum ‚Vermeiden' von Verpackungsmüll und zur verstärkten Hinwendung zu Mehrwegsystemen entsteht. Unklar erscheint auch, ob überhaupt bei bestimmten Wertstoffen (wie z.B. Kunststoffen) eine wesentliche Erhöhung der stofflichen Verwertung möglich (oder noch sinnvoll!) ist oder ob dabei letztendlich statt mehr Recycling nur mehr Verbrennung (thermische Verwertung) herauskommt.

zu 4: Entsorgung
Da insbesondere im Gaststättenbereich und in anderen Beherbergungs/Verpflegungsbetrieben (wie etwa Berghütten) ein hoher Anteil von organischen Küchenabfällen und Essensresten anfällt, ist hier an die Möglichkeit einer Kompostierung zu denken. Abfälle, die weder vermeidbar, verwertbar oder wiederverwendbar sind, müssen einer ordnungsgemäßen Entsorgung zugeführt werden.

Eine Zusammenfassung der verschiedenen Abfallarten und die jeweiligen Möglichkeiten zeigt (für die Schweiz) die Tafel (aus Schweizer Hotelier-Verein/Schweizer Wirteverband, 1993, S. 50):

Wer verwertet und entsorgt welche Abfallarten?

Organische Stoffe

Rüstabfälle	Kompost, Grünabfuhr, Gärtnerei
Koch- und Speiseabfälle	Schweinemäster
Gartenabfälle	Kompost, Grünabfuhr
Kaffeesatz	Kompost

Wertstoffe

Papier, Karton	Gemeindesammlung, -abfuhrwesen, Altstoffhändler
Glas	Lieferanten, private Recyclingfirmen, öffentlicher Glascontainer
Aluminium	Gemeindesammelstelle, Altstoffhändler
Weißblech	Gemeindesammelstelle, Altstoffhändler
PET	Gemeindesammelstelle, Recyclingfirmen
Speiseöl	konzessionierte Recyclingfirmen, Ölsammelstelle
Motoren-, Getriebeöl	Gemeindesammelstelle
Metalle	Gemeindesammelstelle, -abfuhrwesen, Altstoffhändler

Sonderabfälle

Batterien	Rückgabe an Lieferanten, Verkaufsstelle oder Giftsammelstelle der Gemeinde
Neonröhren	
Energiesparlampen	
Farben, Lacke	
Lösungsmittel	
Holzschutzmittel	
Medikamente	
Geräte mit FCKW und PCB	
Schädlingsbekämpfungsmittel	
Fotochemikalien	

Kehricht

zum Beispiel Verbundstoffe (wie Tetra-Brik)	Abfuhrwesen der Gemeinde
Joghurtbecher	
Kohlepapier	
beschädigte Textilien	
Kunststoffe	
Glühbirnen	
Porzellan, Fensterglas	Grubengut, Details bei der Gemeinde zu erfragen

Nachdem in der Industrie durch einige geplante Gesetzesvorhaben in einigen Branchen z.Z. stark an Wiederverwertungs- und -verwendungsstrategien gearbeitet wird, um die Rücknahmeverpflichtung erfüllen zu können (bei Autos, Fernsehern, Computern u.a.), wurde auf der ispo 92 auch von einem Beispiel der Freizeitindustrie berichtet.

Nordica – Kästle
Die zur Benetton-Gruppe gehörende Nordica Sportsystem gab die kostenlose Rücknahme von Skischuhen (Nordica) und Skiern (Kästle) für die neue Kollektion bekannt. Im Pilotprojekt sollen die Produkte an zwei zentralen Sammelstellen (München/Hohenems) gesammelt und sortiert werden. Die weitgehend aus einem Kunststoffgemisch bestehenden Schuhe können zu 60 %, Skier bis auf 3 bis 4 % Schlacke (Deponie) vollständig recycelt werden. Man rechnet allerdings erst ab 1997/98 damit, ein Volumen zu erreichen, bei dem eine erste Großanlage zur Wiederverwertung in Betrieb gehen kann. Der österreichische Hersteller präsentierte für die Ski-Kollektion 1992/93 den „Kästle-Umweltschein" und öffnete damit die Tür in ein innovatives Recycling-System.
Das sieht im einzelnen so aus: Beim Kauf eines Kästle-Skis erhält der Konsument beim Fachhändler den „Umweltschein". Mit diesem garantiert der Hersteller die Rücknahme der Ski über zentrale Sammelstellen. Der Verbraucher schickt die Ski direkt an diese Sammelstellen oder bringt sie dort vorbei. Durch die Rücknahme-Garantie verpflichtet sich Kästle, die gebrauchten Ski am Ende des jeweiligen Produktlebenszyklus nicht nur zurückzunehmen, sondern diese zu recyceln, das heißt, sie weiter- und wiederzuverwerten. Der organisatorische Aufwand sowie die Logistik werden vom Hersteller übernommen.
Die Rücknahme-Garantie und deren Umsetzung in die Praxis haben die Kästle-Ingenieure als innovative Herausforderung angesehen. Der Recycling-Prozeß ist in verschiedene Stufen unterteilt. Auf das Sammeln der gebrauchten Ski folgt das Shreddern der Hardware. Als nächster Produktionsschritt werden die Werkstoffe aussortiert und dann einem materialspezifischen Recycling-Verfahren zugeführt. Die Wiederverwendung der zurückgewonnenen Materialien ist dann die Ausgangsbasis für eine erneute Verwendung in verschiedenen Bereichen.
Ein Kästle-Ski besteht zu 35 % aus Aluminium, dann folgen in der quantitativen Verteilung Kunststoff (30 %), Holzkern (25 %) und Stahlkante (10 %). Der Recycling-Vorgang sei hier am Beispiel der Stahlkanten präzisiert. Zuerst werden die Stahlkanten nach dem Shreddern mit Hilfe eines Magnetabscheiders aussortiert. Als nächster Schritt folgt das Einschmelzen der Stahlteile. Nach einigen technischen Zwischenstationen ist dann die Wiederverwertung zu Rohstahl der Abschluß des Recycling-Vorgangs. Was den Aluminiumbestandteil des Skis angeht, erfolgt ebenfalls eine Materialweiterverwertung. Der Holzkern wird so verarbeitet, daß er zur Wärmegewinnung dienen kann. Der Kunststoff gelangt in eine Zwischendeponie. Die Kästle-Entwicklungsingenieure können ihn nun im Rahmen ihres „Forschungsprojektes Recycling" mit der Hauptzielrichtung der zukünftigen Industriegasgewinnung weiterverwenden.
Mit der Rücknahme-Garantie für Ski, die beispielhaft für die gesamte Branche ist, hat Kästle gleichsam eine Vorreiterfunktion übernommen. Im Rahmen des Umweltschutzes spielt die Recycling-Problematik eine wesentliche Rolle. Auch hier sind Innovationen gefragt und gefordert, besteht Handlungsbedarf, wenn es darum geht, die Theorie in die Praxis umzusetzen. Seit Anfang Dezember 1991 sind Handel und Hersteller in Deutschland verpflichtet, Transportverpackungen in den Werkstoff-Kreislauf zurückzuführen. Das ist der erste Schritt, denn Entsprechendes gilt besonders ab dem 1. April 1992 für Umverpackungen und seit Anfang 1993 auch für Verkaufsverpackungen.
Mit der Einführung der „Shrink WRAP" (Schrumpfverpackung) trägt Kästle den modernsten Anforderungen der Verpackungstechnologie Rechnung. Die Schrumpfver-

Ein Umweltkonzept hat den Namen nicht verdient, wenn es nicht umfassend ist. Von der Entwicklung eines Skis bis zu seiner Wiederverwertung, von der Materialauswahl bis zum energiesparenden Transport – all das ist Inhalt der Kästle Umweltphilosophie. Der Übersicht wegen haben wir es in fünf Teilbereiche unterteilt:

DAS KÄSTLE UMWELTKONZEPT

PRODUKTION

Stichwort Energie: Erdgas statt Erdöl, Wärmerückgewinnung, verbesserte Wärmeisolierung – all das spart Energie und somit wertvolle Ressourcen. Und ist ein Beitrag zur Verminderung des CO_2-Ausstoßes.

Stichwort Wasser: Durch den geschlossenen Wasserkreislauf wird nur noch 5% Frischwasser benötigt. Das Brauchwasser wird mehrmals gefiltert und zu 95% wieder verwendet.

MATERIALIEN

Stichwort lösungsmittelfreie UV-Lacke: Diese Lacke härten nicht durch die Verdampfung von umweltschädlichen Lösungsmitteln, sondern unter Einwirkung von UV-Licht. Zusatz-Vorteil: Sie sind viel beanspruchbarer als herkömmliche Lacke.

Stichwort FCKW-freie-PU-Systeme: Bei Kästle gilt schon heute: FCKW-Verbot. Stichwort Werbung: Alle Kästle Drucksachen sind auf chlorfrei gebleichtem Papier gedruckt.

LOGISTIK

Stichwort Verpackung: Das Kästle Shrink Wrap-System ist die Verpackung der Zukunft – leicht, recyclebar, umweltneutral aus reinem PE.

Stichwort Transport: Kästle wird in Zukunft Grundaufträge direkt vom Stammhaus beliefern. Damit wird nicht nur Zeit, sondern durch einfache Transportwege auch Verpackung und Energie gespart.

SKI-RÜCKNAHME

Bereits in Deutschland, Österreich und Schweiz eingeführt: die Rücknahme-Garantie. Ein Umweltschein berechtigt zur Rücksendung ins zentrale Sammeldepot, wo der Alt-Ski schonend recycelt wird. Die Einführung der Rücknahme-Garantie weltweit ist bereits in Planung.

RECYCLING

Stichwort «Alt-Ski» – Nach dem Shreddern werden die Wertstoffe aussortiert: Stahl wird gereinigt, geschmolzen und wieder eingesetzt, Aluminium beim Lieferanten wieder aufbereitet, Holz zur Wärmegewinnung eingesetzt. Der noch nicht verwertbare Rest wird zwischengelagert und später zur Industriegas-Gewinnung verwendet.

Stichwort Rohstoffe: Die bei der Verarbeitung entstehenden Rohstoffabfälle werden recycelt.

Stichwort Müll: Bei der Produktion entstehende Abfälle werden sortiert und wiederverwertet (Metallreste, Schleifmittel, Holz, etc.).

SKI RECYCLING

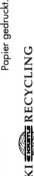

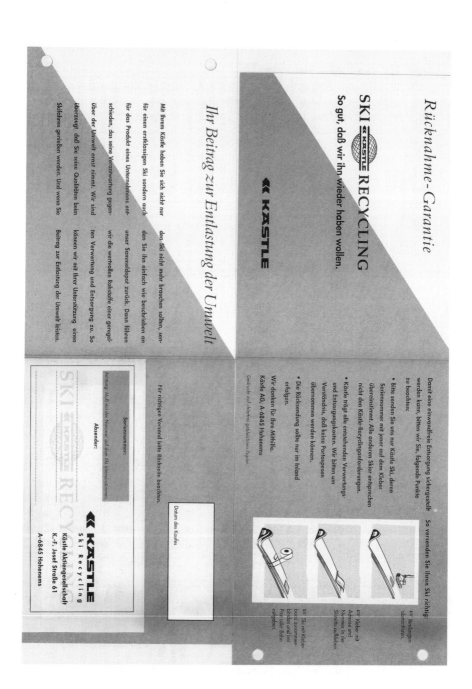

packung aus Polyethylen entspricht den Anforderungskriterien des Umweltschutzes. Darüber hinaus ist diese Verpackung auch ein optimaler Schutz gegen Verschmutzung. Für das Recycling von Werkstoffen entschied sich Kästle dazu, dem „RESY"-System beizutreten. Dieses bietet in Deutschland ein kombiniertes Entsorgungskonzept für alle Transportverpackungen, für die eine Verwertungsgarantie vorliegt (Papier und Kartonagen). Um eine hohe Recyclingquote, und im Sinne einer intakten Umwelt, um saubere Wertstoffe zu gewinnen, müssen die einzelnen Verpackungen sortenrein gesammelt werden.

Kästle ist aber auch noch anderweitig in der Bewältigung der Umweltschutz-Problematik aktiv. So ist es gelungen, mit Hilfe eines neuen Verfahrens die umweltschädlichen Lösungsmittel der Lacke auf ein Minimum zu reduzieren. Die Skilacke trocknen nun nicht mehr, indem zum Teil giftige Lösungsmittel in die Luft entweichen, sondern es geschieht durch das Einwirken von ultraviolettem Licht. Erfreuliches Nebenprodukt für den Skifahrer: Dieser Lacktypus ist widerstandsfähiger.

Im Sinne des Umweltschutzes wurde auch der Wasserkreislauf in der Kästle-Ski-Produktion neu gestaltet. Für die verschiedenen Maschinen und Pressen sind nur noch fünf Prozent des früheren Frischwasserbedarfes nötig. Die restlichen 95 % werden wieder aufbereitet und wiederverwendet. Die Abwassermenge wurde so um 95 % reduziert.

Auch bei der Abfallverwertung leistet Kästle seinen aktiven Beitrag zum Umweltschutz. Früher wurde der gesamte Abfall gesammelt zur Deponie transportiert. Jetzt erfolgt eine Abfall-Trennung. Die Wertstoffe werden erneut verwertet und gelangen als Roh- bzw. als Hilfsstoffe wiederum in den Produktionskreislauf. Der Anteil von Restmüll reduziert sich entscheidend.

Erste Ansätze eines Umweltcontrolling im Tourismus

> Wieviel kostet ein Baum?
> „Frederic Vester hat einmal versucht, die Leistung eines Baumes zu beziffern. Er kam bei einer 100jährigen Buche auf eine Holzwertleistung von 2,70 DM pro Jahr. Wird indessen die Photosynthese, die dieser Baum leistet, berechnet, so liegt der Gegenwert bei 153,43 DM. Der Baum erfüllt aber weitere Funktionen wie Bionik, Filter, Wasserspeicher, Sicherung des Bodenlebens durch organisches Material, Symbiose. Die Gesamtbilanz, nämlich den volkswirtschaftlichen Beitrag eines Baumes pro Jahr, beziffert er für den Baum allein auf 1675,64 DM. Steht dieser Baum im Wald, ergibt sich eine ganze Reihe von zusätzlichen Funktionen, wie beispielsweise Erosions- und Lawinenschutz und vieles andere mehr. Insgesamt 5297,25 DM leistet unser Baum. Ein Baum von 100 Jahren erreicht so den volkswirtschaftlichen Wert von über einer halben Million Mark. Das ist mehr als das fast Zweitausendfache seines bloßen Holzwertes. Wie rechnen wir, wenn ein Baum gefällt wird? Was ist sein Marktwert?"
>
> (Atteslander, 1989)

Aufgabe eines Umwelt-Controlling-Systems

Umweltorientiertes Tourismusmanagement umfaßt die Planung, Steuerung und Kontrolle aller betrieblichen Umweltschutzaktivitäten. Die Lösung dieser

Aufgabe einer offensiven ökologischen Unternehmenspolitik ist ohne ein Instrumentarium für ein Umweltcontrolling nicht erfüllbar. Informationen über alle umweltrelevanten Vorgänge im Unternehmen sind unerläßliche Voraussetzungen für jeden Umweltschutz. Aufgabe der Unternehmensführung ist es, diese externen Austauschbeziehungen und die internen Prozesse entsprechend der jeweiligen Zielsetzung durch Maßnahmen zu gestalten und zu lenken. Für diese Aufgabe werden Informationen über vergangene, gegenwärtige und zukünftige Vorgänge benötigt. Zur Beschaffung dieser Informationen verwendet die Unternehmung ein institutionalisiertes Informationssystem, nämlich das betriebliche Rechnungswesen und betriebswirtschaftliche Kennzahlen. Die Regelung betrieblicher Prozesse stellt sich damit als ein Informationsproblem dar.

Ein solches praxisbezogenes Umwelt-Controlling-System (UCS) ist selbst bei Großformen touristischer Unternehmen erst im Entstehen. Schaltzentrale wird ein Umweltinformationssystem sein, das quasi die Infrastruktur für die genannten Führungssysteme darstellt. Aufgabe ist dabei auch die Gewinnung von Daten für eine betriebsbezogene Umweltbewertung. Eine neue Dimension gewinnt diese Aufgabe auch mit der Einführung einer Gefährdungshaftung im Umwelthaftungsrecht. Diese Managementinstrumente (wie etwa Umwelt-Audits) dienen mit ihren Informationen auch als „Nachweis" und damit risikovermindernd.

In der Theorie erörterte Methoden einer ökologischen Erweiterung sind inzwischen über ihr „Schreibtisch-" bzw. Pilotprojektstadium wesentlich hinausgekommen, eine Standardisierung der Instrumente steht noch aus. Kennziffern und eine „Ökobilanz" werden weitere wichtige Bestandteile eines Umwelt-Controlling-Systems sein.

Wie an früherer Stelle bereits erläutert, werden ökologische Schäden betriebswirtschaftlich als negative externe Effekte (soziale Kosten) – und damit nicht als leistungsbedingter (und kostenrelevanter) Güterverzehr – betrachtet. Das betriebs- und volkswirtschaftliche Rechnungswesen muß den wirtschaftlichen ‚Erfolg' mit neuen Zielerreichungsindikatoren messen. Dabei müßte über alle Wirkungen, also nicht nur über die Leistungen der Unternehmung („Nutzen"), sondern auch über die Schäden („Kosten"), umfassend informiert werden. Eine Kategorisierungsmöglichkeit der sozialen Kosten gibt Widenmayer (1981) an:

1. im Bereich der Natur (außerbetrieblich)
    - Belastung der Landschaft (Zersiedlung, Mülldeponien u.a.),
    - Belastung des Bodens (Erschöpfung der Ressourcen, Verkarstung etc.),
    - Belastung der Luft (Rauch, Gase u.a.),
    - Belastung des Wassers (Wasserverschmutzung, -erwärmung);

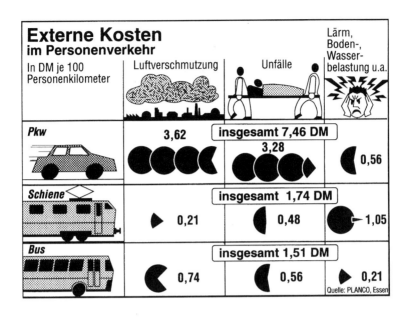

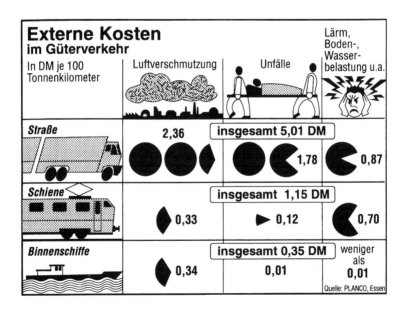

Quelle: Deutsche Bundesbahn/Deutsche Reichsbahn (Hrsg.), Die Bahn in Zahlen, 1992, S. 28/29

2. im Bereich des Menschen (innerbetrieblich)

- psychische Belastung (Schichtarbeit, Akkord etc.),
- physische Belastung (Arbeitsunfälle, Berufskrankheiten etc.).

Die sozialen Kosten sind im Zuge der Diskussion um Lebensqualität verstärkt in das öffentliche Interesse gerückt. Neigte man früher dazu, das Individuum bzw. die Unternehmung bei verursachten sozialen Kosten aus seiner/ihrer Verantwortung zu entlassen, so führt ein gesteigertes Umweltbewußtsein heute zu der Forderung, soziale Kosten und Nutzen dem Verursacher anzulasten.

Die ökologischen Wirkungen unternehmerischer Tätigkeit sollten als Bestandteil in eine umfassende „gesellschaftsbezogene Rechnungslegung" integriert werden. Die zu starke Gewichtung wirtschaftlicher Kriterien in den Entscheidungsprozessen, die zu „für sich" durchaus „richtigen" (i.S. von rationalen) Entscheiden führen, kann nicht mehr losgelöst von den sozialen Kosten des daraus resultierenden wirtschaftlichen Handelns gesehen werden und führt zur Entwicklung eines „Konzeptes der gesellschaftlichen Verantwortung" einer Unternehmung.

Für touristische Betriebe wie für Unternehmungen generell stellt sich die Umweltbeanspruchung nur dann als ein rechnungsrelevanter Vorgang dar, wenn diese auch tatsächlich zu tragen ist. Während sich aus Umweltbeanspruchungen resultierende Aufwendungen bzw. Kosten bei direkten Umweltschutzinvestitionen relativ problemlos erfassen lassen, sieht Schreiner (vgl. 1988, S. 254 f.) den seperaten Ausweis umweltinduzierter Faktorkostenveränderungen (aufgrund teilweise umfangreicher und komplexer Überwälzungsmechanismen) als sehr schwierig an (z.B. die durch Umweltbelastungen steigenden Kosten für Energie, Wasser, Rohstoffe etc.).

Schreiner (1988) unterscheidet folgende Gruppen internalisierter Umweltkosten:
Tendenziell verursachungsgerechte Internalisierung
- über steigende Faktorpreise (umweltschutzinduzierte Kostensteigerungen),
- durch öffentliche Abgaben erzwungen,
- durch Erfüllung von Umweltschutzauflagen erzwungen,
- durch Haftungsansprüche Dritter verursacht,
- durch Kompensationszahlungen,
- durch freiwillige Umweltschutzmaßnahmen verursacht.

Tendenziell nicht verursachungsgerechte Internalisierung

- über steigende Faktorpreise aufgrund allgemeiner Umweltbelastungen (Folge der Kostenexternalisierung anderer Wirtschaftssubjekte),

- durch höhere Steuern und Abgaben (pauschale Überwälzung),
- durch steigende Versicherungsbeiträge, soweit nicht an konkrete Einzelrisiken geknüpft.

Als ergänzende (nicht ersetzende!) Rechnungen sind als Erweiterungen auf den verschiedenen makro- und mikrowirtschaftlichen Ebenen bereits Ansätze zu

- einem Öko-Sozialprodukt und
- einer Ökobilanz

im Entstehen. Es sei an dieser Stelle bereits betont, daß der Begriff „Bilanz" für diese Formen mißdeutend ist, da er die Existenz einer gesellschaftsbezogenen Gewinn- und Verlustrechnung suggeriert, die nicht gegeben ist. Sie beantworten vielmehr die Frage nach dem gesellschaftlichen und ökologischen „Erfolg" der Unternehmung. Bezüglich des Grades der Organisiertheit und der Integration der Daten können die Erwartungen noch nicht erfüllt werden. Es gibt keinen einheitlichen Nenner, auch keinen Saldo. Die Verwendung der Begriffe hat sich inzwischen jedoch durchgesetzt.

Instrumente auf betrieblicher Ebene

Auf der mikrowirtschaftlichen Ebene sind die Ansätze zur Internalisierung der externen Effekte gemäß dem Verursacherprinzip sehr differenziert. Solche betriebswirtschaftlichen Bausteine können z.B. sein:

- erweiterte Wirtschaftlichkeitsrechnungen,
- Umweltindikatoren,
- Checklisten und Merkmalsprofile,
- Produktfolgematrix,
- Produktlinienanalyse,
- Technologiefolgenabschätzungen,
- Sozialbilanzen/erweiterte Sozialberichterstattung,
- Umweltverträglichkeitsprüfung,
- Nutzen-Kosten-Analysen/Kosten-Wirksamkeits-Analysen,
- ökologische Buchhaltung,
- Ökoprofile (z.B. für Packstoffe),
- betriebliche Ökobilanzen,
- ökologische Wertanalyse,
- interne/externe Umwelt-Audits.

Es sollen nur die Instrumente vorgestellt werden, die in ersten Ansätzen nun auch Eingang in den Bereich des Tourismus finden.

Umweltberichte

Zu den Wurzeln einer gesellschaftsbezogenen Berichterstattung als Erweiterung des traditionellen Rechnungswesens zählen die Bestrebungen um eine Sozialberichterstattung. Sie beinhaltet zusätzliche Hauptkomponenten mehr „qualitativer Aspekte" wie „Lebensqualität" oder „Wohlfahrt", die allerdings einer Präzisierung bedürfen. Umfaßt werden vor allem

- die Erhaltung und Verbesserung der Umwelt und
- die Humanisierung der Arbeit.

Die Messung dieser Wirkungen kann entweder

- ex post am Ist-Zustand (= Gegenüberstellung der sozialen Kosten/Nutzen einer Unternehmung) oder
- an ex ante formulierten Zielgrößen (mit nachträglichem Soll-Ist-Vergleich) durchgeführt werden.

Wie eine Analyse des Wissenschaftszentrums Berlin der Umweltberichterstattung von 20 Großunternehmen zeigt, steigt der Umfang der Ökoseiten kontinuierlich. Während die meisten Firmen sich mit ein paar zusätzlichen Seiten im Geschäftsbericht begnügen, geben inzwischen zahlreiche Unternehmen gesonderte Umweltberichte heraus, in denen über Umweltschutzaktivitäten berichtet wird.

In den letzten zwei, drei Jahren haben immer mehr Firmen freiwillig Umweltberichte oder Ökobilanzen auch extern veröffentlicht (Neumarkter Lammsbräu, Kunert, IBM, BASF, Henkel, Wacker, Neff, Norsk Hydro, Staatliche Mineralbrunnen Bad Brückenau, DSG, u.a.). Aufgrund der Struktur der Tourismusbranche (viele Familienbetriebe, überwiegend mittelständische Betriebsgrößen, kaum Aktiengesellschaften) werden nur wenige Betriebe von dieser Entwicklung betroffen sein. Pioniere sind hier die Swissair und British Airways. 1993 wird auch die Lufthansa einen Umweltbericht veröffentlichen.

In dem Bericht des Business Council for Sustainable Development wird bedauert, daß immer noch zuwenig Firmen die Öffentlichkeit regelmäßig über ihre Umweltpolitik informieren. „Eine systematische, dokumentierte, regelmäßige und objektive Beurteilung ist nötig, um festzustellen, inwieweit eine Unternehmung den Zielen einer nachhaltigen Entwicklung entspricht. Sie erleichtert nicht nur die Kontrolle durch das Management, sondern gestattet auch, die Einhaltung der Unternehmenspolitik einschließlich der gesetzlichen Vorschriften zu überwachen. Die Berichterstattung über den Fortschritt in Richtung nachhaltiger Entwicklung ist eine anspruchsvolle Aufgabe und unterscheidet sich erheblich vom Umwelt-Reporting. Sie erfordert, daß Unternehmen ihre ökologischen und ökonomischen Leistungen für die Lebensqualität der heutigen und künftigen Generationen bewerten. Dieses Ziel muß erst erreicht werden" (Schmidheiny, 1992, S. 138).

Auch im Bereich des Tourismus wäre die Festlegung von quantifizierbaren Verbrauchs- und Belastungszielen (Energie-/Wasserverbrauch, Abfallmengen, Flächenverbrauchs etc.) als Indikatoren zur Messung der Umweltbelastung möglich. Die „Veröffentlichung der erreichten Werte im Jahresbericht des Unternehmens oder des Verbandes könnte schließlich den Nachweis bringen, ob und wo Sanfter Tourismus tatsächlich gewollt und machbar ist und die Lücke zwischen Einsicht und Umsetzung im Zusammenwirken aller Beteiligten geschlossen werden" (Hamele, 1992, S. 324).

British Airways – Annual Environmental Report
Nach Gründung einer eigenen Umweltabteilung im Jahr 1989 bestand einer der ersten Schritte darin, in das bestehende Unternehmenszielsystem (von insgesamt sieben Zielen) ein „Good Neighbour"-Ziel zu integrieren: „To be a good neighbour, concerned for the community and the environment". Dieses Ziel wird unterstützt von einem Umweltleitbild („Environmental Policy Statement").
Die Erkenntnis, daß die Umwelt zunehmend eine wichtige Managementaufgabe wird, führte zu einer Berücksichtigung ökologischer Gedanken in verschiedenen Bereichen, wie etwa den technischen Bereichen, einem Abfallmanagement und verschiedenen Ökosponsoring-Aktivitäten (z.B. das Naturschutzprogramm „Assisting Nature Conservation" oder dem jährlichen Ökopreis „Tourism for Tomorrow Award").
Auch wenn man primär die Verbesserung der eigenen Umweltperformance im Auge hat, wird es als Aufgabe eines jeden Anbieters touristischer Leistungen angesehen, seine Tätigkeit an ökologischen Standards zu messen, Schwachstellen zu analysieren und Anpassungsmaßnahmen vorzunehmen.
BA ist aber einsichtig genug, eine Überbetonung des Umweltgedankens zu vermeiden: „It is not, and will never be, the objective to paint a bright green image of British Airways. We are well aware that to attempt this is to attempt a contradiction in terms because of the very nature of our business. It is, however, our objective to go about our business in a genuinely responsible manner and to attempt to illustrate that we are doing so."

Zur (quantitativen) Unterstützung der Umweltstrategien wurden verschiedene Audits durchgeführt. Den Anfang machte der Hauptstandort Heathrow und die weltweiten Flugoperationen, andere Zentren sollen in den nächsten Jahren dazukommen. Die Ergebnisse der Audits wurden 1991 als „British Airways Environmental Review Heathrow and the world-wide flying operations" veröffentlicht. Die Empfehlungen der Audits wurden den zuständigen Linienmanagern mitgeteilt und als ein erster Schritt in Richtung zu einem integrierten Umweltmanagement gesehen. Die Erfüllung dieser Empfehlungen wurde 1992 erstmals überprüft. Das Audit identifizierte fünf vorrangige Handlungsfelder:

- Lärm
- Emissionen und Verbrauchseffizienz
- Abfall – Wasser, Energie, Ressourcen
- Staus
- Tourismus

Ein verstärktes Augenmerk richtet sich auf den letzten Punkt. BA erkennt die Problematik der Umweltschäden, die durch den Tourismus bewirkt werden.

„It would be hypocritical for airlines, of all people, to start denouncing tourism. After all, they largely created it. But we can't walk away from the existence of the ‚Stone-

henge syndrome', where a tourist attraction has to be fenced off to save it from the crowds. The tendency has been to pass the buck and blame somebody else. We have to work together to find ways of allowing people to travel without destroying the very things they have come to see."

An Aktivitäten auf dem Tourismussektor wurden eingeleitet:

- Gründungsmitglied des World Travel and Tourism Environment Research Centre in Oxford, U.K.
- Beteiligung an einem Reise-Journalismus-Wettbewerb der Zeitung Observer.
- Sponsorschaft beim „Tourism for Tomorrow"-Programm für einen umweltorientierten Tourismus.
- Spezifische Umweltpräsentationen auf verschiedenen Konferenzen.
- Das „British Airways Assisting Nature Conservation"-Programm.
- Verschiedene Projekte auf lokaler Ebene (z.B. Schulprojekte oder die Müllsammelaktion „Clean Sweep Week").

Zusätzlich wurden Initiativen im Umweltmanagementbereich („light green issues") gestartet, so etwa:

- Recyclingprogramme (es werden allein über 9 Millionen Aluminium Getränkedosen im Jahr verbraucht)
- Ausbildungs- und Sensibilisierungsprogramme
- Umweltprämien im betrieblichen Vorschlagswesen („Greenwaves")
- innerbetriebliche Umweltauszeichnungen („Greenseal")
- einer Erweiterung der Umweltorganisation

„Examples of initiatives include establishment of an ‚Environment Council' of those Executive Directors most directly concerned with the environment and the complementary development of a network of some 150 Environmental Champions throughout the company. Communication has been both internal through staff briefing videos, seminars and extensive co-operation from in-house publications such as BA News, and external by selected briefing of industry, ‚Green' and other press. Communication will be ongoing and in the next 6 months will include an internal environmental awareness campaign to management and staff to reinforce the ‚environment is good for business' message."

Wichtige Elemente eines „Umweltplans" beziehen sich auf:

- Die jährliche Veröffentlichung eines Umweltberichtes.
  Im August 1992 wurde der erste „British Airways Annual Environmental Report" veröffentlicht, der zu den obengenannten fünf Handlungsfeldern ausführlich Stellung nimmt (Tabellen, Zahlenmaterial etc.). Zusätzlich werden seperate Reports herausgegeben, wie z.B.:
- Airlines and noise control near airports, BA Environmental Report No. 8/92
- NO_x Emissions from the British Airways Fleet 1990–1991, BA Environmental Report No.9/92
- Atmospheric emissions and the environment. The airline position, BA Environmental Report No. 14/91
- Airlines, Tourism and environment, Discussion Paper, BA Environmental Report No. 2/92
- Airlines, aviation and the environment, BA Environmental Report No. 4/92
- Die Festlegung klarer Indikatoren zur Bestimmung der Umweltperformance (siehe Tabelle).

„In evaluating environmental performance many difficulties arise from the breadth and depth of the interactions with the environment and from the difficulties of reducing these to a common currency on which to place a valuation. British Airways is committed to attempt such evaluation and a brief status report, with some examples of how the airline's performance may be evaluated in future."

Aufbau eines Öko-Kennzahlensystems

Kennzahlen sollen in konzentrierter, stark verdichteter Form auf eine relativ einfache Weise schnell über einen betrieblichen Tatbestand informieren. Diese intern und extern einsetzbaren quantifizierbaren Meßgrößen werden sich für touristische Betriebe vor allem auf

- einen sparsamen Ressourcenverbrauch (Wasser-, Energiebereich, Material in Verwaltung, zur Reinigung usw.) und
- ein effizientes Abfallmanagement

beziehen. Die Zahlen lassen sich entweder als Bestandsgröße für einen bestimmten Stichtag oder als Bewegungsgröße auf einen bestimmten Zeitraum beziehen. Eine Analyse dieser ökologieorientierten Kennzahlen soll zwei Fragen beantworten:

Environmental performance indicators

Area of concern	Performance indicator	Value 1989–90	Value 1990–91	Contributors
Noise	% fleet that conforme to Chapter 3	52 (1)	54 (1.04)	Fleet replacement plans, ie. retirement of older, noisier aircraft and new aircraft
Emissions and fuel effiency	Fuel use per ATK	0.306 (1)	0.291 (1.05)	• Scheduled fleet • Fleet consomption • Flight crew procedures • Fleet scheduling • Weather
Waste-water energy and materials	Electricity consumption at Heathrow and Gatwick per ATK	0.018 (1)	0.017 (1.06)	• No. of staff • Use of PCs and computers • Installation of enery monitoring systems • Weather
Congestion	Fuel burned as a result of delays at London Heathrow and Gatwick per ATK	28.25 (1)	33.54 (0.84)	• Air Traffic Control operation • Terminal an runway capacity • Weather
Tourism and conservation	Shipments of fauna and equipment as actual numbers of movement	60 (1)	119 (1.16*)	• Budget for BAANC programme • Avaiable cargo space • Requests from partnership organisations
Community	Total sponsorship and donations, including non-environmental charitable donations	£246,613 (1)	£453,486	• Budget avaiable • Requests from organisations and charities
Overall performance		1	1.05	

* Ratio divided by 6 as arbitrary weighting

Please note that these performance indicators are for illustration only

(1) Die Frage nach der Verhältnismäßigkeit (Kennzahl zu hoch/zu niedrig?)

- Eine Beantwortung dieser Frage wird vor allem durch externe Vergleiche erleichtert, wenn eine Vergleichbarkeit der Zahlen gewährleistet ist. In den nachfolgenden Zahlen der DEHOGA sind verschiedene Betriebsgruppen geschaffen worden (siehe Darstellung).
- Zusätzlich ist ein interner (Zeit-)Vergleich möglich (also Gegenüberstellung der Kennzahl etwa mit der des Vorjahrs).
- Denkbar ist auch ein Soll-Ist-Vergleich, falls sich der Betrieb bestimmte Ziele (z.B. Orientierung am Branchenbesten) gesteckt hatte und den Grad der Zielerreichung feststellen will. Damit wird die Kennzahl zu einem Kontrollinstrument.

(2) Die Frage nach den Ursachen (Worauf ist die Abweichung zurückzuführen?)

Als Beispiele einer umweltorientierten Kontrolle werden genannt:

$$\text{Wertschöpfung real} = \frac{\text{Umsatz/real}}{\text{Materialverbrauch real}}$$

$$\text{Recyclingquote} = \frac{\text{Anteil des recycelten Materials pro Jahr}}{\text{Gesamtmaterialverbrauch pro Jahr}}$$

Verbrauchskennzahlen (Soll-Ist-Vergleich) lassen sich für die verschiedensten Bereiche berechnen: Abfallmenge, Energieverbrauch (Heizöl, Gas, Strom), Reinigungs- und Waschmittel usw.

Unter ähnlichen Aspekten sind Energiekennzahlen heranzuziehen:

$$\text{spezifischer Endenergieverbrauch (Nettoproduktion)} = \frac{\text{Endenergieverbrauch}}{\text{Nettoproduktion}}$$

$$\text{spezifischer Endenergieverbrauch (Beschäftigte)} = \frac{\text{Endenergieverbrauch}}{\text{Zahl der Beschäftigten}}$$

$$\text{spezifische Endenergiekosten (Gesamtkosten)} = \frac{\text{Energiekosten}}{\text{Gesamtkosten}}$$

Der Energieverbrauch ist auch in absoluten Größen festzuhalten, und zwar gesondert nach Energieträgern (regenerativ/nicht regenerativ). In absoluten Zahlen sollten auch die jährlichen Entsorgungsmengen und -kosten festgehalten werden.

Gruppe I: Hotel garni
Umsatzgröße:
450–700 TDM
Kapazitäten:
34–38 Zimmer
Preisniveau:
EZ 70–110 DM
∅ Zahl der Übernachtungen:
9941/Jahr

Gruppe II: Restaurant
Umsatzgröße:
320–700 TDM
Kapazitäten:
50–140 Plätze
Preisniveau:
Hauptgericht 15–35 DM
∅ Zahl der Essensgäste:
16860/Jahr

Gruppe I: Hotel garni

	je Gast/ Übernachtung	∅ je Gast	Orientierungswert	∅ Einsparungspotential/Jahr
Abfallmenge	1,4– 3,5 l	2,8 l	1,6 l	238,– DM
Wasserverbrauch	70,0–245,0 l	128,0 l	80,0 l	2147,– DM
Energieverbrauch Verbrauch	20,9– 36,7 kw	29,8 kw	22,7 kw	7058,– DM
Reinigungsmittel	1,1– 4,5 cl	2,56 cl	1,3 cl	373,– DM
∅ Einsparungspotential gesamt pro Jahr:				**9816,– DM**

Gruppe II: Restaurant

	je Gast/ Besuch	∅ je Gast	Orientierungswert	∅ Einsparungspotential/Jahr
Abfallmenge	0,8– 3,6 l	1,6 l	1,0 l	202,– DM
Wasserverbrauch	7,5– 62,7 l	35,0 l	11,0 l	1821,– DM
Energieverbrauch Verbrauch	4,6– 13,2 kw	10,2 kw	6,8 kw	5732,– DM
Reinigungsmittel	0,9– 3,9 cl	2,26 cl	1,2 cl	536,– DM
∅ Einsparungspotential gesamt pro Jahr:				**8291,– DM**

Gruppe III: Hotel-Restaurant A

	je Gast/Übernachtung/Besuch	∅ je Gast	Orientierungswert	∅ Einsparungspotential/Jahr
Abfallmenge	1,3– 5,0 l	2,1 l	1,7 l	82,– DM
Wasserverbrauch	45,0–140,0 l	75,0 l	61,0 l	649,– DM
Energieverbrauch Verbrauch	9,8– 22,2 kw	14,2 kw	10,6 kw	3708,– DM
Reinigungsmittel	1,2– 3,2 cl	2,15 cl	1,4 cl	231,– DM
∅ Einsparungspotential gesamt pro Jahr:				**4670,– DM**

Gruppe IV: Hotel-Restaurant B

	je Gast/Übernachtung/Besuch	∅ je Gast	Orientierungswert	∅ Einsparungspotential/Jahr
Abfallmenge	1,2– 3,3 l	2,1 l	1,4 l	720,– DM
Wasserverbrauch	41,5– 98,2 l	68,3 l	48,0 l	4695,– DM
Energieverbrauch Verbrauch	6,8– 18,5 kw	12,8 kw	7,8 kw	25700,– DM
Reinigungsmittel	0,5– 1,7 cl	1,3 cl	0,7 cl	924,– DM
∅ Einsparungspotential gesamt pro Jahr:				**32039,– DM**

Abb. 26: DEHOGA Kennzahlen für Hotel und Gastronomie

Gruppe III: Hotel-Restaurant A
Umsatzgröße: 130–500 TDM
Kapazitäten:
Restaurant 60–140 Plätze
Beherbergung 6–20 Zimmer
∅ *Zahl der Essensgäste:* 8200/Jahr
∅ *Zahl der Übernachtungsgäste:*
2100/Jahr
∅ *Zahl der Gäste gesamt:* 10300/Jahr

Gruppe IV: Hotel-Restaurant B
Umsatzgröße: 1,8–3,2 Mio. DM
Kapazitäten:
Restaurant 65–250 Plätze
Beherbergung 44–80 Zimmer
∅ *Zahl der Essensgäste:* 35600/Jahr
∅ *Zahl der Übernachtungsgäste:*
15800/Jahr
∅ *Zahl der Gäste gesamt:* 51400/Jahr

Gruppe I: Hotel garni

Verbrauch im Jahr pro Betrieb	Bandbreite	Durchschnittswert
WC-Reiniger	0,0–240,0 l	47,5 l
Desinfektionsmittel	0,0– 80,0 l	36,6 l
Alternativreiniger	80,0–150,0 l	115,0 l
Konventionelle Reiniger	0,0–200,0 l	58,3 l

Gruppe II: Restaurant

Verbrauch im Jahr pro Betrieb	Bandbreite	Durchschnittswert
WC-Reiniger	0,0– 50,0 l	21,5 l
Desinfektionsmittel	0,0– 95,0 l	54,2 l
Alternativreiniger	0,0–210,0 l	94,6 l
Konventionelle Reiniger	40,0–350,0 l	214,5 l
Reinigungsmittel gesamt	100,0–650,0 l	384,8 l

Gruppe III: Hotel-Restaurant A

Verbrauch im Jahr pro Betrieb	Bandbreite	Durchschnittswert
WC-Reiniger	0,0– 15,0 l	7,5 l
Desinfektionsmittel	0,0– 52,0 l	9,6 l
Alternativreiniger	10,0–120,0 l	85,0 l
Konventionelle Reiniger	40,0–380,0 l	122,0 l
Reinigungsmittel gesamt	80,0–500,0 l	224,1 l

Gruppe IV: Hotel-Restaurant B

Verbrauch im Jahr pro Betrieb	Bandbreite	Durchschnittswert
WC-Reiniger	0,0–180,0 l	63,4 l
Desinfektionsmittel	0,0– 70,0 l	41,7 l
Alternativreiniger	90,0–270,0 l	175,5 l
Konventionelle Reiniger	120,0–350,0 l	193,2 l
Reinigungsmittel gesamt	240,0–650,0 l	473,8 l

Neben Kennzahlen als absolute Zahlen sind auch Verhältniszahlen (Quotienten) zu bilden. Entweder

- als Gliederungszahl (Teilgröße zu ihrer übergeordneten Größe) z.B. Energiekosten : Gesamtkosten = Energiekostenanteil
oder
- als Beziehungszahl (verschiedene Größen mit sachlicher und sinnvoller Beziehung) z.B. Abfallmenge : Anzahl der Gäste = Abfall pro Gast, Wasserverbrauch: Anzahl der Gäste = Wassermenge pro Gast.

Einige der Kennzahlen sind für Hotel- und Gastronomie relativ leicht zu ermitteln (wie die Wasser- oder Energieverbrauchswerte), andere sind schwieriger zu spezifizieren (z.B. Abfall), andere müssen noch zur Analyse aufgeschlüsselt werden (z.B. der Gesamt-Reinigungsmittelverbrauch in einzelne Arten wie konventionelle bzw. sanfte Reinigungsmittel).

Bei den in Modellbetrieben gewonnenen Erfahrungen (vgl. Abbildung 26 aus DEHOGA, 1992, S. 36 f.) fällt auf:

- Auch in ähnlich strukturierten Betrieben gibt es eine große Bandbreite der Verbrauchswerte (z.B. Abfallmenge pro Gast 1,6 bis 2,6 l; durchschnittlicher Wasserverbrauch pro Gast zwischen 35 und 128 l, Energieverbrauch pro Gast zwischen 10,2 und 29,8 kW.
- Das Einsparungspotential liegt ohne Berücksichtigung der in Zukunft steigenden Gebühren zwischen 4670 und 32039 DM (Zugrundelegung des Durchschnittswertes mit dem besten Wert).

Haunerdinger (vgl. 1992, S. 318 f.) schlägt noch spezifische Kennzahlen für Luftverkehrsgesellschaften (z.B. Schadstoff- oder Treibstoffausstoß pro 1 000 km oder für Veranstalter (z.B. Verhältnis Nah- zu Fernzielen oder
Anteil Transportkosten am Gesamtreisepreis) vor.

Das Berner Forschungsinstitut für Freizeit und Tourismus (vgl. Abbildung 27, aus 1992) hat einen aus dem Schweizerischen Tourismuskonzept abgeleiteten Indikatorenkatalog als Basis für die Erarbeitung von quantitativen „Kennziffern einer harmonischen touristischen Entwicklung" entwickelt, die einem Ort wertvolle Erkenntnisse liefern.

Krippendorf (1992) fordert, mittel- und langfristig aus ökologischen Gründen ein Wachstum der Tourismuswirtschaft nur dann als „nachhaltig" zuzulassen, wenn dabei der Energieverbrauch und die Umweltbelastungen auch absolut (nicht nur relativ) zurückgehen: Die Entlastung muß größer sein als die zusätzliche Belastung.

Ziel-bereiche / Stufen	UMWELT		WIRTSCHAFT			GESELLSCHAFT	
	Landschaft	Landwirtschaft	Beherbergung und Transport	Auslastung		Selbstbestimmung	Kulturelle Identität
1. Stufe = 7 Schlüsselgrößen	Maß für die Landschaftsschonung: überbaute Bauzone — Bauzone insgesamt	Entwicklung der Landbearbeitung: %-Veränderung der landwirtschaftlichen Nutzfläche in letzten fünf Jahren	Übereinstimmung Bahnen – Betten: Transportkapazität Beschäftigungsanlagen Betten insgesamt — Verhältnis Parahotellerie – Hotellerie: Betten Ferien- und Zweitwohnungen insgesamt — Betten Hotellerie	Winterauslastung der Bahnen: beförderte Personen — Transportkap. aller touristischen Bahnen		Ferienwohnungen im Besitz Ortsansässiger: %-Anteil Ferien- und Zweitwohnungen im Besitz von Ortsansässigen	Grad der Bereitheit: Betten insgesamt — Ortsansässige (Ganzjahr)
2. Stufe = Ergänzungsgrößen	überbaute Bauzone — Wies- & Ackerland — Freirauminidikator: Wies- + Weid- + Waldfläche — Betten insgesamt — Transportkapazität Beschäftigungsanlagen — Skipistenlänge — Betten insgesamt — Gemeindefläche — Saisonale Siedlungsdichte: Betten insg. + Ortsansässige (Ganzjahr) — überbaute Bauzone	Entwicklung der Arbeitskräfte in der Landwirtschaft: %-Veränderung der Arbeitskräfte Landwirtschaft insgesamt — Arbeitnehmer Tourismus — Arbeitskräfte Landwirtschaft insgesamt — Arbeitskräfte Landwirtschaft nebenberuflich — Arbeitskräfte Landwirtschaft insgesamt	Transportkapazität Beschäftigungsanlagen — Transportkapazität Zubringeranlagen — Transportkapazität Beschäftigungsanlagen — öffentl. Parkplätze — Zufahrtskapazität öffentlicher Verkehr — Zufahrtskapazität Straße — öffentl. Parkplätze — Zufahrtskapazität Straße — Grad von Monokultur: Arbeitnehmer Tourismus — Ortsansässige zw. 20 und 64 Jahren	Auslastung Betten insgesamt: Logiernächte insgesamt — Betten insgesamt — Auslastung Betten Hotellerie — Logiernächte Hotellerie — Betten Hotellerie — Sommer-Anteil Logiernächte Hotellerie: Sommer-Logiernächte Hotellerie — Logiernächte Hotellerie — Sommer-Anteil Logiernächte Parahotellerie (ohne ZW): Sommer-Logiernächte Parahotellerie — Logiernächte Parahotellerie		Maß für die Ungleichheit der Einkommensverteilung: Gini-Index — Steuerpflichtige mit Steuereinkommen unter 10'000.–: Steuerpflichtige insgesamt — %-Anteil unüberbaute Bauzone im Besitz von Ortsansässigen — %-Anteil Amtlicher Wert im Besitz von Ortsansässigen — %-Anteil Gebäudewert im Besitz von Ortsansässigen	Tourismus-Intensität: Logiernächte insgesamt — Ortsansässige (Ganzjahr) — Innere Bevölkerungsfluktuation: (Zuzügler/Jahr + Wegzügler/Jahr) : 2 + Ausl. Saisonarbeiter — Ortsansässige (Ganzjahr) — Zuzügler der letzten 10 Jahre — Ortsansässige (Ganzjahr)

(Quelle: Seiler, 1989, S. 15)

Abb. 27: Indikatorenkatalog als Basis für die Erarbeitung von Kennziffern

Der Vorschlag Krippendorfs geht dahin, die Tourismussektoren auf allen Ebenen zu verpflichten, mit Ökobilanzen über dieses „Weniger" auch extern Rechenschaft abzulegen. „Zu den bisherigen ‚Erfolgsfaktoren' wie Touristen-Übernachtungs-, Betten-, Umsatzzahlen etc. müssen die ökologischen Meßgrößen Energieverbrauch, CO_2-Ausstoß, Flächenverbrauch u.dgl. hinzukommen."

Umweltverträglichkeitsprüfung

> „How many environmental consultants does it take to change a bulb?" a collegue once asked. „Seven," came the reply. „One to change the light bulb, six to conduct the environmental impact assessment."
> (Environment News, December 1992, S. 2)

Hartnäckig hält sich, wie dieses Zitat „ironisch" zeigt, das Gerücht, eine UVP sei schwierig und umständlich zu handhaben und eigentlich überflüssig. 1990 wurde aber eindeutig mit dem Inkrafttreten des Gesetzes zur Umweltverträglichkeitsprüfung (UVP) eine entsprechende EG-Richtlinie aus dem Jahr 1985 in nationales Recht umgesetzt. Mit Hilfe einer solchen ‚Einschätzung der Umweltauswirkungen' sollen von der zuständigen Behörde unter Beteiligung der Öffentlichkeit auf wissenschaftlicher Basis möglichst frühzeitig (d.h. zu Beginn des Planungsstadiums) auf unternehmerischen Entscheidungen beruhende Eingriffe und Wirkungen in die Umwelt auf ihre ökologische ‚Verträglichkeit' hin erstmals systematisch und umfassend untersucht und bewertet werden.

Es sollen also wichtige Auswirkungen von Tourismus- und Freizeiteinrichtungen untersucht werden, bevor eine Planung bzw. Entscheidung über umwelterhebliche Projekte getroffen wird. Neben die Kriterien Wirtschaftlichkeit und Rechtmäßigkeit tritt jetzt die Umweltverträglichkeit als Entscheidungskriterium.

Die UVP-pflichtigen Vorhaben sind äußerst vielfältig, sie reichen von Kraftwerken bis zu Abfalldeponien; sie sind im Anhang zum UVPG (Anlage zu § 3) aufgeführt. Im touristischen Bereich ist die Prüfung vorgeschrieben für die „Errichtung von Feriendörfern, Hotelkomplexen und sonstigen großen Einrichtungen für die Ferien- und Fremdenbeherbergung, für die Bebauungspläne aufgestellt werden".

„Diese Einengung des Anwendungsbereiches ist nicht sachlich, sondern nur politisch zu begründen. Sie läßt außer acht, daß auch ‚kleinere' Vorhaben gravierende Eingriffe in die Landschaft darstellen können. Schon in der Vergangenheit haben solche Projekte bei ökologisch falscher Standortwahl und Ausgestaltung beachtlich zum schleichenden bis galoppierenden Verlust hochwertiger landschaftlicher Qualitäten und Umweltressourcen beigetragen. Hier ist z.B. an Campingplätze, Skilifte, Golfanlagen, Modellflugplätze, Motorsport-, Wassersport- und andere Freizeitanlagen (einschließlich Verkehrsanbindung) zu denken (vgl. Schemel/Erbguth, 1992) ... Die Umweltverträglichkeitsprüfung (UVP) ist ein Instrument für die angemessene Berücksichtigung bei der Vorbereitung von Entscheidungen, deren Ausführung voraussichtlich die Umwelt erheblich verändert. Sie eignet sich als Grundlage einer öffentlichen Erörterung des Vorhabens aus Sicht der Umwelt" (Schemel, 1993, S. 409).

Zwischen der UVP als Verfahren und als Gutachten (UVS = Umweltverträglichkeitsstudie) ist zu unterscheiden. Das Verfahren der UVP erstreckt sich, nach Schemel, über folgende Schritte:

- Feststellung der Umwelterheblichkeit. Welche Belange werden durch das Vorhaben berührt, und sind diese komplex genug, um die Durchführung einer UVP sinnvoll erscheinen zu lassen? Oder genügt eine knappe Stellungnahme bzw. ein sektorales Gutachten?
- Bestimmung des Untersuchungsrahmens („Scoping"): Welche Schutzgüter werden durch das Vorhaben voraussichtlich besonders betroffen, wo müssen die Schwerpunkte der Untersuchung liegen?
- Erstellung des UVP-Gutachtens (= UVS): Untersuchungsbericht über die voraussehbaren Umweltauswirkungen des Vorhabens (Ermittlung, Beschreibung, Bewertung) mit (vorläufiger) Schlußfolgerung zur Umwelt(un)verträglichkeit;
- Überprüfung und Diskussion des UVP-Gutachtens durch Dritte (Fachbehörden, Öffentlichkeit etc.);
- Abschließende Beurteilung der Umweltauswirkungen und ihrer Konsequenzen hinsichtlich Umwelt(un)verträglichkeit durch die zuständige Behörde;
- Einbeziehung der UVP-Ergebnisse in den Entscheidungsprozeß über das „Ob", „Wo" und „Wie" des Vorhabens;
- Nachkontrolle während und nach Realisierung des Vorhabens (Überprüfung der Einhaltung verbindlicher Auflagen).

„Das Gutachten zur UVP (die UVS) ist das Kernstück der UVP. Es ist bestimmten inhaltlichen und methodischen Mindestanforderungen unterworfen, um sicherzustellen, daß die Umweltauswirkungen in angemessener Weise gewürdigt werden. ... Das Besondere der UVP, dem die UVS Rechnung zu tragen hat, liegt darin, daß sie

- vollständig (alle Schutzgüter umfassend),
- gesamthaft (die Wechselwirkungen zwischen den Umweltmedien berücksichtigend),
- systematisch (in geordneten, nachvollziehbaren Arbeitsschritten; Sachaussagen und Werturteile sind unterscheidbar zu halten) und
- rechtzeitig (bevor umweltrelevante ‚Weichen' gestellt sind)

die Umweltfolgen eines räumlichen Vorhabens erfaßt, beschreibt und bewertet. Die verschiedenen Umweltaspekte werden als Ganzes (als ‚Paket') gewürdigt, bevor sie im weiteren Entscheidungsprozeß (z.B. im Rahmen eines Raumordnungsverfahrens) gegen andere (z.B. wirtschaftliche und soziale) Belange abgewogen werden" (ebd. S. 410 f.).

Die UVS untersucht die Auswirkungen des zu prüfenden Vorhabens auf folgende Schutzgüter:

- Menschen (Lärm, Gesundheitsgefährdung),
- Tiere und Pflanzen (Lebensräume, Lebensansprüche bestimmter Tierpopulationen und Pflanzengesellschaften),

- Boden (Lebensraumfunktion, Erosionsschutz, stoffliche Belastung),
- Wasser (Oberflächengewässer und Grundwasser hinsichtlich stofflicher Belastungen, Ufergestalt, Trinkwasserschutz),
- Luft, Klima (Emissionen, Immissionen, Luftaustausch),
- Landschaft (Landschaftsbild, Erlebniswirksamkeit)

einschließlich der jeweiligen Wechselwirkungen.

Zusätzlich berücksichtigt werden das kulturelle Erbe und sonstige Sachgüter, d.h. die Betroffenheit vor allem historischer Bausubstanz (z.B. durch Flächenansprüche und Emissionen).

„Die Aufzählung der Schutzgüter macht deutlich, daß es bei der UVP nur um Belange der Umwelt geht, nicht auch um soziale und/oder wirtschaftliche Interessen. ... Grundsätzlich ist keine starre methodische Herangehensweise vorgegeben, sondern die Abfolge, die Differenziertheit und die Darstellung der Arbeitsschritte sind den jeweiligen Besonderheiten des Raums und des Projekts anzupassen. Bei aller Offenheit der Methodik sind bei einer UVS jedoch die folgenden Arbeitsschritte in jedem Fall zu vollziehen:

a) Analyse und Bewerung des Standorts (bzw: der Standortalternativen): Der Bestand an landschaftsökologischen Qualitäten (Boden, Wasser, Luft, Tier- und Pflanzenwelt etc.) wird problembezogen erfaßt, beschrieben und bewertet.
b) Darstellung des Vorhabens (bzw. mehrerer Projektalternativen): Nach umweltrelevanten Merkmalen (z.B. Flächenversiegelung, Emssionen) wird das Vorhaben in seiner Lage und Ausgestaltung beschrieben.
c) Wirkungsprognose: Durch Überlagerung von a) und b) wird das Vorhaben auf den Standort (auf die Standortalternativen) projiziert und festgestellt, welche Umweltqualitäten sich voraussichtlich wie verändern. Es erfolgt ein Vergleich des Status quo mit dem ökologischen Zustand nach Realisierung des Vorhabens. Ein wichtiger methodischer Schritt ist dabei die ökologische Flächenbilanz: die Gegenüberstellung von zu erwartenden ökologischen Abwertungen und Aufwertungen (Konfliktflächen/Aufwertungsflächen).
d) Maßstäbe der Umweltverträglichkeit: Unter Bezug auf allgemeine und spezielle räumliche Umweltqualitätsziele (Verschlechterungsverbot, Vermeidungs- und Minimierungsgebot) werden die Maßstäbe genannt, an denen das Projekt gemessen wird, um die Frage nach der Umweltverträglichkeit beantworten zu können.
e) Vorläufige Schlußfolgerung zur Umwelt(un)verträglichkeit des geprüften Projekts: Auf der Grundlage der Arbeitsschritte a) bis d) werden Aussagen zur relativen und zur absoluten Umweltverträglichkeit abgeleitet. Zunächst also wird die unter Umweltgesichtspunkten günstigste Lösung ermittelt (relative Umweltverträglichkeit einer der Alternativen). Sodann wird diese daraufhin geprüft, ob sie die genannten Maßstäbe der Umweltverträglichkeit erfüllt (absolute Umweltverträglichkeit).
f) Mögliche Projektverbesserungen: Die im Zuge der Untersuchung erkennbaren Möglichkeiten der Vermeidung und Minderung von Umweltbelastungen sowie der ökologischen Kompensation werden (unter Rücksprache mit dem Projektträger und den Fachbehörden) auf ihre Realisierungschancen geprüft. Gegebenenfalls ist die Projektkonzeption entsprechend abzuwandeln.
g) Prüfung des abgewandelten Projekts: modifizierte Wirkungsprognose wie c) unter Einbeziehung der Verbesserungen gemäß Schritt f.).
h) Schlußfolgerung zur Umwelt(un)verträglichkeit des abgewandelten Projekts." (Schemel, 1993, S. 412 f.)

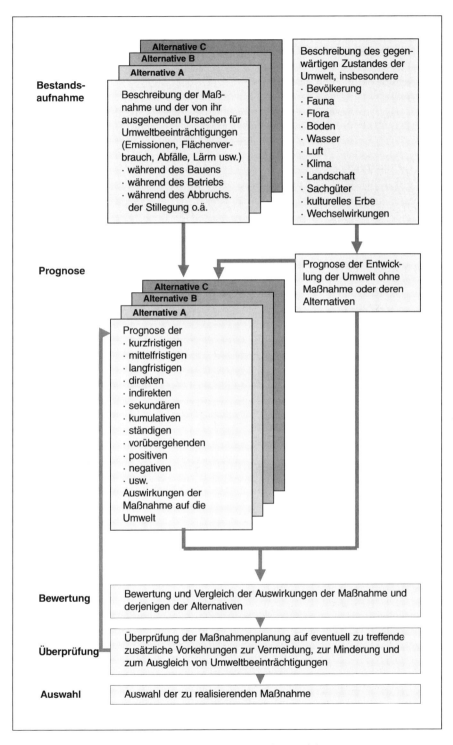

Abb. 28: Ablauf der Untersuchung der Umweltauswirkungen

Den Ablauf der Untersuchung der Umweltauswirkungen zeigt im Überblick die Abbildung 28 (aus Storm/Bunge, 1988).

In Großbritannien schreibt das UVP Gesetz neben Hotel- und Freizeitanlagen die UVP u.a. auch für Skilifte und Yachthäfen vor. Unter den 250 Projekten, die eine UVP benötigten und dem Department of the Environment bis Juni 1990 gemeldet wurden, befanden sich 33, die vollständig auf Tourismus und Freizeit bezogen waren und 20 wesentliche Elemente davon enthielten (vgl. Ravenscroft, 1992, S. 11 ff.). Ravenscroft warnt jedoch vor einer Überschätzung des Instruments.

Seit Inkrafttreten der EG-Richtlinie sind in den letzten Jahren zahlreiche UVPs durchgeführt worden – jetzt wird zunehmend die Effektivität dieses Prozesses hinterfragt: „Recent studies reveal that a high proportion of the environmental statements produced are biased or unsuitable for judging environmental impacts" (Environment News, December 1992, S. 2). Kritik kommt jedoch häufig aus einer bestimmten Ecke: Viele Investoren fühlen sich stark irritiert durch die UVP, weil sie sich plötzlich gezwungen sehen, sich auch mit den Umweltfolgen ihres Tuns auseinandersetzen zu müssen.

UVP-Fallstudien zu verschiedenen Problembereichen finden sich inzwischen in der Literatur, z.B.

- zum Alpentourismus die Veneto-Region (Costantini/Martello, 1992, S. 678 ff.)
- zu Wanderwegen (Hugo u.a., 1992, S. 705 ff.)
- zu großen Sportereignissen; am Beispiel der Olympischen Winterspiele 1994 (Teigland, 1992, S. 353 ff.)
- zum Ski-, Wasser- und Golfsport (Schemel, 1987)
- zu den Auswirkungen des Tourismus auf den Touristen (Witt u.a., 1992, S. 425 ff.)
- zu wetterunabhängigen Feriengroßprojekten (vgl. Strasdas, 1992, S. 288)
- zu einem Skiprojekt im schottischen Aonach Mor (Davidson, 1992, S. 14);
  hier wurden vor allem mit Hilfe digitaler Landschaftsmodelle zur möglichst realistischen Vorstellung des Vorhabens die visuellen Auswirkungen und die Umweltauswirkungen (Erosion etc.) untersucht.

Die English Tourist Board zeigt ein Schema zur Umweltbeurteilung (aus Green Light, S. 20)

Environmental Assessment	Potential Negative Impact of Development	How to Minimise or Avoid Negative Impact
The landscape	Out of scale with prevailing character of landscape Incongruous when viewed from main vantage points Reduced people's current enjoyment of the area	Ensure scale and design in harmony with landscape. Respect rights of existing users and accomodate them at the design stage.
Wildlife	Damage to habitants Threats to rare species	Take care during construction phase. Recreate new habitants nearby

Community	Causes disturbance and annoyance	Consult with local people. Listen to their views and take their interests into account.
Pollution	Noice Water Air Litter	Minimise at source, and contain by use of high quality equipment and good design. Educate visitors and provide facilities.
Demands on local services	Generation of extra traffic	Locate with regard to public transport services and suitable road networks. Plan deliveries, staff and visitor movements to avoid peak congestion.
	Exhaustion of local water supplies	Support investment to raise local supply levels and use water efficient appliances.
	Over-loading local health care provision	Provide own services or contribute to enhanced local provision.
Visitors	Too many people causing erosion or congestion	Plan for agreed carrying capacities and don't develop beyond limits.

Touristische Großprojekte und ihre Auswirkungen unterliegen darüber hinaus u.a. auch noch weiteren verschiedenen Prüfungsverfahren (vgl. Strasdas, 1992, S. 298 ff.):

- Umweltschutzanforderungen des Baurechts und Erfordernisse des Naturschutzes (z.B. § 6 BNatSchG, Landschafts-, Grünordnungsplan; § 8 BNatSchG, Eingriffsregelungen) im Bauleitplanungs- und Baugenehmigungsverfahren
- Raumordnungsverfahren nach § 6a ROG, wenn die Projekte von überörtlicher Bedeutung sind (z.B. in Niedersachsen für touristische Großprojekte obligatorisch)

Audits

Management heißt nicht nur Setzen von Zielen und Bereitstellung von Mitteln zu deren Erreichung, sondern auch die Kontrolle der Zielerreichung. Umweltschutz ist ein wichtiger Aspekt einer Unternehmensstrategie und bedarf deshalb auch effizienter Managementmethoden. Zweck eines Audits ist die Auskunft darüber, ob die entsprechenden Anlagen oder Einrichtungen und das gesamte Umweltschutzmanagement bzw. die -organisation einer Unternehmung gemäß den gegebenen Zielen oder Auflagen „funktionieren". Bezieht sich das Audit auf ein bestimmtes touristisches Einzelprojekt, sind die in der Umweltverträglichkeitsprüfung vorhergesagten Auswirkungen mit den tatsächlich eingetretenen zu vergleichen, und die Effekivität der eingeleiteten Umweltschutzmaßnahmen ist in bezug auf das gewünschte Zielniveau zu beurteilen. Die Kontrolle liefert damit Hilfen für unternehmerische Entscheidungen und dient als Instrument ökologischer Risikovorsorge. Bisher findet das Instrument des Auditing im Tourismus kaum Anwendung. „Nothing of importance seems to have been done on tourism auditing" (Hugo u.a., 1992, S. 709).

Anzustreben ist als Fernziel die Durchführung freiwilliger interner Umwelt-Audits, in denen, in Analogie zur Wirtschaftsprüfung, eine systematische und regelmäßige Prüfung der innerbetrieblichen Umweltmaßnahmen in allen umweltrelevanten Bereichen und eine anschließende Bewertung erfolgt. Damit soll sichergestellt werden, daß dem Umweltschutz die gleiche Aufmerksamkeit zukommt wie den anderen Operationsbereichen und daß die Aktivitäten eines Unternehmens in ihren Umweltauswirkungen beurteilbar und Risiken bereits an der Quelle ihrer Entstehung aufgedeckt werden. Dieses Risikomanagement ist auch unter dem Gesichtspunkt der steigenden Haftungsverantwortung zu sehen.

Mit der Erhöhung des Mitarbeiterbewußtseins, dem Zurverfügungstellen eines Frühwarnsystems, einer Versicherungsdeckung und einer Soll-Informationsbasis zur Beurteilung der Umweltzielerreichung werden Audits zu sehr wichtigen Elementen eines umfassenen Umweltmanagements.

Die Audits sind inhaltlich eng den Umweltverträglichkeitsprüfungen („Environmental Impact Assessment", EIA) verwandt. Während aber

- die Umweltverträglichkeitsprüfungen vorgelagert sind
  (vor Bau einer Anlage, eines Freizeitparks etc.),
- kommt ein Umweltschutz-Audit während oder nach einer Phase der betrieblichen Tätigkeit zum Einsatz (im Englischen werden weitgehend synonym verwandt: Review, Appraisal, Survey oder Surveillance).

Zum Ablauf eines Planungs- und Managementprozesses für touristische Projekte unter Einbezug von EIAs und Audits siehe Abbildung 29 (aus Hugo u.a., 1992, S. 707).

Die Durchführung eines Audits, für die zahlreiche spezialisierte Berater ihre Dienste anbieten, erfaßt

- im ersten Schritt eine Bestandaufnahme der gegebenen Situation (= Sammeln der Informationen),
- im zweiten die Analyse (= Bewerten der Informationen) und
- im dritten die Festlegung von Maßnahmen.

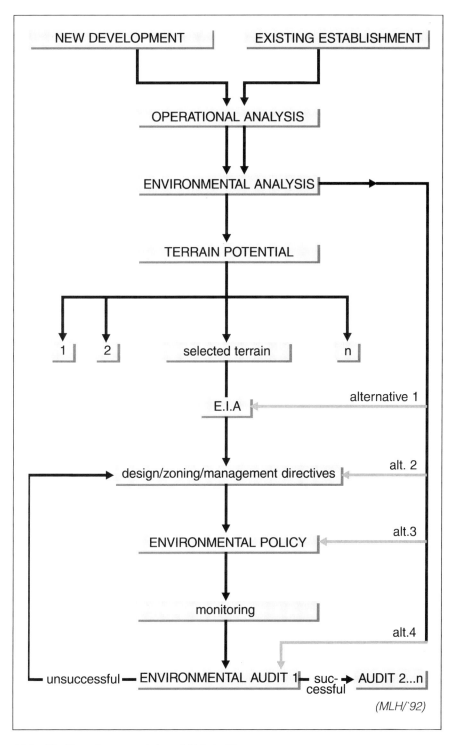

Abb. 29: Terrain potential and E.I.A. Process

1989 hat die Internationale Handelskammer (ICC) ein Positionspapier für Umweltschutz-Audits veröffentlicht. Damit wurden die ersten international vereinbarten Antworten zu diesen Fragen gegeben und die grundlegenden Schritte eines Audits, nämlich die Tätigkeiten vor der Prüfung, die Tätigkeiten vor Ort und die Aktivitäten nach der Prüfung aufgeführt.

Hugo u.a. (1992) zeigen am Beispiel eines Wanderweges die Durchführung eines Audits (vgl. Abbildung 30, aus ebd., S. 713). Inwieweit die gewünschten Umweltziele erreicht wurden oder nicht, muß auf allen Ebenen des Managements oder der Entscheidungsträger überprüft werden. Die Abbildung zeigt den Ablauf, wie er bei jeder beliebigen lokalen Verwaltungsstruktur sein könnte. So wird etwa auf der Ebene 1 (top executive : in diesem Fall der Stadtrat) überprüft, ob der Stadtrat über die notwendigen Ressourcen zur Erfüllung seiner Aufgabe verfügt, ob gesetzliche Vorschriften eingehalten werden und ob die Organisationsstrukturen die „message" effektiv an untere Ebenen kommunizieren können. Auf der untersten Ebene ist die Überprüfung der Maßnahmen- und Aktionspläne mittels jeweiliger Indikatoren für die untersuchten Bereiche (ökonomisch, ökologisch, sozial, medizinisch) durchzuführen (vgl. Abbildung 31, aus ebd., S. 715 f.).

Die Bezirksregierung von **Eastleigh** (Hampshire, U.K.) hat mit Unterstützung von BP eine eigene „Green Tourism Unit" eingerichtet, um praktischen Umweltrat erteilen zu können. Es wurden bereits mehrere Audits zur Schwachstellenanalyse für örtliche Hotels oder Transportunternehmen durchgeführt. Ein Set von Richtlinien im „Do it yourself" -Stil zur Eigendurchführung von Audits ist in Vorbereitung (vgl. auch die Fallstudien zu British Airways, Grecotel, Inter-Continental Hotels Group).

Countrywide Holidays (U.K.)
Countrywide Holidays, eine auf „countryside holidays" spezialisierte Firma, hat 1991 Umwelt-Audits durchgeführt. Die Tätigkeiten der Firma wurden in ausgewähltem Testgebieten im Lake District einem Audit unterzogen. Gesponsert wurden die Audits von der U.K. Countryside Commission und Green Flag International. „The company came up with many ideas for greening their holiday provision. As the marketing director explained. ‚Being one of the first in the industry to implement greener policies does give us a marketing edge'" (Charter, 1992, S. 14). Countrywide Holidays hat auch einen Umweltfond eingerichtet. Er wird „gespeist" durch 1 Pfund, das pro Besucher/Woche abgeführt wird. Der Fond unterstützt Naturschutzprojekte in der Nähe der eigenen Häuser.

Eurocamp
Green Flag International führte 1991 ein Umwelt-Audit bei Eurocamp, einem Campingreiseveranstalter (mit 220 000 Paxe p.A.), der sich durch eine klare Umweltorientierung auszeichnet, durch. Nach einer Bestandsaufnahme wurden zahlreiche Vorschläge für ein umweltorientiertes Management gegeben (zu den 26 Bereichen zählten u.a.: bessere Information der Gäste, Abfall, Entsorgung, Organisation, Einkauf; ergänzend wurden Checklisten erarbeitet und ein Lieferantenfragebogen).

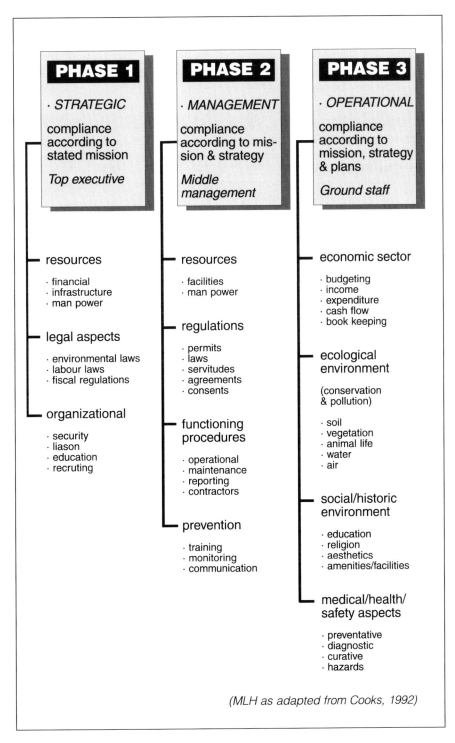

Abb. 30: The auditing Process

Zielvorgabe und ihre Indikatoren für die einzelnen Unternehmensbereiche einer Touristik-Unternehmung (Auszug, aus Heider/Jend/Saerbeck, 1992)

Geschäftsführung

Zielvorgaben
1. Entwicklung umweltpolitischer Leitlinien und Implementation in die Unternehmensführung innerhalb einer vorgegebenen Frist
2. Berücksichtigung der Leitlinien in Vertrags- und Kooperationsverhandlungen mit allen Leistungsträgern und Beteiligungsgesellschaften (Unternehmenspolitik)
3. Einführung des technischen und organisatorischen Umweltschutzinstrumentariums, einschließlich des Audit-Programms
4. Aktive Beteiligung am gesamtgesellschaflichen umweltpolitischen Dialog
5. Zielgebiets-Auswahl, die den Zustand und die Gefährdung der Umweltsituation der Zielgebiete berücksichtigt.

Indikatoren
- Unternehmensspezifische Indikatoren, wie:
  - Audit-Handbuch (Darstellung der Leitlinien, Themenbereiche, Zielvorgaben, Maßnahmenkatalog, Checklisten und Indikatoren, sowie des Audit-Ablauf-Programms)
  - Geschäftsbericht und Umwelterklärung
  - Verträge und Absprachen
  - Dienstanweisungen, Verhaltenskodex, Richtlinien
  - Personalstruktur des Managements
  - Verbandsarbeit, Eigeninitiativen, Konferenzteilnahmen, Workshops

Grecotel – Umweltaudits

In 1992, Grecotel applied for and recieved funding of 100.000 ECU from the European Commission to undertake research into „Tourism and the Environment". Grecotel is the only company in Greece to be included in this programme.

The EC programme was specially aimed at the major tourism island of Crete, where environmental audits of 6 Grecotels are being undertaken. The first two audits at the oldest hotels the Grecotel Rithymna Beach and Grecotel El Greco were commenced in September 1992 and the findings are currently being analysed. The remaining four Grecotels (Grecotel Porto Rethymno, Grecotel Malia Park, Grecotel Creta Sun, Grecotel Creta Palace) will be audited during the 1993 season using the revised auditing system which will emerge from the first two hotels.

These audits are being conducted for the first time in an Creek Hotel Company. Grecotel is also independently funding the same audits for the other Grecotels in Corfu, Chalkidiki and Rhodos. At the conclusion of the EC programme in October 1993, Grecotel will undertake to compile the relevant information from the audits and offer this educational material to other hoteliers in Greece and in Europe in order that they may also improve their hotel product according to international environmental guidelines.

Umwelt-Audits bei Inter-Continental Hotels

As the environment becomes an increasingly influential factor in the customer's choice of product and service, some organisations are leaping onto the environmental band-

ENVIRONMENTAL	SOIL	Erosion: sheet Compaction Eutrofication Land slips/slides Walking surface: clay-slippery, stoney, sandy
	VEGETATION	Removal/clearance (Construction; maintenance) Damage: subsequent to trail e.g. picking flowers, collecting walking sticks, vistas, interesting spots Change in composition (removal, additions) Fires: controlled & uncontrolled veldfires, camp fires Collection of wood Spread of weeds (by opening of woods, loosening of soil in construction; etc.) Trampling
	FAUNA	Breeding habits Breeding habitats Hunting/killing Domestic animals: feeding, injuring hikers
	WATER	Pollution: washing places (soap), sewerage discharge Use of ground & surface water for supply purposes Shortages (where do you get?) Storage: tanks, dams etc. Quality of water
	GEOLOGY	Sensitive: caves, pedistal rocks, mushroom rocks, etc. Grafiti Bushman paintings
	VISUAL IMPACT	Facilities: car park (begin/end?) Siting and construction of huts/toilets Construction material Litter/sewerage Crossing (rivers, ridges) Human development in surrounding
	POLLUTION	Noise: cars, mining, etc. Pesticides and Herbicides
MEDICAL	INFO	Climate Plants Animals
	SAFETEY	Chain ladders Ledges Cliffs Crossings: river, sea (river mouths), roads Back-up (search and rescue)
SOCIO/CULTURAL	ENVIRO	Info (what to expect e.g. climate)
	EDUCATION	Field/brochures/maps
	ADMENTITIES	Functionality: huts, taps, beds, cooking ute... Safety of car parks (PBE)
	ROUTE	Distance: total, between points Gradient Quality: difficulty, diversity/variation, visu... Type of path
FINANCIAL/ADMIN	How functional is the booking system How are funds employed in maintenance Does community and ecology benefit in any way	

Abb. 31: Performance indicators for auditing the recreation division's mission concerning hiking facilities

wagon to gain a quick marketing edge. But by waving the environmental banner too vigorously, these companies risk damaging their reputation.

To differentiate Inter-Continental Hotels from the dissemblers, the Environment Committee felt that substantiating our efforts to protect the environment was critical to establishing our credibility. With this objective Inter-Continental's Director of Internal Audit, and the Chairman ot the Environment Committee, designed an auditing procedure that would help legitimise Inter-Continental's Environment Programme.

The aim of the environmental audit is to determine whether targeted environmental action items have been achieved by each hotel. Accordingly, the schedule of the audits is never disclosed and may occur twice a year as part of the Internal Financial Audit procedure.

At an environmental audit, the internal auditor meets with the environmental representative from the hotel to review, in detail, the 134-item checklist. The hotel's accomplishments and the auditor's rating are then compared and accuracy agreed upon. A report is written which addresses each of the 14 sections of the Manual, highlighting the major successes and the areas requiring further attention. The audit results are then given to the General Manager and reviewed at the end of the internal audit and a copy is sent to the Chairman of Inter-Continental's Environment Committee.

All Inter-Continental hotels will have been audited within the next few months. The results for 1991 show a worldwide average checklist completion of 62 %, with North America scoring the highest regional average (78,7 %) followed by South and Central America (72,7 %). The hotel with the best completion rate was the Hotel Inter-Continental Stuttgart (95 %).

1992 promises even higher averages and new star performers.As the audits record ever higher levels of compliance with the checklist, guests and employees can be assured that Inter-Continental Hotels is taking the environment seriously.

Ansatzpunkte einer Ökobilanz

In jüngster Zeit standen insbesondere die Ökobilanzen als ein Instrumentarium zur Erfassung und Bewertung ökologischer Auswirkungen wirtschaftlicher Tätigkeiten im Mittelpunkt des Forschungsinteresses (vgl. dazu Hopfenbeck, 1992, S. 1141 ff.). Man erhofft sich davon eine „Orientierungshilfe" für den Verbraucher bei seiner Ausrichtung auf ein umweltverträglicheres Verhalten und eine Versachlichung der oft emotionalen Diskussionen. Es wurde eine eigene Enquete-Kommission eingerichtet, auch das Umweltbundesamt hat 1992 Empfehlungen zur Gestaltung solcher Ökobilanzen herausgegeben. Da sich aber noch keine Standardisierung herausgebildet hat, tragen die zahlreich veröffentlichten Ökobilanzen eher zur Konfusion bei (z.B. Umweltverträglichkeit verschiedener Verpackungen, der „Windelkrieg" in den USA). Nach wie vor weitgehend ungelöst sind die Bewertungsprobleme beim Vergleich verschiedener Wirkungen, ihre Gewichtung und ihre Aggregation.

Da in einem Produktionsbetrieb andere zu berücksichtigende ökologische Parameter gegeben sind als bei der Tourismusbranche, sind eigenständige Bewertungsraster zu entwickeln. Während bei Verkehrsträgern mit ihren relativ gut bestimmbaren Umweltwirkungen (Energie, Lärm, Emissionen etc.) bereits erste Ergebnisse vorliegen (siehe unsere Fallstudien), sind etwa für Zielgebiete oder Reiseveranstalter noch keine Ergebnisse bekannt. Eine Gegenüberstellung etwa der positiven und negativen Auswirkungen der touristischen Aktivitäten in ihrer Gesamtheit (ökonomisch, ökologisch, sozial, kulturell, politisch) dürfte durch den weitgehend qualitativen Charakter der zu betrachtenden Parameter sehr subjektiv geprägt sein. Es ist demnach nur bedingt davon auszugehen, daß in nächster Zeit den Touristen für ihre Reiseentscheidung eine Hilfestellung gegeben werden kann.

Der deutsche Ansatz

Beim Öko-Controlling sind inzwischen erste Erfolge und konkrete Anwendungen erkennbar, ohne daß aber bereits eine einheitliche Methodik erkennbar ist. So werden in verschiedenen Forschungsprojekten (Institut für ökologische Wirtschaftsforschung (IÖW), Arbeitskreis „future" und die Gesellschaft für Prozeßsteuerungs- und Informationssysteme, PSI; in der Schweiz Migros, ÖBU, Öko-Science u.a.) Ansätze für ein umfassendes betriebsinternes Controlling-System entworfen.

Darin soll, in Anlehnung an die Finanzbuchhaltung, kontinuierlich, umfassend und nach verbindlichen Verfahrensvorschriften eine ökologische Bilanzierung erfolgen. Eine solche Kenntnis und Bewertung aller von einem Unternehmen ausgehenden Wirkungen ist Voraussetzung für eine ökologische Unternehmenspolitik. Damit „punktuell" nicht falsch eingegriffen wird, muß eine möglichst „komplette" Analyse vorliegen. Dies setzt die Erfassung umfassender Informationen voraus.

Es ist dabei notwendig, die relevanten Informationen nicht nur monetär und quantitativ, sondern auch qualitativ aufzubereiten. Damit wird die Unternehmung in die Lage versetzt, ihre „ökologische Relevanz" zu bewerten. Dieses Instrument hilft, für den Unternehmer selbst und vor allem für die Öffentlichkeit die Bewertungsmaßstäbe „transparent" zu machen. Da solche Totalanalysen sehr aufwendig sind, behilft man sich in der Praxis oft mit (z.T. computergestützten) Partialanalysen.

Die weitgehend vom IÖW entwickelte Ökobilanzkonzeption geht von einem vierstufigen Bilanzschema aus (vgl. Abbildung 32, aus Hallay/Pfriem, 1992). Technologische Input-Output-Analysen einzelner Fertigungsprozesse (Material- und Energiebilanzen) sind z.B. bei chemischen oder biologisch-technologischen Prozessen bereits seit langem eingeführt. Stoffbilanzen für ganze Unternehmen sind noch nicht entwickelt (erste Ansätze zur stofflichen Rechnungslegung finden sich im Tätigkeitsbericht der Rivella/Schweiz, bei der Kunert AG, die bereits die zweite Ökobilanz vorlegte oder bei der Neumarkter Lammsbräu); entsprechende Arbeiten laufen z.Zt. auch bei der Swissair (siehe die Fallstudie).

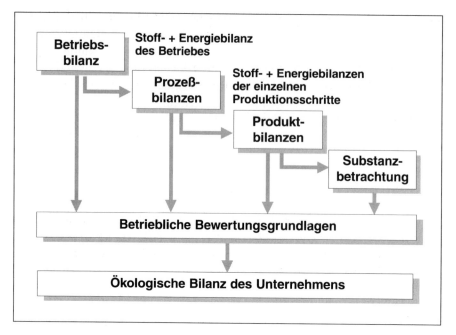

Abb. 32: Das Konzept der Stoff- und Energiebilanzierung

Pfriem (1988) sieht mit der stufenweisen Detaillierung der stofflich-energetischen Betrachtung die informatorischen Voraussetzungen für ökologisches Management geschaffen:

- Materialien können nach Bestandteilen von Spuren und Stoffen untersucht und evtl. substituiert werden.
- Die Erfassung der Wasser- und Energiemengen kann als Einstieg in ein Wasser- und Energiemanagement genutzt werden.
- Die detaillierte Betrachtung der stofflichen Rückstände und abgegebenen Energien kann als erster Schritt für ein systematisches Emissionsmanagement betrachtet werden.

So wurden im Tourismusbereich Energiebilanzen zum Vergleich alternativer Verkehrsträger von dem Forschungsinstitut für Freizeit und Tourismus der Universität Bern (FIF) entwickelt. Dabei wurde der Energieverbrauch pro Person in Megajoule für verschiedene Verkehrsmittel errechnet (vgl. Müller/Mezzasalma, 1992, S. 27). Diese Aufstellungen werden durch zugrunde gelegte Annahmen subjektiv stark beeinflußt (z.B. jeweiliger Auslastungsgrad). Wie kritisch solche Annahmen zu betrachten sind, zeigen die jüngsten Veröffentlichung zum Energieverbrauch der ICE-Züge in Abhängigkeit zu der Geschwindigkeit.

Die „Prozeßbilanzen" geben nun auf der zweiten Ebene (nachdem der Betrieb ja zuerst eine „black-box" blieb), ebenfalls nach einem Input-Output-Schema, einen detaillierten Einblick in die innerbetrieblichen Abläufe (z.B. Transportprozesse).

In den „Produktbilanzen" vollzieht sich eine Betrachtung der Produkte über den ganzen fünfstufigen ökologischen Produktlebenszyklus:

- Einsatz von Stoffen und Energie
- Schadstoffe, Abwässer und feste Abfälle aus Produktionsverfahren
- Produktentsorgung
- Produktverwendung
- ökologische Probleme durch Transport zwischen den Stufen

Mit ihrer Erfassung sämtlicher Einsatzstoffe ermöglichen diese Bilanzen eine ökologische Schwachstellenanalyse. Stahlmann (1988) empfiehlt im Anschluß daran eine Ausgliederung der Materialien oder Materialbündel nach verschiedenen ABC-Klassifizierungen.

Zur Erfassung bisher nicht berücksichtigter Aspekte werden diese drei Ebenen ergänzt durch eine „Substanzbilanz"; diese umfaßt dauerhafte betriebliche Nutzungen, d.h. strukturelle Eingriffe

- wie Flächennutzung (z.B. Art, Intensität, Versiegelung der Oberflächen für touristische Gebäude, Anlagen; Einbeziehung natürlicher landschaftlicher Gegebenheiten),
- Bebauung (z.B. Art, Form, Einbeziehung natürlicher Gegebenheiten),
- Landschaftseinschnitte (z.B. durch Verwaltungsgebäude, touristische Gebäude/Anlagen; Anschluß an Verkehrssystem) und
- weitere Beeinträchtigungen (wie z.B. Boden-/Grundwasserverunreinigungen;

Damit die Ökobilanzierung nicht die gleiche Unwirksamkeit „erlebt" wie der verunglückte Versuch der deutschen Sozialbilanzpraxis, müßte auf der Ebene der sozialen Implementation „allerdings ein gesetzlicher Verpflichtungsrahmen geschaffen werden, der verhindert, daß die Ansätze auch wieder zu Public-Relations-Instrumenten verkommen" (Freimann, 1990, S. 19; Vorschläge zur Normierung auf der Basis der sozialen Indikatoren bei Freimann, 1990, S. 189 ff.). Ohne diese verbindlichen Verfahrensvorschriften besteht die Gefahr, daß im Sinne „guter PR-Arbeit" nur einige positive Aspekte herausgegriffen und bilanziert werden (Lindemair/Holzner, 1988).

Das ökologische Wissen ist im Unternehmen zumeist einzelfallorientiert vorhanden, d.h., eine Zusammenfassung ist durch diese mangelnde Gesamtkonzeption nur schwer möglich. Zur Erfassung der Stoff- und Energieströme dienen vor allem Informationen aus folgenden Funktionsbereichen (vgl. Hallay, 1990, S. 25 ff.):

- Einkauf (Errechnen der eingesetzten Stoffströme durch Rückrechnung)
- Kostenrechnung (Zuordnung von Kosten zu einzelnen Fertigungsschritten und eingekauften Materialien aus der Kostenstruktur)
- Materialwirtschaft (z.B. Auskünfte über stoffliche Zusammensetzung von Material, Lagerung, Transport)
- Produktion (Wissen der Produktabteilungen über Entstehen von Abfall, dessen Zusammensetzung und Entsorgung, Zusammensetzung von Emissionen, Anweisungen aus der Arbeitsvorbereitung)
- EDV (die Anforderungen des Öko-Controlling zielen auf ein „Computer aided environmental controlling").

Mit größerem Aufwand ist die Erfassung der vom Unternehmen ausgehenden Umweltwirkungen verbunden.

Braunschweig (vgl. 1990, S. 11) sieht in dieser Ökobilanz-Methodik nur eine Art „ökologischer Nutzwertanalyse", die, da nicht zur bewertenden Synthese geschritten wird, keine einheitliche, übertragbare ökologische Bewertung erlaubt.

Dieser einheitliche Nenner wurde in den deutschen Pilotprojekten auch nicht angestrebt: Man ging „bewußt einseitig erst einmal auf die ‚andere Seite', das ökologisch relevante Stoff- und Mengengerüst, ohne allzu rasch auf eine monetäre Bewertung zu kommen, hinter der die ökologische Dimension wieder verschwindet" (Hallay, 1990, S. 9). Als Ziel des ökologischen Informationssystems wurde gesehen:

- zum einen die Identifizierung von Schwachstellen und
- zum anderen die Eignung zur Übersetzung in betriebliche Handlungen und Entscheidungen (Optimierungsfunktion) und deren permanenten Überprüfung (Kontrollfunktion).

Neben diesen Funktionen, die eine interne Kommunikationsaufgabe „in der Einbeziehung von umweltrelevanten Informationen als steuerungsrelevantes Wissen in die unternehmensspezifische Entscheidungsstruktur" (ebd., S. 15) charakterisieren, wird zukünftig die Befriedigung der externen Informationsansprüche bestimmter Kommunikationspartner (wie Kunden, Lieferanten, Gläubiger, Behörden, Aufsichtsorgane, Versicherungen, Verbände) wichtiger werden, um mit einer offensiven Informationspolitik in ökologischen Fragen Kompetenz und Vertrauen zu beweisen.

Staatlicher Mineralbrunnen – Bad Brückenau Ökobilanz
In Bad Brückenau steht der erste ökologische Getränkeabfüllbetrieb Deutschlands, die Staatliche Mineralbrunnen GmbH Bad Brückenau. Anläßlich der Herausgabe ihrer ersten Ökobilanz schrieb der Präsident des Umweltbundesamtes:
„Mit der vorliegenden ‚Ökobilanz' wird für den Bereich der Getränkeindustrie Pionierarbeit geleistet. Ihre Bedeutung liegt nicht nur in ihrer methodischen Exaktheit gemäß den derzeit vielerorts vor allem im Produktionsbereich diskutierten Anforderungen an

Ökobilanzen. Sie liegt vielmehr in dem Versuch, ganzheitlich unter besonderer Berücksichtigung der Verantwortung der Produzenten für den gesamten Lebenslauf ihrer Produkte – von der Rohstoffaufbereitung über die Herstellung und Distribution bis hin zur Entsorgung – möglichst alle von diesem Mineralbrunnen ausgehenden Umweltauswirkungen zu erfassen, zu bewerten sowie umweltorientierte Lösungen zu erschließen und anzupacken. Die Bedeutung liegt ferner in dem Bemühen, dies alles in Form des vorliegenden Berichtes auch öffentlich zu dokumentieren.

Die in diesem Betrieb ergriffenen Umweltschutzmaßnahmen können sich sehen lassen. Verwiesen werden soll auf die ausschließliche Verwendung von Mehrwegflaschen anstelle von Einweg-Getränkeverpackungen, die Verwertung der Schraubverschlüsse, die Ausrüstung des Betriebes mit einem Blockheizkraftwerk, auf umfangreiche Maßnahmen zum Schutz der Mineralwasserquellen, auf die Kreislaufführung des Waschwassers zur Reinigung der Mehrwegflaschen oder die umweltorientierte Materialbeschaffung bis hin zur Verwendung von Recyclingpapier.

Die vorliegende ‚Ökobilanz' gewinnt ferner Glaubwürdigkeit, indem auch das ‚Nochnicht-Erreichte', wie eine sinnvolle Verwertung der Etiketten, die immerhin 80 % des firmenbezogenen Restmülls ausmachen, erwähnt wird. Hierzu gehört auch der Mut, sich öffentlich neue Umweltziele zu setzen."

Die Input-Output-Gliederung der Ökobilanz der Staatlichen Mineralbrunnen Bad Brückenau für das Geschäftsjahr 1990/91 ist der Ausgangspunkt der gesamten ökologischen Bestandserhebung. Sie wurde nach dem Prinzip der „permeablen Käseglocke" aufgestellt, d.h. alle Stoffe, die in den Betrieb hineingehen und alle, die ihn wieder verlassen, sollten dargestellt, mengenmäßig für den Zeitraum eines Jahres ermittelt und in ihrer ökologischen Bedeutung gewichtet werden.

Die Zahlen werden überwiegend in Bezug zur abgefüllten Produktionmenge angegeben, da nur so ein echter Vergleich über die Jahre und zwischen einzelnen Betrieben möglich ist. Daten, die aus konkurrenz- oder geschäftspolitischen Gründen nicht veröffentlicht werden können, sind extra gekennzeichnet. Zur Verdeutlichung zeigen wir die Aufstellung des Outputs.

Swissair – Eine „handlungsorientierte" Ökobilanz

Für die Swissair steht außer Zweifel, daß auch Flugzeuge unsere Umwelt belasten: „Es gilt aber, die Relationen zu wahren und den Luftverkehr nicht als Sündenbock für alle möglichen Zivilisationsübel zu sehen." Man schätzt den Anteil des Luftverkehrs an den Schadstoffemissionen in der Schweiz auf ein bis zwei Prozent, die Frage, welche Auswirkungen Stickoxide der Jets auf den Reiseflughöhen haben, ist wissenschaftlich weitgehend noch ungeklärt.

„Wir alle wollen und brauchen Mobilität. Was ist nötig, was ist sinnvoll, was können wir verantworten? Hier scheiden sich die Geister, sei es auf der Straße, auf der Schiene oder in der Luft. Die Swissair tritt für einen Luftverkehr ein, der alle technisch möglichen Fortschritte im Interesse einer besseren Umweltverträglichkeit aufnimmt, auch wenn dies oft zusätzliche Investitionen erfordert.

Die Swissair führt zahlreiche Umweltschutzmaßnahmen durch, z.B.:
- Reduktionen der Immissionen in den Flughafenregionen
  Die täglichen An-und Abflüge der Flotte erzeugen direkt oder indirekt auch ein beträchtliches Verkehrsaufkommen am Boden. Passagiere, Begleiter, Abholer, Besucher und Angestellte legen jeden Tag 970 000 km mit dem Auto zurück, jeder fünfte davon stammt von einem Swissair-Angestellten. Im erweiterten Flughafenbereich von 20 km Radius erzeugte dieser Verkehr 251 Tonnen NO_x, 151 Tonnen HC und 803 Tonnen CO. Die Servicefahrzeuge der Swissair tragen inzwischen aber kaum noch zur Schadstoff- und Lärmbelastung bei, setzt die Airline doch auf den Flughäfen Zürich, Genf und Basel inzwischen schon mehr als 270 Elektrofahrzeuge ein.

Output

2.1 PRODUKTE

Als wichtigsten Output verkaufen wir:

	Tsd.-Flaschen	%-Anteil
Heilwasser	2.126	4,9
Mineralwasser	33.072	76,3
Pocco-Limonaden	5.971	13,8
Pocco-Diät-Getränke	2.209	5,0
Summe	43.378	100,0%

Handelswaren wurden in geringen Mengen im Abholmarkt des Betriebes verkauft. Im Berichtsjahr wurde neben den schon erwähnten verbesserten Pocco-Getränken auch das Staatl. Bad Brückenauer Heilwasser aus der Simnberger Heilquelle neu auf den Markt gebracht.

Als Naturprodukte sind unsere Waren im Vergleich zu denen anderer Branchen unproblematisch.

Die Differenz zu der Produktionsmenge betrug 1,2 Mio. Flaschen. Sie besteht aus kostenlosen Produktproben und einer Lagerbestandserhöhung. Bei den technischen Verbrauchszahlen wurde stets die Produktionsmenge zugrunde gelegt.

2.2 ABFÄLLE

Der wesentliche Schwerpunkt unserer Bemühungen lag auf der Abfallvermeidung und -wiederverwertung.

Der faktische Zusammenbruch der Märkte für Wertstoffe erschwerte die Rückführung von Wertstoffen in den Produktionskreislauf im Berichtsjahr außerordentlich. Durch die erwähnten Aktivitäten der Duale System Deutschland GmbH (System Grüner Punkt) ist mit einer weiteren Verschärfung der Schwierigkeiten in der Zukunft zu rechnen. Unsere Strategie der Abfallvermeidung ist deshalb die einzige sinnvolle Alternative.

2.2.1 Besonders überwachungsbedürftige Abfälle

■ Verwertbare:
- Altöl — 470 l

■ Nicht verwertbare:
- PCB-haltige Kondensatoren — 260,5 kg
- Pflanzenbehandlungsmittel — 40 kg
- Säuren, Laugen, Dünnschlämme — 3.340 kg
- Natriumhypochlorid — 240 kg

Die nicht verwertbaren Stoffe entstammen durchgängig dem aufgegebenen Altbetrieb. Sie werden nicht mehr verwendet. In Zukunft ist nur noch mit einer geringen Menge Dünnschlammgemisch aus der Waschlauge und der Neutralisation zu rechnen.

2.2.2 Nicht besonders überwachungsbedürftige Abfälle

■ Wertstoffe

Es wurden folgende Mengen gesammelt und der Wiederverwertung zugeführt:

Kartonagen	13.430 kg
Aluschraubverschlüsse	35.849 kg
Kunststoffschraubverschlüsse (aus anderen Brunnenbetrieben)	31.491 kg
Weißglas	162.680 kg
Buntglas	351.080 kg
Kasten	6.084 St.
Paletten	1.414 St.
Schrott	unter 5 kg

Für die theoretisch wiederverwertbaren Materialien Etiketten, organischer Abfall, Styropor und Plastikfolien konnte im Berichtsjahr keine akzeptable Verwertungslösung gefunden werden. Wichtig ist, daß wir von Verwertungsfirmen grundsätzlich Nachweise über die Materialverpackung verlangen und auch selbst Inspektionen vornehmen.. Wir hoffen, 1992 Verwertungslösungen für die erwähnten Stoffe zu finden. Sie sind bilanziell mit im Restmüll aufgelistet.

■ Restmüll:

Gesamtmenge:	75.560 kg	
	= 1,7 kg/T-Füll.	
Volumenanteile:		
– Etiketten	ca. 80%	Anteil
– organischer Abfall	unter 1%	"
– Styropor, Folien	ca. 5%	"
– Kehricht	ca. 10%	"
– Maschinenschnur	ca. 2%	"
– Gummibänder	unter 1%	"
– sonstiges, nicht identifizierbares Material	unter 1%	"

Ein besonderes Problem stellt das Recycling der Etiketten dar. Es ist zwar grundsätzlich möglich, jedoch nur bei Verwertern, die über 300 km von uns entfernt liegen. Zudem erfordert die Verwertung der hochfesten Etikettenpapiere selbst einen hohen Energieeinsatz. Wir vermuten deshalb, daß die Energieeinsatz zum Recycling wesentlich höher ist als die Energieausbeute (= Energieeinhalt) durch den gewonnenen Wertstoff. Das wäre ökologisch unsinnig. Wir werden uns jedoch auch zukünftig um geeignete Verwertungslösung bemühen.

2.3 ABWASSER

Ebenso wie bei den Abfällen gilt hier das Abvermeidungsprinzip. Einmal soll die Abwassermenge verringert werden und zum anderen der Schadstoffgehalt im Abwasser. In unserer Firma werden die Abwässer mit Hilfe von verdichtetem Rauchgas (verringert zugleich den Abluftausstoß) neutralisiert und der städtischen Kläranlage zugeführt. Die Erfassung der unbehandelten Abwässer ist inzwischen vollständig, hierzu wurden im Berichtsjahr kleinere Baumaßnahmen durchgeführt. Schwerpunkt der Maßnahmen 1992 wird eine präzise Erfassung der Verschmutzungsparameter im Wochenverlauf sein, unser eigenes Labor soll hierzu ausgebaut werden. Ein eigenes Abwassergutachten ist in Vorbereitung.

2.3.1 Quantität

Da keine Durchflußmesser in den Kanälen installiert sind, wird die Menge über den Brauchwasserverbrauch, zuzüglich der Menge der eingesetzten Reinigungsmittel berechnet.

fen wir uns vom für 1992 geplanten Abwassergutachten mit Messungen über mindestens eine Woche hinweg. Die genannten, schlechten Werte sind somit für die Gesamtbetrachtung eigentlich unzutreffend.

Das Abwasser kommt überwiegend aus folgenden Betriebsteilen:

Flaschenwaschmaschine	63 %
Kastenwaschmaschine	7 %
CIP-Anlage	4 %
Bandschmieranlage	7 %
Betriebsreinigung	3 %
Sonstige	16 %

Änderungen der Werte im Vergleich zu den Anteilen nach Punkt 1.3 ergeben sich durch interne Kreisläufe zur Abwasservermeidung.

2.3.2 Qualität

	eigene Werte v. 27.09.1991 (3 Proben)	Auflagen
Temperatur	ca. 35°C	unter 35°C
pH-Wert	8,0–8,5	6,5–9,5
absetzbare Stoffe	—	keine Aufl.
Phosphat	—	"
Stickstoff	—	"
Nitrit	—	"
Nitrat	—	"
NH3	—	"
BSB5-Wert	3,4–275 mg/l	"
CSB-Wert	0–853 mg/l	"
Kohlenwasserstoffe (Öle)	0–2,4 mg/l	"

Die bestimmten Belastungswerte existieren (außer bei der kontinuierlichen Messung von Temperatur und pH) nur als Momentaufnahme an einem Reinigungstag (= Abwasserstoß). Genauere Erkenntnisse erhof-

fen wir uns vom für 1992 geplanten Abwassergutachten mit Messungen über mindestens eine Woche hinweg. Die genannten, schlechten Werte sind somit für die Gesamtbetrachtung eigentlich unzutreffend.

2.4 ABLUFT

Drei Maßnahmen verringern die Schadstoffbelastung in unserem Betrieb entscheidend:

a) Verwendung von Erdgas als Brennstoff
b) Katalysator vor den Kaminen
c) Verwendung von Rauchgas zur Abwasserneutralisation

Die Abluftmenge läßt sich rechnerisch aus dem eingesetzten Brennstoff ermitteln. Es ergeben sich folgende Werte:

Ermittelter Stoff	Menge	Menge pro Tsd-Füll.
Kohlendioxid	476.528 m²	10,7 m³
Stickstoff	3.612.087 m²	81,0 m³
Wasserdampf	905.405 m²	20,3 m³

Stickstoff ist Hauptbestandteil der Atemluft. Schadstoffe wie NO_x, SO_2, Schwefel u.s.w. wurden in unserer Abluft nicht nachgewiesen.

Eine Kaminkehrermessung der Abgase wurde erst 1992 durchgeführt. Die Werte waren ausgezeichnet. Die Veröffentlichung erfolgt in der nächsten Ökobilanz.

Eine weitere Verbesserung der Abluftsituation des Betriebes ist z.Zt. kaum noch möglich. Lediglich die weitere Steigerung der Abfüllmengen wird die spezifischen Zahlen noch etwas verbessern können.

2.5 ENERGIE

Der Energie-Input wird nach den Gesetzen der Physik nicht „verbraucht", sondern „umgewandelt". D.h. eingesetzte Primärenergie wird in Kraft (Strom) und Wärme verwandelt. Somit verläßt die Energie in Form von Produkten, erwärmter Abwasser, erwärmter Abluft, Lärm usw. den Betrieb. Jede Form der Einsparung des Energie-Inputs verringert somit automatisch die Abgabe von Energie an die Umwelt. Mögliche Maßnahmen der Verbesserung sind beispielsweise:

a) Optimierung des BHKWs
b) Abwasserwärmeaustausch
c) Rückführung erwärmter Abluft
d) weitere Lärmverringerung
e) Verbesserung der Anlagensteuerung

Die erforderlichen Maßnahmen müssen nach dem ökologischen Nutzeffekt in Prioritäten geordnet werden. Punkt b) soll noch 1992 verwirklicht werden, die Punkte a) und e) bis 1993. Der gebaute neue Betrieb ist jedoch bereits so optimal, daß wir noch kleinere Verbesserungen erreichbar scheinen.

Die bereits angesprochene Abgasmessung ergab insbesondere Handlungsbedarf bei der Kraftwerkssteuerung in dem Sinne, daß wir keinesfalls nur Strom erzeugen dürfen ohne Abwärmenutzung, da diese sonst an die Atmosphäre abgegeben wird.

2.6 LÄRMEMISSIONEN

Lärm vermeiden, Lärm schlucken, Lärm einkapseln, so lautet das Betriebskonzept,

um die Ruhe des Kurbades zu sichern. Die speziell für uns erlassenen (und auch unterschrittenen) Lärmwerte lauten:

Abfüllhalle – Arbeitsplätze	85 dB (A)
Abfüllhalle – außen	42 dB (A)
Kurpromenade	39 dB (A)

Zum Vergleich:

Eine verkehrsreiche Straße	80 dB (A)
leise Musik	40 dB (A)
Flüstern	30 dB (A)

Eine weitere, fast noch wichtigere Lärmquelle ist der Straßenverkehr, d.h. Anlieferung und Abholung von Ware. Es sind bereits 80 % des Fuhrparks auf lärmreduzierte Fahrzeuge unter 80 dB (A) umgestellt. Die Umstellung der restlichen erfolgte 1992. Eine nachhaltige Verbesserung der Situation im Bad wird sich durch den mittelfristig geplanten Bau eines Verladezentrums und die Auslagerung des Verkehrs ergeben.

2.7 BODENBELASTUNG

Die in 1.6 erwähnten Maßnahmen beim Betriebsneubau beinhalten eine mehrfache Sicherheit gegen Versickerung boden- und grundwassergefährdender Stoffe. Die Lagerung gefährlicher Stoffe ist verboten. Die Lagerung von Reinigungs-, Desinfektionsmitteln und Ölen erfolgt stets in mindestens zweifach gesicherten Behältern und Wannen.

Zur Zeit ist hier kein Handlungsbedarf erkennbar.

Outputdarstellung in der Ökobilanz der Staatlichen Mineralbrunnen Bad Brückenau (Geschäftsjahr 1990/91)

- Beschaffung lärmgünstiger und treibstoffeffizienter Flugzeuge.
- Die Swissair konnte in den letzten zwanzig Jahren ihren Treibstoffverbrauch pro 100 Passagierkilometer halbieren: Bei einer realistisch angenommenen durchschnittlichen Auslastung aller Swissair-Flüge von 63 Prozent werden heute statt über 11 nur noch 5 Liter Kerosin für den Transport eines Passagiers über 100 km verbraucht.
- Schalldämmungsanlagen für Triebwerk-Standläufe
- Pilotenausbildung ausschließlich im Simulator
- Umweltschonende An- und Abflugverfahren
- Eigene Anlage für das Recycling von Industrieabwässern
- Umweltverträgliche Flugzeugenteisung

Bei den prognostizierten Wachstumsraten des Weltluftverkehrs sollte es das Ziel sein, zumindest die heutige Belastung trotz Zusatzverkehr nicht zu überschreiten. Swissair hat sich deshalb für ein „qualitatives Wachstum" entschieden. Die Beschränkung des eigenen Wachstums ist ein deutliches Bekenntnis zu einem umweltgerechten Verhalten.

Unternehmensentscheide werden in der Swissair jeweils dann einer ökologischen Bewertung unterzogen, wenn sie klar umweltrelevant sind. Grundlage bilden die vom Unternehmen erstellten umweltpolitischen Leitsätze: Die Swissair sieht in der wirtschaftlichen, ökologischen und sozialen Verantwortung ihre drei wichtigsten Teilverantwortungen.
Die ökologische Verantwortung muß weitgehend von jedem einzelnen Mitarbeiter selbst wahrgenommen werden. Für gesamtunternehmerische Handlungen tut dies aber auch der sogenannte Fachausschuß Umwelt, dem Mitglieder der Geschäftsleitung angehören. Dieser initiiert und koordiniert Aktivitäten im Bereich Umweltschutz und fällt die nötigen Entscheide. Er hat sich mit verschiedenen Arbeitsgruppen umgeben, welche die wichtigsten Bereiche im Unternehmen betreuen. Für die folgenden umweltrelevanten Aktionsfelder sind ständige Arbeitsgruppen eingesetzt: Fluglärm, Lufthygiene, Verpflegung, Haustechnik/Energie, Bodenfahrzeuge. Hauptziel jeder Gruppe ist es, Schwachstellen im Unternehmen zu erkennen und Verbesserungen anzustreben. Im Departement Technik ist überdies eine Fachstelle Umwelt-Engineering mit drei vollamtlichen Umweltfachleuten geschaffen worden.

Swissair erstellte als weltweit erste Fluggesellschaft eine Unternehmens-Ökobilanz, die 1991 als eine „Querschnittsanalyse über sämtliche umweltrelevanten Aktivitäten am Standort Zürich-Kloten und über alle Luftemissionen der Swissair-Flotte im Jahre 1989" veröffentlicht wurde. Mit der Entwicklung einer „handlungsorientierten" Ökobilanz wollte man genaue Kenntnisse der unternehmensweiten Energie-, Material- und Stoffflüsse und Lärmverursachung sowie deren Ein- und Auswirkungen auf die betroffene Bevölkerung und die Umwelt erhalten. Die Umweltberatungsfirma Ökoscience erhielt 1990 den Auftrag, das gesamte Unternehmen ökologisch zu durchleuchten und das Instrument Ökobilanz so zu gestalten, daß es ein integriertes Instrument der Unternehmensführung werden kann.
Das Ziel, wenigstens qualitativ alle umweltrelevanten Aktivitäten der Firma und gleichzeitig auch die Strukturen und „Verursacher" zu erfassen, führte zum Konzept der Öko-Buchhaltung. Diese ist, analog zur Methodik der Finanzbuchhaltung, streng dreiteilig aufgebaut (siehe zum nachfolgenden Keller/Wyss, 1992, S. 6 ff.):

Bilanz = Öko-Bestände: Per Stichtag werden alle umweltrelevanten Bestände (Grundstücke, Häuser, Maschinen, Lager) erfaßt, welche zu umweltrelevanten Aktivitäten führen (z.B. umbauen, reinigen etc.).

Erfolgsrechnung = Öko-Aktivität: Für eine bestimmte Periode (z B. ein Jahr) werden alle umweltrelevanten Aktivitäten, welche durch die Bestände verursacht werden, erfaßt (z.b. Transportkilometer, Betriebszeiten, Stoffumsätze).

Belastungsrechung: Alle Aktivitäten führen zu Umweltbelastungen, welche im 3. Teil der Buchhaltung dargestellt werden (z.B. VOC-Emissionen).

Der detaillierte Kontoplan dieser 3teiligen Öko-Buchhaltung umfaßt alle beknnnten Einzelpositionen. Der Norm-Kontoplan umfaßt alle z.Z. bekannten umweltrelevanten Handlungsalternativen (z.b. ökologisch unterschiedliche Papierqualitäten) und wirkt so bereits als Umweltcheckliste.

Durch das regelmäßige Erfassen dieser Informationen werden nicht nur die Belastungen (z.B. NO_x-Emmissionen) erfaßt, sondern auch, ob z.B. die Zahl der Veloabstellplätze, der Elektromobilparkplätze zu- oder abgenommen hat. Das sind ebenfalls ökologisch sehr relevante Informationen, die im Rahmen einer reinen Stoffflußanalyse (Hallay) oder einer Belastungsanalyse (Müller-Wenk) nicht erhalten werden (vgl. Abbildung).

Der Öko-Kontoplan stellt die logische Struktur dar, mit der umweltrelevante Informationen erfaßt werden. Die Systemgrenzen umschreiben das „Gebiet", innerhalb dem diese Informationen erfaßt werden müssen.

Das System muß alle Verantwortungsgebiete umfassen, die einer Unternehmung zugeordnet werden, z.B. Qualität des Materials, welches eingekauft wird, Emissionen der Abfälle, die verkauft werden etc.

Die Systemgrenzen müssen so festgelegt werden, daß sie von der Öffentlichkeit und den MitarbeiterInnen akzeptiert und nachvollziehbar werden. Die Systemgrenzen müssen die relevanten Wirkungsketten umfassen. Systemgrenzen sind das unverwechselbare Gesicht des Unternehmens. Die Aufgabe lautet, ein Abbild der komplexen Wirklichkeit zu schaffen, abstrahiert und vereinfacht zwar – und doch eindeutig. Dieser Teilschritt – bereits ein erster wichtiger Lernschritt – ist deshalb von so großer Bedeutung, weil es hier um die Definition des Verantwortungsbereiches des Unternehmens geht. Welche direkten und indirekten, ausgelösten und induzierten Aktivitäten oder Belastungen gehören zum System? Was ist zur vollständigen Herstellung und Vertrieb der Produkte und Leistungen notwendig und somit zu berücksichtigen?

Aufgrund der Datenlage mußte man sich praktisch auf den Standort Zürich und die Muttergesellschaft Swissair Airline beschränken. Die Ausnahme bildet der Flugbetrieb, welcher weltweit erfaßt wurde. Die Bearbeitungstiefen (ein Produkt aus Ökorelevanz und Handlungsdruck) sollten für die Bereiche Flugbetrieb, Technik und Unterhalt sowie Bodenverkehr am größten sein, mittel für den Bereich Verpflegungswesen und relativ gering für die Bereiche Personal und Verwaltung, Hochbauten und Energie.

Ein Großunternehmen, wie die Swissair es ist, übt Tätigkeiten in einer derartigen Vielfalt aus, daß es nicht leicht fällt, eine Grenze für umweltrelevante Bewertungen zu ziehen. Nebst den selbstverständlich vorrangig zu behandelnden Bereichen, welche direkt mit dem Flugbetrieb in Zusammenhang stehen (Emissionen bezüglich Luft und Lärm), wurden die folgenden Tätigkeitsfelder in mehr oder weniger detaillierter Form in die Swissair-Ökobilanz einbezogen: Bauten, Energie, Verpflegung, Materialverbrauch und Verkehr. Für die ökologische Beurteilung von Handlungen und verwendeten Materialien waren Fragen wie diese maßgebend:

- Sind die Verfahren und Methoden schadstoffbeladen?
- Werden umweltschonende Alternativen bei der Beschaffung berücksichtigt?
- Werden Produkte mit hohem Verwertungs- und Wiederverwertungsgrad bevorzugt?

Ökologische Buchhaltung

Öko-Bilanz

Umweltrelevante Bestände

1. Flächen/Lebensräume
2. Lebewesen
3. Bauten
4. Feste Anlagen
5. Mobile Anlagen
6. Ressourcen Lagerbestände (inkl. Altlasten, inkl. Schadstoffgehalte)
7. Sozio-ökonomische Bestände (Strukturen)

Öko-Rechnung

Umweltrelevante Aktivitäten

1. Veränderungen der Flächen + Lebensräume
2. Zu-/Abnahme der Lebewesen pro Jahr
3. Zu-/Abnahme der Bauten
4. Umweltrelevante Aktivitäten der Anlagen (Betriebsstunden/Jahr)
5. Umweltrelevante Aktivitäten der motorisierten Anlagen (z.B. km pro Wagen)
6. – Jahresverbrauch der Ressourcen
   – Jahresverbrauch aller gelagerten Güter
7. Zu-/Abnahme in den sozio-ökonomischen Beständen

Belastungsrechnung

Umweltbelastungen

1. Veränderungen der Landschaft/Städtebild
3. Emissionen feste Abfälle
4. Emissionen flüssige Abfälle
5. Emissionen Gase etc.
6. Emissionen Lärm
7. Emissionen Erschütterungen
8. Emissionen Strahlung

Beteiligungen an Umweltbelastungen

Emissionen KVA in Nachbargemeinde

Emissionen der Fernwärmezentrale außerhalb der Gemeinde

Swissair – ökologische Buchhaltung (nach Ökoscience)

- Werden ressourcenschonende Materialien verwendet?
- Werden die Möglichkeiten der Abfallvermeidung ausgeschöpft?
- Wo lassen sich Rohstoffe einsparen und durch umweltfreundlichere ersetzen?

Vorrangig ging es der Swissair darum, mit dieser Ökobilanz Daten zu sammeln, auszuwerten und allfällige Schwachstellen, also Ökodefizite, aber auch Guthaben aufzuzeigen. Die Swissair spricht ausdrücklich von einer handlungsorientierten Umweltbilanz, weil diese eben Handlungen auslösen soll.
Größter Abfall-„Lieferant" des Unternehmens ist laut Ökobilanz der Sektor Bordverpflegung und -ausrüstung, das Catering: Er lieferte 1989 11270 Tonnen Lebensmittel, Zeitungen, Verpackungsmaterial, Glas, Kunststoffe, Aluminium und Weißblech an Swissair-Jets (zwei Drittel) und Flugzeuge anderer Airlines. Daraus resultierte ein Abfallvolumen von 4500 Tonnen, darunter auch der Müll fremder Airlines. Weil die Flugbegleiter der Eidgenossen schon an Bord und die Catering-Mitarbeiter auch am Boden die Abfälle trennen, konnten gut 2000 Tonnen davon dem Recycling zugeführt werden. Ausnahme: Wegen seuchenpolizeilicher Vorschriften müssen die Reste der Mahlzeiten verbrannt werden. Nicht ausgegebene Speisen, sofern portionsweise verpackt, versucht man, soweit möglich, wieder zuzuwenden.

Unter den zahlreichen von der Swissair bereits verwirklichten Maßnahmen als Folge ihrer Ökobilanz ist die Wahl der neuen Airbus-Triebwerke zweifellos die wirksamste. Mit diesem Durchbruch in der Triebwerktechnik wird der NOx-Ausstoß gegenüber den heutigen Motoren um fast die Hälfte reduziert. Auf den Reiseflughöhen ergibt sich dadurch eine markante Senkung des Schadstoffausstoßes.

Weitere Konsequenzen aus der Ökobilanz wurden auf verschiedenen Gebieten gezogen:
- Einbau von stationären Energieversorgungsanlagen an den Fingerdocks des Flughafens Zürich; Investition 23 Mio Franken. Resultat: Die kerosinbetriebenen Bordaggregate (APU) müssen während der Standzeit nicht mehr für Heizung, Klimatisierung und Stromerzeugung betrieben werden. Der Schadstoffausstoß durch APU- Betrieb von angedockten Flugzeugen reduziert sich damit um 90 %; jährlich lassen sich dadurch 12,3 Mio Liter Kerosin einsparen. Die Benützung dieser von der Swissair finanzierten und betriebenen Anlagen ist für alle Airlines obligatorisch.
- Verbund Bahn-Luftverkehr. Das Check-in an vielen Bahnhöfen, die Möglichkeit, das Gepäck an über hundert Bahnhöfen in der Schweiz direkt nach Destinationen im Ausland aufzugeben sowie das Angebot, Gepäck ab ausländischen Flughäfen direkt an die gewünschten Bahnstationen in der Schweiz zu leiten, tragen zur Attraktivität des „Zugs zum Flug" bei. Die kurzen Wege vom modernen Flughafenbahnhof zu den Check-in-Schaltern veranlassen zusätzlich viele Fluggäste zum Umsteigen vom Auto auf die Bahn.
- Seit Juni 1991 gibt die Swissair ihrem Personal stark verbilligte Abonnements für den Züricher Verkehrsbund (ZVV) ab. Anderseits wurden sämtliche Personalparkplätze mit einer Gebühr belegt beziehungsweise die bestehenden Gebühren drastisch erhöht. Ziel: mehr Mitarbeiterinnen und Mitarbeiter den öffentlichen Verkehr für den Arbeitsweg schmackhaft machen.
- Swissair-Bodenfahrzeuge in den Bereichen Technik, Catering und Vorfeld werden mit Kerosin statt Diesel betankt. Dadurch geringerer Schadstoffausstoß, namentlich weniger Schwefel und Ruß.
- Kontinuierliche Umstellung von Benzin- und Dieselfahrzeugen auf elektrisch betriebene Geräte. Es sind bereits über 200 davon im Einsatz.
- Einbau von Gaspendelanlagen an allen Betriebstankstellen. Dadurch starke Reduktion von entweichenden Benzindämpfen.
- Die Swissair-eigene Abwasseraufbereitungsanlage wandelt Industrieabwässer aus dem Bereich Technik zum großen Teil wieder in Brauchwasser um. Dadurch geringerer Wasser- und Energieverbrauch dank Mehrfachbenutzung sowie Vorreinigung des abfließenden Wassers.
- Anwendung eines neuen, umweltfreundlicheren Entlackungs- und Lackierungsverfahrens für Flugzeuge. Dadurch können die Emissionen von flüchtigen organischen Stoffen (VOC) markant vermindert werden.
- Swissair hat in den letzten zehn Jahren über 30 Mio. Franken in Energiesparprogramme für Bauten und Betriebseinrichtungen investiert, z.B. Wärmerückgewinnungs- und Wärmepumpenanlagen in Gebäuden der Zentralverwaltung, des technischen Dienstes, der Schulhausanlagen und des Caterings.
- In der Zentralverwaltung heizt die Abwärme der Anlagen im Rechenzentrum die Büroräumlichkeiten zu etwa 60 % und dazu rund 400 Wohnungen in der unmittelbaren Umgebung. Damit werden jährlich etwa 1500 Tonnen Öl eingespart.
- Die Abfall-Separierung, welche im Frühjahr 1990 an Bord der Swissair-Flugzeuge eingeführt wurde, trug maßgeblich dazu bei, daß 1990 die Menge der verbrannten Abfälle von 6000 auf 4000 Tonnen reduziert werden konnte. Die Flight Attendants trennen nach dem Service jeweils Aluminium, Glas, Blech und PET von den übrigen Abfällen. Diese Wertstoffe werden in Zürich und Genf dem Recycling zugeführt.
- Mit einem verfeinerten Konzept für die Mahlzeitenlieferungen an Bord der Swissair-Flugzeuge wird verhindert, daß zahlreiche Essen unverzehrt in den Abfall gelangen. Da die Buchungszahlen in der Regel von den effektiv an Bord befindlichen Passagieren abweichen, werden bewußt weniger Mahlzeiten als es der Buchungsstand verlangen würde, geliefert. Das Risiko, daß dadurch auf einzelnen Flügen zu-

wenig Essen vorhanden sind, wird in Kauf genommen, denn durch diese Maßnahme lassen sich pro Monat mehrere Hundert Mahlzeiten einsparen.

Der schweizerische Ansatz

Braunschweig (vgl. 1990, S. 10) sieht für die Berechnung einer Stoffbilanz eine Reihe von Abgrenzungsschwierigkeiten, wie etwa: Welche Stoffe werden betrachtet, oder welche Prozesse werden betrachtet? Im schweizerischen Ansatz besteht eine Ökobilanz, unter der eine Bewertung nach ökologischen Kriterien, ausgedrückt in Ökopunkten (welche minimiert werden sollten) verstanden wird, aus zwei Stufen:

- Erfassung der Stoff- und Energieflüsse in Bilanzen,
- ökologische Bewertung dieser Stoffflüsse.

Für den Schritt von der Stoffbilanz zur Ökobilanz wird eine Bewertung der verschiedenen Umweltbelastungen anhand bestimmter ökologischer Kriterien als notwendig angesehen. Erst eine einheitliche ökologische Bewertung erlaubt einen Vergleich der verschiedenen Umweltbelastungen.

Als Bewertungsansatz schlägt Braunschweig (vgl. 1990, S. 10 f.), basierend auf den Gedanken Müller-Wenks, die „ökologische Knappheit" als Verhältnis zwischen gesamter Umweltbelastung in einem Gebiet und maximal zulässiger Belastung in diesem Gebiet vor.

Zwei Beispiele für die Schweiz:

- Es wurden ca. 191 000 t Stickoxyde (NO_x) ermittelt; gemäß Luftreinhaltekonzept betragen die zulässigen Emissionen jedoch ca. 67.000 t.
- Die DOC-Fracht (= gelöster organischer Kohlenstoff) betrug in den Gewässern 88.000 t, was fast genau der maximal zulässigen Fracht entspricht (89.000 t/Jahr), will man in den großen Schweizer Flüssen die DOC-Grenzwerte einhalten können.

Aus diesen Verhältnissen läßt sich für jede Belastung ein Ökofaktor (als Ausdruck der ökologischen Knappheit) berechnen; je höher der Faktor, desto problematischer ist die Belastung. Eine Bilanzierung nach Ökopunkten ermöglicht eine ökologisch einheitliche Bewertung. Statt wie bisher nur nach einzelnen Belastungsträgern zu analysieren, erlaubt diese methodische Weiterentwicklung (in Zusammenarbeit mit der BUWAL) nun z.B. eine ökologisch bessere Verpackungsvariante eindeutig zu identifizieren.

In einem weiteren Schritt erlaubt die Summierung der Ökopunkte einzelner Produkte und Prozesse firmeninterne „ökologische Budgets"zu setzen, um in-

nerhalb einer Unternehmung Anreize zu geben, nach ökologisch und wirtschaftlich optimalen Lösungen zu suchen. „So kann einem Profitcenter im Rahmen des Management by Objectives ein ‚Ökobudget' von z.B. 10 Millionen Ökopunkten zur Verfügung gestellt werden. Erreicht das Profitcenter eine Umsatzsteigerung bei stabilem oder gar sinkendem Ökobudget, so wird das Ziel des qualifizierten Wachstums erreicht:
Wirtschaftswachstum bei sinkender Umweltbelastung" (ebd., S. 11).

Zusätzlich schlägt Braunschweig zur leichteren externen Beurteilung (z.B. für Kunden, Aktionäre, Medien und Mitarbeiter) der „ökologischen Performance" einer Unternehmung ökologische Kennziffern vor, wie z.B.

- Ökopunkte(Umweltbelastung) pro Umsatz,
- Ökopunkte pro Gewinn.

Teil 7
Neue Formen des Leistungsmanagements

Schritte zu einer Ausgewogenheit von Tourismusentwicklung und Umweltschutz
Die „Prinzipien eines nachhaltigen Tourismus" als Leitmotiv eines umweltorientierten Managements
Das „Prinzip der gemeinsamen Verantwortung" aller Beteiligten

Besuchermanagement („Visitor Management") und sein Instrumentarium

Bestimmung von Belastungsgrenzen („Carrying Capacity")
Zugangsmanagement („One at a time, please")
Begrenzungsstrategien
Verkehrsmanagement
Einbezug der Betroffenen
Veränderung der Arbeitszeitordnung
Flexibilisierung der Reisezeiten
Notwendigkeit einer Freizeitpolitik

> *„Ein Wintermärchen" (Auszug)*
> *von M. Putschögl*
>
> *„Alle Jahre wieder schlagen sie sich stolz an die von Umweltbewußtsein geschwellte Brust, die Fremdenverkehrsdirektoren, Verbandsgeschäftsführer, Verkehrsamtsleiter. Auch in dieser Schneesaison, betonen sie ökoeinfühlsam, werde in ihrem Gebiet dem Skifahrer nichts neu erschlossen. Freudig vernimmt der Umweltfreund die Kunde: Also wird kein weiterer Gipfel dem Moloch Wintersport geopfert, kein bislang unberührtes Gletscherfeld der nimmersatten Skifahrermeute ausgeliefert, kein stilles Tal mit Seilbahnmasten malträtiert, werden keine zusätzlichen Pisten von den Hängen geholzt. Ökobewußte Selbstbeschränkung – die weiße Welt, ein Wintermärchen, eine Puderzuckeridylle, jeder bemüht, die Natur zu schonen, die Umwelt zu schützen.*
>
> *Und alle Winter wieder rührt es den unvoreingenommenen Naturfreund, mit welcher Sensibilität die Organisatoren des weißen Glücks ihrem Geschäft nachgehen. Nichts Neues, nie und nimmer, hie und da und da und dort ein paar klitzekleine Veränderungen, Verbesserungen, alles nur aus hehren Beweggründen, lediglich um den Skifahrern ein bißchen mehr Qualität zu offerieren.*
>
> *Statt der Doppelsesselbahn rotieren nun in Mayrhofen Vierersessel, neue Vierersessel auch in Axams und Lermoos, in Imst ein Doppelsessellift, drei Vierersesselbahnen in Obertauern anstatt der alten Schlepper, in Filzmoos eine Sechsergondelbahn, eine Achterkabinenbahn in Rußbach, schließlich nun auch noch eine Kabinenbahn aufs Nebelhorn und so weiter und so weiter.*
>
> *Nein, all dies sind keine Neuerschließungen, sondern nur ein bißchen mehr Qualität und Service für den Skifahrer und hier noch ein paar Meterchen neue Rennpiste und dort noch ein paar Meterchen mehr Seilbahn. Nichts, was schaden könnte."*

Schritte zu einer Ausgewogenheit von Tourismusentwicklung und Umweltschutz

Um langfristig einen Ausgleich zwischen den ökonomischen Interessen der am Tourismus Beteiligten, den soziokulturellen Erfordernissen der Einheimischen und den ökologischen Erfordernissen der Natur zu finden, empfehlen wir folgendes Vorgehen:

1. Bestimmung des Leitbildes (Wer sind wir? Was wollen wir?)
   - „Entwicklung gemäß den Prinzipien eines nachhaltigen Tourismus"

2. Bestimmung von Zielen und Politiken, die das Leitbild reflektieren
   Dies erfordert:
   - eine klare strategische Zielformulierung,

- die Erkenntnis einer gemeinsamen Verantwortung der am System Tourismus Beteiligten,
- die Bestimmung von Entwicklungs- und Belastungsgrenzen.

3. Einsatz des Instrumentariums eines Besuchermanagements
   Dies bedeutet:

- Spezifizierung der Instrumente je nach Einsatzort,
- Aufstellung von Maßnahmenkatalogen (für die Bereiche Besuchs-/Verkehrs-Ressourcen-/Informationsmanagement, Marketing).

C-B-R
Wie schwer es immer noch ist, den richtigen Weg zu bestimmen (umweltorientierter Qualitätstourismus oder quantitative Angebotsvermehrung), wie stark hier unterschiedliche Interessen aufeinanderstoßen, zeigte eine Talkrunde beim „Tag der Alpenländer" auf der Münchner C-B-R-Messe 1993. Ein Teilnehmer aus Tirol meinte, „man dürfe aus den Alpen keinen Naturpark machen und müsse aufpassen, daß nicht alles verökologisiert wird".

Die „Prinzipien eines nachhaltigen Tourismus" als Leitmotiv eines umweltorientierten Managements

Durch den Druck der ständig steigenden Touristenzahl in Verbindung mit den Aktivitäten der Touristen ist die Bedeutung des Umweltschutzes in den letzten Jahren offensichtlich geworden. „Viele Orte und Regionen sind bereits an ökologischen und sozialen Grenzen angelangt", stellen Experten heute übereinstimmend fest. Die Lebensqualität der Einheimischen ist in Gefahr bzw. zum Teil bereits deutlich eingeschränkt. Massentourismus führt oftmals schon zu einer Verschlechterung der qualitativen Entwicklungschancen und zu einer Schwächung der gesamten Tourismusbranche. Eine sinnvolle – aber nicht schematische! – Begrenzung und Lenkung der quantitativen Entwicklung erscheint notwendig, d.h. eine Limitierung des Tourismuswachstums im Verhältnis zur allgemeinen Umweltsituation". Wirtschaft, Gesellschaft und natürliche Umwelt sind gleichermaßen als Kriterien einer Tourismusförderung zu betrachten (Swoboda, 1992, S. 595).

Die Freizeitforscherin Romeiß-Stracke sieht die Planungsinstanzen vor den immensen Problemen des Tourismus versagen. „Unsere Institutionen sind von der Sachkenntnis und vom geistigen Modernisierungsgrad her schlicht überfordert. Bisher waren Urlaub und Freizeit immer als Privatsache, als individuelle Freiräume betrachtet. Planung ist öffentlich-staatlich, und das beißt sich bislang. Wir werden in den nächsten 20 Jahren darüber nachzudenken haben, wie man steuert, ohne daß der einzelne gegängelt wird" (1992 b, S. 268).

Im Gefolge des Umwelt-Weltgipfels in Rio 1992 tauchte als neues Schlagwort „Sustainable Development" auf. Im Deutschen hat sich noch kein gängiger Begriff durchgesetzt (dauerhafte oder nachhaltige Entwicklung, Entwicklung des tragbaren Ausmaßes etc.); vielfach wird die englische Bezeichnung verwendet.

Der Begriff „dauerhafte Entwicklung" war schon im Brundtland-Report 1987 beschrieben worden: „... Entwicklung, die die Bedürfnisse der Gegenwart einlöst, ohne die Fähigkeit der künftigen Generationen, ihre Bedürfnisse zu erfüllen, zu beeinträchtigen." Obwohl ursprünglich weitgehend auf die Industrie bezogen, hat dieses Prinzip inzwischen auch große Bedeutung für den Tourismus erlangt.

Die Studie des Economist warnt zu Recht vor Platitüden: „The concept of protecting the environment for the benefit of future generations has become so much a part of current thinking that even many environmentalists are failing to look critically at the world today. Because every generation tends to use as its environmental yardstick the environment of its childhood, so the older generations's degraded environment becomes the natural environment of the new generation. The act of maintaining that environment therefore becomes, in reality, the maintenance of decline" (Preface).

Eine Definition dessen, was eigentlich unter Entwicklung zu verstehen ist (mögliche Ausprägungen zeigt Pearce, 1989, S. 8 ff.), wird erschwert dadurch, daß

- der Begriff nicht wertfrei interpretiert werden kann,
- zur konkreten Fassung des Begriffs in Zielen verschiedenste Ausprägungen Verwendung finden könne (u.a. auch „sustainable"),
- die Zielerreichung selbst anhand verschiedener Indikatoren gemessen werden könnte (Wachstumsrate des BSP, Sozialindikatoren etc.),
- nicht klar ist, für wen die Entwicklung gedacht ist.

Evans (1992, S. 23) bemängelt, daß die Entscheidungsgewalt in den gleichen Händen verbleibt: „The governments and businesses which grabbed the initiative have seen to it that the status quo shall be maintained. When the environment is reduced to economic terms, those who control economies take over. Sustainable development, like all development, remains in the rich and powerful hands of the developers."

Bezogen auf den Tourismus geben Travis/Ceballos-Lascurin (1992) folgende Begriffsbestimmung:

„Sustainable Tourism is all forms of tourism development and activity which enable a long life for that cultural activity which we call tourism, involving a sequence of economic tourism products compatible with keeping in perpetuity the protected heritage resource, be it natural, cultural or built-, which gives rist to tourism."

Der Ansatz des Sustainable Tourism trägt damit in ähnlicher Weise wie frühere Ansätze des sanften Tourismus der Tatsache einer quantitativen und qualitativen Beschränkung des Umfangs und der Entwicklung des Tourismus Rechnung. Irreversible Schädigungen und unakzeptable soziale Kosten für zukünftige Generationen sollen vermieden werden. Diese Konzepte (so Travis, 1992, S. 20)

- führten uns von einer reaktiven Phase (quasi Reparaturphase der negativen Tourismusauswirkungen)
- hin zu einer proaktiven Phase, in der Planung und Management einen „dauerhaften Tourismus" gestalten sollen. Dieses Design umfaßt u.a. Konzepte für bestehende und für neue Tourismusprodukte, die sowohl der steigenden Nachfrage dienen als auch den Erfordernissen der Dauerhaftigkeit genügen.

Die Ressource „Umwelt", von der jede menschliche Aktivität abhängt, soll so (sensitiv bzw. dauerhaft) genützt werden, daß der Tourismus gleichwohl einen Beitrag zum ökonomischen Wachstum leisten kann. In diesem Sinne wird der „nachhaltige und umweltgerechte Tourismus" weitgehend zu einem strategisch orientierten „Ressourcen- und Qualitätsmanagement".

Im touristischen Leitbild des Schweizer Kantons Wallis lauten die „vier Pfeiler des qualitativen Tourismus" (in dieser Reihenfolge):

1. Lebensqualität des einheimischen Bewohners
2. Wohlbefinden des Gastes
3. Achtung der natürlichen Umwelt
4. Wirtschaftliche Entwicklung (Swoboda, 1992, S. 595)

Für Swoboda betrifft ein Qualitätsmanagement sowohl das Angebot als auch die Nachfrage, d.h. Schichtung und Verhalten der Gäste sind ebenso zu steuern wie der Umgang mit den eigenen Ressourcen. Dies erfordert Professionalität und Flexibilität sowie ein ganzheitliches Denken.

Umwelt und Tourismus sollen sich gegenseitig Nutzen bringen. In der Task Force on Tourism and the Environment (U.K.) wurden im Mai 1991 sieben Prinzipien eines „balanced or sustainable tourism" festgelegt (Wanhill, 1992, S. 623; English Tourist Board, 1991 b, S. 15):

Principles for the balanced development of tourism
- The environment has an intrinsic value which outweighs its value as a tourism asset. Its enjoyment by future generations and its long term survival must not be prejudiced by short term considerations.

- Tourism should be recognized as a positive activity with the potential to benefit the community and the place as well as the visitor.
- The relationship between tourism and the environment must be managed so that it is sustainable in the long term. Tourism must not be allowed to damage the resources, prejudice its future enjoyment or bring unacceptable impacts.
- Tourism activities and developments should respect the scale, nature and character of the place in which they are sited.
- In any location, harmony must be sought between the needs of the visitor, the place and the host community.
- In a dynamic world some change is inevitable and change can often beneneficial. Adaptation to change, however, should not be at the expense any of these principles.
- The tourism industry, local authorities and environmental agencies all have a duty to respect the above principles and to work together to achieve their practical realisation.

Eine sehr ausführliche Definition gibt die Vereinigung Tourism Concern (1992, S. 3) im Auftrag des WWF:

Principles for Sustainable Tourism

1. Using resources sustainably
   The conservation and sustainable use of resources – natural, social and cultural – is crucial and makes long-term business sense.
2. Reducing over-consumption and waste
   Reduction of over-consumption and waste avoids the costs of restoring long-term environmental damage and contributes to the quality of tourism.
3. Maintaining diversity
   Maintaining and promoting natural, social and cultural diversity is essential for long-term sustainable tourism, and creates a resilient base for the industry.
4. Integrating tourism into planning
   Tourism development which is integrated into a national and local strategic planning framework and which undertakes environmental impact assessments, increases the long-term viability of tourism.
5. Supporting local economies
   Tourism that supports a wide range of local economic activities and which takes environmental costs and values into account, both protects those economies and avoids environmental damage.
6. Involving local communities
   The full involvement of local communities in the tourism sector not only benefits them and the environment in general but also improves the quality of the tourism experience.
7. Consulting stakeholders and the public
   Consultation between the tourism industry and local communities, organizations and institutions is essential if they are to work alongside each other and resolve potential conflicts of interest.

> 8. Training staff
>   Staff training which integrates sustainable tourism into work practices, along with recruitment of local personnel at all levels, improves the quality of the tourism product.
> 9. Marketing tourism responsibly
>   Marketing that provides tourists with full and responsible information increases respect for the natural, social and cultural environments of destination areas and enhances customer satisfaction.
> 10. Undertaking research
>   On-going research and monitoring by the industry using effective data collection and analysis is essential to help solve problems and to bring benefits to destinations, the industry and consumers.

Diese Prinzipien können je nach betroffenem Zielgebiet noch spezifiziert werden; beispielsweise hat die Tourism and the Environment Task Force für eine bessere Harmonie von Tourismus und „countryside" als Leitideen folgende Prinzipien bestimmt (English Tourist Board, 1991 c, S. 1):

- Nachhaltigkeit
- Abwechslung und Angemessenheit
- Qualität von Design und Management
- Akzeptanz des Wandels
- Umweltnutzen
- Unterstützung der ländlichen Wirtschaft
- Gemeinsame Verantwortung
- Angemessenheit der Investition

Dieses Konzept eines „Sustainable Tourism Development" besagt also, daß sich ökonomisches Wachstum und Umweltqualität nicht ausschließen müssen (zum „Widerspruch" der Begriffe development und sustainable siehe Beller u.a., 1990, S. 169 ff.). Mögliche Wege zeigt Abbildung 33 (aus ebd. S. 624).

- Durch technologische Entwicklungen (bessere Ressourcenverbrauchseffizienz, Abfallkontrolle etc.) ist die Position C erreichbar.
- Eine Umweltorientierung offeriert ein Wachstum mit einem qualitativ besseren Produkt bei einem Imagegewinn und ermöglicht einen Weg von A nach B.

Entscheidend ist die individuell zu bestimmende „Balance". Ungleichgewichte resultieren primär aus einer ausufernden quantitativen Belastung (Touristenzahl, Verkehr) und negativen Umweltauswirkungen auf Natur- und Mensch/Bereiste.

„It is not as simple as resolving the issues of indigenous versus foreign, small versus large, gradual versus instantaneous and dispersed versus concentrated developments. It is more a question of ensuring complementarity between all these issues, so that tou-

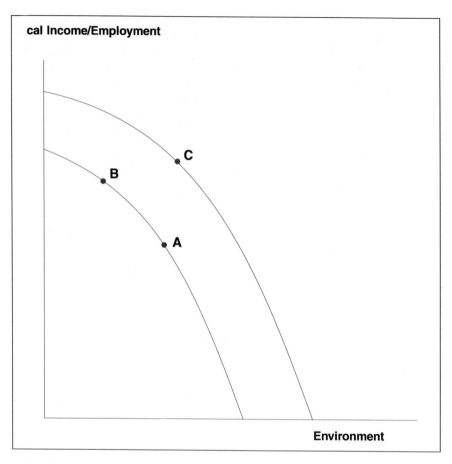

Abb. 33: The Concept of Sustainable Development

rism can contribute towards the development of an area whilst minimizing adverse environmental, social and economic effects in order to ensure sustainability" (Cater, 1991, S. 24).

Für Wheeler (1991, S. 93) hat sich die Idee des Sustainable Tourism mit einigen konfliktären, nicht kompatiblen Zielen belastet: „... small-scale sensitivity and limited numbers to be achieved in tandem with economic viability and significant income and employment impacts. What happens when the prerequisite size of tourism activity is too large to meet the other appropriate yardsticks of sustainability? Is tourism development run uneconomically, subsidized, abandones or, as seems likely, are the appropriate standards relaxed?"

Fundamental für die Entwicklung eines „Tourismus mit tragbaren Ausmaßen" wird die Bestimmung einer Belastungskapazität sein. Diese zentrale Frage, ab welcher Entwicklung eine negative Belastung für Umwelt und soziokulturelles Umfeld zu erkennen ist, werden wir anschließend behandeln.

Im neuseeländischen Resource Management Act 1991 (vgl. dazu Kaspar, 1992, S. 373 ff.), das 1991 als weltweit erste Umweltgesetzgebung dieser Art verabschiedet wurde, ist klar festgelegt, daß ein dauerhaftes Management der natürlichen Umwelt nicht als Kompromiß von sozialen oder ökonomischen Zielen beeinflußt werden darf. Wünscht eine Fremdenverkehrsgemeinde etwa ein Wachstum der Beschäftigung, darf dieser Wunsch aufgestellte Umweltstandards zur Erreichung von Dauerhaftigkeit nicht gefährden. Dem Gemeinderat würde nicht erlaubt werden, die Industrie anzuregen, indem etwa die Standards für Lärm, Wasserqualität oder Entsorgung gemildert würden. Es wird aber nicht nur auf eine „environmental sustainability" zentraler Wert gelegt, sondern auch auf eine „social acceptability" und eine „cultural sensitivity".

Dauerhaftes Management bedeutet demgemäß (Kaspar, 1992, S. 380):

„Managing the use, development, and protection of natural and physical resources in a way, or a rate, which enables people and communities to provide for their social, economic and cultural wellbeing and for their safety and wellbeing while
a) Sustaining the potential of natural and physical resources (excluding minerals) to meet the reasonably foreseeable needs of future generations;
b) Safeguarding the life-supporting capacity of the air, water, soil and ecosystems; and
c) Avoiding, remedying, or mitigating any adverse effects of activities on the environment."

Diese und ähnliche Definitionen zeigen die Kernelemente dieses „Leitgedankens": Es geht darum,

- den tolerierbaren Grad der Einwirkung oder tolerierbaren Grad der Schädigung festzulegen,
- ohne daß damit die lebenserhaltende Kapazität der Umwelt und die potentiellen Bedürfnisse zukünftiger Generationen beeinflußt werden.

Bei „Überschreiten" oder „Nichteinhaltung" dieser Prinzipien eines nachhaltigen Tourismus entstehen die bekannten Probleme wie ausufernder Erschließungskreisel, zunehmender Verkehr, Nutzungskonflikte verschiedener Interessengruppen oder Umweltschäden. Es darf aber u.E. nicht übersehen werden, daß selbst, wenn die z.Z. noch großen methodischen Probleme zur Analyse bestimmter Wirkungen gelöst werden sollten, die Entscheidung darüber, was denn nun die im jeweiligen Fall „angemessene Form der gewünschten Tourismusentwicklung" sei, letztendlich eine politische Entscheidung ist.

Ein dauerhaftes Management umfaßt zwei Schritte:

- Zuerst sind verstärkt die ökologischen Kosten von Tätigkeiten zu erfassen („better environmental valuation"),

- dann sind die Ressourcen dieser Erde unter Einbezug der Erfordernisse zukünftiger Generationen zu beurteilen
  („better environmental stocktaking").

1992 wurde im Rahmen des fünften Aktionsprogramms der Europäischen Gemeinschaft ein 334 Seiten langer Vorschlag über ein Programm „Für Umwelt und Maßnahmen im Hinblick auf eine dauerhafte und umweltgerechte Entwicklung" unterbreitet. Zu den ausgewählten fünf Schwerpunkten zählte auch der Tourismus (neben Industrie, Energie, Verkehr und Landwirtschaft). Der Tourismus wird als ein besonders gutes Beispiel genannt für die grundlegende Verbindung zwischen wirtschaftlicher Entwicklung und Umwelt mit all den dazugehörigen Vorteilen, Spannungen und Konfliktpotentialen.

Das EG-Programm sieht den größten Teil der Umweltbelastungen durch den Massentourismus in Küstengebieten und Bergregionen verursacht. Sie werden in den nächsten Jahrzehnten wahrscheinlich beträchtlich zunehmen. Es werden folgende Strategien vorgeschlagen:

- Überwachung der Flächennutzung
- Festlegung strenger Vorschriften für Neubauten
- Bekämpfung illegaler Bautätigkeit
- Bewirtschaftung der privaten Verkehrsströme in die und innerhalb der touristischen Gebiete
- Diversifizierung des Tourismus
- strenge Anwendung und Durchsetzung der Umweltvorschriften bezüglich Lärm, Trinkwasser, Badegewässer, Abwässer und Luftverunreinigung (einschließlich der Emissionen aus dem Hinterland der touristischen Gebiete)
- Schaffung von Pufferzonen um ökologisch empfindliche Gebiete wie Feuchtgebiete und Dünen herum
- bessere Auffächerung der Sommerferien
- Bewußtseinsbildung und Umwelterziehung für die ortsansässige Bevölkerung und die Touristen
- Umwelterziehung und -ausbildung für Personen, die touristische Gebiete bewirtschaften

Wie die Beispiele aus Forschung und Praxis in diesem Buch bestätigen, werden die Instrumentarien für einen „dauerhaften Tourismus" zunehmend verfeinert und erfolgreich erprobt. Es ist Travis (1992, S. 21) zuzustimmen, der in bestimmten Nischen-Marktsegmenten gute Modellumsetzungen konstatiert, aber den echten Test erst noch bei den Formen des Massentourismus bestanden sehen will: „At the micro scale quick advances are being made. In alternative and in minority provisions in tourism models of sustainability are becoming understood and gradually adopted. The test remains in the key field of mass-tourism ... how far is the worlds commercial industry really starting to understand and accept the higher initial costs of sustainable tourism where profit levels may reduce but be continued for much longer periods of time. When a „get rich quickly" philosophy gives way to a philosophy of „nurturing resources and products for longer term reduced profits" the environmental impact problem gives way to a responsible era in tourism."

Jede touristische Entwicklung kann nur für und mit den Bereisten (Einwohner eines Fremdenverkehrsortes, einer Region etc.) geplant und durchgeführt werden, denn die „Forderung nach sanfter, naturschonender touristischer Nutzung trifft sich mit dem Wunsch der Einheimischen nach langfristigen und nachhaltigen touristischen Erträgen" (Peter, 1992, S. 14). Das bedeutet, die ortsansässige Bevölkerung sollte

- möglichst Eigentümer touristischer Anlagen sein und
- möglichst umfassend und frühzeitig in die Planung einbezogen werden.

Swarbrooke (1992, S. 227) sieht die „Image-Reality Gap" als ein Hindernis für einen Sustainable Tourism. „Nachhaltiger Tourismus ist nur möglich, wenn die Touristen ein realistisches Bild des besuchtes Reiszieles und eine Sensitivität für die Probleme der Gastgemeinde haben. Deshalb wirkt die Lücke zwischen der Realität und den Images, die durch die Medien und das Marketing der Reiseveranstalter geschaffen wurden, als Hindernis für einen dauerhaften ländlichen Tourismus ..."

Die besonders bei Topattraktionen von Jahr zu Jahr ansteigenden Besucherzahlen lassen den Gedanken einer „Beschränkung" und „Regulierung" des alle Dämme brechenden Besucherstromes an einigen Plätzen als zwingend erscheinen. Davon sind nicht nur Sehenswürdigkeiten wie das 1991 von 1,4 Millionen Besuchern überschwemmte Schloß Neuschwanstein oder das zeitweilig in Touristenmassen erstickende Venedig betroffen – selbst Skipisten wurden bereits zeitweilig gesperrt (so in den Rocky Mountains oder in einigen Gletschergebieten in den Alpen im Spätwinter 1990/91). Als etwa in der ersten Januarwoche 1992 über eine Million Skiläufer die Pisten und Parkplätze großer und kleiner Alpenstationen belagerten, war das Chaos perfekt: Auf der Seiser Alm in Südtirol mußten Tausende wieder kehrtmachen, weil die 3000 verfügbaren Parkplätze schon frühmorgens besetzt waren. Nicht besser erging es den Besuchern von Madonna di Campiglio, wo das Verkehrschaos die vorübergehende Schließung aller Zufahrtsstraßen zur Folge hatte. „Wir sind die schönste Garage der Welt geworden", lautete der bittere Spruch eines einheimischen Bergführers. In ähnlicher Weise wird sich eine Kontingentierung auf eine umweltverträgliche Touristenzahl auch in anderen Gebieten als notwendig erweisen. Im Januar 1992 wurde in Saalbach-Hinterglamm sogar im Rahmen eines internationalen Fach-Symposiums das Für und Wider eines generellen Bettenstops im Alpenraum diskutiert.

Sissinghurst Garden
Der National Trust in Großbritannien versucht die „Sintflut" an Besuchern seit Ostern 1992 in den Sissinghurst Gärten (Kent) durch ein Zeitkartensystem (timed ticketing sy-

stem) in den Griff zu bekommen. Zog der Garten 1967 erst 20 000 Besucher an, waren es 1991 bereits 194 000. „We had reached the point where we felt visitors were coming away from Sissinghurst not with an impression of the Garden's beauty but with a memory of the crowds" (Weekend Telegraph, 25. 4. 1992, S. XV). Das Zeitkartensystem soll sicherstellen, daß nicht mehr als 450 Personen zur gleichen Zeit den Garten besuchen. Ein „elektronisches Auge", das Zutritt und Austritt erfaßt, gibt die Information an den Kartenschalter weiter. Die Regulierung des Zutritts erfolgt in 30-Minuten-Intervallen. Bei Ankunft wird dem Besucher eine voraussichtliche Eintrittszeit genannt. Nach dem Zutritt besteht eine unbegrenzte Aufenthaltsdauer. Der Sommer mit seinen hohen Besuchszahlen wird zum „Härtetest" werden. Zeitbestimmte Eintrittskarten dieser Art werden zahlreich eingesetzt: Chartwell (Kent) mit normalerweise 60 Stück pro 15-Minuten-Zeitspanne oder bei der Monet-Ausstellung in der Royal Academy 1990 in London. Ähnliche Kontingentierungen werden u.a. für St.Pauls Cathedral und die Royal Academy geplant.

Mit solchen Formen der Kontingentierung haben die USA oder Großbritannien bereits gute Erfahrungen gemacht („Visitor Management"). So werden Besucherströme an vielen Orten erfolgreich reguliert: Grand Canyon, einige Nationalparks, Mount Whitney, verschiedene Skizentren.

Für Romeiß-Stracke, 1991, können die Probleme des Massentourimus nicht mit einem sanften Konzept gelöst werden. Ökologische Hohepriester dürfen mit ihren postulierten Verhaltensnormen nicht aus dem sanften Tourismus einen sanften Aktionismus machen. Das Dilemma, einen Ausgleich zwischen den berechtigten ökonomischen Ansprüchen der vom Tourismus lebenden Menschen und den durch die menschliche Nutzung verbundenen Schäden auf ein unverzichtbares Maß zu begrenzen, ist wohl nur eine im jeweiligen Einzelfall verantwortungsvoll zu lösende Aufgabe. „Sollen die wenigen guten Menschen in den Naturreservaten wandeln dürfen, während die Masse weiterhin im Verkehr steckt, zusammengepreßt wie Ölsardinen an Stränden und Seeufern lagernd?"

Wenn die Anwendung ökologischer Kriterien nicht Menschenverachtung sein soll, müsse, so Romeiß-Stracke, das Problem der Masse konsequent angepaßt werden:

- einerseits Schutz bestimmter Ziele
- andererseits Bau neuer und Erweiterung bestehender Urlaubszentren, intensivere Nutzung (Entzerrung der Urlauberströme) und Konzentration

Die Literatur ist voll mit Ratschlägen für einen Ausweg aus der „Mengenkrise" im Tourismus. Auch die Praxis zeigt unterschiedlichste Versuche. Eine Begrenzung der (quantitativen) Touristenflut scheint vor allem auf zwei Wegen möglich:

- Ein „Numerus clausus" für Touristen
  Dazu dienen Formen der Zutrittsbeschränkung (z.B. Höchstzahl an Parkplätzen, Besucher pro Tag, Anzahl von Hotelbetten etc.).

- Eine Verpreisung
  Diese radikale Möglichkeit der Mengenreduzierung besteht in einer Preispolitik (z.B. Gebühren für Eintritte, Parkplätze, Tagesskipässe) über die Schmerzgrenze hinaus. („Zwei-Klassen-Tourismus"?)
  „Wie man diesen Klassenkampf diskret und erfolgreich führt, haben die Arlbergorte Lech und Zürs eindrucksvoll demonstriert. Kein Zweifel, daß ihr Beispiel Schule machen wird" (Rübesamen, 1991, S. 45).

Zusätzlich sind verschiedenste Vorschläge gemacht worden, etwa:

- eine spezielle Tourismussteuer für die Umwelt (z.B. für die ökologische Sanierung der Mittelmeerküsten)
- Entzerrung der Urlaubstermine
- gezielte kleinere Projekte im Hinterland statt großer Urlaubszentren
- mehr Naturerlebnisräume
- Sustainable Tourism als neues Schlagwort. Statt „verbrauchen" wieder „gebrauchen". Die Natur wird als „Kapitalstock" gesehen, eine Nutzung sollte bei gleichzeitiger Erhaltung der Substanz erfolgen.
- Konzentration, um Freiräume für andere Gebiete zu schaffen, z. B. durch Ferienanlagen
- Verbote (so sperrte, erstmalig für die Schweiz, die Gemeinde Amden im Kanton St. Gallen ihren Hausberg für Kletterer. Gegen das rigorose Verbot wurden 150 Einsprachen eingelegt)
- Zielvorstellung über gewünschte Ausbau-Endziele (Regelungen über Flächennutzungspläne, regionale Entwicklungskonzepte, die Kapazitätsgrenzen für Betten, Parkplätze, Straßen, Seilbahnen etc. festlegen)
- ehrlichere Werbung (statt Hochglanz-Traumparadies-Werbung)
- Aufbau von musealen Bauerndörfern, mit originalen Häusern und einem regionaltypischen Kulturangebot

Das „Prinzip der gemeinsamen Verantwortung" aller Beteiligten

Wie wir bereits zeigten, umfaßt das Aktionsfeld Tourismus eine große Anzahl von Betroffenen, so z.B.:

- die Reisenden selbst
- Betriebe unterschiedlichster Art und Größe
- private Haushalte
- Behörden
- lokale Verwaltungen etc.
- regionale Verbände
- Bundesstellen
- freiwillige Organisationen
- Verbandsorganisationen

Diese Zersplitterung macht folgende Handicaps verständlich:

- das Fehlen explizit formulierter Grundsätze, Ziele, Strategien etc.
- die Dominanz von Einzelinteressen und verschiedener Prioritäten
- der fehlende Versuch, die unterschiedlichen Interessen unter ein gemeinsames Dach zu integrieren und abzustimmen
- die mangelnde Erkenntnis einer gemeinsamen Verantwortung

Übergreifende, integrierte Lösungen erfordern zwingend die Zusammenarbeit auf verschiedenen Ebenen. Der English Tourist Board (1991 c, S. 10 f.) fordert eine aktive Rolle der Verbände und anderer Gruppen, die den Tourismus repräsentieren, in der Politikdebatte und eine stärkere Verbindung zwischen den verschiedenen Ebenen der politischen Gestaltung (gesetzliche Landplanungsebene, regionale und nationale Ebene der Bestimmung der Tourismuspolitik und der lokalen Aktionsgruppen). Erst wenn auf nationaler, regionaler, landes- und kommunaler Ebene klare Politiken bestehen und diese Politiken und Ziele die Prinzipien eines nachhaltigen Tourismus reflektieren, ist eine Ausgewogenheit erzielbar.

Penwith
Ein interessantes, integriertes und an den Prinzipien des nachhaltigen Tourismus orientiertes Projekt findet zur Zeit in Penwith statt. Mittels einer neuen Strategie wird versucht, einen fiktiven Vertrag zwischen dem gastgebenden Gebiet, der Tourismusindustrie und dem Besucher zu konzipieren. „The Penwith Peninsula Project covering Cornwall's most westerly extremity is a partnership which aims to ‚bring together business, tourism and the community to conserve and enhance the unique landscape and identity of the Penwith Peninsula'. The pilot project is grant-aiding practical works which tackle the problems of erosion and improve interpretation, plus arts and cultural events which reinforce local culture. An integrated tourism management strategy has been established, under the title ‚Penwith Cares'. Land stewardship has been identified as being of high importance, the ESA. ... has successfully maintained traditional farming landscapes. The project is also looking at areas of industrial decline, like St. Just-Pendeen, to see how they can best be developed for the benefit of the local community" (ebd., S. 11). „Rather quality than quantity will be a key objective. The project is developing public transport initiatives which in addition to reducing congestion, aids the viability of local bus and rail services" (ETB, b, S. 14).

Besuchermanagement („Visitor Management") und sein Instrumentarium

Die Phänomene des Massentourismus werden nicht verschwinden – im Gegenteil, es ist von einem weiteren Anstieg der reinen Zahlen auszugehen. Zur besseren Nutzung bestehender und effektiveren Planung neuer Anlagen werden inzwischen zahlreiche Instrumente eines Visitor Managements eingesetzt. Es sei an dieser Stelle betont, daß wir uns hier rein auf die einzelwirtschaftliche Handlungsebene beschränken. Der Tourismus ist nicht zu trennen von Fragen des Nord-Süd-Konfliktes, der Terms of Trade, fairer Handelsbeziehungen oder des Schuldenberges. Der Tourismusmanager kann „vor Ort" nur einen gewissen Teil beitragen: etwa durch Bevorzugung örtlicher Lebensmittel, Baumaterialien etc. für einen höheren „Sickereffekt" zu sorgen, durch Ausbildung, Einbindung der Betroffenen in die Entwicklungsplanung usw. (vgl. auch Jenner/Smith, 1992).

Um zwischen Tourismusentwicklung und Schutz des Zielgebietes und der Umwelt eine „Balance" zu erreichen, stehen verschiedenste Instrumente (nach English Tourist Board, 1991 a, b, c) zur Verfügung:

- Markt- und Ressourcenanalyse
  (Klarheit über das gewünschte „Produkt" in Übereinstimmung mit den strategischen Tourismuszielen)
- Kapazitätsbestimmung
- Marketing und De-Marketing
- Information
- Transportplanung- und -management
- Bereitstellung und Mangement des Zugangs
- Design und Kontrolle der Entwicklung
- Erzielen eines ökonomischen, sozialen und ökologischen Nutzens
- Ressourcenmanagement (z.B. Schutz gefährdeter Biotope durch Zäune, Wiederaufforstungs- und -begrünungsaktionen wie in den Alpen (Bad Gastein, St. Johann in Tirol, Gastein))

Ein nichtprofessioneller Einsatz dieses Instrumentariums kann verschiedene Ursachen haben:

- das Fehlen klarer Leitbilder/Richtlinien/Politiken
- die beschriebene Zersplitterung der Einzelelemente
- die fehlenden finanziellen und personellen Ressourcen

Alhambra
„Alhambra droht Touristen zum Opfer zu fallen", schrieb die Süddeutsche Zeitung (16. 2. 93, S. 10). Nun hat Granadas Stadtverwaltung verschiedene Steuerungsmaßnahmen zur Regulierung der jährlich 1,5 Millionen Touristen ergriffen:

- Vorverkauf von Eintrittskarten (etwa über Reisebüros), auf denen Tag und Uhrzeit für den Besuch angegeben sind
- Reduzierung der Besuchergruppen von bisher 50 auf maximal 35 Personen
- Bau eines Parkplatzes für 550 Autos und Verlegung der Zufahrt zum Nasriden-Palast
- Zugang des alten Parks nur mehr für Fußgänger
- Erleichterung der Orientierung durch zusätzliche Hinweisschilder
- Installation von Außen- und Innendetektoren zur Überwachung des Zustands der Gebäude

Thomas warnt davor, im Modewort Visitor Management eine nebulöse leichte Antwort auf alle Probleme zu sehen. Die autonomen Kräfte des Tourismus sind nur schwer zu „managen" (besonders beim Städtetourismus). Es gibt auch keine einfachen Lösungen: „Eine Bettenbegrenzung würde nur zu mehr Tagesgästen führen, Eintrittsgelder auf alle Einrichtungen zu erheben würde nur zu mehr herumbummelnden Leuten führen, die das ‚freie' Erbe der Baudenkmäler ‚konsumieren'" (1992, S. 506).

Es ist davor zu warnen, im Besuchermangement ein schnelles Allheilmittel für Probleme zu sehen. Drei Punkte sind besonders wichtig:

- Das Instrumentarium darf nicht isoliert betrachtet werden, viele Einzelmaßnahmen sind nur vernetzt sinnvoll: etwa Zugangsmanagement und Verkehrsmanagement.
- Der Einsatz erfordert für den jeweiligen Einzelfall ein maßgeschneidertes Instrumentarien-Mix.
- Der Einsatz erfordert einen marktorientierten Ansatz und ein professionelles Mangement.

Eine Strategie der nachhaltigen Sicherung der natürlichen Ressourcen darf nicht mit qualitativen Vorgaben arbeiten („maßvoller Ausbau der Unterkunftskapazitäten" oder „Forcierung des Qualitätstourismus"), sondern muß quantitative Zielwerte zur touristischen Infra- und Suprastruktur vorgeben (Tschurtschenthaler, 1992, S. 649 ff.), wie etwa:

- Beschränkung der Unterkunftsmöglichkeiten, Aufstiegshilfen etc.
- quantitative Begrenzung von touristischen Infrastrukturen (z.B. Festlegung der Kapazität etwa von Skigebieten und damit indirekte Lenkung des Tagesausflugsverkehrs)
- Lösungen beim Verkehrsproblem

Obwohl die Bestimmung dieser Belastungsgrenzen der notwendige erste Schritt zum Besuchermanagement ist, darf die enorme Bewertungsproblematik bei der Bestimmung der jeweiligen physikalischen, ökonomischen und sozialen Schwellenwerte nicht gering geschätzt werden.

Bestimmung von Belastungsgrenzen („Carrying Capacity")

Das Konzept der „carrying capacity" ist ausgeliehen aus dem Bereich der Tier-Bevölkerungs-Dynamik, in der anerkannt ist, daß die Anzahl (z.B. von Vieh) beschränkt ist von der Verfügbarkeit von Ressourcen (z.B. Gras); (vgl. im einzelnen Hugo, 1992, S. 237; Murphy, 1985, S. 64 ff.; Jenner/Smith, 1992, 131 ff.; Pearce, 1989, S. 169 ff.).

Durch das Bevölkerungswachstum und die Urbanisierung wird es zunehmend zu einem Wettbewerb um „Land" kommen, etwa für die Bedürfnisse des Naturschutzes, des Tourismus und Freizeit und Landwirtschaft. Eine multiple Landnutzung wird u.a. von der Belastungsgrenze und von der Kompatibilität von verschiedenen Aktivitäten und Landnutzung abhängen. Untersuchungen zeigen eine schwache Kompatibilität zwischen Naturschutz und Landwirtschaft, aber eine brauchbare Kompatibilität von Tourismus und Freizeit mit den anderen Landnutzungsmöglichkeiten.

Die Natur ist einerseits das „Kapital" für die Tourismusindustrie, andererseits ist dieses Kapital nicht vermehrbar. Veränderungen hier bedeuten gleichzeitig auch Veränderungen in den Rahmenbedingungen der Tourismusindustrie. Übertragen auf den Tourismus würde die Bestimmung einer Belastungsgrenze oder eines Sättigungsgrades dem Zweck dienen, den tragbaren Nutzungsgrad zu bestimmen, bei dem

- ein hoher Grad der Befriedigung der Touristenbedürfnisse
- und gleichzeitig eine Minimierung der negativen Umwelteinwirkungen

erzielt werden kann. Dieses Instrument sollte also als ein Mittel zur Erreichung eines bestimmten Zweckes (nämlich eines bestimmten ökologischen und soziokulturellen Zielbündels) sein. Es darf jedoch, um nicht die Maßnahmen eines planvollen Besuchermanagements zu euphorisch zu beurteilen, übersehen werden, daß Maximierung und gleichzeitige Minimierung bestimmter Effekte nicht möglich sein wird – Trade-offs werden notwendig sein und Kompromisse.

Entsprechend der bereits im Teil 2 skizzierten Wirkungen (auf Image/Produkt und die physikalische, kulturelle und soziale Umwelt) gilt es nun, für diese Bereiche Kriterien festzulegen, mit deren Hilfe die optimale Kapazität bestimmt werden kann (WTO, 1985, S. 2 f.):

1. Die einheimische Umwelt
   - physikalische Umwelt
   - das akzeptierte Niveau visueller Auswirkungen
   - der Punkt, ab dem ökologische Schäden eintreten
   - die Notwendigkeit von Schutzmaßnahmen für die Tierwelt und Meeresfauna/flora
   - ökonomische Umwelt
   - Tourismusvolumen, das optimalen wirtschaftlichen Nutzen bringt
   - der für die Gemeinde angemessene Beschäftigungsgrad
   - soziokulturelle Umwelt
   - Tourismusvolumen, das ohne Schäden absorbiert werden kann
   - Tourismusvolumen, das hilft, Denkmäler/Kulturtraditionen zu wahren ohne nachteilige Effekte
   - Ressourcenverfügbarkeit
   - Verfügbarkeit öffentlicher Leistungen (z.B. Wasser)
   - Verfügbarkeit von Transportleistungen

- Verfügbarkeit anderer wichtiger Dienste (z.B. Krankenhäuser, für Tourismus geschultes Personal)

2. Tourismus-Image/Produkt
Hauptkriterium sollte die Zufriedenheit der Besucher sein. Besucherbedürfnisse sollten durch Nachfrageanalysen ermittelt werden. Die Kriterien beziehen sich auf:
- physikalische Bedingungen
- klimatische Bedingungen; keine Umweltverschmutzung
- Attraktivität der Landschaft/des Stadtbildes etc.
- Qualität der Unterkünfte und Attraktionen
- ökonomische Bedingungen
- Kosten des Urlaubs
- soziokulturelle Bedingungen
- intrinsische Interessen der einheimischen Bevölkerung und ihrer Kultur
- Qualität des einheimischen Kunstgewerbes und Attraktivität der Gastronomie
- Ressourcenverfügbarkeit
- Standards bei Transport, Infrastruktur und touristischen Diensten

Einige dieser Kriterien werden quantitativ meßbar sein (z.B. mit bestimmten Koeffizienten), andere dagegen nur qualitativ beschreibbar sein (z.B. mit Kosten-Nutzen-Analysen, UVPs).

Der Sättigungspunkt als Ergebnis einer „Balance" zwischen verschiedenen Kriterien wird stark von der Saisonalität abhängen und davon, ob das Gebiet schon entwickelt ist oder nicht. Diese theoretische „Grenze" ist Basis jeglicher strategischer Tourismusplanung. Essentielle Grundlage für diesen Prozeß ist eine Vorstellung über die anzustrebenden Ziele (Qualität statt Quantität, kleine statt große Projekte etc.).

Da es sich um keine objektive ableitbare Realität handelt (und einige der später gezeigten Indikatoren sich nicht mathematisch exakt darstellen lassen), sondern um ein Managementkonzept, fordert Henderson (1992, S. 32) die Verwendung des Begriffes „design capacity". „Ein realistisches Ziel ist es, auf diese Weise nicht zu versuchen, eine Anzahl von Teilnehmern zu kalkulieren, die auf ein bestimmtes Gebiet zugelassen werden, sondern vielmehr die Typen von Aktivitäten zu bestimmen, die kompatibel mit dem Gelände und den anderen dort erlaubten Aktivitäten sein sollten" (Hugo, 1992, S. 238).

In einer Untersuchung in Südafrika wurde die Kompatibilität zwischen 22 Freizeitaktivitäten untersucht. Es zeigte sich, daß die einzelnen Freiland-Freizeitaktivitäten einen spezifischen Bedarf an bestimmten Ressourcen haben. Hugo betont jedoch, daß es unmöglich ist, eine absolut numerische Bewertungsskala aufzuzeigen, mit der die Kompatibiltät bestimmt werden könnte. Die beste Lösung ist die Verwendung von Ordinalskalen mit Bezeichnungen wie „konfliktär", „kompatibel", „ergänzend" etc. Wir wollen uns hier nur auf die Untersuchungen über das Ausmaß der Auswirkungen von Freizeitaktivi-

FACTORS THAT INFLUENCE → ↓ FACTORS THAT ARE INFLUENCED		wildlife conservation	aquatic	plant ecological	hiking trails	swimming	angling	motor boating	rowing/canoeing	sailing	mountain/rock climbing	tent camping	caravaning	picnicking	hunting	horseback riding	cycling	scenic drives	nature study	hang-gliding	PT	PT$_r$
		1	2	3	4	5	6	7	8	9	10	11	12	13	14	15	16	17	18	19		
wildlife conservation	1	-	0	0	1	0	0	2	0	0	1	1	3	3	3	1	1	2	0	1	19	5
aquatic	2	0	-	0	0	2	2	3	1	1	0	0	0	0	2	0	0	0	0	0	11	11
plant ecological	3	0	0	-	1	0	2	1	0	0	1	2	3	3	3	0	1	0	1	0	2	17	8
NATURE CONSERVATION		sub-tot.	2	2	4	6	1	1	2	3	6	6	5	2	1	3	0	3		
hiking trails	4	2	0	1	-	0	0	1	0	0	0	3	3	3	2	3	3	0	0	21	4
swimming	5	0	3	0	0	-	2	3	0	2	0	0	0	0	3	0	0	0	0	0	13	9
angling	6	1	3	0	0	2	-	3	2	2	0	0	0	0	3	0	0	2	0	0	18	6
motor boating	7	0	0	0	0	2	0	-	1	1	0	0	0	0	3	0	0	0	0	0	7	18
rowing/canoeing	8	0	0	0	0	0	0	2	-	2	0	0	0	0	3	0	0	2	0	0	9	13
sailing	9	0	0	0	0	2	0	1	1	-	0	0	0	0	3	0	0	0	0	0	7	18
mountain/rock climbing	10	2	0	0	1	0	0	0	0	0	-	0	2	2	3	1	2	3	0	2	18	6
tent camping	11	3	0	0	1	0	0	2	0	0	0	-	3	3	3	2	2	3	0	2	24	3
caravaning	12	1	0	3	0	0	0	0	0	0	0	-	1	3	0	0	1	0	0	9	13
picnicking	13	2	0	2	0	0	0	0	0	0	0	1	-	3	0	0	0	0	0	8	16
hunting*	14	0	0	0	3	2	3	3	3	3	3	3	3	-	2	3	3	3	3	44	1
horseback riding	15	1	0	0	0	0	0	0	0	0	0	2	2	3	-	1	3	0	0	12	10
cycling	16	2	0	0	0	0	0	0	0	0	0	1	0	3	1	-	3	0	0	10	12
scenic drives	17	0	0	2	0	0	0	1	0	0	0	0	3	1	1	-	0	1	9	13
nature study	18	0	0	0	3	3	2	3	2	2	2	2	3	3	2	2	3	-	2	36	2
hang-gliding	19	2	0	1	0	0	0	0	0	0	0	0	3	0	0	2	0	-	8	16
AT		16	6	9	10	13	11	25	11	13	7	83	23	23	50	13	15	31	3	14		
AT$_r$		6	18	15	14	9	12	3	12	9	17	16	4	4	1	9	7	2	19	8		

AT = active total
AT$_r$ = ranking
PT = passive total
PT$_r$ = ranking

EVALUATION SCALE:
0 = no negative influence
1 = slight negative influence
3 = notable negative influence
4 = strong negative influence
Theoretic maximum: 18 activities x 3 point scale = 54

*NOTE: All types of hunting (small game, big game and waterfowl)

Abb. 34: Reciprocal intensity of clashes between conservation and recreational land use

täten und umgekehrt beschränken (zum nachfolgenden Hugo, 1992, S. 245 ff.; daraus Abbildung 34 und Abbildung 35.)

In Abbildung 34 werden in einer zweidimensionalem Matrix (vgl. zum Papiercomputer auch Hopfenbeck, 1992, S. 74 f.) die 19 Aktivitäten aufgelistet, ihre gegenseitige Beeinflussung wird mit Werten von 0 bis 2 dargestellt. Z.B. wird Wild Life Conservation beeinflußt durch Hiking (x-Achse) im Ausmaß 0, aber der Einfluß, den Wild Life Conservation auf Hiking ausübt, wird mit einem Wert von 2 beziffert. Die Reihensumme (x-Achse) ist ein Indikator für den Effekt, den jede Aktivität durch alle anderen Aktivitäten erhält (PT = passive total); so sind etwa Hunting und Nature Study die zwei am meisten von anderen beeinflußten Aktivitäten.

Die Kolumne AT (= active total) zeigt, in welchem Ausmaß eine Aktivität andere Aktivitäten beeinflußt oder „Aggresssivität zeigt gegenüber der Umwelt und den anderen Aktivitäten"; an der Spitze der Liste findet sich Hunting, gefolgt von Driving, Power Boat, Caravan Camping, die auch andere Aktivitäten beeinflussen, obwohl sie selbst keinen negativen Effekt gegeneinander ausüben.

Abbildung 35 zeigt die Beziehungen auf Prozentbasis (maximale Punktzahl 18x3=54 wird gleichgesetzt mit 100 %). Die passiven Summen (i) und ihr Rangplatz (iii) zeigen die Folge der Aktivitäten gemäß ihrer Empfänglichkeit, selbst beeinflußt zu werden, Kolumne ii und iv vergleichen die Aktivsummen und Rangplätze mit den vorher genannten. Kolumne v zeigt die arithmetische Differenz zwischen iii und iv.

Aktivitäten, die nicht nur selbst großen Einfluß auf andere haben, sondern auch selbst sensitiv sind, sind Hunting und zum Teil Wild Life Conservation. Obwohl leicht weniger sensitiv, sind Swimming and Horse Riding auch Aktivitäten, die sowohl selbst beeinflußt werden können als auch selbst beeinflussen. Hang Gliding und besonders Rowing sind nicht empfindlich noch haben sie einen großen Einfluß auf andere. Die Rangfolge der Aktivitäten zeigt eine inverse Proportionalität, d.h., Aktivitäten tendieren dazu, entweder leicht selbst beeinflußt zu sein mit geringem Einfluß auf andere oder umgekehrt.

Van der Borg und Costa (1992, S. 487 ff.; ähnlich Murphy, 1985, S. 134 ff.) zeigen am Beispiel von Venedig drei Formen der akzeptablen Kapazität:

a) eine physikalische Belastungsgrenze:
 bei Überschreiten dieser Grenze werden die örtliche Umwelt und die örtlichen kulturellen Ressourcen geschädigt;
b) eine ökonomische Belastungsgrenze:
 bei Überschreiten sinkt die Qualität der Urlaubseindrücke dramatisch;
c) eine soziale Belastungsgrenze:
 die Anzahl an Besuchern, die eine Kunststadt aufnehmen kann, ohne daß dadurch die anderen sozialen und ökonomischen Funktionen dieser Stadt beeinträchtigt werden

Das Österreichische Institut für Raumplanung sieht das Fassungsvermögen einer Region im wesentlichen durch fünf Komponenten bestimmt (Österreichischer Gemeindebund, 1989, S. 18 f.):

	(I) PT%	(II) AT%	(III) PT$_r$	(IV) AT$_r$	(V) PT$_r$ AT$_r$
hunting	82	93	1	1	0
nature observation	67	5	2	19	17
tent camping	44	15	3	16	13
hiking	39	19	4	14	10
wildlife conservation	35	31	5	6	1
rock/mountain climbing	33	13	6	17	11
angling	33	20	6	12	6
plant ecology	32	17	8	15	7
swimming	24	24	9	9	0
horseback riding	22	24	10	9	1
aquatic conservation	20	11	11	18	7
cycling	19	28	12	7	5
rowing	17	20	13	12	1
scenic drives	17	57	13	2	11
caravan	17	42	13	4	9
picnic	15	42	16	4	12
hang-gliding	15	26	16	8	8
sailing	13	25	18	9	9
motor boating	13	45	18	3	16

Abb. 35: Sensitivity and aggressiveness of activities (percentage and ranking analysis)

a) die physische (landschaftsstrukurelle) Kapazität
b) die Nutzungskapazität (Aufnahmefähigkeit)
c) die ökologische (natur- und landschaftserhaltende) Kapazität
d) die sozialpsychologische Kapazität (Kapazität des menschlichen Zusammenlebens)
e) die Umgebungs- oder Effektkapazität (infrastrukturelle und Versorgungskapazität)

Die maximal zugelassene Besucherzahl muß kompatibel sein mit der restriktivsten der drei Belastungsgrenzen – dann sind automatisch auch die zwei weniger restriktiven erfüllt. Soweit die Theorie. Die Praxis schaut so aus: Die für Venedig errechnete Grenze von 25 000 Besuchern pro Tag wurde 1987 bereits an 184 Tagen überschritten (mit Spitzenwerten von über 200 000!), im Jahr 2000 wird es an zwei Drittel aller Tage der Fall sein (vgl. ebd.). Ähnlich frustrierende Erfahrungen werden von den Galapagosinseln gemeldet.

Das Gesamtfassungsvermögen eines Gebietes (die WTO spricht von „absorptive capacity") wird nach oben durch seine schwächste bzw. sensibelste Stelle, den sog. Engpaßfaktor begrenzt. Solche Engpaßfaktoren können verschiedener Art sein (nach Österreichischer Gemeindebund, 1989, S. 22):

- die Stundenleistung einer Zubringerseilbahn eines Skigebietes begrenzt die Gesamtkapazität;
- ein beherrschender Landschaftsteil (z.B. „Sehenswürdigkeit") ist Hauptanziehungsfaktor eines Ortes. Ohne ihn könnten nicht einmal 10 % der bestehenden Hotel- und Gaststättenkapazitäten ausgelastet werden. Er ist die Hauptbeschränkungskomponente;
- die Kapazität einer bestehenden Kläranlage.

Wanhill zeigt in Abbildung 36 (aus Wanhill, 1992, S. 626), daß eine Immobilienspekulation mit der Erwartung schneller Amortisation häufig im Übernachtungssektor die Kapazitäten übertrifft, die notwendig wären für eine ausgeglichene Tourimusentwicklung. Das „Vorauseilen" des Unterkunftsangebots zur Nachfrage bewirkt eine Überlastung des Wasserverbrauchs, eine Arbeitskräfteverknappung, Überfüllung der Strände und eine Anspannung der Toleranz der einheimischen Bevölkerung (ausgedrückt in der contact ratio).

Ein vom Forschungsinstitut für Freizeit und Tourismus der Universität Bern ausgearbeitetes „Belastbarkeitsprofil" verwendet 7 Schlüsselgrößen (vgl. dazu Abbildung 37 aus Taurer, 1992, S. 606). Abbildung 38 (aus ebd., S. 607) zeigt das „Warn- und Chancenprofil" von Grindelwald.

In einer Fallstudie über Oxford (siehe Thomas, 1992, S. 494 ff.) sieht man die Auswirkungen aus drei Perspektiven:

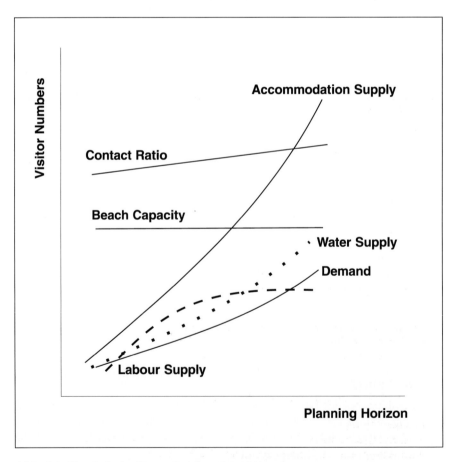

Abb. 36: Touristische Kapazitätsbeschränkungen

	grün (Chance/problemlos)	gelb (Vorsicht)	rot (Warnung: sofort steuern!)
1 LANDSCHAFT			
Maß für die Landschaftsschonung			
2 LANDWIRTSCHAFT			
Entwicklung der Landbearbeitung	10 8 6 4 2	0 -1	-2 -4 -6 -8 -10 -12
3 BEHERBERGUNG/TRANSPORT			
Übereinstimmung Bahnen - Betten	310 320 330 300 290	340 280	370 500 600 700 80 250 215 190 165 140
4 BEHERBERGUNG			
Verhältnis Parahotellerie-Hotellerie	1.0 1.5 2.0	2.5	3.0 5.0 7.0 9.
5 AUSLASTUNG			
Winterauslastung der Bahnen	50 45 40	35	30 25 20 1
6 SELBSTBESTIMMUNG			
Ferienwohnungen im Besitz Ortsansässiger	80 70 60	55 50	45 40 30 2
7 KULTURELLE IDENTITÄT			
Grad der Bereistheit	1.5 2.0 2.5	2.7 3.2	4.0 5.0 6.

Abb. 37: Belastbarkeitsprofil

1. Die Einheimischen erkennen die Vorteile des Tourismus für ihre Stadt in der Reihenfolge:
   - mehr Geld und Handel
   - mehr Beschäftigung
   - eine kosmopolitische Atmosphäre
   - mehr und bessere Einrichtungen
   - bessere Erhaltung der Stadt

2. Die negativen Aspekte hatten folgende Rangfolge:
   - Überfüllung, Staus
   - längere Warteschlangen
   - Lärm
   - Müll/Abfall
   - Überfüllung der öffentlichen Verkehrsmittel
   - Kriminalität
   - höhere Preise
   - Abgase/Luftbelastung
   - schlechter Service, Vorzugsbehandlung der Besucher
   - Reisebusse

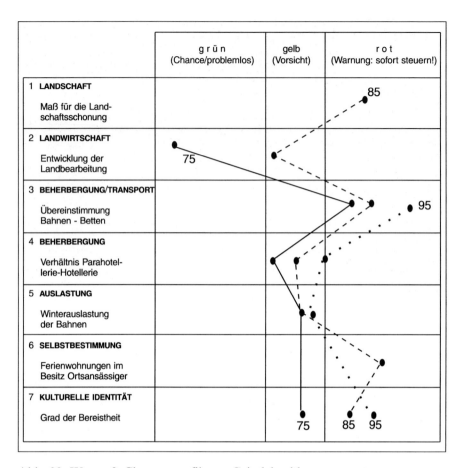

Abb. 38: Warn- & Chancenprofil von Grindelwald

3. Die Besucher genießen die Architektur, das Ambiente, den Hauch von Geschichte, den kleinen Stadtkern. Die genannten Negativpunkte umfaßten:
- verkehrsbezogene Probleme
- Staus, Mengen
- die physikalische Umwelt einschließlich Schmutz
- die Einrichtungen/öffentliche Einrichtungen
- das hohe Preisniveau

Im Rahmen eines Visitor Managements wurden zahlreiche Maßnahmen in die Wege geleitet: Verteilung der Besucher durch Information, Verlagerung der zentralen Informationsstelle, Schließung einiger Straßen, Wegemarkierung etc.

Zur Bestimmung der Nutzungsintensität der touristischen Landschaft und der Messung der Entwicklungstrends verwendet das Österreichische Institut für Raumplanung (mehrschichtig) 15 Indikatoren (vgl. dazu Österreichischer Gemeindebund, 1989):

Leitindikatoren IST-Stand
1. Maximale flächenbezogene Nächtigungsdichte
2. Freiraumbezogene Bettendichte
3. Betten- und Nächtigungsdichte (kombinierter „Generalindikator")
4. Flächenbezogene Seilbahndichte
5. Gebäudedichte

Leitindikatoren ENTWICKLUNG
6. Veränderung der maximalen Bevölkerungsdichte
7. Bauentwicklung
8. Veränderung der Seilbahntransportkapazität
Ergänzungsindikatoren IST-Stand
9. Bevölkerungsmaximum
10. Maximale Bevölkerungsdichte ohne Tagesbesucher
11. Maximale Bevölkerungsdichte einschließlich Tagesbesucher
12. Bettendichte im bebauten Gebiet
13. Bevölkerungsbezogene Bettendichte

Ergänzungsindikatoren ENTWICKLUNG
14. Veränderungen der maximalen flächenbezogenen Nächtigungsdichte
15. Veränderungen der bevölkerungsbezogenen Bettendichte

Zugangsmanagement („One at a time, please")

Im Teil 2 haben wir die Wirkungen des Tourismus beschrieben. Da touristische Aktivitäten zunehmend mit Belastungen für die natürliche Umwelt verbunden sind, werden in den Urlaubsländern verschiedenste Instrumentarien zur Reduktion dieser Belastungen vorgeschlagen und implementiert. Im Kern geht es primär darum, die negativen Auswirkungen des Massentourismus in den Griff zu bekommen und durch den Einsatz bestimmter Mittel die touristische Nachfrage zu drosseln. Man geht im Grunde davon aus, daß der Satz „Je mehr Angebot (z.B. Autobahnen), um so mehr Nachfrage (also Autos)" auch im umgekehrten Sinne Gültigkeit hat, daß also etwa eine Reduzierung der Parkplätze, die Erhebung von Gebühren usw. auch weniger Druck auf die natürliche Umwelt bedeuten würde.

Da die Natur als eine freie Ressource betrachtet wird mit dem Anspruch eines jeden, sie frei zu genießen, setzen sich alle Strategien zur Steuerung und Kontrolle des „Zugangs" zwangsläufig Vorwürfen (wie „elitär", „unfair", vor allem, wenn der Zugang über den „Preis" geregelt wird etc.) aus. Im angloamerikanischen Raum hat sich für alle breit gestreuten und professionell geplanten Maßnahmen zur Regelung der Balance zwischen Tourismus und Umwelt der Begriff „Visitor Management" eingebürgert. Als Kernprobleme zeigen sich:

- die Menge,
- der Verkehr (der Tourist muß ja zum „Produkt/Ort" reisen!),

- die zeitliche Konzentration und
- die örtliche Konzentration.

Da man aber der Natur auch eine maximale Belastbarkeit („carrying capacity") unterstellen muß, sind an mehreren Tourismuszentren dieser Welt inzwischen z.T. sehr unpopuläre Lösungen zur mengenmäßigen Nutzungsbeschränkung gefunden worden. Da der Tourist selbst (durch seine Masse und seine Tätigkeiten) ja die Quelle der Belastung ist, richten sich diese Ansätze logischerweise „schmerzhaft" gegen ihn. Beispiele verdeutlichen die Bandbreite der möglichen Lösungen:

- bessere Information der Touristen (z.B. die umfassende Information der Skifahrer mit Umwelttips auf Prospekten, Tageskarten und Talstation-Tafeln in Oberstdorf),
- besseres Management vor Ort (Verkehr etc.),
- Reduzierung der Parkplätze, Park-and-ride-Systeme, Routenführungen,
- Verbesserung der Fußwege,
- Vorausbuchungssysteme für Spitzentage.
  So ging im ersten spanischen **„Marine National Park"** nach Einführung einer Ankergebühr im Hafen von Cabrera (südlich von Mallorca) die Anzahl der Boote, die festmachten, von 300 auf 50 zurück,
- Vorausinformation (z.B. auf der Autobahn 100 km vorher, Bildschirmtext, Radio, Telefonnummern, Hinweisschilder). Opaschowski spricht in diesem Zusammenhang von „Touristischen Leitsystemen".
  So informieren z.B. Anzeigen rechtzeitig die Überfüllung des Parkplatzes vor **Yellowstone,**
- Besucherrationierung (z.B. Genehmigungen, Vorbuchung, Verbote),
- Besucherkontrolle/-überwachung/-aufklärung etc. durch Wächter, Ranger, Führer u.ä.,
- Eintrittsgelder, Nutzungsentgelte („Natur gegen Eintrittsgeld", „Zwei-Klassen-Tourimus" u.ä.),
- gestaffeltes Preissystem (Tages-, Wochen-, Saisonpreise),
- temporäre Sperrung („Wegen Überfüllung zeitweise geschlossen") oder als letzter Ausweg Ausschluß der Besucher (z.B. innerhalb des Steinkreises in Stonehenge, U.K.),
- eine bewußt „mangelhafte" Beschilderung bei sensiblen Plätzen, um Tagesausflügler fernzuhalten,
- vernünftige Beschränkung der Angebotskapazitäten (Raumplanung etc.),
- Streuung (z.B. weg von einseitig auf Badeurlaub an der Küste ausgerichteten Infrastrukturen zu alternativen Vorschlägen im Landesinneren (wie es jetzt die Türkei oder Spanien propagieren),
- Zonenbildung,
- Isolationstourismus (wie es auf den Malediven praktiziert wird, wo 200 Inseln von Einheimischen bewohnt sind und 60 ausschließlich Touristen zur Verfügung stehen).

Diese ungeordnete Aufstellung sollte nur die Verschiedenartigkeit der Möglichkeiten aufzeigen. In der Regel wird – je nach Einzelfall – ein erfolgreiches Besuchermanagement sich aus mehreren, kombinatorisch eingesetzten Werkzeugen (einem „Mix") zusammensetzen. Das Instrumentarium wollen wir klassifizieren nach:

1. Maßnahmen auf der Angebotsseite

   - Vergrößerung/Verringerung der Kapazität
   - Erhöhung des Nutzungsgrades
   - Schutz sensibler Wege, Dünen etc. durch Abdeckung, Verstärkung von Fußwegen etc.
   - Einsatz von Repliken zum Schutz der Originale (z.B. Grabplatten in der Salisbury Cathedral; Höhlen in Lascaux, Frankreich)
   - Personalausbildung
   - spezielle Einkaufsgelegenheiten, spezielle (Vollwert-) Essensangebote
   - Kontrolle/Beeinflussung von Entwicklungsprojekten
   - Beeinflussung der Größe/des Designs von Entwicklungsprojekten

2. Maßnahmen auf der Nachfragerseite

   - Anpassung an die Kapazität z.B. durch Zugangsbeschränkungen, Zeit-Tickets, Streuung, Zutrittsgelder, Vorausbuchungen, geführte Touren

3. Beeinflussung des Besucherverhaltens

   - z.B. durch „De-Marketing"
   - Förderung der Nachsaison und der Streuung
   - Fokussierung auf bestimmte Besuchertypen
   - Touristen-Informationszentren
   - Beschilderung
   - Information, Aufklärung, Erziehung

4. Maßnahmen der Kompensation

   - z.B. Belassen des Niveaus bei Kompensationen für die Einheimischen (So hat etwa die National Park Authority den Eigentümer des Parkplatzes in Dovedale (Peak-District) bei einer Reduktion von 900 auf 500 Plätze für die Umsatzeinbußen entschädigt.)

Ein effektives Besuchermanagement (vgl. im einzelnen English Tourist Board 1991, a, b) erfordert – ähnlich dem bereits beschriebenen Strategieablauf – ein Vorgehen in mehreren Schritten:

Erster Schritt: Zielformulierung

- Im ersten Schritt über die zukünftige Entwicklung Klarheit verschaffen. Das angestrebte Ziel sollte sich an den gezeigten Prinzipien eines Sustainable Tourism orientieren. Die Ziele können je nach Charakter des Ortes/des Problems sehr variieren.
- Diese Ziele sind in eine Umweltpolitik zu integrieren. Dies erfordert:
  - ein schriftlich formuliertes Leitbild, das die Unternehmensphilosophie dokumentiert

- die Formulierung der „Policies"
- die Durchführung eines Audits

Lakewoods Ltd., eine Gesellschaft zur Entwicklung von Urlaubsdörfern, hat u.a. folgende Punkte in ihrem Leitbild aufgeführt:
„Conservation of natural resources and minimization of environmental pollution"
„The conservation, enhancement and interpretation of the landscape, wildlife and historical resources of the countryside"

Botley Park Hotel and Country Club formulierte folgende Ziele:
- Use natural raw materials in an efficient and responsible manner and actively seek ways to conserve our resources.
- Ensure that it minimizes its waste, reducing its burden upon the environment by recycling, reuse, pollution control and responsible disposal.
- Include consideration in its purchasing decisions, using those products, services and processes least damaging to the environment.
- Endeavour to increase awareness of environmental issues within its own organization and also in a wider local, national and international context.
- Work within the tourism industry to create a greater awareness of the environment (English Tourist Board, o.J., a., S. 10/11).

Zweiter Schritt: Maßnahmenkonzept

In einem zweiten Schritt sind konkrete Maßnahmenkonzepte für die verfolgte Strategie zu entwickeln. Das Konzept bezieht sich auf das Management von

- Ressourcen
  (unter Berücksichtigung der spezifischen Besonderheiten/Qualitäten von Landschaft, Wasser, Energie, Transport, Abfall und unter Berücksichtigung der Touristenaktivitäten) und
- Besuchern
  (gemäß der Belastungskapazität)
  durch verschiedene der beschriebenen Techniken (Zonenbildung, Information etc.)
  Die Effektivität der getroffenen Maßnahmen ist mit dem in Schritt eins formulierten Ziel zu vergleichen (Soll-Ist-Vergleich).

Dritter Schritt: Marketingkonzept

Die Ziele und Maßnahmen sind im dritten Schritt zu kommunizieren, um einen Wettbewerbsvorsprung zu erringen. Dieser Ansatz darf, wie gezeigt, nicht nur ein grünes Label sein, sondern muß Ausdruck einer umfassenden Umweltpolitik sein.

Das Marketing hat die Aufgabe, Zielgebiete oder sonstige Tourismusleistungen kommunikativ dem potentiellen Kunden bekanntzumachen bzw. ein bestimmtes Image zu kreieren. Ein effektives Marketing setzt natürlich ein klare Kenntnis der anzusprechenden Zielgruppen voraus und sollte sich in Übereinstimmung mit der integrierten Ziel- und Strategieplanung befinden.

Dabei ist es Aufgabe des Marketing, Reisende zu gewinnen, von überlasteten Gebieten in weniger bekannte Gebiete zu locken oder zu helfen, die Saison zu verlängern. Es können jedoch besonders bei Überschreiten der Belastungsgrenzen auch Formen des De-Marketing angezeigt sein, die Reisende abhalten sollen. Extreme De-Marketing-Beispiele finden sich in Großbritannien:

- So haben die nationalen und regionalen Touristenverbände Übereinstimmung erzielt, Gegenden wie die Quantocks (West Country), Hill Top (Cumbria), Dedham Valley, Stour Valley oder Dovedal (Derbyshire) nicht mehr zu promoten.
- Der National Trust erwähnt z.B. in seinem Handbuch nicht den Ort **Lacock**, der von 500 000 Besuchern pro Jahr heimgesucht wird – bei 200 Einheimischen!
- Der **Lyke Wake** Wanderweg ist von den amtlichen topographischen Karten „verschwunden".
- Auf den Überlandstraßen wird bewußt keine oder nur eine unzureichende Beschilderung durchgeführt (z.B. Flatford Mill oder Bridge Cottage).

Wir haben an früherer Stell bereits die Notwendigkeit eines ganzheitlichen Ansatzes betont. Auch die Task Force „Tourism and the Environment" unterstreicht die Bedeutung des vernetzten Denkens: „If any visitor management programme is to be effective in the broadest sense, account must also be taken of the wider impact of any schemes introduced. In other words a total systems approach must be adopted. It is important to recognize the interactive nature of visitor destinations, the impact of one on another, and the effects of changing visitor patterns at one destination on surrounding attractions, shops, transport facilities etc." (English Tourist Board, 1991 b, S. 25).

Die Gemeinde **Stratford upon Avon** hat bereits 1989 durch ihren Stadtrat einen „Visitor Management Plan" initiiert, der sich in einem 3-Stufen-Programm mit dem Verkehrsmanagement, dem Tourismusmarketing und der Besucherinformation beschäftigte.

Reit im Winkl
Nachdem bereits Balderschwang im Allgäu im Vorjahr eine Gebühr eingeführt hatte, ist mit dem Jahr 1993 nun Reit im Winkl die zweite bayerische Gemeinde, die den Ansturm der Gäste quasi über „gebührenpflichtige Langlaufspuren" in den Griff kriegen will. Die Tageskarte zum Preis von 5 DM dient als „Beitrag zur Loipenpräparierung", für Einheimische und Kurgäste gilt ein Nulltarif. Die Akzeptanz ist bisher überraschend gut, das Experiment ist zunächst auf die erste Saison beschränkt.

Die English Tourist Board (vgl. 1991 b, S. 36 ff.) ist der Ansicht, daß die Effektivität der für ein Besuchermanagement eingesetzten Instrumente stark abhängig ist von dem Kontext, in dem sie implementiert werden. Um erfolgreich zu sein, wurden drei Schlüsselfelder identifiziert:

1. Eine bessere Managementinformation. Sie beinhaltet vier Aspekte:

- Kenntnisse über den Besucher
- Kenntnisse über den Ort
- Kenntnis erfolgreicher Praktiken
- regelmäßige Überprüfung/Überwachung

2. Eine bessere Koordination der Ziele der verschiedenen Beteiligten:

- Koordination der Politiken (von gesetzlich vorgeschriebenen Planungsverfahren bis zu informellen Strategien)
- ein Partnerschaftsansatz zur besseren Harmonisierung der oft konfliktären Interessen (z.B. in Carlisle zwischen örtlichen Behörden, dem regionalen Fremdenverkehrsverband, der Handelskammer und der Hotelvereinigung)

„An example of this approach are the Tourism Development Action Programmes (TDAPs) developed by ETB. These are three year initiatives, involving partnerships between the Regional Tourist Board, local authorities, other relevant agencies and the private sector. They have been set up in a variety of locations within England and have been effective at taking forward tourism development and marketing initiatives at a local level within the context of an agreed strategy for an area. This model could easily be applied to tourism management in a town, resort or the countryside. Rural Development Programmes developed by the Rural Development Commission, in which tourism interests are sometimes involved are a similar mechanism concerned with economic and social development in depressed rural areas." (English Tourist Board, b, S. 40)

3. Eine ausreichende Mittelbereitstellung:

- Besucher sollten auch einen finanziellen Beitrag leisten gemäß des Verursacherprinzips (z.B. Park-/Eintritts-/Mautgebühren etc., Bettensteuer/Kurtaxe etc., freiwillige Spenden)
- Öffentliche Mittel
- Private Mittel (Sponsoring, Spenden, Partnerschaften)

Begrenzungsstrategien

Verschiedene Entwicklungskonzepte haben Begrenzungsstrategien zum Inhalt. Spiegler (1992, S. 420 f.) gibt folgende österreichische Beispiele:

- „Gütesiegel Kleines Walsertal" (siehe Fallstudie)
- Begrenzung von Pistenbenützerzahl durch Tageskartenkontingentierung (z.B. Lech)

- Begrenzung der Siedlungstätigkeit durch Begrenzung von Baulandausweisungen bzw. Baulandrückgewinnungen (von Klosterneuburg bis in den Bregenzerwald)
- Sperren von Berg- und Aufschließungsstraßen für private, touristische Nutzung durch PKWs (z.B. Lungauer Tälerbus)
- Ausweisung von „Ruhegebieten" (z.B. Tirol) mit Erschließungsstop, Verbot schließt auch Lärmverursachung mit ein (Modell des Österr. Alpenvereins)
- Freiwilliger Verzicht und fallweises behördliches Verbot weiterer Erschließungen, z.B. für Skigebiete
- Begrenzung der Transportkapazitäten von mechanischen Aufstiegshilfen wie Lifte oder Seilbahnen (aber Gefahr des Unterlaufens, wenn alte Systeme durch „bessere" ersetzt werden, die meistens wesentlich höhere Transportkapazität haben)

Belchen
Eine erfolgreiche Eindämmung der Besucherströme wurde im Schwarzwald in einem zunächst auf drei Jahre angelegten Modellversuch durchgeführt. Bis zu tausend Autos sind am Belchengipfel an schönen Sonntagen gezählt worden bei einer Kapazität des Parkplatzes von 300. In einem Projekt zur Verkehrsberuhigung wird vom 1. 7. bis 15. 11. der letzte Abschnitt der Belchenstraße sonntags für Autos gesperrt. Dann verkehrt ein Pendelbus zu günstigen Tarifen. An den übrigen Tagen können jeweils nur 150 Autos zum Gipfel fahren, eine automatische Schranke regelt die Zufahrt. Der Parkplatz am Belchenhaus wurde um die Hälfte verkleinert, der stillgelegte Teil renaturiert. „Die Stille ist zurückgekehrt auf dem früheren Tummelplatz motorisierter Massen und mit ihr die Vogelwelt" (Rheinischer Merkur, 13. 12. 1991, S. 30).
Das Besucherlenkungskonzept enthält das Verkehrsberuhigungskonzept als Schwerpunkt; daneben:

- Aufbau eines neuen Wegenetzes
- Besucherinformation
- Verbot sportlicher Aktivitäten
- Durchführen von Kontrollen

Feldberg (Schwarzwald)
Im ältesten und größten Naturschutzgebiet Baden-Württembergs kommt ein ganzes Bündel von Maßnahmen zum Einsatz (vgl. Bleile, 1991, S. 20 ff.):

- Sperren einiger Wanderwege
- Neubeschilderung der Wanderkarten (16 Rundwandervorschläge)
- Überarbeiten der Wanderkarten (gemäß dem reduzierten Wegekonzept)
- Verstärkte Öffentlichkeitsarbeit
- Durchführen von Kontrollen (durch einen Ranger)

Kleinwalsertal
Auch eines der beliebtesten österreichischen Ferienziele, das nur von Deutschland aus erreichbare Kleinwalsertal (5000 Einwohner, 250 000 jährliche Übernachtungen, 500 000 Tagesgäste, 12 000 Betten, 40 Liftanlagen), will Schranken setzen. Zur Regulierung des Touristenstroms soll die Zahl der Tagesausflügler auf 2000 beschränkt wer-

den. Autofahrer sollen am Taleingang auf Pendelbusse umsteigen. Unklar ist noch die Regelung der Sperrung der Bundesstraße.

Uhldingen-Mühlhofen
Die Bodenseegemeinde (Gewinner des Internationalen DRV-Umweltpreises 1991) verfolgt ein konsequentes Konzept:

- Durchgehende Verkehrsberuhigung (Verlegung/Rückführung von Autostraßen)
- Hotel und Gastronomie werden nach grünen Sternen klassifiziert
- Landwirte forcieren den biologischen Anbau
- Der See ist jedermann zugänglich, Grundstückskäufe sichern den freien Blick von der gesamten Ortsmitte auf den See (15 % Seeufer sind bebaut, 45 % für Freizeitnutzung, 40 % Naturschutzgebiet).

Verkehrsmanagement

Eine der größten Umweltbelastungsfaktoren stellt die rapide Zunahme der Benutzung des Autos dar: 50 % aller Autofahrten werden in der Freizeit ausgeübt. Auch wenn laut Reiseanalyse 1992 fast über ein Viertel der Urlauber inzwischen eine Flugreise unternimmt, werden immer noch 54,7 % aller Urlaubsreisen mit dem Auto durchgeführt. So kommen etwa 75 % der Österreichurlauber mit dem eigenen Pkw, die aus Deutschland sogar zu 82 %. In Großbritannien kommen 80 % der Land-Tagesausflügler mit dem Auto und weitere 5 % mit dem Bus.

Hohes Verkehrsaufkommen ist mit wohlbekannten Umweltbelastungen verbunden wie Lärm, Emissionen, Landschaftsokkupation, Unfälle, Streß u.a. In den letzten Jahren sind zahlreiche Ansätze zur regionalen oder lokalen Verbesserung der Verkehrssituation gemacht worden. Echte Lösungen erfordern in der Regel „Verbundsysteme".

Die wichtigsten Techniken solcher Verkehrs-Managementkonzepte können nur stichwortartig skizziert werden:

1. Entzerrung des Verkehrsaufkommens (Ab-/Anreise) durch Saisonverlängerung, Kooperation mit den Bahnen, Preisreduktionen

2. Erschwerung des Tagestourismus

3. Örtliche Verkehrsberuhigung
    - Erweiterung der Fußgängerbereiche
    - Einsatz umweltverträglicher Verkehrsmittel (Minibusse, Elektro-/Solarauto, Pferdefuhrwerke, Sammeltaxis etc.)
    - Ausbau der öffentlichen Verkehrsmittel bei gleichzeitiger Erschwerung

der Benutzung des individuellen Fahrzeugs, Impulse zum Umsteigen (z.B. Incentives)
- Ausbau von Fahrrad- und Wanderwegen
- Anreize zur Anreise mit öffentlichen Verkehrsmitteln (dies erfordert das Anbieten neuer Service- und Logistikfunktionen wie erleichterte Gepäckaufgabe und -transportmöglichkeiten), Auswahl an Leihartikeln (wie Ski, „Swiss Rent a Ski" bei 60 Geschäften, „rent a ski in austria" bei 21 Geschäften; Surfbretter, Tennisschläger)
- Verkehrsvermeidung durch raumplanerische Elemente (z.B. Berücksichtigung von Weglängen bei Bauvorhaben)
- Beschränkung der Parkplatzkapazitäten, Verlagerung des ruhenden Verkehrs an den Ortsrand, Park-and-ride-Systeme

4. Bewußtseinsbildung/Information/Erziehung des Urlaubers und der einheimischen Bevölkerung

5. Sperrung bestimmter Straßen

Mittelberg (Kleinwalsertal)
Die Verkehrsproblematik stand im Mittelpunkt eines 1989 begonnenen Planungsprojektes eines Arbeitskreises. In enger Einbeziehung der einheimischen Bevölkerung wurde ein Konzept erarbeitet.
Schwerpunkte waren:

- Zuverlässiges Nahverkehrssystem
- Parkflächen, Parkhäuser und Auffangparkplätze am Taleingang (siehe S. 286)
- Seilgetriebene Anlagen statt neuer Straßen
- Erschwerung der bequemen Benutzung des Individualverkehrsmittels
- Bewußtseinsbildung und Öffentlichkeitsarbeit

Mauterndorf (Lungau)
Der Kernpunkt des Dorferneuerungskonzeptes ist eine Neuordnung des Verkehrs, die mit folgenden Schwerpunkten erreicht werden soll:

- Schaffung einer Fußgängerzone mit Durchfahrtssperre durch das Zentrum
- Alternativparkplätze für Dauerparker
- Eigene Busabstellplätze
- Ausbau der Liftzubringerdienste
- Einsatz eines Elektrobusses
- Rückbau von Verkehrsflächen
- Sammelbussystem für Wanderer im Sommer (mit Möglichkeit unterschiedlicher Start- und Zielpunkte)
- Radwegverbindungen zu den außerhalb des Zentrums gelegenen Ortsteilen.

Ein Teil dieser Maßnahmen wird vom Land Salzburg als Pilotprojekt zum Landesverkehrskonzept finanziell gefördert.

Weitere Beispiele finden sich in Teil 11.

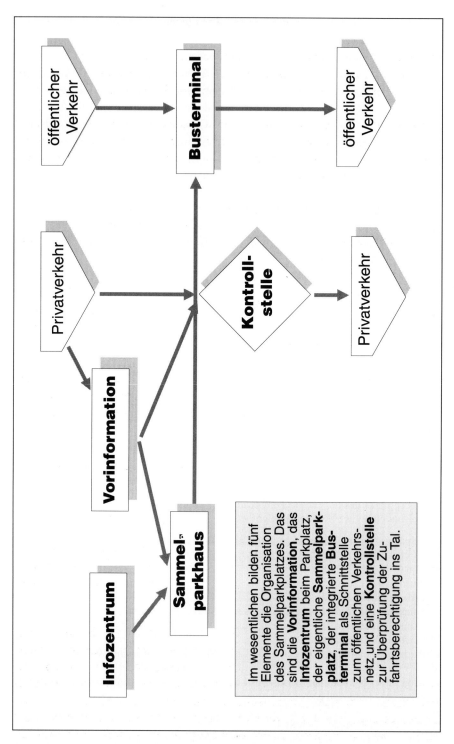

Kleinwalsertal – Organisation des Sammelparkplatzes

Einbezug der Betroffenen

Bei aller Instrumentalisierung des Tourismusmanagements darf jedoch ein wichtiger Punkt nicht übersehen werden, nämlich „daß Fremdenverkehr nicht nur eine Wirtschaftstätigkeit ist, die ausschließlich mit Reisebüros, Verkehr, Hotels etc. zu tun hat, sondern vielmehr auch eine menschliche und kulturelle Aktivität darstellt, die etwas mit der Lebensqualität und dem Lebensstandard der Bevölkerung im allgemeinen, aber insbesondere mit den Menschen zusammenhängt, die in den von Touristen besuchten Orten und in ihrer Umgebung ansässig sind" (Braun-Moser, 1990, S. 8 f.).

Tourismusprojekte generell, insbesondere aber die Planung und Implementierung der Maßnahmen eines Visitor Managements, sind ohne den Einbezug der davon Betroffenen in Planungs- und Entscheidungsprozesse nicht denkbar. Akzeptanz setzt die Einbeziehung Betroffener voraus.

„Durch diese Arbeit ‚vor Ort' werden Entscheidungen demokratisiert, vernetztes Denken und die Kooperation auf allen Ebenen gefördert, die Stimmigkeit des Angebotes sichergestellt und damit die Voraussetzungen für eine harmonische touristische Entwicklung geschaffen" (Roth, 1992, S. 55).

Die zunehmenden Konflikte zwischen Touristen und den Bereisten in den Zielgebieten (die ja auch eine inhomogene Gruppe sind mit unterschiedlichen Interessen, wie z.B. beteiligte/unbeteiligte Bürger, Geschäftsleute, Politiker) sind primär auf folgende Ursachen zurückzuführen:

- Touristische Interessen kollidieren mit ihren eigenen Nutzungsansprüchen an Ressourcen.
- Entscheidende und Betroffene sind oft nicht identisch.
- Nutzen und Kosten treffen unterschiedliche Personenkreise.

Der Arbeitskreis Freizeit und Tourismus an der Universität Innsbruck hat beispielsweise das Leitbild und Zukunftskonzept für die Gemeinde Pettneu (Arlberg) unter aktiver Einbeziehung der Bevölkerung im Rahmen einer Prozeßberatung entwickelt.

Wie wir bereits in Teil 3 und 4 aufgezeigt haben, ist die Auseinandersetzung über den Schutz der Natur auch eine Beurteilung der (im Tourismus i.d.R. schlecht definierten) „Verfügungsrechte". „Local residents have attempted to protect their ‚community's property' by discouraging visitors from other areas and countries through, for example, parking restrictions and differential admission charges. Inevitably, tourism creates debates and controversy about ‚rights'. The political process may solve the problem but today very little has been written on this important area" (Deegan, 1992, S. 13).

Veränderung der Arbeitszeitordnung

„Tradierte Normen, liebgewordene Gewohnheiten und falsche Sozialpolitik zwingen die Menschen in dieses kollektive Freizeitverhalten. Die Zeitordnung der Arbeitswelt als bestimmender Faktor der Freizeit steht zur Disposition" (Peter, 1992, S. 11).

Eine neue Zeitordnung würde erfordern:

- eine Flexibilität in der betrieblichen Arbeitszeitregelung,
- eine (wenn möglich international abgestimmte) Entzerrung der Schulferien,
- eine Überprüfung der Notwendigkeit zu Werksferien.

Flexibilisierung der Reisezeiten

Ein Großteil der Umweltbelastungen (insbesondere der Verkehrsauswirkungen) wird durch die Massierung der Nachfrage auf eine relativ kurze Zeitspanne bewirkt. Mögliche „Entzerrungsstrategien" könnten auf verschiedenen Ebenen ansetzen:

- Bei der Gestaltung der Schulferien bzw. der Betriebsurlaubszeiten:
  Die Ausrichtung der Kapazitäten auf eine Spitzenzeit von einigen Wochen führt zu Überkapazitäten in der Nebensaison. Die Konzentration ruft extreme Belastungen im Verkehrsbereich, in der Wasserversorgung oder der Müllentsorgung hervor.
  Fast schon Legendencharakter hat der gemeinsame Aufbruch der Franzosen in ihren Augusturlaub. Da eine nationale Staffelung der Schulferienzeiten allein nicht ausreicht, wäre auch eine europäische Abstimmung notwendig. Aber hier taucht natürlich das Problem auf, ob eine Konzentration (mit nachfolgenden „Erholungspausen" für Mensch und Natur) insgesamt nicht einer Verteilung vorzuziehen ist.
- Auf Seiten der Veranstalter durch eine Flexibilisierung der Reisezeit:

Etwa durch Angebote von 10/11 und 18 Tagen und Aufenthalten neben den üblichen 7/14 oder 21 Tagen. Kirstges (vgl. 1992, S. 107) zeigt am Modell einer flexiblen Charterkette, wie bei Destinationen mit hohem Reisendenaufkommen eine entsprechende Angebotsgestaltung durchaus möglich ist.

Notwendigkeit einer Freizeitpolitik

Um zunehmenden Freizeit- und Tourismusinfarkten entgegenzuwirken, ist es für Peter (1992) endlich Zeit zu begreifen, daß Freizeitpolitik als Querschnittsaufgabe eine neue gesellschaftspolitische Aufgabe darstellt.

„Nicht die Übernormierung der Freizeitwelt darf das Ziel der Bemühungen sein, sondern die schrittweise Entflechtung der Arbeitswelt als Schlüssel zum freizeitindividuellen Verhalten muß angestrebt werden. Nur dort, wo die Lebensqualität der Reisenden und/oder der Bereisten bedroht ist, muß die Politik behutsame Rahmenbedingungen setzen, um Mißbrauch und Verhaltensegoismus auf Kosten anderer zu verhindern.

Die totale, ungeregelte Freiheit in der Freizeit ist durch das Gesetz der großen Zahl der Freizeitmenschen unmöglich geworden. Freizeitpolitik soll helfen, in alle Bereiche unseres gesellschaftlichen Lebens mehr Inhalt, mehr Sinn und damit Erfüllung in den Freizeitkonsum zu bringen.

Die Verbesserung der Wohnsituation, neue örtliche Dienstleistungsqualität besonders an Wochenenden, Feiertagen und Abenden sowie eine verbesserte örtliche Freizeitinfrastruktur gehören genauso dazu wie die Schule des Reisens. Trotz aller verständlichen Widerstände gegen jeden Eingriff der Politik in die dem Bürger am nächsten stehende Freizeit kann die Politik an dieser neuen Aufgabe nicht vorbeigehen" (ebd., S. 17).

Dies erfordert:

- dem Tourismus einen entsprechenden Stellenwert zu geben (Parlamentsausschüsse etc.)
- Ausstellungen fördern
- Schaffung urbaner Freizeitqualität mit verbesserten Naherholungsmöglichkeiten
- eine abgestimmte Verkehrspolitik (Förderung öffentlicher Verkehrsmittel, Fahrradwege etc.)

Teil 8
Umweltorientiertes Hotel- und Gaststättenmanagement

Bestandteile eines umweltorientierten Unternehmenskonzeptes

Standort und Baubiologie

Betriebliche Umweltschutzmaßnahmen

Schlüsselfunktion Einkauf

Abfallmanagement

Die Pioniere

Umweltorientierte Unternehmensführung in der Gastronomie

> *„What small business would reject a strategy that reduces its costs, improved the quality of its service and secured its long term future? None, I hear you cry, but the truth is that thousands of smaller tourism businesses have not implemented a green policy because they do not realize that, depending on individual circumstances, costs can be low and potential benefits immense. Being green does not just mean taking your bottles to the bottle bank or buying organic vegetables, although these are laudable activities. It means looking at everything you do, how you do it, what you use and what you produce. This process cannot be done by one person in isolation. The involvement and commitment of staff is essential and will produce some of the best ideas."*
>
> *(Ovens, Palé Hall Hotel, Gwynedd; zit.in English Tourist Board, The green light, S. 39)*

Bestandteile eines umweltorientierten Unternehmenskonzeptes

Nach einer 1990 vom Schweizer Hotelier-Verein (SHV) bei seinen Mitgliederbetrieben durchgeführten Umfrage glauben 97 Prozent, daß umweltgerechtes Verhalten zur Existenzsicherung der Hotellerie nötig ist.

Da Hotellerie und Gastronomie Hauptleistungsträger des Tourismus darstellen, kommt dem Umweltschutz in diesem Bereich große Bedeutung zu. Während zuerst mehr die Versorgungsfunktion beachtet wurde, rückt in jüngerer Zeit die Entsorgungsfunktion in den Mittelpunkt.

Einige internationale Hotelketten haben in jüngster Zeit mit Maßnahmen zum Umweltschutz begonnen:

- Die Inter-Continental-Hotelgruppe führte eine umfangreiche Umweltverträglichkeitsprüfung durch. Das zuerst für interne Zwecke bestimmte „Environmental Manual for Hotels" (1991) wird zur Zeit überarbeitet und kommt Mitte 1993 als „Environmental Management for Hotels: The Industry Guide to Best Practice" in einer Neufassung heraus, die auch allen Konkurrenten zugängig sein soll (vgl. Fallstudie).
- Das JTT Sheraton Africa and Indian Ocean startete 1990 mit einem „Going Green"-Projekt. Von den Gästen erbetene Spenden werden für örtliche Umweltprojekte verwendet.
- Das Cheeca Lodge erhielt 1990 von der American Hotel and Motel Association den „Gold Key Environmental Achievement Award". Das Lodge führte u.a. ein Kinder-Umwelterziehungsprogramm durch, errichtete einen Lehrpfad, sammelte Spenden und führte Recyclingaktionen durch (vgl. Elkington/Hailes,1992, S. 267 f.).
- 1990 begann Kanadas größte Hotelkette, die Canadian Pacific Hotels & Resorts, mit einem Umweltprogramm, das heute in Nordamerika als das fortschrittlichste angesehen wird (vgl. Fallstudie).
- Von der International Hotel Association/American Express International wurde der Environmental Award 1992 der Thai Wah Group verliehen, die eine ehemaliges brachliegende Zinngebiet am Bang Thao Strand in Phuket in ein tropisches Urlaubsparadies verwandelt hatte. Das Laguna Beach Resort stand im Dezember 1992 im Mittelpunkt einer pressewirksamen „Schlacht" örtlicher Umweltorganisationen. „But while the tourists from all over the world may have a good feeling to book an ‚environmentally friendly' hotel, local people are fenced out and deprived from natural resources" (ECTWT, 1992, S. 40).
- Bei der Wahl des „Hotelier des Jahres" (DEHOGA) gibt es auch eine Kategorie „Umwelthotel"; 1991 war das Hotel Alte Post, Müllheim im Markgräfler Land, der Preisträger.
- Bei den Mitgliedern der Romantik-Hotels ist der Denkmal- und Umweltschutz ein besonderes Anliegen.
- Das Marriott Dadeland Hotel in Miami bietet die ersten „Ökozimmer" an. Die 38 Ökozimmer liegen 10 $ über dem regulären Preis und haben spezielle Luft- und Wasserfilter und besondere Lichtquellen.
- Aber auch Beispiele in der Kleinhotellerie zeigen, daß Ökonomie und Ökologie erfolgreich vereinbart werden können. „Klassisches" Beispiel ist der Pionier Ucliva, andere Beispiele sind das Albergo Bré Paese in Bré bei Lugano, das Hotel Kürschner in Kärnten oder das Ferienhotel Röhrleinshof.

1992 wurde von der International Hotel Association (IHA) der „Environmental Award" verliehen. Erster Preisträger wurde das Laguna Beach Resort in

Phuket,Thailand, zusätzlich wurden vier „Diplomas of Merit" vergeben. Die Beurteilung wurde vom unabhängigen World Travel and Tourism Environmental Research Centre in Oxford durchgeführt.

The International Hotels Environment Initiative (IHEI)
Die IHEI ist entstanden, als sich die Inter-Continental-Hotelgruppe entschloß, den für interne Zwecke entwickelten „Environmental Manual" auf einer breiteren Basis innerhalb der Industrie zu verwenden. Auf Vorschlag von Prince Charles wurden Kontakte mit dem Business Leaders Forum aufgenommen, da man glaubte, damit eine passende neutrale Basis für eine tourismusweite Anpassung dieses Manuals zu haben. Ende 1991 wurde ein Council geformt, den Geschäftsleitungsmitglieder einiger führender Hotels bildeten. Zur Zeit gehören der Initiative über 11 internationale Hotelketten mit weltweit über 6000 Hotels an. (Accor, Forte Plc, Hilton International, Hilton-Hotels USA/ Conrad, Inter-Continental-Hotels, Marriott, Meridien, Omni Hotels International, Ramada ITT, Sheraton, Holiday Inn Worldwide.) Auf Initiative der IHEI wurde eine Gruppe asiatischer Hotels geformt (Hong Kong Shanghai Hotels, Mandarin Oriental Hotel Group, The White Swan Hotel Group Guangzhou, The Taj Group, Grand Hotels and Resorts), um in der Region die Umweltstandards anzuheben.
Eine Mitgliedschaft im IHEI bedeutet:

- Eine Verpflichtung zu der „Charter for Environmental Action in the International Hotel and Catering Industry"
- Eine Verpflichtung zur Benützung des „Environmental Management in Hotels: an industry guide to best practice"
- Das Teilen von Umwelterfahrung und -wissen innerhalb der Gruppe.

> **Charter for Environmental Action in the International Hotel and Catering Industry**
>
> Recognizing the urgent need to support moral and ethical conviction with practical action, we in the hotel industry have established the International Hotels Environment Initiative to foster the continual upgrading of environmental performance in the industry worldwide.
>
> With the co-operation and active participation of individual companies, hotels and related organizations, the Initiative, which will be co-ordinated by The Prince of Wales Business Leaders Forum, will endeavour to:
>
> - provide practical guidance for the industry on how to improve environmental performance and how this contributes to successful business operations
> - develop practical environmental manuals and guidelines
> - recommend systems for monitoring improvements in environmental performance and for environmental audits
> - encourage the observance of the highest possible standards of environmental management, not only directly within the industry but also with suppliers and local authorities
> - promote the integration of training in environmental management among hotel and catering schools
> - collaborate with appropriate national and international organizations to ensure the widest possible awareness and observance of the initiative and the practice it promotes
> - exchange information widely and highlight examples of good practice in the industry.

In einem Marktforschungsprojekt „Umweltbewußtsein und Tourismus" der Universität Trier (vgl. Schertler u.a., 1991, S. 28 ff.) wurden folgende Kriterien eines „umweltschonenden Hotelbetriebes" als „wichtig" bzw. „sehr wichtig" eingestuft:

- geregelte, umweltverträgliche Abwasserentsorgung (88 %)
- mit öffentlichen Verkehrsmitteln erreichbar (74 %)
- Reduzierung des Wasserverbrauchs (74 %)
- umweltfreundliche Innenausstattung (70 %)
- Verwendung von Recyclingprodukten (67 %)
- Nutzung alternativer Energiequellen (66 %)
- zweckmäßige energiesparende Beleuchtung (64 %)
- Einbau von Duschen statt Badewannen (62 %)
- Einkauf von Tierprodukten aus artgerechter Haltung (54 %)
- weitgehender Verzicht auf technische energieverbrauchende Geräte in den Zimmern (51 %)

87,29 % der Befragten wünschten eine Klassifizierung der Hotels nach ökologischen Gesichtspunkten.

Die Vorteile einer umweltorientierten Hotelführung bestätigen die wichtigsten Ergebnisse der Hotelbefragung:

- Über die letzten 10 Jahre ist ein eindeutiger Trend in Richtung umweltorientierte Hotelkonzeption festzustellen.
- Als Maßnahmen wurden besonders ergriffen: Entsorgung (67 %), Energieeinsparung (56 %), Verwendung von biologisch abbaubaren Reinigungs- und Pflegemitteln (50 %) und Wassersparmaßnahmen (50 %).
- Jeweils 73 % der Gäste und der Hoteliers sind mit den bisherigen Erfahrungen zufrieden.
- Die Gründe für die Ablehnung einiger Maßnahmen wird in der mangelnden Information der Gäste und ihrem Komfortdenken gesehen.

Besonders interessant die Erkenntnisse (vgl. ebd., S. 108 f.), daß diese Häuser

- eine eindeutig höhere Bettenbelegungsquote als nicht umweltorientierte Hotels,
- einen sehr hohen Stammkundenanteil (zwei Drittel) haben.

„Aus ökonomischer Sicht scheint zunächst ein umweltverträgliches Angebot der Hotels nicht zwingend notwendig, jedoch läßt sich nach Auswertung der Fragebögen eine hohe Akzeptanz unter Hotelkunden gegenüber umweltorientierten Managementstrategien nachweisen. Der Gast wünscht sich von seinem Hotel eine umweltfreundliche Orientierung, die er aber bisher im üblichen Hotelangebot nicht findet und daher auch nicht nachfragen kann. Damit entbindet sich der Gast von eigenem aktivem Handeln und verschiebt dieses auf die Angebotsseite. Die Hotels können sich dies zunutze machen, indem sie mit Öko-Faktoren werben und ihren Betrieb in ein neues Licht rücken. Aufgrund der hohen Bereitschaft zur Zahlung von höheren Pensionskosten können sogar materielle Nutzeneffekte für die Anbieter entstehen. Auf lange Sicht werden diese umweltbewußten Faktoren wohl zum Standard eines Hotels gehören, und nur durch frühzeitige Umstellung auf ökologische Strategien kann ein gewinnbringender Erfahrungsvorsprung erarbeitet werden." (ebd, S. 44).

Die Auswirkungen von Hotelbetrieben auf die Umwelt lassen sich in die Phasen

- der Konstruktion/des Baus
  (hier vor allem der Flächenbedarf für die Anlage selbst und die dazugehörige Infrastruktur) und
- des laufenden Betriebs
  (Materialeinkauf, Ressourcenverbrauch, Emissionen, Abwasser, Entsorgung etc.)

unterteilen.

Ein umweltorientiertes Standortmanagement hat die Auswirkungen auf Flora, Fauna, Wasser, Landschaftsbild, Entsorgung u.a. zu berücksichtigen. Der Flächenbedarf zeigt seine Extreme beim Wandel von ehemaligen Fischerdörfern zu Städten (Benidorm, Pattaya u.ä.). Besonders beim Ressourcenverbrauch (Wasser/Energie) mit saisonal starken Verbrauchsschwankungen, beim Müll, dem in einigen Urlaubsländern völlig unzureichende Deponiekapazitäten gegenüberstehen, und bei der Abwasserbehandlung treten die größten Probleme auf.

„Während noch um die Gestaltungskriterien für neue Freizeit- und Tourismusarchitektur gerungen wird, liegt bereits ein Folgeproblem auf dem Tisch: die Sanierung der Freizeit- und Tourismusanlagen der 60er und 70er Jahre. Dabei spielen ökologische und ästhetische Gesichtspunkte eng ineinander. Was an den verbauten spanischen Küsten bereits heute beginnt, wird Mitte der 90er Jahre zu einem Thema auch in Deutschland werden. Begriffe aus der allgemeinen Stadtplanung und -sanierung wie ‚Flächenrecycling' oder ‚Rückbau' werden dann auch auf Freizeit- und Tourismusanlagen angewendet werden, ob Feriendörfer, Großhotels oder sogar die heute noch so erfolgreichen Erlebnisbäder" (Romeiß-Stracke, 1993 b, S. 430).

Standort und Baubiologie

Die Bundesregierung hat die zuständigen Ressorts beauftragt,

- die einschlägigen energieeinsparrechtlichen (Wärmeschutzverordnung) und
- immissionsschutzrechtlichen (Kleinfeuerungsanlagenverordnung) Vorschriften zu überarbeiten. Und zwar mit dem Ziel der Senkung der CO_2-Emissionen im Gebäudebereich (insbesondere bei Neubauten) etwa durch
- Einführung des Niedrigenergiehaus-Standards und
- Prüfung verbrauchsorientierter Kennzahlen.

Ökonomische Gesichtspunkte bestimmen nach wie vor maßgeblich den Bereich der Bau- und Arbeitsplatzgestaltung. „Seit den Boomjahren des Baugewerbes wird vor allem rationell, schnell und mit synthetischen Materialien gebaut. Große Teile der Parahotellerie in unseren Alpen, aber auch viele Renovationen zur ‚Verschönerung' von Restaurants und Hotelzimmern zeugen leider davon" (Schweizer Hotelier-Verein/Schweizer Wirteverband, 1993, S. 69).

Romeiß-Stracke (1993 b) sieht ein großes Defizit im Bereich Freizeit- und Tourismusarchitektur: „Für die wenigsten Architekten sind Freizeit und Tourismus ein Arbeitsgebiet, für das sie sich ebenso engagieren würden wie für Wohnungs- oder für Industriebauten. Der Architekt eines Fitneß-Zentrums schämt sich, ‚für so was' gebaut zu haben" (S. 423). „Unfähigkeiten von Architekten, mit der Bauaufgabe Tourismus umzugehen, Rendite-Notwendigkeiten und Mengenbewältigung des ‚Durchschnittsurlaubers' bestimmen das Erscheinungsbild noch in weiten Bereichen, auch wenn man nicht immer gleich Horrorvisionen zeichnen sollte, wie sie den Ferienzentren der 60er und 70er Jahre angehängt wurden. Hinzu kommt, daß selbst dort, wo neu gestaltet wird, die Räume gegenwärtig eher gleichförmiger als vielfältiger werden: überall die ähnliche Möblierung der Fußgängerzone, die fast gleiche Gestaltung von Hotelhallen, die normierte Wasserrutsche und Plastik-Palme im Freizeit-Bad" (S. 429).

Im Laufe der achtziger Jahre wurden jedoch zunehmend ökologische Maßgeblichkeiten berücksichtigt. Im Aufgabendreieck Hotel-Mensch-Umwelt wird nach neuen fortschrittlichen Lösungen gesucht. Dies bedeutet eine stärkere Berücksichtigung von Umweltaspekten bei der Planung von Hotel- oder Bungalowneubauten und eine veränderte Arbeitsqualität über neue Formen des Hotelbaus und der Arbeitsplatzgestaltung. Diese neuartigen Lösungen erfordern die Teamarbeit verschiedenster Fachleute (einschließlich Landschaftsarchitekten, Umweltexperten, Energieexperten usw.).

Kocasoy (1992, daraus Abbildung 39) schlägt zur Evaluierung der Auswirkungen eines Hotelneubaus eine Matrix vor (mit Beurteilungsgraden von –5 bis +5).

Standortentscheidungen sind in der Regel Entscheidungen mit langfristiger Wirkung, da sie, mehr noch als die Wahl der Rechtsform, nur schwer revidiert werden können. Die Standortwahl bedarf deshalb einer umfassenden Berücksichtigung der verschiedenen Einflußfaktoren auf der Kosten- bzw. Ertragsseite. Die Standortfrage ist eingebettet in ein Bündel von Einflußfaktoren, die ganzheitlich zu sehen sind.

Besonders beachtet werden müssen ökologische Auswirkungen wie Anschluß an das Versorgungs- oder Verkehrsnetz.

Fontanari/Bellinger (1992, S. 93) sehen jenes Gebiet als optimal, wo u.a.

- der Versiegelungsgrad unter 30 % der Gesamtfläche gehalten wird,
- die zukünftige Wasserentnahme im ausgeglichenen Verhältnis zur Grundwasserneubildungsrate steht,

	Biological/Zoological environment								Physicochemical environment							Socio economical environment					
	Agricultural land	Surface water quality	Surface water quality	Ground water quality	Ground water quality	Sea water quality	Air pollution	Noise	Water-Life species	Water-Life population	Land-Life species	Land-Life population	Endagered species	Immigrant species	Public health	Job opportunities	Cultural/religious values	Community life	Distribution of resources	Historic monuments		
Preliminary Studies																						
Preparation of site for construction																						
Excavation and disposal of extracted soil																						
Transport and storage of construction material																						
Construction of foundations																						
Construction of sewer system																						
Construction of main building																						
Construction of waste water disposal facilities																						
Construction of roads																						
Construction of swimming pool																						
Construction of electricity transmitter system																						
Provision of water																						
Preparation of gardens etc.																						
Preparation of recreational facilities																						
Construction of other facilities																						

Abb. 39: Matrix for the evaluation of hotel construction

- die Luftvorbelastung durch Immissionskataster erfaßt wird,
- die zusätzliche Verkehrsbelastung nicht gesundheitsschädliche Auswirkungen hat
- und wo letztlich die Lage des Ökohotels zu keiner Beeinträchtigung des Luftaustausches führt.

Mit jedem Hotelbau ist zwangsläufig eine Umweltbelastung in verschiedenster Weise verbunden: Energie- und Rohstoffverbrauch, Luft- und Wasserverschmutzungen, Abfälle, Entsorgung, Lärm, Bodenversiegelung, Flächeninanspruchnahme etc. Dazu gehört auch die touristische Infrastruktur (Straßen, Parkplätze, Flughäfen etc.).

Um ökologisches Bauen zu umschreiben, ist es sinnvoll, sich die gleichen Ziele aller natürlichen Systeme und deren Ablaufgesetzmäßigkeiten anzuschauen. Nach Krusche (1982) sind dies:

- Anpassung an die Faktoren des Standorts
- Nutzung des Naturpotentials an Energie und Materie
- Kreislaufbildung mit intern ausgeglichenen Bilanzen und harmonischer Wechselbeziehung zur Stabilisierung des Systems
- Eigenständigkeit
- angemessene Dichte; Größe
- Sukzession als Entwicklungsprozeß zum Optimum

Caravan Club (U.K.)
Großen Wert auf das Umweltdesign seiner Anlagen legt der Caravan Club. Dabei wird insbesondere auf den Einbezug in bestehende Landschaftsformen, Begrünungsaktionen, Verwendung einheimischer Baumaterialien und Berücksichtigung des örtlichen Baustils geachtet.

Biohotel Stanglwirt, Going (Tirol)
Kennzeichen dieses ersten Tiroler baubiologischen Erlebnishotels (es werden nur Baumaterialien mit hohen biologischen Qualitäten wie Holz, Kork, Kokos, Leinöl, Baumöl, Ziegel, Kalkputz, Pflanzen- und Erdfarben, natürliche Wachse und Harze sowie Ton, Sand und Naturgips verwendet) sind: begrüntes Schwimmbad und Tennishalle, auf deren Dächern Schafe grasen, eine Rindenheizung, Felsen-Hotel-Schwimmbad mit Wasserfall. 1992 wurde das Engagement mit dem Umweltpreis der österreichischen Girozentrale honoriert.

Ein Einsatz dieser Prinzipien bedeutet für ökologisches Bauen für Krusche im einzelnen:

- umwelt- und energiebewußte Standortwahl, Gebäudekonzeption, -form, -stellung, Baustoffe,
- Raumprogramm und innere Funktionsorganisation, haustechnische Systeme und
- Einbeziehung von Vegetation mit dem Ziel,
- den Energie- und Ressourcenbedarf für die Gebäudeherstellung und -nutzung zu minimieren,
- natürliche Systeme und regenerierbare Ressourcen intelligent zu nutzen (passive Solarenergienutzung, natürliche Klimatisierung, Pflanzenkleid),
- Menge und Konzentration von Luft- und Wasserverunreinigungen, Abwärme, Abfälle und versiegelte Fläche gering zu halten,
- die Artenvielfalt der Tier- und Pflanzenwelt am Standort zu erhalten,
- das Gebäude schonend in das Landschaftsbild einzufügen und damit letztlich auch gesundes Wohnen und Arbeiten zu ermöglichen.

Als ein Teilbereich des ökologischen Bauens ist die Baubiologie anzusehen, die eine Ganzheit von geistig-seelischem und materiellem Bereich mit dem Ziel eines menschen- und umweltbewußten Bauens und Wohnens herstellen will. Baubiologie und Bauökologie sind von ihrem Wesen her interdisziplinär mit einer Verschmelzung von biologischen, psychologischen, physikalischen, chemischen, künstlerischen und anderen Denkansätzen und Zielsetzungen.

Wie bei vielen ökologischen Themenbereichen nimmt die Diskussion über ein Pro und Contra gegenüber „traditionellen" Handlungsweisen und damit die Beurteilung der jeweils gegebenen Umweltverträglichkeit häufig die Form von Glaubenskriegen an. Wie zahlreiche Praxisbeispiele zeigen, muß eine baubiologisch bessere Lösung keineswegs immer mit Abstrichen an den bautechnischen Anforderungen erkauft werden. Trotzdem dominiert die Zweckbestimmung oft als alleiniger Maßstab, sind umweltfreundliche Hotelbauten mit ihren sehr komplexen Anforderungen immer noch eher Ausnahme denn Regel. Zunehmend wird jedoch nach Lösungen gesucht werden müssen, die eine Optimierung verschiedener Komponenten anstreben: Funktion, Baukonstruktion, Haustechnik, Städtebau, Arbeitsplatz usw.

Vernetztes, ganzheitliches Denken auch im Hotelbau!

Das Industriemagazin (2/89) sieht für die Konzeption eines „umweltgerechten Bauens" fünf miteinander verknüpfte Überlegungen im Vordergrund stehen:
- die Bereitschaft zur Aussöhnung mit der Natur und mit den Wünschen der Gesellschaft nach einer neuen Ästhetik
- der Vorsatz, humane wie auch motivierende Arbeitsbedingungen zu schaffen
- eine neue Harmonie zwischen Form und Inhalt; dahinter steckt das Bemühen, die Qualität der
- eigenen Leistungen und das Selbstverständnis des Unternehmens auch nach außen zu dokumentieren (Corporate Identity)
- die Öffnung für unkonventionelle Ideen aus dem Umfeld von Kunst und Hochschulen mit dem Ziel einer Aussöhnung mit der nachwachsenden Generation und schließlich
- das Einbinden von Hotelbauten in städtebauliche Strukturen.

In den letzten Jahren sind als Ausfluß dieser neuen Sensibilität Beispiele einer neuen Hotel- und auch Industriebaukultur entstanden. Dabei stehen nicht nur Fragen der Landschaftsgestaltung, d.h. der Anpassung an das örtliche Umfeld, oder der (Dach-, Fassaden-)Begrünung im Vordergrund. Andere Gestaltungselemente liegen bei Fassade, Farbgestaltung, Werkstoffen, Energieform.

Diese neuen Interdependenzen zwischen Gebäudefunktionalität und Umwelt werden zunehmend auch unter Gesichtspunkten des Personalmarketings gesehen. Bei hochqualifizierten Mitarbeitern sind Faktoren wie Arbeitszufriedenheit und Motivation nicht nur über materielle Anreize zu gewinnen, sondern auch über attraktive Arbeitsumgebung und Arbeitsplatzgestaltung. Das umweltfreundliche Arbeitsumfeld ermöglicht:

- eine gesteigerte Identifikation der Mitarbeiter mit ihrem „umweltbewußten" Unternehmen
- ein besseres Betriebsklima
- mehr Verbesserungsvorschläge

- bessere Gesundheit der Mitarbeiter und damit Reduzierung der Krankengelder
- stärkeres Engagement des zufriedenen Mitarbeiters und damit bessere Qualität.

Der Bund Deutscher Architekten bringt dies auf die knappe Aussage: „Angenehme Arbeitswelt gleich produktive Mitarbeiter."

Neue Gestaltungselemente sind z.B.:

- moderne Kommunikationstechnik und elektronische Steuerung
- die wiedergefundene Bedeutung der Tageslichtführung
- eine neue Luftversorgung und Belüftung
- eine landschaftliche Einbindung der Gebäude

Zu diesem Zweck ist eine Konzeption in enger Zusammenarbeit von einem Industriearchitekten und einem baubiologischen Architekten zu erstellen. In einer Checkliste können der Bauplanung Punkt für Punkt entsprechende baubiologische Alternativen gegenübergestellt, begründet und ein Preisvergleich hinzugefügt werden. Diese Maßnahmen erstrecken sich auf Gestaltung und Entwurf, Konstruktion, Belichtung und Beleuchtung, technischen Ausbau und Auswahl der Baustoffe (Einbezug zusätzlicher Kriterien zu ihrer Beurteilung wie z.B. Inhaltsstoffe, Wirkung auf Bewohner, Verfügbarkeit der Ressourcen, Rohstoffbedarf, „Gesamtenergiebilanz", Verwertungsmöglichkeiten) oder Beurteilung von Materialien für die Inneneinrichtung (Bodenbeläge, Farben und Lacke, Holzschutzmittel, Wanddekoration, Isolationen etc.) aus Umweltgründen. Einen sehr wichtigen Ansatzpunkt stellt der ganze Bereich der Energieversorgung (einschl. alternativer Quellen) dar.

Aus der Fülle von Praxisbeispielen seien als Auswahl erwähnt:
- Einbau von Oberlichtern zur maximalen Ausnutzung des Tageslichts
- Verwendung von Holzfenstern
- Begrünung der Fassaden
- Dachbegrünung als Isolierungs- und Schutzschicht und auch als Filter und
- Regenwasserspeicher
- Verzicht auf Klimaanlage
- besondere Verglasung (doppelisoliert)
- Teppichboden mit hohem Naturfaseranteil
- Teppichkleber und Lacke arm an Lösungsmitteln
- Anstrichfarben mit Umweltzeichen
- partielle Brauchwassernutzung
- umfangreiche Abwasserentsorgungseinrichtungen
- Feuchtgebiete und Tümpel
- Gartenanlagen, Pflanzstreifen mit freiwachsenden Gehölzen, Innenhöfe mit Pflanzen
- Begrünung einer Innenhofwand mit Efeu und wildem Wein

- Ersetzen der bisherigen Asphaltierung weitgehend durch Rasenpflaster
- Motto für die Inneneinrichtung: Holz statt Plastik
- Holzschutz: Behandlung des Holzes mit Borsalz statt mit einer Chromverbindung
- Vielfalt von Topfpflanzen zur Verbesserung des Raumklimas
- Tapeten aus Recyclingmaterial
- Böden aus Naturmaterialien, z.B. Naturwolle- oder Kokosteppiche, Kork und Sandstein
- Holzparkett mit Naturharzen geölt und nicht mit Lack versiegelt
- Pflege des Parketts ebenfalls mit Produkten auf Naturharz- und Bienenwachsbasis
- Blockheizkraftwerk zur Strom- und Wärmegewinnung
- Abwärmerückgewinnung wie beim 1987 eröffneten neuen **Berghaus Jungfraujoch** und beim **Alp Staetz Bergrestaurant** oberhalb Churwalden, bei dem die Heizung mit einer Rauchgasreinigungs- und einer Wärmerückgewinnungsanlage ausgestattet ist, worüber fast die gesamte Heizenergie gewonnen werden kann. Zusätzlich wird die Abwärme der Kühlanlage und der Müllverbrennungsanlage genutzt. Die Müllentsorgung erfolgt über eine eigene Müllverbrennungsanlage, und der Sondermüll wird in Containern getrennt gesammelt und zu Tal gebracht. Das gesamte Abwasser von Alp Staetz wird über eine Kanalisation der Abwasserreinigungsanlage Churwalden zugeführt (Müller/Kramer, 1990, S. 25)
- Wirkungsgrad des Energiegewinnungssystems
- zur Beleuchtung Einsatz von speziellen Hochfrequenzvorschaltgeräten und
- Energiesparlampen (50 % Energieeinsparung)
- Anteil an Restmüll minimieren, Recyclingquote maximieren (Abfallager wird zur Recyclingstation)
- getrennte Sammlung von Abfall
- einheimische Pflanzen zur Gartengestaltung und Handeln nach den Methoden des integrierten Pflanzenschutzes

Betriebliche Umweltschutzmaßnahmen

Sehr viele umweltorientierte Maßnahmen in der Gastronomie haben einen doppelt positiven Effekt: Sie sind zum einen relativ leicht umsetzbar, und zum anderen führen sie häufig sogar zu Kosteneinsparungen. Dies gilt vor allem für Maßnahmen im Bereich der Energie- und Ressourceneinsparung und bei den Abfallentsorgungskosten. Es existieren inzwischen zahlreiche Checklisten, die eine Beurteilung der Auswirkungen erleichtern sollen (z.B. Kocasoy, 1992, S. 331 ff.) und insbesondere:

- Als praktischen Wegweiser und Anleitung für konkrete Maßnahmen für eine ökologische Betriebsführung hat der Deutsche Hotel- und Gaststättenverband (DEHOGA) 1992 eine „Öko-Checkliste" herausgegeben, die 40 Kriterien behandelt. (Siehe nächste Seite).
- Einen 78seitigen (auf Recyclingpapier gedruckten) Umweltschutzleitfaden „Umweltbewußter Hotel- und Gaststättenbetrieb" veröffentlichte das Bayerische Staatsministerium für Landesentwicklung und Umweltfragen (im Hauptteil befinden sich 274 „Grüne Tips für schwarze Zahlen").
- Der Hotel-und Gaststättenverband Baden-Württemberg gibt in der Broschüre „Umweltschutz im Gastgewerbe. Öko-Checkliste" für 9 Bereiche jeweils einen Öko-Check-Vorschlag zur Überprüfung des Betriebs auf ökologische Schwachstellen (Nov. 1991).

- Der ADAC gab 1991 „Mehr Wissen – mehr Handeln, Bausteine für eine umweltverträgliche Tourismusentwicklung" heraus (Checklisten für Beherbergungsbetriebe, für Orte/Regionen und für Reiseveranstalter; die Checkliste für Beherbergungsbetriebe umfaßt 11 Handlungsfelder vom Standort bis Gästeinformation).
- Eine Öko-Checkliste zum Heidelberger Handbuch für Hotellerie und Gastronomie mit 89 Punkten, aufgeteilt auf 11 Aktionsbereiche.
- Ein „Öko-Leitfaden für das Gastgewerbe" der Südtiroler Hotelier- und Gastwirtejugend (HGJ), Nov. 1990.
- „Umweltschutz im Hotel- und Gastgewerbebetrieb" des Wirtschaftsförderungsinstituts der Handelskammer, Wien 1991 (91 Seiten), praktische Tips im Umweltalphabet von „Abfallentsorgung" bis „Waschmittel".
- „Moderne Abfallwirtschaft – Branchenkonzept Hotel- und Gastgewerbe", u.a. mit separaten Abfall-Checklisten für Etage, Front&Back-Office (Verwaltung), Haustechnik, Küche und Service des Wirtschaftsförderungsinstituts der Bundeskammer der gewerblichen Wirtschaft (Wien 1992).
- „Natürlich erfolgreich", das praktische Umwelthandbuch mit 400 Tips für das Schweizer Gastgewerbe (1993). Ein Ökologie-Handbuch, das in Kooperation zwischen den beiden großen Berufsverbänden, dem Schweizer Hotelier-Verein zusammen mit dem Schweizer Wirteverband, entstanden ist. Auf 110, auch graphisch vorbildlich gestalteten Seiten finden sich Ökotest/Checklisten zum Selbermachen, Tips, zahlreiche Praxisbeispiele, Mustertexte, Formularbeispiele, Hinweise zu Literatur, Adressen für Beratung/Weiterbildung usw.

In all diesen Ratgebern wird ein Fülle von praktischen Tips gegeben, so daß sich eine detaillierte Darstellung erübrigt (vgl. auch unsere Ausführungen zum Abfallmanagement im Teil 6).

40 Kriterien zur umweltfreundlichen Betriebsführung der DEHOGA (o.J)

Bereich Wasser/Abwasser
1. Ermittlung der betrieblichen Wasserqualität
2. Durchflußbegrenzer in den Handwaschbecken und Duschen
3. Ausstattung der Toilettenspülkästen mit Spartaste
4. Regelmäßige Kontrolle der Wasserverbrauchsstellen
5. Variabler Handtuchwechsel
6. Verwendung umweltschonender Waschmittel
7. Verzicht auf Kochwäsche und Vorwaschgang
8. Verzicht auf Weichspüler
9. Verzicht auf Desinfektionsmittel
10. Verzicht auf WC-Steine und Duftspender
11. Verzicht auf Sanitär- und Rohrreiniger
12. Verwendung von milden Reinigungsmitteln

Müllvermeidung
13. Verzicht auf Portionspackungen für Badeartikel
14. Verzicht auf „Betthupferl" in Kleinverpackungen
15. Verzicht auf Einwegzahnbecher
16. Verwendung von Recyclingpapier und sparsame Verwendung von Papier

17. Verzicht auf umweltschädliche Arbeitsmaterialien im Büro
18. Verwendung von Mehrwegbehältern und Großverpackungen
19. Verzicht auf Einweggeschirr, Einwegbesteck, Einwegtischdecken
20. Verzicht auf Dosengetränke oder Plastikflaschen
21. Sparsame und sortenreine Verwendung von Kunststoffen
22. Verzicht auf Portionspackungen im Restaurantbereich (Frühstück etc.)

Mülltrennnung

23. Trennung nach Papier und Kartonage, Glas, Wertstoffe, kompostierbare Abfälle, Sondermüll, Restmüll
24. Getrennte Entsorgung von Fetten und Ölen über spezielle Verwertungsfirmen
25. Getrennte Rückgabe von Verpackungsmaterial an Lieferanten
26. Entsorgung von organischen Abfällen

Energie

27. Verwendung von Energiesparlampen
28. Einzelthermostate für die Heizung in allen Räumen
29. Zentrale Warmwasserversorgung
30. Regelmäßige Überprüfung der Heizungsanlage zur Sicherung eines Wirkungsgrades von mindestens 90%
31. Einsatz elektrischer Händetrockner prüfen
32. Verwendung von Zeitschaltuhren

Sonstiges

33. Durchführung von Neuinvestitionen unter ökologischen Gesichtspunkten
34. Gästeinformation
35. Pflege und Ausbau von Außen- und Gartenanlagen
36. Angebot von Vollwertgerichten
37. Verwendung von Frischprodukten aus der Region
38. Verzicht auf Spraydosen mit FCKW
39. Personalschulung
40. Fahrtkostenzuschuß für Personal und Gäste bei Benutzung von öffentlichen Verkehrsmitteln

Diese 40 Kriterien wurden nach folgenden Gesichtspunkten zusammengestellt:

- Möglichst hohe ökologische Relevanz
- Schnelle Umsetzung in den Betrieben möglich
- Der Service am Gast wird dadurch nicht beeinträchtigt
- Keine hohen Investitionen erforderlich
- Betriebswirtschaftlich vertretbar
- In der Betriebspraxis bereits erprobt

Innerhalb des Beherbergungsbereiches liegt der Schwerpunkt des Öko-Checks vor allem auf den richtigen Einsatz von Reinigungsmitteln und den Betrieb der Wäscherei, auf Maßnahmen zur Energie- und Wassereinsparung in den einzelnen Zimmern und auf einer Betrachtung der Guest Supplies.

Hotel Inter-Continental Sydney

Das Hotel Inter-Continental in Sydney erhielt als „das energiebewußteste und effizienteste Gebäude in Australien" den Australian National Energy Award 1992.

Als eine Folge der nachfolgend aufgeführten Maßnahmen wurden Energieeinsparungen in Höhe von A$ 230 000 über eine 12-Monatsperiode erzielt. Dies entspricht einer jährlichen Reduktion in CO_2-Emissionen von 1 581 749 kg und Wassereinsparungen von 24 950 Kubikmetern.

Insgesamt wurden von der teilnehmenden Abteilung 31 Initiativen empfohlen, darunter z.B.:

- All water tank temperatures were lowered, especially in the laundry, after an alternative chemical supplier was sourced for an effective lower temperature product. Total saving to the hotel is A$ 23.000 per year.
- Operating enthalpy controls in the air conditioners enabled chillers to be switched off during winter and for six hours at night during spring and autumn, saving the hotel A$ 45.000 per year.
- Motor ratings of chillers were increased from 440 amps to 500 amps to avoid running two chillers when one could cope.
- Most non-dimming lamp bulbs were changed to compact fluoro 11 W and 15 W which last longer and consume less energy. Total saving – A$ 40.549.
- Time switches were installed throughout the hotel to control air conditioning, lighting, kichen exhausts and car park lighting.
- Movement sensors for lighting control in the storeroom and workshop areas ensure nil energy consumption when these areas are not in use.
- Push-button lighting was installed in many areas to prevent lights being left on.
- Shower and bath restrictors were put in guest rooms reducing water consumption by 10 litres per minute.
- Guest room cleaning staff were instructed to set fans and thermostats to low speed in unoccupied rooms.
- Laundry and kitchen departments were given a budget for energy use and charged for their energy consumption so that staff are more aware and accountable for their consumption.
- Sub-metering equipment throughout the hotel provides comprehensive data on energy consumption. Detailed monthly reports are provided to each department to enable them to identify the patterns of energy use and take appropriate action when necessary.

Die vom Abfallgesetz (oder vom Abfallwirtschaftsgesetz Bund in Österreich) vorgeschriebenen Zielprioritätenreihenfolge gilt auch für das Hotel- und Gaststättengewerbe:

1. Vermeidung (oberste Priorität)

   Möglichkeiten:
   - Ware offen einkaufen
   - 20 Mehrweg- oder Nachfüllsysteme statt Einweg, Großpackung statt Einzelportionen (die Produktion einer Aludose für 25 g Marmelade belastet 3170 Kubikmeter Luft und 1,5 l Wasser mit den unterschiedlichsten Schadstoffen)
   - offene (z.B. Frühstücks-)Angebote statt Portionsverpackungen
   - Aufklärungsbroschüren (die HOGA Baden-Württemberg verschickte z.B. 1991 60 000 Stück) (der Verzicht auf den täglichen Handtuchwechsel bringt bis zu 30 % weniger Wäsche)
   - eigene Landwirtschaft oder Fleischhauerei
   - Einkauf, wo auch vom Lieferanten Rücknahme garantiert wird (insbesondere von gefährlichen Abfällen; Sicherheitsdatenblätter verlangen oder Unbedenklichkeitserklärung im Vertrag)
   - Gastronomiekühlmöbel ohne FCKW

2. Verminderung

Möglichkeiten durch geringeren Ressourcenverbrauch:
- Einsatz von Energiesparlampen
- Einsatz von Zeitrelais/Gruppenschaltungen
- neue Geräte mit geringerem Verbrauch
- Senkung Zimmertemperatur, zusätzliche Wärmedämmung
- Einsatz von Alternativenenergie

Möglichkeiten durch Wiederverwendung:
- z.B. von Abwässern (Nutzwasser), z.B. Schmutzwasser aus Duschen/Waschbecken zur Toilettenspülung

Möglichkeiten durch geringeren Mitteleinsatz:
- geringere Dosiermenge (Dosiergeräte statt Kleinpackungen)
- aufladbare Batterien
- Komprimierung und Reduzierung mit einer Papierpresse
- Skiverleih
- Einbau von Duschen statt Bädern (Vollbad erfordert dreimal soviel Energie wie 6-Minuten-Dusche)
- Unterbrechertasten für Toilettenspülung
- Einbau von Durchflußbegrenzern in Wasserhähnen und Duschköpfen

3. Wiederverwertung

Setzt voraus:
- getrennte Sammlung/Aussortierung (Papier, Glas, Metalle, Kunststoffe, Batterien, Öl usw.)
  am besten dort, wo sie anfallen
- enstprechend zu schaffende Logistikwege (Vorsammel-, Zwischenlagersystem), z.B. Etagenwagen mit Mischmüllsystem

4. Entsorgung

- Problem ist die vorschriftsmäßige Entsorgung der Küchenabfälle (insbesondere Speisefette und Öle),
- liegt i.d.R. in kommunaler Hand, Ergänzung durch Duales System Deutschland
- Erfassung meldepflichtiger/begleitscheinpflichtiger Stoffe (z.B. Öle)
- Kompostierung: von den 20 700 t Abfall, die z.B. das Gastgewerbe jährlich erzeugt, sind 70 % organisch; das Berliner Alsterhof Ringhotel kompostiert z.B. seine eigenen Küchenabfälle
(Problem: während früher die Abfälle (Drank) kostenlos Bauern gegeben wurden, erschwert etwa nun das Tierseuchengesetz § 15a in Österreich in Zukunft eine solche elegante Lösung wesentlich, vgl. WIFI, 1992, S. 73.)

Hotel- und Gaststättengewerbe müssen sich in manchen Kommunen oder Kreisen auf drastisch gestiegene Jahresgebühren pro Müllbehälter einstellen (bis zu 400%). So sieht sich auch dieses Gewerbe vor einige Entsorgungsprobleme gestellt. Von vielen Hotels sind deshalb Maßnahmen zur konsequenten Müllvermeidung begonnen worden.

Eine Ist-Analyse des Abfalls in 20 hotel- und gastgewerblichen Betrieben (3 Restaurants, 4 Cafés, 7 Hotels, 2 Discos, 2 Pensionen, 2 Garni) in Österreich erbrachte folgende Ergebnisse (vgl. WIFl, 1992, S. 46 ff.):

- mangelndes Kostenbewußtsein (trotz hoher Entsorgungskosten pro Gast)
- akutes Problem mit biologischen Abfällen

- Mangelnde innerbetriebliche Abfallinfrastruktur
- Informationsnotstand über moderne betriebliche Abfallwirtschaft
- Funktions- und Platzprobleme im Hotel- und Gastgewerbe
- bauliche Maßnahmen (besonders in älteren Betrieben)
- Küchen ungeeignet für moderne Abfallwirtschaft
- Etagen besitzen oft viel zu kleine Offices
- Angst der Betriebe, die Gäste in die Abfalltrennung einzubinden

Schlüsselfunktion Einkauf

Der Beschaffung kommt insofern eine Schlüsselfunktion zu, als sich durch einen gezielten, d.h. einen die Umweltverträglichkeit neben den klassischen Einkaufskriterien wie Qualität, Preis, Lieferzeit u.a.berücksichtigenden Einkauf viele spätere Probleme etwa in der Entsorgung bereits vermeiden lassen. In der Regel dürfte der Einkäufer bei der Berücksichtigung ökologischer Kriterien überfordert sein.

In Anlehnung an Winter (1987, S. 150 ff.) empfiehlt sich folgendes Vorgehen:
1. Ist-Analyse der verwendeten Produkte
2. Festlegung eines Prioritätenkataloges der Substitution
3. Erstellung von Produktanforderungen
4. Beschaffungsmarktforschung
5. Anfrageaktionen
6. Einkaufsverhandlungen führen
   (hier insbesondere: Verpackungsmaterial und -rücknahme, Unbedenklichkeitsbescheinigungen, Entsorgung)

Für einen umweltverträglicheren Einkauf existieren zahlreiche Ratgeber mit praktischen Tips, die sich z.T. direkt auf touristische Betriebe beziehen (die genannten Öko-Checklisten; Beschaffungshandbuch des Umweltbundesamtes) oder allgemein gehalten sind (Winter, 1990). So erstreckt sich der gesamte Bereich des Einkaufs auf Produkte wie

- Recyclingpapier (z.B. Hygienebereich, Küchenrollen, Büropapier, Taschentücher); die Deutsche Service-Gesellschaft der Bahn (DSG) testet den Einsatz von Recyclingpapier („Danknette")
- weniger aggressive Reinigungsmittel, sanfte Putzmittel
- lösungsmittelfreie Lacke
- Lebensmittel aus kontrolliert ökologischem Anbau (umweltschonende Erzeugung und hohe Produktqualität)

Eine starke Erfahrungsaustauschgruppe (Erfa-gruppe), in der z.B. alle Hoteleinkäufer oder Umweltbeauftragten einer Stadt oder Region ihre Maßnahmen koordinieren, kann einen großen Druck auf Lieferanten ausüben. So hat etwa die Umwelt-Erfa-Gruppe der Münchener Hotels festgestellt, daß im Bereich der Reinigungsmittel fast alle Hotels ein und denselben Lieferanten besitzen. Nach einem gemeinsamen Brief und der Drohung mit Alternativen entwickelte der Lieferant eine Mehrwegverpackung.

„Drei Hotels – ein Ziel": ein Schweizer Kooperationsbeispiel
Drei 4-Sterne-Hotels in St. Moritz (Europa, San Gian und das Parkhotel Kurhaus) haben nach dem Leitmotiv „Ökonomie und Ökologie" vielfältige Formen der Zusammenarbeit entwickelt. Neben den Bereichen Gästebetreuung/Animation, Organisation, Personalrekrutierung/-schulung umfaßt die Kooperation auch den Bereich Einkauf/Marketing. Dabei

- werden durch den gemeinsamen Einkauf günstigere Konditionen erzielt
- über ein gemeinsames Logo und den gemeinsamen Werbeslogan „Drei Hotels – ein Ziel" wird Kommunikationspolitik betrieben.

Platzl Hotel München
Musterbrief zur Anforderung der Produktdaten vom Hersteller
Sehr geehrte Damen und Herren,
wir beziehen von Ihnen das Produkt XY.
       oder
wir beabsichtigen in Zukunft von Ihnen das Produkt XY zu beziehen.
       oder anderer Text aus anderem Anlaß

Im Zuge der ökologischen Neuorientierung unseres Hotels sind wir dabei, von allen bei uns eingesetzten Produkten die Inhaltsstoffe zu dokumentieren.
Aus diesem Anlaß bitten wir Sie, uns sämtliche Inhaltsstoffe des Produktes XY (oder der Produkte ...) mitzuteilen.

Häufig kommt bei solchen Anfragen der Einwand der Hersteller, das sei Produktionsgeheimnis, und es sei nicht möglich, die Rezeptur preiszugeben. Um diesem Einwand vorbeugend zu begegnen, stellen wir klar, daß wir nicht an der Rezeptur, sondern nur an der sogenannten „positiven Volldeklaration" interessiert sind. Unter positiver Volldeklaration verstehen wir die Benennung aller, nicht nur der „wichtigsten" oder „hauptsächlichen" Inhaltsstoffe, und zwar in der Reihenfolge der absteigenden Mengenanteile genauso wie es durch die Lebensmittelkennzeichnungsverordnung auf den Lebensmittelverpackungen vorgeschrieben ist. Noch besser wäre es, wenn Sie uns die Inhaltsstoffe auch nach Mengengruppen angeben könnten; etwa wie folgt: unter 1 %, 1–10 %, 10–50 % und über 50 %.

Wir weisen Sie schon jetzt darauf hin, daß uns mit allgemeinen Aussagen wie z.B. Kunstharzdispersionen, Pigmente, Hilfsmittel, Lösungsmittel, FCKW und ähnlichem nicht gedient ist. Da sollte es schon konkreter ausgedrückt werden, z.B.:

- statt Kunstharzdispersionen besser Polyvinylacetat (PVAC), Polyvinylchlorid (PVC) usw.
- statt Polyacrylate besser Polyacrylamid (PAA), Polyacrylnitril (PAN), Polymethylmethatcrylat (PMMA).
- statt Hilfsmittel genaue Benennung
- statt Lösemittel besser Toluol, n-Hexan, Propanol, Aceton u.s.w.
- statt Tenside die genaue Bezeichnung des Tensids
- statt CKW besser 1.1.1. Trichlorethan, Perchlorethylen u.s.w.

Falls Sie dennoch befürchten, daß Sie mit solchen Angaben Ihr Know-how preisgeben, können wir Ihnen auf Wunsch schriftlich garantieren, daß wir Ihre Produktdaten vom

Produkt- und Herstellernamen entkoppelt nötigenfalls an Fachleute zur Bewertung weitergeben werden.

Wir gehen davon aus, daß kein Grund vorliegt, uns die angeforderten Inhaltsstoffe vorzuenthalten und wir die von Ihnen benötigten Informationen erhalten können.
Desgleichen bitten wir Sie, uns mitzuteilen, ob für Ihr/e Produkt/e eine Gesundheits- und/oder Umweltverträglichkeitsprüfung vorliegt. Falls ja, bitten wir Sie, uns diese ebenfalls zur Verfügung zu stellen.

Wir bedanken uns im voraus für Ihr Entgegenkommen
Mit freundlichen Grüßen

Inter-Continental New Orleans
Damit alle Hotelabteilungen leichter und kosteneffizienter umweltverträglichere Produkte finden, wurde vom Inter-Continental New Orleans eine „Environmental Purchasing Specification" zusammengestellt. Die EPS enthält nun einen „How To"-Führer, um Produkte auswählen und dem Lieferanten gezielte Fragen stellen zu können. In der Checkliste wurden bereits mehr als 65 Produkte durch umweltverträglichere ersetzt, womit auch Kostenersparnisse von 65–393 % verbunden waren. Diese EPS-Checkliste übt auch Druck auf die Lieferanten aus, überhaupt einen Markt für solche Produkte zu schaffen.

Abfallmanagement

Krieber gibt zwei Beispiele einer erfolgreichen Abfalltrennung in einem Hotel (vgl. 1992, S. 171 ff.). Sowohl beim Volumen als auch beim Gewicht lassen sich Einsparungen von über 60 % erkennen. Zudem gibt er folgende Einsparungspotentiale (jeweils 50 Zimmer bei 65 % Auslastung) an, die zeigen, daß sich Umweltschutz auch „rechnet":

(1) Abfallvermeidung im Frühstücksbereich (Portionsverpackung zu Einwegverpackung)
 - bei Kaffee-Obers Portionsverpackung um 108,83 % teurer
 - bei Frühstückshonig Portionsverpackung um 29,06 % teurer
 - bei Frühstücksbutter Portionsverpackung um 6,99 % teurer
 - bei Frühstücksmarmelade Portionsverpackung um 37 % teurer

(2) Vermeidung von Trinkwasserverschwendung/Abwasserbelastung
 - Ein tropfender Wasserhahn in jedem Zimmer (alle drei Sekunden ein Tropfen) ergibt im Monat einen Wasserverlust von minimal 150 l. Dies bedeutet einen Geldverlust von 2 436 ÖS und eine Verschwendung von 58 500 l Trinkwasser und eine entsprechende Mehrbelastung der Kläranlage mit Abwasser

(3) Ein undichtes Schließventil in einem WC-Spülkasten verursacht bis zu 200 Liter Trinkwasserverbrauch pro Tag. Dies bedeutet einen Geldverlust von 9 880 ÖS, eine Verschwendung von 365 Liter Trinkwasser und eine entsprechende Mehrbelastung der Kläranlage.

(4) Bei Einsatz eines Wasserstopps als Durchflußbegrenzer ergeben sich 569 400 Liter Wasser-/Abwasser-Einsparung und ein Geldgewinn von 15 414 ÖS (auf Basis der Wasser- und Kanalgebühren der Stadt Salzburg); bei Anschaffungskosten von

70 ÖS netto je Wasserstopp und Installlationskosten von je 120 ÖS amortisiert sich die Gesamtinvestition von 9500 ÖS innerhalb von gut 7 Monaten.

Für Hotel- und Gaststättenbetriebe enthält das Umwelthandbuch des Schweizer Hotelier-Vereins und des Schweizer Wirteverbandes (1993, S. 87) zahlreiche Beispiele, die kurzfristig und einfach umsetzbar sind und die finanzielle Einsparungen bringen. Die in Schweizer Franken ausgerechneten Beispiele sind die allseitig bekannten Standardmaßnahmen und beziehen sich auf verschiedene betriebliche Voraussetzungen (Größe, Belegung etc.):

- zwei tägliche Besorgungen mit dem Betriebsfahrrad statt des Autos
- runderneuerte Autoreifen für zwei Betriebsfahrzeuge
- offene Butter und Konfitüre
- offener Kaffeerahm statt Portionen
- Gästeentscheid zum Bettwäschewechsel
- Gästeentscheid zum Frottierwäschewechsel
- Wechsel von weißem zu Recycling-Toilettenpapier
- Spender statt Seife und Duschgel
- Energiesparlampen statt Glühbirnen
- Durchflußbegrenzer und Spülstopps
- korrekte Abfalltrennung

Canadian Pacific Hotels & Resorts
1. Der Zusammenhang
Canada ist auf der ganzen Welt für seine ursprünglichen, unberührten Landstriche, seine Tierwelt und Wälder bekannt. Als Canadas größte Hotelkette, mit Hotels in so ökologisch empfindsamen Gebieten wie den Rocky Mountains, hat Canadian Pacific Hotels & Resorts von Natur aus größtes Interesse daran, mit ihrer Unternehmenspolitik dazu beizutragen, daß die direkte Umgebung ihrer Hotels geschützt und erhalten wird. Um dieses Ziel zu erreichen, wurde von Canadian Pacific Hotels & Resorts ein Umweltkonzept entwickelt und durchgeführt, das mittlerweile in Nordamerika als das umfassendste in der Industrie anerkannt ist.

2. Einführung des Programms
Im Herbst 1990 nahm Canadian Pacific Hotels & Resorts die Entwicklung eines Umweltkonzepts für alle ihre Hotels in Canada in Angriff. Das erklärte Ziel war, die höchstmöglichen Standards für einen verantwortungsbewußten Umgang mit der Umwelt in allen Häusern der Gruppe einzuführen. Eine weitere Anforderung an das Programm bestand darin, ökologische Verbesserungen zu finden, die gleichzeitig in niedrigeren Betriebskosten resultieren. Durch eine Reduzierung des Abfalls und den Maßnahmenkatalog zur Verminderung des Energie- und Wasserverbrauchs sollte in allen Hotels der Kette soviel Kapital freigesetzt werden, um daraus die ersten Schritte zur Einführung des Umweltprogramms finanzieren zu können: von der Anschaffung von „blue boxes" für wiederverwertbare Abfälle bis hin zur nachträglichen Ausstattung der Häuser mit energiesparenden Glühbirnen.

Von Anfang an erkannte CPH&R die Notwendigkeit, das Programm jeweils einer lokalen Leitung zu unterstellen. Bis Ende 1990 wurde in jedem Hotel und Resort ein eigenes „Umwelt-Komitee" gebildet, das seither in den einzelnen Häusern die Verantwortung für die Durchführung trägt. An allen Standorten wirken leitende Angestellte des Hotels am Komitee mit, um zu signalisieren, daß die umweltfreundlichen Initiativen auch auf der Ebene des General Managers Unterstützung finden. Außerdem legt

CPH&R größten Wert darauf, auch außerhalb der Führungsetage Angestellte mit einem gewissen Interesse an Umweltschutz zur Mitarbeit im Komitee zu motivieren. Viele der besten Vorschläge und Initiativen der Arbeitsgruppen in den Hotels kamen von Beschäftigten aus dem Hausdamenbereich und der Küche. Durch tägliche Erfahrungen damit, welche Auswirkungen ihre Arbeit auf die Umwelt hat, wissen gerade Angestellte aus diesen Abteilungen besonders gut, wo noch Verbesserungen möglich sind.

Nachdem in jedem Hotel ein Umweltkomitee eingerichtet war, führte CPH&R in jedem ihrer Häuser in Canada eine Art „ökologische Bestandsaufnahme" durch. Ziel war einerseits, diejenigen Bereiche im Hotel herauszufinden, in dem die Einführung umweltfreundlicher Praktiken und Produkte verstärkt möglich ist und andererseits, den Grad der Unterstützung für die Umwelt-Initiativen unter den CPH&R-Angestellten zu ermitteln. Diese Strategie war auch entwickelt worden, um sicherzustellen, daß die Angestellten sich von Anfang an als Teil des Konzepts fühlten: Es soll *ihr* Programm sein und nicht etwas, das ihnen von der Gesellschaft aufgezwungen wird.

Die Untersuchung wurde als zweiteilige Erhebung durchgeführt. Der erste Teil, eine Reihe von Abteilungsgutachten, zielte darauf ab, spezifische Informationen über die Arbeitsabläufe in den Hotels zu gewinnen. In jedem Hotel wurden dazu folgende zehn Bereiche befragt: Abfallbeseitigung, Wäscherei, Küche, Gärtnerei, Betriebsleitung, Lager, Hausdamenbereich, Werkstatt, Golfplatz-Leitung (falls vorhanden) und Food-Services. Die Fragen in dieser Erhebung waren sehr konzentriert: Wird die überschüssige Wärme aus der Wäscherei in anderen Bereichen des Hotels zum Heizen verwendet? Wieviele Papierservietten werden im Hotel innerhalb von 24 Stunden verbraucht?

Den zweiten Teil bildete eine allgemeine Erhebung unter den Angestellten der Hotelgruppe zu Umweltfragen. Dieses Gutachten diente dazu, den Grad des Interesses von CPH&R-Beschäftigten an der Umweltproblematik festzustellen und damit zu ermitteln, mit wieviel Unterstützung ein Umweltkonzept innerhalb der Gruppe rechnen konnte. Eine ganze Seite war für Vorschläge des Personals freigelassen.

Während des Frühjahrs 1991 wurden die Ergebnisse des Gutachtens tabellarisch ausgewertet und ein Maßnahmen-Katalog erarbeitet, der auf den Vorschlägen von Angestellten und professionellen Umwelt-Unternehmensberatern basierte.

3. Die Resultate des Gutachtens
3.1 Die bereichsspezifischen Bewertungen
Die Ergebnisse aus der Befragung der einzelnen Abteilungen wurden unter fünf Kriterien ausgewertet: Abfallbewältigung, Energie, Wasserverbrauch, Einsatz von Chemikalien und Verwendung biologisch-dynamischer Lebensmittel.

Die Antworten enthüllen verschiedenste Stufen des Fortschritts im Umweltbewußtsein der diversen CP-Hotels. In allen Canadian Pacific Hotels & Resorts existierten bereits unterschiedlichste Recycling-Programme, von einem Minimum der Rückgabe von Bier- und Limonadenflaschen an den Großhändler bis zu umfassenderen Entwürfen, bei denen zusätzlich zu Dosen und Flaschen auch Altpapier, Kartons, Küchenfett und Motorenöl zu Recycling- oder Wiederverwendungszwecken entweder verkauft oder gratis abgegeben werden.

Ebenso variierten Angaben zu Energie- und Wassersparmaßnahmen innerhalb der Hotels der Gruppe. Zum Beispiel berichteten die meisten Hotels von einer Heißwassertank-Temperatur von 140°F (60°C), es wurden aber auch Werte zwischen 130°F (55°C) und 180°F (82°C) angegeben. Weiter waren die meisten der Hotels zu mehr als 85 Prozent kälteisoliert, drei Hotels gaben an, daß sie nur zu 65 Prozent oder weniger isoliert waren. In vielen Hotels wurden Dimmerschalter für die Beleuchtung in den öffentlichen Bereichen benutzt, in einigen Hotels konnten dadurch 80 bis 95 Prozent der Beleuchtung dieser Bereiche geregelt werden. Vier Hotels berichteten über die Installation von besonderen Brauseköpfen mit Energiespareffekt in den Duschen, ebenso wurden in sieben Hotels spezielle Aufsätze an den Wasserhähnen angebracht.

Die Umfrage im Hausdamenbereich ergab, daß in einigen Hotels bis zu 15 verschiedene Putzmittel für die täglichen Arbeiten angewandt wurden; mehr als 50 verschiedene Produkte wurden insgesamt in der CP-Gruppe verwendet. Benutzt wurden allgemein erhältliche Reiniger ebenso wie industrielle Desinfektionsmittel. Beschäftigte sowohl aus dem Hausdamenbereich als auch aus der Werkstatt gaben zu verstehen, daß sie die Verwendung von umweltverträglicheren Mitteln begrüßten würden. Daraufhin eingeleitete Pilot-Projekte mit der Benutzung solcher Produkte waren sehr erfolgreich; vor allem das Zimmerpersonal äußerte sich positiv darüber, daß sich mit der Verwendung umweltfreundlicher Reinigungsmittel das Tragen von Gummihandschuhen erübrigt hätte, da diese Produkte ebenso hautfreundlich seien. Für die Angestellten, die den ganzen Tag mit Reinigungsarbeiten beschäftigt sind, sind diese positiven Auswirkungen des Umgangs mit milderen Produkten besonders bedeutsam, und diese Beschäftigten sprechen sich auch als erste dafür aus.

Zehn der Standorte berichten, daß sie biologisch-dynamisch angebaute Lebensmittel verwenden.

Eine Vielzahl der konkreten Vorschläge von den Angestellten wurden mit in den von Canadian Pacific Hotels & Resorts vorgestellte Maßnahmenkatalog aufgenommen.

3.2 Die allgemeine Befragung

Insgesamt wurden 2 472 Erhebungsbögen eingesandt, was 28,9 Prozent der CPH&R-Beschäftigten entspricht (in der Wintersaison). In Anbetracht des freiwilligen Charakters der schriftlichen Befragung kann hier von einem sehr hohen Rücklauf gesprochen werden. Die Ergebnisse daraus bestätigen eine starke Unterstützung für das Umweltprogramm: Von den Hotelangestellten, die auf die Umfrage antworteten, sagten mehr als 90 Prozent aus, daß sie die Einführung von verstärkt umweltfreundlichen Verfahren innerhalb ihres Hotels sehr begrüßen würden. Viele Arbeitnehmer unterbreiten darüber hinaus Vorschläge für sofortige Verbesserungen an ihrem eigenen Arbeitsplatz.

Von den Antworten der allgemeinen Befragung ausgehend, stellte Canadian Pacific Hotels & Resorts für sich fest, daß von seiten ihres Personals ein klares Mandat zur Durchführung besteht und auf die Unterstützung der Arbeitnehmer innerhalb der ganzen Gruppe bei der Einführung des Programms zählen kann.

4. Zielsetzung

Auf der Basis der Untersuchungsergebnisse, den Vorschlägen von seiten der Angestellten und den Empfehlungen eines professionellen Umwelt-Unternehmensberaters entwickelte die Hotelkette von insgesamt 16 Zielen, die in allen Hotels idealerweise bis Ende 1992 erreicht werden sollten. Zu diesen Zielen gehören folgende Punkte:

A. Abfallbeseitigung
1. Angestrebtes Ziel ist eine 50prozentige Reduzierung der nicht wiederverwertbaren Abfallstoffe (durchschnittlich für die gesamte Hotelkette) und ein 20prozentiger Rückgang des Papierverbrauchs bis einschließlich Dezember 1992;
2. Rückführung und/oder Wiederverwertung aller angebrochenen Badezimmerartikel;
3. Einführung von Recyclingprogrammen in allen Hotels für die folgenden Artikel:
   a. gesamtes Papier
   b. Zeitungen
   c. alle Dosen
   d. organischer Müll
   e. sämtliche Motorenöle
   f. Kartons

g. Plastik
h. Flaschen
i. Kleiderbügel
j. Druckerpatronen

4. Einrichtung eines Verfahrens und einer Vorgehensweise zur Erkennung und Rückführung von Problemmüll;
5. Verringerung des Verbrauchs oder gänzliche Beseitigung folgender Artikel in CPH&R-Restaurants und -Cafeterias:
    a. einzeln verpackte Würfelzucker
    b. einzeln portionierte Kaffeesahne
    c. einzeln portionierte Gewürze
    d. Plastikgeschirr;
6. Bereitstellung von „blue boxes" zum Sammeln von wiederverwertbarem Material (Glas, Metall etc.) auf allen Gästezimmern der ganzen Gruppe;

B. Energiesparen
7. Auswechslung aller herkömmlichen Glühbirnen durch Leuchtstofflampen (umweltgerechte Ausführung) in allen Häusern;
8. Ersetzen aller Brauseköpfe und Wasserhähne durch wassersparende Alternativen (umweltgerechte Ausführung);
9. Festsetzung einer einheitlichen Temperatur für alle Heißwassertanks (empfohlener Wert: 130°F (60°C));

C. Einkaufsrichtlinien
10. Einrichtung eines gemeinschaftlichen Einkaufkonzepts, in dem, wo angemessen, umweltgerechte Maßstäbe als unterster Richtwert für den Einkauf verankert sind und/oder Hinwendung zu umweltfreundlichen Produkten;
11. Ersetzen aller notwendigen Papierprodukte durch ungebleichtes Material oder Recyclingpapier (als unterster Umweltstandard);
12. zweckmäßiger Gebrauch von Reinigungsmitteln, und wenn möglich, Ersatz für Spraydosen; gänzliche Eliminierung gefährlicher Chemikalien und künstlicher Duftstoffe;
13. Einkauf ausschließlich wiederaufbereiteter Motorenöle und nachfüllbarer Druckerkartuschen für CPH&R;
14. Verhandlungen mit Lieferanten über Möglichkeiten zur Vermeidung und Reduzierung von Verpackungen;
15. Herstellung von Kontakten zu kanadischen Landwirten mit biologischem Anbau;

D. Wassersparmaßnahmen
16. Einführung einer alle Hotels umfassenden Regelung, Wasserblocker in allen CPH&R-Toiletten zur Pflicht macht, die mehr als zwei Gallonen (rund 10 Liter) pro Spülung verbrauchen;

Diese Ziele wurden von Präsident und Executive Comittee der Hotelgruppe im Sommer 1991 bestätigt. Gleichzeitig damit wurde die Abteilung für Kommunikation und Umweltfragen beauftragt, alle Hotelangestellten über die ökologischen Zielvorstellungen des Unternehmens zu unterrichten.

5. Umweltschulungen

Um den Hotels bei der Einführung des Programms eine Hilfestellung zu geben, führte die Abteilung Kommunikation und Umweltangelegenheiten der CPH&R-Hotels im ganzen Land eine Reihe von Workshops durch. Der Direktor für Communications and Environmental Affairs wurde von der Umweltberaterin bei der Leitung der Arbeitsgruppen unterstützt, die aus den Mitgliedern der Umweltkomitees der einzelnen Hotels bestanden. Deren Aufgabe wiederum war es, die Gedanken des Umweltkonzepts innerhalb des Hotels weiterzuverbreiten. Die Seminare waren darauf ausgerichtet, die Hotelangestellten über die Auswirkungen von bestimmten Arbeitsverfahren im Hotel auf die Umwelt zu informieren. Ebenso sollten sie mit den ökologischen Zielsetzungen der gesamten Hotelgruppe bekannt gemacht werden und letztendlich praktische Anleitungen erhalten, wie diese Unternehmensziele erreicht werden können. Besondere lokale Belange wurden ebenfalls behandelt. Die Umweltkomitees aller 27 CPH&R-Hotels in Canada nahmen jeweils an einer Sitzung im Winter 1991 und Frühjahr 1992 teil.

6. Das Umwelthandbuch

Als weitere Schulungsmaßnahme benutzte CPH&R das Handbuch von Warner Troyer, einem prominenten kanadischen Umweltschützer und Autor. Dieser Führer gibt praktische Ratschläge für Veränderungen in allen Bereichen des Hotels und erläutert die ökologischen Zusammenhänge und Folgen einer jeden Veränderung.

Der „Green Partnership Guide" bietet praktische Vorschläge für umweltgerechte Verbesserungen in einem Hotel, bespricht Gerätschaften und Arbeitspraktiken, die auf ihre Umwelteinwirkungen hin überprüft werden sollten, und stellt den Zusammenhang her, wie durch diese Praktiken die Umwelt beeinträchtigt wird. Ebenso findet sich in dem Führer eine Liste von Bezugsquellen und Lieferanten, bei denen vom Recycling-Service bis hin zu umweltfreundlichen Reinigungsprodukten und biologisch-organischen Lebensmitteln alles erhältlich ist. Darüber hinaus sind Kontaktstellen in der kanadischen Regierung aufgeführt, die Umweltprogramme unterstützen. Das Handbuch ist in einer heiteren, leicht verständlichen Art geschrieben und mit Zeichnungen und Cartoons gestaltet.

Der „Green Partnership Guide" wurde an alle Hotels verteilt, auch in einer französischen Version für die CPH&R-Hotels in der Provinz Quebec. Der Führer wird auch einem externen Interessentenkreis zur Verfügung gestellt, so wird er zum Beispiel schon von verschiedenen Hochschulen seit Herbst 1992 als Lehrbuch für die Tourismus- und Hotelwirtschaftsvorlesung benutzt.

7. Erfolgsmeldungen: Was die einzelnen Umweltteams über das ursprüngliche Programm hinaus gemacht haben

Wohl einer der anerkennenswertesten Aspekte des „CPH&R Green Program" war die in den Hotels vorhandene Bereitschaft, den Umfang des ursprünglich schon sehr ehrgeizigen grünen Projektes noch zu erweitern. Im Dezember 1991 gab CPH&R bekannt, daß ein Preis sowohl für das Hotel als auch für den einzelnen Mitarbeiter ausgesetzt wird, welches/welcher das Herausragendste zur Umweltförderung beigetragen hat. Die Gewinner des Wettbewerbs bewiesen erstaunliche Kreativität und Begeisterungsfähigkeit.

In der Kategorie „Hotels" ging der erste „Environmental Achievement Award" an das „Chateau Whistler Resort"; ein ganzjährig geöffnetes Resort im Küstengebirge nördlich von Vancouver, British Columbia.

Die Maßnahmen zur Abfallreduzierung des „Chateau Whistler" wurden als die umfassendsten überhaupt befunden: Zum Beispiel werden sämtliche Papierprodukte in diesem Hotel wiederverwendet und recycled. Es werden keine Post-it-Notizblöcke mehr geordert, sondern statt dessen Schmierpapier verwendet. Im „Whistler"-Restaurant benutzt das Personal Notizblöcke, die aus dem vorhandenen Altpapier hergestellt sind. Für Faxe wird kein Cover-Blatt mehr beschrieben und hinterher weggeworfen, sondern beide Seiten werden verwendet und anschließend das Blatt recycled. Mit Hilfe einer der Lieferanten des Hotels wird das gesamte gesammelte Papier zu einem Recycling-Depot in Vancouver gebracht. In jedem Gästezimmer und anderen Schlüsselstellen im Hotel werden blaue Abfallbehälter für wiederverwertbare Materialien aufgestellt. Um den Pa-

pierverbrauch für die interne Kommunikation zu reduzieren, benützt das „Chateau Whistler Resort" ein elektronisches Postsystem mit einem integrierten Scanner.
Auch das Hauptpersonal setzt sich aktiv für eine Müllreduktion ein, indem sie Materialien, die im „Whistler" nicht recycled werden können, in ihrer Freizeit nach Vancouver bringen. Kleiderbügel aus der Reinigung werden wieder verwendet, übrige Seife aus den Gästezimmern wird an Wohlfahrtsverbände weitergegeben, angebrochene Behälter von Badezimmerartikeln werden geleert und recycled.
Die Küche des „Chateau Whistler" erhielt viel Beifall für die Verwendung von Fleisch aus natürlicher Tierhaltung und Produkten aus chemiefreiem Anbau. Die Küchenabteilung hat mit ihren Lieferanten abgesprochen, Verpackungsmaterial einzusparen und die Kisten und Kartons zur Wiederverwertung an den Händler zurückzugeben. Für sich selbst meidet das „Chateau Whistler" die Verwendung überflüssiger Verpackungen, Styroportassen oder Wegwerfartikeln zu Dekorationszwecken wie zum Beispiel Papierdeckchen.
Auch bei der Einsparung von Wasser und Energie ist das Hotel sehr aktiv: Innerhalb der Aktion „British Columbia Power Smart" hat das „Chateau Whistler" alle Glühbirnen des Dauerbetriebs durch energiesparende Lampen ersetzt. Alle Wasserhähne sind mit einem Sparventil ausgestattet.
Darüber hinaus wird auch die Umgebung rund um das Hotel geschützt: Anstatt des Gebrauchs von herkömmlichen Pestiziden für die Rosenbüsche werden im „Whistler" Marienkäfer ausgesetzt, die genauso effektiv gegenüber Blattläusen und ähnlichen Schädlingen sind. „Chateau Whistler Resort" hat außerdem das einzige bekannte Aufforstungsprogramm der Hotelkette: Die Weihnachtsbäume des Hotels werden über die Feiertage in Töpfe gepflanzt und im Sommer in der Umgebung wieder angepflanzt.
In der Kategorie „Einzelpersonen" wurde der erste „Individual Environmental Achievement Award" an einen Mitarbeiter des „Sky Dome Hotel" in Toronto vergeben. Er wirkte in leitender Position beim Umweltprogramm des Hotels mit und zeichnet insbesondere für die Einführung der „blue boxes" für wiederverwertbare Materialien verantwortlich.
Das „Sky Dome Hotel" war tatsächlich das erste Hotel der Gruppe, das diese „blue boxes" auf den Gästezimmern einführte. Diese Idee erwies sich als so sinnvoll, daß das Projekt auf alle Canadian Pacific Hotels & Resorts ausgedehnt wurde. Schon 1990 wurden im „Sky Dome" in den Suiten, in den Aufenthaltsräumen mit Blick auf das Stadion und in den Aussichtskanzeln diese „blue boxes" aufgestellt und die Gäste jeweils mit einem Brief vom General Manager zur Benutzung ermuntert. Von der Stadt Toronto wurden sogar einige der „blue boxes" kostenlos dem Hotel bereitgestellt. Die Kampagne erwies sich bereits nach kurzer Zeit als enormer Erfolg: Die Reaktionen der Gäste waren ausnahmslos positiv und die Teilnahmebereitschaft hoch. Allein 1991 sammelte das Hauptpersonal 12 120 Bierflaschen, 36 564 Bierdosen und 21 040 Softdrink-Dosen aus nur 70 Zimmern und Suiten. Seit Ende Januar 1992 sind alle Zimmer und Suiten mit „blue boxes" ausgestattet.
Recycling ist auch in sämtlichen Büros im Hotel kein Fremdwort: Tatsächlich wurde im Jahr 1991 so viel Papier wiederverwertet, daß es einer Menge von 200 Bäumen entspricht. Die alten Zeitungen aus den Gästezimmern werden gesammelt und recycled. Auch die Anlieferung der Zeitungen erfolgt nicht länger in Plastiktüten. Ebenfalls vom Umweltkomitee eingeführt wurde ein Recycling-Programm für Seife: Gästeseifen werden vom Zimmerpersonal eingesammelt und am Ende eines jeden Tages zur Lagerung an eine Zentralstelle gebracht. Sobald eine bestimmte Menge an Seife erreicht ist, wird sie einer wohltätigen Organisation übergeben. Ferner werden auch Badezimmerartikel zum Wiederverwerten gesammelt. Die halb aufgebrauchten Rollen Toilettenpapier und angebrochenen Packungen Papiertaschentücher, die man nicht mehr in die Gästezim-

mer geben kann, werden gesammelt und in den Personaleinrichtungen und Büros aufgebraucht.

Kleiderbügel werden zur weiteren Verwendung an die Reinigung zurückgegeben, für die Gästewäsche werden anstatt Kartons jetzt Wäschekörbe verwendet und alle anderen Kartons, die als Verpackung ins Hotel kommen, werden dazu benutzt, Fundsachen zu verschicken oder im „Dome" gepreßt.
Leere Behälter giftiger Materialien (Farbdosen etc.) werden gesondert in Behältern für Sondermüll im „Dome" gesammelt. Benützte Kopierpatronen werden an Xerox zur Wiederverwertung zurückgesandt.
In der Personalkantine werden keine Plastikbecher mehr angeboten: Anstelle davon erhält jeder Angestellte mit Empfehlung des Umweltkomitees eine spülbare Plastiktasse.

Ein internes Kommunikationsprogramm stellt sicher, daß die Angestellten über den Fortgang des Umweltplans auf dem laufenden bleiben. In der monatlich erscheinenden Betriebszeitschrift ist ein eigener Platz für das Umweltkomitee reserviert. Jeder neue Arbeitnehmer wird umfassend über das Konzept informiert und erhält als kleines Willkommenspräsent eine Mehrwegtasse vom Komitee. Gleichzeitig erhalten sie eine Führung zu allen Recycling-Bereichen und -vorrichtungen innerhalb des ganzen Komplexes.

Auch andere Hotels der Kette haben bemerkenswerte Veränderungen in ihren Arbeitsabläufen hervorgebracht bei der Verfolgung des Ziels, negative Auswirkungen auf die Umwelt zu minimalisieren. Beim berühmten „Banff Springs Hotel" in Alberta zum Beispiel schrumpfte das Müllaufkommen auf ein Achtel der Menge des Jahres 1990 zusammen, hauptsächlich zurückzuführen auf Recycling und das Abfallreduzierungsprogramm. Das Hotel sammelt und verwertet derzeit unter anderem über 500 Kilo an Aluminiumdosen pro Monat, über 1500 Kilo an Kartons und über 1000 Kleiderbügel.

Die Kosteneinsparungen, die durch diese Initiative erzielt wurden, sind beträchtlich. Im 1400-Zimmer-Hotel „Royal York" in Toronto zum Beispiel wird geschätzt, daß hier jährlich 26000 Dollar Abfallbeseitigungsgebühren als direktes Ergebnis des im Hotel eingeführten Umweltprogramms eingespart werden können. Im selben Hotel hat ein 25000 Dollar kostendes Programm mit dem Austausch und der Reparatur undichter Heizungsleitungen den Dampfausstoß von 160 Millionen auf 130 Millionen Pfund pro Jahr gesenkt, was jährlich eine Einsparung von rund 200 000 Dollar erbringt.

Schätzungsweise gibt es über 30 000 Glühbirnen im „Royal York Hotel". Es liegt nahe, daß in einem Gebäude dieser Größenordnung der Energieverbrauch enorm sinkt, wenn herkömmliche Glühbirnen durch Energiesparlampen ersetzt werden.

Das ursprüngliche Interesse an einer Einführung eines Umweltprogramms bei den Canadian Pacific Hotels & Resorts lag darin begründet, die Umgebung rund um ihre Hotels zu schützen und zu erhalten. Nicht zuletzt dadurch, daß die Unverletzlichkeit der kanadischen Landschaft ein starkes Verkaufsargument für den Tourismus darstellt. Die Kosteneinsparung aufgrund des Konzepts haben sich jedoch als ebenso wesentlich herausgestellt, daß damit ein Anreiz geschaffen war, das Programm fortzuführen. Auch die Mitarbeiter stehen dahinter, und bezeichnenderweise wird das Umweltengagement sogar in Bewerbungen als ein Grund für den Wunsch, bei Canadian Pacific Hotels & Resorts zu arbeiten, angeführt. Die Gäste reagieren ebenfalls höchst erfreut: Das Umweltprogramm ist unter den am häufigsten genannten Punkten auf den Feedback-Karten aus den Gästezimmern.

8.   Was die Zukunft bringt

Umweltbewußtsein wurde schon des öfteren als ein nie feststehender Begriff bezeichnet. Möglicherweise haben einige der Maßnahmen, die CPH&R heute auf freiwilliger Basis unternehmen, eines Tages Gesetzeskraft. Und sicherlich gibt es noch viele Verbesserungsmöglichkeiten, die das Management heute noch gar nicht bedenken kann, die später jedoch vielleicht als neue Unternehmensziele der Gruppe formuliert werden. Die wachsende Beliebtheit von biologisch-dynamischen Lebensmitteln wird z.B. den Küchen der Canadian Pacific Hotels & Resorts dabei helfen, noch mehr dieser Produkte auf jeder Speisekarte anzubieten. Der Gast von morgen wird in Umweltangelegenheiten bewußter und besser auf eine Beteiligung an einem noch fortschrittlicheren Umweltprogramm vorbereitet sein.

Als Teil der Verpflichtung der Canadian Pacific Hotels & Resorts gegenüber fortlaufenden Verbesserungen sind die Umweltkomitees autorisiert, zum einen sicherzustellen, daß alle Unternehmensziele hinsichtlich des Umweltschutzes verfolgt werden und zum anderen, daß die Suche nach neuen Wegen der Verbesserung der Beziehung zwischen Umwelt und Hotels immer weiter fortgesetzt wird.

Jetzt, da der „Green Partnership Guide" bereits als Lehrbuch für Tourismus und Gästebetreuung verwendet wird, müssen die Hotelmanager der Zukunft sich schon von den ersten Stufen ihrer Ausbildung an mit Umweltfragen auseinandersetzen. Für Canadian Pacific Hotels & Resorts und die gesamte Tourismusindustrie in Nordamerika ist der Einzug der Umweltproblematik in die Lehrpläne der Hochschulen ein überaus bedeutungsvoller Schritt in die Richtung einer anhaltenden Entwicklung im Tourismus.

Forte Hotels
Forte Hotels mit Betrieben in Hunderten von Städten in Großbritannien haben verschiedene Maßnahmen als eine sozial verantwortliche Firma eingeleitet:
- Vor acht Jahren zusammen mit der Conservation Foundation ein „Community Chest"-Programm, um monatliche Unterstützung für verschiedene lokale Umweltprojekte zu gewähren (das Spektrum der inzwischen über 100 Projekte reichte von Wiederbegrünung von Dorfflächen, Wildgärten für Schulen, Baumpflanzungen bis zu Umwandlung von Brachland zu öffentlichen Gärten).
- Im innerbetrieblichen Bereich gehen die Maßnahmen von der bleifreien Flotte von 2000 Autos bis zu umweltverträglicheren Toilettenartikeln in den über 6000 Badezimmern, die nicht an Tieren getestet sind und in recyceltem Papier oder in Flaschen verpackt sind.

Alpengasthof Krone, Unterjoch
Im pollenarmen bis -freien Heilklima in der Hochlage von Unterjoch/Oberallgäu liegt dieser bayerische Goldmedaillengewinner. Aktiver Umweltschutz gehört hier schon seit über 20 Jahren zur Hausphilosophie.

Die Erhaltung der vom früheren Wirt übernommenen Funktion einer „Dorfwirtschaft mit Hotelbetrieb" und der alten Einrichtung ist oberstes Gebot. Als Sohn eines Landwirts aus der Gegend fühlt sich der Eigentümer verpflichtet, den Einwohnern „ihr" Wirtshaus so zu erhalten und auch das zu bieten, was sie mögen: einheimische, gesunde Kost aus Produkten der regionalen Landwirtschaft. Auch Kalbfleisch aus Biohöfen steht zu erschwinglichen Preisen auf der Speisekarte, damit die engagierten Landwirte ihre gesunden Produkte absetzen können. Selbstverständlich kommen auch der Kuchen und die Frühstücksmilch, das frische Gemüse und der Käse aus der näheren Umgebung, Plastikpackungen beim Frühstück oder mit „Chemie" behandelte Lebensmittel sind verpönt.

Hinter dem Haus in einer kleinen Hütte steht das hauseigene „Recycling-Center", der große Komposter für die organischen Abfälle, die Kisten für Mehrweg-Glasflaschen, Papierabfälle, Aluminium. Ein kleiner Rest geht immer noch zur Müllabfuhr – doch für einen Betrieb dieser Größe mit Gaststube, einem großen Restaurant und 70 Betten erstaunlich wenig. Die einheimische Deponie ist voll – also muß konsequent Müll vermieden werden. Dabei ist der Wirt natürlich auch auf die Mithilfe seiner Übernachtungsgäste angewiesen. Er weiß aus Erfahrung, daß diese zum Lesen seiner Umwelttips regelrecht verführt werden müssen. Und das geht seiner Meinung nach am besten auf den gemütlichen Zimmern und dort speziell – auf der Toilette. An der Wand hängt in Sitzhöhe ein Zettel mit der Aufschrift: „Hallo, ich will gelesen werden, oder hast Du jetzt auch keine Zeit?" Die Rückseite ist voll mit Tips: „Wie helfen wir unserer Umwelt!"

Es wird auch auf die zukünftigen Lebensbedingungen unserer Kinder hingewiesen, ein Anliegen, das dem Gast auf Schritt und Tritt innerhalb und außerhalb dieses kinderfreundlichen Gasthofes begegnet. Seit Jahren wird für jeden neugeborenen Dorfbewohner im Wirtsgarten ein Baum gepflanzt – auch mal zusammen mit den Gästekindern, die hier nebenbei viel lernen über die „ganz normale Verantwortung". Der größte Brocken an realem Umweltschutz war für die Wirtsfamilie in letzter Zeit wohl die neue Energieanlage. Die hohen Investitionen für die Nutzung der Abwärme der Kühlaggregate und die rationelle Gasheizung im renovierten Keller werden noch auf Jahre hinaus hohe Kapitalzinsen erforderlich machen. Das eigene Personal macht jedenfalls mit beim Energiesparen. Daran ist sicherlich nicht nur der Hinweis „Licht aus, sonst 5 DM in die Küchenkasse" im Keller schuld. Die nahezu 20 Mitarbeiterinnen und Mitarbeiter sind überzeugt von „ihrem" Konzept, das soviel mit Tradition, Heimat, Verantwortung und ihrer eigenen Zukunft zu tun hat.

Hotel Post, Königsdorf
In den hausinternen Umweltlinien des bayerischen Goldmedaillengewinners sind nicht nur die geforderten und erfüllten Ökomaßnahmen nachzulesen, sondern auch die (noch) nicht erreichten. Mit der Veröffentlichung seiner ökologischen Ziele für die nächste Zeit wurde auch ein Pflichtenheft erstellt, an dem die Gäste die zukünftigen Aktivitäten messen können:
1. Energie
   Umstellung von Heizöl auf Erdgas
   Selbstschließende Kühlraumtüren
   Regenwasser sammeln (Bottiche, Zisterne) als Gieß- oder Nutzwasser
2. Außenanlagen/Außenbereich
   Anlegen eines Kräutergartens für Küchenkräuter
   Anlegen von Naturwiesen, weniger oft mähen und Blumeninseln schaffen
   Biotop anlegen und entsprechend bepflanzen
   Professionelle Kompostierung der entsprechenden Abfälle
   Kahle Mauern mit Kletterpflanzen begrünen
3. Personal
   Personal durch regelmäßige Schulungen zum umweltbewußten Denken hinführen
   Getroffene Ökomaßnahmen bekannt geben
   Schulungen über den Einsatz von Öko-Reinigungsmitteln – Öko-Waschmitteln
4. Einkauf im Umland
   Die gegebenen Möglichkeiten zum Einkauf bei den Landwirten aus der Umgebung bestmöglich ausnützen, soweit noch möglich ausbauen (Salat, Obst, Gemüse, Milch, Eier, Fleisch)
5. Speiseplan
   Tägliches Angebot von Vollwertgerichten
   Produkte je nach Saison anbieten bzw. einkaufen
   Gerichte mit viel Gemüse und wenig Fleisch anbieten
6. Lieferungsintervalle verbessern
   Bei gut lagerfähigen Produkten größere Mengen bestellen, dadurch die Lieferintervalle vergrößern (Bierlieferung, alkoholfreie Getränke)

7. Sinnvolle Verwertung von organischen Abfällen
   Bei Speiseresten die Zusammenarbeit mit der örtlichen Landwirtschaft suchen
   Ordentliche Kompostierung von Küchenabfällen

Hotelkooperation Ringhotels
Die mit 137 Hotelbetrieben größte deutsche Hotelkooperation „Ringhotels" hat ihre Mitglieder zu mehr Umweltbewußtsein aufgerufen. Der Umweltbeauftragte der Hotel- und Gaststätteninnung von Berlin und Umgebung e.V. und Direktor des Alsterhof Ringhotel Berlin hat einen starken Appell an alle Ringhoteliers gerichtet, mehr umweltschützende Maßnahmen in den Hotelbetrieben zu ergreifen. Als „auspackendes" Gewerbe sei die Hotellerie in die Schlagzeilen gekommen, es müßten nun verstärkt Aktivitäten zum Schutz der Umwelt durchgeführt werden.

Mit insgesamt 6 579 Zimmern und 11 000 Betten ist die Ringhotelkooperation ein starker Umweltschützer, wenn „alle Ringhoteliers an einem Strang ziehen und die eigenen Erfahrungen anderen zur Verfügung stellen". Man hat bereits Mittel und Wege gefunden, die über West- und Ostdeutschland verteilten Ringhoteliers mit Informationen und Tips zum praktizierten Umweltschutz zu versorgen. Mit der Informationsschrift „Ringhotels Grüne Seiten" wurde ein Forum geschaffen, mit dem qualifizierte Unterstützung bei der Planung und Durchführung von umweltschützenden Maßnahmen angeboten wird. Außerdem kommen Hoteliers zu Wort, die auf diesem Wege ihre Erfahrungen weitergeben. Die Ringhoteliers erhalten monatlich einen Vorschlag zu einer Umweltaktion, die dann in jedem Hotel zur festen Einrichtung gemacht wird. Mittels

einer eigenen Umwelt-Checkliste können die Häuser auf ökologische Schwachstellen untersucht und entsprechend verbessert werden.

Das Alsterhof Ringhotel Berlin wurde Leithotel für den praktizierten Umweltschutz. In dem Vier-Sterne-Haus mitten in Berlin gelegen, imkert der Direktor nicht nur selbst und bietet auf dem Hoteldach zwischen Sträuchern und Blumen zehn Bienenvölkern ein zu Hause, seine Mitarbeiter kompostieren auch die gesamten Küchenabfälle. Drei Komposthaufen verwandeln rund um die Uhr Tonnen von Müll in duftende Muttererde – 300 Meter Luftlinie vom Kudamm entfernt.

Landidyll Hotels & Restaurants
Unter dem gemeinsamen Dach der Landidyll Hotels & Restaurants finden sich 44 Häuser in Deutschland und 12 in Österreich. Die Hotels und Gasthöfe mit regionaltypischem Ambiente und einer individuellen und besonderen Atmosphäre verbinder der hohe Freizeitwert in reizvoller Landschaft, lange Familientradition und bodenständige Küche.

„Landidyll, das bedeutet Einklang von Natur und Gastronomie, Unternehmensführung nach ökologischen Gesichtspunkten", lautet ein Credo der Hotel-Gruppe.

Landidyll-Hotels und Restaurants sind nicht nur im Wohnen und guter Küche Spitze, sondern auch dann, wenn es um die Umwelt geht. Den Beweis lieferten vor allem die bayerischen Häuser in der Kooperation: Für sie gab es 1991 Staatspreise. Das Spessarthotel Gut Dürnhof in Rieneck erhielt im Wettbewerb „Umweltbewußter Hotel- und Gaststättenbetrieb" eine Goldmedaille. Außerdem wurde der Besitzer mit dem Sonderpreis des Bayerischen Hotel- und Gaststättenverbandes und mit einer Ehrenurkunde bedacht, da er „seine Mitarbeiter zu umweltorientiertem Denken und Handeln motiviert". Unter den 173 Betrieben in Unterfranken wurde der Dürnhof Bezirkssieger. Das gleiche Ziel erreichte auch das „Posthotel Hofherr" in Königsdorf in Oberbayern mit einer Goldmedaille. Gold erhielt ebenfalls das „Hotel Hubertus" in Balderschwang in den Allgäuer Alpen. Silber in der Umwelt errang das „Hotel Fuchsbräu" in Beilngries im Altmühltal. Ferner das Hotel „Zum Alten Schloß" in Kleedorf bei Hersbruck in Mittelfranken sowie der „Schindlerhof" in Nürnberg-Boxdorf. Eine Auszeichnung gab es auch für den Landgasthof Michels in Schalkenmehren: „Haus rheinland-pfälzischer Gastlichkeit". Von rund 10 000 Betrieben wurden vom rheinland-pfälzischen Wirtschaftsminister nur 19 Häuser mit diesem Titel bedacht. Das Landgasthaus Michels wurde zudem allein im Kreis Daun in diesem ersten Wettbewerb des Hotel- und Gaststättengewerbes ausgezeichnet.

Hotel Hochwiesmühle – „Öko-Fox-Projekt"
Behagliches Wohnen in gepflegter Atmosphäre und modernen Tagungskomfort mit den Ansprüchen unserer Umwelt unter einen Hut zu bringen – das ist das Ziel des Öko-Fox-Projektes des mittelständischen Hotels Hochwiesmühle in Bexbach.

Um dies zu erreichen, wurden alle Bereiche des Hauses einer kritischen Prüfung unterzogen und zahlreiche Aktivitäten in die Wege geleitet. Die realisierten bzw. geplanten Maßnahmen wurden außerdem in einer informativen Loseblatt-Sammlung, der „Öko-Fox-Box", zusammengefaßt, die alle Gäste des Hauses in ihren Zimmern vorfinden. Der Großteil der auf diesen Ideen von der Hochwiesmühle erarbeiteten Maßnahmen spielt sich dabei „hinter den Kulissen" ab – also in Bereichen, in die Gäste normalerweise keinen Einblick haben.

Bei der Umsetzung dieser Maßnahmen haben sich die Hotelbesitzer auch nicht vor beträchtlichen Investitionen gescheut. So wurde z.B. für rund 60 000 DM eine hochmoderne Energiesteuerungsanlage installiert, die eine sparsame Stromversorgung der Großverbrauchseinrichtungen im Haus gewährleistet. Heizung und Küche wurden bzw. werden auf umweltverträgliches Erdgas umgestellt. In allen Räumen wurden die herkömmlichen Beleuchtungskörper durch Stromsparlampen ersetzt und Wassersparaturen eingebaut. Beim Neubau des Hauses Nr. 3 schließlich wurde auf Badewannen zugunsten von Duschkabinen verzichtet.

Daß umweltgerechtes Verhalten auch sonst ohne großen Komfortverlust machbar ist, können die Gäste dabei an zahlreichen „Kleinigkeiten" nachvollziehen. So finden sich in den Zimmern der Hochwiesmühle zwar nach wie vor diverse Erfrischungsgetränke, jedoch nicht in Kühlschränken, die durch ihren FCKW-Inhalt erhebliche Entsorgungsprobleme mit sich bringen. Zeitschriften stehen den Gästen in Form von Lesezirkeln zur Verfügung, alle Flip-Chart-Ständer in den Tagungsräumen sind mit Recyclingpapier bestückt. Auf den täglichen Austausch kaum benutzter Handtücher wird verzichtet, wenn die Gäste damit einverstanden sind. Außerdem wurden die konventionellen Seifenpackungen durch hygienische Seifen-Spender ersetzt.

Gerade bei der Reduzierung von Verpackungsmüll mußten die „Umwelt-Füchse" der Hochwiesmühle übrigens die meiste Überzeugungsarbeit leisten. Es erforderte zum Teil zähe Verhandlungen, bis die Lieferanten hier auf die Wünsche des Hauses eingingen: Anlieferung aller Produkte ohne unnötige Verpackung und in Mehrwegbehältern, wo dies möglich ist. Daß es sich die Verantwortlichen der Hochwiesmühle dabei durchaus nicht leicht machen und bewußt auch Mehrarbeit in Kauf nehmen, macht ein Beispiel deutlich: Leere Fischcontainer dürfen aus hygienischen Gründen nicht mit Frischfisch zusammen transportiert werden – eine Rückgabe bei der nächsten Lieferung ist also nicht möglich. Aus diesem Grund übernimmt die Hochwiesmühle selbst den Rücktransport der leeren Behälter.

Außerdem wird auch beim Einkauf sehr darauf geachtet, durch Großpackungen unnötige Abfälle zu vermeiden – angefangen beim Kaffee, der in 5-kg-Paketen angeliefert und im Haus frisch gemahlen wird, bis hin zu Butter und Milch, die dann appetitlich in Geschirr statt in Kunststoff-Portionspackungen auf dem Tisch bzw. beim Frühstücksbuffet angeboten werden.

Ökologische Konsequenz zeigt das Unternehmen schließlich nicht nur im Haus, sondern auch bei der Gestaltung des Umfeldes. Die hauseigenen Tennisplätze werden mit Wasser aus dem nahen Bach besprüht, der neue Parkplatz hinter dem Haus ist mit Schotter versehen, der Regenwasser ungehindert versickern läßt. Auf der Liegewiese wurden einheimische Obstbäume als Schattenspender angepflanzt. Und „vor der Haustür" liegt auch das Zukunftsprojekt, das die Besitzer der Hochwiesmühle in den kommenden Jahren in Angriff nehmen werden: Rund um die alten Forellenteiche soll ein Ökopark entstehen – ein naturbelassenes Biotop mit heimischen Pflanzen und Kleinlebewesen.

Insgesamt sind es 32 realisierte bzw. derzeit laufende Maßnahmen, die die Öko-Fox-Box in ihrer ersten Ausgabe zusammenfaßt. Angesichts dieser Fülle können die Verantwortlichen in der Hochwiesmühle die Hände nicht in den Schoß legen: Der Arbeitskreis Umweltschutz, bestehend aus acht Mitarbeiterinnen und Mitarbeitern aus allen Bereichen des Hauses, tagt regelmäßig alle vier Wochen, um neue Ideen zu entwickeln und auf ihre Umsetzbarkeit zu prüfen. Und damit auch die Gäste Vorschläge einbringen können, hat die Hochwiesmühle einen Wettbewerb ausgeschrieben. Jährlich wird unter allen Beiträgen ein Vorschlag ausgewählt und prämiiert, der dann innerhalb eines Jahres in die Tat umgesetzt wird. Außerdem engagiert sich der Hotelier im „Offenen Forum Tourismus" des Saarpfalz-Kreises.

Waldhotel am Notschrei

Dieses Mitglied der Landidyll Hotels weist seine Gäste auf die eigenen Umweltleistungen hin:

- „Das Waldhotel achtet beim Einkauf darauf, daß keine Ware mit überflüssiger Verpackung bezogen wird.
- Wir bieten (fast) keine Portionspackungen auf dem Frühstücksbuffet oder zu anderen Gelegenheiten an.
- Das Waldhotel verwendet ökologisch verträgliche Reinigungsmittel.
- Wir wissen, daß sich die Wasserreserven zunehmend verknappen und die Belastungen für unsere Wasserressourcen zu hoch sind. Daher ist es unser Ziel, den Wasserverbrauch und die Belastung zu reduzieren. Dazu können alle beitragen. Achten Sie bitte als Gast auf unseren Hinweis zum Wäschewechsel auf dem Spiegel in Ihrem Bad. Lassen Sie Wasser nicht unnötig laufen. Die Spülkasten in den WCs sind mit Verbrauchsbegrenzern ausgestattet.
- Um den Stromverbrauch zu begrenzen, sind in vielen Bereichen Energiesparlampen eingesetzt. Auch Sie können als Gast einen Beitrag leisten, indem Sie bei Verlassen Ihres Zimmers die Lichter löschen.
- Wir heizen unsere Gästezimmer erst am Ankunftstag. Sollten Sie Ihr Zimmer nicht reserviert haben, kann es schon mal 30 Minuten brauchen, bis es wohlig warm ist. Bitte drehen Sie auch während Ihres Aufenthaltes den Heizkörper zurück, wenn Sie das Zimmer länger verlassen, insbesondere, wenn Sie die Fenster geöffnet haben.
- Das Waldhotel verwendet soweit wie möglich Umweltschutzpapier.
- Zu Ihrem Wohlbefinden verwenden wir keine synthetischen Farben oder Klebstoffe mit giftigen Dämpfen.
- Zu Ihrem leiblichen Wohlbefinden bieten wir Ihnen auch Gerichte der leichten Naturküche, die besonders schonend und sorgfältig zubereitet sind. Sie finden Weine aus biologischem Anbau auf unserer Karte.
- Ein Teil unserer Gemüse und Kräuter stammt aus ökologischem Anbau.
- Altglas sammeln wir. Allerdings bevorzugen wir Mehrwegflaschen und vermeiden Weißblech- und Kunststoffbehälter."

Deutsches Jugendherbergswerk
In der Satzung des DJH kommt die Verbindung zum Umweltbereich bereits in den Worten „das Wandern der Jugend, ihre Verbindung zur Natur und Heimat und ihr Umweltbewußtsein ist durch das DJH zu fördern", zum Ausdruck. In bestimmten Jugendherbergen wird eine besondere Umwelterziehung angeboten (vgl. unsere Fallstudien im Teil 12). Diese ökologischen Modellhäuser müssen hohen Qualitätsanforderungen genügen (siehe Lampe, 1992, S. 191 f.), um als Umweltstudienplatz anerkannt zu werden:

- ein ökologisches Gesamterscheinungsbild
- umweltfreundliche Bewirtschaftung (z.B. nach Absprache Vollwerternährung, z.T. Bezug aus ökologischem Landbau, Abfallvermeidung, getrennte Wertstoffsammlung)
- eine ganzheitliche und zielorientierte Gesamtkonzeption
- programmspezifisch eingerichtete Arbeitsräume, geeignete Geräte und Mineralien
- pädagogische und fachliche Betreuung
- für die Umwelterziehung nutzbare Biotope und „Umweltbaustellen"

Die Pioniere

Ucliva (CH)
In Waltensburg (romanisch Vuorz), einem 300-Seelen-Dorf im bündnerischen Vorderrheintal, befindet sich ein Hotel, das beispielhaft einen guten Weg für den Tourismus

in der Schweiz aufzeigt. Einheimische gründeten 1978 eine Genossenschaft mit dem Ziel, einer konventionellen Erschließung (Ferienhäuser-Überbauung aus Fertigbauteilen) des Dorfes entgegenzuwirken und der ernsthaften Gefährdung durch Abwanderung vorzubeugen. Nach fünf Jahren war genügend Geld zusammen, um das Hotel Ucliva zu bauen, welches inzwischen über 1000 Besitzer hat, 18 Mitarbeiter beschäftigt und 70 Betten zählt.

Das „Ucliva" gilt immer noch als Modellfall für einen sanften Tourismus im Alpenraum und als Beispiel einer neuen Hotelidee, welche erfolgreich Ökologie und Ökonomie miteinander verbindet. Die Zimmer sind während den Öffnungszeiten im Sommer zu über 89 Prozent und im Winter zu 96 Prozent ausgebucht! Was macht diesen Betrieb so einzigartig und speziell?

Die Gestaltung des Baus integriert sich in die noch intakte Umgebung. Ein modellhaftes Energiekonzept mit Holzheizung und fast 100 qm Sonnenkollektoren trägt Sorge für eine saubere Umwelt. Die Räumlichkeiten des „Ucliva" lassen ihren Gästen viel Bewegungsfreiheit und sind mit natürlichen, unbehandelten Materialien gestaltet. Zimmer-, Eß- und Arbeitsräume strahlen eine herzliche und warme Atmosphäre aus. Ökologie wird auch im Hotelalltag großgeschrieben: Getrennte Abfallentsorgung, abbaubare Putz- und Waschmittel, bewußtes Vermeiden von Verpackungsmaterial gehören ganz selbstverständlich dazu. Wer mit dem Privatauto anreist, zahlt einen Beitrag in einen Öko-Fonds, die Bushaltestelle befindet sich direkt neben dem Haus.

Das Küchenteam sorgt für gesunde und schmackhafte Gerichte. Die Herkunft der Produkte ist meist bekannt. Es findet wenig Entfremdung statt zwischen Produzenten und Küche. Die vegetarische und die Vollwertküche haben einen hohen Stellenwert bei der Menüplanung. Jeden Donnerstag gibt es ein vegetarisches Buffet, zu dessen Vorbereitung die Gäste in die Küche eingeladen werden.
Wenn möglich, werden Frischprodukte verwendet unter Berücksichtigung ökologischer und biologischer Kriterien. Alle Eier, 75 Prozent des Gemüses und des Obstes, Brot und Milchprodukte stammen aus der Region, ebenso alles Fleisch, wobei darauf geachtet wird, nur ganze Tiere aus tiergerechter Haltung einzukaufen. Auf der Weinkarte stehen vor allem Weine aus biologischem Anbau oder solche von selbst kelternden Weinbauern.

Das „Ucliva" bietet Arbeit für zwei Betriebsleiter und 16 Mitarbeiter, die jede Saison neu bestimmen können, wieviel sie arbeiten wollen. Transparente Strukturen sind ein wichtiger Teil des Betriebsalltags. Vor Saisonbeginn werden in Teamtagen gemeinsam die Saisonziele festgelegt. In regelmäßigen Sitzungen werden die Umsetzung der Ziele und Fragen der Zusammenarbeit besprochen.

Neben dem hoteleigenen Ferienprogramm gibt es auch ein Kulturprogramm. In loser Folge finden Theater, Konzerte, Lesungen für die Hotelgäste und die Leute aus der Region statt. Auch für die Mitarbeiter bedeutet dies eine willkommene Abwechslung sowie die Möglichkeit, das Programm mitzugestalten und durchzuführen.
Alle Mitglieder des Teams betrachten sich als Gastgeber/-innen, der Hotelbetrieb erscheint dadurch auch transparent und offen. So wird der Anonymität vorgebeugt, eine heimelige und familiäre Atmosphäre wird geschaffen. Dazu trägt auch bei, daß alle Gäste und Mitarbeiter sich duzen.

Mit dem „Uclivetta", als Neubau vollständig auf rollstuhlfahrende Gäste eingerichtet, hat das „Ucliva" seit dem Winter 1988 großzügige Räumlichkeiten und Einrichtungen für Kurse und Seminare anzubieten. Ebenfalls im „Uclivetta" gibt es einen geräumigen, einladenden Gruppenraum mit Tavetscherofen, welcher als Bibliothek und Aufenthaltsraum für die Gäste dient, sowie eine holzgeheizte Sauna!

Inter-Continental Group
Pionierarbeit leistete die Inter-Continental Group mit ihrem „Environmental Reference Manual". Bei über 100 Hotels in 47 Ländern und über 44 000 Angestellten erwies sich das Handbuch als ein entscheidendes Kommunikationsmittel, um den Umweltgedanken innerhalb der gesamten Gruppe zu verbreiten. Einige Hotels sind inzwischen sogar dazu übergegangen, das Handbuch zu übersetzen, so existieren nun zusätzlich zur englischen Fassung solche in Spanisch, Arabisch und Russisch.
Das Handbuch (März 1991) bezieht sich ausführlich auf Maßnahmen in folgenden 14 Gebieten:

- Abfallmanagement (Recyclingprogramme, getrennte Sammlung, Hotel-Checkliste)
- Beschaffung (Lieferantenfragebogen, Produkt-Checkliste, Ausbildungserfordernisse etc.)
- Luftqualität und Luftemissionen (Vergleichsdaten, Aktionsplan etc.)
- Energieeinsparung (Vergleichsdaten, Aktionsplan)
- Lärm (Effekte, Niveaus, Aktionsplan etc.)
- Lagertanks (z.B. für Heizöl)
- Asbest (Inspektion, Entfernungsprogramm)
- PCBs (Inspektion, Antworten)
- Pestizide/Herbizide
- Gefährliches Material (Quellen, Ausbildung etc.)
- Wasser (Rückführungskreise, Qualität, Aktionsplan etc.)
- Aktionen in der lokalen Gemeinde (z.B. Strandsäuberungsaktionen, Sponsoring etc.)
- Wäscherei und chemische Reinigung (Kreisläufe, Einsparungen etc.)

Silencehotels
Silence – der Name steht für Individualität, Qualität, unkomplizierte Gastfreundschaft und besonders für Engagement im Umweltschutz. Die ruhig gelegenen Hotels im Grünen warten mit immer neuen Initiativen auf, sind Vorreiter der Hotellerie in Sachen Ökologie.

International bekannt geworden sind die Silencehotels mit der „Handtuch-Aktion". Diese wurde vor einigen Jahren im Silencehotel Berlin in Heide/Holstein geboren. Jeder Gast kann wählen, ob er seine Handtücher jeden Tag gewechselt haben möchte oder nicht. Entlastung für die Natur, Einsparungen von 30 bis 60 % bei Energie und Wasser, begeisterte Reaktionen der Gäste überzeugten alle der inzwischen 90 Mitgliedsbetriebe in Deutschland und Österreich. Später schlossen sich große Hotelketten sowie renommierte Einzelhäuser dieser originellen Maßnahme an.

Der Arbeitskreis „Umweltwerkstatt" berät bereits seit 1989 über die Reinvestition der gesparten Beträge in den Umweltschutz. Viermal im Jahr treffen sich die Mitglieder, um neue Ideen zu entwickeln bzw. die Ergebnisse ihrer Arbeit zu überprüfen. „Für uns bedeutet Umweltschutz nicht nur eine durchdachte Lösung für Müllentsorgung und -verwendung. Ebenso wichtig und untrennbar mit unserem Umgang mit der Umwelt verbunden sind die komplexe Ernährung, Warenherkunft, zwischenmenschliches Handeln sowie unsere Einstellung zur und unser Umgang mit der Natur." Eine ganze Reihe verblüffend einfacher, ökonomisch und ökologisch leicht übertragbarer Aktionen sind so entstanden.

„Gerade unsere Mitglieder, familiengeführte Hotels auf dem Lande oder am Rande der Stadt, sind natürlich an einer intakten Natur interessiert. Deswegen unser Engagement und das für die Zukunft ausgearbeitete Umweltkonzept." Motto: Natur erleben – lieben – schützen. Ziel von Silence ist es, den Gästen die Umwelt näher zu bringen und sie für die Probleme der Umwelt zu sensibilisieren.

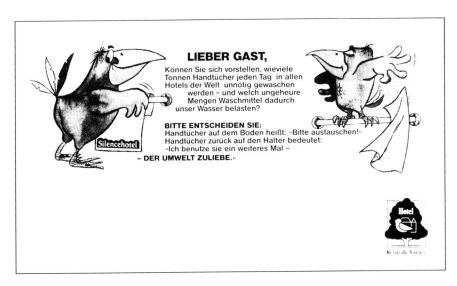

Silence-Umweltaktionen
- Handtuchwechsel im Hotelbad:
  Der Gast entscheidet der Umwelt zuliebe, wann sein Handtuch gewechselt werden soll.
- Trennung der Abfälle:
  Batterien, Altglas, Altöl, Alufolien, Kompost und Sondermüll.
- Energie und Wasser:
  Sparlampen statt Glühbirnen, Wassersparventile in Duschen und WCs, Calciumwandler verhindert Kalkablagerungen auf Werkstoffoberflächen (Wasserentkalkungsanlagen mit Salz entfallen).
- Umweltschutz in WC und Bad:
  100 % Recyclingtoilettenpapier und -kosmetiktücher
  Hotelkosmetik in Dosierspendern oder PET verpackt:
  Dosierspender für Duschgel, Seife und Bodylotion als Serviceartikel im Hotelbad. Alternativ: PET-Flacons schadstofffrei und wirtschaftlich recycelbar.
- Frühstück ohne Einwegpack:
  Keine abgepackten Lebensmittel auf dem Frühstücksbuffet (außer Diätartikeln), kein Portions-Zucker, -Dosenmilch und -Joghurt.
- Bio-Wein:
  Weinkarten mit Auswahl biologisch angebauter Rebsorten – bevorzugter Einkauf von Mehrwegflaschen
- Biologisch abbaubare Putz- und Waschmittel:
  Völliger Verzicht auf scharfe Putzmittel – zurück zu Essig und Spiritus. Waschmittel ohne Chlorbleiche und Phosphate.
- Brehmfond-Vogelschutz:
  Unterstützung des Brehmfonds für internationalen Vogelschutz. Handgeschnitztes Vogelhäuschen in den Hotels bittet um Spenden.
- Retour-Recycling im Büro:
  Recyclingunternehmen erneuert bis zu viermal Kartuschen, Kassetten und Farbbänder. Kassenrollen aus 100 % Altpapier!

Steigenberger Hotels AG
Die Frankfurter Hotelkette hat sich den Schutz der Natur auf ihre Fahnen geschrieben und in allen Konzernebenen entsprechend umgesetzt. Ein Vorstandsmitglied, das be-

sonders für den Umweltschutz engagiert ist, arbeitet eng mit der Konzernbeauftragten für dieses Thema zusammen. In der Hauptverwaltung gibt es eine entsprechende Arbeitsgruppe, in den einzelnen Hotels wurden Umweltschutzbeauftragte (UB) ernannt. Schon in den 80er Jahren wurde in der Frankfurter Konzernzentrale eine „Arbeitsgruppe Umweltschutz" initiiert, die seitdem ein- bis zweimal monatlich tagt, geplante Maßnahmen erörtert und Entscheidungshilfen für Vorstandsbeschlüsse erarbeitet. Daneben hält die Gruppe Kontakte nach außen und führt beispielsweise die Gespräche mit Zulieferern über umweltfreundliche Produkte und Verpackungen. Durch die Arbeit dieser Gruppe findet die Konzernbeauftragte für Umweltschutz tatkräftige Unterstützung. Sie ist verantwortlich für die Koordination und Betreuung aller UBs, die seit zweieinhalb Jahren in jedem Steigenberger-Betrieb zu finden sind.

Der UB agiert in der Position eines Abteilungsleiters oder Direktionsassistenten. Er kontrolliert die praktische Umsetzung der beschlossenen Umweltschutzmaßnahmen und sorgt für die innerbetriebliche Kommunikation sowie die Information der Gäste. Wichtig für die Arbeit des UB ist auch der Kontakt zu umweltorientierten Gruppen und Initiativen am Hotelstandort mit entsprechendem Erfahrungsaustausch bei lokalen Veranstaltungen, sei es eine Versammlung des Naturschutzvereins oder die Errichtung eines Gemeindebiotops. Alle „Umweltbotschafter" treffen sich regelmäßig zu einer Tagung.

- Bestandsaufnahme

Um die einzelnen Steigenberger-Hotels objektiv unter die Lupe zu nehmen, wurde eine Studentin der Fachhochschule Worms auf Tour geschickt. Ihre Diplomarbeit ist eine Bestandsaufnahme in Sachen Umweltschutz. Geprüft wurden anhand ihres Fragebogens zwei Drittel aller Steigenberger-Häuser. Hier auszugsweise die Zusammenfassung der Ergebnisse:

- Gästeanalyse

Anhand eines Fragenkatalogs wurden Gäste in drei Hotels befragt. Ergebnis: Das Umweltbewußtsein als gesellschaftlicher Wert ist bei den Befragten stark ausgeprägt (88 %). Eine Eigenverantwortlichkeit für Umweltbelastungen bejahten 60 %, eine Verantwortung jedes einzelnen Bürgers für Umweltschutz sogar 64 %. Der Betrieb eines Hotels wird jedoch nur von 36 % der Gäste als umweltbelastend empfunden. Dabei werden als stärkste Einwirkungen auf die Umwelt die Bereiche Wasser- und Energieverbrauch, Abfallaufkommen und Verbrauch an Wasch-/Reinigungsmitteln gesehen. Aus der eher unkritischen Haltung der Gäste gegenüber Umwelteinflüssen von Hotels resultiert ein momentan geringes Bedürfnispotential nach umweltfreundlichen Aktivitäten. So ist es auch nicht verwunderlich, daß bei der Frage nach der Akzeptanz bestimmter Maßnahmen hauptsächlich solche genannt wurden, die nicht mit Komfortverzicht oder einem höheren finanziellen Aufwand verbunden sind, wie z.B. die Verwendung umweltfreundlicher Baumaterialien und biologischer Reinigungsmittel. Andere Vorschläge, die persönliche Einschränkungen der Gäste zur Folge haben könnten wie z.B. höhere Preise zur Finanzierung von Umweltschutzmaßnahmen, höhere Preise durch ausschließliches Angebot von Nahrungsmitteln aus kontrolliert biologischem Anbau oder der Verzicht auf Zusatzleistungen mit hohem Ressourcenverbrauch (Schwimmbad) wurden nur bedingt oder gar nicht akzeptiert. Obwohl 72 % der befragten Gäste der Auffassung waren, für Umweltschutz allgemein auch persönlich erhebliche Einschränkungen in Kauf nehmen zu müssen, wird dies bei einem Hotelaufenthalt aufgrund der als gering eingestuften Umweltbelastung durch Hotels jedoch nicht als gerechtfertigt angesehen. So spielt der Umweltaspekt bei der Wahl des Hotels noch immer eine untergeordnete Rolle gegenüber anderen Kriterien wie Preis, ruhige Lage, luxuriöse Einrichtung und gute Gastronomie.

- Umweltpolitische Maßnahmen

... beeinflussen die Betriebsführung von Hotels durch gesetzliche Vorschriften besonders in den Bereichen Abfallentsorgung, Energieversorgung, Wasserver- und -entsorgung sowie im Lebensmittelbereich. Jedoch beeinträchtigen diese Einwirkungen den Handlungsspielraum eines Hotels nicht so stark wie den anderer Industriezweige und führen kaum zu Produkteliminierungen oder nachhaltig belastenden Investitionen in Umweltschutztechnologien.

- Umweltbewußtsein der Öffentlichkeit

Die öffentliche Meinungsbildung wird entscheidend durch die Medien beeinflußt. Dabei ist festzustellen, daß zwar viel über Umweltmaßnahmen in der Hotellerie berichtet wird, jedoch so gut wie keine kritischen Artikel über durch Hotels hervorgerufene Umweltprobleme existieren. Die Hotellerie ist zur Zeit kaum Gegenstand öffentlicher Umweltdiskussionen, während intern ein kritisches Bewußtsein der Mitarbeiter, Touristikstudenten und Hotelverbände sehr wohl festzustellen ist.

- Unternehmerische Ziele und ökologische Herausforderungen

Auf Steigenberger-Konzernebene werden umweltschutzbezogene Unternehmensgrundsätze bei praktischen Entscheidungen berücksichtigt, allerdings haben nur wenige Hotels eigene Umweltschutzziele schriftlich formuliert. Langfristig wird der Umweltschutz als ökonomischer Erfolgsfaktor und Instrument zur Profilierung im Wettbewerb erkannt, zugleich wird aber zwischen ökologischen Zielen und kurzfristiger Gewinnerzielung eher ein Konflikt gesehen. Ebenso wie die Mitbewerber schätzen auch die einzelnen Steigenberger-Hotels den Einfluß ökologischer Betriebsführung auf die Motivation der Mitarbeiter als sehr positiv ein; hier können sich durchaus Ansätze zur Lösung der Personalproblematik in der Hotellerie ergeben.

- Organisation des betrieblichen Umweltschutzes

Die Steigenberger Hotels AG hat mit der Schaffung eines eigenen Vorstandsressorts, der Position einer Umweltbeauftragten auf Konzernebene, der abteilungsübergreifenden Arbeitsgruppe Umweltschutz und den betrieblichen Umweltbeauftragten bereits eine umfassende Organisationsstruktur verwirklicht, welche die Anforderungen für eine effektive Umweltarbeit erfüllen kann.

Organisatorische Schwierigkeiten ergeben sich aus dem individuellen Charakter der einzelnen Hotels, die von ihren baulichen, technischen, standortspezifischen Strukturen her völlig unterschiedlich und in vielerlei Hinsicht nicht standardisierbar sind. Dies erschwert die Entwicklung und Durchsetzung einheitlicher Umweltstandards, die aus marketingpolitischer Sicht wünschenswert wären. Wenn durch erfolgreiche Etablierung des geplanten Kontrollsystems (Umweltaktivitätenplan) die Effektivität der Maßnahmen noch gesteigert werden kann, erfüllt die Organisation des Umweltschutzes bei Steigenberger weitgehend die Voraussetzungen für eine langfristige, effiziente Umweltpolitik als Basis für ein glaubhaftes Öko-Marketing.

- Aufgeschlossenheit der Mitarbeiter

Eine Mitarbeiterumfrage bei Steigenberger ergab, daß ein Großteil der Befragten nicht nur Umweltschutz als gesellschaftliches Ziel erkannt hat, sondern im Privatbereich bereits umweltbewußt handelt. Kenntnisse über Umweltschutzaktivitäten im Unternehmen beziehen sich allerdings fast ausschließlich auf die eigene Abteilung, so daß noch Informationsbedarf über allgemeine Zielsetzungen im ökologischen Bereich vorhanden ist.

Umweltaktivitäten im Betrieb werden jedoch nicht nur als Motivation, sondern von einem Teil der Beschäftigten auch als Belastung empfunden. Hier wäre eine zusätzliche Motivation z.B. durch Schaffung eines Prämiensystems oder auch ein zusätzliches innerbetriebliches Vorschlagswesen sicherlich hilfreich.

- Status quo des Leistungsprogramms

In 28 Steigenberger-Hotels wurden Interviews mit den Hoteldirektoren und Umweltbeauftragten geführt. Hier die Ergebnisse:
  – In einigen Bereichen sind bereits bemerkenswerte Erfolge zu verzeichnen, z.B. der konzernweite Verzicht auf Portionspackungen beim Frühstück, die hauptsächliche Verwendung umweltfreundlicher Reinigungsmittel und vieler Recyclingprodukte in allen Hotels.
  – Einige Aktivitäten beziehen sich auf Bereiche, die für den Gast nicht ersichtlich sind (Energie, Abfall, Reinigungsmittel). Die gezielte Information des Gastes auch über diese Aktivitäten sollte intensiviert werden.
  – Umweltmaßnahmen der Ferienhotels sollten verstärkt auf Bereiche außerhalb des Hotels erweitert werden, da die Wahl des Gastes wesentlich vom Standort und der Umgebung beeinflußt wird. Daher sollte z.B. der Kontakt zu örtlichen Umweltorganisationen gesucht werden.

Insgesamt – so die Studie – sei festzustellen, daß es sich bei den Umweltschutzbemühungen der Steigenberger Hotels AG nicht um kurzfristige, vordergründige Aktionen handle, sondern um eine grundsätzliche Integration ökologischer Aspekte in die langfristige Unternehmenspolitik. Damit bestünden gute Voraussetzungen für ein glaubwürdiges ökologieorientiertes Marketing der Gesellschaft. Besonders die angestrebte Diversifizierung in den Mittelklassenbereich biete mit den eher standardisierten Markenprodukten „Mexx" und „Esprit" beste Möglichkeiten.

- Umweltschutzaktivitäten der Steigenberger Hotels

Gründung der Arbeitsgruppe Umweltschutz als abteilungsübergreifende Koordinationsstelle	(Januar 1990)
Ernennung eines Umweltbeauftragten in jedem Betrieb	(Februar 1990)
Präsentation der Ergebnisse einer Studie der GTU (Gesellschaft für Technologie und Umweltschutz, Offenbach) zu Möglichkeiten der Wassereinsparung im Frankfurter Hof	(März 1990)
Ist-Aufnahme von Umweltschutzmaßnahmen der Betriebe	(April 1990)
Erfassung der Arbeitsmittel und -techniken der Hotels bei Reinigung und Entsorgung anhand zweier Checklisten	(Mai 1990)
Erste Steigenberger Umwelttagung Schwerpunkt: Praktischer Umweltschutz:	(Juli 1990)

  • Beratung durch Martin Volkart, Unternehmensberater für Ökologie im Gastgewerbe
  • Podiumsdiskussion Reinigungsmittel (Henkel contra Ecover)

Umweltschutzprojekt in Zusammenarbeit mit DEHOGA und GTU im Kurhaushotel Bad Kreuznach zur Abfall- und Entsorgungsproblematik	(ab November 1990)
mit Vertretern von TUI, BUND, DEHOGA, DLH, LSG, Interviews mit Top Hotel und FAZ	(ab Dezember 1990)
Umweltschutz als Schwerpunktthema bei der Tagung der Leitenden Angestellten der Steigenberger Hotels AG in Den Haag	(Januar 1991)
Stärkere Betonung der Umweltarbeit in den einzelnen Abteilungen und Betrieben	(ab Februar 1991)
Integration des Umweltschutzes als Kriterium in das Steigenberger Vorschlagwesen	(März 1991)

Einführung eines internen Informationsdienstes für die Umweltbeauftragten der Betriebe	(April 1991)
Zweite Steigenberger Umwelttagung der Umweltbeauftragten	(Juni 1991)
Verabschiedung eines 10-Punkte-Umweltprogramms durch den Vorstand	(Juli 1991)
Einbindung der InterHotels in die Steigenberger Umweltaktivitäten	(September 1991)
Erhebung zum Stand der Umweltaktivitäten in 28 Steigenberger Hotels in Zusammenarbeit mit einer Absolventin der FH Worms	(November 1991)
Dritte Steigenberger Umwelttagung der Umweltbeauftragten	(Dezember 1991)
Schaffung eines Vorstandsressorts Umweltschutz und der Position einer hauptamtlichen Umweltbeauftragten für den Konzern	(Januar 1992)
Vortrag zum Umweltschutz auf der Tagung der Leitenden Angestellten der Steigenberger Hotels AG in Bad Homburg	(Januar 1992)
Mitarbeit im Arbeitskreis „Sanfter Tourismus" des Deutschen Umwelttages	(ab Januar 1992)
Recycling von Kopiertonern in der Hauptverwaltung	(ab Februar 1992)
Teilnahme an einer Podiumsdiskussion „Umweltschutz in der Hotellerie" des BUND im Rahmen der ITB Berlin	(März 1992)
Interview zum Umweltschutz mit Frau Steigenberger im Steigenberger Journal	(März 1992)
Umstellung sämtlicher Drucksachen auf 100 % Recyclingpapier	(ab März 1992)
Besichtigung der Abt. Ökologie bei der Firma Henkel, Düsseldorf	(April 1992)
Seminar Umweltschutz bei Steigenberger für Hausdamen in der Etzauer Mühle	(April 1992)
Vierte Steigenberger Umwelttagung der Umweltbeauftragten	(April 1992)
Einführung des Umweltaktivitätenplans als Kontrollinstrument für die Umsetzung von Umweltmaßnahmen in den Betrieben	(Mai 1992)
Vortrag „Das Steigenberger Umweltkonzept" bei der Verkehrsgemeinschaft Hochschwarzwald	(Mai 1992)
Interview für „Inside Hotels" (USA)	(Juni 1992)
Einführung des Seifenspenders für AVANCE-Betriebe	(August 1992)
Sponsorschaft für den Deutschen Umwelttag 1992 in Frankfurt	(September 1992)
Seminar Umweltschutz bei Steigenberger für Hausdamen in der Etzauer Mühle	(September 1992)
Artikel „Umweltschutz bei Steigenberger" in Top Hotel	(Oktober 1992)
Besichtigung der Müllverbrennungsanlage Nordweststadt	(Oktober 1992)
Vortrag „Umweltschutz bei Steigenberger" an der Universität Innsbruck	(November 1992)
Sponsorenvereinbarung mit Lotsendienst für Erfindung und Umwelt (L.E.U.)	(November 1992)

Schulung Umweltschutz beim Küchen- und Servicepool
im Frankfurter Hof   (Dezember 1992)
Einführung der Mülltrennung in der Hauptverwaltung
(Haus Großer Hirschgraben 15)   (Januar 1993)
Schulung Umweltschutz beim Hausdamenpool im Venus-
berg, Bonn   (Januar 1993)

- Vorstandsbeschluß zum Umweltschutz 1991

Es wurde vom Gesamtvorstand beschlossen, daß alle folgenden Punkte schnellstmöglich umzusetzen sind:

1. Keine Einwegbenutzung
   – Verbot von Einwegbehältern, Einwegflaschen, Einweggeschirr, Getränkedosen

2. Reduzierung der Verpackungsflut
   – Verzicht auf Verpackungen auf dem Frühstücksbuffet, Klarsichtfolien (VIP-Obst), Seifenverpackungen
   – Benutzung von Hygiene- und Wäschetüten aus Papier
   – Rückgabe von aufwendigen Verpackungen an Lieferanten

3. Benutzung von Umweltpapier
   Sofortige Umstellung auf Recycling- bzw. chlorfrei gebleichtes Umweltpapier bei sämtlichen internen und externen Drucksachen wie Briefpapier, Schreibblocks, Prospekte, WIR, Journal, Kur & Ferien, Servietten, Visitenkarten, Gästezimmerinfos. Ausschließliche Benutzung von Umweltkopierpapier, umweltgerechtem Toilettenpapier und umweltfreundlichen Kleenextüchern

4. Aufklärung bei Reinigungsmitteln
   Black-listing von Reinigungsmitteln durch die HA Einkauf
   Überprüfung der Wasch- und Bleichmittel in den Wäschereien auf Umwelt- und Kostenrelevanz
   Einholen von Produktdeklarationen für Wasch- und Bleichmitteln bei Fremdwäschereien

5. Erhöhung der Wiederverwertungsrate
   Verbindliche Mülltrennung für jeden Betrieb für Papier, Glas, Naßmüll, Fett, Plastik, Dosen, Batterien, Sonstiges.
   Rückgabe von Behältern an Lieferanten
   Verwertung von gebrauchten Seifen (Schmierseifenproduktion)

6. Veränderung des Speiseangebotes
   Saisonal abgestimmtes, möglichst natürliches und regionalbezogenes Speisenangebot
   saisonales VIP-Obst

7. Etablierung von Umweltbeauftragten
   Etablierung eines/einer Umweltbeauftragten pro Betrieb – möglichst in Abteilungsleiterposition
   Ausarbeitung einer Job-Description „Umweltbeauftragter Steigenberger Hotel xyz"
   Direkter Zugang zur Direktion
   Teilnahme an Abteilungsleitersitzungen
   Ausreichende Ausstattung mit Arbeitsmitteln
   Pflicht zur permanenten Überprüfung von Mußbestimmungen
   Teilnahme an den zentralen Tagungen
   Förderung von hotelinternen Initiativen
   Kontakte zu hotelexternen Umweltgruppen

8. Gastrelevante Aktivitäten
   Schriftliches Umweltcredo in jedem Hotelzimmer
   Individuelle Gästeaufklärung und -information
   Regelmäßige Überprüfung der Akzeptanz von Maßnahmen
   Sammeln von Gästevorschlägen
   Verstärkte Außendarstellung in eigenen Publikationen (WIR, Journal, Kur & Ferien) und anderen Medien (gezielte themenbezogene Pressearbeit)
9. Sonstiges
   Hoteltransportfahrräder für kleine Botengänge
   Schriftliches Umweltcredo und Information in den Aufenthaltsräumen der Mitarbeiter
   Information über umweltrelevante Rechtsfragen bzw. künftige gesetzliche Auflagen
   Gezielte Verhandlungen mit Textilherstellern
   Generell Auskünfte über Produktbiographien und Wiederverwertungsmöglichkeiten (geschlossene Kreisläufe)
10. Kontrollen
    Etablierung einer hotelexternen Umweltrevision bzw. regelmäßiger Kontrollen (Revision, Regionaldirektion)
    Beispiele ökologischer Maßnahmen in Steigenberger Hotels (Stand Oktober 1992)

10 Maßnahmen, die alle Hotels inzwischen durchführen
1. Monitoring des Wasserverbrauchs pro Gast/Nacht
2. Handtuchwechsel nur auf Wunsch des Gastes
3. Recyclingtoilettenpapier auf allen Toiletten
4. Umstellung auf Recyclingpapier in allen Bereichen
5. Verzicht auf Portionsartikel auf dem Frühstücksbuffet
6. Umstellung auf Mehrwegflaschen in allen Bereichen
7. Verzicht auf Spraydosen mit FCKW
8. Rückgabe von Verpackungen an Lieferanten
9. Verzicht auf Getränkedosen
10. Verzicht auf Klarsichtfolien beim VIP-Obst

10 Maßnahmen, die immer mehr Hotels durchführen
1. Einführung des Naßmüllentsorgungskonzepts vom Europäischen Hof
2. Einbau von Spartasten bei WCs
3. Einführung von Seifen- und Shampoospendern in allen Badezimmern
4. Verzicht auf Einwegartikel auch bei Lunchpaketen
5. Erledigung von kleineren Botengängen per Fahrrad statt Hoteltransporter
6. Verstärkte Außendarstellung der Umweltaktivitäten in den Medien
7. Einrichtung eines Grünen Bretts für Umweltinformationen
8. Verstärkte Kommunikation mit Gästen über Umweltmaßnahmen
9. Einrichtung einer freiwilligen Umweltgruppe im Hotel
10. Verstärkte Personalschulung in allen Umweltbereichen

10 besonders gute Ideen einzelner Hotels zum Nachahmen
1. Ersatz von Batterien durch Akkus
2. Häufigkeit des Bettwäschewechsels reduzieren
3. Umweltverträgliche Materialien bei Konferenzartikeln
4. Abgabe von Kerzenresten an Kindergärten zum Basteln
5. Einführung eines Honigspenders und Kauf von Honig bei lokalen Imkern
6. Umweltberatung durch externe Fachleute
7. Integration von Umweltfragen in Gästefragebogen
8. Freiwillige Müllsammelaktionen in der Hotelumgebung mit Mitarbeitern und Gästen

9. Zusammenarbeit mit regionalen Umweltgruppen
10. Information aller Mitarbeiter über Abteilungsenergieverbrauch

Natur- und Gesundheitshotel Kürschner, Kötschach-Mauthen
Ein Hotel, das heute etwas auf sich hält, baut nicht nur auf die klassischen Bereiche wie Service, Bequemlichkeit und gute Küche, sondern nimmt es auch mit dem Umweltbewußtsein genau. Das „Natur- und Gesundheitshotel Kürschner" in Kötschach-Mauthen (Kärnten) hat eine gut 260jährige Geschichte als Gasthaus bzw. Hotel hinter und eine naturbewußte Zukunft vor sich.

Die Ferienphilosophie basiert auf 5 Säulen:
1. Ernährung
2. Bewegung
3. Kuranwendungen und Therapie
4. Entspannung für Geist und Körper
5. Freizeit und Spaß

Bereits vor vielen Jahren hat die Hoteliersfamilie Klauss auf Natur gesetzt. Noch lange bevor „Umwelt" in aller Munde war. In ihrem Leitbild heißt es:

> „Wir nehmen uns Zeit für die eigene Familie und leben mitweltorientiert. Unsere Gäste und Mitarbeiter informieren wir über unsere Ökoinitiativen und versuchen alle zum umweltorientierten Handeln zu bewegen.
> Wir sind Nichtraucher und vor allem stolz, daß keiner unserer Mitarbeiter raucht.
> Für uns ist Ökologie eine Sache der Ganzheitlichkeit und wir führen unseren Betrieb auch danach. Wir setzen Initiativen auch im Landwirtschaftsbereich und im Tourismusverband, um ein Ökomodell Oberes Gailtal zu organisieren.
> Für uns ist das Leben nicht die Generalprobe, sondern die Premiere."

Garten: Mondschein statt Chemie
Die Seniorchefin benutzt im hoteleigenen Gemüsegarten kein Gramm Chemie für Düngung oder Schädlingsbekämpfung. Statt dessen setzt man beim Kürschnerschen Gemüseanbau auf den „Schein". Nach uralter Bauernregel wachsen nämlich Pflanzen besser und sind nicht anfällig gegen Krankheiten und Schädlinge, wenn sie bei der richtigen Mondphase gesetzt werden. Seit 1960 wird vollbiologisch angebaut. In der Küche finden nur Produkte aus dem Alpenraum und vorzugsweise aus dem Gail- und Lesachtal von örtlichen Bauern Verwendung. Auf der Weinkarte befinden sich nur Weine aus kontrolliertem Anbau. Mit den Weinbauern wird ein intensiver Kontakt gepflegt. Gäste und Mitarbeiter werden über die Ernährung und speziell die Natur- und Vollwertküche informiert.

Die Stromerzeugung geschieht im „Natur- und Gesundheitshotel Kürschner" allerdings recht naturkonform: mittels Luftwärmepumpen und eigenem Generator, der vom Bergbach gespeist wird. Natürlich wird im Haus auf Energieeinsparung geachtet, Wärmerückgewinnung genutzt und auch sonst mit natürlichen Ressourcen sehr sorgsam umgegangen. Energiesparlampen, Isolierglas und exakte Temperatursteuerung der Heizungen sorgen für zusätzliche Energieeinsparung. Wasch- und Putzmittel sind umweltfreundlich und werden sinnvoll eingesetzt. Mehrwegflaschen, die aus Großgebinden nachgefüllt werden und Essig statt Weichspüler in der Hotelwaschküche zeugen von Weitsicht.

Abfall: gesammelt, kompostiert und verfüttert
Im „Kürschner" wird Müll exakt getrennt – ob Weiß- oder Buntglas, Papier, Biomüll, Sondermüll, Asche, Porzellan oder Plastik. Sogar die Gäste werden zur Mülltrennung gebeten: mit zwei dafür vorgesehenen Behältern in den Zimmern. Küchenabfälle werden kompostiert oder an die Schweine verfüttert. Für den Rest wurde eine Müllpresse angeschafft, um das Volumen klein zu halten.

Müllsieger gewinnt Galadiner
Umweltorientierte Aktivitäten gehören zum Programm. So hat die Chefin des Hauses z.B. zur Suche des „Müllsiegers des Monats" aufgerufen. Das Echo war überwältigend. Seitdem türmen sich die Berge von Unrat, den die Gäste aus der Landschaft mitbringen. Ein „Hotel-Umweltsackerl" dient den Sammlern als Behältnis. Eine Waage stellt schließlich fest, wer den meisten Müll gesammelt hat. Am Monatsende bekommt der „Müllsieger" ein Galaabendessen zusammen mit seinen Freunden spendiert.

Lebensmittel aus der Region
Weitere Kunstgriffe tragen noch mehr zur Schonung der Umwelt bei. Am Frühstückstisch werden beispielsweise Marmelade oder Butter, Honig oder Cornflakes nicht im niedlichen Miniformat präsentiert, sondern in der Schüssel oder im Glas. Daß die Marmelade selbstgemacht ist, der Honig von einem örtlichen Imker, die Butter aus Kärntner Milch und die Wurst aus der eigenen Metzgerei kommt, versteht sich von selbst. In der Kürschnerschen Küche werden ausschließlich Lebensmittel aus der Region verwendet. Rezepte, die eine genaue Kenntnis der Flugpläne voraussetzen, finden in die Hotelküche keinen Eingang. Dagegen wirbt das Hotel bei den Bauern der Region sogar um noch mehr Engagement, hochwertige Produkte anzubieten.

Plastik für die Terrasse besser als Holz!
Plastik auf der Terrasse zeigt, daß Umweltdenken nicht immer den vermeintlich geraden Weg gehen darf. Vor der Wahl, ob Holz- oder Plastikstühle für die Gastterrasse, entschied sich die Hotelchefin für Plastik – recycelbares versteht sich. Holz hätte nämlich zweimal pro Jahr mit Farbe oder Lasur behandelt werden müssen, was unter dem Strich weit umweltbelastender geworden wäre als die Kunststoff-Lösung.

Brauchwasser in der Toilette
Bereits beim Neubau eines Hoteltrakts wurde Weitsicht in Sachen Umwelt bewiesen. Die Toiletten werden in einem zweiten Kreislauf mit Brauchwasser bedient. Dort, wo Trinkwasser sprudelt, wurden Spararmaturen eingebaut. Sogar Regenwasser wird gesammelt und zur Bewässerung des Gartens benutzt.

Ausflüge mit dem Fahrrad oder dem Hotelbus
Weil Feriengäste gern Land und Leute kennenlernen wollen, gibt es im „Natur- und Gesundheitshotel Kürschner" zwei wichtige Ausflugtips. Der eine favorisiert das Rad. Im hoteleigenen Radstall stehen rund drei Dutzend gewartete Drahtesel – vom Kinderrad bis zum 18-Gang-Mountainbike. Wer will, bekommt auch eine Rad-Jause mit auf die Radtour. Damit ist die richtige und bewußte Ernährung unterwegs gewährleistet. Für die weiteren Touren bietet das Hotel den Kleinbus an.
Wanderungen auf die Alm, an der Gail entlang oder einfach rund um den Ort komplettieren das Bewegungsangebot.

Gesundes Leben mit der Natur
Daß die Gesundheit aus der Natur kommt, dafür stehen die Kuranwendungen im „Natur- und Gesundheitshotel Kürschner". Als eines der ersten Hotels Kärntens gab es hier schon vor vielen Jahrzehnten Kneipp-Anwendungen. Heute kommen Sand- und Heubäder, Sauna, Tepidarium und Dampfbad sowie Wannenbäder und zahlreiche andere Anwendungen dazu. Naturkosmetik für Damen und Herren, Massagen, Akkupressur

und derlei mehr beweisen, daß man gerade bei gesunden Ferien einen ganzheitlichen Ansatz finden kann.

In einer umfangreichen Broschüre, die in allen Zimmern ausliegt, werden die Gäste mit dem gesamten Konzept, dem Leitbild, den zahlreichen Aktivitäten und dem Team vertraut gemacht.

Leitbild des Gesundheitshotels Kürschner

„Wer wir sind und was wir wollen."

Wer wir sind

Wir sind ein familiengeführtes traditionsbewußtes Gesundheits- und Ferienhotel der 4-Sterne-Kategorie – ohne Restaurant – für einen qualitäts- und mitweltbewußten Gast, der seine Ferien nutzt, um sich seelisch, körperlich und geistig zu erholen, für Gäste, die ihre Ferien ihrer Gesundheit und Schönheit widmen.

Wir verstehen uns als Dienstleistungsbetrieb, d.h. als einen Betrieb, der im Rahmen der bestehenden Hotelstruktur (Ferienanlage Kürschner) bestimmte Serviceleistungen – aufmerksame, nette Betreuung, Sauberkeit, Hilfestellung, Information, Kuranwendungen – für unsere Kunden, die Gäste, erbringt.

Wir sind in Kötschach-Mauthen 3570 Einwohner, einem touristisch gering erschlossenen Ferienort mit 1982 Betten und 283 000 Nächtigungen. Unsere Gäste wissen, daß sie in kein Tourismuszentrum mit „perfekt" ausgebauten Sport- und Freizeiteinrichtungen und entsprechendem Abendprogramm kommen. Wir sehen dies nicht als Nachteil, sondern als Chance!

Unser Ferien- und Gesundheitshotel läßt sich unserer Meinung nach – nach innen und nach außen – wie folgt charakterisieren:
- familiär
- qualitätsbewußt
- umweltbewußt und naturnah
- gesund
- fröhlich
- abwechslungs- und erlebnisreich
- unkompliziert
- weltoffen (international)

Was wir wollen

Zufriedene Gäste

Das ist uns ein besonderes Anliegen. Dies erreichen wir durch:
- Unsere hohe Dienstleistungsqualität und durch ständiges Verbessern unserer Ausstattung.
- Unser persönliches Bemühen, den Gast bei seiner Feriengestaltung so gut wie möglich zu unterstützen! Motto: „Wir freuen uns, für Sie da zu sein."
- Unser Angebot ganzheitlicher Ferien für Körper, Geist und Seele. Hierbei ist unser „sanftes" Betreuungsprogramm genauso wichtig wie die nach baubiologischen Kriterien eingerichtete Gesundheits- und Beautyabteilung.

Motto: „Die Gäste sollen bei uns die Ferien leben und ‚erleben' und nicht ‚konsumieren'!"

Verständnisvolle Gäste
Wir wünschen vom Gast, daß er uns gegenüber (der Unternehmerfamilie), den Mitarbeitern, den Einheimischen, unsere Mitwelt und Mitgästen einsichtig, tolerant und rücksichtsvoll ist. Zwischen uns und dem Gast besteht ein partnerschaftliches Verhältnis.

Zufriedene Mitarbeiter
Nicht als Selbstwerk! Zufriedene und motivierte Mitarbeiter sind für uns ein wichtiger Erfolgsfaktor:
- Wir pflegen den Teamgeist und bemühen uns um ein gutes Betriebsklima sowie Vertrauen untereinander.
- Wir bieten unseren Mitarbeitern Weiterbildungsmöglichkeiten (intern und extern), Mitsprache bei betrieblichen Entscheidungen – und verlangen auch Mitverantwortung.
- Wir erwarten von den Mitarbeitern ein gepflegtes Aussehen, Leistungsbereitschaft, Teamgeist, Umweltbewußtsein und Freundlichkeit (untereinander und gegenüber dem Gast).

Wir wollen ein wirtschaftlich gesundes Unternehmen sein, das
- seinen Verbindlichkeiten nachkommt,
- seinen Mitarbeitern eine angemessene Entlohnung garantiert,
- Arbeitsplätze langfristig sichern kann,
- uns Unternehmer(innen) für unsere Verantwortung und unser Risiko entsprechend honoriert,
- mit den erwirtschafteten Erträgen neue und qualitätsverbessernde Investitionen tätigen kann.

Wir pflegen eine faire Beziehung zu unseren Mitbewerbern.
Unsere Mitbewerber sind Gesundheitshotels in ganz Österreich, die teilweise an der selben Angebotsgruppe der „Gesunden Neun" oder „Schlank & Schön" beteiligt sind.

Wir verfolgen die Entwicklung dieser Betriebe durch ständige Besuche und Kontakte. Wir sehen unsere Mitbewerber nicht als Konkurrenz, sondern als Kollegen, die sich gegenseitig fördern und sich durch ihre Leistung zu noch mehr Kreativität und Service anspornen.

Offen sein für die Öffentlichkeit
Wir sind ein Leitbetrieb in unserer Region. Als solcher wollen wir uns gegenüber Einzelpersonen und Gruppen (inner- und außerhalb des Ortes) offen und korrekt verhalten. Den Kontakt zu öffentlichen Stellen (Gemeinde, Behörden etc.) pflegen wir regelmäßig; gemeinsame Vorhaben und Ideen zeigen, daß diese Verbindungen gut und zukunftsweisend sind. Durch gute Kontakte zu den Medien im In- und Ausland hat sich unser Haus und die Region als „Markenname" etablieren können.

Mitweltbewußtsein
Wir sprechen von Mitwelt und nicht von Umwelt, so wie wir von anderen Menschen als Mitmenschen sprechen, und fühlen uns für „sie" (Mitwelt) verantwortlich. Wir wollen alles in unseren Kräften Stehende tun, um unsere natürlichen Ressourcen zu erhalten und zu pflegen. Dabei akzeptieren wir im Betrieb gewisse Mehrkosten. Das Ökologiekonzept unseres Betriebes enthält viele Maßnahmen, damit unser Motto „Ferien im Einklang mit der Natur" nicht nur Motto bleibt.

> Wir wünschen von unseren Mitarbeitern und Gästen, daß sie die Mitweltschutz-Maßnahmen mittragen und freuen uns über Verbesserungsvorschläge und neue Ideen.

Erfolgsnachrichten zum Schluß
Wir arbeiten nun seit 1986 ständig an unserem Ökokonzept und haben bereits durch verschiedene Maßnahmen sehr großen Erfolg.

1. Durch den kompletten Heizungsumbau (Invest. Summe 3,2 Mio. öS) haben wir die Energiekosten von 11,5 % auf 5,8 % reduzieren können, dies aber trotz 15 Betten mehr und der zusätzlich 1989 entstandenen Gesundheitsabteilung mit Hallenbad.
2. Durch die Handtuchaktion und bewußteren Gebrauch von Tischwäsche und Bettwäsche konnten wir den Waschmittelverbrauch um 35 % reduzieren. Die Mitarbeiterkosten im Bereich Etage um 15 %, den Wasserverbrauch um 28 % reduzieren. Kontrolliert werden diese Kosten durch eingebaute Wasseruhren sowie Einkaufskontrolle und Mitarbeiter-Controlling.
3. Durch unser Umweltkonzept haben wir aber auch eine rege Nachfrage vor allem in der Schweiz und in Deutschland geweckt, da diese Gäste viel umweltbewußter sind als andere. Die Gesamtsteigerung der Nächtigungen von 1986 bis inkl. Mai 1992 liegen bei 10875 Nächtigungen. Wir sind nun ein Ganzjahresbetrieb, in dem Mitarbeiter einen Jahresjob haben.
4. Durch bewußteren Einkauf, mehr große Einheiten, und durch Eigenanbau konnten die Wareneinsatzkosten von 20 % auf 15,5 % reduziert werden.
5. Durch ständige Mitarbeiterschulung ist es auch gelungen, die Motivation zu umweltgerechten Verhalten zu steigern und ein bewußteres Mitarbeiten zu erreichen. Viele Ideen stammen von Mitarbeitern.
6. Wir sind 1990 mit dem Österreichischen Umweltpreis für Tourismus „Globo 90" ausgezeichnet worden, 1992 mit den „Grünen Bäumen" der Kärntner Landesregierung und dem Ökopreis der Girozentrale sowie des Wirtschaftsmagazines Gewinn. Im November 1992 wurde uns der Internationale DRV Umweltpreis 1992 verliehen.
7. Durch unseren Erfolg wirken wir ansteckend. Hoffentlich breitet sich diese ansteckende Gesundheit „Das Ökofieber" als Epidemie aus.

Umweltorientierte Unternehmensführung in der Gastronomie

Die Ökomaßnahmen bei Gastwirten beziehen sich zum Teil auf ähnliche Themenbereiche wie beim Hotelmanagement. Dies gilt insbeondersr für

- den Bau und die Gestaltung der Einrichtung (Baubiologie),
- die Auswahl der Materialien und Geräte (z.B. Gastronomiekühlmöbel ohne FCKW),
- den Verbrauch der Ressourcen Energie und Wasser (Energiesparlampen, Wärmerückgewinnungsanlagen, Durchflußbegrenzer usw.),
- die Hauswirtschaft und Reinigung („weiche Chemie"),
- den Bereich Abfall und Entsorgung (Verpackungsvermeidung, Mehrwegsysteme, getrennte Sammlung der Wertstoffe, Kompostierung etc.).

Spezifische Ansatzmöglichkeiten ergeben sich

- beim Einkauf (hier solten Kriterien sein: regional, abfallarm, aus tiergerechter Haltung, aus biologischem Anbau) und
- beim Angebot (hier etwa saisonale Angebote, Vollwertangebote, frische regionale Produkte).

Als Orientierungshilfe

- für den Gastwirt gibt es die Signets für Produkte aus kontrolliertem Anbau (in Deutschland etwa die Mitgliedsfirma der „Arbeitsgemeinschaft Ökologischer Landbau" (AGÖL) oder in der Schweiz die BioKnospe, KAG, Porco fidelio u.a.),
- für den Gast gibt es inzwischen sogar einen „Öko-Gourmet"-Eßführer mit 100 Testberichten Schweizer Betriebe, die vollwertig kochen (das Umwelthandbuch des Schweizer Gastgewerbes nennt es „den alternativen Gault-Millau").

Sowohl in der Schweiz („Wädi-Brau-Huus" in Wädenswil) als auch in Deutschland (Neumarkter Lammsbräu, Zwickel) gibt es mittlerweile verschiedene „Öko-Biere".

Landkreis Rottal-Inn
Um die Biokost bei den heimischen Gastwirten stärker zu verankern, ist das Landratsamt, das die rund 40 Ökobauern im Landkreis bereits durch einen „Verein zur Förderung des ökologischen Landbaus" unterstützt hatte, anfangs 1993 aktiv geworden, um eine stärkere Zusammenarbeit zu fördern. Das florierende Hotel- und Gaststättengewerbe profitiert ja von der umwelt- und naturschonenden Wirtschaftsweise dieser Biobauern, denn die intakte Natur ist ein Wettbewerbsfaktor. Eine erste Zusammenkunft zeigte bei den Gastronomen großes Interesse an den Produkten aus dem biologischen Anbau. Ein Problem scheint noch im Beschaffungs- und Distributionsbereich zu liegen. Während noch bei den meisten Biobauern eine Direktvermarktung ab Hof üblich ist, bevorzugen die Gastwirte eine möglichst zentrale Einkaufsmöglichkeit.

Hessen à la carte – Eine lukullische Idee für den Umweltschutz nutzen
Aus der Fernsehsendung „Hessen à la carte", die seit mehreren Jahren erfolgreich im Hessischen Rundfunk ausgestrahlt wird, entstand die Idee der Hessen à la carte-Kooperation, die von dem Hessischen Fremdenverkehrsverband und dem Hotel- und Gaststättenverband Hessen gegründet wurde. Rund 150 gastronomische Betriebe aller Art, Ausflugsgaststätten wie Spitzenrestaurants, Kurhotels wie Landgasthöfe, Autobahnraststätten wie Weinstuben, weisen sich mit einem markanten Schild als „Hessen à la carte"-Betriebe aus. Primäres Ziel dieser Kooperation ist es, wieder mehr regionaltypische Gerichte und Getränke auf die Speisekarten der hessischen Gastronomie zu bringen. Alle Gaststätten und Restaurants, die sich unter anderem verpflichten, mindestens drei regionaltypische Gerichte auf der Speisekarte zu führen, können Mitglied der Kooperation werden. In 1993 wurde das erste Mal ausgewählten Hessen à la carte-Betrieben die Gelegenheit gegeben, sich auf der ITB in Berlin mit ihrem Angebot zu präsentieren.

Der Hessische Fremdenverkehrsverband, der mit seinem Hessen Touristik Service auch Reisemittler ist, hat für seinen Katalog 1993 sogar Kontingente von mehreren Hessen à la carte-Betrieben eingekauft und vermarktet sie z.B. auf touristischen Messen und Workshops.

Teil 9

Die Verantwortung von Reisevermittlern und Reiseveranstaltern

Reiseveranstalter
Was tun die Großen?

Reisevermittler

Die Verbandsarbeit

> „Having ruined their own environment, having either used up or destroyed all that is natural, people from the advanced consumer societies are compelled to look for natural wildlife, cleaner air, lush greenery and golden beaches elsewhere. In other words they look for other environments to consume."
>
> *(Hong, zit. bei Deegan, 1992, S. 14)*

Reiseveranstalter

Neun gute Gründe

1. Umweltqualität = Produktqualität
Eine gesunde Umwelt ist die Basis der touristischen Produktqualität und eine unverzichtbare Voraussetzung für schöne Ferien.

2. Kostensenkung und Wettbewerbsvorteile
Viele Maßnahmen, z.B. solche der Wasser-, Energie- und Büromaterialeinsparung, dienen sowohl direkt dem Umweltschutz als auch der Kostenverringerung und damit der Erzielung von Wettbewerbsvorteilen. Betrieblicher Umweltschutz läßt sich bereits mit wenig Geld, aber mit Köpfchen sehr effektiv betreiben.

3. Dauersicherung der Rentabilität
Ohne ausreichende Gewinnerzielung ist Umweltschutz dauerhaft nicht zu realisieren. Umgekehrt können Gewinne langfristig aber nur durch eine umweltorientierte Unternehmensführung gesichert werden, denn eine möglichst intakte Umwelt ist das Kapital im Tourismus.

4. Sicherung der Unternehmensexistenz
Verschiedene Umweltkatastrophen der jüngsten Vergangenheit haben eindeutig gezeigt, welchen existenzentscheidenden Faktor die Umwelt für alle Unternehmen der Reisebranche darstellt.

5. Förderung des Qualitätsbewußtseins
Eine hohe Qualität sowohl des touristischen Angebots als auch der unmittelbaren Arbeitsumwelt fördert das Qualitätsbewußtsein im Unternehmen. Mehr Arbeitszufriedenheit und höhere Motivation der Mitarbeiter schlagen sich auch in größerem Erfolg nieder.

6. Gewinnung engagierter Mitarbeiter
Ein Unternehmen, dessen Umweltengagement sich herumspricht, hat es auf dem immer angespannter werdenden Arbeitsmarkt leichter, interessierte Auszubildende, selbständig denkende Mitarbeiter und zukunftsorientierte Führungskräfte für sich zu gewinnen.

7. Bereicherung der Verkaufsargumentation
Kunden erwarten mehr und mehr fundierte Beratung auch über umweltverträgliche Reisemöglichkeiten, aber besonders über die Umweltqualität im jeweiligen Urlaubsgebiet. Die Gäste werden immer umweltsensibler.

8. Erschließung neuer Kundenkreise
Zahlreiche Untersuchungen belegen, daß es immer mehr umweltinteressierte Urlauber gibt. Kommen Sie der steigenden Nachfrage entgegen, nutzen Sie die Chance und sichern sich neue Zielgruppen.

9. Versachlichung der Diskussion
Die Branche wird häufig mit gutgemeinten, aber oft unrealistischen und praxisfremden Forderungen konfrontiert. Wer sich glaubwürdig und überprüfbar engagiert, weiß Bescheid und kann auch gegenüber Gästen und Umweltinteressierten qualifiziert mitreden.

Diese „guten Gründe" werden erst in jüngster Zeit gesehen. Zur ITB 1992 ließ die Fachzeitschrift Fremdenverkehrswirtschaft sieben Jahre Tourismuskritik

Revue passieren: Da sah vor allem die Bilanz der Veranstalter noch eher mager aus (vgl. Zimmer, 1992).

Um die Möglichkeiten der Reiseveranstalter und ihren tatsächlichen Beitrag zu einer Umweltorientierung nicht von vornherein zu überschätzen, sei zu Beginn darauf hingewiesen, daß nur etwas mehr als ein Drittel aller Urlaubsreisen über Reiseveranstalter gebucht werden. Erfolgreiche Strategien zur Verringerung der durch den Tourismus induzierten Umweltbelastungen bedürfen demgemäß auch des Einbezugs der zwei Drittel Individualtouristen.

Pauschal keineswegs zu halten ist die Gegenüberstellung „schlimmer Pauschaltourist" – „umweltfreundlicher Individualtourist". Auch für Kirstges (1992, S. 73) erfüllen koordinierte Reiseströme i.d.R. weitaus mehr die Anforderungen eines sanften Tourismus als die sog. Individualisten, „die beispielsweise zu zweit mit dem Pkw Europa bereisen, mit dem Rucksack auf dem Rücken die indische Gastfreundschaft ausnutzen oder durch wildes Campen Griechenlands unberührte Buchten schädigen".

Reiseveranstalter fassen verschiedene Einzelleistungen zu marktfähigen Angeboten (= Pauschalreise) zusammen. Neben einigen Großen (TUI, NUR, ITS, LTT) steht eine kleinere Zahl (ca. 30) mittelständischer Unternehmen und eine Vielzahl kleiner Betriebsformen. Die Großveranstalter haben dabei über die Jahre kontinuierlich Marktanteile an die kleinen und mittleren Veranstalter verloren.

Versuchten die meisten Reiseveranstalter über viele Jahre eine eigene Umweltverantwortung für ihren Bereich nicht zu sehen und die Verantwortung den Zielgebieten allein zuzuordnen, herrscht heute bei Tourismuskritikern und -befürwortern weitgehend Einigkeit „darüber, daß auch die Reiseveranstalter, die ja touristische Produktionsprozesse in den Zielgebieten initiieren, Maßnahmen zur Minderung der negativen Folgen des Fremdenverkehrs ergreifen sollen. Bislang fehlt es jedoch weitgehend an praktikablen Konzepten eines sanfteren Tourismus" (Kirstges, 1992, S. 11).

Die klassische Arbeitsteilung von Leistungsträgern, Reiseveranstaltern und Reisemittlern wird zur Zeit auf allen Ebenen durch Diversifizierungsbestrebungen (Vorwärts- oder Rückwärtsintegration) mit der Übernahme zusätzlicher Leistungen der Wertschöpfungskette durchbrochen.

Gerade vertikale Integrationsbestrebungen bei Großveranstaltern wie etwa der TUI, die mit einer Vereinheitlichung der Planung, Steuerung und Kontrolle einhergehen, bieten ausgezeichnete Möglichkeiten, eine umweltorientierte Unternehmensführung zu konzipieren und unter dem einheitlichen Leitungsdach mit Maßnahmen auch durchzusetzen. Durch diese Integration ist es einem „solchen Großveranstalter im Vergleich zu mittelständischen Reiseveranstaltern um ein Vielfaches leichter möglich, die Philosophie eines sanfteren Tourismus von der Konzernspitze bis zum Pförtner oder Animateur im konzerneigenen Clubhotel zu forcieren" (Kirstges,1992, S. 31).

Der Einfluß der Veranstalter auf Tourisverantwortliche in den Zielgebieten ist vor allem in den Ländern gegeben, wo die Urlaubskapazitäten überwiegend über Reiseveranstalter nachgefragt werden (in Spanien sind dies fast 80 %!).

Großveranstalter beeinflussen durch ihre Produktpolitik zwangsläufig die Zielregion (Qualität, Kapazität etc.). „Eine Mitverantwortung der Reiseveranstalter für Produktionsprozesse in bestimmten Urlaubsregionen und deren Folgen ist daher nicht zu bestreiten" (Kirstges, 1992, S. 65; ähnlich Roth, 1992, S. 57).

Dies bedeutet für den Veranstalter:

- Formulierung einer (möglichst schriftlichen) Umweltpolitik einschließlich Richtlinien /Leitlinien
- Analyse der eigenen Aktivitäten durch Audits/Assessments
- Die Chance eines zusätzlichen Marktsegments für umweltbewußt Reisende Anbieten von umweltverträglicheren Reiseformen (Arbeitsurlaube, Übernachten in Privatquartieren, Reisen mit Bahn/Schiff/Bus/Fahrrad etc.)
- Durchführung und Unterstützung von Forschungsvorhaben, Feldstudien, Erziehungsprojekten und eigenen Umweltschutzprojekten
- Öko-Sponsoringaktivitäten
- Neue Formen der Tourismuswerbung
- Eine andere Art von Informationen für Reisende (die sich langfristig in einer verstärkten Nachfrage nach umweltverträglicheren Reisen äußern wird)
  - Beilagen zu den Reiseunterlagen (die Mitglieder der Green Flag International (GFI) legen einen „Travellers Guide to Green Tourism" bei; ITS fügt wie viele anderen auch den Reiseunterlagen die Broschüre „Zu Gast in fremden Ländern" hinzu, darin sind nicht nur soziale und kulturelle Verhaltensanregungen enthalten, sondern auch Tips zum Müllvermeiden und Energiesparen; einige Reiseveranstalter geben ihren Kunden die „Sympathie Magazine" des Studienkreises für Tourismus mit auf die Reise)
  - Informationsabende, „faire" Kommunikation über Gastländer
  - Faktenvermittlung zu Umweltverhalten, gefährdeten Tierarten etc.
- Die Chance, Umweltkompetenz in das Unternehmens-Image einzubinden
- Einflußnahme auf die örtlichen Leistungsträger (Hotels etc.), vor allem in den Ländern, wo der nationale ordnungspolitische Umweltschutz noch wenig entwickelt ist
- Einflußnahme auf politische Einflußträger in den Zielländern
- Umweltorientierte Ausbildung der Reiseleiter
  Küting (1989, S. 131) fordert die Aufnahme von Klauseln in die Vertrags-

bedingungen des Veranstalters, die es den ReiseleiterInnen ermöglichen würden, bestimmte Verhaltensweisen zu verbieten; bei Weigerung kann der Vertrag aufgehoben werden (DUMA-Reisen ist hier Vorreiter)
- Umweltorientierte Auswahl der Verkehrsträger
- Unterstützung durch Verbände
Der English Tourist Board veröffentlichte die Schrift „Green Light", um den britischen Veranstaltern konkrete Hinweise zu geben („how to give the business a green overhaul")

Wenige Veranstalter haben bisher die Einhaltung bestimmter Mindestanforderungen aus diesem Katalog an Möglichkeiten vertraglich vereinbart. 1992 hat der Ausschuß „Umwelt und Kultur" des Deutschen Reisebüro-Verbands (DRV) in Zusammenarbeit mit der FUTOUR Umwelt- und Tourismusberatung einen Katalog von Umweltempfehlungen für Reiseveranstalter veröffentlicht, von dem bisher nur jeweils Einzelpunkte von Veranstaltern erfüllt wurden (insbesondere bei der Information der Reisenden).

DRV- Umweltempfehlungen für Reiseveranstalter

Womit Sie <u>sofort</u> beginnen können ...

Haben Sie schon ...

Büromaterial
- ausgewählt, das in der Herstellung, im Gebrauch und bei der Entsorgung besonders umwelt- und gesundheitsfreundlich ist (Papier, EDV- und Kopierbedarf, Schreibgerät, Korrekturlack, Klebstoffe)?

Energie und Wasser
- energie- und wassersparende Geräte und Anlagen im Einsatz?
- den Mitarbeitern Tips zum sparsameren Umgang mit Energie und Rohstoffen gegeben?
- Maßnahmen zur Wärmedämmung (z.B. Isolierfenster, Rolläden) ergriffen?

Lärm
- Maßnahmen zur Lärmdämmung durchgeführt?

Reinigung & Hygiene
- umweltgerechte Reinigungsmittel in Anwendung? Werden diese auch nur sparsam benutzt?

Abfall
- allgemein auf einen sparsameren Umgang mit Büromaterialien hingewiesen. Wird Abfall bei Ihnen so weit wie möglich vermieden?
- eine getrennte Müllsammlung eingeführt?

Auch in kleinen Büros lassen sich zahlreiche Umweltmaßnahmen sofort durchführen.
Hinweise bieten Ihnen kostenlos die Umweltberatungsstellen der Städte und Gemeinden.

Inneneinrichtung
- die umweltverträgliche Umgestaltung Ihres Büros systematisch begonnen oder sich Gedanken dazu gemacht?
- auf die Umweltverträglichkeit Ihrer Büroausstattung (Farben, Lacke, Bodenbelag, Vorhänge) geachtet?
- bei der Auswahl des Mobiliars an Umwelt- und Ergonomiegesichtspunkte gedacht? (Kopierer, Tische, Stühle, Beleuchtung, Computer)?
- Ihren Büroräumen durch geeignete Zimmerpflanzen ein angenehmes Raumklima und ein umweltfreundliches Ambiente verschafft, in denen sich Mitarbeiter und Kunden wohlfühlen?
- in Ihrem Büro separate Räume für Raucher oder ist das Rauchen aus Gründen der Gesundheit und eines besseren Raumklimas ganz verboten?

Verkehrsanbindung
- gezielt in der Werbung auf die Erreichbarkeit Ihres Büros mit öffentlichen Verkehrsmitteln hingewiesen?
- Ihren Mitarbeitern die Benutzung öffentlicher Verkehrsmittel schmackhaft gemacht, z.B. durch Beteiligung an den Fahrtkosten (Jobtickets)?

Unternehmensführung
- Ihr Büro als „Visitenkarte" Ihres Umweltbewußtseins gesehen?
- Engagement der Mitarbeiter im Bereich Umweltschutz innerhalb des Büros gefördert und unterstützt?
- den Umweltschutz in Ihrem Unternehmen zur Chefsache erklärt und sich über Umweltfragen im Tourismus informiert?
- an eine (regelmäßige) Aus- und Weiterbildung der Mitarbeiter auch zu Umweltthemen gedacht?
- einmal Interesse für Umweltprojekte gezeigt?

Werbung
- Vorschläge Ihrer Mitarbeiter zum Thema Umweltschutz erfragt?
- die Umweltverträglichkeit Ihrer Werbematerialien untersucht?

Reisevor- und -nachbereitung
- die Kunden einmal aufgefordert, nicht mehr benötigte Kataloge zurückzubringen oder weiterzugeben?
- Ihre Kunden eingehend über verantwortliches Auftreten im Reiseland, über dessen Kultur und Menschen, Natur und Umwelt informiert?

Der DRV hilft Ihnen dabei mit dem Faltblatt „Zu Gast in fremden Ländern"
- den Urlaubern darüber hinaus Hinweise auf entsprechende Literatur oder aktuelle Veranstaltungen zum Thema gegeben?
- Ihren Kunden auch Verhaltenstips für den Bereich „Natur und Umwelt" gegeben?

Einige Umweltverbände geben kostenlos Informationsblätter ab, die den Reiseunterlagen beigefügt werden können.
- spezielle Informationsabende, eventuell zusammen mit Natur- und Umweltgruppen, für Ihre Kunden organisiert?

Solche Veranstaltungen stellen ein gutes Instrumentarium zur Stammkundenbindung dar und zeigen Ihre Kompetenz als erfahrener Berater in allen Fragen rund um das Reisen.

Sicherlich ist der „Beeinflussungsgrad" des Reiseveranstalters von der Nachfragemacht abhängig, doch ist auch bei mittelständischen Veranstaltern durchaus ein Potential gegeben (z.B. über längerfristige Kooperationsverträge, Zielortkonzentration).

Kirstges (1992, S. 26 ff.) sieht gerade bei den Mittelständlern, die den deutschen Veranstaltermarkt sehr stark prägen, ein Potential zur Umsetzung der Ideale des sanfteren Tourismus: „Erst wenn es gelingt, der Masse der mittelständischen Unternehmen die Notwendigkeit, die Umsetzungsmöglichkeiten und die betriebswirtschaftlichen Vorteile eines sanfteren Tourismus zu verdeutlichen, besteht Hoffnung auf eine breitere Welle entsprechender Tourismusformen."

ATT-Reisen,
Der Stuttgarter Türkei-Spezialist erhielt 1992 den DRV Umwelt-Sonderpreis für seine „Strandputzfete" in der türkischen Ägäis, bei der unglaubliche Mengen Urlaubsmüll von Freiwilligen aus Deutschland und der Türkei gesammelt und entsorgt wurden. Im Rahmen der vom ATT gegründeten Stiftung „Marmaris-EGE-Park" ist zur Zeit ein Umweltschiff im Bau, das in den wilden Buchten den Müll von den Schiffen entsorgen, Abwasser absaugen soll. Neben diesen Aktionen plant ATT ein weiteres Umweltprojekt. Von den türkischen Behörden wurden dem Veranstalter bei Marmaris und Antalya jeweils 100 Hektar Land zur Verfügung gestellt, auf dem jeder ATT-Gast einen Baum pflanzen kann. Die Kosten dafür trägt der Veranstalter.

Grieshaber-Reisen
Der Spezialveranstalter von Reisen unter dem Motto „Mit Vollwertkost in alle Welt" wendet sich mit seinem Programm besonders an reiselustige Ernährungsbewußte. Angeboten werden Gesundheits-Fastenferien (Nordseeinsel Juist und Allgäu), Wanderreisen (Fichtelgebirge und Coburger Land), Studien- und Fernreisen (Toscana, Malta, Madeira, Andalusien, Teneriffa, Fuerteventura und Kanada) sowie Kreuzfahrten auf Flüssen (Nil) und Meeren (Ostsee, Nordland), teilweise mit komplett gecharterten Schiffen. Bei allen Reisen gibt es überwiegend eine vegetarische ovo-lacto-vegetabile Vollwertkost. Auf Kreuzfahrten erhalten die Gäste bei einigen Menüs auch Fisch- bzw. Fleischbeilage, die Mahlzeiten werden von in Vollwertkost versierten Küchenmeistern zubereitet. Eine Getreidemühle ist bei jeder Reise dabei. Der Geschäftsführer führt die meisten Reisen persönlich. Die ca. 20 Gruppenreisen werden in einem jährlich neu erscheinenden 36seitigen vierfarbigen Katalog veröffentlicht. Grieshaber-Reisen bietet seine Reisen über neuform-Reformhäuser und Naturkostläden bzw. direkt an. Die Werbung erfolgt über Anzeigen in Gesundheitsmagazinen (z.B. reform rundschau, Schrot & Korn) oder in Form von Leserreisen mit Gesundheitsorganisationen (z.B. Kneipp-Blätter, DER GESUNDHEITSBERATER). Die Familie Grieshaber ernährt sich seit 22 Jahren selbst vollwertig und ist daher für ihre Kunden ein qualifizierter Ansprechpartner. Zusätzlich werden bei den Reisen Vorträge über Gesundheit aus ganzheitlicher Sicht von Referenten und vom Firmeninhaber selber gehalten. Als Reiseleiter verstärken das Grieshaber-Reisen-Team zwei Gesundheitsberater GGB.

SSR-Reisen
Der Schweizer Veranstalter SSR-Reisen engagiert sich schon seit Jahren für Umweltanliegen im Zusammenhang mit Reisen. Bereits seit 1987 werden Prospekte auf 100 %-UWS-Papier gedruckt, und ein Jahr später wurde erstmals die Broschüre „Mit Sicht

aufs Meer" publiziert, die den durch Tourismus verursachten Umweltproblemen im Mittelmeerraum Rechnung trägt. 1991 wurde eine Studie in Auftrag gegeben mit dem Ziel, konkrete Maßnahmen zur besseren Umweltverträglichkeit der SSR-Reisen und für den eigenen Betrieb zu erarbeiten. Gleichzeitig wurde intern ein neues, breit abgestütztes Leitbild verabschiedet, welches der zunehmenden Bedeutung der Umwelt im Tourismus gerecht wird.

Gegen Ende 1992 wurde zusammen mit dem Verkehrsclub der Schweiz eine vielbeachtete, vergleichende Studie zur Verkehrsmittelwahl bei Kurzstreckenreisen veröffentlicht. Für die FernreisenkundInnen unterhält SSR-Reisen seit Anbeginn eigens eine Info-Stelle mit dem Ziel, vertiefte Informationen (Länderdokumentationen) zu den bereisten Gebieten bereitzustellen, wo auch schwerpunktmäßig die Sozialverträglichkeit und in zunehmendem Maße die Umweltverträglichkeit behandelt wird. Nebst periodisch durchgeführten Info-Treffen für (potentielle) KundInnen gibt es dazu das Reisehandbuch für Individualisten „Erichs Reisoleum", mit Tips zum sinnvolleren Reisen und richtigen Verhalten im Zielgebiet.

Zwei Umweltbeauftragte sorgen zudem dafür, daß dieser Themenkreis bei der Ausbildung der MitarbeiterInnen, der ReiseleiterInnen und bei der Mittelfristplanung auf Unternehmensebene entsprechend berücksichtigt wird. Alle bisherigen Erfahrungen und die neugewonnenen Erkenntnisse sollen 1993 in einem Umweltkonzept gefaßt und kundInnengerecht, d.h. vereinfacht, in der einen oder anderen Form in die neuen Prospekte integriert werden.

Hotelplan (CH)

Der Schweizer Reiseveranstalter Hotelplan verfolgt systematisch neben ökonomischen vermehrt auch ökologische und soziale Ziele. Zu diesem Zweck wurde von einer Projektgruppe in Zusammenarbeit mit dem Forschungsinstitut für Freizeit und Tourismus (FIF) der Universität Bern ein Ökoplan erarbeitet, der zahlreiche Maßnahmen in den drei Bereichen Ökologie im Betrieb, Produkte-Ökologie sowie Umwelt-Information vorsieht.

Der Ökoplan umfaßt viele größere und kleinere, teils bereits realisierte Maßnahmen, welche die ökologischen Belastungen von Betrieb und Angebot reduzieren oder die Information der Kundinnen und Kunden über ökologische Zusammenhänge verbessern sollen. So wurden im Bereich „Ökologie im Betrieb" Materialeinkauf und Abfallentsorgung von den Verantwortlichen gründlich durchleuchtet und nach ökologischen Kriterien neu konzipiert. Im Rahmen einer Verbesserung der Produkte-Ökologie realisierten die Hotels der Hotelplan-Tochtergesellschaft HORIZONTE ein 10-Punkte-Umweltschutzprogramm. Im Bereich Umwelt-Information wurden die Angaben zu Wasser- und Strandqualität in den Katalogen mit der Aufnahme der „blauen Flagge" und der Wiedergabe der Ergebnisse einer Gästebefragung zur Umweltsituation erheblich erweitert. Mit attraktiv aufgemachten Verhaltensanregungen sollten zudem die Hotelplan-Gäste zu rücksichtsvollem Reisen ermuntert werden.

Das FIF-Team hat nicht etwa bei der Neuformulierung der Geschäftspolitik begonnen und Konzepte erarbeitet, sondern von Anfang an konkrete Einzelmaßnahmen realisiert, sozusagen „Öko-Viren" eingebaut, die quasi automatisch den Sensibilisierungsprozeß in der Unternehmung beschleunigten und ausbreiteten. Beispielsweise half die Aufnahme der „Blauen EG-Flagge" im Badeferienkatalog 1991 mit, daß sich nicht nur beinahe alle Hotelplan-Mitarbeiterinnen und Mitarbeiter mit der Thematik Strand- und Wasserqualität auseinandersetzen mußten, sondern auch die Hotelplan-Gäste, die Verantwortlichen in den Destinationen und sogar die anderen Veranstalter.

Mittlerweile hat der Verwaltungsrat der Hotelplan-Gruppe ein neues Leitbild verabschiedet, in dem es unter anderem heißt: „Wir sind uns unserer Verantwortung gegenüber Umwelt und Kultur bewußt und bemühen uns, ökologisch und sozial vertretbare Produkte und Dienstleistungen anzubieten. Ökologische und soziale Kriterien stehen gleichberechtigt neben ökonomischen Überlegungen." In einem umfassenden Papier unter dem Titel „Hotelplan – ein fairer Partner" legt der Veranstalter zudem dar, wie er seine Verantwortung gegenüber seinen Gästen, der gastgebenden Bevölkerung, den lokalen Leistungsträgern, seinen Mitarbeiterinnen und Mitarbeitern und gegenüber der Natur im einzelnen wahrzunehmen gedenkt. Um die Umsetzung der genannten Absichten zu gewährleisten, beschäftigt Hotelplan eine „Ökoplanerin", die weiterhin auf die Unterstützung der bisherigen Umweltschutz-Projektgruppe wird zählen können.

Erste Taten

Organisation
- Schaffung der Stelle einer Ökoplanerin
- Verabschiedung eines neuen Unternehmens-Leitbildes
- Durchführung eines 10-Punkte-Programms „Horizonte nimmt Rücksicht auf die Natur" in den Hotelbetrieben der Hotelplan-Tochtergesellschaft

Abfallentsorgung und -vermeidung
- Konsequente Trennung und Pressung aller anfallender Abfälle
- Dank Trennung und Pressung Reduktion des der Kehrichtabfuhr übergebenen Abfallvolumens um beinahe 80 Prozent.
- Refill-Service für Farbband- und Tonerkassetten von Büromaschinen
- Verpackungsfreies Frühstück sowie Verzicht auf Aluminium-Dosen in allen Hotels der Hotelplan-Tochtergesellschaft HORIZONTE

Energie
- Beträchtliche Reduktion des Heizöl-Verbrauchs am HOTELPLAN-Hauptsitz dank Verminderung des Luftumlaufs und Sanierung des Eingangs
- Erstellen einer Transport-Energiebilanz für alle Hotelplan-Arrangements
- Einsatz von Energiesparlampen für Dauerbeleuchtung in den Hotels der Hotelplan-Tochtergesellschaft HORIZONTE
- Bevorzugung lokaler Nahrungsmittel und Getränke in HORIZONTE-Hotels

Kundeninformation
- Verbesserte Information zu Wasser-, Strand- und Luftqualität im Badeferienkatalog
- Verhaltensanregungen für Reisende

Materialeinkauf
- Ersatz der PVC-haltigen Produkte, wie Dokumentenmäppchen, Kofferetiketten etc.
- Recycling-Papier für alle Kuverts, Fotokopien, Kofferetiketten und Hygienepapiere

Hoteleinkauf
- Verwendung einer Öko-Checkliste für den Hoteleinkauf und damit Sensibilisierung der Hoteliers

Personal
- Ausbildungstag zum Thema Umwelt- und Sozialverträglichkeit für alle Reiseleitenden
- Durchführung eines Öko-Ideenwettbewerbs unter allen Mitarbeiterinnen und Mitarbeitern

Durch die Besonderheiten des Mittelstandes sind dessen Handlungsmöglichkeiten für einen umweltorientierten Tourismus in organisatorischer, personeller oder finanzieller Hinsicht merklich eingeschränkt (und werden mit abnehmender Betriebsgröße drastisch verringert). Wir haben bereits an früherer

Stelle auf Punkte wie die geringe Rendite, geringe Eigenkapitaldecke oder die Arbeitsüberlastung der oft inhabergeführten mittelständischen Betriebe hingewiesen.

Für eine nachhaltige Wirkung in Richtung auf einen auf breiter Front stattfindenden Umorientierungsprozeß müssen Impulse von zahlreichen Teilelementen der touristischen Wertschöpfungskette (die allerdings z.T. konkurrierende Interessenlagen haben) kommen. Eine entscheidende Rolle kommt den Reiseveranstaltern, die ja für die Destinationen (Land, Region, Ort) ein unverzichtbarer Kunde sind, und den Verkehrsträgern zu. Die Wirkungsketten ihrer Beeinflussungsmöglichkeiten führt Roth zu einem Push- und Pull-Konzept zusammen (vgl. Abbildung 40, aus Roth, 1992, S. 64)

Ein strategischer Ansatz eines umweltverträglicheren Tourismus bringt für einen deutschen Reiseveranstalter klare Vorteile (so Kirstges, 1992, S. 76 f.):

- Er trägt aktiv zum Erhalt oder zumindest zur Wiederherstellung der natürlichen und gesellschaftlichen Umwelt in den Zielgebieten bei.
- Er verhält sich verantwortungsbewußt und zeigt dies der Öffentlichkeit und den eigenen Mitarbeitern.
- Er sichert die Qualität des Produktes „Urlaubsreise".
- Klare Profilierung gegenüber den Umfeldgruppen (Corporate Identity).
- Die Kundenbindung wird sich erhöhen, neue Segmente können erschlossen werden.
- Er entzieht sich Angriffen von Umweltschutzverbänden und Medien.
- Er kann sein Engagement positiv vermarkten (PR).
- Die Kontakte zu Umweltverbänden schaffen ein Früherkennungssystem für zukünftige Bedrohungen (Abercrombie & Kent, ein auf Safaris in Afrika spezialisierter Veranstalter in Großbritannien, war sogar aktiv bei der Gründung der Umweltorganisation „Friends of Conservation" beteiligt. Eine 25-Pfund-Spende geht von jeder Buchung an diese Gruppe).

Zusätzliche Einzelmaßnahmen liegen:

- Im Katalogbereich
  Bei der Katalogherstellung: Recyclingpapier wie z.B. die Kataloge von Eurocamp, Medico, chlorfrei gebleicht
  Bei der Distribution: Redistributionssysteme
- Inhouse-Möglichkeiten: Büro-Ökologie, Recycling

Transair
Nachdem die Testaktion „Leih Dir einen Katalog" (Der Kunde kann seinen Katalog wieder im Reisebüro abgeben und so mit dazu beitragen, den Papierverbrauch zu senken) erfolgreich durchgeführt wurde, können mittlerweile die Transair-Kataloge im gesamten Bundesgebiet ausgeliehen werden. An der Aktion haben sich 750 Reisebüros

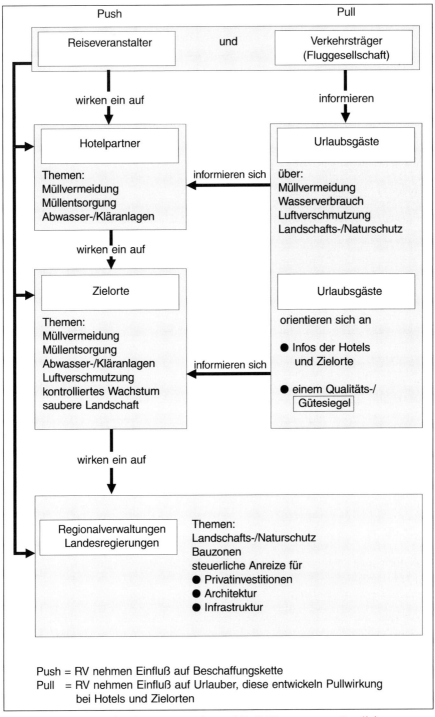

Abb. 40: Die Kombination von Push- und Pull-Konzept zur Realisierung umweltverträglicher Tourismus-Konzepte

beteiligt. Durch Mehrfachnutzung der Kataloge soll ein kleiner Schritt zur aktiven Umweltentlastung gemacht werden. Zusammen mit dem Leih-Katalog, der sich vom herkömmlichen Einwegkatalog durch einen verstärkten Einband unterscheidet, wird dem Kunden ein Gewinncoupon überreicht, mit dem er an der Verlosung von Sachpreisen teilnimmt.

WWF-Studie Reisekataloge
Zu den Informationen in den Katalogen: Wie eine WWF-Studie (1990), bei der 107 Reisekataloge von 46 Reiseveranstaltern analysiert wurden, zeigte, fehlen i.d.R. Informationen über Umweltkriterien vor Ort (wie Wasserqualität oder Entsorgungskonzepte) und zu den Hotels; nur bei zehn Veranstaltern wurde eine differenzierte und realitätsnahe Darstellung der Natur und Umwelt festgestellt.

Seetours
Um Umweltschutz auf hoher See bemüht sich der Spezialveranstalter Seetours. Im Sommer 1991 wurden die Arbeitskreise Umwelt, Touristik und interner Umweltschutz gegründet. Die rund zehn Mitarbeiter haben bereits einiges erreicht:
- 10 Gebote für Antarktis-Reisende
- Versand der DRV-Broschüre „Zu Gast in fremden Ländern" mit den Reiseunterlagen an alle Kunden
- Versand des Greenpeace-Info-Blatts „Wichtige Informationen für Indonesien-Reisende" mit den Reiseunterlagen
- Erarbeitung eines Schiffsfragebogens
- Versand der Fragebögen an Schiffe/Reedereien unter deutscher und Seetours-Flagge
- Auswertung der Rückläufe
- Übersetzung des Fragebogens ins Englische
- Aufbereitung der Informationen zwecks Veröffentlichung im Seetours-Katalog
- Erstmals Umweltseite im Seetours-Katalog 1993
- Verstärkt Bahn- und Bus- an-/-abreisemöglichkeiten im Angebot
- Auswahl der Busunternehmen nach Umweltgesichtspunkten (Rußfilter, getrennte Müllsammlung im Bus etc.)
- Druck des Seetours-Kataloges auf elementar chlorfrei gebleichtem Papier
- Anweisung an Druckerei, daß für Seetours-Druckerzeugnisse generell o.g. Papier zu verwenden ist.

Aktuelle Aufgaben:
- Versand der englischen Fragebogen an alle Reedereipartner/Schiffe im Seetours-Angebot
- Auswertung der Rückläufe
- Aufbereitung der erhaltenen Infos für Veröffentlichung im Seetours-Katalog 1994
- Erarbeitung eines Umwelt-Briefings für Seetours-Reiseleiter

Zukünftige Aufgaben
- Ausgabe von Blankofragebögen an Reiseleiter als fester Bestandteil der Reiseleiterberichte, die für jede Reise zu erstellen sind (dadurch Kontrollmöglichkeit der Reedereiangaben!)
- Ausarbeitung von Umweltinfos über die von den Schiffen besuchten Zielgebiete
- Ausgabe der Infos an alle Reiseleiter, damit diese in Sprechstunden und Vorträgen die Kunden sensibilisieren können

Arbeitskreis interner Umweltschutz, bereits erreichte Ziele:
- Wasserspartaste in allen Toiletten
- Einsatz von umweltfreundlichen Putz- und Spülmitteln

- Druck von EDV-Listen vorzugsweise auf Umweltpapier
- Infos an alle Mitarbeiter über Energiesparmaßnahmen
- getrennte Müllsammlung (Glas, Papier, Restmüll)
- Batteriesammlung
- vorrangig Verwendung von aufladbaren Batterien
- Einsatz von Pfandflaschen (Mineralwasser/Säfte) für Bewirtung
- Info-Fläche am Schwarzen Brett („Grünes Brett")
- Styroporsammlung

Checkliste umweltfreundlicher Maßnahmen an Bord von Kreuzfahrtschiffen

Allgemeines
Ist das Flaggenland Ihres Schiffes/Ihrer Schiffe den internationalen Abkommen zur Reinhaltung der Meere beigetreten (Marpol etc.)?
Einrichtungen an Bord:
- Wurden über die von Solas geforderten Baumaterialien/Baustoffe hinaus umweltverträglichere Materialien (z.B. Innenfarben) verwendet?
- Welche Außenfarbe wurde verwendet? Gemäß der Vorgaben durch den Gesetzgeber oder sogar darüber hinaus?
- Gibt es getrennte Nichtraucher-/Raucherbereiche in den Gemeinschaftsräumen?
- Gibt es separate Nichtraucherkabinen?
- Sind energiesparende Küchen- und Haushaltsgeräte im Einsatz? Energiesparlampen?
- Erhalten Gäste/Mitarbeiter Tips zur Energiesparung?
- Besteht ein Incentive-/Motivationsprogramm für die Crew?
- Verfügt das Schiff über ein langfristiges Wasserkonzept? Wird z.B. der Wasserverbrauch durch Wasserhähne, Duschköpfe, Toilettenspülung mit Spartasten begrenzt?
- Verfügt das Schiff über eine Abwasseraufbereitungsanlage? Wenn ja, welcher Art ist sie (biologisch ...)?
- Gibt es eine Entsalzungsanlage zur Aufbereitung von Salzwasser?
- Können die Gäste bestimmen, wie oft ihre Wäsche gewaschen oder die Kabine geputzt wird?
- Kommen überwiegend Recyclingprodukte, z.B. Büromaterial, Toilettenpapier etc., zur Verwendung?
- Wie ist die Abfallverwertung geregelt?
- Werden biologisch abbaubare Putzmittel eingesetzt?
- Gibt es einen umweltfreundlichen Wasch-, Putz- und Pflegemittel-Einsatzplan? (Umfang, Häufigkeit, Intensität der Reinigung)
- Wie sieht der Plan aus?
- Wird das Personal in den Pflegemittel-Dosierungsvorschriften geschult?
- Sind in den Badezimmern die „Tagesportionen" von Seife, Shampoo und Badeschaum ersetzt durch Dosieranlagen/Spender?
- Gibt es seitens des Eigners oder des Kapitäns ein Statement zu umweltfreundlicher Schiffsführung?
- Existiert eine Arbeitsgruppe Umwelt, ein Umweltbeauftragter?
- Wird im ganzen administrativen Bereich Wert auf Umweltschutz gelegt (Fotokopien, Schmierpapierverwendung ...)?
- Sind Lebensmittel von geschützten Tieren und Pflanzenarten auf der Speisekarte (Schildkrötensuppe, Gänsestopfleber ...)?

- Gibt es Vorschriften für den Schiffscaterer, auf die Verpackungsarten von Lebensmitteln zu achten (Mehrweggebinde, Pfandflaschen ...)?
- Wird auf die kosten- und abfallintensiven Einzelportionen (Milch, Zucker, Marmelade) außerhalb von US-amerikanischen Fahrtgebieten verzichtet?
- Werden Vollwert- und vegetarische Gerichte, Getränke aus biologischem Anbau (Wein, Bier, Säfte) angeboten?
- Erhält die Crew Informationen über gesunde, natürliche Ernährung?

Studiosus
Die Nr. 1 unter den bundesdeutschen Studienreiseveranstaltern bemüht sich schon seit Jahren um den „anderen Tourismus" und die qualitative Weiterentwicklung des Studienreisesektors. Im Umweltbereich wurden folgende Maßnahmen durchgeführt:
- Selbstverpflichtungskatalog „sanfter Tourismus" von den im Planungsbereich tätigen Mitarbeitern
- Beirat für umwelt- und sozialverträgliche Studienreisen mit namhaften Vertretern aus Verbänden und Organisationen
- Verzicht auf Reisen zu den touristischen „weißen Flecken" auf der Weltkarte, insbesondere in sensible Menschen- und Naturreservate
- Gleichberechtigte Ausschreibung in den Katalogen der umweltfreundlichen Bahnanreise zum Abflugsort
- Zusammenarbeit mit örtlichen und überregionalen Naturschutzorganisationen, z.B. in Malta und Griechenland
- Eigene Kundenbroschüre „Umwelttips und richtiges Verhalten im Ausland"
- Hotelchecklisten zur Sensibilisierung des ökologischen Grundgedankens in den Hotels weltweit
- Eigener Umweltkoordinator im Hause
- Vorreiter in Sachen umweltfreundlichen Papiers für die Katalogproduktion
- Innerbetrieblicher Umweltauschuß
- Katalogausschreibung „Rettet Pamukkale"

„Rettet Pamukkale"!
Als einer der ersten deutschen Reiseveranstalter hat Studiosus öffentlich auf die Umweltproblematik der Sinterterrassen von Pamukkale hingewiesen. Im Europa-Katalog 1993 ist ein Aufruf zum Schutz dieser ökologisch stark gefährdeten Thermalbecken abgedruckt, die als eine der Hauptsehenswürdigkeiten der Türkei gelten. Studiosus hat bei allen Studienreisen, die durch Pamukkale führen, ausschließlich Hotels unter Vertrag, die nicht in unmittelbarer Nähe der Sinterterrassen liegen und die weder das Thermalwasser zum Verbrauch noch als Poolwasser benutzen.
Darüber hinaus unterstützt der Münchner Veranstalter Aktivitäten von Umweltorganisationen der Türkei und weist die Reiseteilnehmer vor Ort auf die ökologische Problematik der Landschaft hin. Das Nutzen des calciumhaltigen Thermalwassers in den umliegenden Hotels oder gar das Baden in den Terrassen selbst behindert die für das ökologische Gleichgewicht notwendige Überspülung der Kalkterrassen und führt so zu ihrer rapiden Zerstörung.

Was tun die Großen?

Thomson Travel Group (U.K.)
Großbritanniens Gigant setzt sich aus der Thomson Tour Operations (Veranstalter für 3,3 Millionen Reisende pro Jahr), Britannia Fluglinie (29 Flugzeuge) und Lunn Poly

(mit ca. 600 Reisebüros) zusammen, die einen Umweltreferenten bestellt haben. Die Gruppe sieht den Veranstalter in einer gewissen Verantwortung dafür zu sorgen, daß die örtlichen Anbieter Maßnahmen der Energieeinsparung oder des Abfallmanagements durchführen, man hält das Ziel aber erst in fünf Jahren für vollständig erreicht. Der primäre Ansatzpunkt wird allerdings bei den entsprechenden Organisationen (wie IFTO), die Druck auf die örtlichen Verwaltungen in den Zielgebieten ausüben sollten, gesehen. In den Broschüren wird auf Umweltaktivitäten verwiesen, die Touristen selbst durchführen können.

TUI
Im Rahmen der Studie „Touristikunternehmen im Spiegel der Manager" erhielten Reiseveranstalter und Reisebüros, wenn es um ihre Umweltorientierung geht, von den 200 befragten Führungskräften touristischer Unternehmen die schlechtesten Noten. Einzige Ausnahme war die TUI. Ihr großes und aktives Engagement ist nicht zuletzt durch die Arbeit des agilen Umweltbeauftragten auf fruchtbaren Boden gefallen. Mit der Note gut (502 Punkte) rangiert der Branchenerste weit vor allen anderen; auch vor dem in Sachen Umwelt mit lediglich ausreichend benotetem zweitplazierten Studiosus (384 Punkte). Unter den Reisemittlern präsentiert sich das DER mit dem positivsten Umwelt-Image (302 Punkte). (vgl. Barg, 1993).

Seitdem die Touristik Union International (TUI), größter Reiseveranstalter Europas, eine Vorreiterrolle beim Thema Tourismus und Umweltschutz übernommen hat, werden von ihr auch konkrete praktische Schritte der Umsetzung, vor allem im Bereich der Urlaubshotellerie, erwartet.

Die TUI definiert Umweltschutz als Teil ihrer Philosophie und Bestandteil ihres Produktes. So gesehen gilt das Selbstverständnis „TUI ist umweltorientiert" in besonderem Maße für die TUI-Hotelbeteiligungs-Gesellschaften wie Robinson Club, Iberotel, Dorfhotels+Bauerndörfer, Grecotel und RIU Hotels.
Aber auch bei allen anderen (mehr als 8500) Hotel-Vertragspartnern der TUI orientieren sich die Umwelt-Maßstäbe der TUI an einer verantwortungsvollen und nachhaltigen, d. h. dauerhaften Balance zwischen Mensch (Kundenzufriedenheit, Sozialverantwortlichkeit) und Natur (Umweltverträglichkeit). Dabei dienen die eigenen „Umwelt-Checklisten" für Hotels, Clubanlagen und Ferienwohnungen als Grundlage für einen offenen Dialog zwischen Einkäufern und Hoteliers. Weil die praktische Umsetzung der Einsicht „Qualität durch intakte Umwelt" aber einer Fülle von Vorurteilen wie auch konkreten Problemen (Kosten, Technik, Prioritäten) begegnet, bemüht sich die TUI, die notwendigen Ansprüche an eine umweltschonende Hotel-Betriebsführung mit ganz konkreten Informationen der Machbarkeit und der Wirtschaftlichkeit zu verbinden.

Als unternehmerische Notwendigkeit wird umrissen: „Die TUI kann in Zukunft nur noch Zielgebiete und Objekte verkaufen, die ein Mindestmaß an Umweltvoraussetzungen erfüllen. Das Durchsetzen von Umweltforderungen bewirkt langfristig eine Sicherstellung unseres Geschäftes und letztendlich unseres Ertrages." Die Hotel-Einkäufer der TUI werden angewiesen mitzuhelfen, „notwendige Umweltforderungen gegenüber dem Hotel und den Verantwortlichen in den Zielgebieten durchzusetzen."

Reduzierung von Umweltbelastungen: Sieben Bausteine zum Erfolg

1. Das Konzept
Systeme statt Insellösungen
- Vernetzung
- Dialog
- Kooperation

Nachhaltigkeit

Unserer ökonomischen und ökologischen Verantwortung als europäischer Marktführer werden wir nicht durch Einmal-Aktionen oder punktuelle Maßnahmen gerecht, sondern durch nachhaltige Systemlösungen. „Systeme statt Insellösungen". Durch integrierte Strukturen (Vernetzung), Informationsfluß (Dialog) und Kooperation erreichen wir positive Veränderungen, die – in der Breite des touristischen Angebots – zu erheblichen (quantitativen) Reduzierungen von Umweltbelastungen und zu mehr Ressourcenschonung führen. Damit sorgen wir zugleich ökonomisch für mehr Wirtschaftlichkeit und für Risikominderung.

2. Die Organisation
Das TUI-Umwelt-Netzwerk
- TUN!
- flexibel
- selbstlernend

Die Organisationsstruktur des flexiblen, selbstlernenden „TUI-Umwelt-Netzwerkes (TUN!)" demonstriert unseren handlungs- und ergebnisorientierten Ansatz (TUN!) bei der Umsetzung von Umweltstandards im Bereich der TUI-Urlaubshotels.

3. Die Aktionsfelder:
Das Hotel
- Betriebsführung

Der Einkauf
- von Hotelkontingenten

Die Kataloge
- Angebotsdarstellung

Reduzierung von Umweltbelastungen im Bereich der Urlaubshotellerie erreichen wir mit operativen Maßnahmen:
- beim Hotel durch umweltschonende Betriebsführung, Produktpflege und -verbesserung, Qualitätssicherung von umweltschonenden Hotelleistungen, Qualitätskontrolle
- beim Einkauf von Bettenkontingenten in touristischen Anlagen, die Umweltkriterien realisieren
- bei der Angebotsdarstellung in unseren Katalogen mit umweltspezifischen, produktbezogenen Kundeninformationen als Marketingunterstützung für umweltorientierte Hotelanlagen.

4. Die Instrumente
- TUI-Checkliste für touristische Anlagen
- Motivation und Beratung der Hoteliers
- Schulung und Information unserer Hotel-Einkäufer

Mit dem breiten Einsatz von TUI-Checklisten für touristische Anlagen (bisher auf deutsch, englisch, spanisch, italienisch, weitere Sprachen folgen) führen wir unsere Hotel-Vertragspartner an notwendige Umweltkriterien heran, die Produktbestandteil der Hotelleistungen sein sollen. Durch Motivation und Beratung überzeugen wir die Hoteliers von der Notwendigkeit, der Machbarkeit und der Wirtschaftlichkeit von umweltschonenden Maßnahmen der Betriebsführung. Durch interne Schulungen unserer Einkäufer beginnen wir, notwendige Umweltforderungen gegenüber den Hoteliers durchzusetzen.

5. Die Umsetzung
- TUI-Hotelbeteiligungsgesellschaften als Vorreiter und Vorbilder
- TUI-Produktmanager als Durchsetzer mit Hilfe von Einkauf, Planung, Katalogen

- TUI-Präsentationen, Fachinformationen und Beratung für Hoteliers/Vertragspartner

Wir überzeugen unsere Gäste und unsere weltweiten Vertragspartner, wenn unsere eigenen fünf Hotelbeteiligungsgesellschaften (mit z.Zt. 98 Hotels und 52 000 Betten in 10 Ländern und 26 Destinationen) die notwendigen Umweltkriterien vorzeigbar „bei uns selbst" umsetzen. Die TUI-Produktmanager, die die Planung, den Einkauf und die Katalogausschreibung der Hotels und touristischen Anlagen verantworten, sorgen – schrittweise – für die Durchsetzung bei unseren anderen Vertragspartnern. Durch „Präsentationen" zu umweltschonendem Hotelmanagement, durch Versorgung mit Fachinformationen und durch Beratungshilfen investieren wir in das Problembewußtsein unserer Vertragspartner.

6. Stärken und Schwächen

Stärken:
- Lernfähigkeit
- Motivation
- Synergien
- neuer Qualitätsstandard

Unmittelbare Stärken ergeben sich bereits jetzt durch
- kontinuierliche Lernprozesse bei der Umweltorientierung
- Synergieerfahrungen „Gemeinsam sind wir besser"
- Früherkennen von Problemfeldern
- Produktoptimierungen
- kurzfristige und mittelfristige Kostensenkungen
- Reduzierung von Umweltbelastungen
- Ressourcenschonung
- Verstärkung der Qualitätssicherung
- Unterstützung der Markenstrategie
- Motivation der Mitarbeiter durch Eigenverantwortung zu Kreativität und Innovation
- „Verantwortungsethik" des Managements
- höhere Sympathiewerte

Schwachstellen:
- technische und ökologische Defizite
- Kosten
- Zahlungsbereitschaft
- Risiken

Als Schwachstellen orten wir:
- technische und ökologische Defizite einzelner Betriebe
- kurzfristige Kostensteigerung in Teilbereichen bei Einzelbetrieben
- Qualifikation und Mehrarbeit des Personals
- hoher Grad an Preisorientierung bei den Hoteleinkaufsverhandlungen
- unklares Marketing von umweltfreundlichen Anlagen (Katalogausschreibung, Zahlungsbereitschaft von Urlaubern, Kaufentscheidungskriterien, Haftungsrisiken, Zielgruppen, Nachfragepotentiale)
- „ungelöste Fragen" (Gütesiegel? Brancheneinheitliche Checklisten? Wettbewerbe? Konzentriertes Vorgehen?)

7. „The Human Factor"
- Vorbilder statt Vorschriften!
- Sog statt Druck!

Unsere Umweltexperten.

Eine *intakte* Umwelt ist die Voraussetzung für *schöne* Ferien. Deshalb beschäftigt sich die TUI intensiv mit der *Umweltsituation* in den Urlaubsgebieten. Als erster großer Reiseveranstalter haben wir einen Umweltbeauftragten eingestellt, *Dr. Michael Iwand*. Gemeinsam mit den TUI Umweltkoordinatoren arbeitet er vor Ort daran, die Wünsche unserer Urlauber mit einer *naturbelassenen*

Umweltschutz fäng bei uns selbst an.

So steht es in unseren Unternehmens-Le zen. Wir haben ein festes System entwic wie wir die Aufgabe Umweltschutz ve wortungsvoll anpacken. Quer durch alle A lungen gibt es ein Netz engagierter Mitarb die sich mit dem Thema Umwelt in uns Katalogen, bei den Reisebüros, in der grammplanung, bei der An- und Ab oder im eigenen Betrieb beschäftigen. schulen unsere Mitarbeiter in Sachen welt und lassen uns von Fachleuten ber

Auch die Umwe

Umwelt in Einklang zu bringen. Diese Aufgabe gehen wir sehr *sorgfältig* an. So analysieren wir den Zustand unserer Urlaubsgebiete und Hotels und bewerten sie nach ihrer Umweltverträglichkeit. Dabei achten wir besonders auf reines Wasser, saubere Strände und Grünanlagen, gute Luft, wenig Lärm und eine in die Landschaft passende Architektur. Wir arbeiten mit Umweltschützern zusammen und unterstützen die Bemühungen der Gemeinden, die *Blaue Europa-Flagge der „Europäischen Stiftung für Umwelterziehung"* zu erhalten. Wir nehmen Einfluß auf Hoteliers und Behörden, drängen auf *Verbesserungen* und suchen Mißstände abzustellen. Und ziehen uns notfalls auch aus Urlaubsgebieten zurück.

Das Papier unserer Kataloge beste elementar chlorfrei gebleichten stoff. Bei der chlorfreien Bleic Papier-Zellstoffes entstehen kei fährlichen Schadstoff-Verbindunge Mensch und Umwelt gefährden können. Dieses Papier verb zudem nachhaltig den Recycling-Effekt bei der Altpapier-Entso

Damit die Umwelt weiter entlastet v brauchen wir auch Ihre Unterstützung: G Sie guterhaltene Kataloge nach Verwend an Ihre Freunde, Bekannten, Verwandten wieder zurück in Ihr TUI Reisebüro.

Eine Aufgabe für alle.

irksamer Umweltschutz ist nur mit *vereinten Kräften* möglich. Deshalb bemühen wir uns gemeinsam mit unseren Geschäftspartnern, Lösungen zu finden, wie wir Natur und Umwelt entlasten können. So bieten wir mit dem UrlaubsExpress eine umweltfreundliche Reisealternative an. Wir kümmern uns um *Energie- und Wassersparmaßnahmen* in unseren Hotels. Oder sorgen mit umweltgeschulten Reiseleitern, Ski-, Berg- und Wanderführern dafür, daß nicht die *Natur* unseren Urlaub bezahlen muß.

Machen Sie mit!

Genauso wichtig wie unsere Umweltarbeit ist das, was *jeder einzelne* im Urlaub tun kann. Zum Beispiel durch konsequente *Abfallvermeidung* beim Einkaufen, am Strand, im Hotel, auf Ausflügen und Rundreisen und durch ein *verantwortungsbewußtes* Umgehen mit Energie und Wasser, die in vielen Regionen ein kostbares Gut sind. So kann jeder Urlauber ein *Vorbild* für umweltbewußtes Verhalten sein, außerdem mit einem *respektvollen* Verhalten gegenüber den Gastgebern dazu beitragen, daß die Kultur und Eigenart eines Landes erhalten bleiben.

braucht *Erholung*.

Wir stehen erst am Anfang unseres Umweltkonzeptes, vieles muß noch erprobt werden. Aber wir *arbeiten* daran: mit aller Kraft, mit unseren Umweltexperten, neuen Ideen, den internationalen Möglichkeiten eines großen Reiseveranstalters – und *Ihrer* Mithilfe.

Schöne Ferien!

Bei allen einzelnen Schritten – von der langfristigen Konzeption bis zur konkreten alltäglichen Umsetzung im Hotelbetrieb – erleben wir, daß die treibende Kraft, die Dynamik von jenen Menschen, den Managern, den Mitarbeitern (und Gästen) kommt, die sich fürs aktive Mitmachen bei einer Hotelbetriebsführung entschieden haben, die – schrittweise – bewußt zu einer Reduzierung oder Vermeidung von Umweltbelastungen beiträgt. Dadurch finden wir (zunächst) unsere „Politik" bei der Durchsetzung von Umweltanforderungen bestätigt:
- Vorbilder statt Vorschriften
- Sog statt Druck!

TUI-Umweltcheckliste 1992 — HOTELS, CLUBS, FEWOS

Zielgebiet _____ Ort _____ Objekt _____ Datum _____

	sehr gut	gut	befr.	mang.	mang.-haft	Begründungen + Erläuterungen
1) Hotelbetrieb						
a) Abwasserbehandlung (Anschluß an Kläranlage, eigene Kläranlage [welche Technik: mechanisch, biologisch u. a.]; Abwasserreinhaltung usw.)	☐	☐	☐	☐		
b) Abfallbeseitigung (Abfallvermeidung [keine Portionsverpackungen usw.]; Mülltrennung für Recycling, Kompostierung, Sammlung von Sondermüll usw.	☐	☐	☐	☐		
c) Wasserversorgung (Verringerung des Verbrauchs/Wassersparmaßnahmen; Grundwassernutzung usw.	☐	☐	☐	☐		
d) Energieversorgung (Energieeinsparung; alternative Energieerzeugung [Solar- oder Windenergie] usw.	☐	☐	☐	☐		
e) Betriebsführung (Reinigungsmittel; Schädlingsbekämpfung; Nahrungsmittel usw.	☐	☐	☐	☐		
2) Lärmschutz im/am Hotel (Verkehrsberuhigung, andere Lärmschutzmaßnahmen usw.	☐	☐	☐	☐		
3) Grünanlagen des Hotels (Gestaltung und Unterhaltung der Gartenanlagen; Wassersparmaßnahmen/Brauchwassernutzung [z. B. geklärtes Abwasser]; Pflanzenschutzmittel usw.	☐	☐	☐	☐		
4) Architektur und Baustoffe des Hotels (Regionaltypische Gestaltung und Baumaterialien, problematische Baustoffe usw.	☐	☐	☐	☐		
5) Umwelt-Informationen und Umwelt-Angebote des Hotels (Informationsmaterial; Fahrradverleih, Kurse und Führungen usw.	☐	☐	☐	☐		
6) Standort und unmittelbare Umgebung der Hotel-Anlage (Landschaftliche Umgebung, Bebauung der Umgebung, Verkehr usw.	☐	☐	☐	☐		
7) Badegewässer und Strandqualität im Hotelbereich (Sauberkeit/Hygiene; Naturbelassenheit usw.	☐	☐	☐	☐		
8) Sonstige besorgniserregende oder beispielhaft umweltfreundliche Aspekte des Hotels						

TUI-Umwelt: 3. Fassung (1992)
1993 in Überarbeitung

Krie-Hzu/Ma/2

Zehn Praxisbeispiele aus der Tagesarbeit des TUI-Umweltbeauftragten zur Verringerung der Umweltbelastungen in der Hotellerie:

1. Vernetzung
Vernetzung von fünf TUI-Hotelbeteiligungsgesellschaften, TUI-Produktmanagern, TUI-Reiseleitern, (ungezählten) Hotelvertragspartnern, Hoteliersvereinigungen, externen Partnern.

2. Schulung
Interne und externe „Schulungen" von Hoteleinkäufern und Produktmanagern, Chefreiseleitern, Cheftechnikern; Präsentationen „umweltverträgliches Hotelmanagement" für Hoteliers der TUI-Hotelbeteiligungen und für Vertragspartner (bisher in Mallorca, Gran Canaria, Teneriffa, Fuerteventura, Gardasee, Kenia) mit externen Consultants; Weitergabe und Verbreitung von Fachinformationen zur umweltschonenden Betriebsführung: DRV-Umweltempfehlungen für touristische Anlagen, TUI-Texte, TUI-Vortragsmanuskripte, DEHOGA-Broschüre etc.

3. Checkliste
TUI-Umweltcheckliste für touristische Anlagen 1993 im 4. Jahr (schrittweise didaktische Weiterentwicklung); Einsatz und Auswertung; EDV-Aufbereitung (Datenbank) der Umweltinformationen aus den TUI-Hotel-Checklisten.

4. Angebotsdarstellung
Katalogarbeit: Kontinuierliche Weiterentwicklung der Objektbeschreibung von touristischen Anlagen mit umweltfreundlichen Aspekten der Betriebsführung (bei nachprüfbaren Angaben).

5. Qualitätskontrolle
Auswertung der TUI-Reiseleiter-Berichte, der Kundenschreiben, Reklamationen und der „Umweltfragebögen für TUI-Mitarbeiter (auf Urlaubsreisen)" als Qualitätskontrolle für Produktmanagement, Chef-Reiseleiter und Hoteliers.

6. Planungshilfe
Planungshilfen (aus aggregierten Hotel- und Umfeldinformationen) für TUI-Produktmanagement zum Erreichen von Umweltqualitätszielen.

7. Beratung
Fachliche Beratungshilfe für Hoteliers (als Beispiele: Betrieb einer Kompostieranlage, Geruchsbildung bei Kläranlagen, Einsatz alternativer Energien, Müllverbrennungsanlagen, EG-Subventionierung von Umwelt-Investitionen); Know-how-Transfer durch Zusammenarbeit mit externen Experten (Öko-Management und Hotel-Umwelttechnologie); Weiterentwicklung bei der Definition von Umweltstandards.

8. Umweltverträglichkeitsprüfung
Studium von Umweltverträglichkeitsstudien, Bebauungs- und Flächennutzungsplänen, Aufbau von Kontakten zu UVP-Experten.

9. Dialog
Fachbezogene Verbindungen zu Umweltverbänden, nationalen und internationalen Fachverbänden, Handwerkskammern, politischen Institutionen, Medien, Zusammenarbeit im DRV-Ausschuß Umwelt+Kultur; Fachkontakte zu Wettbewerbern.

10. Motivation
Motivation von Mitarbeitern im Innen- und Außendienst, Motivation von Hoteldirektoren, Überzeugung von Geschäftsführungen, öffentliche Darstellung von beispielhaften Betrieben zur Unterstützung der Hoteliers und zur Unterstützung der Buchungen dieser Anlagen.

Das Umweltschutzkonzept der NUR Touristik – der NUR-Ökomanager

Auch für den zweitgrößten Reiseveranstalter, die NUR Touristic, hat der Umweltschutz an Bedeutung gewonnen. Seit 1992 ist der Vertriebsdirektor in Personalunion zum Umweltbeauftragten respektive „NUR-Ökomanager" ernannt worden. Ihm geht es vor allem darum, ökologische Erkenntnisse und Notwendigkeiten professionell in die Zielgebiete zu tragen – und zwar unter Ausnutzung aller Instrumente des modernen Managements.

(1)   Handlungskonzept und Umsetzungsinstrumente

Zur Umsetzung der genannten Handlungsmaxime gründete der NUR-Ökomanager die Projektgruppe Umwelt (PU). Sie ist zusammengesetzt aus Vertretern der Bereiche Außendienst, Einkauf, Hotel und Öffentlichkeitsarbeit. In regelmäßigen Sitzungen diskutiert diese Projektgruppe aktuelle Themen, entwirft realisierbare Lösungen und überwacht deren Umsetzung.

Die Projektgruppe Umwelt arbeitet hierfür eng mit einem unabhängigen Beratungsinstitut, der Environmental Management Services GmbH (EMS) in Bonn, zusammen. Schwerpunkt des NUR-Umweltschutzkonzeptes ist der Bereich Hotelökologie. Er ist augenblicklich der wichtigste Ansatzpunkt für eine konsequente Umweltpolitik. Denn hier treffen nahezu alle Bereiche des Umweltschutzes im Zielgebiet zusammen. Von der Gästemotivation über die Abfallvermeidung bis hin zu Energie- und Wassersparmaßnahmen.

Der Ökomanager hat für den Einsatz in der Hotelökologie folgende Umsetzungsinstrumente erarbeitet:

- Eine Checkliste mit 115 Umweltfragen, gemeinsam mit Wissenschaftlern und Praktikern aus der Hotellerie entwickelt. Diese Checkliste wurde in acht Sprachen übersetzt und in 54 Zielgebiete verschickt.
- Abgefragt werden die Umweltschutzbereiche Energie- und Wassersparmaßnahmen, Abfall, Waschen und Reinigen, Transport und Verkehr, Bau, Einrichtungen und Außenanlagen sowie Mitarbeiter- und Gästeinformation im Hotel.

Dieser Umweltcheck wird in rund 5000 Hotels durchgeführt. Er befindet sich bereits in der Umsetzung und wird im Laufe des Jahres 1993 abgeschlossen (Abbildung aus: Dadomo, 1993).

Anzahl Hotels: 6	Ja	Nein	GF/ Einkauf	Restaurant/ Küche	House-keeping	Büro/ Rezeption	Technik	Außenanlagen	Fuhrpark
07 Lassen Sie Ihre Außenbeleuchtung durch Infrarot automatisch ein- und ausschalten?	2	4	0	0	0	0	0	2	2
	33,3%	66,7%	0,0%	0,0%	0,0%	0,0%	0,0%	100,0%	100,0%
08 Nutzen Sie die Abwärme von größeren Kühlaggregaten?	0	6	0	0	0	0	0	0	0
	33,3%	66,7%	0,0%	0,0%	0,0%	0,0%	0,0%	0,0%	100,0%
09 Haben Sie eine Blindstromkompensationsanlage eingebaut?	6	0	2	2	2	2	6	2	0
	100,0%	0,0%	33,3%	33,3%	33,3%	33,3%	100,0%	33,3%	0,0%
10 Haben Sie an alle Wasserhähne Kompensatoren angebracht?	2	4	0	2	2	0	0	0	0
	33,3%	66,7%	0,0%	100,0%	100,0%	0,0%	0,0%	0,0%	0,0%

Beispiel für die NUR-Umweltdatenerfassung (Tabelle: NUR)

- Die Ergebnisse werden in der NUR-Umweltdatenbank erfaßt, die speziell für diesen Zweck in der Oberurseler Zentrale des Reiseveranstalters eingerichtet wurde. Das EDV-System, das in direkter Verbindung zur NUR-Hoteldatenbank steht, ermöglicht statistische Auswertungen auf verschiedenen Ebenen: beispielsweise zu kompletten Checklisten, zu einzelnen Maßnahmen oder zu einzelnen Hotels.
- In den Checklisten integrierte Argumentationshilfen sind zugleich wertvolle Tips und Informationen für den Hotelier zum umweltfreundlichen Hotelmanagement.
- Den NUR-Hoteleinkäufern steht ein ökologischer Kriterienkatalog zur Verfügung, um bei Bedarf den Umsetzungsgrad der wichtigsten Umweltschutzmaßnahmen in den Hotels zu überprüfen. Ein integrierter Zeitplan soll auch hier die regelmäßige Kontrolle der Entwicklungstendenzen ermöglichen.

Ein weiterer Schwerpunkt des NUR-Umweltschutzkonzeptes liegt in der Schulung. Sowohl Top-Management als auch Chefreiseleiter und Reiseleiter werden regelmäßig zu Themen des Umweltschutzes geschult. Dem Chefreiseleiter (CRL) als Schnittstelle zwischen Unternehmen, Reiseleitern, Gästen, Agenturen und Hoteliers mißt der Umweltbeauftragte die wichtigste Rolle bei. Er hat deshalb einen auf diesen Aspekt zugeschnittenen und ausschließlich den CRL zugänglichen Umweltleitfaden herausgegeben. Aber auch die Reiseleiter (RL) erhalten naturwissenschaftliche Hintergrundinformationen zu den Umweltmedien Luft, Wasser und Boden, auch im internationalen Vergleich, sowie konkrete Verhaltensempfehlungen. Die Seminare für das Top-Management enthalten Themen zu allgemeinem Problemverständnis und weiteren Perspektiven, Handlungsstrategien, Beschlüsse und Durchführungsleitlinien. Alle Einführungsseminare sowie die weiterführenden Seminare für Top-Management und Chefreiseleiter übernehmen die externen Berater.

(2) Umwelt im Betrieb
Im Rahmen des NUR-Umweltschutzkonzeptes wurden auch innerbetriebliche Maßnahmen realisiert.
Die fertiggestellte Zentrale in Oberursel kann als beispielhaft für ein umweltfreundlich gestaltetes Großunternehmen angesehen werden:
- Klimaanlagen wurden nur in den gesetzlich vorgeschriebenen Bereichen eingebaut, ansonsten gibt es eine natürliche Be- und Entlüftung.
- Mittels besonderer Isolierung des Gebäudes konnte eine sehr wirtschaftlich arbeitende Gasheizung eingesetzt werden.
- Durch die Anordnung einer zonalen Zweikomponenten-Raumausleuchtung wurde der Energiebedarf auf rund 7 bis 11 Watt/qm Bürofläche begrenzt.
- Eine vollautomatische Steuerungsanlage sorgt bereits vor Bürobeginn für Abschirmung der Sonneneinstrahlung.
- Das duale Abfallsystem im gesamten Bürobereich gewährleistet optimale Entsorgung.
- Vermeidung des New Building Sick Syndroms (Ausgasung gesundheitsschädigender Stoffe durch Reaktion verschiedenster Büroeinrichtungskomponenten) durch umfangreiche Testreihen in Musterräumen.

(3) Umweltaktivitäten im Zielgebiet: Beispiel Kenia
Der NUR-Chefreiseleiter von Kenia initiierte Anfang 1993 die erste Umweltschutzkonferenz des Landes. Gäste der „ECO-Tourism-Conference" waren auch der kenianische Tourismusminister, der Vorsitzende der kenianischen Hotelvereinigung sowie der Vorsitzende der Vereinigung der Tour Operator. Die rund 100 Teilnehmer kamen aus den

Bereichen Hotellerie, Gaststätten, Zulieferer und Agenturen. Größter Erfolg der Veranstaltung war die Unterzeichnung eines Fünf-Punkte-Plans. Er sieht die Erstellung eines Energiesparprogramms, eines Luftsauberhaltungsprogramms, eines Motivationsprogramms für die Gäste, eines Programms zur Abfallvermeidung und Sicherstellung einer getrennten Müllentsorgung sowie die Unterstützung von Wassersparmaßnahmen vor. Zudem wurde die Gründung einer unabhängigen Umweltschutzorganisation beschlossen, deren Aufgabe die Umsetzung international gültiger Umweltkriterien sowie die Vergabe eines „Award-Systems" für umweltfreundliche Hotels sein wird. Die kenianische Regierung versprach, besonders umweltfreundliche Hoteliers mit Incentive-Maßnahmen zu unterstützen.

Die ITS-Umweltaktivitäten
Auf Branchenebene:
- Aktive Mitarbeit im Ausschuß des Deutschen Reisebüro-Verbandes (DRV) „Umwelt und Kultur" seit Bestehen dieses Gremiums
- Aktive Mitarbeit in der Arbeitsgruppe „Tourismus und Umwelt" im Bundesministerium für Wirtschaft
- Aktive Teilnahme und Mitwirkung auf Veranstaltungen zum Thema „Umweltschutz im Tourismus"

ITS intern:
- Gründung eines Umweltausschusses durch die ITS-Geschäftsleitung im März 1992
- Schulung der Chefreiseleiter (CRL) in Fragen des Umweltschutzes im Zielgebiet
- Schulung der Animationscrew des Club Calimera
- Informationsaustausch mit Mitarbeitern in der Zentrale, in den Reisebüros und in den Zielgebieten (z.B. Mitarbeitervorschläge)
- Erarbeitung und Durchführung eines internen Umweltkonzeptes (Inhalte: Müllentsorgung, -trennung, -vermeidung, verstärkter Einsatz umweltverträglicher Büromaterialien etc.)
- Druck aller Kataloge auf chlorfrei gebleichtem Papier (nach schwedischer Norm)
- Verwendung von Recyclingpapier für die Preisteile der Kataloge
- Preisteile nur noch zweifarbig; keine Verwendung von toxischen Schwermetallen bei Druckfarben
- Verzicht auf Hochglanzlack für Titelseiten
- Katalogrückgabeaktion mit Gewinnspiel in den ITS-Kaufhof- und Hertie-Reisebüros

Für die Gäste:
- Produktion des DRV-Faltblattes „Zu Gast in fremden Ländern"
- Versand des DRV-Faltblattes an die Fluggäste zusammen mit den Reiseunterlagen
- Konzeption und Produktion eines Umweltfaltblattes für Clubgäste
- Information über Umweltmaßnahmen in Katalogen mit separatem Preisteil

In den Zielgebieten:
- Sensibilisierung und Informationsaustausch mit Vertragspartnern in den Zielgebieten
- Zusammenarbeit mit der AgA (Aktionsgemeinschaft Artenschutz) in der Türkei

Umweltaktivitäten in Vorbereitung:
- Ist-Analyse der Umweltsituation in den Zielgebieten
- Erarbeitung einer Umweltbroschüre/Umweltchecklisten für Vertragspartner
- Umweltbericht für CRL

Reisevermittler

Auf den ersten Blick ergeben sich relativ wenige Ansatzpunkte für eine Umweltorientierung für die Reisevermittler. Jedoch erscheint der Einfluß im Bereich der Reisevorbereitung und der Reiseentscheidung unterbewertet.

DRV-Umweltempfehlungen für Reisebüros
Womit Sie <u>sofort</u> beginnen können ...

Haben Sie schon ...

Büromaterial
- Büromaterialien ausgewählt, die in der Herstellung, im Gebrauch und bei der Entsorgung besonders umwelt- und gesundheitsfreundlich sind (Papier, EDV- und Kopierbedarf, Schreibgerät, Korrekturlack, Klebstoffe)?

Energie und Wasser
- energie- und wassersparende Geräte und Anlagen im Einsatz?
- den Mitarbeitern Tips zum sparsameren Umgang mit Energie und Rohstoffen gegeben?
- Maßnahmen zur Wärmedämmung (z.B. Isolierfenster, Rolläden) ergriffen?

Lärm
- Maßnahmen zur Lärmdämmung durchgeführt?

Reinigung & Hygiene
- umweltgerechte Reinigungsmittel in Anwendung. Werden diese auch nur sparsam benutzt?

Abfall
- allgemein auf einen sparsameren Umgang mit Büromaterialien hingewiesen. Wird Abfall bei Ihnen so weit wie möglich vermieden?
- eine getrennte Müllsammlung eingeführt?

Auch in kleinen Büros lassen sich zahlreiche Umweltmaßnahmen sofort durchführen.
Hinweise bieten Ihnen kostenlos die Umweltberatungsstellen der Städte und Gemeinden.

Inneneinrichtung
- die umweltverträgliche Umgestaltung Ihres Büros systematisch begonnen oder sich Gedanken dazu gemacht?
- auf die Umweltverträglichkeit Ihrer Büroausstattung (Farben, Lacke, Bodenbelag, Vorhänge) geachtet?
- bei der Auswahl des Mobiliars an Umwelt- und Ergonomiegesichtspunkte gedacht? (Kopierer, Tische Stühle, Beleuchtung, Computer)?
- Ihren Büroräumen durch geeignete Zimmerpflanzen ein angenehmes

Raumklima und ein umweltfreundliches Ambiente verschafft, in denen sich Mitarbeiter und Kunden wohlfühlen?
- in Ihrem Büro separate Räume für Raucher oder ist das Rauchen aus Gründen der Gesundheit und eines besseren Raumklimas ganz verboten?

Verkehrsanbindung
- gezielt in der Werbung auf die Erreichbarkeit Ihres Unternehmens mit öffentlichen Verkehrsmitteln hingewiesen?
- Ihren Mitarbeitern die Benutzung öffentlicher Verkehrsmittel schmackhaft gemacht, z.B. durch Beteiligung an den Fahrtkosten (Jobtickets)?

Unternehmensführung
- Ihr Büro als „Visitenkarte" Ihres Umweltbewußtseins gesehen?
- Engagement der Mitarbeiter im Bereich Umweltschutz innerhalb des Büros gefördert und unterstützt?
- den Umweltschutz in Ihrem Unternehmen zur Chefsache erklärt und sich über Umweltfragen im Tourismus informiert?
- einen aktiven Informationsaustausch oder gegebenenfalls auch eine Zusammenarbeit mit Umweltorganisationen in Deutschland/in den Zielgebieten?
- eine Arbeitsgruppe Umwelt, einen Umweltbeauftragten, einen Umweltkoordinator oder ein Umweltvorschlagswesen im Unternehmen?
- die Benutzung oder den Aufbau eines eigenen Umwelt-Informations-Systems vorgesehen?
- einmal überlegt, sich in Umweltfragen speziell für Ihr Unternehmen beraten zu lassen?
- sich im DRV für den Schutz der Umwelt engagiert oder auf Ihnen bekannte Initiativen in den Zielgebieten hingewiesen?
- eine getrennte Müllsammlung eingeführt?
- die umweltverträgliche Umgestaltung Ihres Büros systematisch begonnen?

Einkauf/Preispolitik
- beim Einkauf touristischer Leistungen die Berücksichtigung umweltschonenderer Angebote anhand der DRV – Umweltempfehlungen für touristische Anlagen geprüft?
- einmal Ihre Einkäufer touristischer Leistungen mittels der DRV-Umweltempfehlungen informiert und entsprechend geschult?
- einmal überprüft, ob stark energieaufwendige und umweltbelastende Programmbausteine zu Gunsten attraktiver umwelt-freundlicherer Alternativen ersetzt werden könnten?
- Ihre Geschäftspartner in den Zielgebieten über die Notwendigkeit entsprechender umweltgerechter und qualitätsbewußter Angebote informiert und deren Vorteile erläutert?

Der DRV hilft Ihnen mit seinen Umwelt-Empfehlungen für touristische Anlagen
- an eine Integration von ökologischen und soziokulturellen Fragen in die Aus- und Weiterbildung der Reiseleiter gedacht?

Reiseleitung
- Ihre Reiseleiter um regelmäßige Informationen über die Umweltsituation in den Zielgebieten gebeten?

- Ihre Gäste über Umweltschutzerfordernisse und entsprechende Maßnahmen vor Ort informiert?
- Angebotsdarstellung und Information
- Kataloge und Prospekte auf chlorfreigebleichtem oder Recyclingpapier gedruckt?
- über die Optimierung der Katalogmengen nachgedacht?
- die Umweltqualität auch als wichtiges Verkaufsargument in Ihrer Angebotsdarstellung verankert?
- Ihren Kunden Tips zum Thema „Umwelt und Kultur im Zielgebiet" mit auf die Reise gegeben und über verantwortliches Auftreten im Reiseland informiert?

Der DRV hilft Ihnen dabei mit dem Faltblatt „Zu Gast in fremden Ländern"

Einige regionale Umweltverbände geben kostenlos Informationsblätter ab, die ihren Kunden in den Zielgebieten ausgehändigt werden können.

Transport/Beförderung
An-/Abreise

- geprüft, die An-/Abreise zum/vom Zielgebiet auch mittels eines umweltschonenden Verkehrsmittels anzubieten?
- neben Zubringerflügen auch gezielt Bus oder Bahn anzubieten?
- bei der Auswahl Ihrer Verkehrsträger auch auf die Umweltbelastungen geachtet?

Beförderung im Zielgebiet
- die im Zielgebiet vorhandenen öffentlichen Verkehrssysteme für Transfers, Zubringerdienste und Rundreisen empfohlen?
- einmal die Reisebusfahrer darauf hingewiesen, im Stehen und bei längeren Wartezeiten den Motor abzustellen?
- Bei Auswahl und Vermittlung von Bussen, Mietwagen, Sportbooten auf Umweltkriterien geachtet (Katalysatoren, Lärmschutz usw.)?

1992 belasteten 250 Millionen Kataloge die Etats. Sie stellen für die ca. 1200 bundesdeutschen Veranstalter bei Stückkosten von bis zu 6,50 DM neben den Personalkosten den größten Kostenblock dar (über 500 Mill. DM pro Jahr) und dies, obwohl sie nach dem Druck bereits Makulatur sind. Zusätzlich belasten sie die Umwelt. Für eine Buchung werden – nach Angaben des „Wissenschaftszentrums" anläßlich der ITB 93 – zwischen sechs und fünfundzwanzig Exemplare benutzt. Als Auswege bieten sich u.a. an:

- Leihkataloge
  So bei einem Pilotprojekt der 40 Filialen des Reisebüros Horten, die ihre Kataloge in „Umweltmappen" ausgaben.
  Bei der Aktion „Leih Dir einen Katalog" des Veranstalters Transair wurde als Anreiz (wie auch bei Horten) eine Preisverlosung durchgeführt.
- Einführung eines Pfandsystems
- Bildschirmtext
- Videos

Neuer Tourismus
Der Schritt von der Theorie zur Praxis ist bekanntlich immer das Schwierigste an den guten Vorsätzen und Erkenntnissen. Diese Binsenweisheit gilt natürlich auch für die Tourismuskritik, die sich bisweilen schwertut, über das Anprangern von Mißständen hinaus konkrete Gegenkonzepte zu gestalten. Ein Reisebüro mit dem programmatischen Titel „Neuer Tourismus" steht für ein neuartiges Konzept: Das kleine Geschäft im bayerischen Regensburg ist auf „sanfte Reisen" spezialisiert, also Reisen mit Rücksicht auf Natur und Kultur des Gastlandes.

Die Kunden werden nicht nur bei ihrer Urlaubsplanung beraten, sondern auch auf ökologische und soziale Probleme des Tourismus aufmerksam gemacht. Im Laden liegen zum einen Kataloge von etablierten und alternativen Reiseveranstaltern bereit, zum anderen auch tourismuskritische und zukunftsweisende Literatur, beispielsweise ein Dossier der Zeitschrift natur „So reisen Sie mit Rücksicht". Außerdem bekommt jeder Kunde mit seinen Reiseunterlagen die WWF-Broschüre „Natourismus" mit Umwelttips für unterwegs.

Noch liegt der Umsatz der sanften Arrangements – zum Beispiel Wanderreisen, Zugreisen und Urlaub in ökologisch orientierten Ferienanlagen – weit hinter dem Verkauf „normaler" Flugreisen. Doch der Trend verheißt steigende Nachfrage.

Deutsches Reisebüro (DER)
Unter dem Titel „Umweltorientiert denken – umweltgerecht Handeln" legt das DER seine Umweltphilosophie dar. „Eine intakte Umwelt ist Grundlage des modernen Tourismus. Mit der Zunahme von Umweltschäden wird der Reise- und Tourismusbranche jedoch mehr und mehr der Boden entzogen. Oberstes Ziel aller im Tourismus Tätigen muß es daher sein, umwelt- und sozialverträgliche Urlaubsformen zu entwickeln und anzubieten. Das Deutsche Reisebüro definiert umwelt- und sozialverträglichen Tourismus als jene Form des Reisens, die unter möglichst geringer Belastung von Natur und Mensch einen gleichwohl hohen Erlebnis- und Erholungswert besitzt. Neben den eigenen Bemühungen, die Rahmenbedingungen für naturnahe und damit zukunftsorientierte Angebote zu schaffen, setzt das DER aber auch auf die Einsicht seiner Kunden, sich in den Zielländern nicht nur umwelt-, sondern auch sozialverträglich zu verhalten. Toleranz gegenüber den Gastgebern, gerade wenn sie nicht dem eigenen Kulturkreis angehören, ist Bringschuld eines jeden Reisenden.

1. Zielvorhaben

Das Deutsche Reisebüro (DER) bekennt sich zur Notwendigkeit eines umwelt- und sozialverträglichen Tourismus als Grundlage der eigenen Geschäftstätigkeit. Ziel des Unternehmens ist es, durch Optimierung des eigenen Veranstalterangebotes und selektive Auswahl der innerhalb der DER-Filialkette vertriebenen Urlaubsreisen verträgliche Tourismusformen anzubieten und die Kunden entsprechend zu beraten.

Umweltschutz im Tourismus bedeutet für das DER aber auch möglichst optimale Arbeitsumfeldbedingungen für die Mitarbeiter in Direktion und Niederlassungsbereich.

2. Veranstalterbereich
- Angebot

Bei den Spezialprogrammen der Marke DERTOUR handelt es sich um individuell gestaltbare Urlaubsangebote im flexiblen Baukastensystem mit zumeist täglicher Anreisemöglichkeit. Dies entzerrt Verkehrsströme. Wo es sinnvoll ist, wird die Bahn als besonders umweltverträgliches Transportmittel in den Katalogen angeboten und beworben. Darüber hinaus engagiert sich das Unternehmen unter dem Markennamen DERTRAFFIC sehr stark in der Organisation von Bahnreisen für Jugendliche und ausländische Arbeitnehmer.

Mit Hilfe einer besonderen Checkliste soll langfristig im gesamten DERTOUR-Hotelbereich ein einheitlich hoher Standard garantiert werden, der sich an den vom DRV erstellten Richtlinien orientiert. Durch die bevorzugte Zusammenarbeit mit besonders umweltverträglichen Objekten soll das Engagement dieser Hotels gefördert werden. Zur Zeit wird die Checkliste im Bereich Europareisen getestet.

- Kataloge

Kataloge sind das wichtigste Informations-, Werbe- und Verkaufsmittel eines Reiseveranstalters. Deshalb kann hierauf nicht verzichtet werden. Dennoch bieten sich auch in diesem Bereich umweltverträgliche Lösungen an. So sind die DERTOUR-Angebote innerhalb von Länderkatalogen oder Special-Interest-Prospekten dargestellt. Dies reduziert mögliche Streuverluste deutlich. Seit dem Winterprogramm 1991/92 werden die DERTOUR-Kataloge (Gesamtauflage über 6 Mio. Exemplare p.a.) zudem auf elementar chlorfrei bzw. chlorfrei gebleichten Papieren gedruckt. Die komplette Umstellung auf 100 % chlorfreie Qualität ist beabsichtigt. Seit Winter 1992/93 erfolgt innerhalb der Prospekte außerdem der Hinweis auf Rück- oder Wiedergabe der nicht mehr benötigten Kataloge. Unterstützt wird diese Aufforderung im Jahr 1993 durch eine Gewinnaktion für umweltbewußte DERTOUR-Kunden.

- Reiseunterlagen

Den Reiseunterlagen wird generell das Faltblatt des DRV „Zu Gast in fremden Ländern" beigefügt, das die Kunden zu umwelt- und sozialverträglichem Verhalten am Urlaubsort animieren soll. Durch vermehrten Ausdruck von Reiseunterlagen direkt im Reisebüro werden Verpackungs- und Transportaufwand sukzessive reduziert.

- Umweltsponsoring

Seit dem 1. Januar 1992 sponsort das DER das UNESCO-Biosphärenreservat „Mittlere Elbe" in Sachsen-Anhalt. Hierbei handelt es sich um die größten noch erhaltenen Auenwälder Mitteleuropas, die Lebensraum für eine Vielzahl bestandsbedrohter Tier- und Pflanzenarten bieten. Darüber hinaus befindet sich im Reservat die Dessau-Wörlitzer Kulturlandschaft als Denkmal der Garten- und Landschaftsgestaltung des 18. Jahrhunderts. Das Deutsche Reisebüro unterstützt das Biosphärenreservat mit 10 Pfennigen pro DERTOUR-Teilnehmer. Dies entsprach 1992 einer Summe von 93 000 DM.

3. Arbeitsumfeld

Beim Bau des neuen DER-Verwaltungsgebäudes wurde besonders auf Umwelt- und Gesundheitsverträglichkeit geachtet: natürliche Baustoffe, viel Tageslicht, ökonomische Wasser- und Energietechnik. Auch die einzelnen Arbeitsplätze sind nach neuesten ergonomischen Erkenntnissen gestaltet. Hinzu kommt eine gute Anbindung an das öffentliche Nahverkehrsnetz, dessen Nutzung das DER durch Zuschüsse an die Mitarbeiter fördert. Bei den im gesamten Unternehmen eingesetzten Papieren (Umschläge, Drucker, Kopierer) ist die sukzessive Umstellung auf chlorfrei gebleichte Sorten nahezu abgeschlossen. Der Einsatz von Recyclingpapieren (für Drucker und Kopierer) wird zur Zeit getestet.

4. Information und Fortbildung

Im Rahmen der branchenweit angebotenen und für alle offenen DER-Akademie werden innerhalb von Verkaufsseminaren auch umweltbezogene Themen behandelt wie das Eingehen auf entsprechende Kundenwünsche oder die Reduzierung der Katalogmenge durch gezielte Kundenansprache. Die DER-Reiseakademie, auf der jährlich ca. 600 Reisebüromitarbeiter mit den neuen DERTOUR-Produkten vertraut gemacht werden, greift ebenfalls das Thema Tourismus und Umwelt auf. Nicht zuletzt werden die DER-Mitarbeiter in internen Medien entsprechend informiert.

5. Fortschreibung

Ein modernes Unternehmen der Reise- und Tourismusindustrie muß sich permanent den sich ändernden Anforderungen anpassen. Dies gilt auch für die Ausrichtung in bezug auf einen umwelt- und sozialverträglichen Tourismus. Die ständige Überprüfung des Angebotes sowie eine bewußte Weiterentwicklung spezifischer Produkte sind absolut notwendig. Entsprechend zielgerichtet wird die Arbeit des DER-Umweltausschusses fortgesetzt. Als besonders wichtig erachtet das Unternehmen auch die Mitarbeit im DRV-Ausschuß Kultur und Umwelt, der sich branchenweit mit dieser Thematik auseinandersetzt."

Die Verbandsarbeit

Deutscher Reisebüro-Verband (DRV)
Der Deutsche Reisebüro-Verband e.V. (DRV) zählt zu den größten Reisebüroverbänden der Welt. Ihm gehören an:
- 2800 Reisebüros und Reiseveranstalter (ordentliche Mitglieder)
- 630 Hotels, Fluggesellschaften, Autovermieter, Reedereien, Fremdenverkehrsämter, Deutsche Bundesbahn, Reiseunternehmen im Ausland u.a. (außerordentliche Mitglieder).

Etwa zwei Drittel der Gesamtumsätze der deutschen Reisebüros und Reiseveranstalter werden durch Mitgliedsbetriebe des DRV erwirtschaftet.

Der Deutsche Reisebüro-Verband (DRV) nimmt sich seit 1986 des Themas Umweltschutz im Tourismus an. Als vorrangige Aufgabe versteht der Ausschuß die Stärkung des Umweltbewußtseins
- in der deutschen Tourismusbranche
- bei den deutschen Touristen (Broschüre „Zu Gast in fremden Ländern")
- in den Zielgebieten

Einige Daten:
1986 Erhebung über die Umweltsituation in den Hauptzielgebieten deutscher Touristen am Mittelmeer
1987 Gründung des Ausschusses „Umwelt und Kultur". Diesem Ausschuß gehören Vertreter der größten Reiseveranstalter, von Reisebüros und externe Experten an.
1987 Verleihung des ersten DRV-Umweltpreises
1990 wird der Umweltschutz in der erweiterten Satzung zu einer Aufgabe des Verbandes erklärt
1991 Aufstellung von Kriterien für umweltschonende Maßnahmen von Reiseveranstaltern und in touristischen Anlagen
1992 Umweltempfehlungen
    – Im Reisebüro
    – Beim Reiseveranstalter
    – In touristischen Anlagen
    – In Zielgebieten (in Arbeit)

Zukünftige Aufgaben:
- Verstärkter Infofluß nach innen/außen (Presse, Umweltverbände, Ministerien etc.)
- Kontakte zum Ausschuß Aus- und Fortbildung DRV, zu den Fachhochschulen
- Infosystem der Branche verfolgen
- Öffentliche Stellungnahmen, Referate, Teilnahme an Tagungen etc.
- Umweltempfehlungen für touristische Regionen fertigstellen
- Umweltpreiskoordinierung
- Intensivierung Umweltlobby-Arbeit
- Mitarbeit in der Arbeitsgruppe „Tourismus und Umwelt" des Wirtschaftsministeriums

American Society of Travel Agents – Environmental Guidelines
Promote and support the American Society of Travel Agents (ASTA) environmental guidelines for air, land and sea travel.

ASTA environmental guidelines for air, land and sea travel

YOUR EARTH – PROTECT IT!

Whether on business or leisure travel:
1. Respect the frailty of YOUR EARTH. Realise that unless all are willing to help in its preservation, unique and beautiful destinations may not be here for future generations to enjoy.
2. Leave only footprints. Take only photographs. No graffiti! No litter! Do not take away „souvenirs" from historical sites and natural areas.
3. To make your travels more meaningful, educate yourself about the geography, customs, manners and cultures of the region you visit. Take time to LISTEN to the people. Encourage local conservation efforts.
4. RESPECT the privacy and dignity of others. Inquire before photographing people.
5. Do not buy products made from endangered plants or animal, such as ivory, tortoise shell, animal skins and feathers. Read „Know before you go" the US Customs list of products which cannot be imported. (Be aware of import and export restrictions of the countries you visit).
6. FOLLOW designated trails. Do not disturb animals, plants or their natural habitants.
7. Learn about and SUPPORT conservation-oriented programs and organisations working to preserve the environment.
8. Whenever possible, walk or utilise environmentally-sound methods of transportation. ENCOURAGE drivers of public service vehicles to stop engines when parked.
9. PATRONISE hotels, airlines, resorts, cruise lines, tour operators and suppliert which advance energy and environment conservation; water and air quality; recycling; safe management of waste and toxic materials; noise abatement; community involvement; and which provide experienced, well-trained staff dedicated to strong principles of conservation.

International Federation of Tour Operators – Tour Operator's Study Group
IFTO und TOSG üben aktive Beeinflussung auf Zielgebiete aus, damit diese die Tourismusressource Umwelt besser managen und die entsprechenden Politiken und Gesetze für dieses Ziel entwickeln. Das **Ecomost-Projekt** ist ein größeres Forschungsprojekt in Mallorca und Rhodos, mit dem Modelle und Methodologien für einen nachhaltigen Tourismus entwickelt werden sollen. Das Projekt wird aus EG-Mitteln und von der Balearischen Regierung finanziert. Ergebnisse sollen Ende 1993 vorliegen.
Zusammen mit Thames Television und der British Tourist Authority verleiht TOSG Umweltpreise an Zielgebiete für Umweltschutzmaßnahmen. Man will damit zum einen den Zielgebieten die Notwendigkeit eines Umweltschutzes vor Augen halten, zum anderen die Kunden über diese Maßnahmen informieren. Während der letzten drei Jahre waren diese Preise Inhalt zahlreicher TV-Programme, die von 150 Millionen Zuschauern gesehen wurden. 1992 beteiligten sich 64 Bewerber aus der ganzen Welt. Hauptsponsor wurde inzwischen British Airways.

Europäische Reisebüro-Verbände (ECTAA)
Der Zusammenschluß der europäischen Reisebüro-Verbände ECTAA legte der EG-Kommission in Brüssel einen Forderungskatalog zur Förderung des Umweltschutzes auf EG-Ebene vor. Das unter Mitwirkung des Deutschen Reisebüro-Verbands (DRV) verfaßte Schreiben enthält den Ruf nach besserer Koordinierung der europäischen Richtlinien für die Hotellerie (Verpackungs- und Wasserverbrauch), einem effizienten Fluglotsensystem zur Vermeidung zusätzlicher Luftverschmutzung durch Warteschleifen und einem Verhaltenscodex für Touristen. Der Vorschlag des Europa-Parlaments, Pauschalreisen mit einer separaten Umweltsteuer zu belegen, lehnt die ECTAA ab und fordert statt dessen Steuererleichterungen zur Unterstützung umweltfreundlicher Maßnahmen in den Zielgebieten.

Teil 10
„Sustainable Mobility" und die Rolle der Verkehrsträger

Tourismus und Verkehr

Die Wahl des Verkehrsmittels
Flug: Ökologie zwischen Himmel und Erde
Bahn: Der Umwelt zuliebe
Bus: Umweltfreundliche Reise mit Chauffeur
Auto: Umweltfeind Nummer 1

„Ich glaube, die Luftverkehrsgesellschaften sollten mit dem Wort Umweltschutz sorgsam umgehen, wenn sie von ihrem Kerngeschäft Luftverkehr sprechen. Denn in der Geschichte der Fliegerei hat es noch nie einen Flug gegeben, der die Umwelt geschützt hat. Jeder Flug belastet die Umwelt."

(Nittinger, Lufthansa-Vorstand, Juni 1992 bei der Übernahme der neuen Jumbo-Halle in Hamburg)

Tourismus und Verkehr

„Um künftig einem Ausgleich zwischen ökologischen und kulturell-wirtschaftlichen Ansprüchen in bezug auf den Verkehr gerecht zu werden, sind gravierende Änderungen in der gegenwärtigen Verkehrsstruktur und -politik erforderlich – aber auch eine Änderung bei der Wahl des Verkehrsmittels durch den einzelnen. Dies bedeutet nicht zwangsläufig eine Einschränkung der Mobilität, jedoch müssen alle Beteiligten dafür Sorge tragen, daß die einzelnen Verkehrsmittel entsprechend ihrer ökologischen und ökonomischen Vorteile eingesetzt und optimal miteinander vernetzt werden. Die EG-Kommission umschreibt dies mit dem Begriff ‚Sustainable Mobility'" (Neumann-Opitz, 1992, S. 146). Einige fordern eine Rückkehr des Prinzips der Langsamkeit, Rommerskirchen plädiert für eine „Entschleunigung unserer Mobilität", und der Landeshauptmann Kärntens spricht von einer „neuen Mobilitätsmoral" der Gäste.

Der Tourismusindustrie werden für ihre Angebotsgestaltung von öffentlich-rechtlicher Seite mehr oder weniger enge Rahmenbedingungen vorgegeben; dies bezieht sich insbesondere auf die touristische Infrastrukturplanung.

Tourismus und Verkehr kann auf verschiedenen Ebenen betrachtet werden:

- Die politische Ebene beinflußt mit ihrer Verkehrspolitik die „Chancengleichheit" der einzelnen Verkehrsmittel. Unter ökologischen Gesichtspunkten wird eine Priorität für Schiene und Busverkehr gefordert. Das Unentwirrbare scheint durch die jüngste Diskussion um eine Autobahnvignette oder eine Erhöhung der Mineralölsteuer wieder exemplarisch dokumentiert.
- Der Reiseveranstalter hat die Möglichkeit, verstärkt umweltverträglichere Transportmittel auszuwählen bzw. anzubieten.
- Das Hotelgewerbe kann kombinierte Angebote unterbreiten, so offerierte der Hotelverein Berner Oberland (Interlaken) Pauschalangebote incl. Bahnbilletts. In der Schweiz bieten bereits etwa 50 Hotels bahn- und busreisenden Gästen eine direkte Gepäckbeförderung bis zum Hotel an.
- Einzelne Regionen/Orte versuchen durch Verbundangebote (Skipaß-Bus/Bahn) den öffentlichen Verkehr interessanter zu machen (z.B. Sudelfeld, Garmisch-Partenkirchen, Wendelstein, Brauneck, Kufstein, Vorarlberg, Lammertal, Zell am See (im einzelnen Stankiewitz, 1991, S. 37).
- Der Tourist selbst hat eine Verantwortung bei der umweltorientierten Wahl des Verkehrsmittels.

Bei der Betrachtung von Verkehrsproblemen, die mit dem Reiseverkehr zusammenhängen, empfiehlt die Verkehrskommission der Arge Alp eine Analyse folgender Schwerpunkte:

- An- und Abreise der Touristen
- Verkehrsbelastungen in den Tourismusorten
- Mobilität in den Ferien
- Tagestourismus

BEISPIELE

Hotel-Kombi-Ticket: „Vorreiter" des Modells war ein großes Hamburger Hotel. Inzwischen gibt es eine Reihe weiterer Beispiele in mehreren Städten. In der Praxis unterscheiden sich die einzelnen Modelle voneinander:

In Hannover befindet sich das bisher einzige Beispiel, wo die Hotel-Kombi-Karte während der gesamten Aufenthaltsdauer des Gastes gültig ist (1 Hotel).

In Hamburg bieten 51 Hotels den (Vor-)Verkauf von „Gästekarten" an. Ein weiteres Hotel verknüpft den Zimmernachweis mit der Fahrberechtigung für den Bereich des Hamburger Verkehrsverbundes (gilt für Ankunftstag und ersten Aufenthaltstag, einschließlich Benutzung der 1. Klasse).

In Köln und Bonn bieten jeweils 2 Hotels den Verkauf von „Gästekarten" an.

Im Bereich des Verkehrsverbunds Rhein-Ruhr (VRR) bieten rd. 20 Hotels (davon 14 in Düsseldorf) „echte" Hotel-Kombi-Karten an, die jedem Hotelgast mit dem Zimmerschlüssel ausgehändigt werden und die zur kostenlosen Benutzung aller öffentlichen Verkehrsmittel im Stadtgebiet am Ankunftstag und am 1. Aufenthaltstag berechtigen (Info-Broschüren in verschiedenen Sprachen inkl.). Die Testphase endet 1990. Es ist geplant, das Angebot danach erheblich auszuweiten, d.h. mit möglichst vielen Hotels in möglichst vielen Städten entsprechende Verträge für eine Dauerlösung abzuschließen. Die Testphase wird vom VRR mit Zählungen und Befragungen begleitet, so daß eine Erfolgskontrolle möglich ist. Die bisherigen Äußerungen seitens der beteiligten Hotels lassen beispielsweise in Düsseldorf schon heute eine hohe Zufriedenheit und großes Interesse an einer Fortführung erkennen.

Hotel-Infos: In diversen Städten sind die Verkehrsbetriebe in Zusammenarbeit mit den Hotels dazu übergegangen, intensive Eigenwerbung, verbunden mit nützlichen Hinweisen für die Orientierung in der Stadt und für die Benutzung der öffentlichen Verkehrsmittel zu betreiben. Ein probates Mittel hierzu ist die Auslage von Prospekten mit Netzkarten, Fahrplänen und Tarifinformationen (mehrsprachig) in den Hotelzimmern. Auf diese Weise können - ggfs. mit eigenen Prospekten - auch Tarife dargestellt werden, die für Hotelgäste von besonderem Interesse sein können: Messe- und Gruppentarife, Kongreßtickets usw..

Ferien-Pässe: Für einige Regionen der Schweiz bietet die Schweizer Reisekasse („reka") Wanderpässe an, die einem Generalabonnement für alle öffentlichen Verkehrsmittel (einschließlich Bergbahnen und Schiffe) der Region entsprechen und eine Vielzahl weiterer Leistungen umfassen, angefangen bei der Übernachtung mit Frühstück bis hin zu Preisnachlässen bei Sport- und Freizeiteinrichtungen, Museen, gastronomischen Betrieben usw..

Ferienhausrabatt: In der Schweiz schon etwas verbreiteter, in der Bundesrepublik Deutschland jedoch noch absolute Ausnahmeerscheinungen sind Angebote von Preisnachlässen auf Ferienwohnungen und -häuser für Feriengäste, die mit der Bahn oder ohne Auto anreisen.

Tagesnetzkarten: Für den Ausflugsverkehr ist wiederum eine Schweizer Lösung besonders interessant: Die Besitzer eines Halbpreispasses der SBB sind berechtigt, für 28,- SFr eine Tagesnetzkarte für die Gesamtschweiz zu erwerben.

Touristen-Ticket „P+R/ÖPNV": Der Fremdenverkehrsverein Göteborg (S) bietet ein Touristen-Ticket an, das für umgerechnet 20,- DM die Miete eines PKW-Stellplatzes am Stadtrand, freie Fahrt mit allen öffentlichen Verkehrsmitteln sowie freien Eintritt in einigen Museen u.ä. beinhaltet.

Fahrrad gegen Autoschlüssel: In Immenstadt am Bodensee hat sich der Fremdenverkehrsverein etwas ganz besonderes für die mit dem Auto angereisten UrlauberInnen überlegt: Feriengäste, die länger als 10 Tage in der Gemeinde bleiben, erhalten 5 Tage lang kostenlos ein Fahrrad, wenn sie für diese Zeit ihre Autoschlüssel beim Verkehrsamt hinterlegen. Eine ähnliche Maßnahme gab es u.a. 1984 in einer Schwarzwaldgemeinde im Rahmen der Aktion „Rettet den Schwarzwald".

Gemeinschaftsaktion Umweltverbund im Nahverkehr, Bonn, 1990, S. 21

Nur der erste Punkt sei hier kurz angesprochen, Punkt zwei werden wir im nächsten Teil (11) besprechen, und für die beiden letzten Punkte siehe (als Kurzinformation) die Aufstellung der entsprechenden Empfehlungen der Arge Alp.

Zur Verdeutlichung der Verkehrsproblematik genügt ein kurzer Blick in die Zeitung:
Da meldet die Zeit (28. 8. 1992): „Insel Sylt droht der Verkehrskollaps". Mehr als eine halbe Million Autos transportiert die Bundesbahn dieses Jahr nach Westerland. Alternativen sind nicht in Sicht. Auf der gleichen Seite wird die Plage der Autobusse in Paris beschrieben: 1200 täglich, am Wochenende 2000! Verkehrschaos auch am Himmel. Mitte des Jahres 1989 waren 31 % aller Linienflüge in Deutschland um mindestens fünfzehn Minuten verspätet. Die durchschnittliche Verzögerung lag bei fast einer Stunde. Drei Jahre zuvor waren erst 11 % der Flüge betroffen.

Ein tourismusspezifisches Problem besteht in der Bewegung des Touristen hin zum Produkt. Besonders in der An- und Abreise liegen heute die Hauptprobleme. Es wird zwar immer wieder der Ruf nach einer Verstärkung des öffentlichen Verkehrs laut, doch durchschlagende Erfolge sind nicht zu sehen. Die Forderungen an ein vernünftiges Angebot liegen vor allem darin,

- daß zwischen Verkehrsträgern und Fremdenverkehrsort/Hoteliers „Paketlösungen" erarbeitet werden,
- diese Paketlösung auch das häufig schwere und unhandliche Reisegepäck beinhalten muß und
- eine attraktive Alternative angeboten werden muß (Taktzeiten, Autozüge, Fly & Rail, Park & Ride, spezielle Gästekarten etc.).

Viele der hier vorgeschlagenen Empfehlungen wurden in bereits vorbildhafter Weise vom Landesverband für Tourismus in Vorarlberg durchgeführt.

Ferien vom Auto – mit Bahn und Bus ins Urlaubsland Vorarlberg
Sie haben endgültig genug von Kolonnenverkehr, Staus auf Autobahnen und verschneiten Paßstraßen. Sie haben sich daher vorgenommen, daß in diesem Urlaub alles ganz anders werden soll. Sie wollen Ferien vom Auto machen und ohne Streß in Ihren Winterurlaub starten.
Um Ihnen die Reisevorbereitungen zu erleichtern, haben wir für Sie die wichtigsten Reiseinformationen (für Bahn- und Flugreisende) zusammengestellt.
Damit Sie auch in Ihrem Winterurlaub mobil sind, hat jede Skiregion ihr spezielles Skibusangebot (kostenlos oder zu sehr günstigen Tarifen), das Sie sicher und nervenschonend in Ihr Skigebiet bringt. Und noch etwas: Ab Dezember gibt es in Vorarlberg einen Tarifverbund mit sagenhaft günstigen Preisen für Tages- und Wochenkarten für das gesamte Bahn- und Busangebot. Wie Sie am bequemsten Ihr Gepäck in Ihren Urlaubsort bringen, erfahren Sie bei der Bahn! Noch ein Tip: Besonders einfach wird es für Sie, wenn Sie den Ski- und Schuhleihservice in den Vorarlberger Skiregionen in Anspruch nehmen" (Landesverband für Tourismus in Vorarlberg; Info-Text bei Buchungsanfragen; entnommen aus Salzburg Diskussionen, 1992, S. 20).

Die Wahl des Verkehrsmittels

Umweltverträgliches Reisen beginnt schon bei der Wahl des Verkehrsmittels. Es ist an dieser Stelle aus Stoffbegrenzungsgründen nicht möglich, die verschiedenen Verkehrsträger im einzelnen nach ökologischen Kriterien zu beurteilen. Hauptkriterium dabei würde sicherlich die jeweilige „Energieeffizienz", also der Primärenergieverbrauch und der jeweilige Schadstoffausstoß, sein.

Für einen großen Teil der Urlaubsangebote bieten sich verschiedene Anreisemöglichkeiten an. Im folgenden wurde der Energieverbrauch für eine Reise von Frankfurt an die spanische Costa Brava berechnet. Dabei sind für Hin- und Rückreise 2500 Kilometer auf dem Landweg beziehungsweise 1950 Kilometer auf dem Luftweg zurückzulegen. Die Energiebilanz sieht etwa so aus:

Primär-Energieverbrauch pro Person nach Verkehrsmittel

Bahn (Westeuropa)	850 Megajoule
Reisebus	875 Megajoule
Auto mit 4 Pers. besetzt	1800 Megajoule
Auto mit 3 Pers. besetzt	2400 Megajoule
Auto mit 2 Pers. besetzt	3600 Megajoule
Direktflug	3600 Megajoule
Auto, Alleinfahrer	7200 Megajoule

Anmerkung:
Der Energieverbrauch wurde wie folgt hergeleitet:
Auto: 8,2 Liter Benzin pro 100 Kilometer bei einer Reisegeschwindigkeit von 110 Stundenkilometern.
Flugzeug: Verbrauchswert 0,032 Kilogramm Kerosin pro Passagier und Kilometer auf Reiseflughöhe; zuzüglich 7,4 Kilogramm pro Passagier für einen Start-und-Lande-Zyklus. Basis ist der Flugzeugpark von vier Schweizer Fluggesellschaften; Auslastung 65 Prozent für Linien- sowie 90 Prozent für Charterflüge.
Bus: Bus mit 52 Sitzen; 85 Prozent Auslastung; Verbrauchswert 40 Liter Diesel pro 100 Kilometer; Reisegeschwindigkeit 90 bis 100 Stundenkilometer.
Bahn: Berechnung in Anlehnung einer Studie des Heidelberger IFEU-Instituts; 0,34 Megajoule pro Person und Kilometer; Auslastung 60 Prozent.

✰✰✰✰✰

Allgemein läßt sich für die Verkehrsmittelwahl folgende Öko-Faustregel aufstellen:

Alleinreisende	Paare	Dreiergruppen	Vierergruppen
1. Bahn	1. Bahn	1. Bahn	1. Bahn
2. Bus	2. Bus	2. Bus	2. Bus
3. Direktflug	3. Direktflug	3. Auto	3. Auto
4. Auto	4. Auto	4. Direktflug	4. Direktflug

✰✰✰✰✰

Neben der Verkehrsmittelwahl schlägt sich natürlich auch die Distanz auf die Energiebilanz nieder. Zudem empfiehlt es sich, die Reisedauer einzubeziehen, da ein bestimmter Energiebedarf für einen dreiwöchigen Aufenthalt eher zu verantworten ist als für eine Kurzreise. Hier einige Beispiele für die Energiebilanz verschiedener Reiseangebote gemessen pro Gast und Ferientag (Ausgangsort ist jeweils Zürich; MJ = Megajoule, Einheit für Energie):

Primär-Energieverbrauch pro Person und Ferientag ab Zürich

❑ **Wien/Burgenland** 1 Woche mit Bahn, Rad etc.	80 MJ
❑ **Costa Dorada, Spanien** 1 Woche, Flug und Bus	120 MJ
❑ **Costa Dorada, Spanien** 1 Woche, Flug und Bustransfer	420 MJ
❑ **Ägypten** 15 Tage, Flug, Nilschiffahrt, Bustransfer	779 MJ
❑ **USA, Westküsten-Bus-Rundreise** 15 Tage, Flüge und Bus	2020 MJ
❑ **USA, Ski-Woche in den Rocky Mountains** Flüge und Bustransfer	3580 MJ

Abb. 41: Wie die Anreise der Umwelt zur Last fällt

Der Transportenergieverbrauch von Ferienreisen mit verschiedenen Verkehrsmitteln wird bei dem Reiseveranstalter **Hotelplan** (CH) computergestützt verglichen. 486 Energieeinheiten pro Person werden errechnet für eine einwöchige Ferienwoche in Italien per Auto zu zweit, 243 pro Person, wenn das Auto mit vier Personen besetzt ist, und 115 pro Person bei der Bahn (vgl. dazu Abbildung 41, aus Müller/Mezzasalma, 1992, S. 27). Der Verkehrsclub der Schweiz versuchte eine Ökobilanz der Verkehrsmittel aufzustellen, die den Energieverbrauch von vier verschiedenen Verkehrsmitteln gegenüberstellt (vgl. VCS, 1991). Dazu wird die Energie einheitlich für alle fossilen Brennstoffe in Liter umgerechnet und davon die Megajoule als Maßeinheit für Energie errechnet. Es zeigt sich:

- Der Energieverbrauch des Flugzeugs auf Kurz- und Mittelstrecken ist pro Person erheblich höher als beim Auto. Erst auf Langstrecken verbraucht das Flugzeug weniger Energie als das Auto.

- Auf der Kurzstrecke benötigt die Bahn sechsmal weniger Energie als das Flugzeug, dreimal weniger als ein Auto und auf der Langstrecke immer noch mehr als die Hälfte weniger als das Auto (vgl. auch Luftverkehr und Umwelt am Beispiel der Swissair, 1992, S. 20 f.).

Eine Schadstoffbilanz verschiedener Verkehrsmittel hat das Institut für Energie und Umweltforschung (IFEU) zusammengestellt (vgl. Abbildung 42, aus VCS, 1991). Die dabei zugrunde gelegten Mittelwerte (durchschnittliche Auslastung des Autos mit 2,7 Personen, Bahn/Bus mit 60 % und Charterflüge mit 78 %) erscheinen i.d.R. sehr optimistisch. Als Ergebnis der Studie zeigt sich, daß die Bahn die Umwelt mit Abstand am wenigsten mit Schadstoffen belastet.

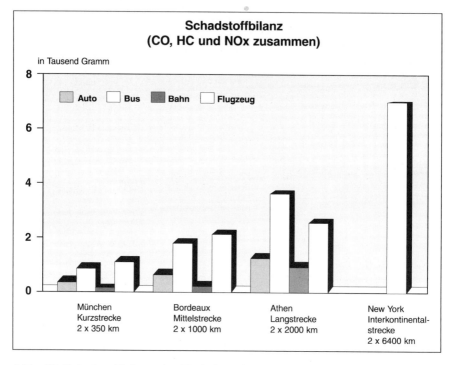

Abb. 42: Schadstoffbilanz der Verkehrsmittel

Das Auto wurde bisher als größtes Problem angesehen (noch mehr als zwei Drittel aller europäischen Urlauber wählen das Auto als Verkehrsmittel), zunehmend zeichnet sich aber auch eine Überlastung des Luftraumes ab, in Dänemark und Großbritannien wird es 1993 bereits mehr Flug- als Autoreisende geben.

Die britische Environmental Transport Association (ETA) wirbt mit Kampagnen für vernünftigere Verkehrspolitiken und hat eine „Charter" für umweltbewußte Firmen aufgestellt:

> **Environmental Transport Association**
>
> „As a company we aim to endeavour that our transport operations do as little damage as possible to the environment. This means we:
>
> - Use the least polluting, quietest and safest vehicles possible for all levels ot our work;
> - Don't create, or allow employees to create, unsafe travelling conditions;
> - Provide for walking and cycling access to all our premises, for staff, customers and all other visitors;
> - Encourage and promote the use of public transport;
> - In deciding the location and design of premises, minimise the impact of travel generated;
> - Minimise unnecessary mileage, especially if it generates motor vehicle movement;
> - Ensure premises are accessible to people with mobility handicaps;
> - Plan freight movements and deliveries to minimize nuisance and environmental impact;
> - Foster good communications with the local community in order to be a good neighbour and improve the local environment;
> - In disposing of or pensioning off vehicles, recycle parts, send to a reputable scrap dealer and minimize waste" (in: English Tourist Board, The green light, S. 26).

Flug: Ökologie zwischen Himmel und Erde

Da rund 26 % der bundesdeutschen Touristen auf ihrer Urlaubsreise das Flugzeug als Transportmittel benützen und in der nächsten Dekade ähnlich wie bei der abgelaufenen wiederum eine Verdoppelung der Verkehrsleistung prognostiziert wird, kann eine signifikante luftverkehrinduzierte Umweltbelastung wie Schadstoffemissionen (vgl. GSF, 1991), Auswirkung auf Klima und Ozonverteilung sowie Fluglärm und ein großer Flächenbedarf unterstellt werden. Die Kehrseiten des Luftverkehrs werden im „Flug-Blatt" der Zeitung der bundesweiten Aktionsgemeinschaft gegen Umweltzerstörung durch Luftverkehr beschrieben:
„Fluglärm macht Hunderttausende krank; Flugzeugabgase bringen das Weltklima durcheinander, Flugzeuge verschwenden Energie wie kein zweites Verkehrsmittel; Großflughäfen zerstören immense Areale intakter Natur und erzeugen Verkehrsströme am Boden, die kaum mehr zu bewältigen sind; auf ehemals verträumten Segelflugwiesen drehen immer mehr Hobby-Piloten ihre sinnlosen Runden und nerven die Anwohner; und die Bundeswehr donnert nach wie vor über das Land, als wenn stündlich mit einem Angriff zu rechnen wäre." (Klewitz, 1992).

Wie stark zukünftig der Druck auf Luftverkehrsgesellschaften werden wird, zeigen „Signale" (im Sinne der sog. „schwachen Signale" in der strategischen Planung/Frühwarnsysteme) aus dem Umfeld der Umweltschutzorganisationen (siehe dazu die Hannoveraner Erklärung).

Hannoveraner Erklärung

Im Mai 1992 wurde in Hannover von verschiedenen Bürgerinitiativen und Umweltverbänden die bundesweite Aktionsgemeinschaft gegen Umweltzerstörung durch den Flugverkehr gegründet. Die neugegründete Aktionsgemeinschaft faßte ihre Forderungen in der Hannoveraner Erklärung zusammen: „Angesichts der längst unzumutbar gewordenen Lärmbelästigung im Umfeld der Flughäfen und der zunehmenden Zerstörung von Klima und Umwelt durch den Flugverkehr ist eine deutliche Reduzierung des Flugaufkommens unumgänglich.
Wir fordern deshalb:

- die sofortige Einstellung aller Flüge bis 600 km, aller Flüge bis 1000 km innerhalb der nächsten 5 Jahre (dies gilt selbstverständlich auch für alle Geschäfts -und Freizeitflüge),
- die Besteuerung des Flugzeugtreibstoffes, die Erhebung einer Schadstoffabgabe sowie den Wegfall der Mehrwertsteuerbefreiung für die Flugtickets,
- die Abschaffung aller Subventionen des Flugverkehrs und der Luftfahrtindustrie,
- die Finanzierung auch der Folgekosten des Flugverkehrs (z.B. Schallschutzmaßnahmen) über den Flugpreis,
- die Beschränkung der Flughöhen auf ca. 8000 m zum Schutz der Ozonschicht und zur Verringerung des Treibhauseffektes,
- den ausschließlichen Einsatz von Flugzeugen mit möglichst geringer Lärmentwicklung und Energieverschwendung,
- den sofortigen Stop der Entwicklung besonders hoch und schnell fliegender Flugzeuge (z.B. Überschallflugzeuge)
- ein strenges Nachtflugverbot zwischen 22 und 7 Uhr und schnell fliegender Flugzeuge (z.B. Überschallflugzeuge),
- den sofortigen Stop jeglichen Flughafenaus- oder -neubaus,
- die rasche Attraktivitätssteigerung der Eisenbahn durch kürzere Reisezeiten, komfortableres Wagenmaterial, bequeme Gepäckbeförderung und attraktiveTarife,
- die Einführung einer Luftfrachtabgabe
- die Entwicklung eines integrierten Gesamtkonzeptes, in dem der Anteil der verschiedenen Verkehrsträger sich an ihrer Umweltbelastung bemißt,
- die sofortige Einstellung aller militärischen Übungsflüge,
- das Verbot aller zivilen und militärischen ‚Flugtage'."

Anläßlich der ITB 1993 wurde das Thema „Ökologie am Himmel – Luftfahrt und Umweltverschmutzung" im Rahmen eines Forums mit Vertretern der Wissenschaft, Politik, Fluggesellschaften, Flugzeugbau, Tourismus und Umweltverbänden ausführlich diskutiert.

Um den Forderungen nach einem speziellen Entlastungsbeitrag nachzukommen, haben einige große Fluggesellschaften inzwischen verschiedene Maßnahmen ergriffen (siehe Fallstudien) und neben traditionellen Maximen wie Sicherheit und Wirtschaftlichkeit die Umweltverträglichkeit gestellt.

Auf die enormen Zuwachsraten des Flugaufkommens wurde bereits hingewiesen (von 1978 bis 1988 jährlich um 6,1 %; allerdings verlief die Wachstumsrate beim Treibstoffverbrauch wesentlich niedriger, ca. 2,7 %). Das Flugzeug als Verkehrsmittel ist neben positiven Aspekten (z.B. geringes Unfallrisiko) mit spezifischen Umweltbelastungen verbunden (z.B. Lärm; ernormer Ressourcenverbrauch nicht erneuerbarer fossiler Energien: Ein einziger Jumbo verbrennt 16000 Liter pro Stunde; Schadstoffemissionen; Einfluß auf Ozonaufbau und -abbau; Belastungen im Flughafennahbereich; vgl. dazu Hotes, 1992; Reichow, 1992, Frank, 1992; Neumann-Opitz, 1992; Wyss/Keller, 1992; BA Environmental Report 1992; Luftverkehr und Umwelt am Beispiel der Swissair, 1992; GSF, Flugverkehr und Umwelt, 1991; Senarclens, 1992; Hoffmann, 1990; Oeser, 1991).

Einige Fluggesellschaften haben in jüngerer Zeit zahlreiche Maßnahmen im Umweltschutzbereich unternommen. Die Möglichkeiten beziehen sich vor allem auf folgende Bereiche (vgl. Hotes, 1992, S. 86 ff.):

- Lärmreduzierung (aktive/passive Lärmbekämpfung, Lärmgebühren je nach Lärmklasse als Lenkungsmaßnahmen, neue Triebwerke, Dämmstoffe, Nachtflugverbot etc.)
- Reduktion der Schadstoffemissionen (weniger Treibstoffverbrauch, schadstoffärmere Verbrennung, verbesserte Aerodynamik, geringeres Flugzeuggewicht, alternative Brennstoffe etc.)
- Maßnahmen im betrieblichen Bereich (Homogenisierung des Verkehrsflusses – gerade die stark gestiegenen „Warteschleifenflüge" sind ein Ärgernis; neue Kommunikationstechniken; Mehrwegsysteme etc.)
- Maßnahmen im Flughafen (Müllkonzepte zur Vermeidung, Verwertung, Entsorgung, Energiesparkonzepte, Begrünung, Lärmschutz, Verkehrsanbindung, rationelle Wassernutzung wie in Frankfurt mit einer Regenwassernutzungsanlage, Brauchwassernutzung, umweltverträglichere Reinigungsmethoden und Auftaumittel, Wiederaufforstungsaktionen etc.)
- Verlagerung von (Kurz-)Strecken auf die Bahn
- Untersuchung der Umweltwirkungen (z.B. auf die Atmosphäre)
- Durchführung von Audits/Ökobilanzen
- Neue Formen der Duty-free-Artikel-Verteilung (z.B. am Zielort; „Flight International" schätzt, daß jährlich mehr als 70 000 Tonnen Duty-free-Alkohol über den Nordatlantik hin- und hergeflogen werden – eine Verschwendung von mehr als 27 Millionen Liter Brennstoff pro Jahr; vgl. Elkington/Hailes, 1992, S. 39)

- Bessere Auslastung
- Bessere Flugraumkontrolle
- Lenkungsabgaben (z.B. auf Kerosin, Emissionen)

Flughafen München
Für den neuen Flughafen in München wurde ein umfassendes abfallwirtschaftliches Konzept entwickelt, das eine Halbierung des Abfallaufkommens bewirken soll. Es umfaßt u.a.: Festschreibung des Prinzips der Wiederverwendung, Einsatz eines Abfallspezialisten zur Beratung, Container zur getrennten Sammlung von Wertstoffen, Sortieranlage für Wertstoffgemische, Naßmüllentsorgungsanlagen in Küchen und Gastronomiebetrieben zur Sammlung organischer Abfälle, Kompostieranlage für Biomüll.

Lufthansa
Umweltschonung praktiziert die Lufthansa in vielen Bereichen. Die LH erzielt Fortschritte durch den Einsatz moderner Technik und durch motivierte Mitarbeiter. Die Umweltverantwortung ist in den Unternehmenszielen festgeschrieben, unternehmerische Entscheidungen werden unter ökonomischen und ökologischen Gesichtspunkten getroffen. Ziel ist es, das wirtschaftlich notwendige Wachstum ohne zusätzliche Belastungen der Umwelt zu erreichen.

Dabei setzt Lufthansa am Boden und in der Luft mit Erfolg auf den technischen Fortschritt und auf das Verantwortungsbewußtsein ihrer Mitarbeiterinnen und Mitarbeiter. Die Erarbeitung einer Umweltrichtlinie, die bottom up die Verantwortlichkeiten und Arbeitsabläufe im Umweltschutz festlegt, sowie die konsequente Schulung von den Nachwuchsflugzeugführern über die Auszubildenden bis hin zu den Führungskräften sind als Beispiele zu nennen. Die konsequente Erneuerung der Lufthansa-Flotte mit Milliardenaufwand, hohe Investitionen für Umwelt- und Arbeitsschutz, beispielsweise auf der Lufthansa-Werft in Hamburg, und die Entwicklung von umweltschonenden Verfahren in der Instandhaltung von Flugzeugen bedeuten Ressourcenschonung und einen meßbaren Gewinn für die Umwelt.

- Weniger Lärm und Abgase

Die derzeit neueste Flugzeuggeneration zum Beispiel übertrifft die strengsten Lärmschutzbestimmungen. Der Lärmteppich eines Airbus A320 ist um 90 Prozent kleiner als der des Vorgängers Boeing 727. Die ältere Boeing 737-200 wird bei Lufthansa mit Schalldämpfern nachgerüstet, so daß sie auch den strengen Lärmkriterien entspricht. 1994 wird Lufthansa keine Flugzeuge mehr haben, die nach internationaler Definition als laut gelten.
Die neuen Maschinen verbrauchen weniger Treibstoff und erzeugen deutlich weniger Abgase als ihre Vorgänger. Mit derselben Menge Treibstoff, die 1970 für einen Passagier nötig war, befördert Lufthansa heute zwei Gäste; am Ende des Jahrzehnts sollen es drei sein. Zum Beispiel spart ein Airbus A320 gegenüber der Boeing 727 rund 40 Prozent Treibstoff. Seine Abgase enthalten pro Tonne Kerosin 90 Prozent weniger unverbrannte Kohlenwasserstoffe und 78 Prozent weniger Kohlenmonoxid. Ähnlich sieht es beim Wechsel der DC10 zum Airbus A340 im kommenden Jahr aus. Der neueste Airbus stößt überdies um 40 Prozent weniger Stickoxide pro Passagierkilometer aus. Nächster Schritt ist der Airbus A321, der 1994 kommt und voraussichtlich noch einmal eine Verringerung der Stickoxide um ein Drittel bringt.

- Millionen für Umwelt- und Arbeitsschutz

Schon seit Jahren laufen in der Lufthansa-Technik in Hamburg und Frankfurt Programme, in denen ökologisch bedenkliche Arbeitsverfahren ersetzt werden. In den vergangenen vier Jahren sind allein auf der Werft in Hamburg an die 300 Millionen Mark in den Umwelt- und Arbeitsschutz investiert worden.

Zu den Kernpunkten gehört der Bau einer zentralen Industrieabwasser-Behandlungsanlage für die Reinigung der Abwässer und die Einführung des Aquastrip-Verfahrens in der neuen Lackierhalle. Bei diesem weltweit einzigartigen von Lufthansa entwickelten Verfahren wird die alte Farbe mit Hochdruckwasser von den Flugzeugen abgelöst. Bislang konnte man den Lack nur mit einer chemischen Beize entfernen, die Dichlormethan und Phenol enthält. Für einen Airbus A300 zum Beispiel brauchte man zweieinhalb Tonnen davon. Für Aquastrip wurde Lufthansa 1992 mit dem 1. Umweltschutzpreis des Bundesverbandes der Deutschen Industrie (BDI) ausgezeichnet.

Die Emissionen von chlorierten Kohlenwasserstoffen konnten auf der Lufthansa-Werft in Hamburg seit 1987 um mehr als 95 Prozent gesenkt werden. Perchlorethen und andere Stoffe dieser Art wurden früher benötigt, um Metalle von Fett und Wachs zu reinigen. Lufthansa hat sie, wo immer es möglich war, durch wäßrig-alkalische Reinigungsmittel ersetzt. Wo dies nicht umsetzbar ist, zum Beispiel in der Galvanik, gibt es vollständig abgekapselte Anlagen, deren Abluft durch Aktivkohlenfilter gereinigt wird.

- Druckluft statt FCKW

Auch der Verbrauch von anderen chlorierten Kohlenwasserstoffen wurde reduziert. FCKW in Spraydosen wurde durch harmlose Treibgase oder durch Druckluft ersetzt. Seit Anfang 1993 gibt es bei der Lufthansa-Technik fast keine halogenierten Kohlenwasserstoffe mehr. Ausnahmen sind lediglich Spezialanwendungen, für die von den Luftfahrt-Aufsichtsbehörden keine Ersatzstoffe zugelassen sind, so zum Beispiel das Halogen in Flugzeugfeuerlöschern.

In der Technik gewinnt der Leitsatz „Vermeiden-Verwerten-Entsorgen" für den Umgang mit Reststoffen besondere Bedeutung. Denn diese Stoffe sind oftmals unter hohem Aufwand von Energie und Rohmaterialien hergestellt worden. Aluminiumoxid aus dem Abstrahlen von Metallteilen wanderte bislang auf die Sondermülldeponie. Inzwischen konnte ein Hersteller gefunden werden, der es reinigt und als Rohstoff für Schleifpapier benutzt.

Lösemittel, die bisher verbrannt werden mußten, werden jetzt von einem Spezialunternehmen aufgearbeitet. Bis zu 30mal recycelt wird das Wasser in der Galvanik der Werft. Flüssiger und fester Abfall wird in Hamburg sowohl in den Werkstätten als auch in den Büros getrennt gesammelt: Reststoffe wie Öle, Kerosin, Glykol, Metalle, Kunststoffe, Kartonagen, Batterien und natürlich Papier.

- Schrumpfkur für Bordmüll

Dem Müll an Bord ihrer Flugzeuge hat Lufthansa eine ganz entschiedene Schrumpfkur verordnet. Allein das Gate-Buffet, bei dem sich jeder Passagier auf Inlandsflügen seinen Snack individuell zusammenstellen kann, verminderte die Abfallmenge um 1700 Tonnen oder sieben Prozent jährlich.

Als erste Fluggesellschaft der Welt hat Lufthansa in Testprogrammen herausgefunden, wieviel Müll ein Passagier auf welchen Strecken zu welcher Tageszeit produziert. Eine Arbeitsgruppe von Praktikern prüft alle im Borddienst verwendeten Artikel darauf, ob es nicht eine umweltfreundlichere Alternative gibt. Sie arbeitet mit Experten der Umweltverbände zusammen. Inzwischen sind 90 Prozent aller Artikel an Bord recycelbar; 30 Tonnen Plastikmüll wurden dadurch eingespart. Die kleinen Portionsflaschen für Wein, Erfrischungsgetränke und Mineralwasser werden stufenweise durch Ausschank aus großen Flaschen ersetzt.

- Mehrwegtassen: 300 Tonnen Mülleinsparung

Ersetzt werden auch die Einwegtassen, von denen die Lufthansa-Passagiere jährlich mehr als 30 Millionen Stück im Gewicht von über 300 Tonnen verbrauchten. An den Gate-Buffets der Flughäfen werden schon seit längerem spülbare und wiederverwendbare Tassen eingesetzt.

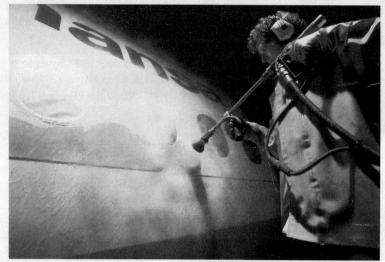

Wie wir mit Hochdruck die Umwelt schützen.

Hinter dem Begriff technischer Fortschritt steht bei uns ein täglich wachsender Anspruch: Schutz der Umwelt. Er ist wie Sicherheit und Komfort ein Baustein der Lufthansa Qualität. Ein Beispiel ist das Aquastripping: alle fünf bis acht Jahre muß ein Flugzeug im Rahmen der Grundüberholung bis auf das blanke Metall entlackt werden. Das geschah bisher mit Chemikalien. Das von Lufthansa entwickelte Verfahren heißt Aquastripping. Und Aquastripping macht die Beizmittel überflüssig. Der Lack wird jetzt mit einem Hochdruckwasserstrahl abgeschält. Der Effekt: vorbildlicher Umwelt- und Arbeitsschutz. Auf chemische Beize wird zu 98 % verzichtet. Darüber hinaus wird das Brauchwasser gefiltert und wiederverwendet, die Lackreste aufgefangen und entsorgt. Lufthansa schont die Umwelt. Wer Lufthansa fliegt, hilft der Umwelt.

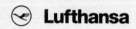

Gleichzeitig wurde damit begonnen, die Abfälle an Bord vorzusortieren, damit Aluminium und Glas als wertvolle Rohstoffe nicht mehr länger auf den Müll wandern müssen. Die Ausrüstung für das Getrenntsammeln an Bord mußte Lufthansa übrigens selbst bauen – weder Flugzeugproduzenten noch die Hersteller von Bordküchen haben sich bislang auf dieses Problem eingestellt.

- Kranichschutz – Engagement für das Wappentier

Die Umweltverantwortung der Lufthansa manifestiert sich auch in der Unterstützung von Kranichschutz-Projekten. Was schon vor Jahren in bescheidenem Rahmen an der Elbe bei Lauenburg begann, hat heute internationale Dimensionen erreicht. So engagiert sich Lufthansa bei der Erhaltung der Winterquartiere ihres Wappenvogels in Südspanien und in Israel. Mit der Naturschutzorganisation WWF (World Wide Fund for Nature) und dem Naturschutzbund Deutschland hat sich Lufthansa zur Arbeitsgemeinschaft „Kranichschutz Deutschland" zusammengeschlossen. Auch in der Nähe der Insel Rügen, wo sich jedes Jahr Zehntausende Kraniche zu ihrem Zug in den Süden sammeln, wird eine Kranichschutz-Station entstehen.

Aus diesen Aktivitäten ist eine enge Zusammenarbeit mit der Deutschen Umwelthilfe entstanden, die die LH regelmäßig in vielen umweltrelevanten Fragen fachlich berät. Leider gibt es aber auch Umweltbelastungen, an denen die Lufthansa gern etwas ändern würde, wenn man sie nur ließe. 1991 verbrachten die Kranich-Flieger 13700 Flugstunden in Warteschleifen, weil die staatliche Flugsicherung dem zunehmenden Verkehr nicht mehr gewachsen ist. Dabei wurden rund 50000 Tonnen Kerosin nutzlos verbrannt. Das entspricht 230 vollgetankten Jumbo-Jets – ein trauriges Beispiel für staatlich induzierte und völlig überflüssige Belastung der Umwelt.

Canadian Airlines
Als in Umweltfragen auf dem amerikanischen Kontinent führende Fluggesellschaft hat die kanadische Fluglinie Canadian Airlines International eine eigene Umweltabteilung ins Leben gerufen. Über 50 Tonnen von recyclingfähigem Material – so das Fazit nach den ersten Monaten des weltweiten Energieeinsparungskonzeptes – wurden bereits in der Anlaufphase monatlich der Wiederverwertung zugeführt. Bis zum Jahresende soll fast die doppelte Menge wieder in den Produktionskreislauf zurückgeführt werden. Die ersten Umweltinitiativen wurden zunächst von den Stewardessen und Stewards an Bord der Canadian Airlines aufgegriffen, die eifrig sämtliche Aluminiumdosen sammelten. In den vergangenen Jahren wurde von Canadian Airlines soviel Aluminiumabfall allein durch Getränkedosen produziert, daß das Flaggschiff der Canadian-Airlines-Flotte, der Großraumjet B747-400 vom Typ Boeing mit insgesamt 392 Sitzplätzen, in Energie umgerechnet eineinhalb Mal den Globus hätte umrunden können.

Aus den ersten Ideen entwickelte sich Schritt für Schritt eine Umweltstrategie, die sich in einem umfangreichen Recyclingprogramm manifestierte: Als eine der weltweit jüngsten und modernsten Flotten fliegt Canadian Airlines mit sparsamstem Fluggerät und zählt daher auch im Treibstoffverbrauch zu den sparsamsten. Darüber hinaus werden den Passagieren die Speisen an Bord nicht mehr im Einweggeschirr serviert. Das Ergebnis läßt sich sehen: 50 Prozent weniger Abfall müssen entsorgt werden. Auch am Boden wird bei Canadian Airlines jetzt noch umweltfreundlicher verfahren: Glas verschwindet nicht mehr im Mülleimer, und neuerdings wird auch Plastik gesammelt.

Bis vor kurzem war Energieeinsparung einfach kein Thema. Aufgrund der niedrigen Rohölpreise haben viele Unternehmen lange Zeit unökonomisch gewirtschaftet. „Unser Ziel bei Canadian Airlines ist es deshalb, durch effiziente Verfahren so viel Energie wie nur möglich zu sparen."

LTU
In allen Bereichen der LTU-Gruppe spielt der Umweltschutz und ein ökologisch sinnvolles Wirtschaften eine immer größere Rolle. Im Herbst 1992 (seit dieser Zeit gibt es auch einen eigenen Umweltbeauftragten) wurde die ökologische Verantwortung im Unternehmensleitbild der LTU festgeschrieben. Dort heißt es:
„Wir sind uns der mit dem quantitativen Wachstum im Tourismus verbundenen Risiken in ökonomischer, ökologischer und kultureller Hinsicht bewußt. Im Rahmen unserer ehrgeizigen Ziele bekennen wir uns zu einem verantwortlichen und konstruktiven Verhältnis zur Gesellschaft, in der wir leben und deren Teil wir sind. Wo immer möglich und sinnvoll, werden wir unser unternehmerisches Handeln darauf ausrichten.

Wir setzen uns für die Bedürfnisse der Gastländer ein. Wir befürworten nachdrücklich das gesellschaftliche und ökologische Bewußtsein unserer Mitarbeiter. Wir fördern konstruktive Vorschläge, die diesem Ziel und dem Schutz der Umwelt dienen."
In vielen Unternehmensbereichen gelten bereits seit einigen Jahren durchgreifende Richtlinien zum Schutz der Umwelt:

Flottenpolitik
Grundsatz: LTU achtet in ihrer Flotten- und Beschaffungspolitik ganz wesentlich auf umweltfreundliche und -gerechte Durchführung des Flugbetriebs.
Durch den Einsatz moderner Großraumflugzeuge konnten Lärm- und Schadstoffemission sowie der effektive Treibstoffverbrauch erheblich verringert werden.

Catering/Servicebereich
Müllvermeidung:
Im Verpflegungs- und Bordservice setzt LTU seit geraumer Zeit nur noch wiederverwendbares Mehrweggeschirr und Mehrwegtrays ein. Darüber hinaus wird seit geraumer Zeit ein großer Teil der beim Bordservice verwendeten Waren als sogenannte Schüttware abgeliefert, so daß etwa 80 Prozent der bisher anfallenden Umverpackungen (Kartonagen und Folien) nicht mehr anfallen. Insgesamt werden so jedes Jahr bis zu 450 Tonnen Plastikmüll eingespart.
Recycling:
Bereits seit 1989 werden alle an Bord der LTU anfallenden Getränkedosen und -flaschen in den Recycling-Kreislauf eingebracht (Weißblech/Dosen ca. 30 Tonnen pro Jahr; Flaschen/Glas etwa 200 Tonnen pro Jahr).
LTU sorgt auch an den von ihr angeflogenen Fremdflughäfen für eine umweltgerechte Entsorgung des anfallenden Mülls. In den Fällen, in denen eine umweltgerechte Entsorgung von den Fremdflughäfen nicht gewährleistet werden kann (z.B. Malediven, Kenia), wird der Bordabfall mit z.T. erheblichem Aufwand rückfliegend mitgenommen und in den bundesdeutschen Entsorgungskreislauf eingebracht.

Passagier-Service/Öffentliche Verkehrsmittel
Nahbereich: Durch Kooperationsverträge mit den Trägern öffentlicher Verkehrsmittel und der Deutschen Bundesbahn bietet die LTU ihren Fluggästen die Möglichkeit, am Tage des Hin- bzw. Rückflugs die öffentlichen Verkehrsmittel der Verkehrsverbünde Rhein-Ruhr und Rhein-Sieg sowie der Berliner BVG kostenlos zu nutzen. Die Erweiterung der Kooperationsverträge auf den Nahverkehrsbereich aller von LTU angeflogenen Flughäfen ist vorgesehen.
Fernbereich: Ein von LTU subventionierter Zubringer-Service der Deutschen Bundesbahn erlaubt die An- und Abreise zu/ von allen LTU-Flughäfen zum Preis von maximal 64 DM.

Zu den Umweltaktivitäten von British Airways und Swissair siehe Teil 6 (Umweltcontrolling)

Bahn: Der Umwelt zuliebe

Bahnfahren ist Umweltschutz
In dem Info-Blatt BahnAkzente (8/92) wird die Umweltverträglichkeit der Bahn wissenschaftlich begründet. Auf neuesten Erkenntnissen beruht eine umfangreiche Studie zu den Umwelteinflüssen des Verkehrs, die das Seminar für Verkehrswirtschaft und öffentliche Wirtschaft an der Universität München im Jahr 1992 vorgelegt hat.

Danach ist der Verkehr ganz allgemein einer der großen Luftverschmutzer und an den Schadstoffabgaben stark beteiligt: So stammen 75 Prozent der gesamten Kohlenmonoxid-Emissionen von Transportleistungen, und diese fast ausschließlich – zu 96 Prozent – aus dem Straßenverkehr. Was Belästigungen durch Verkehrslärm betrifft, hält die Münchner Untersuchung objektive Beurteilungen für problematisch; es hat sich bei verschiedenen Befragungen immer wieder gezeigt, daß die Bahn von den wenigsten Bundesbürgern als Krachmacher empfunden wird. Weitere Vorzüge der Bahn: Etwa fünf Prozent der Gesamtfläche der alten Bundesländer (rund 1,2 Millionen Hektar) sind Verkehrsflächen: 91 Prozent davon für den Straßenverkehr und ein Prozent für den Schienenverkehr und ein Prozent für Schiffahrt und Luftfahrt. Die Vorzüge der Schienen zeigen sich vor allem in den Ballungsgebieten mit hohem Verkehrsaufkommen.: Um 40000 Menschen pro Stunde in einer Richtung zu transportieren, kommt die S-Bahn mit einem einzigen Gleis aus. Die Straßenbahn braucht schon zwei Gleise, der Bus vier und das Auto 20 Fahrspuren kreuzungsfrei oder 40 Spuren auf Stadtstraßen mit Querverkehr. Am Gesamtenergieverbrauch in der Bundesrepublik war der Verkehr im von der Münchener Studie zugrundegelegten Jahr 1989 mit etwa 28 Prozenten beteiligt; 87 Prozent davon schluckten Autos, nur 2,8 Prozent Lokomotiven. Die Aufschlüsselung des spezifischen Energieverbrauchs, bezogen auf die Transportleistung, zeigt: Im Personennahverkehr sind Busse und Bahnen rund viermal günstiger als der Pkw, im Fernverkehr steht der Bus vor der Bahn, und dann kommt mit weitem Abstand der Pkw.

Bei dem Bemühen der Bahn um den Umweltschutz wurden zahlreiche Maßnahmen initiiert:
So wurden FCKW-haltige Feuerlöscher-Füllungen durch umweltfreundliche Löschmittel ersetzt. Kunststoff-Ausschäumungen für den Innenausbau von Reisezugwagen werden ohne FCKW-haltige Treibmittel hergestellt. In den Klimaanlagen kommen alternative Kältemittel zum Einsatz. Auch bei Farben (Beschichtungsstoffen) ist der Verzicht auf umweltbelastende Bestandteile weitgehend vollzogen. Mehr und mehr werden Wasserlacke für die Lackierung von Wagen eingesetzt. Bei der Reinigung der Wagen gibt es eine Vereinigung mit den privaten Reinigungsfirmen über den Einsatz von umweltverträglichen Reinigungsmitteln.

Da die öffentlichen Verkehrsmittel, und hier insbesonders die Bahn, im Vergleich zu den anderen (vor allem Auto und Flugzeug) als umweltverträgliche Verkehrsmittel betrachtet werden, ist das Bestreben vieler Konzepte darauf ausgerichtet, die Touristen zu einem „Umsteigen" zu bewegen. Dies setzt natürlich ein entsprechend vorhandenes attraktives Angebot voraus.

Zwar ist in den letzen Jahren der Anteil der Bahn als Verkehrsmittel der „Haupturlaubsreise" konstant zurückgegangen (und lag 1992 bei 7 %), doch gibt es Anzeichen für eine wieder stärkere Beteiligung der Schiene; so beträgt z.B. der Anteil von Urlaubern in den IC-und ICE-Zügen 36 % (Fahrgastbefragung 1992). Im Sommerfahrplan 1993 hat auch die erste touristische ICE-Verbindung Premiere: auf der Strecke Hamburg – Garmisch-Partenkirchen. Im Nahverkehr kommen erstmals auf den Strecken Bonn – Köln – Düsseldorf – Berlin und München – Berlin die neuen Talgo-Schlafwagenzüge mit daranhängenden DB-Auto-Transportwagen zum Einsatz.

WWF – Deutsche Bahnen

Eine interessante Zusammenarbeit entstand 1992 zwischen den Deutschen Bahnen und dem WWF. Unter dem Leitthema „Im Auftrag der Zukunft" soll in der breiten Öffentlichkeit durch Information, Aufklärung und verkehrsbezogene Umweltbildung ein Umdenken zugunsten einer umweltverträglicheren Verkehrsentwicklung erreicht werden.

Durch eine Kooperation mit der größten privaten Naturschutzorganisation verspricht sich die Bahn zum einen einen positiven Imagetransfer (Beratung) und eine Steigerung der sozialen Akzeptanz, zum anderen eine weitere Sensibilisierung der Bevölkerung und ein entsprechendes Handeln, sprich „Umsteigen" auf den umweltschonendsten und zuverlässigsten Verkehrsträger. WWF und Deutsche Bahnen haben durch Plakat- und Anzeigenaktionen, ein Gewinnspiel, Unterrichtsmaterialien, Videofilme und Verbundaktionen mit Medien Denkanstöße zur Unterstützung des Vorhabens gegeben. Besonderes Ziel war es auch, Kinder und Jugendliche als Verkehrsteilnehmer von morgen durch ein bundesweites Umwelterziehungsprogramm für das Bahnreisen zu motivieren. Der Start der Zusammenarbeit wurde durch die Taufe eines speziellen ICE auf den Namen „Panda" gegeben.

Das argumentative Rückgrat war dabei eine sog. „Kilometerbilanz", die vom IFEU aus aktuellen wissenschaftlichen Daten (Juli 1992) zusammengestellt wurde. Diese Kilometerbilanz, die auch in Form einer Drehscheibe erhältlich ist, gibt Aufschluß über die ökologischen Belastungen (Stickstoffoxide, Kohlendioxid, Schwefeldioxid), die Gesamtkosten und die Primärenergie mit den verschiedenen Verkehrsmitteln. „Ziehen Sie selbst umwelt- und kostenbewußt Bilanz, bevor Sie Ihre Reise planen", heißt es auf der Drehscheibe (siehe nächste Seite).

Deutsche Service Gesellschaft der Bahn
Der Gesamterfolg der Umweltschutzaktivitäten bei der DSG, mit rund 380 Mio. DM Nettoumsatz (ohne Hotellerie), mit 294 rollenden Restaurants die Nr. 4 unter den Gastronomieriesen in Deutschland, ist in der kurzen Zeit im wesentlichen auf die gute, konstruktive Zusammenarbeit mit allen Direktionsabteilungen und den Niederlassungen sowie die Umsetzung verschiedener, neuartiger Maßnahmen einschließlich von Niederlassungen selbst durchgeführter Aktionen zurückzuführen.

Im Herbst 1989 wurde zusammen mit der Gewerkschaft NGG mit der Antragstellung an den Nationalen Lenkungsausschuß des Rates der Europäischen Gemeinschaft zur Förderung eines Projektes „Implementation einer umweltorientierten Unternehmenspolitik bei der DSG" der entscheidende Schritt getan, der auch im weiteren Verlauf starke öffentliche Beachtung fand. Im Rahmen des Europäischen Jahres des Tourismus 1990 wurde das Projekt von der EG finanziell unterstützt und unter der Projektleitung des Instituts für ökologische Wirtschaftsforschung (IÖW) durchgeführt.

Seit Herbst 1991 werden die Umweltschutzaktivitäten von einem Umweltschutzkoordinator verfolgt, wodurch eine Intensivierung in allen Bereichen stattfand. Im Laufe des Jahres 1992 wurden bei den Fahrbetriebs-Niederlassungen Umweltverantwortliche ernannt, die „vor Ort" für umweltfreundliche Aktivitäten sorgen sollen. Den Niederlassungen und Fachbereichen wurden zur Unterstützung ihrer Arbeit Checklisten mit prägnanten umweltfreundlichen Aktivitäten an Hand gegeben.

1. Maßnahmen/Aktivitäten
Das DSG-Umweltprogramm konzentriert sich auf die drei Strategien: Vermindern, Vermeiden, Verwerten.
Einzelmaßnahmen im Angebotsbereich Service im Zug:
- Einführung eines Hartpapierbechers statt Kunststoff-Kaffeeset für den Am-Platz-Service
- Verwendung von „Holzspatel" als Rührstab anstelle Kunststoff
- Getrennte Müllentsorgung im Nachtzugreiseverkehr
- Überprüfung aller Reinigungsmittel auf Umweltverträglichkeit und deren Einführung
- Einführung von Zuckerspendern und Kaffeesahnegießern im Speisewagen
- Einführung einer umweltfreundlichen Papierserviette, die überwiegend aus Recyclingmaterial besteht.

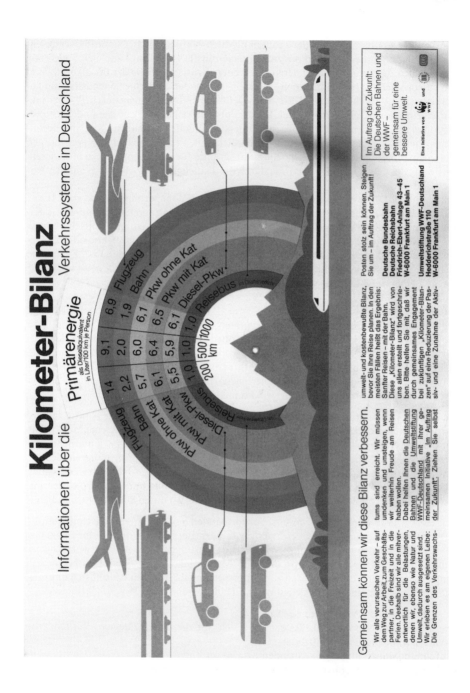

Entwicklungsarbeit für bioabbaubares Geschirr
Unter anderem wurde mit verschiedenen Erfindern/Herstellern mit dem Ziel einer engeren Zusammenarbeit oder der Bildung einer gemeinsamen Gesellschaft zusammengearbeitet und verhandelt. Nach der „ersten" Generation unter der Bezeichnung „eßbares Geschirr" („eßbar" ist „out!") wurde mittlerweile die „zweite" Generation von der Firma BI-

OPAC, Wien, aus Stärke hergestellt. Der Feldversuch ergab jedoch, daß das Material aus Stärke den Ansprüchen nicht genügt, da es nicht ausreichend flüssigkeitsresistent und schnittfest ist. Die von der DSG als sehr aussichtsreich angesehenen Entwicklungen basieren auf schnell nachwachsenden Rohstoffen und werden immer mehr an Bedeutung gewinnen. Es ist damit zu rechnen, daß bis Mitte des Jahres 1993 hierzu Versuche im größeren Umfang durchgeführt werden können.

Im Beschaffungsbereich:
- Mit verschiedenen Lieferanten wird an der Verwendung von Transportmaterialien als Mehrweg gearbeitet
- Büromaterial wird aus überwiegend wiederverwendbaren Produkten bezogen
- Einsatz von chlorarm gebleichtem Papier für die Hausdruckerei, Fotokopierer usw.
- In der Hausdruckerei werden bioabbaubare Chemikalien verwendet

Im Technikbereich:
- Auf Grund der FCKW-Halogen-Verbotsverordnung wird versucht, in den Schlafwagen-Klimaanlagen einen umweltverträglichen Ersatzstoff zu verwenden
- In gleicher Weise gehen die Bemühungen der DB, um in den Kühlanlagen der Schlaf- und Restaurantwagen einen umweltverträglichen Ersatzstoff (R22) zu verwenden. Ein entsprechender Test soll bis Mitte 1993 abgeschlossen sein.
- An der getrennten Abfallentsorgung in den Restaurantwagen wird gearbeitet und nach Lösungen gesucht
- Intensiv wird eine Ersatztechnik im Kühlverfahren – als Zeolith-Technik bekannt – geprüft, getestet und zur Einsatzreife gebracht.

Im Bereich der allgemeinen Verwaltung werden die üblichen büroökologischen Aktivitäten entfaltet. Das Thema Umwelt fließt in sämtliche Trainingsangebote und Seminare ein. Auch die einzelnen Niederlassungen sind mit vielfältigen Maßnahmen auf dem Umweltbereich aktiv geworden. Im Rahmen der Öffentlichkeitsarbeit z. B. wird in den Heften „InterCity"und „Service Journal" regelmäßig in gesonderten Beiträgen über die Aktivitäten zu den Umweltthemen, deren aktueller Stand und zur Entwicklung des bioabbaubaren Geschirrs berichtet. Wert wird auf einen Informationsaustausch gelegt. So ist die DSG nicht nur Mitglied im Bundesdeutschen Arbeitskreis für umweltbewußtes Management (B.A.U.M.), sondern sie engagiert sich auch im Arbeitskreis Umwelt bei der IHK Frankfurt und unterhält einen engen Kontakt zur AG Umweltschutz der Steigenberger Hotels.

2. Vermindern/Vermeiden
Prägnante Beispiele:

- Verwertung von umweltfreundlichem Papier im Bereich der Direktion, Kostenminimierung ca. DM 20 000 p.a.
- Einsatz von Zuckerspendern statt Portionsbeutel, voraussichtliche Kostenminimierung DM 50 000 p.a.
- Entwicklung Einwegartikel aus Kunststoff
  verausgabt 1988:   22,1 Mio.
  verausgabt 1992:   7,0 Mio.
  Verringerung: 1,9 Mio. Stück = ca. 92 t
- Entwicklung der Anteile Mehrweg/Einweg im Getränkebereich:
  1989 = 39,50 % Anteil Mehrweggebinde
  1990 = 50,05 % Anteil Mehrweggebinde
  1991 = 55,06 % Anteil Mehrweggebinde
  1992 = 55,65 % Anteil Mehrweggebinde

Damit ist die DSG auf dem besten Wege, den in der Verpackungsverordnung angestrebten Prozentsatz von 72 % zu erreichen.

3. DSG-Umweltprogramm (siehe Abbildung 43)

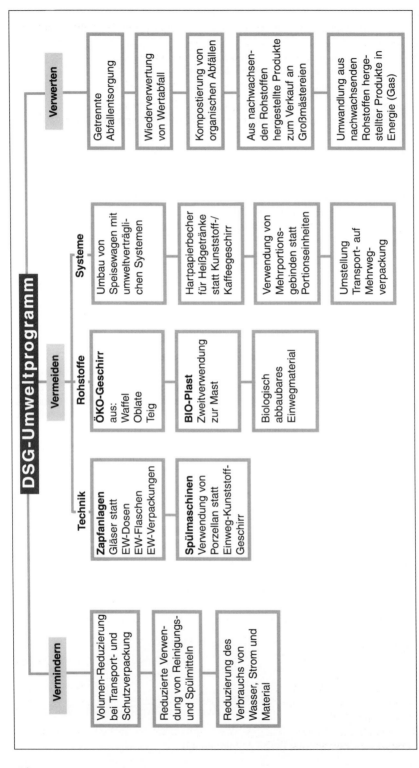

Abb. 43: Das DSG-Umweltprogramm

Ameropa
Die Geschäftsführung und die Mitarbeiterinnen und Mitarbeiter des größten deutschen Bahnreiseveranstalters beschäftigen sich seit langem mit dem Thema Umweltschutz. Obwohl zunächst niemand in der Firma dafür ausdrücklich verantwortlich war, wurden ständig Ideen eingebracht und umgesetzt, z.B. die grüne Umwelttonne, Recyclingbriefumschläge, Drucksachen und Kataloge auf Papier mit chlorfrei gebleichtem Zellstoff.

Anfang 1992 wurden zwei Umweltbeauftragte für die internen Maßnahmen und für touristische Angelegenheiten ernannt sowie ein Umweltausschuß von sieben Mitgliedern gegründet.

Bei einem externen Berater wurde eine Studie in Auftrag gegeben, um die innerbetriebliche Situation auf Umweltverträglichkeit hin zu überprüfen. Daraus resultierte eine umfangreiche Beratung zu den Themen Strom- und Wasserverbrauch, Heizung, Abfallentsorgung, Arbeitswege und Verkehrsmittel, Gesundheit am Arbeitsplatz, Büromaterialien und Reinigungsmittel. Mit der schrittweisen Umsetzung dieser Vorschläge ist der Umweltausschuß derzeit intern hauptsächlich beschäftigt.

Um die Mitarbeiterinnen und Mitarbeiter ohne erhobenen Zeigefinger auf Umweltschutzprobleme und Verbesserungsmöglichkeiten im Unternehmen hinweisen zu können, wird ein Maskottchen als Sprachrohr des Ausschusses eingesetzt. Hinweisschilder mit der Abbildung dieses grünen Stofftiers begegnen den Firmenangehörigen direkt in den Problembereichen. Die Arbeit des Umweltausschusses wird außerdem durch Bekanntmachungen am Umweltinfobrett und durch das Auslegen entsprechender Informationen sichtbar gemacht.

Auch im externen Bereich möchte der Umweltausschuß von einer genauen Ist-Analyse ausgehen, die derzeit erstellt wird. Auf der Grundlage der Erkenntnis, daß Ameropa als Reiseveranstalter der Bahn bereits über ein hohes umweltorientiertes Potential verfügt, wird untersucht, aus welchen weiteren umweltfreundlichen Angeboten sich das touristische Programm darüber hinaus zusammensetzt, wie etwa Radreisen und Bauernhofaufenthalte. Der Umweltausschuß möchte dazu eindeutige Kriterien auf Grundlage der „DRV-Umweltempfehlungen für Reiseveranstalter und touristische Anlagen" erarbeiten. Ein weiterer Schritt ist dann die entsprechende Sensibilisierung der Mitarbeiterinnen und Mitarbeiter, besonders im Einkauf:

Es soll
- eine Einkaufscheckliste erstellt werden,
- der Einkauf soll nach Kriterien dieser Liste und unter Einbeziehung der „DRV-Umweltempfehlungen" erfolgen, da dadurch ein verstärkender Effekt erzielt werden kann.

Darüber hinaus sind geplant:
- Eine engere Zusammenarbeit mit Fremdenverkehrsämtern in bezug auf regionalen Umweltschutz,
- weiterhin Vertragsabschlüsse mit umweltfreundlichen/-verträglichen Leistungsgebern zu forcieren,
- Bewertungskriterien für eine spezielle Ausschreibung in den Katalogen zu erarbeiten

Bahn und Bus 2000
Mit dem Schweizer Konzept BAHN UND BUS 2000 soll ein großer Teil der prognostizierten Verkehrszunahme durch den öffentlichen Verkehr aufgefangen werden und der Anteil des öffentlichen Verkehrs im Freizeitbereich von 14 % (1985) auf 20 % (2000) gesteigert werden. Dieses Ziel ist für Müller/Egger (1991, S. 42) aber nur dann erreichbar, wenn für den Touristen
- attraktive Direktverbindungen angeboten werden, die durch Feinerschließung im Ort selbst ihre Fortsetzung finden,

- am Ferienort das Auto entbehrlich ist,
- die Billetpreise tragbar sind,
- der Gepäcktransport unkompliziert organisiert wird.

Bus: Umweltfreundliche Reise mit Chauffeur

Der 1951 gegründete Internationale Bustouristik Verband RDA (Reise-Ring Deutscher Autobusunternehmen) e.V. versteht sich als Interessengemeinschaft der Reiseveranstalter und deren Vertragspartner. Seine Aufgabe ist die Betreuung und Förderung der Interessen seiner Mitglieder bei der Ausübung des Autobusverkehrs, insbesondere des Touristikverkehrs. Nach Mitgliedern ist dies der größte Tourismusverband und zugleich Teil des Präsidiums der deutschen Touristikwirtschaft. Bekannt ist vor allem der jährlich in Köln stattfindende RDA-Workshop. Um die umweltbezogene Kompetenz des Verbandes zu erweitern, hat dieser einen Umweltbeauftragten ernannt. Hauptberuflich ist er als Umweltbeauftragter der Stadt Bad Homburg v.d.H. mit umweltbezogenen Fragen des Fremdenverkehrs befaßt. Er wird künftig den RDA und dessen Mitglieder im Umweltbereich beraten, z.B. durch entsprechende Beiträge in „RDA aktuell", durch Stellungnahmen sowie durch Mitwirkung an Expertengesprächen und im Beirat von ECOTRANS.

Im Rahmen der RDA-Akademie wurde im Januar 1993 zum ersten Mal ein Seminar „Umweltschutz und sanfter Tourismus" durchgeführt, bei dem es u.a. um folgende Fragen ging:

- Was können Busreiseveranstalter, deren Reisebusfahrer und Reiseleiter tun, damit sich Busreisende unterwegs genauso umweltfreundlich präsentieren wie der Bus?
- Was ist bei der Planung von Routen und Reisezielen aus Sicht des Umweltschutzes zu beachten?
- „Sanfter Tourismus" soll ein umweltverträgliches Reisen sowie ein Miteinander von Reisenden und Bereisten ermöglichen. Was kann die Bustouristik tun, um „im Trend zu liegen"?
- Welche Anforderungen sollen Busreiseveranstalter bei Auswahl und Einkauf von Fremdleistungen berücksichtigen?
- Welche Werbeaussagen, Fotos und Tabuformulierungen schaden einem umweltfreundlichen Unternehmensimage?
- Welche Umweltprobleme existieren in der Bundesrepublik (unter besonderer Berücksichtigung technischer und infrastruktureller Anforderungen an Fremdenverkehrsorte und touristische Leistungsträger)?
- Welche praktischen Beispiele umweltgerechter Touristikwirtschaft sind auf die Bustouristik übertragbar?
- Beendet die „Altpapierverordnung" die Drucksachen- und Papierflut, indem Busreiseveranstalter ihre Kataloge, Prospekte, Handzettel und sonstigen Druckerzeugnisse zurücknehmen müssen?

Die Redaktion der Mitgliederzeitschrift „Bus-Touristik" stellte im Rahmen eines Wettbewerbs die Frage „Welche Maßnahmen kann ein Reiseleiter ergreifen zum

Schutz der Umwelt?" Aus den Einsendungen werden die besten Vorschläge zu einer umfangreichen Liste zusammengefaßt, die im Buch „Reiseleiter-Training, aktuelles Lexikon für Praxis und Ausbildung" abgedruckt werden.

Auto: Umweltfeind Nummer 1

54,7 % der deutschen Urlauber fahren mit dem Auto in den Urlaub. Der umweltfreundlichere Reisebus verzeichnet nur einen Anteil von rd. 10 Prozent, die Bahn nur noch einen Anteil von ca. 7 Prozent (RA 1992).

Die Verkehrspolitik fällt nicht in den Zuständigkeitsbereich touristischer Betriebe, somit sind nur indirekte Verkehrsbeeinflussungsmaßnahmen möglich; so etwa die Verkehrsberuhigungs- oder „Autofrei"-Konzepte zahlreicher Fremdenverkehrsorte (siehe Teil 11).

Da der Autoverkehr einen großen Anteil an verschiedenen Umweltbelastungen (Luftverschmutzung, Waldschäden etc.) hat, werden seit vielen Jahren Modelle diskutiert, bei denen dem Verursacherprinzip entsprechend soziale Kosten durch den Autofahrer abzugelten wären. Hierzu zählen vor allem steuerliche Modelle (z.B. emissionsabhängige Kfz-Steuer, CO_2-Steuer). Vom Verkehrsclub der Schweiz ist als eine neue Idee bereits Mitte der 80er Jahre der sog. „Öko-Bonus" diskutiert worden: Nach einer drastischen Erhöhung der Benzinpreise würden unterdurchschnittlich fahrende Autofahrer einen Bonus erhalten (vgl. Müller/Egger, 1991, S. 44 f.).

Das Auto (weniger stark das Flugzeug) hat für Krippendorf die „mobile Freizeitrevolution" eingeleitet, die totale Freizeit-Mobilmachung ...! „Der Tourismus wird vom motorisierten Verkehr geprägt. Für viele hat das Auto Abenteuer, Erholung und Landschaftsgenuß ermöglicht. Die Verallgemeinerung der Zugänglichkeit geht indessen einher mit der Verallgemeinung der Zerstörung. Der Reisende schafft das wieder, wovor er flieht: Überfüllung, Asphaltierung, Zersiedelung und Umweltbelastungen. Motorisierter Tourismus sägt am eigenen Ast" (1989, S. 113).

Eine ausgezeichnete Arbeit hat der ansonsten unter Umweltgesichtspunkten viel gescholtene ADAC im Rahmen verschiedener Veröffentlichungen zum Tourismus geleistet: Wie ein „grüner" Faden ziehen sich Umweltthemen durch die ADAC-Planungsbroschüren und Leitfäden.

ADAC-Planungshilfen
- Familiengerechte Ferienorte: Planungshilfe für Ferienorte und Beherbergungsbetriebe
- Tourismus und Landschaftserhaltung: Planungshilfe für Ferienorte mit praktischen Beispielen

- Neues Denken im Tourismus: Tourismuspolitisches Konzept für Fremdenverkehrsgemeinden
- Städtetourismus: Planungs- und Orientierungshilfe für Klein- und Mittelstädte
- Der Campingplatz: Leitfaden für Standort, Errichtung, Erweiterung, Modernisierung und Betrieb von Campingplätzen
- Betriebsvergleich für Campingplätze: Untersuchung betriebswirtschaftlicher Kennziffern zum ökonomischen Betrieb eines Campingplatzes

Ohne Auto mobil

Ausgerechnet in Hessen, wo sich die großen Verkehrswege kreuzen, wirbt der Fremdenverkehrsverband des Landes für das Reisen ohne Auto? Gerade darum sind hier die Bemühungen um Schonung der natürlichen Ressourcen von besonderer Wichtigkeit. Dazu leistet der Hessische Fremdenverkehrsverband auf vielfältige Weise seinen Beitrag, u.a. mit einer eigenen Broschüre „Ohne Auto mobil".

Die Information und Orientierungshilfen in dem Heft machen das Reisen ohne Auto leicht. Der Tabellenteil enthält eine Fülle von Informationen zur Reiseplanung ohne Auto. Welches ist der nächstgelegene Bahnanschluß? Unter welcher Telefonnummer gibt es Auskünfte über den Fahrplan der Bahn? Über welche Telefonnummern sind Informationen über Busanschlüsse abzurufen? Kann am Zielort ein Fahrrad gemietet werden? Ist am Ort eine Bank, eine Poststelle, ein Geldautomat? Für insgesamt 1674 Orte und Ortsteile in allen Ferienregionen Hessens gibt es Antwort auf diese Fragen. Dazu finden sich neben allgemeinen Informationen der Deutschen Bundesbahn auch Streckenpläne für Bahnen und Busse. Zusätzlich werden nützliche Tips gegeben, worauf es bei einem guten Reise-Rad ankommt.

Die Broschüre nennt außerdem viele Helfer, die es sich zur Aufgabe gemacht haben, denjenigen zur Seite zu stehen, die umweltschonend und doch komfortabel unterwegs sein wollen. Neben der Deutschen Bundesbahn und anderen Verkehrsbetrieben sind das besonders der Verkehrsclub Deutschland (VCD) und der Allgemeine Deutsche Fahrrad-Club (ADFC).

Ferienerlebnisse und Umweltschonung – das ist kein Widerspruch. Wertvolle Anregungen dazu bietet dieses Heft, etwa mit den Hinweisen auf die Möglichkeit, in ausgesuchten „Hessen à la carte"-Betrieben heimische Küche auszuprobieren, oder auf die nostalgischen Oldtimer-Verkehrsmittel, die Museumsbahnen. Weitere Umwelt-Tips runden das Informationspaket ab.

Hessen-Reisende, die Wert darauf legen, daß ihr Hotel umweltschonend wirtschaftet, haben es leicht, eine für sie besonders geeignete Unterkunft zu finden. Im „Hessischen Gastgeberverzeichnis" des HFV sind die Betriebe, die besonders viel zum Schutz der Umwelt beitragen, mit einem grünen Eichenblatt gekennzeichnet. Bereits 95 Beherbergungsbetriebe nutzen regenerative Energien wie Sonnenenergie oder Windkraft. 257 Betriebe verfügen zur Energieersparnis über Wärmerückgewinnungsanlagen.

Sechs gute Gründe für den Urlaubsspaß ohne Auto
Urlaub ohne Auto lohnt sich ...
- weil gerade in Hessen – dem mit 41 % Waldanteil an der Gesamtfläche waldreichsten Bundesland – das Interesse an der Erhaltung von Natur, Umwelt und Wald besonders groß ist,
- weil die Luft mit weniger Schadstoffimmissionen belastet wird,
- weil die Schadstoffimmissionen pro Personenkilometer beim Schienenverkehr nur ein Bruchteil der Immissionen des Autoverkehrs ausmachen,
- weil die Fahrzeugdichte unsere Straßen und unsere Städte, auch die als Ferienziele beliebten Fachwerkstädte, verstopft,

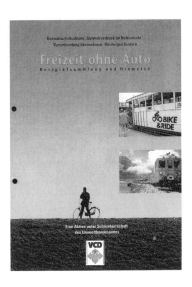

- weil von allen Lärmquellen der Straßenverkehrslärm als größte Belastung empfunden wird, wie eine repräsentative Befragung ergeben hat,
- weil Bahn- und Busfahren und der Umgang mit Kursbuch, Fahrplänen und anderen Infos gar nicht so schwer ist. Fürs Autofahren mußte man auch einen Führerschein machen – warum nicht auch einüben, wie man ohne Auto mobil ist. Zug um Zug Routine gewinnen.

Empfehlungen der „Arge Alp" zur An- und Abreise

1. Das Bahnangebot für Einzel- und Gruppenreisen soll ein Paket darstellen, das in Zusammenarbeit zwischen Bahnverwaltungen und Tourismusbranche/Reiseveranstalter erarbeitet worden ist.
   Das Paket soll preiswert und unkompliziert sein:
   - Abholung von zu Hause, Hilfe beim Reisegepäck (z.B. Taxi).
   - Betreuung beim Verlassen des Taxis bis zum Sitzplatz im Zug.
   - Nebenleistungen wie Reisebeschreibungen, Pläne oder Reiseführer, Gutscheine für den Speisewagen, Lektüre u.a.m. werden mit dem Ticket angeboten. Die An- und Abreise wird so zum entspannenden Erlebnis
   - Beim Umsteigen oder bei Verspätungen wiederum Betreuung und Information.
   - Abholung vom Bahnhof am Urlaubsort, Betreuung bis zum Urlaubsquartier.
2. Das touristische Angebot am Urlaubsziel muß so verbessert werden, daß auf die Mitnahme sperriger Urlaubsutensilien verzichtet werden kann.
3. Das bereits vorhandene kleine Angebot an guten Ideen sollte einen breiteren Kreis erreichen.
   Die Werbung dafür kann nicht allein Aufgabe der Bahnen sein, weil die Eindämmung der Autoflut auch auf größtes Interesse in den Feriengebieten selbst stößt.
4. Entzerrung der Wochendspitzen durch einen zweiten Anreisetag während der Woche; auch hier ist die Tourismuswirtschaft gefordert.
5. Unterstützung des „Pro-Bahn-Bewußtseins" mit einer breiten Kampagne.
6. Darstellung der Vorteile der Bahn (gegenüber dem Auto) für Kurzurlaube über größere Entfernungen.

Empfehlungen der „Arge Alp" zur besseren Bewältigung der Mobilität im Urlaub

1. Der öffentliche Verkehr ist die Alternative zum PKW, um das Mobilitätsbedürfnis der Urlauber zu befriedigen.
2. Zahlreiche gute Pauschalangebote und begünstigte Tarife sind nicht bekannt genug. Die Bahnen allein erreichen nicht alle potentiellen Kunden. Die Tourismuswirtschaft muß entscheidend mithelfen.
3. Regionale Verkehrsverbände, beispielhaft verwirklicht in Vorarlberg, sind auszubauen.
4. Busfahrten sind ein Beitrag zum Umweltschutz. Der Bus ist ein individuelles, umweltfreundliches Massenbeförderungsmittel.
5. Mit Bahn und Bus kommt man in die Zentren der Städte. Warum mit dem Auto fahren und einen Parkplatz suchen? Warum für den Parkplatz mehr zahlen als für den öffentlichen Verkehr?
6. Werbung für die Alternativen zum PKW kann durchaus ausgetretene Pfade verlassen. Bahn und Bus haben im Zusammenhang mit Umweltschutz einen hohen Stellenwert und damit hohe Akzeptanz.

Empfehlungen der „Arge Alp" zur Lösung der mit dem Tagestourismus zusammenhängenden Verkehrsprobleme

1. Attraktive Bahn- oder Bus-Pauschalangebote sind eine Alternative zum PKW.
2. Pakete, die zusätzlich zu Bahn- und Eintrittskarte (z.B. Liftticket) noch „Zuckerl" wie Gratiskaffee, Gewinnspiel, Après-Ski-Party im Disco-Bahnwagen beinhalten, sind werbewirksam.

3. Je näher das öffentliche Verkehrsmittel das Ziel des Tagestouristen anfährt, desto besser wird es angenommen.
4. Bevorzugung des ÖV-Nutzers bei den Freizeiteinrichtungen.
5. Einschränkungen in der Zahl der Tageskarten gehen zu Lasten der PKW-Benützer.
6. Der Gast soll sich am Zielort um nichts mehr kümmern müssen.
7. Gemeinsame Werbekonzepte der Betreiber des ÖV und der Tourismuswirtschaft.
8. Einschränkungen beim Parkplatzangebot führen automatisch zu einer Reduktion der PKW-Fahrten.
9. Bei drohender Überfüllung einer großen Freizeiteinrichtung rechtzeitige Sperre der Zufahrtsstraßen und rechtzeitige Information der Autofahrer.
10. Wenn möglich, sollten die wichtigsten touristischen Einrichtungen über Ortsumfahrungen bzw. direkte Zufahrten erreichbar sein, um die Ortskerne freizuhalten.

Teil 11
Handlungsfeld Fremdenverkehrsorte

Neue Standortbestimmung unter Einbezug der Einheimischen

Das Instrumentarium der Verkehrsberuhigung/Autofreiheit

Gesundheitstourismus als Strategie

> „It's all too easy to assume that your own contribution is so insignificant as to be worthless. This is simply not true. Each individual operator, large or small, can play a role in developing and encouraging environmentally friendly tourism or, as it is more commonly known, sustainable tourism. This approach is also the best way to give your business ‚The green Light', enabling it to race ahead in the 1990's with a better image and better prospects."
>
> (English Tourist Board, The green light, S. 3)

Neue Standortbestimmung unter Einbezug der Einheimischen

Viele Fremdenverkehrsorte sehen sich durch das stürmische Wachstum heute in einer Situation, wo

- auf seiten des Angebotes die Orte einen enormen Strukturwandel vollzogen haben und
- auf seiten der Nachfrager ständig neue Anforderungen gestellt werden.

Zahlreiche Orte, bei denen Grenzen des quantitativen Wachstums des Tourismus erreicht sind, unterziehen sich zur Zeit einer neuen Standortbestimmung, wobei erkannt wird, daß es für den Entwurf einer Zukunftsplanung unbedingt des Einbezugs der Einheimischen bedarf, da es in erster Linie um die Frage ihrer Lebensqualität geht. In exemplarischer Weise hat etwa die Gemeinde Kirchberg in Tirol den Prozeß gestaltet, den wir hier als „stellvertretenden" Fall heranziehen wollen.

Ein Arbeitskreis Einheimischer hat zwar Lösungsvorschläge unterbreitet, die letzte Entscheidung lag jedoch bei der Gemeinde und dem Tourismusverband. Die Arbeitsschritte des Vorgehens folgten dem von uns im Teil 6 beschriebenen Phasenablauf: Analyse der Ausgangslage, Stärken-/Schwächen- und Chancen-/Gefahrenbestimmung, Entwurf von Szenarien, Leitbild- und Zielformulierung, in die alle Kirchberger Haushalte in Form einer schriftlichen Befragung einbezogen wurden, Erstellen eines Maßnahmenkataloges und Umsetzung (vgl. im einzelnen Kirchberg o.J.; daraus auch die nachfolgenden Beispiele).

Kirchberg in Tirol – Unsere Stärken

Landschaft	Touristische Betriebe
Landschaftsbild	Bereicherung für die Volkswirtschaft
intakte Kulturlandschaft	Vielfalt des Angebotes
Landschaftsschutzgebiet Spertental	gute Gastronomie
grün im Sommer – weiß im Winter	
Landwirtschaft	**Sport- und Freizeiteinrichtungen**
positive Einstellung der Bevölkerung zur Landwirtschaft	Vielfalt des Angebotes
landwirtschaftliche Flächen werden bearbeitet	zahlreiche Halleneinrichtungen
Möglichkeiten zum Nebenerwerb	Wandermöglichkeiten
gestiegenes Selbstwertgefühl der Bauern	Badesee

Umwelt
relativ intakte Umwelt
Gewässergüte
Kanalisierung auch im Schigebiet weit fortgeschritten
steigendes Umweltbewußtsein bei Einheimischen und Gästen

Verkehr
verkehrsgünstige Lage
Bahnanschluß
Zufahrt im Winter (lawinensicher etc.)
Verkehrskonzept in Arbeit

Ortsbild
dörflicher Charakter noch gegeben
schöne Kirche mit Friedhof
Blumenschmuck
Sauberkeit

Schigebiet
Großräumigkeit
wenig Geländeveränderungen
leichte Erreichbarkeit
gute Zusammenarbeit mit Land- und Forstwirtschaft

Gästestruktur
breite Nationenverteilung
hoher Stammgästeanteil

Einheimische
aktives Vereinsleben
Alten- und Krankenbetreuung
Kindergarten und Schulwesen
Freundlichkeit
Toleranz
Lebensstandard

Kirchberg in Tirol – Unsere Schwächen

Landschaft
Zersiedelung
weiterer Ausbau von Alm- und Forstwegen
Nichtbeachtung von Fahrverboten
Verkehr im Landschaftschutzgebiet

Landwirtschaft
abgeschwächter Bezug zu Grund und Boden
Wert der eigenen Produkte oft nicht erkannt
Einkommensrückgang
Weitergabe von Schlüsseln für gesperrte Wege

Umwelt
Lärm- und Abgasbelastung durch den Verkehr
mangelhafte Mülltrennung
kein Umweltberater im Ort
Landschaftsverbrauch

Touristische Betriebe
zu viele Gästebetten
niedriges Preisniveau
mangelnde Professionalität der Mitarbeiter und Unternehmer
unzureichende Zusammenarbeit zwischen den Betrieben

Sport- und Freizeiteinrichtungen
mangelndes Schlechtwetterangebot
kein Golfplatz
wenig Radwege und Reitwege
Öffnungszeiten von Badesee und Eislaufplatz

Schigebiet
Fehlen zweier Aufstiegshilfen im Schigroßraum (Schisafari)
unzureichende Modernisierung der Aufstiegshilfen im Bereich Killesberg
keine Schneeanlage für neuralgische Stellen

Verkehr
keine Umfahrungsstraße
Staus an Bahnschranken
keine Parkraumbewirtschaftung
parkende Reisebusse und Autobus im Ortszentrum
keine Fußgängerzone
zu wenig Gehsteige

Ortsbild
kein richtiger Ortskern
zu große Baukomplexe
schlechte Architektur
zu wenig Grünzonen im zentralen Bereich

Gästestruktur
Einfluß der Reisebüros zu groß
Vermassung

Einheimische
Wohnungen zu teuer
Mangel an kulturellen Aktivitäten
Veranstaltungen für Jugendiche
Überbelastung während der Saison
zu wenig kritisches Bewußtsein gegenüber dem Tourismus
zu wenig Bereitschaft für die breite Diskussion neuer Ideen

Leitbild der Gemeinde Kirchberg in Tirol

- Die Leitsätze beschreiben die Vision von einem „lebenswerten Kirchberg". Sie sind die Richtschnur für das gemeinsame Denken und Handeln, das notwendig ist, um dem lebenswerten Kirchberg Schritt für Schritt näherzukommen und es schließlich zu verwirklichen.
- Das lebenswerte Kirchberg beruht auf einer soliden wirtschaftlichen Grundlage, die von umwelt- und sozialverantwortlichem Denken und Handeln aller Beteiligten geprägt ist.
- Zentrales Standbein unserer Wirtschaft ist der Tourismus, dessen vielfältiges Angebot eine sinnvolle Kombination von Natur und Technik aufweist.
- Gradmesser für die Leistungsfähigkeit unseres Tourismus sind nicht Nächtigungszahlen, sondern qualitative Merkmale und wirtschaftliche Erfolge.
- Wir bekennen uns zu einer mengenmäßigen Beschränkung des touristischen Angebotes, insbesondere zu einer Begrenzung der Zahl der Gästebetten.
- Wir sind selbstbewußte Gastgeber und konzentrieren unsere Energien auf jene Gäste, die zu uns passen und die durch ihre Anwesenheit zu einem lebenswerten Kirchberg beitragen.
- Neben dem Tourismus finden in Kirchberg auch andere Aktivitäten und Interessen Anerkennung.
- Wir finden in unserer Heimatgemeinde Wohnraum und gute Voraussetzungen für unsere persönliche und berufliche Entfaltung.
- Ein verkehrsberuhigter Ort mit einem verkehrsfreien und lebensfroh gestalteten Ortszentrum bietet uns und unseren Gästen Gelegenheit zum Verweilen und zur Kommunikation.
- Wir schätzen unsere Landwirte: Sie sind ein unverzichtbarer Bestandteil unserer Dorfgemeinschaft, sie sorgen für die Pflege und die Erhaltung unserer Kulturlandschaft und sie liefern gesunde Nahrungsmittel für Einheimische und Gäste.
- Wichtigen Entscheidungen in der Gemeindepolitik geht eine breite Meinungsbildung voraus, die durch eine offene und kritische Diskussion gekennzeichnet ist.

Zielsystem der Gemeinde Kirchberg in Tirol

Der Weg zu einem lebenswerten Kirchberg ist nicht in einem Zug zu bewältigen. Dafür ist er zu lang und zu anspruchsvoll. Er muß in übersichtliche Teilstrecken zerlegt werden, die mitunter gleichzeitig, oft aber nur nacheinander bewältigt werden können. Die hier angeführten Ziele sind solche Etappen. Sie sind aus den Problemfeldern des Stärken-Schwächen-Katalogs heraus entstanden, und sie berücksichtigen wichtige gesellschaftliche Trends, denen sich auch Kirchberg nicht entziehen kann.

Die für die einzelnen Problemfelder formulierten Ziele sind hierarchisch gegliedert. Zwischen den einzelnen Zielen bestehen vielfältige Vernetzungen, auf die bei der Verwirklichung der Ziele zu achten ist.

Intakte Natur- und Kulturlandschaft
- Eindämmung der Zersiedelung
- Erweiterung und Verbesserung der Schutzgebiete

Funktionierende Berglandwirtschaft
- Höheres Selbstwertgefühl der Bauern
- Zusammenarbeit von Landwirtschaft und Gastronomie

Gesunde Umwelt
- Verhinderung weiterer Erschließung
- Ausbau der Entsorgungseinrichtungen
- Lösung des Müllproblems
- Einstellung eines Umweltberaters

Verkehrsberuhigter Ort
- Verkehrskonzept
- Umfahrungsstraße
- Fußgängerzone

Schönes Ortsbild mit Ortskern und dörflichem Charakter
- Bebauungsplan
- Ansprechende Architektur

Qualitativ hochwertige Beherbergung und Gastronomie
- Qualifizierte Unternehmer und Mitarbeiter
- Zwischenbetriebliche Kooperation
- Angemessenes Preis-Leistungs-Verhältnis

Vielfältiges Freizeitangebot mit hohem Auslastungsgrad
- Verbesserung der Information
- Förderung von naturnahen Angeboten
- Gästebetreuung als qualitatives Angebotselement

Internationale Spitzenstellung des Schigebietes
- Komplettierung der Schisafari
- Modernisierung der Aufstiegshilfen
- Räumliche und zeitliche Verteilung der Schifahrer

Höheres Gästeniveau
- Eindämmung der Vermassungserscheinungen
- Klare Ansprache bestimmter Zielgruppen
- Qualitative Verbesserungen im Angebot

Vorrang für die Einheimischen
- Positiv-kritisches Tourismusbewußtsein

- Förderung der Gemeinschaft
- Abgabe von sozialem Bauland an Einheimische
- Einheimischenpreise bei Sport- und Freizeiteinrichtungen

Zukunftsorientierte Tourismuspolitik
- Sorgsamer Umgang mit der Umwelt
- Erhöhung der Wertschöpfung
- Keine weitere Steigerung der Bettenzahl

Maßnahmenumsetzung – Kirchberg in Tirol
Einige der aufgelisteten Maßnahmen wurden bereits in Angriff genommen und in Teilbereichen verwirklicht. Zudem wurden während des eineinhalbjährigen Arbeitsprozesses von verschiedenen Seiten Ideen aufgegriffen bzw. selbst entwickelt und umgesetzt. Beispiele dafür sind:
- Einführung von freiwilligen 40 km/h im Ortsgebiet
- Gespräche mit den Hoteliers zur besseren Abwicklung der Ladetätigkeit der Reisebusse
- Informationsabend zur Umfahrungsstraße (Vorstellung des Projektes, Einbindung der Grundbesitzer)
- Mautschranken im Landschaftsschutzgebiet Spertental
- Aktion Top Kirchberg (zur Erzielung eines besseren Preis-Leistungs-Verhältnisses)
- Aktion Top Job Kirchberg
- Bedarfsorientierte, wahlweise Müllentleerung
- Zusammenarbeit von Landwirtschaft, Tourismus und Privathaushalten in der Direktvermarktung (Erstellen einer Angebotsliste und Einrichtung von zwei Anlaufstellen für den Verkauf)
- Zusammenwirken von Hotelier und Arzt zur Vertiefung des gesundheitsorientierten Angebotes

Die Notwendigkeit zu umweltorientierten (Qualitäts-)Marketinganstrengungen überfordert i.d.R. die Ressourcen und Fähigkeiten kleiner Fremdenverkehrsorte. Hilfe könnte hier bieten (nach Müller/Kramer, 1990, S. 42 f.):

- Kooperationen mehrerer Orte bei der Angebotsgestaltung und der Marktbearbeitung (wie etwa die Schweizer Gemeinschaft „rund um Visp" oder die österreichisch-schweizerische Gemeinschaft „Ferienstern-Partnerschaft", zu der sich sechs Skiregionen unter dem Slogan „Umweltschutz macht Freude" in Chur, Graubünden, zusammengeschlossen haben)

- Günstige Beratungsangebote durch Verbände
  Zur Förderung des qualitativen Tourismus bietet der **Verband Appenzell A.Rh.** (VAV) für touristische Anbieter ein individuelles Betriebsberatungs- und Umsetzungsangebot zu relativ günstigen Honorarsätzen; es umfaßt alle Bereiche von der Erarbeitung von Leitbildern bis hin zur Frage der Kooperation und der Unternehmensführung.

- Aufklärung der einheimischen Bevölkerung
  Der **Verkehrsverein Graubünden** (VVGR) führte eine Informationskampagne „Unser Tourismus" bei der einheimischen Bevölkerung durch mit dem Ziel
  – Wissen über die Bedeutung und Zusammenhänge des Bündner Tourismus bei der ortsansässigen Bevölkerung, bei Tourismusangestellten sowie in den Schulen zu

vermitteln, da die direkten und indirekten Auswirkungen des Tourismus auf die wirtschaftliche Situation, auf Infrastruktur und Freizeitangebot nur schwach wahrgenommen wurden,
– über das verbesserte tourismuspolitische Interesse und Bewußtsein der Einheimischen auch bessere Voraussetzungen für ein aktives Mitentscheiden auf Gemeinde- und Kantonsebene zu schaffen
– und die Attraktivität der Tourismusberufe zu erhöhen.
Als Mittel eingesetzt wurden: eine in 150 Tälern Graubündens gezeigte Wanderausstellung, ein Videofilm, eine 24seitige Broschüre, ein Wettbewerb, eine Lehrdokumentation für Schulen und ein Organisationsordner für Orte.

Staatliche Kurverwaltung Bad Brückenau – Umweltaktivitäten
Garten und Landschaftsbau:
Die Landschaft wird nicht ausgeräumt., sondern alle Maßnahmen, z.B. im Wegebau, orientieren sich an der Integration in die Umgebung. Die Zahl der Wanderwege wurde auf die Wege des Naturparks Bayer. Rhön reduziert, Nahtstellen zu dem Wegenetz des Rhön-Klubs hergestellt und durch enge Kooperation mit dem Zweckverband Naturpark Bayer. Rhön die Betreuung der Wege in Sachen Ausschilderung und Pflege definiert und zuverlässig sichergestellt.

Schonung der Feuchtwiesen:
Die Auffüllung von Feuchtflächen wurde unterbunden. Mäh- und Pflegemaßnahmen werden auf die Vegetationsphase abgestellt, die Häufigkeit die Mahdzeiten reduziert. Die Talauen bleiben ungemäht bis zum Aussamen der Blumen und werden insgesamt nur noch zweimal gemäht.

Die Uferrandstreifen des das Staatsbad durchfließenden Baches bleiben bis zu 10 Metern Breite ungemäht. Lücken im Baumbewuchs wurden artenreich mit heimischen Gehölzen im Benehmen mit dem Wasserwirtschaftsamt bepflanzt. Ziel all dieser Maßnahmen ist Erhaltung und Schaffung eines in floristischer und faunistischer Hinsicht artenreichen Bestandes. Diese Maßnahmen wurden in Abstimmung mit dem Vorsitzenden des Kreisverbandes des Bund Naturschutz vorgenommen.
Ein Heilkräutergarten wurde angelegt, um auf einer komprimierten Fläche die Heilkräuter wieder erlebbar und riechbar zu machen.

Da Fledermäuse vorkommen, wurde auf Vorschlag des Bund Naturschutz ein alter Eiskeller im Park keiner Nutzung mehr zugeführt, um den Fledermäusen dort weiterhin ein ungestörtes Refugium zu gewähren. In einem alten Moorlager für das abgebadete Moor hat sich inzwischen Sonnentau angesiedelt – dem Vernehmen nach die größte zusammenhängende Fläche im ganzen Landkreis bei insgesamt nur drei Vorkommen. Selbstbeschränkung bei der Nutzung des Areals soll dieses Sonnentauidyll erhalten, so unterblieb hier z.B. das Abpumpen von Altmoor. Abbaggerung des Moors und Verlagerung in das neue Moorlager findet ebenfalls nicht statt. Die Unterschutzstellung wird zur Zeit geprüft.
Seit Juli 92 läuft die ökologische Bestandsaufnahme der 48 Hektar Staatsbadfläche.

Sämtliche Bäume werden numeriert und vermessen. Es erfolgt die Strukturaufnahme des gesamten Staatsbades und schließlich auch der Gebäudebestand.
Im nächsten Schritt wird die ökologische Bedeutung von Pflanzen, Pflanzengruppen und Gebäudebereichen untersucht. Ökologisch Wertvolles soll erkannt, erhalten und verstärkt werden. Ziel ist es, unter Wahrung der speziellen Zielsetzung eines Kurparkes auch die Zielsetzung des Biotop- und Artenschutzes zu berücksichtigen. Durch unterstützende Maßnahmen soll die pflanzliche und tierische Artenvielfalt gesteigert werden.

> # Ökologie und Ökonomie
> # Hand in Hand
>
> **1. Vorwort**
> Bad Brückenau verfolgt eine ökologische Strategie. Die Stadt denkt über Lärm,
> Energie und Bürgerbeteiligung nach.
> Das Staatsbad möchte seine Optik und Natur bewahren.
> Dabei kann der Betrieb, der die reinen Heil- und Mineralwässer abfüllt
> und mit diesen vielen Millionen Flaschen der Botschafter Bad Brückenaus
> nach draußen ist, nicht einfach abseits stehen. Deshalb haben wir
> zu diesem gemeinsamen Bad Brückenauer Konzept wichtige Beiträge geleistet.
>
> **2. Unternehmensphilosophie**
> Unsere Welt und unser Land stecken in einer Krise der natürlichen Umwelt.
> Jahrzehntelanger, achtloser Umgang mit dem knappen Gut Umwelt erweist sich
> für alle zum Bumerang. Besonders deutlich wird die globale Umweltkrise bei
> dem wichtigsten Grundelement des Menschen, nämlich reinem Trinkwasser.
>
> Über 20% der deutschen Trinkwasserbrunnen entspechen nicht
> den strengen EG-Grenzwerten für Verschmutzungsparameter.
> Nitrat, Kohlenwasserstoffe und Pestizide bilden die wichtigsten Belastungen.
> Der Staatliche Mineralbrunnen in Bad Brückenau nutzt den empfindlichsten
> Rohstoff überhaupt, nämlich reines Mineral- und Heilwasser und führt
> seine Absatzerfolge in diesem Bereich auch auf das Mißtrauen der Bevölkerung
> gegenüber unserer öffentlichen Trinkwasserversorgung zurück.
> Verantwortungsbewußtes Handeln für ein Unternehmen wie den Staatlichen
> Mineralbrunnen bedeutet, alles zu tun, unseren wichtigsten Rohstoff zu schützen
> und zu erhalten. Ein wirkungsvoller Schutz der Quellen ist ohne einen Abbau
> der gesamten Umweltbelastung nicht denkbar.
>
> Das Staatsbad Bad Brückenau liegt im malerischen Sinntal mit einer nahezu
> unberührten Landschaft, die seit langer Zeit Wasserschutzgebiet und frei
> von landwirtschaftlicher Intensivbewirtschaftung und Industrie ist.
> Dieser Sachverhalt garantiert den Quellen bisher ihre hervorragende Qualität
> Deshalb legen wir neben dem Schutz der Quellen
> unser Augenmerk auf den Schutz der Umgebung des Sinntals.
> Der Staatliche Mineralbrunnen versteht sich als Teil eines vernetzten Systems,
> und möchte getreu dem Motto
>
> **»Global denken – lokal handeln«**
> seinen Beitrag zur Verbesserung der Situation unserer Umwelt leisten
> Wir wollen zeigen, daß ökologisches Handeln und wirtschaftlicher Erfolg
> durchaus eng zusammenhängen können.
> Wir wollen mit der Art unserer wirtschaftlichen Tätigkeit ebenso ein Vorbild
> werden, wie wir es bei unserer Wasserqualität bereits sind.
>
> Vor diesem Hintergrund ist es zu verstehen, wieso der Staatliche Mineralbrunnen
> Bad Brückenau viel Geld ausgibt, um sein erstes Unternehmensziel zu erreichen:
> nämlich sein wirtschaftliches Handeln und seine Existenz
> in Übereinstimmung mit seiner Umwelt zu bringen.

Abb. 44: Leitbild Bad Brückenau

Als Folge davon, man spricht hier auch von Erhöhung des V-Wertes, des Vielfaltwertes, wird die Erholungsfähigkeit der Landschaft erhöht.

Ausstattung von Gärtnerei, Technikabteilung, Kurmittelhaus und Büros:
Für die Gärtnerei wird im Bereich Bad Brückenau der erste Kommunaltraktor mit Katalysator und extremer Geräuscharmut angeschafft.

Zur Bekämpfung von nicht erwünschten Pflanzen auf den Wegen wird mit einem Flammgerät anstatt mit der Giftkanne gearbeitet.
Biologische Schädlingsbekämpfung erfolgt mit Nützlingen statt mit chemischer Keule, z.B. kommen die Schlupfwespe gegen Blattläuse, weiße Fliegen und Minierfliegen gegen Spinnmilben und Raubmilben zum Einsatz. Zusätzlich werden Nist- und Überwinterungsmöglichkeiten im Bereich der Gärtnerei (Nützlingsförderung) geschaffen.

Eine Papierpresse wurde angeschafft, mit der sämtliche Zeitungen und Zeitschriften des Lesesaales und durch öffentlich aufgestellte Sammelbehälter auch die der Kurgäste gepreßt und der Verwertung wieder zugeführt werden.
Die Reinigungsmittel für das Kurmittelhaus und die anderen staatl. Gebäude werden nach Umweltschutzgesichtspunkten beschafft, d.h: biologisch vollabbaubare Mittel, phosphatfrei, keine Lösungsmittel, Umstellung auf große Gebinde.
Der Laserdrucker ist extrem ozonemissionsarm mit Aktivkohlefiltern ausgestattet und geräuschgedämpft. Er wurde so ausgerüstet, daß er auch Umweltschutzpapier verarbeiten kann. Auf tonerverbrauchsarme Technik wurde geachtet. Mit dieser Beschaffung wurden Ökologie und Ökonomie miteinander kombiniert: War zuvor wegen der Ozonbelastung empfohlen worden, die Laserdrucker in einen gesonderten Raum zu stellen, können diese nun in demselben Raum verbleiben, in dem der Bediener sitzt. Eventuelle Papierstaus werden rechtzeitig erkannt, und ein Heißlaufen des Gerätes unterbleibt.

Das neue Faxgerät arbeitet nicht mehr mit einer Papierrolle (beschichtetes Papier), sondern mit einer Papierkassette, ähnlich wie bei einem Kopierer. Die beschichtete Papierrolle ist nicht recyclingfähig und stellte gleichsam Sondermüll dar. Dieses Problem ist bereinigt. Das Faxgerät kann auch Papier aus 100 % Altpapier verarbeiten. Die Bildschirme der PCs sind extrem strahlungsarm entsprechend der schwedischen Norm, die die strengsten Vorgaben macht – Gesundheitsschutz für die Mitarbeiter.

Bei der Auffüllung der Papiervorräte wird Zug um Zug auf Schreibpapier umgestellt, das aus 100 % Altpapier besteht. Prospekte und Plakate sind auf chlorfreigebleichtem Papier hergestellt. Soweit wie möglich wird auch anderweitig auf Produkte aus 100 % Altpapier umgestellt, wie z.B. das Monatsprogrammheft, das seit November 92 erstmals auf 100 % Altpapier gedruckt wird.

Eine gute Hilfe sind dabei die vom Freistaat Bayern herausgegebenen Beschaffungsrichtlinien „Umweltrichtlinien öffentliches Auftragswesen" vom November 1984, Neufassung vom Juni 1991 gewesen. Ferner der „Behördenleitfaden Umweltschutz", der auf dem Standardwerk „Umweltfreundliche Beschaffung – Handbuch zur Berücksichtigung des Umweltschutzes in der öffentlichen Verwaltung und im Einkauf" aufbaut. Neben den von den Sachbearbeitern erstellten Anforderungsprofilen bezüglich der anzuschaffenden Geräte konnte mit Hilfe dieser Publikationen der Kriterienkatalog verfeinert werden.

Entsorgungsbereich:
Zur Müllsituation: Vermeiden geht vor Sammeln, und wenn gesammelt wird, dann getrennt, um möglichst alles dem Recyclingprozeß zuzuführen.
Die Gärtner sammeln den Müll in den im Park aufgestellten Müllbehältern getrennt nach Papier, Aluminium, Weißglas und Buntglas. Eine getrennte Sammlung erfolgt auch in allen Abteilungen der Kurverwaltung. Das ist natürlich personalintensiver als bei der alten Müllbehandlung, aber momentan noch nicht anders lösbar. Ungelöst ist noch das Plastikproblem.
Anfang des Jahres 1992 wurde eine 10 000 m^2 große Fläche für die Errichtung einer Kompostieranlage erworben. Die Planungen dazu laufen derzeit.
Es wurden zwei Umweltbeauftragte ernannt: einer für den Bereich Technik und ein anderer für den Bereich Gärtnerei. Deren Auftrag ist es, bei der Geräteanschaffung im

technischen Bereich, bei der Überwachung der Schwimmbadtechnik und bei Anschaffung der Putzmittel auf die Einhaltung von Umweltschutzmaßnahmen zu achten. Der Umweltschutzbeauftragte der Gärtnerei muß sich in besonderer Weise den Fragen des Landschaftsschutzes, der Schädlingsbekämpfung und der Anschaffung spezieller gärtnerischer Geräte widmen. Beide Beauftragten arbeiten eng zusammen mit der zentralen Beschaffungsstelle. Dadurch wird eine Bündelung von Umweltschutz-Know-how im Bereich des Beschaffungswesens im Verbund mit den speziellen technischen und gärtnerischen Kenntnissen erreicht. Seit Dezember 91 berichten die Abteilungsleiter dem Koordinator jährlich im Dezember über den Stand der Berücksichtigung der Umweltschutzgesichtspunkte in ihrer Abteilung. Alle Abteilungen wurden mit entsprechendem Informationsmaterial ausgestattet.

Energie- und Wasserbewirtschaftung:
Zur Zeit findet die Untersuchung des Wirkungsgrads der Heizzentrale statt. Das Staatsbad ist Eigenversorger bei der Heizenergie. Erzeugung und Transport der Heizenergie wird auf seine Effizienz untersucht. Geplant ist die Erstellung eines Wasser- und Stromverbrauchskonzeptes.

Verkehrswesen:
Die Projektgruppe „Nahverkehr" des 1988 gegründeten Marketing-Beirates von Bad Brückenau befaßt sich mit Verkehrskonzepten. Ihrer Arbeit ist das neue Kurbereichs-Verbundsystem zu verdanken. Sämtliche Linien des Omnibusverkehrs Franken, einer Tochterunternehmung der Deutschen Bundesbahn, können von allen Kurgästen kostenlos benutzt werden. Die Linienführung wurde zu diesem Zweck örtlich etwas umgeleitet, und schon konnten wichtige Bereiche der Kurzonen erreicht werden. Die Kurgäste haben durch diese Regelung nunmehr eine regelmäßige Abendverbindung zwischen der Stadt und dem 3 km außerhalb gelegenen Staatsbad. Ferner fahren die Busse am Samstag und am Sonntag wesentlich häufiger als vorher. Vorteil: Es muß kein Bus zusätzlich fahren, da die ohnehin durch den Ort verkehrenden Busse genutzt werden. Außerdem wurde für den Betreiber die Linie rentabler, da das Staatsbad und die Stadt die dazu anfallenden Kosten übernehmen (72 000 DM). Zusätzliche Vorteile für Staatsbad und Stadt: Kosteneinsparung in Höhe von rund 50 000 DM gegenüber der zuvor bestehenden speziell für die Kurgäste eingerichteten Kurbuslinie.

Informationsebene:
Jeder Gast erhält bei Ankunft drei Informationsblätter, die ihn auf die Zusammenhänge zwischen Landschaft und Seele, auf die ganzheitliche Sicht der Dinge, auf Zivilisationskrankheiten und ihre Zusammenhänge mit den Umwelteinflüssen hinweisen.
Auch die Lärmvermeidungen wird erwähnt, z.B. daß nicht vor jedem Haus Parkplätze vorhanden sind, sondern es bestimmte Sammelparkplätze gibt. Außerdem werden die Gäste auf die – kostenlose – Fahrradleihe, auf die kostenlose Busbenutzung und auf die schonende Behandlung und Nutzung der Natur in der Umgebung hingewiesen. Dabei wird ihre Mitverantwortung angesprochen und der einzelne Gast in die Pflicht genommen. Ferner wird er gebeten, den Verantwortlichen im Leistungsbündel Kurort Verbesserungsvorschläge zu machen.

Dauerveranstaltungen der Kurverwaltung sind neben der Ernährungsberatung regelmäßige Heilpflanzenwanderungen und Führungen durch den Heilkräutergarten. In das Angebot gehören auch Fahrten zum Bio-Bauern mit Information über biologisch angebaute Produkte und Einkaufsmöglichkeiten. Führungen durch die ökologisch orientierte Schloßgärtnerei informieren über ökologischen Gartenbau und ökologische Schädlingsbekämpfung. Die permanente Ausstellung des Bund Naturschutz in der Wandelhalle berät über Energieeinsparung, Wasserverbrauchsreduzierung und Umweltschutz im Haushalt.
Eine Liste der Öko-Bauern liegt in der Kurverwaltung auf.

Dreimal jährlich tagt der Marketing-Beirat, der sich mit der Projektgruppe „Ökologie" der einschlägigen Thematik widmet.

Nachdenken durch Workshop-Arbeiten:
Vertreter der Staatlichen Kurverwaltung, Bürgermeister und Stadträte der Stadt Bad Brückenau, Vertreter des Kur- und Verkehrsvereins, der Industrie und des Handels sowie Naturschutzexperten haben in einem vom Staatl. Mineralbrunnen GmbH initiierten zweitägigen Workshop Projektschwerpunkte für das weitere Vorgehen erarbeitet. Hierbei ist die Kommune in besonderer Weise gefordert nachzuziehen gegenüber den Maßnahmen des Staatsbades und des Staatl. Mineralbrunnen GmbH.

Ökobilanz – Staatlicher Mineralbrunnen:
In Bad Brückenau steht auch der erste ökologische Getränkeabfüllbetrieb Deutschlands, die Staatliche Mineralbrunnen GmbH Bad Brückenau (siehe Teil 6, Umweltcontrolling).

Das Instrumentarium der Verkehrsberuhigung/Autofreiheit

Die negativen Konsequenzen einer automobilorientierten Freizeitgesellschaft (Luftbelastung, Lärm, Landschaftsverbrauch, Waldschäden usw.) sind inzwischen durch die Medien auch der breiten Öffentlichkeit bewußt geworden. Weitgehend erkannt ist auch der Effekt, daß zusätzliches Angebot (also mehr Straßen) nur noch weitere Nachfrage (also mehr Autos) schafft.

Da über die Hälfte der Urlauber mit dem Auto verreisen, ist die Wegekette vom touristischen Ausgangsort zum Ziel umweltverträglicher zu gestalten. Das Ziel eines „verkehrsgerechten" Fremdenverkehrsortes ist nicht über ein vom Berater erarbeitetes Patentrezept zu beziehen, dazu sind die individuellen Gegebenheiten zu verschieden. Die inzwischen in zahlreichen Orten durchgeführten Projekte reichen von vereinzelten Maßnahmen der verkehrsberuhigten Ortskerne bis hin zu vollständig autofreien Orten.

Empfehlungen der „Arge Alp" zur Verkehrsberuhigung in Fremdenverkehrsorten
(aus Salzburg Diskussionen, 1992, S. 39 f.)

1. Verkehrsvermeidung ist das oberste Gebot. Die Hauptfreizeiteinrichtungen sollen mit attraktiven öffentlichen Verkehrsmitteln erreicht werden, um den „hausgemachten" Verkehr zu minimieren.
2. Verkehrsfreiheit ist in Strukturen, die mit dem Auto gewachsen sind, nur schwer zu erreichen. Beim Bau von neuen Ferienanlagen, Liften oder anderen Attraktionen sollte man sich aber an den Zielvorstellungen der „Verkehrsfreiheit" orientieren.
3. Verkehrsberuhigung in den Orts- und Stadtzentren ist in vielen Fällen möglich. Für den zu verdrängenden Durchgangsverkehr sind Ersatzlösungen (Umfahrungen) zu finden. Der „Durchhaus-Effekt" ist dem erholungssuchenden Gast nicht zumutbar.
4. Üblicherweise bringen großräumige Umfahrungen nicht den gewünschten Effekt, weil sie als Ortsentlastung für den lokalen Verkehr ausfallen. Soll ein Teil zur Gänze für den Verkehr gesperrt werden, muß dem Ortsverkehr eine Alternative geboten werden.
5. Das „öffentliche Verkehrsmittel" sollte vor allem in Tourismusgebieten umweltfreundlich sein. Busse neuester Technologie oder schienengebundene Systeme mit Elektroantrieb bringen positives Image.

6. Lösung des Parkplatzproblems ist ebenfalls vordringlich.
7. Verkehrsvermeidung kann man nicht nur den Gästen abverlangen. Auch die einheimische Bevölkerung muß zum Verzicht auf das Auto gewonnen werden.
8. Um eine weitere Zunahme des Verkehrs zu verhindern, ist auch über einen Betten- und Liftbaustopp nachzudenken. Fehlende Quantität könnte über mehr Qualität (größere Wertschöpfung) ausgeglichen werden.

Hier soll jedoch primär auf die Umweltqualität eines Fremdenverkehrsortes im Sinne eines Marketingkonzeptes abgestellt werden.

Verschiedene Modelle sind anzutreffen:

- Das Instrumentarium der Verkehrsberuhigung.
  Bei dieser „klassischen" Form der Verkehrsstromverdünnung werden etwa spezielle Fußgängerzonen geschaffen; Parkraumbewirtschaftung, Reduzierung der Straßenbreite oder Straßenkapazität, mehr Sackgassen, Tempolimits, separate Fahrradwege, elektronische Verkehrs- und Parkleitsysteme sind weitere Maßnahmen.
- Der Ausbau öffentlicher Verkehrsmittel
  (Buslinien, Park-and-ride-systeme, Shuttle-Busse etc.)
- Das Instrumentarium „Autofrei"
  Hier wird der normale individuelle Autoverkehr unterbunden und durch ein spezielles Verbundsystem ersetzt.

Der autofreie Tourismusort, der sich für einige schweizerische Pionierorte (wie Zermatt) quasi zu einem Markenartikel entwickelt hat, heißt nicht „verkehrsfrei", da die (sanften) Mobilitätsansprüche des Touristen durch optimal ausgebaute öffentliche und private Verkehrsmittel im Umweltverbund befriedigt werden, wobei auch die Beförderung des Reisegepäcks funktionieren muß (vgl. Thaler, 1992, S. 43 ff.). Neben die Verwendung der öffentlichen Verkehrsmittel treten besonders umweltfreundliche Transportmittel (etwa Solarmobile, Elektroautos etc.).

Eine Gästebefragung in Österreich (Sommer 1991) ergab, daß 60 bis 70 % der Gäste Bequemlichkeitseinbußen zugunsten von Verkehrsentlastungen in Kauf nehmen würden (70 % sind für Geschwindigkeitsbeschränkungen, 68 % für verkehrsfreie Zonen, 65 % für Zonen mit Nachtfahrverbot und 27 % für eine gesamte Ortssperre); diesen Aussagen steht die Tatsache gegenüber, daß bis zu 70 % der Gäste in Österreich mit dem eigenen PKW anreisen; eine Umfrage am Kärnter Weißensee ergab bei Einheimischen eine Zustimmung von 80 % für Einschränkung des Individualverkehrs, bei den Gästen waren es 69 % (vgl. kraftWerk, 1992, S. 4 f.). Zahlreiche Orte in Österreich und auch Bayerns sind diesem Schweizer Vorbild gefolgt und haben solche Konzepte entwickelt:

- das Modell „ÖNV 4 Berge und 40 Täler" zwischen Hochschwarzwald, Freiburg und Rhein (siehe im einzelnen Bauer u.a., 1992, S. 47 ff.)
- Verkehrsverbund Vorarlberg seit Dezember 1991
- das Pilotprojket „Wälderbus" in Bregenz
- Zederhaus (Elektrobus)

Verkehrsberuhigung:

- Serfaus (Tirol) und seine U-Bahn
- St. Anton am Arlberg (Fußgängerzone)
- Obergurgl (Verkehrsberuhigung, Nachtfahrverbot)
- Kaprun (Skibuslinien, Verkehrsbeschränkungen wie Sperrung in Ausnahmesituationen)
- Bad Hofgastein (Fußgängerzone, Citybus, Parkraumbewirtschaftung).
- Berchtesgaden
- Mauterndorf, Söll, Seefeld (Fußgängerzonen)
- Saalbach-Hinterglemm (Ortskern als Fußgängerzone, Umfahrungstunnel)
- Oberstdorf (Elektrobus)
- Neukirchen im Nationalpark Hohe Tauern, Zell am See, Millstatt

(Teilweise) Aussperrung des Individualverkehrs:

- AKF (Interessengemeinschaft autofreier Kur- und Fremdenverkehrsorte in Bayern)
- GAST in der Schweiz
- ÖGAST (Ökologische Gemeinschaft autofreier Städte und Tourismusorte; in Planung)
- St. Gilgen am Wolfgangsee, Obergurgl (zwei Zonen), Weißpriach (Abzweigung Znach), Krakauhintermühlen (Rantenalm), Bad Hofgastein, Kleinwalsertal, Hallstatt (vgl. im einzelnen kraftWerk, 1992)

Seefeld
An der Entwicklung eines zukunftsbezogenen Tourismuskonzeptes arbeitet zur Zeit die Gemeinde Seefeld. Es wurde in einem „Neun-Stufen-Modell" zur Erarbeitung und Umsetzung eines strategischen Umweltkonzeptes vorgegangen (zum nachfolgenden Fontanari, 1992). Abbildung 45, (aus ebd. S. 589) zeigt die drei Phasen des Projkts.

Phase 1: Einzelne Arbeitsgruppen mit den Aufgaben:
 – Bestehendes zu verbessern
   (durch Revitalisierung vorhandener Kultur- und Freizeiteinrichtungen, Ideen zur Verbesserung des Ortsbildes, neue Verkaufsstrategien)
 – Neues vorzubereiten
   (durch Umweltstrategien, Verkehrskonzepte, spektakuläre Schritte in der Infrastruktur)
Phase 2: – Ist-Analyse,
 – Wunsch nach ganzheitlicher Konzeption

- Vision eines im Tourismus führenden Ortes mit ausgeprägter Umweltorientierung
- Erarbeitung fachübergreifender Konzepte, empirische Absicherung
- Einbindung der Einheimischen

Phase 3: – Gesamtkonzeption mit Maßnahmenvorschlägen und zeitlichen Umsetzungsschemata

Phase	Aktivitäten			Ergebnis
I. Analyse der Ausgangssituation	Initiierung durch den Tourismusverband / Einbindung von „change agents"	Gestaltung von Workshops / Erstellung von gemischten Arbeitsgruppen	Erstellung eines Visions- und Ideenkataloges / Festlegung weiterer Schritte	Problemanalyse / Zielbestimmung (Soll-Vorgaben) / Planung der weiteren Vorgehensweise
II. Soll-Ist-Vergleich	Erarbeitung grundlegender Erkenntnisse / Partner: Universität Trier	Durchführung ganzheitlicher Studien (Empirie) / Partner: Universität Trier	Auswertung + Maßnahmenkataloge / Partner: Universität Trier	Exakte Ist-Analyse / Alternativen zur Zielerreichung / Checklisten Maßnahmenkatalog
III. Umsetzung der Maßnahmen	Analyse der Alternativen / Strategieauswahl / organisatorische Maßnahmen	Bildung von Arbeitsgruppen / Strategieumsetzung / unterstützende Maßnahmen	Ökologie-Ökonomie-Fit / Strategiecontrolling / kommunikative Maßnahmen	Strategische Neupositionierung / Wettbewerbsvorteile / Öffentlichkeitswirkung

Abb. 45: „Neun-Stufen-Modell" zur Erarbeitung und Umsetzung eines strategischen Umweltkonzeptes für Tourismusverbände

Als strategische Implikationen aus der Studie könnte eine Neupositionierung Seefelds, beruhend auf einer Abgrenzungsstrategie zu den Mitbewerbern, bei gleichzeitiger Innovation eines gesamtheitlich erarbeiteten umwelt- und sozialorientierten Tourismuskonzeptes erfolgen (vgl. Abbildung 46, aus ebd. S. 591).

Interessengemeinschaft für autofreie Kur- und Fremdenverkehrsorte in Bayern
Anfang 1993 schlossen sich 32 Kur- und Fremdenverkehrsorte in Bayern mit dem Ziel zusammen, Ideen auszutauschen, Konzepte für einen langfristigen Prozeß zu entwickeln und umzusetzen, damit ihre Innenbereiche (Kur- und Erholungsbereiche) vom Autoverkehr befreit werden können. Man spricht von einer „neuen Art der Mobilität". Das Projekt bekommt eine Förderung von rund 10 Millionen Mark (Bay. Umweltministerium, EG-Mittel). Projektvorbild sind die beiden Gemeinden Berchtesgaden und Oberstdorf, wo seit August 1992 nur noch Elektrobusse ins Zentrum fahren. Zusätzliche Maßnahmen sind Parkplätze rund um die Kernzonen und ausgedehnte Fußgängerzonen.

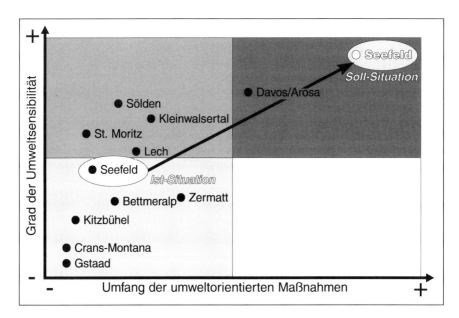

Abb. 46: Wettbewerbsvergleich als Ausgangssituation für strategische Neuorientierung

Eine Untersuchung in Bayern, mit der Initiativen von Fremdenverkehrsgemeinden nach besonders umweltfreundlichen touristischen Angeboten festgestellt werden sollten, kommt zu dem Ergebnis, daß meist sehr gute Einzelaktionen im Vordergrund stehen, die durch flankierende Maßnahmen aus anderen Bereichen begleitet werden, aber bisher nur wenige Gemeinden vielversprechende „ganzheitliche" Ansätze mit mehreren aufeinander abgestimmten und vernetzten Handlungsebenen haben (vgl. dazu die Konzepte in Schemel, 1988). Man stellte folgende wichtige Bausteine fest (Hamele u.a. 1991, S. 56):

- Begrenzung der Bettenzahl
- Beratung durch Umweltreferenten und Zusammenarbeit mit Umweltverbänden
- Enge Zusammenarbeit von Landschaftsplanung und touristischer Planung (einschl. Durchführung von UVPs)
- Konsequente Erhaltung bestehender Strukturen (Ortscharakter, Landschaft)
- Abstellen des Marketingkonzeptes auf umweltbewußte Gäste
- Zusammenarbeit von Tourismus und Landwirtschaft
- Zurückdrängen des Individualverkehrs

Umweltfreundliche Ferienorte in Rheinland-Pfalz
Das Wirtschaftsministerium des Landes Rheinland-Pfalz faßte 1992 den Entschluß, nicht einfach eine der verschiedenen mehr oder minder praktikablen und übertragbaren Checklisten auf das Land umzumünzen und das touristische Angebot danach zu überprüfen, sondern einen eigenen, neuen, ganzheitlichen Weg zu beschreiten.

Die FUTOUR-Umwelt- und Tourismusberatung erhielt im April 1992 den Auftrag, exemplarisch Kriterien und Anregungen zur Verbesserung der Umweltsituation in rheinland-pfälzischen Ferienorten zu ermitteln. Als Projektziele wurden genannt:

- Festlegung bestimmter, anspruchsvoller, aber durchaus erreichbarer Qualitätsstandards für umweltfreundliche Ferienorte in Rheinland-Pfalz.
- Sammlung und Darstellung positiver Beispiele im Lande.
- Aufzeigen von weiteren, bisher noch nicht entdeckten möglichen Entwicklungspotentialen in den jeweiligen Orten.
- Anreize für andere rheinland-pfälzische Gemeinden schaffen, sich ebenfalls umweltfreundlich zu orientieren.
- Schnell einen spürbaren Erfolg mittels eines praxisnahen, anwendungsbezogenen und leicht umsetzbaren Handlungsleitfadens herbeizuführen.
- Keine bloße Adaption und Übertragung bisher bestehender Checklisten, sondern Schaffung eines eigenen, rheinland-pfalz-spezifischen Maßnahmenkatalogs und Beurteilungsrahmens.

Die Untersuchung sollte also ausdrücklich nicht *die* umweltfreundlichsten Ferienorte im Lande herausfinden.

Festlegung der Auswahlkriterien und Untersuchungsorte
Anhand der in Rheinland-Pfalz anzutreffenden touristischen Funktionstypen und Problemfelder wie Heilbad, Landgemeinde/Sommerfrische, Tagestourismus, Weindorf (typisches), Luftkurort, Gemeinde mit Feriendorf, Camping, Städtetourismus, Kulturtourismus (Denkmäler), Konversionsprobleme (Abzug der US-Streitkräfte) wurden mittels einer vom Wirtschaftsministerium vorgeschlagenen Liste, in Absprache mit dem Fremdenverkehrsverband und dem FUTOUR-Team sowie nach Überlegungen eines möglichst flächendeckenden Proporzes folgende Orte ausgewählt: St. Goar, St. Goarshausen, Sohren, Kell am See, Enkirch, Schalkenmehren, Bad Bertrich, Trippstadt und Rumbach.

Diese Orte wurden gleichzeitig in den Bereichen:
- Landwirtschaft/Forstwirtschaft/Naturschutz
- Kultur
- Regional-/Stadtplanung/Verkehr
- Sport/Freizeit
- Hotellerie/Gastronomie
- Marketing

auf ihre „Umweltfreundlichkeit" hin untersucht. Zu jedem der genannten Bereiche gab es folgende Arbeitsschritte:
- Sekundäranalyse und Bestandsaufnahme vor Ort
- Erstellung einer groben Stärken-Schwächen-Analyse
- Empfehlungen und praxisgerechte Vorschläge
- Diskussion dieser Vorschläge mit den Gemeindevertretern

Die einzelnen Fachbereichsexperten tauschten bereits im Vorfeld ihre Untersuchungsansätze und Fragebögen aus und stimmten sich untereinander ab. Begleitet wurde das Modellprojekt von einem Beirat, dem unter anderem der Fremdenverkehrs- und Heilbäderverband, der Landesverband Hotel- und Gaststättengewerbe, vertreten durch die Betriebsberatung Gastgewerbe, das Umweltministerium sowie weitere Tourismusfachleute angehörten. Außerdem wurde bei der Bereisung in jedem Ort ein Treffen mit Mitgliedern des örtlichen regionalen Bund für Umwelt- und Naturschutz Deutschland (BUND) vereinbart.

Projektablauf
Nachdem die Auswahlkriterien festgelegt und die entsprechenden Orte sowie die Mitglieder des Beirats ausgewählt waren, wurden die Gemeinden/der Beirat im Vorfeld eingehend über das geplante Vorhaben informiert. Zunächst brieflich, dann in einer halbtägigen Vorstellung im Ministerium. Anschließend erfolgte eine Bereisung aller Projektgemeinden, um mit den Bürgermeistern und Fremdenverkehrsverantwortlichen aus-

führlich zu sprechen und das gesamte Projekt, nun direkt auf den jeweiligen Ort bezogen, noch einmal konkret zu erläutern und zu organisieren.

Nach dieser ausführlichen Vorbereitung erfolgte dann im Mai die Bereisung. Gesprächspartner des achtköpfigen FUTOUR-Teams waren u.a.: Verbands- und Ortsbürgermeister, Vertreter der Fachbehörden, örtlicher Planungsbüros, der Fremdenverkehrsämter, des Kur- und Bäderwesens, der Hotellerie/Gastronomie, der Naturschutzverbände, der Heimat-, Gebirgs- und Wandervereine, Ortslandwirte, Stadtführer und Heimatforscher.

Pro Ort war je ein kompakter Besuchstag vorgesehen, parallel erfolgten die Besichtigungen und Gespräche, immer getrennt nach den einzelnen Fachbereichen. Danach ging das FUTOUR-Team regelmäßig für drei Stunden in Klausur. Die tagsüber gewonnenen Erkenntnisse wurden untereinander ausgetauscht, gemeinsam diskutiert und verknüpft. Alle Arbeitsbereiche berücksichtigten dabei automatisch die Schnittstellen zu den anderen Untersuchungsgebieten. Es wurden komplementäre und konträre Aspekte, aber auch sinnvolle Synergieeffekte aufgezeigt. Anschließend wurden die ersten Eindrücke und Erkenntnisse interessierten einheimischen Gesprächspartnern vorgestellt und öffentlich besprochen. Dadurch konnten bereits vor Ort mögliche Ungereimtheiten oder falsch Verstandenes geklärt und weitere Anregungen aufgenommen und abgegeben werden. Am nächsten Morgen ging es dann jeweils in der Früh weiter in den nächsten Ort.

Diese Abendveranstaltungen erwiesen sich als ein gutes Korrektiv. Die Gesprächspartner fühlten sich ernst genommen, die „Anonymität" derartiger Untersuchungen war aufgehoben. Ein solch konzentriertes, aber für die externen Experten sehr anstrengendes Vorgehen ist äußerst praktisch, effektiv und entspricht einem bürgernahen Planungsansatz. Die schriftlichen Stärken-Schwächen-Analysen der einzelnen Orte wurden ihnen im November 1992 zugeschickt und Anfang Dezember bei Abgabe des Endberichts mit den Vertretern der Gemeinden ein weiteres Mal durchgesprochen.

Ausgewählte, vorläufige Ergebnisse und ihre Vernetzung
Im Bereich der Landwirtschaft ging es besonders um das Beziehungsgefüge zum Tourismus. Neben noch ausbaufähigen Angeboten wie „Urlaub auf dem Bauernhof/Winzerhof" muß der Direktbezug von Frischprodukten für die örtliche Hotellerie/Gastronomie aus der heimischen Landwirtschaft verbessert werden. Etwa 60–70 % der benötigten Frischprodukte könnten von dort bezogen werden, wenn der Anbau von z.B. Kräutern und Gemüse realisiert würde. Der Einsatz dieser Produkte kann im gesamten Bereich der Speisekarte seinen Niederschlag finden, vor allem, wenn sich noch zahlreiche regionaltypische Speiseangebote darauf befinden. Es könnten durchaus mehr Bauernmärkte, Bioringe oder Bauernläden als regionale Einrichtungen entstehen und auch touristisch genutzt werden.

Der Verpflegung galt u.a. neben Fragen der Einrichtung, der Abfall- und Versorgungsproblematik, des Wasserverbrauchs, der Ökologie im Büro, Garten und Außenanlagen sowie des Freizeitangebots das Hauptaugenmerk im Bereich Hotellerie/Gastronomie. Während das Gros der Hoteliers sich noch zögernd Umweltthemen nähert, gibt es im Lande einige sehr erfolgreiche Pionierbetriebe, die als positive Beispiele analysiert und vorgestellt werden.

Es ist erfreulich, daß gerade in Rheinland-Pfalz noch eine positive Grundeinstellung zum Wald festzustellen ist. In den meisten Gemeinden werden z.B. große Hoffnungen in die neuen Richtlinien aus dem Land- und Forstwirtschaftsministerium zur naturnahen Waldbewirtschaftung gesetzt. Diese Waldbewirtschaftungsform weist eindeutig konkrete ökonomische und ökologische Vorteile auf. Die Verantwortlichen im Tourismus, denen diese Vorteile erklärt werden müssen, sollten die natürlichen Verbündeten bei diesem Umstellungsprozeß hin zu einem auch touristisch attraktiveren Wald sein. Hier böten sich beispielsweise auch „Grüne Runde Tische" an, mit Tourismus-, Land- und Forstwirtschaftsexperten besetzt.

Unsere Landschaften sind vom Menschen geprägte Kulturlandschaften. Die kulturellen Ressourcen sowohl materiell (z.B. in Bauwerken) als auch mental (z.B. der Umgang der Menschen untereinander) gehören entscheidend zum touristischen Gesamteindruck. Neben vielen interessanten Aspekten spielt in Rheinland-Pfalz selbstverständlich die lange Weintradition eine herausragende Rolle, die die Mentalität der Menschen entscheidend mitbestimmt und neben der Grenzlandlage mit ein Grund für die große Aufgeschlossenheit gegenüber Gästen, der ausgeprägten Gastfreundschaft sowie der Geselligkeit und Freude am Feiern sein mag. Eine umweltorientierte Tourismusentwicklung muß die Förderung, Pflege, Nutzung, Aktivierung – aber auch den Schutz – der kulturellen Eigenarten einer Region berücksichtigen. Dies gilt für touristische Magnetregionen wie etwa das Rheintal mit der berühmten Loreley ebenso wie für die abseits gelegene idyllische Sommerfrische im Pfälzer Wald.

Aus Sicht der Regionalplanung wurde neben der „Entdeckung" eines herausragenden Beispiels einer gemeinsamen Gewerbegebietsentwicklung mehrerer Gemeinden zusammen vor allem festgestellt, daß, wie überall, das Instrumentarium des Flächennutzungs- und Bauleitplanes sowie die Aufgaben des Grün- und Landschaftsplanes als wichtige Steuerungsmöglichkeiten auch für die touristische Entwicklung von den Touristikern noch nicht im entsprechenden Maße erkannt und genutzt werden.

Der Verkehr stellt wie sooft das Hauptproblem dar. Modellhafte richtungsweisende Ansätze eines optimierten öffentlichen Nahverkehrs mit Rufbussen wurden ebenso angetroffen und herausgestellt wie die Möglichkeiten eines Pilotprojektes „Autofreier Kurort".

Besonderes Augenmerk galt dem Ausbau des Radverkehrs. Auf das Rad und seine touristische Nutzung sowie weitere Wanderangebote setzen auch die Sportfachleute. Der Sport- und Freizeitbereich wurde unter Berücksichtigung regions- und ortsspezifischer Rahmenbedingungen, der Umweltverträglichkeit der Angebote oder etwa der landschaftsgerechten Standortwahl und naturnahen Gestaltung der Infrastruktur untersucht. Es gab eine Fülle von Anregungen für einen neuen Gesundheitstourismus, wobei sich auch hier wieder der Kreis zum Bereich Ernährung und bewußter Küche schließt.

Was das Marketing angeht, so läßt sich feststellen, daß Themen rund um umwelt- und sozialverantwortlichen Tourismus stärker im Bereich der inneren Werbung verankert werden müssen. Für Schulung, Aus- und Weiterbildung der Hoteliers, Gastronomen und Touristiker bedarf es eines methodisch-didaktisch sinnvollen Konzeptes auf allen Ausbildungsebenen. Verstärkt könnten auch Kooperationen mit Organisationen wie etwa dem Deutschen Jugendherbergswerk, das bereits 1987 seine erste „Naturschutz- Jugendherberge" im rheinland-pfälzischen Altenahr in Betrieb nahm oder mit den Naturfreunden, deren NF-Haus, der im Pfälzer Wald gelegene „Rahnenhof" als Öko-Modellhaus aller insgesamt 1000 NF-Häuser gilt, auf und -ausgebaut werden.

Noch gibt es in der rheinland-pfälzischen Tourismuspalette wenige Anreize, Gäste mit speziellen Angeboten vom Auto wegzulocken (freie Eintritte, Abholservice etc.). Zahlreich sind dagegen z.B. im Pfälzer Wald die Urlaubsaktivitäten, wo der Gast an die Natur herangeführt wird. Die Tourist Informationen und Fremdenverkehrsämter müssen unter büro-ökologischen Gesichtspunkten noch mehr darauf achten, zum umweltbewußten Aushängeschild ihrer Gemeinden zu werden. Die Werbemittel und Prospekte werden bereits teilweise nur noch auf chlorfreigebleichtem Papier hergestellt.

Es zeigte sich, daß eine nach den einzelnen touristischen Funktionstypen und Problemfeldern getrennte Betrachtung der Umweltfreundlichkeit nicht notwendig ist. Für alle

Tourismusorte gilt mit einigen Ausnahmen (z.B. besondere Aspekte in Kurorten) dasselbe. Alle Empfehlungen und Anregungen sind auf alle Orte übertragbar.

Vorteile dieses ganzheitlichen Untersuchungsansatzes
- Offenstehende Fragen einer sanften touristischen Entwicklung und ihrer Probleme wurden einmal in ihrer ganzen Komplexität (Ausnahme: Ver- und Entsorgungs- sowie Abfallprobleme der Kommunen) konkret gestellt und versucht, interdisziplinär zu beantworten.
- In neun rheinland-pfälzischen Orten wurden vernetzte Aspekte touristischer Entwicklung praxisnah dargestellt und diskutiert. Die Einheimischen bekamen einen guten Einblick darin, daß intakte Landschaft, Flora und Fauna in einen engem Zusammenhang gesehen werden müssen mit gesunder Ernährung, regionaltypischer Kost, einem aktiven Kulturleben und verkehrsberuhigenden Maßnahmen. Tourismusverantwortliche erfuhren, wie sie die auf den ersten Blick völlig sachfremden Extensivierungsprogramme in der Landwirtschaft, in denen eine mengenmäßige Verringerung von Überschußerzeugnissen erreicht werden soll, sinnvoll in tourismusstrategische Überlegungen einbauen können (Stichwort: Direktvermarktung). Forstleute erfuhren etwas über Umweltschutzmöglichkeiten im gastronomischen Bereich, z.B. über das müllfreie Frühstück.
- Bürger und Bürgerinnen konnten sehen, daß auch sie einen wichtigen Beitrag zur weiteren Entwicklung ihres Ortes bringen können – und müssen. Vor allem aber, daß dieses Engagement auch von der Landesregierung gewünscht und gefördert wird.
- Ortstabus wurden offen angesprochen, die externen FUTOUR-Berater haben schließlich keine „Aktien" vor Ort und es somit leichter, Reizthemen („autofreier Kurort") zu behandeln.
- Die Notwendigkeit verbesserter innerörtlicher, aber auch überregionaler Zusammenarbeit wurde verdeutlicht.
- Kompetente Gesprächspartner der unterschiedlichen Fachbereiche auf beiden Seiten (Berater und Einheimische) erhöhten die Akzeptanz und das Verständnis für diesen ganzheitlichen Untersuchungsansatz.
- Zahlreiche Impulse wurden von den Ortsansässigen gleich direkt aufgegriffen und sollen zügig umgesetzt werden. So hat beispielsweise der FUTOUR-Hotelberater in jedem Ort mit jeweils drei Hoteliers eine 160 Fragen umfassende Checkliste in mehrstündigen Sitzungen durchgearbeitet. Durch konkrete Tips und Anregungen bekamen nicht nur diese Betriebsinhaber Hilfestellungen. Im Rahmen ihrer Verbandstätigkeit oder des Wirtestammtisches werden sie auch als Meinungsmultiplikatoren aus der örtlichen Praxis für die örtliche Praxis wirken und ihre Erfahrungen gleich weitergeben.
- Die Erkenntnisse aus dieser Arbeit münden direkt in eine Vielzahl von unterschiedlichen Vorschlägen und Empfehlungen sowohl für die jeweiligen Orte als auch für das Land.
- Damit könnten die ersten Ansätze für eine umweltorientierte Regionalberatung gegeben sein.

Dartmoor (U.K.)
Die Dartmoor Tourist Association ist aktiv in Landschaftsschutzmaßnahmen in der Dartmoor-Region engagiert. Eine Charta verpflichtet die Mitglieder zu:
1. Actively support the care and conservation of the Dartmoor area;
2. Encourage visitors to enjoy the natural beauty of the area and their activities thereon, in an environmentally friendly manner, enjoying their pursuits by foot, public transport, bicycle or horsepower, whereever applicable;
3. Use environmental friendly products, conserve energy and recycle waste;

4. Favour home grown produce and use local green supplies whenever possible;
5. Make use of our natural surroundings to maintain the habitat of the native flora and fauna;
6. Ensure that as far as possible, the activities of the Datmoor Tourist Association have minimal adverse effect upon the Dartmoot area". (English Tourist Board, The green light, S. 37).

Neukirchen am Großvenediger
Im kleinen Skiort Neukirchen am Großvenediger im Oberpinzgau (Salzburger Land) hat man bereits vor fast 15 Jahren den Versuch unternommen, ökologische Ideen zu verwirklichen, um Tourismus und Umwelt soweit wie möglich in Einklang zu bringen. Schon 1984 hat der 2400-Einwohner-Ort mehr als 68 Prozent seiner Gemeindefläche in den einzigen österreichischen Nationalpark Hohe Tauern eingebracht – die mit 1000 Quadratkilometern letzte großflächig zusammenhängende Naturlandschaft mit den höchsten Bergen Österreichs. Noch weiter zurück, nämlich in das Jahr 1979, reicht der letztlich erfolgreiche Kampf der Gemeinde und ihres rührigen Bürgermeisters, der für seine Leistungen zum Schutz der Alpen mit dem Konrad-Lorenz-Preis ausgezeichnet wurde, gegen Hubschraubertourismus in der nördlichen Venedigergruppe und gegen die Erschließung der Gletscher auf der Nordseite des Großvenedigers, vehement gefordert von Teilen der heimischen Wirtschaft.

Bald soll mit dem Bau der ersten Solarstromanlage der Welt zum Betrieb eines bereits vorhandenen Tellerlifts begonnen werden, sobald die Testphase abgeschlossen sein wird und die Behörden ihre Zustimmung gegeben haben. Die Sonnenenergieanlage soll unweit der Bergstation entstehen und jährlich 35 000 kW/h liefern, wobei überschüssige Energie täglich tausend Liter Wasser im Berggasthof erwärmen soll.
Sämtlicher in den Hütten anfallender Müll wird übrigens restlos zu Tal gebracht, und alle auf dem Neukirchener Gemeindegebiet liegenden Bergrestaurants sind an eine Talkanalisation angeschlossen.

Die Modellgemeinde für Dorferneuerung im Bundesland Salzburg hat sich ihren ländlichen Charakter vorbildlich erhalten. Nirgendwo stören klotzige Hotelbauten, und dies soll auch so bleiben, da man auch in Zukunft ein „gemütliches Skidorf" sein will. Gemeinsam mit dem Österreichischen Skiverband und der Deutschen Olympischen Gesellschaft hat die Betreibergesellschaft der Wildkogelbahnen die Kampagne „Fair auf den Pisten – fair zur Umwelt" gestartet, an der sich unter anderem auch die örtlichen Skischulen beteiligen. Mit Informationsbroschüren und Buttons sollen die Gäste zum einen zu verantwortungsvollem Umgang mit der Natur und zum anderen zu tolerantem Verhalten gegenüber anderen Skifahrern angehalten werden.

Kurort Leuterbad (CH)
Nachdem sich in den letzten zwei Jahrzehnten die Logiernächtezahlen im Kurort verdoppelt haben und die Verkehrsbelastung zunehmend zu Gästereklamationen führte, wurden vor allem neue Verkehrslösungen gesucht. Als koordinierte Maßnahmen (nach Müller/Kramer, 1990, S. 50 f.) wurden getroffen:
- (Sehr erfolgreiche) Einführung eines Gratis-Ortsbusses („Ring-Jet") für den Lokalverkehr
- Verfügung eines Nachtfahrverbotes (zwischen 22.00 und 5.00 Uhr) in bestimmten Ortsteilen
- Parkverbot auf öffentlichen Straßen und Plätzen
- Bau eines Parkhauses mit 500 Plätzen
- Errichtung einer direkten Buslinie Leuterbad – Goppenstein an Wochenenden

Beispielhafte Initiativen aus bayerischen Fremdenverkehrsorten

Die Bayerischen Staatsministerien für Wirtschaft und Verkehr sowie für Landesentwicklung und Umweltfragen haben 1991 die Untersuchung „Tourismus in Bayern – Initiativen für Umwelt- und Naturschutz" beim Studienkreis für Tourismus, Starnberg, in Auftrag gegeben.

Kern der Untersuchung war eine Befragungsaktion, mit der die bayerischen Fremdenverkehrsgemeinden nach eigenen Initiativen für Umwelt- und Naturschutz bzw. nach besonders umweltfreundlichen touristischen Angeboten in ihrem Bereich befragt wurden. Von ca. 1000 verschickten Fragebögen wurden etwa 500 beantwortet. Die erfreulich hohe Resonanz macht das große Interesse am Thema deutlich. Über 100 Gemeinden konnten bemerkenswerte Initiativen in den Bereichen Gästeinformation, Verkehr, Unterkunft, Gastronomie, Urlaubsaktivitäten, Infrastruktureinrichtungen, Ortscharakter und Landschaft melden.

Die Ergebnisse wurden in einer Broschüre veröffentlicht. Als Momentaufnahme soll sie einen Überblick über die in Bayern bereits praktizierten Ideen geben. Sie will damit den bisher noch zögernden, nach konkreten Erfahrungen fragenden Fremdenverkehrsgemeinden Anregungen zu ähnlichen Initiativen geben und diejenigen bestärken, die auf diesem Weg bereits erste Schritte vorzuweisen haben.

Gesundheitstourismus als Strategie

Umfragen und Statistiken zeigen, daß immer mehr Bundesbürger in ihrem Urlaub gezielt etwas für die Gesundheit tun wollen. Insbesondere der Zweit- und Dritturlaub werden dafür genutzt. Zu dem Gesundheitsurlaub gehört zwingend die gesunde Umwelt, die heile Natur, der bedachtsame Umgang mit Pflanze und Tier.

Ein „Gesundheitspaket" für den Urlaub läßt sich natürlich besonders gut in den Kurorten schnüren. Sie sind mit ihren Kurmitteln und örtlichen Quellen und/oder Klimata meist hervorragend für den Gesundheitsurlaub geeignet.

Jedoch gehen immer mehr Hotels auch in anderen Ferienorten ebenfalls dazu über, Gesundheitsangebote und Sportpakete anzubieten.

Denn:

- Das Gesundheitbewußtsein nimmt stark zu.
- Sportliche Gesundheitsferien sind bei jüngeren Gästegruppen beliebt, d.h. Tennis, Golf, Ski und Massagen, Bäder, Fitneßtraining.
- Die Nebensaisonzeiten im Ort und im Hotel sind besser nutzbar.
- Gute Sport- und Gesundheitstrainer gewinnen Stammgäste.
- Gut definierte Gesundheitspakete können zielgruppengerecht angeboten werden.
- Für Gesundheitsurlaub kann/muß auch der Vertriebsweg Reisebüro genutzt werden.

- Die Reisebranche verkauft über Kataloge, folglich müssen auch die Gesundheitspakete kataloggerecht aufbereitet werden.

Um zu einem überzeugenden, qualitativ hochstehenden und marktgerechten Produkt zu kommen, sind die folgenden Schritte notwendig:

- Bewußtseinsbildung bei Fremdenverkehrsämtern
- Erarbeiten einer aussagekräftigen Ist-Analyse
- Definition des Produktes in Zusammenarbeit mit einem Spezialveranstalter
- Ausarbeitung individueller Konzepte für einzelne Orte und Anbieter
- Erstellung eines langfristigen Marketingkonzeptes
- Einbindung möglichst vieler Leistungsträger und der einheimischen Bevölkerung in das erweiterte Gesundheits- und Umweltkonzept des Ortes
- Minimierung des Konkurrenzkampfes/Konkurrenzneides zwischen den Orten
- Betreuung des Projektes durch Spezialisten über einen langen Zeitraum inkl. Handlungsplan und Hilfestellungen bei der direkten Ausführung des Planes

Grüner Urlaubsführer Österreich
1993 erscheint erstmals ein Verzeichnis von Hotelbetrieben mit hohem ökologischen Standard und umweltfreundlichen Tourismusgemeinden. Unter breit gestreuten gastfreundlichen Katagorien wie z.B. Familienfreundlichkeit, fahrradfreundliche Hotels und Gemeinden, regionale Küche, „gesunde", sportliche oder tierfreundliche Gemeinden trifft der Gast seine persönliche umweltfreundliche Urlaubswahl.

Nachdem Kapazitätsgenzen in den österreichischen Fremdenverkehrsorten erreicht werden, die Umwelt durch den Tourismus zunehmend belastet wird, die Nachfrage nach umweltfreundlichen Betrieben und Gemeinden, die ihre Umwelt schützen, ständig ansteigt, hat kraftWerk (ein interdisziplinäres Forschungsinstitut für Umweltökonomie) mit der Unterstützung der Österreich Werbung und des WWF einen Führer erarbeitet, der ein Wegweiser für die ökologische Urlaubsgestaltung sein soll.

Die Hotelbetriebe, die in den Führer aufgenommen werden, erfüllen ökologische Mindestkriterien – sie müssen Maßnahmen in den Bereichen Vermeidung und Reduzierung von Verpackungsmaterial, Mülltrennung, Energieeinsparungen und umweltfreundlicher Gästeinformation verzeichnen können.

Gemeinden sollten intensive ökologische Maßnahmen nachweisen können, sei es, daß gravierende Verkehrsberuhigungen erreicht werden konnte, ein konsequentes Abfallwirtschaftskonzept durchgeführt wird oder der flächendeckende Einsatz von Alternativenergien zu verzeichnen ist. Gemeinden, die sich von Anfang an durch strenge Restriktionen ihre Naturbelassenheit bewahrt haben, sind natürlich auch zu finden.

Verschiedene Schwerpunkte, unter denen die umweltfreundlichen Betriebe und Gemeinden gereiht werden, helfen dem Gast, sich seinen persönlichen Urlaubswunsch zu erfüllen – wenn er beispielsweise in kinderfreundlicher Atmosphäre einen gesunden und sportlichen Urlaub verbingen, dabei die regionale Küche genießen und die Landschaft per Fahrrad erkunden möchte.

Der „Grüne Urlaubsführer Österreich" zeigt den Weg zu familien-, fußgänger- oder tierfreundlichen Hotels, in denen sich einheimische „Schmankerln" oder vegetarische Küche genießen lassen, sowie zu Gemeinden, die zu ökologischen Maßstäben zurückkehren oder sich diese noch bewahrt haben.

Teil 12
Die Rolle der Fremdenverkehrsverbände

Fremdenverkehrsverbände in neuer Funktion

Beispielhafte Konzepte

> *„However, if tourism is badly managed the dream can easily turn into a nightmare. A landscape in the countryside scarred from over-use, a crowded and noisy cathedral nave, traffic jams and lack of parking in an historic town: all these will reduce the quality and enjoyment of the visitor's experience and ultimately drive them away. Similarly, the welcome given by the host community is highly valued by most visitors. If the host community is perceived to be hostile or exploiting the visitor, then this relationship breaks down and vistors leave feeling dissatisfied, perhaps never return."*
>
> *(English Tourist Board, Maintaining the Balance, S. 11)*

Fremdenverkehrsverbände in neuer Funktion

Auf Landesebene sind i.d.R.die jeweiligen Fremdenverkehrsämter zuständig für das Marketing. Einige Verbände haben inzwischen eigene Umwelt-Natur-Arbeitskreise errichtet und Umweltbeauftragte eingestellt. Wir haben im Teil 5 bereits die Tourismusverbände (auch über ihre nationalen und internationalen Dachverbände) als die „Träger" eines umwelt- und sozialorientierten Tourismus kurz skizziert, denen als übergeordnetes System die Initiativ-, Harmonisations-, Kommunikations- und Koordinationsaufgabe zwischen den politischen Institutionen (z.B. der Kommune) und den einzelnen erwerbswirtschaftlichen Anbietern zukommt. „Der Verband ist verantwortlich für alle strukturellen Voraussetzungen, d.h. für die Schaffung von Kommunikationsstrukturen zwischen den einzelnen Akteuren, für die Organisation der Projektgruppen, für die Einsetzung eines eigenen Umweltmanagements in der Stadt/Region bzw. für die Überwachung und Kontrolle der ökologischen Unternehmensführung" (Fontanari, 1992, S. 585, daraus Abbildung 47).

„Bekannte" Probleme	„Neue" Probleme
• Diffusion umweltfreundlichen Gedankengutes seitens Dachverbände • Kompetenzschwierigkeiten • Know-how und Erfahrungswerte • Heterogenität der Tourismusakteure	• Trendwende im Tourismus • Homogenisierung der Umweltaktivitäten • Zwingende Maßnahmen zur Leitbildentwicklung
Übergreifender „Träger" aller Überlegungen: Tourismusverbände	
• Umdenken der Tourismusbetriebe • Ökologie um jeden Preis • Vertikale und horizontale Konzentration/Integration • Pioniertätigkeit	• Vernetztes Denken aller Beteiligten im Tourismus • Integration der Bevölkerung • Ökologie und Ökonomie (Rentabilität) • Vertikale/horizontale Homogenität • Strategische Neupositionierung
„Bekannte" Anforderungen	„Neue" Anforderungen

Abb. 47: Tourismusverbände als „Träger" des sanften Tourismus

Fontanari (ebd., S. 584) sieht durch die Arbeit von freiwilligen Verbänden (z.B. Vergabe von Gütesiegeln etc.) eher eine Gefahr der Verwirrung, da sie keine Sanktionsmechanismen haben, und plädiert für diejenigen Tourismusverbände als Bindeglieder, die durch ihre regionale und überregionale Tätigkeit bereits Einfluß auf Regionen und Anbieter haben. Sie sollen die Funktion erhalten, alle Bausteine des Tourismushauses zusammenzuhalten. Die zentrale Position des Verbandes erlaubt verschiedenste Einflußnahme auf Tourismusbetriebe und Institutionen und die Leitung von Gestaltungsprozessen (siehe Abbildung 48, aus ebd. S. 590).

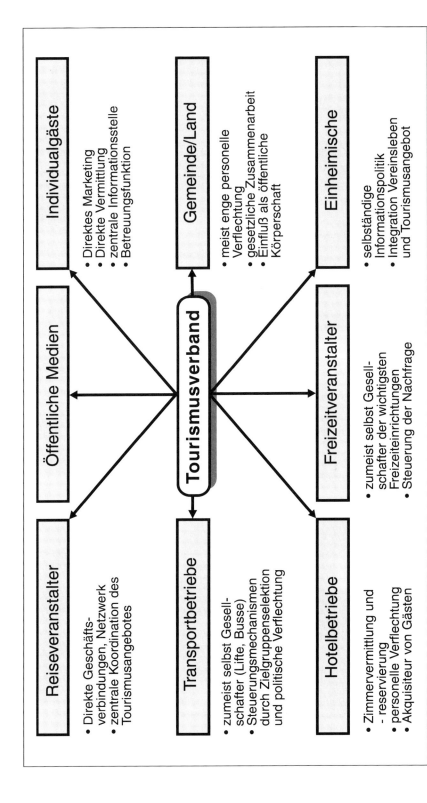

Abb. 48: Die Bedeutung und Einflußnahme des Tourismusverbandes auf Tourismusbetriebe und Institutionen

Das Bundesland Tirol hat hier mit dem Tiroler Tourismusgesetz von 1991 neue Maßstäbe gesetzt, indem es dem Tourismusverband „... die Erstellung sowie die laufende Entwicklung und Anpassung des örtlichen Tourismusleitbildes in Zusammenwirken mit der Gemeinde unter Berücksichtigung der ‚ökologischen Belastbarkeit' ausdrücklich zur Aufgabe gemacht hat" (Fontanari, 1992, S. 590).

Wie im Teil 10 bereits gezeigt, versuchen einige Orte wie Seefeld, Zürs, Lech, Zermatt, Hindelang, Radolfzell oder das Kleinwalsertal sich durch ein umwelt- und sozialorientiertes Strategiekonzept in eine vorteilhafte Wettbewerbsposition zu bringen.

Beispielhafte Konzepte

Deutscher Fremdenverkehrsverband

Der 1991 neu berufene Ausschuß Tourismus und Umwelt im DFV als Nachfolger des früheren Unterausschusses konnte bereits auf ein Arbeitsprogramm aufbauen, das vom DFV-Vorstand im November 1991 zum inhaltlichen Ausbau genehmigt wurde. Dieses Arbeitsprogramm bestand aus den drei wesentlichen Säulen:

a) Aufbau eines tragfähigen Konzeptes für ein Prädikat zur Auszeichnung/Kennzeichnung von Fremdenverkehrsorten, die den Anforderungen an einen umweltverträglichen Tourismus in besonderer Weise gerecht werden – Kooperationspartner ÖTE/Grüner Koffer

b) Aufbau eines Informationssystems als Hilfsmittel zur qualifizierten Ausgestaltung eines umweltverträglichen Tourismus – Datenbank ECOTRANS/StfT als Zielvorstellung

c) Entwicklung eines Aus-/Weiterbildungskonzeptes für den kommunalen/regionalen Tourismus zur Unterstützung des angestrebten Prädikates – Kooperationspartner EURES/IFS

Zwei Gutachten, die sich intensiv mit der Problematik solcher Gütezeichen am Beispiel der Blauen Europa-Flagge (Deutsche Gesellschaft für Umwelterziehung/DGU) und des Grünen Koffers (Verein Ökologischer Tourismus Europa/ÖTE) befaßt haben, stellen vor allem wettbewerbsrechtliche Fragen auch aus europäischer Sicht in erheblichem Ausmaß in den Vordergrund. Dieses führte in gemeinsamen Beratungen dazu, von seiten des DFV den weiteren Bemühungen um dieses Prädikat einen Wettbewerb auf Bundesebene vorzuschieben, da dieser

- schneller realisierbar ist als die Entwicklung einer neuen Konzeption unter Berücksichtigung der Anforderungen des Gutachtens,
- als „Pre-Test" Erfahrungen zu Kriterien und Akzeptanz bieten kann und
- gleichzeitig auch noch eine sinnvolle Verknüpfungsmöglichkeit mit ECOTRANS bietet.

Diese Abweichung vom ursprünglichen Arbeitsplan, die inhaltlich vom Deutschen Städte- und Gemeindebund, vom Deutschen Bäderverband und vom Deutschen Hotel- und Gaststättenverband mitgetragen wird, wurde im Januar 1993 vom DFV-Vorstand genehmigt und beschlossen. Damit gibt es für den o.g. Bundeswettbewerb bereits eine breite Akzeptanz.

Der DFV als Mitglied der Interessengemeinschaft ECOTRANS sieht im StfT einen geeigneten Partner zur Durchführung dieses Bundeswettbewerbs. In diesem Sinne hat der

DFV-Vorstand auch die Organisation des Bundeswettbewerbs als Bedingung festgelegt. Damit ist die nächste Zielsetzung des DFV zum Themenbereich Tourismus und Umwelt die Durchführung eines Bundeswettbewerbs zur Auszeichnung besonders umweltgerechter Fremdenverkehrsorte 1993/94. Der DFV übernimmt die Trägerschaft, die Organisation soll bei ECOTRANS/StfT liegen. Als Voraussetzung gilt eine externe Vollfinanzierung. Dieser Bundeswettbewerb gilt als Vorlauf für ein einheitliches Gütesiegel.

Umweltschonender Tourismus in Hessen – Ein Konzept der kleinen Schritte
1. Erhaltung der Umwelt als zentrale Aufgabe des Hessischen Fremdenverkehrsverbandes

Der Hessische Fremdenverkehrsverband (HFV), seit dem 1. 1. 1990 die zentrale Dachorganisation für das Fremdenverkehrsmarketing in Hessen mit der Hauptaufgabe, den Bekanntheitsgrad von Hessen im In- und Ausland zu steigern und ein klares Imagebild des Reise-, Urlaubs- und Bäderlandes aufzubauen, bemüht sich, mit marktgerechten Angeboten Gäste zu gewinnen, um so vor allen Dingen eine Steigerung der Übernachtungszahlen in der Nebensaison zu erreichen. Diese originären und ökonomisch geprägten Zielsetzungen sollen in Einklang mit ökologischen Erfordernissen gebracht werden. Darum bekennt sich der HFV explizit zu seiner Verantwortung für die Erhaltung von Natur und Umwelt. Gerade weil dies Bundesland im Mittelpunkt der großen Verkehrswege liegt und sich durch eine überdurchschnittliche Wirtschaftskraft auszeichnet, gewinnt die Bewahrung der natürlichen Ressourcen und die Erhaltung der gesunden Umwelt eine besondere Bedeutung.

Der Tourismus, in Hessen auch ein beträchtlicher Wirtschaftsfaktor, gründet wesentlich auf dem reichhaltigen kulturellen und historischen Erbe und einer trotz Verkehr, Industrie und Gewerbe weitgehend intakten Naturlandschaft. Mit 41 % Waldanteil an der Landesfläche ist Hessen das waldreichste Land in Deutschland.

Daher versucht der Hessische Fremdenverkehrsverband – institutionalisiert durch den Arbeitskreis Tourismus und Natur –, seinen Beitrag zu einer umweltfreundlichen Tourismusentwicklung in Hessen zu leisten, und zwar durch:
- Sensibilisierung der Leistungsträger durch gezielte Maßnahmen des Innenmarketings
- Information potentieller Gäste
- Verstärkte Umwerbung der Zielgruppen, die an einem umweltschonenden Tourismus Interesse haben
- Zusammenarbeit mit den zuständigen öffentlichen Stellen und Verbänden

Bei all diesen Punkten ist zu berücksichtigen, daß der Verband kaum selbst direkte Einflußmöglichkeiten auf das touristische Angebot besitzt und nicht über Sanktionsmaßnahmen zur Durchsetzung ökologischer Forderungen verfügt. Vor diesem Hintergrund müssen sich die Aktivitäten auf die Aufklärungs- und Informationsarbeit und die Mitarbeit in entsprechenden Gremien reduzieren. Auf der Basis dieser eingeschränkten Einflußmöglichkeiten hat der Hessische Fremdenverkehrsverband ein Konzept entwickelt, das in kleinen Schritten dazu führen soll, dem ökologischen Aspekt in der Arbeit sowohl innerhalb des Verbandes als auch in den regionalen Fremdenverkehrsverbänden, den Städten und Gemeinden und bei den Leistungsträgern Rechnung zu tragen.

2. Kleine Schritte auf dem Weg zu einem umweltschonenden Tourismus in Hessen
- Im eigenen Haus fängt die Arbeit an.

Der Verband hat dazu einen eigenen Arbeitskreis Tourismus und Natur eingesetzt, der regelmäßig tagt und mögliche Aktivitäten berät. Diesem Arbeitskreis gehören neben einer Reihe von Verantwortlichen aus dem regionalen Fremdenverkehrsbereich auch Vertreter der Leistungsträger und der Umweltschutzverbände an, so daß eine angemessene Berücksichtigung verschiedener Interessenlagen gewährleistet ist. Aus diesem Arbeitskreis heraus entstanden bereits eine Vielzahl von Ideen, von denen einige Bestandteil des Konzeptes zum umweltschonenden Tourismus in Hessen geworden sind.

Daneben hat der übergeordnete Marketingausschuß die Verantwortung übernommen, alle geplanten Marketingaktivitäten auf mögliche Konflikte mit den Forderungen eines umweltbewußten Tourismus zu überprüfen. So wurde zum Beispiel ein Verzicht auf die Umwerbung umweltschädigender Freizeitaktivitäten für die hessische Gemeinschaftswerbung im Jahre 1993 beschlossen. In dieser Gemeinschaftswerbung, an der sich Regionalverbände, Orte und Leistungsträger unter dem Dach Hessens beteiligen können, sollen vornehmlich buchbare Pauschalangebote mit umweltverträglichen Freizeitaktivitäten wie Wandern und Radwandern beworben werden. Eine Entscheidung, die dem Marketingausschuß auch durch die Ergebnisse einer vorgelegten repräsentativen Imagestudie „Reiseziel Hessen" erleichtert wurde. Als Ergebnis dieser Imagestudie wurden als zentrale Stärken des Reise-, Urlaubs- und Bäderlandes Hessen die schöne Landschaft, die hessischen Waldgebiete und die guten Wandermöglichkeiten herausgestellt. Für über 50 % der Befragten stellt die schöne Landschaft den entscheidenden Pluspunkt für einen Urlaub in Hessen dar.

Zu den internen Bemühungen des Hessischen Fremdenverkehrsverbandes gehört auch der Einsatz umweltverträglicher Büromaterialien in der Geschäftsstelle. Ein nicht nur symbolischer Schritt ist die sukzessive Umstellung des Druckes aller Veröffentlichungen des Verbandes auf umweltverträglichem Papier. Dabei gelten die Forderungen, die der Verein Ökologischer Tourismus in Europa (Ö.T.E.) an die Herausgabe von Broschüren stellt. Diese Richtlinien sehen z.B. vor, daß der Broschürenumschlag auf chlorfrei gebleichtem Papier gedruckt wird, während der Innenteil aus 100 % Recyclingpapier bestehen muß. Weitere Bemühungen sind die Maßgabe, Dienstreisen nach Möglichkeit mit der Deutschen Bundesbahn durchzuführen, sofern kein Materialtransport nötig ist oder die Reise in ein mit öffentlichen Verkehrsmitteln nur schwer bzw. gar nicht erreichbares Gebiet führt.

- Kennzeichnung umweltbewußter Beherbergungsbetriebe

1992 hat der Verband zum zweiten Mal eine bundesweit beispielhafte Befragung zum Umweltbewußtsein in hessischen Hotels und Pensionen durchgeführt. Im Rahmen dieser Befragung wurden über 3500 hessische Beherbergungsbetriebe angeschrieben. Mit insgesamt 25 Fragen wurde versucht, einen Überblick über das Umweltmanagement der hessischen Beherbergungsbetriebe zu gewinnen. Alle Betriebe, die acht wichtige Kriterien für einen umweltbewußten Beherbergungsbetrieb erfüllen, werden im Gastgeberverzeichnis des Hessischen Fremdenverkehrsverbandes gesondert gekennzeichnet und in einer Broschüre „Urlaub und Umwelt in Hessen" gemeinsam beworben. Diese Betriebe haben sich zu folgenden Punkten verpflichtet:

1. Der Betrieb darf keine Portionspackungen für Marmelade, Kaffeesahne, Butter, Müsli/Cornflakes, Wurst, Käse und Brot verwenden. Ausnahme: Sonderprodukte, z.B. für Diabetiker.
2. Alle angebotenen Getränke müssen in Mehrwegbehältnissen (Fässer/Flaschen) abgefüllt sein.
3. Papier, Kartonagen, Glas, organische Abfälle, Weißblech und Sondermüll müssen getrennt gesammelt und ordnungsgemäß entsorgt werden.
4. Toilettenpapier muß aus Recyclingpapier bestehen.
5. Die Gäste bestimmen, wann sie einen Handtuchwechsel wünschen.
6. Alle Toiletten müssen mit Wasserstoptasten ausgerüstet sein.
7. Überall dort, wo Dauerlicht erforderlich ist, z.B. bei der Flurbeleuchtung, müssen Energiesparlampen verwendet werden.
8. Es dürfen nur biologisch abbaubare Reinigungs- und Spülmittel verwendet werden.

1992 erfüllten 75 Betriebe diese Forderungen. Neben den aufgelisteten Betrieben enthält die Broschüre auch wichtige Tips für ein umweltgerechtes Urlaubsverhalten des Gastes. Sie soll interessierte Gäste ansprechen, die ihren Urlaub in umweltbewußt wirtschaftenden Beherbergungsbetrieben verbringen möchten. Außerdem sollten dadurch andere Betriebe zur Nachahmung animiert werden. Insgesamt erfüllen bisher 185 hessische Beherbergungsbetriebe die genannten Bedingungen. Darunter sind auch erstmals größere Hotelbetriebe, die erheblich mehr Schwierigkeiten haben als kleinere Familienbetriebe, die angegebenen Kriterien umzusetzen.

Bei allen geforderten Mußkriterien handelt es sich um Maßnahmen, die von einzelnen Betrieben ohne größeren Kapitaleinsatz durchführbar sind. In einigen Bereichen – insbesondere beim Handtuchwechseln auf Wunsch des Gastes und den Wasserstoptasten – lassen sich zusätzlich ganz erhebliche Kosteneinsparungen realisieren, die mittelfristig sicher dazu führen werden, daß weitere Betriebe diese Mindestanforderungen erfüllen. Erfreulich ist, daß eine ganze Reihe von hessischen Beherbergungsbetrieben auch sehr kapitalintensive Maßnahmen zur Einsparung von Energie ergriffen haben. So nutzen 95 Betriebe regenerative Energien wie z.B. Solarenergie, Windenergie oder Biogas. Und sogar 257 Betriebe verfügen über Wärmerückgewinnungsanlagen.

Ganz offensichtlich hat das große Medieninteresse für diese Aktion sehr viele Betriebe, insbesondere auch sehr viele qualitätsbewußte Betriebe, dazu bewogen, ihre Wirtschaftsform in Teilen umzustellen. Eine Reihe von als umweltbewußt anerkannten Betrieben wurde besonders gekennzeichnet in den Verkaufskatalog des Hessen Touristik Service aufgenommen, die nunmehr sowohl direkt als auch über Reisebüros buchbar sind. Die Mußkriterien für einen umweltbewußten Beherbergungsbetrieb sind dabei Vertragsbestandteil beim Kontingenteinkauf gewesen.

- Ein Leitfaden für das Gastgewerbe

Bei dieser Broschüre handelt es sich um eine Lizenzausgabe des vom Bayerischen Staatsministerium für Landesentwicklung und Umweltfragen herausgegebenen Leitfadens für das Gastgewerbe, der gemäß den hessischen Landesgesetzen überarbeitet wurde. Die Broschüre vermittelt in den Abschnitten Haustechnik, Küche, Restaurant, im sogenannten Hausdamenbereich, für Empfang, Büro, Tagungsbereich, Fuhrpark sowie

in einem Abschnitt Mitwirkung bei öffentlichen Angelegenheiten das „Gewußt wie" umweltschonenden Wirtschaftens. Tips, die auch helfen, Kosten zu senken, sind besonders gekennzeichnet.
Ein ursprünglich für 1992 geplanter Wettbewerb „Der umweltbewußte Hotel- und Gaststättenbetrieb in Hessen" wurde zunächst zurückgestellt, um die weitere Entwicklung hinsichtlich eines einheitlichen Gütezeichens für umweltbewußte Beherbergungsbetriebe abzuwarten.

- Ein einheitliches Gütezeichen für umweltbewußte Fremdenverkehrsbetriebe und Angebote

Nach Meinung des HFV ist ein einheitliches Gütezeichen für umweltbewußte Fremdenverkehrsbetriebe, Fremdenverkehrsorte und Angebote dringend erforderlich. Ein solches Gütezeichen muß einerseits nach objektiv prüfbaren Kriterien vergeben werden und andererseits über die bereits bestehenden gesetzlichen Bestimmungen hinausgehen. Zur Durchsetzung eines solchen Gütezeichens ist der Hessische Fremdenverkehrsverband Mitglied im Verein „Ökologischer Tourismus in Europa e.V." geworden, der sich insbesondere der Entwicklung eines Gütezeichens für umweltbewußten Tourismus widmet und in Umweltfragen ein wichtiger Ansprechpartner für die Fremdenverkehrspolitiker in Parlament und Regierung ist.

- Modellregionen für einen umweltschonenden Tourismus haben Vorbildfunktion

Mit Unterstützung der regionalen Fremdenverkehrsverbände aus dem Waldecker Land und der Rhön sowie des Hessischen Fremdenverkehrsverbandes wurden in Hessen sowohl das Biosphärenreservat Rhön als auch die Modellregion Sanfter Tourismus „Kellerwald" geschaffen. Ein großer Teil der Rhön in Hessen, Thüringen und Bayern wurde von der UNESCO zum Biosphärenreservat erklärt. Charakteristikum eines Biosphärenreservates ist die möglichst harmonische Verbindung von Mensch und Natur, geprägt durch die wechselseitige Beeinflussung des naturnutzenden Menschen und der durch ihn veränderten Naturkreisläufe und Landschaften.
Eine ähnliche schonende Vernetzung aller Funktionsbereiche ist auch der Ansatz in der Modellregion Kellerwald. Auch hier soll unter Nutzung der regionaltypischen Besonderheiten eine Form des Tourismus vorangetrieben werden, die im Einklang mit den Erfordernissen der Natur steht.
Eine Initiative mit ähnlichem Charakter hat sich mittlerweile im reizvollen Lahn-Dill-Bergland entwickelt. Auch dieses Projekt setzt auf eine enge Kooperation zwischen Landwirtschaft und Tourismus. Sowohl die Modellregion Kellerwald als auch das Biosphärenreservat Rhön und das Projekt Lahn-Dill-Bergland haben für den Fremdenverkehr in Hessen wichtigen Vorbildcharakter und werden daher durch den Hessischen Fremdenverkehrsverband ausdrücklich unterstützt.
Die Palette der Maßnahmen wird vom Hessen á la carte Angebot (siehe Teil 8) und den Aktivitäten unter dem Motto „ohne Auto mobil" (siehe Teil 10) abgerundet.

Saarland
Die Chronologie der umwelt- und sozialverträglichen Entwicklung in Deutschlands kleinstem Bundesland mit lediglich 1,8 Mio Übernachtungen löst sich seit der grundsätzlichen Entscheidung für dieses Thema so:
Kooperationsabkommen mit dem Verein „Die Naturfreunde" zur Entwicklung einer Rahmenkonzeption „Umwelt- und sozialverträglicher Tourismus im Saarland" 1988. Förderung und Mitwirkung an der inhaltlichen Gestaltung des Projektes der Naturfreunde ab 1988. Angebote aus der gemeinsamen Projektarbeit im Pauschalkatalog 1989/90 des FVV Saarland:
- 2tägige Wanderung durch das östliche Saarland
- Soziale Pedale

- Kanutour auf der Nied
- Fotowanderwoche
- Ferien auf dem Bioland-Bauernhof
- Familienurlaub
- Umstellung der Katalogproduktion des FVV Saarland auf chlorfrei gebleichtes Recycling-Papier ab Produktion 1990
- Präsentation der Öko-Fox-Box, eines Informations- und Maßnahmenpakets als Muster für ein umweltverträglich zu führendes Hotel durch das Hotel Hochwiesmühle im saarländischen Bexbach 1991
- Ausarbeitung eines ersten grenzüberschreitenden Radtourenpaketes Saarland/Frankreich und Luxemburg durch den FVV Saarland 1991
- Gründung eines über zwei Jahre laufenden OFT (Offenes Forum Tourismus) auf Kreisebene durch die neugegründete Saarpfalz-Touristik 1992 in Zusammenarbeit mit FUTOUR-Umwelt- und Tourismusberatung
- Erstes freiwilliges Umweltverträglichkeits-Gutachten für den grenzüberschreitenden „Europäischen Kulturpark" (deutsche Seite) durch den Saarpfalz-Kreis 1992
- Erstes umwelt- und naturorientiertes kommunales Angebot „Ökologische Woche in Losheim" 1992
- Ernennung des Geschäftsführers des LFV Saarland zum Umweltbeauftragten des DFV 1990

Schleswig-Holstein
Schon seit Jahren setzt sich dieser Fremdenverkehrsverband aktiv und in enger Zusammenarbeit mit engagierten Fachleuten von Naturschutzverbänden und Umweltbehörden für den Erhalt der Umwelt ein. Gemeinsam wurde z.B. die Aktion „Natururlaub" auf den Weg gebracht und ein spezieller Prospekt erarbeitet, in dem es u.a. heißt:

Auch im Urlaub ist nicht alles erlaubt:
Natururlaub in Schleswig-Holstein – das ist Reisen mit Rücksicht. Gehen Sie sorgsam um mit der Natur – der Mensch ist ein Teil des Gesamtwerkes Schöpfung. Die Pflanzen, die Tiere – sie sind nicht die „Umwelt" des Menschen, sondern: der Mensch ist ein Teil ihrer Welt. Es gilt also, nicht nur sich selbst, sondern auch die Natur zu schonen und zu schützen, auch in den Ferien. Nicht nur der Mensch braucht Urlaub – auch die Natur. Bitte bedenken und beachten Sie:
Information schafft Verständnis
Wer Interesse an Pflanzen- und Tierwelt seiner Ferienregion hat, der findet reichlich Informationen durch Naturschutzverbände, Kommunen und Interessen-Gemeinschaften. Vom Tafelbild und Flugblatt bis zu Führungen und Vorträgen gibt es sachkundige Aufklärung. Wer die Natur in ihren Besonderheiten versteht, der verhält sich in ihr ganz selbstverständlich auch naturschutzbewußt.

Wege haben Sinn
In allen Schutzgebieten darf man die Wege nicht verlassen. Die Tierwelt ist daran gewöhnt, daß Menschen auf diesen Wegen sind. Wer hingegen querfeldein geht oder sich Lager sucht, bringt Unruhe und Störung. Außerdem werden Pflanzen bedroht und zerstört.

Hunde sind eine Gefahr
In geschützter Landschaft müssen Hunde an der Leine geführt werden, damit sie keine heimischen Tiere beunruhigen oder gar Brut und Jungtiere töten.

Pflücken muß nicht sein
In Schutzgebieten ist das Zerstören von Pflanzen verboten, also auch das Pflücken, Zerdrücken, Zertreten.

Zuhause ist auch hier
Wo Sie Urlaub machen, leben andere immer. Zerstören Sie nicht deren Zuhause. Leben Sie im Urlaub so umweltbewußt wie in Ihrem Alltag. Sparen Sie Trinkwasser und Energie, benutzen Sie umweltfreundliche Produkte, halten Sie Ihre Umwelt sauber, fahren Sie möglichst mit öffentlichen Verkehrsmitteln oder mit dem Fahrrad. Und schützen Sie die Natur, sie gehört Ihnen nicht.

Tierschutz ist Naturschutz
Tiere jede Art, auch die kleinsten, dürfen in Schutzgebieten nicht gestört, gequält und getötet werden. Vogeleier dürfen nicht gesammelt werden.

Lärm ist un-natürlich
Die Natur selbst hat Töne genug. Der Gesang der Vögel, das Summen der Insekten, das Heulen und Pfeifen des Windes, das Rauschen der Meere. Es gibt genug zu hören und zu entdecken. Man braucht in der Natur kein Radio, keinen Recorder und kein Geschrei.

Schutzzonen schonen die Natur
Landschaft, die geschützt ist, hat immer auch Bereiche, die für Menschen Tabu-Zonen sind. Das muß akzeptiert werden. Aber auch in offenen Naherholungsgebieten besteht die Gefahr der Übernutzung. Manche Lebensräume von hoher Attraktivität sollten daher weitgehend geschont werden. Hierzu gehören See-Ufer, Fließwasser, Sandbänke und viele abgelegene Landschaftsbereiche.

Müll ist Mord
Abfall gehört nicht in die Landschaft, er ist eine tödliche Gefahr für Tiere und für die Gewässer.

Niedersachsen
Unter dem Motto „Ganz nach ihrer Natur" stellt sich das Bundesland Niedersachsen dem Besucher vor. Im „Tourismus-Konzept Niedersachsen" ist nachzulesen:
Beherbergungsmöglichkeiten sowie deren tatsächliche Nutzung zeigen die große wirtschaftliche Bedeutung und den Stellenwert des Tourismus in Niedersachsen. Jetzt ist aber ein Niveau erreicht, das es erforderlich macht, den Tourismus – stärker und systematischer als bisher üblich – unter Abwägung von Verbrauch natürlicher Ressourcen und Schonung von vorhandener Substanz auszubauen. Deshalb ist eine Entwicklungsstrategie für einen umweltverträglichen und sozialverantwortlichen Tourismus in Niedersachsen erforderlich, die folgende Komponenten einbezieht:
- die Natur und die Umweltverträglichkeit des Tourismus
- das soziale Umfeld und die Erhaltung der gewachsenen soziokulturellen Strukturen der Fremdenverkehrsgebiete
- die Wirtschaft und den Erhalt der Grundlagen für ein langfristiges, qualitatives Wirtschaftswachstum in den Fremdenverkehrsregionen
- und den Erholungswert sowie das Verständnis für eine verantwortungsbewußte Reisekultur

Zwischen allen Komponenten bestehen Wechselwirkungen, die bei der Entwicklung von Zielvorstellungen und Maßnahmen bedacht werden müssen. Aufgrund solcher Überlegungen sind Tourismusprojekte grundsätzlich zu befürworten, wenn sie:
- die natürlichen Gegebenheiten und Eigenarten von Landschaftsräumen schonen und bewahren
- sich durch Standard, Dimension und Architektur in das Landschafts- und Ortsbild einfügen

der ansässigen Bevölkerung den von ihr gewünschten Nutzen bringen – sei es in der Form von Einkommen und Dauerarbeitsplätzen oder sei es in einer Erhöhung des Freizeitwertes ihrer Gemeinde, und die übrige gewachsene Kultur oder Lebensweise nicht beeinträchtigen.

Aus Mitteln eines speziellen Wirtschaftsförderfonds können Investitionsvorhaben unterstützt werden, die geeignet sind, diesen Zielen zu dienen.

Fremdenverkehrsverband Schwarzwald
Der Fremdenverkehrsverband Schwarzwald erhob 1992 in einer Resolution nicht nur Forderungen etwa gegenüber Politikern, Behörden oder der Öffentlichkeit, sondern zeigte gleichzeitig Lösungswege auf (Beispiele: an die Landschaft angepaßter Straßenbau, Verkehrsbeschränkungen/Straßensperrungen, umweltfreundliche Energieformen, Abfallvermeidung, Kläranlagen, recyclingfreundliche Müllentsorgung, Landschaftspflege/Erweiterung von Schutzgebieten, Einschränkung bestimmter Sportarten).

Österreich Werbung
Die Österreich Werbung (ÖW) setzt als nationale Marketingorganisation des österreichischen Tourismus mit ihren weltweit 25 Außenstellen Initiativen zur Förderung des Bewußtseins der gemeinsamen Verantwortung für einen umweltverträglichen und sozialverantwortlichen Tourismus. Eine Befragung von Nachfragern und Anbietern anläßlich der atb 1992 – Österreichs größter Touristik-Fachmesse – bestätigte den steigenden Informationsbedarf zum Thema „Tourismus und Umwelt" und ist mit weiteren Marktforschungsergebnissen, Gästebefragungen und Trendanalysen Grundlage für die angeführten Projekte der ÖW.
Zielsetzung:
Mit dem Motto „Qualitätstourismus als Umweltqualität" wird ein sensibler Umgang mit den begrenzt vorhandenen natürlichen Ressourcen, individuelle menschliche Gästebetreuung und rücksichtsvolles Einbeziehen der Einheimischen angestrebt.

Projekt 1: Öko-Kompendium des österreichischen Tourismus:
Dieses Nachschlagewerk ist in Form einer laufend zu ergänzenden Loseblattsammlung als Plattform für einen Dialog zum Thema „Tourismus und Umwelt" konzipiert und soll den Informationsaustausch zu ökologisch relevanten Themen bündeln und verstärken.

Zielsetzung: Einerseits soll der steigende Informationsbedarf der Gäste über Angebote mit hoher Umweltqualität abgedeckt werden, andererseits durch herausragende „Umwelt-Vorbilder zum Nachnahmen" Impulse zu weiteren ökologischen Innovationen in der Angebotsgestaltung gegeben werden.

Einsatzbereich: Presse- und Informationstätigkeit der Österreich Werbung in der Hauptgeschäftsstelle in Wien sowie weltweit in allen Außenstellen.

Inhaltlicher Aufbau: Experten aus dem wissenschaftlichen Bereich zeigen Problembereiche im Bereich „Tourismus und Umwelt" auf und verweisen auf konkrete Lösungsansätze. Fachleute auf Betriebs-, Gemeinde- und Regionalebene stellen die praktische Umsetzung von umweltorientierten und sozialverantwortlichen Maßnahmen vor. Charakteristikum dieser Initiativen ist die Sensibilität zur Bewahrung und Erhaltung einer intakten Umwelt, der kulturellen Identität, der sozialen Akzeptanz und gleichzeitig auch des wirtschaftlichen Nutzens aus dem Tourismus.

Projekt 2: Bulletin/Grüne Seiten
In dem monatlich erscheinenden Fachmedium BULLETIN der Österreich Werbung werden seit April 1991 auf den „grünen Seiten" praktische Tips zu umweltgerechtem Verhalten – vom Energiesparen über Müllbeseitigung bis zur Verkehrsentlastung etc. an die Touristiker weitergegeben und „Vorbilder zum Nachahmen" detailliert vorgestellt. Die veröffentlichten Umweltkonzepte zeigen in erster Linie die Kreativität und den Ideenreichtum der Anbieter für Alternativen und individuelle Lösungen zu einem neuen Umgang mit unserer Umwelt.

Projekt 3: Österreichweite Erhebung über Initiativen für Umwelt und Naturschutz im Tourismus
Im Rahmen einer 1992 abgeschlossenen Fragebogenaktion in 1.200 Tourismusgemeinden wurden detaillierte Informationen über vorbildliche Initiativen für einen umweltverträglichen und sozialverantwortlichen Tourismus erhoben. Beauftragt für die Erhebung sind der Studienkreis für Tourismus in Starnberg/Umweltreferat und die ÖAR-Regionalberatung/Wien. Dieses Datenmaterial soll u.a. im Öko-Kompendium veröffentlicht werden.

Projekt 4: ECOTRANS
Mit der bundesweiten Erhebung setzt Österreich als erstes europäisches Land auf nationaler Ebene diesen Baustein für das gesamteuropäische Informationsnetz ECOTRANS.

Projekt 5: Öko-Marketing-Seminar
Um das Thema innerbetrieblich zu verankern, wurden wiederholt externe Consultants für Vorträge, Beratungen und Seminare beauftragt. Gemeinsam mit der FUTOUR-Umwelt- und Tourismusberatung wurden erste Schritte für eine Öko-Marketing-Konzeption entwickelt.

Die aufgelisteten Projekte sind in einem vernetzten Zusammenhang zu sehen und auf Initiative des Umweltreferates der Österreich Werbung entstanden. Mit dem eigenständigen Aufgabenbereich Umweltreferat – als Koordinations-und Informationsstelle sowohl firmenintern als auch nach außen – hat die Österreich Werbung als erste nationale Tourismus-Marketingorganisation dem Thema „Umwelt" als Zukunftsthema insbesondere für den Tourismus den gebührenden Stellenwert gegeben.

Dorfurlaub in Österreich
Ein Jahr nach Gründung der Umweltinitiative „Dorfurlaub in Österreich" präsentiert die Kooperation ihren ersten Katalog, in dem sie die derzeit 21 Mitgliedsorte vorstellt. Gleichzeitig wird damit die Marketingarbeit nach außen (zunächst auf den deutschsprachigen Raum begrenzt) eingeleitet, nachdem im ersten Bestandsjahr ausschließlich

nach innen gerichtete Aufbau- und Motivationsarbeiten durchgeführt wurden. Die zur Österreich Werbung gehörende Angebotsgruppe hat sich zum Ziel gesetzt, „eine Tourismusentwicklung unter Berücksichtigung ökologischer, psychologischer und kultureller Belastungsgrenzen" zu verfolgen. Den potentiellen Gästen soll nahegebracht werden, daß Dorfurlaub ein ideales Naturerlebnis darstellt. Der erste internationale Auftritt der Gruppe war auf der ITB 93 in Berlin.

„Natürlich, Dorfurlaub in Österreich"

Nach diesen umfassenden Richtlinien wählte ein eigener Dorfbeirat aus 160 Bewerbern 21 regionaltypische Dörfer in ganz Österreich aus:

Was wird beurteilt:	Was wird erwartet:
DER DORFCHARAKTER	
Die Qualität des Ortsbildes	Landestypisches Ortsbild z.B. Kirchdorf, Angerdorf, Haufendorf u.a. Gute Einfügung von gewerblichen, industriellen und Wohnhausanlagen sowie von Fremdenverkehrseinrichtungen ins Ortsbild. Aktive Maßnahmen zur Ortsbildverschönerung wie z.B. Blumenfenster, Fassadengestaltung u.a.
Die Erlebnisqualität des Ortskernes	Vorhandensein von Grünbereichen, Kirche, Dorfwirt, Einkaufsmöglichkeiten, Dorfbrunnen, Ruhebänken u.a.
Die Höhe der Gebäude	Höhe maximal dreigeschossig (regional unterschiedlich).
Die Gebäudecharakteristik	Ausgewogenheit zwischen Altgebäudestand bzw. Neubauten.
DIE ÖKOLOGISCHEN MINDESTMASSNAHMEN UND BELASTUNGSGRENZEN	
Die Land- und Forstwirtschaft	Regionaltypische Kulturlandschaft (Vermeidung von Monokulturen). Ökologisches Augenmaß bei der Verwendung von Düngemitteln etc. (freiwillig oder durch Richtlinien).
Die Kulturlandschaften	Das Vorhandensein von Landschaftsbiotopen, Feuchtbiotopen, Baum- und Buschbeständen, Landschaftsschutzgebieten u.a.
Das Wasser	Trinkwasserqualität der I. Güteklasse (=Quellwasser). Bei fließenden Gewässern 1. Güteklasse, bei stehenden Gewässern maximal 2. Güteklasse.
Der Lärm und die Luft	Entfernung von Autobahnen mindestens 3 km, bei Durchzugsstraßen eine Maximalfrequenz von drei- bis viertausend Fahrzeugen (situationsabhängig). Keine Lärm- und Schadstoffimissionen durch Industrieanlagen u.a.
Die allgemeine Verkehrsstruktur	Das Vorhandensein von Radwegen, radfahrfreundlichen Wegen, verkehrsfreien bzw. verkehrsberuhigten Zonen. Die problemlose Erreichbarkeit mit öffentlichen Verkehrsmitteln. Der mögliche Verzicht auf das Auto am Urlaubsort.
Die Ver- bzw. Entsorgung	Umweltgerechte Infrastruktur wie Pfandflaschenservice, Maßnahmen zur Verpackungsvermeidung, Mülltrennung, Kompostierung u.a. Die problemlose Versorgung mit regionaltypischen Produkten aus eigener Erzeugung am Bauernhof, im Handel etc. Die Verwendung dieser Produkte auch in der Gastronomie.
Die Einbindung von Bauernhöfen	Vorhandensein von "erlebbaren" Bauernhöfen für Urlaub am Bauernhof, Besuch am Bauernhof, Direktverkauf am Bauernhof u.a.
Die Qualität der Freizeitanlagen	Umweltverträgliche Gestaltung (UVB), Nutzungsmöglichkeit auch für Einheimische, kinderfreundlich, keine "Tourismusfabriken".
SOZIALE UND TOURISTISCHE MINDESTMASSNAHMEN UND BELASTUNGSGRENZEN	
Die Einwohnerzahl	Maximal 1.500 Einwohner im Dorf.
Der Anteil der Zweitwohnsitze	Maximal 25 % gegenüber den Hauptwohnsitzen.
Die Kapazitätsgrenzen und Beherbergungsmöglichkeiten	Das Verhältnis von Einwohnerzahl zu Gästebetten im Idealfall 1:1. Die Vermeidung von dominanten Großbetrieben zugunsten von gemischten Unternehmensstrukturen (Hotels, Gasthäuser, Pensionen, Privatzimmervermieter, Ferienwohnungen, Bauernhöfe etc.), freiwillige Maßnahmen zur Selbstbeschränkung u.a.
Die Dorfgemeinschaft	Vorhandensein einer aktiven Dorfgemeinschaft (Vereine, lebendiges Brauchtum, Tradition, keine "Touristenshows"). Das Einbeziehen der Bevölkerung in tourismusrelevante Entscheidungen in Form von Bürgerbeteiligungsmodellen. Das Miteinbeziehen des Gastes in das Dorfleben.
Die touristische Infrastruktur	Vorhandensein einer Anlaufstelle (Gästeinformation) sowie einer touristischen Mindestinfrastruktur wie z.B. Lebensmittelgeschäft, Bäcker, Frisör etc. Vorhandensein von Naturerlebnisbereichen wie Wanderwegenetz u.a. Mindestbettenanzahl: 100 Betten.

TELEFONVORWAHL AUS DEM AUSLAND NACH ÖSTERREICH:

Die „0" vor der im Katalog angegebenen Vorwahl fällt dann weg:

Deutschland 00 43/...
Belgien 00 43/...
Schweiz 00 43/...
Italien 00 43/...
Großbrit. 0 10 43/...
Frankreich 19 43/...
Niederlande 09 43/...

Jederzeit für Sie da!

Für detaillierte Auskünfte, Anfragen und Wünsche ist die Projektbetreuerin, Frau Sabine Peharz, jederzeit für Sie da.

Dorfurlaub in Österreich Information
T.A.O.
A-9520 Sattendorf 26
Telefon 0 42 48/33 22
Fax 0 42 48/33 33

Katalog gedruckt auf Umweltschutzpapier

Salzburger Landtourismus
Die Salzburger Land Tourismus Gesellschaft gibt seit einigen Jahren ein Drittel ihrer Marketingbudgets für Maßnahmen aus, die das Umweltbewußtsein von Gastgebern und Gästen im Salzburger Land stärken sollen (zum nachfolgenden Uitz, 1992, S. 208 ff.)
Die Erhaltung der Naturlandschaft der Alpen wurde als Voraussetzung für das Überleben von Tier- und Pflanzenarten und der Erhaltung eines menschenfreundlichen Wohn- und Erholungsraumes gesehen. Da innerhalb des Problemfeldes Tourismusentwicklung und Ökologie der Straßenverkehr den Hauptverursacher von Umweltbeeinträchtigungen im touristischen Umfeld darstellt, wurden folgende Maßnahmen getroffen:
- Reduzierung von Verkehr durch das empfohlene Anreisen mit öffentlichen Verkehrsmitteln („Halbpreispaß" bei österreichischen Bundesbahnen und 20 Top-Sehenswürdigkeiten)
- Verkehrsentzerrung bei der Anreise (Preisstaffelung, Preisabschlag bei Anreise am Mittwoch)
- Verkehrsberuhigung auf Ortsebene (Fußgängerzonen, öffentliches Transportsystem, Fahrradverleih, Elektrobusse)
- Anhebung der durchschnittlichen Aufenthaltsdauer

Weitere Maßnahmen:
- Bau einer Ringkanalleitung
- Verzicht auf die Entwicklung von Gletschergebieten
- eine Novelle zum Raumordnungsgesetz (wird z.Z. diskutiert), die Bettenobergrenzen auf Ortsebene vorsieht

Seit drei Jahren läuft eine Umweltkampagne unter dem Motto „Ich bin dein Urlaubsparadies und unsere Zukunft". „Die von der Salzburger Landesregierung geschaffenen Rahmenbedingungen für die Tourismusentwicklung zielen auch seit einigen Jahren ganz eindeutig in Richtung einer Priorität von Ökologie vor kurzfristig denkender Ökonomie. Langfristig- und davon sind wir überzeugt- ist ökologisch vernünftiges Handeln im Fremdenverkehr ohnehin nichts anderes als die beste Basis für auch ökonomische Erfolge" (ebd., S. 212).

Graubünden
Im November 1991 präsentierte die Arbeitsgruppe Umwelt des Verkehrsvereins Graubünden den Bericht „Umwelt und Tourismus Graubünden", der als Standortbestimmung kurz und übersichtlich Bilanz über die Bemühungen seitens der touristischen Anbieter zieht, in zahlreichen Bereichen aber auch ökologische Schwachstellen aufzeigt. Um den ökologischen Anliegen eine bessere und stärkere Breitenwirkung im Bündner Tourismus zu geben, organisiert die WGR-Arbeitsgruppe Umwelt erstmalig die Tagung „Umwelt und Tourismus Graubünden" in Landquart am 26. Juni 1992. Diese Tagung basiert auf drei Säulen.
Die Touristische Umweltdeklaration Graubünden ist eine freiwillige Verpflichtung des Bündner Tourismus gegenüber sich selbst und der Öffentlichkeit, die touristische Tätigkeit vermehrt nach ökologischen Kriterien auszurichten.
Als zweite Säule wurden erste ökologische Pilotprojekte präsentiert, die multiplizierbar sind und neue ökologische Wege im Bündner Tourismus aufzeigen wollen.
Als dritte Säule wurde die 1. Touristische Öko-Börse der Schweiz eröffnet, eine Ausstellung, die Touristikerinnen und Touristikern gute Erfahrungen und ökologische Impulse weitergeben soll.
Touristische Pilotprojekte
Gesucht wurden realisierbare Ideen, die zu multiplizierbaren Pilotprojekten entwickelt werden können und die neue ökologische Wege im Tourismus aufzeigen. Diese Pilotprojekte wurden im Rahmen von „Umwelt und Tourismus Graubünden" realisiert. Weitere Projekte werden folgen.

Verkehrsmanagement einer Ferienregion
Während der Hochsaison besteht eine Verkehrsüberlastung auf den Zu- und Abfahrtsachsen Mittelbündens. Ziel dieses Pilotprojektes ist es, den Verkehr an hochfrequentierten Tagen zu harmonisieren und einen öffentlichen Verkehr nach Fahrplan zu gewährleisten. Lösungen werden unter anderem durch Verkehrsberuhigung im ortsinternen Verkehr, Harmonisierung des Verkehrs auf den Zufahrt- und Rückfahrtsachsen sowie durch Integration eines einfachen Parkleitsystems mit Signalisation ab Autobahnanschluß.

Touristische Umweltdeklaration Graubünden.

Im Wissen, dass

eine intakte Natur und Umwelt für den Tourismus in Graubünden heute und in Zukunft die wichtigste Grundlage darstellt,

die Gäste die Unversehrtheit von Natur und Landschaft als wesentliches Argument für einen Aufenthalt in Graubünden sehen,

Gäste und Einheimische zunehmend umweltbewusster werden,

langfristig nur ein ökologisch verträglicher Tourismus wirtschaftlich und gesellschaftlich überlebensfähig sein wird,

im Bündner Tourismus verschiedenste punktuelle Umweltmassnahmen bereits realisiert worden sind und vielerorts Ansätze für einen ökologisch verträglichen Tourismus bestehen,

der Bericht «Umwelt und Tourismus Graubünden» vom November 1991 als Standortbestimmung konzipiert ist und als Grundlage für die Planung konkreter Umweltmassnahmen im Bündner Tourismus dient,

erklären die unterzeichnenden Vertreter der Bündner Tourismusorganisationen und -unternehmen, ihre Tätigkeit nach folgenden Zielsetzungen auszurichten:

1. Der wirksame Schutz der Umwelt ist massgebend für eine gesunde Weiterentwicklung des Tourismus in Graubünden; der Umweltgedanke ist bei der Festlegung der Verbands- und Unternehmensziele als gleichberechtigte Zielgrösse zu berücksichtigen.

2. Es sind jene Tourismusformen zu fördern, die wirtschaftlich und ökologisch vertretbar sind.

3. Wirksamer Umweltschutz im Bündner Tourismus bedingt ein aktives Engagement jedes Einzelnen sowie die Förderung des ökologischen Verständnisses im Betrieb, in der Branche, am Ort und in der Region.

4. Für die Planung und den Vollzug von Umweltmassnahmen ist die partnerschaftliche Zusammenarbeit mit anderen Wirtschaftsbranchen, mit Behörden und Politikern, mit Einheimischen und Gästen nachhaltig zu fördern.

5. Die Öffentlichkeit ist offen und sachlich über die ökologischen Leistungen und Bestrebungen des Tourismus in Graubünden zu informieren.

Landquart, 26. Juni 1992

Gelesen und mit der Unterschrift in Einverständnis bezeugend:

Dr. Luregn Mathias Cavelty
Präsident Verkehrsverein Graubünden

Marco Hartmann
Direktor Verkehrsverein Graubünden

Reto Gurtner
Präsident Vereinigung der Seilbahn- und Skiliftunternehmungen in Graubünden

Rudolf A. Schmidt
Präsident Bündner Hotelierverein

Andy Abplanalp
Präsident Wirteverband Graubünden

Silvio Fasciati
Direktor Rhätische Bahn

Ruedi Candrian
Präsident Schweizer Skischulen Graubünden

Otto Rösli
Vorstandsmitglied der Bündner Arbeitsgemeinschaft für Wanderwege

Hans Peter Gansner
Vorstandsmitglied der Bündner Arbeitsgemeinschaft für Wanderwege

Urs Tinner
Präsident Bündner Bergführer Verband

GRAUBÜNDEN
Die Ferienecke der Schweiz.

Büroökologie
Ziel des Projektes ist es, als Pilotbetriebe den Verkehrsverein Graubünden sowie die Verkehrsvereine Arosa, Davos und Maloja beispielhaft büroökologisch zu reorganisieren. Die daraus gewonnenen Erfahrungen sollen Tourismusbetrieben Graubündens weitergegeben werden. Dazu hat die Projektgruppe Büroökologie einen Maßnahmenkatalog erstellt, der zusammen mit der vom Amt für Umweltschutz Graubünden erarbeiteten Broschüre „Büroökologie" abgegeben wird. Diese Instrumente ermöglichen die Ausrichtung des eigenen Betriebes nach büroökologischen Kriterien. Die beteiligten Betriebe melden via vorbereiteten Coupons dem WGR, welche der rund 80 vorgeschlagenen Maßnahmen realisiert wurden. So kann ein Überblick über die büroökologischen Bemühungen seitens des Bündner Tourismus gewonnen werden.

Landwirtschaft/Gastgewerbe
Sowohl für die Versorgung der Hotellerie als auch für den Verkauf von landwirtschaftlichen Produkten sind bestehende Kanäle vorhanden. In der Regel sind diese aber durch weite Transporte gekennzeichnet. Es sind deshalb direktere Wege vom Produzent zum Konsument – Hotel und Gastgewerbe – zu suchen. Innerhalb zweier Projektgruppen wird untersucht, inwieweit das Gastgewerbe mit gesunden, nach ökologischen Gesichtspunkten produzierten Nahrungsmitteln versorgt werden kann.

Solarkraftwerk Caischavedra „Größtes Solarkraftwerk der Alpen"
Solarkraftwerke müssen dort erstellt werden, wo die besten Voraussetzungen vorhanden sind. Diese Voraussetzungen sind viel Sonne, wenig Nebel, vorhandenes Stromnetz, gleichzeitige Erzeugung-Verbrauch. Mit dem Sonnenkraftwerk können 150 000 kW-Stunden produziert werden, was den Verbrauch der Bergbahnen zu ca. 50 % deckt. Neu sind dabei die Solution-Großzellen sowie der Bau in den Alpen mit den sich ergebenden Witterungsverhältnissen und Belastungen.

Weiße Arena Express
Damit im Skiferientourismus das Umsteigen auf den öffentlichen Verkehr erleichtert wird, muß das Verkehrsmittel attraktiv sein, das Gepäckproblem erleichtert werden und Ausgangspunkt und Zielort mit der Transportkette möglichst direkt verbunden sein. In der Weißen Arena entstehen Verkehrsprobleme vor allem in Flims, wo die Dorfstraße auch Erschließungsstraße in die Surselva ist. Die Realisierung einer Umfahrungsstraße Flims ist nicht vor der Jahrtausendwende vorgesehen. Projektiert ist die Seilbahn von der RhB-Station Valendas nach Laax-Murchetg (3,3 km). Mit einer Verbindung durch eine Kabinenbahn wird die Weiße Arena an das RhB-Schienennetz angeschlossen.

Öko-Engagement der Arosa Bergbahnen
Beim Neu- und Umbau der Luftseilbahn Arosa-Weißhorn und der Mittelstation werden für die Wärmeerzeugung sowie die Warmwasseraufbereitung Luft-Wasser-Wärmepumpen sowie Sonnenkollektoren eingesetzt. Für die Warmwasseraufbereitung wird mittels einer Wärmepumpe, welche die Abwärme aus den Maschinenräumen nutzt, und mit Sonnenkollektoren rund 97 Prozent der benötigten Energie produziert.

Touristische Öko-Börse
Insgesamt wurden 50 ökologische Ideen in den Bereichen Verkehr, Abfall, Energie, Raumplanung, Naturprodukte und Ökologie im Alltag präsentiert, die für die Natur und Umwelt Graubündens von Nutzen sein sollen, gleichzeitig aber auch wirtschaftlichen und touristischen Bedürfnissen gerecht werden.

Griechenland
Im vergangenen Jahr verabschiedete Griechenland einen Fünfjahresplan für eine ressourcenschonende Tourismusförderung im Einklang mit den Richtlinien des EG-Pro-

gramms ENVIREG und dessen Programm zum Umweltschutz küstennaher Gebiete der Mittelmeerregion.

Die staatseigenen Hotel- Ferienanlagen werden zur Zeit mit biologisch abbaubaren Abwassersystemen versehen. Neue Hotels erhalten nur dann eine Lizenz, wenn eine entsprechende Kläranlage nachgewiesen wird.

Auf der Insel Kreta wurde eine Verwaltung zum Schutz der Biotope gegründet. In Kooperation mit einem Forschungszentrum hat die griechische Regierung eine Aufstellung der Gebiete erarbeitet, die in bezug auf das Hotelaufkommen als voll erschlossen gelten. Gebiete, die touristisch interessant sind, aber einen Bettenmangel aufweisen, wurden ebenfalls definiert. Dieser Aktion liegt ein EG-Programm zur Verhinderung regionaler Überbelastung zugrunde. Brüssel beteiligt sich mit 16 Milliarden Drachmen (rund 117 Millionen Mark) an den Kosten, der Privatsektor steuert 36 Milliarden Drachmen bei.

Einzelheiten des Vorhabens: Festgelegt werden die selektiven Subventionen von Investitionen privater Tourismusunternehmen in verschiedene Projekte. Genannt werden der Bau von Marinas, Golfplätzen, die Einführung neuer Tourismusformen, die touristisch schwach entwickelten Regionen weiterhelfen.

Die Förderung des Wander- und Bergtourismus soll forciert werden. Hinzu kommen Programme zur Verbesserung der Umweltqualität wie Müllentsorgung, Sauberhaltung der Küstenstreifen, Pflege der Wälder und verantwortungsvoller Umgang mit Energie und Wasser.

Die Eingliederung der Nationalparks in den Ökotourismus wurde von der EG genehmigt, mit der Umsetzung wurde begonnen. Eine Gesetzgebung zur Anerkennung der nördlichen Sporaden als nationaler Meerespark zum Schutz der Mönchsrobben wird derzeit vom griechischen Parlament verabschiedet.

Kreta

Das Vorhaben des Pilotprojektes Wintertourismus auf Kreta ist Teil des EG-unterstützten Fünfjahresplanes der griechischen Regierung für ressourcenschonende Tourismusförderung. Neben der Hotelallianz gehören die Gemeinde von Cheronissos, Kulturverbände und der lokale private Geschäftsbereich zu der Initiative. Zielsetzung: Neben der Verlängerung der touristischen Saison soll der Ökotourismus in die Regionen gefördert werden, die als Biotope und Nationalparks ausgewiesen werden. Ein Tourismus, der unter Wahrung der Traditionen und des kulturellen Erbes die Lebensqualität der Bewohner dieser Regionen verbessern soll. Die Betonung liegt dabei auf Kultur. Kretas Sonne und Strand-Image verlagerte sich im Winter auf ein Aktivitätenprogramm nach dem Motto „Jeden Tag etwas Neues". Unternehmungen, für die es im kretischen Sommer häufig zu heiß sei, man denke nur an die Besichtigungen der archäologischen Stätten. Das Winterprogramm enthielt unter anderem einen Dia-Vortrag eines Geologenteams zur Schönheit der Natur Kretas, einen Vortrag „Führung durch die historischen und archäologischen Gegebenheiten der Insel" von einer Archäologin, Piano- und Violinkonzerte, Theateraufführungen. Ein Animationsteam bot – kostenlos – Griechisch-Unterricht, Wanderungen, Lektionen in kretischer Webkunst, Know-how zur Herstellung von Raki und Kochkurse an.

Teil 13
Das „Honey-Pot-Konzept"

Freizeitparks als Lösung?

Oder doch lieber Natur im Park?

> *„Willkommen bei Center Parks – zum Kurzurlaub à la carte! Freuen Sie sich auf ein paar erholsame Tage. Auf Ihren Bungalow im Grünen, auf unberührte Natur. Auf Sport, Spaß und viel Abwechslung. Und auf die faszinierende Subtropenwelt von Center Parks ... Natur, Ruhe und Raum ... bei Center Parcs erleben Sie Natur pur. Die Bungalows liegen versteckt im Grünen. Der Park ist fast autofrei. Kein Motorenlärm, keine Abgase. Statt dessen Vogelgezwitscher und frische, gesunde Luft. Genießen Sie die Natur in vollen Zügen."*
>
> *(aus dem Katalog 1991/92)*

Nohl (vgl. 1983) zeichnet verschiedene Bedeutungen, die die Natur für den Manschen hat: die vitale, ästhetische, utilitaristische, ökologische und ethische Naturbedeutung. Für Opaschowski wird die Natur je nach Lebens-, Freizeit- oder Urlaubssituation ganz unterschiedlich erlebt. „Viele begnügen sich bereits mit dem ästhetischen Erleben von Natur und Naturkulisse" (1991, S. 25).

„Aus der Sicht der Manager und Macher droht die Urlaubswelt von morgen zur perfekten Kunstwelt im Stile von Disneyland zu werden. Künstlich angelegte Lagunen- und Grottenlandschaften, Kunstberge und Kunstpalmen, künstliche Wasserfälle und künstliche Inseln schaffen eine *Pseudo-Natur mit Klimaanlage*: Wird die zukünftige Urlaubswelt zum synthetischen Wunderland, das Ferienhotel zum Fantasy-Domizil? Werden wir uns in Zukunft mit Ersatzparadiesen zufriedengeben, wofür das vom Hyatt-Konzern geführte ‚Waikoloa' Hotel auf Hawaii richtungweisend ist? In der mit 360 Millionen Dollar Baukosten teuersten Urlaubserlebnisanlage der Welt wurde der Grundsatz verwirklicht ‚Der Urlauber will eine Scheinwelt'" (ebd., S. 50).

Freizeitparks als Lösung?

Zumindestens als Ziele für Kurzurlauber sieht Romeiß-Stracke Ferienparks als einen möglichen Ausweg, um den Menschen relativ landschaftsschonend als Entlastung für die „echte" Natur in kurzer Entfernung eine Art Feriengenuß zu vermitteln. Diese Parks sind große konzentrierte, künstliche, vollklimatisierte Ferienwelten unter Glas. Bei richtiger Planung seien diese nachgestellten Naturlandschaften, künstliche Freizeitoasen im Einzugsbereich großer Städte ökologisch sinnvoll, da sie andere Regionen entlasten. Längst nicht alle Touristen, insbesondere die jüngeren, suchen bewußt die heile, unberührte Natur. Das gewünschte Ambiente kann auch eine Stadt oder ein Freizeitpark haben. Diese Freizeitwelten sind von den Veranstaltern und Reisebüros professionell zu verkaufen. Nicht ganz unberechtigt ist Romeiß-Strackes Hinweis auf die „verbreitete, aber naive Tendenz, Urlaubsziele auch noch dem millionsten Besucher in ihrer Unberührtheit vorführen zu wollen".

Als „Zuckersoße" bezeichnet Romeiß-Stracke (1993 c) das verbreitete Herbeischreiben, Herbeifotografieren oder Herbeifilmen von „Attraktivität" und mit „Verdrängung" das „Hochhalten" eines schönen Klischees in den Medien, „notfalls, indem der Bildausschnitt immer kleiner wird, damit die häßliche Wirklichkeit nicht stört."

Neben den klassischen Freizeit- und Erlebnisparks haben in jüngerer Zeit neue Formen von Freizeitkomplexanlagen an Bedeutung gewonnen, die aufgrund ihres neuen Typus von Großprojekt (Investitionen von mehreren hundert Millionen DM, ein Flächenbedarf von über 100 ha, mehrere tausend Betten) weitreichende ökonomische und ökologische Auswirkungen haben. Mittelpunkt ist ein „subtropisches Erlebnisbad". In Verbindung mit anderen

Freizeitangeboten (bei dem Coco-Parc Grand Dorado, für den Ende 1992 in Medebach der Grundstein gelegt wurde, finden sich die vielfältigsten Sportmöglichkeiten von Hallentennis, Squash, Badminton, Bowling, Fitneßcenter, Tischtennis, Billard, Minigolf, Reiterhof usw.) ist eine ganzjährige Nutzung dieser Ferienzentren möglich. Selbstverständlich sind Dienstleistungen wie eine Bank, Reinigung, Kinderhort, Friseur, Bäcker, Supermarkt, verschiedenste Boutiquen, Disco, diverse Restaurants usw.
Beispiele sind neben Disneyland/Disneyworld in den USA (mit über 50 Millionen Besuchern!) und bei Paris, dem Millenium Centre in Italien, der Biosphere II Miniweltanlage in Arizona, der Dome in Doncaster (UK), das geplante 2,3-Mrd-Dollar-Projekt „Port Disney", die „Fun Ships" der Carnival Cruise Lines vor allem die Center Parcs in mehreren europäischen Ländern.

Es wird die Frage zu beantworten sein, ob diese touristischen Großprojekte pauschal unter Umweltgesichtspunkten (z.B. Flächenbedarf, Verkehrsaufkommen, Wasser-/Energieverbrauch) generell abzulehnen sind oder etwa bei professioneller Berücksichtigung von Umweltgesichtspunkten und der Minimierung von negativen Auswirkungen bereits in der Planung als Formen der gezielten „Konzentration" und kurzer Reisewege positiv zu beurteilen sind.

Ein solches Konzept, mit dem die massive touristische Nachfrage innerhalb eines Rahmens des Umweltschutzes befriedigt werden kann, wird als „Honey Pot Concept" bezeichnet (Ahn/Choi 1992, S. 631). Da die Entwicklung an Plätzen natürlicher Schönheit nicht mehr gefördert werden soll, eine Verlängerung der Saison an verschiedenen Problemen scheitert, werden diese künstlichen Tourismuskomplexe oder Enklaven (oft sarkastisch als „Touristenghettos" abgetan), die bewußt für große Zahlen geplant werden, von vielen Seiten begrüßt. „This is basically an honest formula for a holiday and may ultimately have the least negative consequences for the host country and its population" (Wood/House, 1991, S. 72).

Vorteile sind vor allem darin zu sehen:
- Durch die Konzentration sind Umweltbelastungen leichter zu kontrollieren.
- Der Bau von technischen Umweltschutzanlagen (Recycling, Entsorgung etc.) ist billiger.
- Wenn ein derartiger Komplex in der Nähe anderer, historischer oder natürlicher Attraktionen errichtet wird, könnte ein Entlastungseffekt für letztere eintreten
- Die natürliche Schönheit des Standortes ist nicht ausschlaggebend.
- Der ökonomische Nutzen ist ganzjährig erzielbar.
- Ein Freizeitpark in der Nähe von Ballungsgebieten kann durch Anbindung an das öffentliche Verkehrsnetz erheblich zur Reduzierung von verkehrsinduzierten Belastungen beitragen, die durch die immer beliebter werdenden Kurzreisen und Tagesausflügler entstehen.

Der Verband Deutscher Freizeitunternehmen nennt eine Gesamtbetriebsfläche von durchschnittlich 235 480 qm pro Freizeitpark (Park 166 960 qm, 40 520 qm Parkplatzfläche, 12 900 qm Ausweichparkplätze, 15 100 qm Betriebsgebäude etc.). Die 42 deutschen Freizeit- und Erlebnisparks binden also ein Viertel der Bevölkerung pro Jahr auf einer Fläche von knapp 10 Quadratkilometern". Laut Spiegel (H. 10/1992, S. 269) beträgt der Energiebedarf eines Center Parcs pro Tag bis zu 20 000 Kilowatt, die zu entsorgende Müllmenge etwa 50 Kubikmeter, jährlich wird eine viertel Million Kubikmeter Wasser verbraucht.

Viele der Freizeitzentren stellen die „Natur" als zentralen Faktor ihrer Philosophie heraus. Tropenurlaub unter der Glaskuppel an 365 Tagen im Jahr als Alternative zum Kurzurlaub? Diese kommerzielle „Indoor-Natur" gibt es nicht nur als Tropeninselillusion: In Japan wird bereits in mehrstöckigen Gebäudekomplexen Ski gefahren.

Eine Beurteilung dieser „genormten" Tourismusform beinhaltet auch eine Betrachtung der beiden strategischen Alternativen: nämlich die Frage der Konzentration oder der Verteilung, die auch Bestandteil der Diskussion über das Wesen des „Sustainable Tourism" ist.

Durch die Strategie der Konzentration können Gebiete geschützt werden, die bisher vom Tourismus noch relativ unberührt geblieben sind, dafür wird eine evtl. Ballung der ökologischen Probleme in Kauf genommen. Bei einer Verteilung werden die ökonomischen Vorteile weiter gestreut, aber auch letzte Naturreserven touristisch genützt. Wie eine Repräsentativbefragung des B.A.T. Freizeit-Forschungsdienstes 1989 (vgl. Opaschowski, 1991, S. 94 f.) allerdings zeigte, sind nur wenige heute schon zu einer Ethik des Verzichts bereit: Nur 20 % befürworten eine „Konzentration", 63 % aber eine „Verteilung".

So unwirklich die „Magic Kingdoms" als Urlaubswelten von morgen auch erscheinen mögen, es gibt für Opaschowski (1991, S. 51) vernünftige Gründe dafür:

- „*Erlebnispsychologisch* gesehen treffen die rosaroten Traumwelten vom Fließband offensichtlich den Massengeschmack. Massentourismus bedeutet in Zukunft vor allem: Szenerie und Dramaturgie von Erlebnislandschaften. Erholen kann man sich auch zu Hause.
- *Ökonomisch* erweisen sich Vergnügungsparks und Touristikattraktionen als Erfolgsformel Nr. 1. Die Hotels erreichen bei einer Belegungsquote von 90 Prozent eine Auslastung, von der andere nur träumen können. Seit 1984 haben sich die Walt-Disney-Umsätze auf mehr als drei Milliarden Dollar verdreifacht, die Gewinne auf 500 Millionen Dollar verfünffacht (Welt der Wirtschaft vom 11. 1. 1990). Die Aktien erreichten 1989 einen Kursanstieg von 90 Prozent.
- *Ökologisch* gesehen sind die Kunstwelt-Konzepte fast ein Segen für die Problematik von Massentourismus und Umweltbelastung. Die Touristenströme konzentrieren sich auf die künstlichen Erlebnislandschaften, während die natürlichen Landschaften weitgehend unbehelligt bleiben."

Auch Krippendorf (vgl. 1984, S. 202) sieht den Aufbau künstlicher Urlaubswelten sowohl als notwendig als auch wünschbar, solange die grundsätzlichen Bedingungen des Ferienmachens unverändert bleiben und sich das Reisen weiterhin in Form periodischer Massenauszüge abspielt. Andere sehen in dieser Abnabelung von der natürlichen Umwelt und dem Hineinsetzen in eine Kunstwelt die Gefahr, daß die Produktion von Kunstlandschaften den Einsatz für den Erhalt der Naturlandschaften sinken läßt (vgl. Ermlich, 1989, S. 68 f.).

Gleich (1989 b, S. 139) formuliert seine Bedenken sarkastisch, aber treffend: „Dafür sind die Tropen im Einmachglas umweltpädagogisch wertvoll. In knapp vier Tagen lernen die Kleinen was fürs Leben: Ist die Natur zerstört, kein Problem, machen wir uns eben eine neue! Sie lernen, daß Palmen unter Glas wachsen, Wellen nach vorherigem Gongschlag schwappen und die Sonne sich kinderleicht anknipsen läßt. Und in Werbesendungen erfahren sie, daß die Kühe meist lila sind."

Strasdas (1992, S. 289) definiert diese Ferienzentren der zweiten Generation folgendermaßen:

„Ferienzentren der 2. Generation sind nach einem einheitlichen Plan gestaltete und (meist) von einer einzigen Gesellschaft betriebene touristische Großprojekte mit einem kompakten Angebot an Unterkünften (typischerweise in Bungalow-Form), Freizeitinfrastruktur, Versorgungseinrichtungen und weiteren Dienstleistungen. Angestrebt wird ein vielfältiges und qualitativ hochwertiges Angebot, das diesen Anlagen funktional einen mehr oder weniger autarken Charakter verleiht. Kennzeichnend ist ein überdachter Zentralkomplex – mit einem Erlebnisbad als wichtigster Attraktion –, der einen ganzjährigen, wetterunabhängigen Betrieb gewährleistet. Das Angebot richtet sich vor allem an Kurzurlauber. Die Bettenzahlen bewegen sich i.a. zwischen 2 000 und 4 000."

Bei der Beurteilung der ökologischen Auswirkungen dieser Zentren liegen die eigentlichen Problemfelder

- beim Wasser- und insbesondere dem Energieverbrauch (zu dem keine offizielle Zahlen bekanntgegeben werden) und
- bei den Verkehrsbelastungen.

Sekundäre Problemfelder liegen im Flächenverbrauch (der allerdings relativ gering ist und bei manchen Parks wie Magic Kingdom oder Buena Vista bewußt zur verfügbaren Gesamtfläche beschränkt wurde), im Entsorgungsbereich (der zentral gut planbar ist), im Abwasserbereich, in Auswirkungen auf das Landschaftsbild und im ständigen Verbrauch von über 500 verschiedenen Pflanzenarten. (Potentielle) Ökonomische Nutzeneffekte zeigen sich bei Ansiedlung in bisher wenig entwickelten Regionen, der Schaffung von Arbeitsplätzen oder der Zulieferung.

Zur Vermeidung negativer Folgeeffekte im ökologischen Bereich sind zahlreiche Planungsempfehlungen denkbar:

- Durchführung von Umweltverträglichkeitsprüfungen
  (siehe die „Ausschlußkriterien für die Realisierung von Feriengroßprojekten" bei Strasdas, 1992, S. 302)
- Anbindung an öffentlichen Verkehr zur Reduktion der Verkehrsströme aus dem Individualverkehr (Abholservice, Pauschalarrangements etc.)
- Wahl „geeigneter" Standorte
- Ressourcen-Einsparungstechnologien wie Brauchwasserwiederverwendung, Kraft-Wärme-Koppelungen
- Vermeidungskonzepte (Mehrweggeschirr, Buffets statt Einzelverpackungen)
- Entsorgungskonzepte (getrennte Sammlung von Abfall)
- Information der Gäste, Förderung des Umweltbewußtseins
- landschaftsgärtnerische Gestaltungen (incl. Seen, Biotope, Bäche etc.)
- Verwendung von natürlichen Materialien (Holz, Natursteine etc.)
- Regionale Verankerung durch z.B. langfristige Abnahmegarantien für (Bio-)Bauern aus dem Umland

„Bleibt uns in Zukunft nur der Ausweg einer ‚Terra Touristica', der Schaffung eines eigenen Tourismus-Landes mit echt wirkenden Duplikaten? Der Wiener Aktionskünstler André Heller plädierte im Herbst 1989 auf dem 1. Internationalen Forum für Tourismus für ein sogenanntes Replika-Territorium, das all das beinhaltet, was die Tourismusindustrie als Köder auswirft: eine Mischung aus Disneyland und Zisterzienserkloster, McDonald's und Club Mediterranée, Kreml und Vatikan – und dazwischen zaghaft aktive Vulkane neben elektronisch gesteuerten Atlantikbrandungen. Der Einfall touristischer Horden würde dann nicht mehr zur Zerstörung der Natur und Ausrottung des Schönen führen. *Nach kurzer Eingewöhnungszeit würden die meisten Touristen damit ihre Vorstellung vom Paradies verwirklicht sehen.* Und die Minderheit, der diese Lösung als Hölle erscheint, würde entweder zu Hause bleiben oder neu über den Sinn des Reisens nachdenken" (Opaschowski, 1991, S. 52).

Center Parcs
Das Feriendorf in Sherwood Forest (U.K.) liegt inmitten einer Anpflanzung korsischer Pinien. Ursprünglich hatte der Wald geringen ökologischen Wert, aber jetzt stellt er ein Muster für eine Entwicklung dar und eine immergüne Landschaft für Besucheraktivitäten. Die English Tourist Board (The green light, S. 15) beschreibt den stattgefundenen fundamentalen Wandel wie folgt:
- Careful siting of villas and facilities, and the blending of paths and roads into the landscape to ensure a layout which enhanced the natural qualities of the site;
- A new 12 acre lake, 3 miles of streams with small waterfalls and a rich aquatic flora were established. Much of the flora was drawn from a nearby Site of Special Scientific Interest and this helped to raise the site's ecological value;
- The creation of glades in existing woodland and the planting of 500 000 new trees and bushes;
- Seeding of special grasses and wild flower together with the creation of a reserve for a herd of deer;

- Supply of bird and bat boxes to help enrich ecological value.

These measures have led to the creation of a valuable natural environment which has improved the overall facility and helped to encourage visitors back. And this is possible on a site with very high levels of usage 52 weeks each year.

Traffic at Center Parcs

The rustle of trees in the wind, the chorus of different birds in song, the flow of endlessly running water in lakes and streams...

It is not until there are no cars around that you really appreciate the sounds of nature.

That's why we have made our holiday villages in Sherwood Forest and Elveden Forest, traffic-free.

Center Parcs is a family holiday where you choose what you want to do and we make it all possible.

You can bask in 84°f in the Subtropical Swimming Paradise, take part in any of a multitude of sports and leisure activities, or simply relax in the tranquil surroundings.

The villages have a host of cafes and restaurants from which to choose and should you wish to eat at home, you'll find everything you need in your beautifully equipped villa.

Center Parcs – a leisure lifestyle where man and nature are in perfect harmony.

Center Parcs
ALL SEASON HOLIDAYS

Robinson Club Baobab (Kenia)
Auf der Basis ihrer Club-Philosophie entwickelte Robinson eine Konzeption mit ganzheitlichem Charakter:
- club-spezifische, in die Landschaft integrierte Ferienarchitektur,
- ein umfangreiches, vielseitiges F & B-Angebot,
- ein abwechslungsreiches Unterhaltungs-, Sport- und Ausflugsprogramm

1) In die Landschaft integrierte Ferienarchitektur
- Baobab liegt 35 km südlich vom Mombasa am Diani Beach, eingebettet in einen tropischen Küstenurwald. Weitab von Groß- und Fernstraßen.
- Landschaftsadäquate Architektur und umweltverträgliche Baustoffe: mit Palmstroh gedeckte Bungalows im Stil afrikanischer Rundhütten, gebaut aus Korallenblöcken und Mangrovenstämmen, behutsam in die Natur integriert.
- Mit Hilfe von Robinson wurde hier ein 250 000 qm großer Naturpark erhalten, in dem Pflanzenarten wachsen, die sonst an Kenias Küste bereits ausgestorben sind.
- 1992 wurden weitere 6 000 qm Küstenwald zugekauft, zum Schutz von der Rodung. Dort entsteht eine Aufzucht von vor dem Aussterben bedrohter Küstenurwaldpflanzen, die diese Grünfläche einmal ökonomisch vertretbar machen sollen (Verkauf der aufgezogenen Pflanzen).
- Ca. 7 000 Kubikmeter Wasser werden hier benötigt, und natürlich entsteht auch ebensoviel Abwasser. Das Abwasser wird aber nicht einfach in große Gruben gepumpt und seinem unkontrollierten Schicksal überlassen, sondern in drei, ca. 30 m lange und 10 m breite Absatzbecken geleitet. Etwa sechs Kubikmeter verdunsten dort pro Tag. Im Rost setzt sich die „feste" Phase ab und die „flüssige" läuft von einem Becken ins andere. Jedesmal ein bißchen reiner, auch weil Nil-Cabage (eine spezielle Grünpflanze) und Tilapiafische das Wasser zusätzlich beleben. Im dritten Becken ist das Wasser so klar und rein, daß es zum Bewässern der besonders großen Gartenanlage benutzt werden kann. Der Boden stellt nun einen weiteren Filter dar, so daß das Restwasser klar und sauber, sowohl nährstoff- als auch keimarm und auf natürliche Weise in das Grundwasser zurückgefiltert wird.
- Eine Nature-Trail wurde als Lehrpfad für Gäste und Mitarbeiter angelegt.
- Alle Garten- und Küchenabfälle werden in der eigenen Anlage kompostiert und so wiederverwendet.
- Holzabfälle werden in der eigenen Anlage geköhlert.
- Eine Abfalltrennungsanlage auf dem Clubgelände ist im Bau, um in Zukunft getrennt gesammelte, recycelbare Abfälle zwischenzulagern.
- Alle Entscheidungen und Maßnahmen, die bezüglich der Ökologie, Biologie und Umweltverträglichkeit der Anlage zu treffen sind, werden mit einem Berater besprochen, geplant und ausgeführt.
- Seit Dezember 1992 wird ein sog. Environmental Officer im Club beschäftigt. Ein akademisch ausgebildeter Ökologe, der vor Ort praktisch ausgebildet und weitergebildet wird, um Aufgaben der Umwelt-Zukunft der Anlage professionell zu lösen.

2) Das F & B-Angebot
- Die üblichen Buffets werden zum großen Teil durch Kochstationen bedient. Das bewirkt, daß Grundnahrungsmittel frisch bleiben und Pfanne für Pfanne frisch zubereitet werden.
- Jeder Robinson-Mitarbeiter hat die Möglichkeit, sämtliche Clubeinrichtungen zu genießen. Also Essen im Restaurant, Sport und Sportanlagen und Ausflüge etc.
- Essensreste (Roh-Nahrungsmittel etc.) dürfen vom Mitarbeiter mit nach Hause genommen werden.
- Ergänzung der Speisekarte durch landestypische Gerichte ist ein Robinson-Muß.
- Alle Produkte zur Speisenherstellung entstammen der regionalen Landwirtschaft und werden nicht importiert.

- Der ganze Angebotsbereich wird mit der Maxime von Müllreduzierung geführt. Für alle Robinson-Clubs sind einschlägige Checklisten erstellt worden, und im Club gibt es:
  – kein Einweggeschirr
  – keine Dosengetränke
  – verpackungsarme Produkte
  – keine Portionsverpackungen (außer Butter – aus Hygienegründen)
- Küchenabfälle werden kompostiert oder als Tierfutter an Tieraufzuchts-Landwirte abgegeben, deren Produkte (Spanferkel, Lamm etc.) wieder abgenommen werden.

3) Programm
- Alle Abteilungsleiter sind einheimische Mitarbeiter, die teilweise in ihren Teams Expatriates (Europäer) führen und anleiten.
- Um ein sehr schönes lokales Kolorit nicht zu beeinträchtigen und weil Kenia zu den Entwicklungsländern dieser Erde gehört, verpflichtet die Clubleitung nur gerade 3 % Expatriates (europäische Mitarbeiter).
- Regelmäßig durchgeführte Clubrundgänge versuchen dem Gast Informationen in allen Umweltbelangen (Natur, Umweltverträglichkeit, soziokulturelle Zusammenhänge) zu bieten.
- Baobab-eigene Ausflugsprogramme, d.h. Robinsonaden, sind der wichtigste Baustein des Animationsprogramms.
- Spiel-Abende im Unterhaltungs-Programm tragen zur Unterstützung von Dörfern/Schulen etc. bei, welche auch im Rahmen der Robinsonaden besucht werden.
- Erfahrene, speziell ausgesuchte und ausgebildete Tourenbegleiter (Land & Leute-Animateure) begleiten alle organisierten Ausflüge. Robinsonaden versuchen den Gästen nicht nur die spektakulären exotischen Kulturphänomene zu zeigen, sondern gerade auch das Alltägliche, das Verbindende, wie die Menschen im Gastland wohnen, leben, arbeiten.
- Getragen von dem Gedanken, nicht Besichtigungen, sondern Begegnungen mit Land und Leuten zu fördern, werden auch ein paar Worte Landessprache – im Baobab Kisuaheli – vermittelt. Oder man bringt das „Gastland" in den Club: z.B. im Rahmen der kenianischen Markttage mit einheimischen Künstlern, Handwerkern, Köchen und Folklore im Club.

Oder doch lieber Natur im Park?

In klassischer Weise zeigt sich die Nutzungsproblematik, der Widerspruch zwischen Tourismus (d.h. Vermarktung) einerseits und Schutz der Natur andererseits, bei den Nationalparks. Sie haben wertvolle Ökosysteme zu schützen und gleichzeitig („soweit es der Schutzzweck erlaubt") der menschlichen Nutzung (Erholung, Bildung) zugängig zu sein. Die Besucherzahlen mancher Parks (vor allem in Großbritannien oder den USA, wo die Zahl der Besucher von 80 Millionen 1960 auf 266 Millionen 1989 anstieg) lassen auch hier ein „Besuchermanagement" dringend erforderlich erscheinen, um damit Schäden abzufangen oder eine höher tolerable Besucherfrequenz zuzulassen (vgl. insbesondere Murphy, 1985, S. 41 ff.). Es können prinzipiell die bereits im Teil 7 genannten Instrumente (markierte Wege, Sperrzonen etc.) eingesetzt werden. Besonders geeignet erscheinen eine funktionale Differenzierung durch

- eine unterschiedliche Parkklassifizierung,
- ein abgestuftes Zonensystem,
- eine Mehrfachnutzungsstrategie,
- abgestufte Zugängigkeitsstrategien.

„From the great peaks of the Lake District to the Norfolk Broads, the 11 national Parks are in danger of being loved to death by the millions of people who visit them each year" (Jones, 1992, S. 5).

Viele Nationalparks stehen vor einem Dilemma: Die Einnahmen aus den Parks ermöglichen erst die Finanzierung des Naturschutzes, jedoch bedeutet ein Anwachsen der Touristenzahl eine zunehmende Störung des ökologischen Gleichgewichts. Dazu kommt der Nutzungskonflikt etwa mit der Landwirtschaft für die Nahrungsmittelversorgung der Bevölkerung. Hennrich zeigt dieses Problem anhand des Amoseli Nationalparks:

„Heute steht der Park vor ebenso unlösbar scheinenden Problemen. Der Besucherstrom, der mit den ersten organisierten Photosafaris in den dreißiger Jahren seinen Anfang nahm, hat sich in den vergangenen 30 Jahren verzehnfacht ... Gleichzeitig wächst der Druck von außen auf die Naturreservate. Bei einem Bevölkerungswachstum von über vier Prozent jährlich (weltweit die höchte Zuwachsrate) steht das Land kurz vor dem Kollaps in der Nahrungsmittelversorgung. Die Stimmen der Politiker, die sagen, Mensch gehe vor Natur, mehren sich. Wären da nicht die Deviseneinnahmen von beinahe einer Million Touristen pro Jahr, der Umwelt- und Naturschutz in Kenia hätte einen weitaus geringeren Stellenwert."

In Deutschland gibt es zehn Nationalparks, elf Biosphärenreservate, umstritten ist aber insbesondere der Status der 67 Naturparke als landschaftlich reizvolle Gebiete mit kontrolliertem Tourismus.

In Nationalparks – der höchsten Schutzkategorie – wird die Natur auf großer Fläche vor dem Menschen geschützt („zurück zum Urwald").
In Naturschutzgebieten wird auf meist kleiner Fläche die Natur nach bestimmten Management-Plänen durch Pflege geschützt.
In Biosphärenreservaten will die UNESCO modellhaft aufzeigen, daß Naturnutzung – auch tourisitischer – Art möglich ist, ohne daß die Natur dadurch ausgebeutet wird.
Im Landschaftsschutzgebieten (gesetzliche Kategorie) oder Naturparks (organisatorische Kategorie) wird Natur für den Menschen als Erholungslandschaft geschützt und Besucherlenkung durchgeführt.

Für Scherzinger (vgl. 1992, S. 17) ist bei der Bestimmung der vertretbaren Belastung (Kapazitätsgrenze) sowohl Qualität als auch Quantität zu berücksichtigen. Je nach den für das jeweilige Schutzgebiet definierten Schutzzwecken werden sehr unterschiedliche Schwellenwerte für strenge Reservate,

Nationalparke, Naturparke, Stadtparke oder Naherholungsgebiete großer Städte resultieren, die sich am jeweilig schwächsten Glied der Schutzpotentiale zu orientieren haben. Zwar kann das Schadensrisiko in solchen Schutzgebieten durch „abgestufte" Optimierungsmaßnahmen erheblich gesenkt werden, letztlich ist für Scherzinger zur Minimierung der Belastung aber eine Begrenzung der Besucherzahl erforderlich (vgl. Abbildung 49, aus ebd., S. 19).

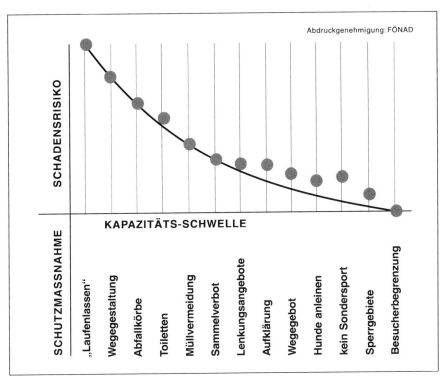

Abb. 49: Senkung des Schadenrisikos durch „abgestufte" Optimierungsmaßnahmen

Zur angestrebten Qualitätsverbesserung im Tourismusbereich und zur Stabilisierung der ökologischen Systeme verwendet der **Naturpark Holsteinische Schweiz** ein Konzept der Aufteilung der Gebiete, in denen der Naturschutz oder die Erholung und Fremdenverkehr oder die Landschaftspflege jeweils als vorrangig gelten.
Probleme bestehen in einigen Schutzgebieten vor allem darin,

- daß herkömmliche Rechte (z.B. im Nationalpark Wattenmeer die Rechte der Schiffahrt, Autoparkplätze) und Gewohnheiten in ein verträgliches Verhältnis zwischen Natur und Tourismus zu führen und

- den Touristen durch eine „Umweltbildung vor Ort" zu sensibilieren und in Informationszentren zu informieren. Im **Nationalpark Schleswig-Holsteinisches Wattenmeer** sollen Nationalparkwarte („Rangers") neben den 130 von der Kurverwaltung eingesetzten Wattführern eine ganzheitliche, offensive und zielgruppenorientierte Umweltbildung durchführen (Stankiewitz, 1992, S. 39).

Für Ostheeren (1992, S. V) dient die Natur oft nur als Kulisse und Schauplatz für die Selbstverwirklichung des Menschen in Rollenklischees jenseits der Alltagsnormen. Daß inzwischen auch dem Touristen selbst eine „Besucherlenkung" nicht mehr abwegig erscheint, zeigt eine Untersuchung der Zeitschrift natur, nach der 74 % der Befragten markierte Wege, die man nicht verlassen darf, befürworten würden.

Der Freizeit- und Erholungsverkehr ist inzwischen zum größten Störfaktor in Erholungsgebieten geworden. „Idylle für Millionen, das ist notwendig ein Widerspruch in sich ... Die Naturparks im Sauerland und am Steinhuder Meer sind längst zu intensiv genutzten Naherholungsgebieten geworden, für die die Bezeichnung Naturpark bloßes Lippenbekenntnis, wenn nicht gar Etikettenschwindel ist. Unter dem Diktat des Massentourismus geht auf die geschützten Stätten überall ein geradezu fataler Freizeitdruck aus" (ebd.).

Naturpark Altmühltal
Der Naturpark Altmühltal ist mit ca. 3 000 qkm der größte der über sechzig deutschen Naturparks. Vier Landkreise, rund 30 Gemeinden, Vereine und Unternehmen bilden als Mitglieder die Grundlage für einen Gebietsausschuß Naturpark Altmühltal im Fremdenverkehrsverband Franken. Der Gebietsausschuß und der 1969 gegründete Verein Naturpark Altmühltal haben sich zur Aufgabe gemacht, die eigentlich konfliktären Ziele – Fremdenverkehrsentwicklung und Erhaltung einer typischen Kulturlandschaft im Sinne einer Regionalentwicklung – zu verknüpfen. Hierbei liegt eine Fremdenverkehrsstrategie zugrunde, welche einerseits die naturgegebenen Vorteile des Altmühltals für den Fremdenverkehr zu nutzen, andererseits zu schützen weiß. Durch eine „spezifische Produktgestaltung" hob man sich von den touristischen Angeboten anderer Fremdenverkehrsgebiete wohltuend ab. Neben der für die Frankenalb typischen Kulturlandschaft mit ihren natürlichen Potentialen (Wacholderheiden, Trockenrasen, geologische Formationen etc.) hat der Naturpark Altmühltal ein reichhaltiges kulturhistorisches und kunstgeschichtliches Erbe zu bieten.

Alle touristischen Ausbauziele mußten sich von Anfang an einer „Synthese von Fremdenverkehr und Naturschutz" beugen. Um die bekannten Zielkonflikte zu entschärfen, darf der Fremdenverkehr nur schwerpunktmäßig ausgebaut werden.
Folgende Schwerpunktangebote erwarten den Gast im Naturpark Altmühltal:
- 300 km markierte Wanderwege
- 22 Lehrpfade; Landwirtschafts-, Geologie-, Vogelschutz-, Archäologie-, Wald-, Feuchtgebietslehrpfad
- ca. 500 km Radwege
- 3 Klettergärten
- 150 km Bootswanderstrecken mit ausgewiesenen Anlegestellen und Rastplätzen in ökologisch weniger sensiblen Bereichen
- 2 ausgewiesene Fossiliensteinbrüche
- römische Bauten

- mittelalterliche Kirchen, Schlösser und Klöster
- ca. 35 Museen
- mehrere Badeseen

Zu allen Angeboten stehen zahlreiche Publikationen, Karten und Informationsschriften zur Verfügung.
In einer renovierten ehemaligen Klosteranlage „Notre Dame de Sacre Coeur" wurde in Eichstätt im Mai 1989 ein Informationszentrum eingerichtet, welches die zentrale Anlaufstelle der Informations- und Öffentlichkeitsarbeit des gesamten Naturparks ist. Im einzelnen hat es folgende Funktionen:
- Sitz des Gebietsausschusses Naturpark Altmühltal
- Sitz des Kreisverkehrsamtes Eichstätt
- Informations- und Serviceeinrichtung für Fremdenverkehr, Natur- und Umweltschutz
- Ausgangspunkt für Exkursionen und Seminare

Unter dem Dach des Informationszentrums informieren ständige Ausstellungen, Videofilme und Tonbildschauen über verschiedene Aspekte des Umwelt- und Naturschutzes, der Landschaftspflege und der wichtigsten Lebensräume des Naturparks. Ein Erlebnisraum, ein ökologischer Garten, wechselnde Ausstellungen und Vorträge runden das Bild dieser vorbildlichen Gästeinformation ab.

Das im Naturpark angestrebte Ziel „Fremdenverkehrsentwicklung bei größtmöglicher Schonung der Umwelt" kann als gelungen bezeichnet werden. Die Besucherlenkung wird durch eine ausgewiesene und beschilderte Freizeitinfrastruktur im Sinne einer größtmöglichen Rücksichtnahme auf die Natur durchgeführt. Die bisherigen Erfahrungen zeigen, daß sich Gäste und Besucher weitgehend an die beschilderten Wege und freigegebenen Fossiliensteinbrüche etc. halten und Tiere und Pflanzen tatsächlich weniger gestört sind. Um typische Naturräume wie Wacholderheide und Trockenrasen zu erhalten und der drohenden Verbuschung durch fehlende landwirtschaftliche Nutzung entgegenzuwirken, wird versucht, eine regelmäßige Schafbeweidung durchzuführen.

Die steigenden Zahlen an Wanderern, Radfahrern und Bootswanderern zeigen, daß mit diesen Angeboten im Naturpark Altmühltal der richtige Weg beschritten wurde. Bemerkenswert erscheint, daß das Gebiet nicht nur von „Senioren" frequentiert wird, sondern auch bei Familien großen Anklang findet. Das gute Preis-Leistungs-Verhältnis und die interessante Landschaft bieten ausgezeichnete Voraussetzungen für einen abwechslungsreichen Familienurlaub. Nach Aussagen der Gäste und Besucher findet das didaktische Konzept des Informationszentrums eine breite Zustimmung; auch wird das touristische Angebot – „Natur erleben" – als positiv angesehen. Nicht verwunderlich erscheint deshalb die Verleihung der Goldmedaille für „Vorbildliche Informations- und Öffentlichkeitsarbeit in Naturparks" durch den Bundesumweltminister.

Als Beispiel eines Nationalparks, bei dem die Touristenaktivitäten gut im Rahmen verschiedenster Instrumente gelenkt werden, ist der **Hooge Veluwe National Park** (nach deutscher Terminologie eigentlich ein gut geführter „Naturpark") in den Niederlanden:

- Ein komplexes Besuchermanagement läßt über 500 000 Besucher zu.
- Er hat ein komplexes System geleiteter Routen, einen separaten Fahrradweg.
- Er differenziert in verschiedene Zonen (mit hoher bzw. niedriger Besucherintensität oder Ruhezonen ohne Zutritt).
- Er hat ein zentral gelegenes Besucherzentrum.
- Er kann in seiner Funktion einer sich selbst finanzierenden privaten Stiftung die Eintrittsgelder ganz für Unterhaltszwecke etc. verwenden.

Zur Finanzierung der Managementaufwendungen wurde jetzt im **Bonaire Marine Park** (Niederländisch Antillen) sogar eine Gebühr von den Tauchern erhoben.

Im Naturpark **Stromberg-Heuchelberg** (Landkreis Heilbronn) entwickelten sich nach der Schaffung dreier künstlicher Seen die bereits beschriebenen konkurrierenden Nutzungsansprüche zwischen Wasserwirtschaft, Erholung und Freizeitnutzung. Zur Entschärfung des Konfliktes wurde ein „Konzept der abgestuften Nutzungsintensität" entwickelt (vgl. Abbildung 50, aus Bleile, 1991, S. 26). Bleile sieht zunehmend den Einsatz dirigistischer Instrumente wie Verbote, Gebote oder Kontrollen. Er plädiert jedoch für einen verstärkten Einsatz marktwirtschaftlicher Lenkungselemente. Statt dem Steuerzahler die Kosten (auch für die Besucherlenkungsmaßnahmen) aufzubürden, sollten dem Verursacherprinzip gemäß kostendeckende Preise vom Besucher verlangt werden (z.B. Parkplatz-, Busgebühren, Abgaben etc.).

Im baden-württembergischen Naturpark Stromberg-Heuchelberg entstanden vor etwa 20 Jahren drei Stauseen, die rasch zum Naherholungsgebiet für Tausende von Touristen avancierten. Um die Natur zu entlasten und die Besucherströme in den Griff zu bekommen, entwickelte der Naturpark Stromberg-Heuchelberg e.V. das „Konzept der abgestuften Nutzungsintensität". Die Funktionen der drei Seen wurden getrennt: Die Ehmetsklinge wurde für intensive Freizeitnutzung mit starkem Besucherverkehr freigegeben. Am Katzenbachsee steht ruhige und mehr landschaftlich orientierte Erholung im Vordergrund. Der Michelbachsee dagegen wurde nicht für Erholungsnutzung und Besucherverkehr – mit Ausnahme weniger Angler – erschlossen, sondern mit seinen Randgebieten unter Naturschutz gestellt. Gesteuert wird die Intensität der Nutzung durch die Art der Freizeitangebote und dadurch, wie das Gebiet erschlossen und ausgeschildert wird.

	Ehmetsklinge	Katzenbachsee	Michelbachsee
Wasserfläche	7,1 Hektar	4,7 Hektar	4,0 Hektar
Spiel- und Liegewiesen	4,8 Hektar	4,1 Hektar	keine
sanitäre Anlagen	vorhanden	vorhanden	keine
Möglichkeiten der Freizeitnutzung	Baden, Bootfahren, Surfen, Angeln	Baden, Bootfahren	begrenzte Angelmöglichkeiten
Ausschilderung	gut	gut	keine
Zutritt zum Wasser	überall	teilweise	äußerst beschränkt
Parkplätze	1000 Pkw	400 Pkw	keine

Abb. 50: Drei Seen – auf drei verschiedene Arten nutzbar gemacht

Tourismusansätze in einem Biosphärenreservat
Nationalparke und Biosphärenreservate stellen besonders großräumige Landschaftsattraktionen für den Tourismus dar. Dabei können Biosphärenreservate i.d.R. immer, Nationalparke unter bestimmten Voraussetzungen einer touristischen Nutzung zugeführt werden. (Zum Nachfolgenden siehe Popp 1993.)

Während Nationalparke nach bestimmten Vorgaben der IUCN (internationale Naturschutzorganisation in der UNESCO) den Schutz einer Naturlandschaft (z.B. Urwald) als Ziel anstreben, will die UNESCO mit Biosphärenreservaten ein weltweites Netz von Kulturlandschaften sichern. In den Nationalparken zieht sich also der Mensch als Wirtschaftsfaktor (Land- und Forstwirtschaft) zurück, während in Biosphärenreservaten eine naturschonende Land- und Forstwirtschaft erhalten und weiterentwickelt werden soll. In beiden Schutzkategorien spielen Erforschung und Schutz der Landschaften eine wichtige Rolle. Im Nationalpark ist es die zentrale Aufgabe, die Erholungsnutzung ist diesem Ziel klar untergeordnet. Im Biosphärenresevat spielt die Nutzung der Landschaft die wesentliche Rolle für die künftige Entwicklung der Kulturlandschaft. Neben Landwirtschaft und Forstwirtschaft stellt also der Tourismus in den Biosphärenreservaten eine tragende Säule dar.

Gerade in den Regionen der Alpen und der europäischen Mittelgebirge ist die Kulturlandschaft, also das bäuerlich geprägte Landschaftsbild, nur mit großen Problemen langfristig zu sichern. Die Rahmenbedingungen für eine existenzsichernde landwirtschaftliche Betriebsführung sind sehr schwierig. In diesen Regionen ist gerade die Landwirtschaft auf den Zuerwerb durch den Tourismus angewiesen und nicht selten nur mit diesem vernetzt lebensfähig. Dies betrifft nicht nur den Betriebszweig „Ferien auf dem Bauernhof", sondern auch alle anderen Zuerwerbsmöglichkeiten im Rahmen eines ländlichen Tourismus.

Umgekehrt ist aber der Tourismus außerhalb von Küsten- und Baderegionen mehr oder weniger stark von einer existenzfähigen Landwirtschaft als wesentlicher Grundlage der Kulturlandschaft abhängig. Die von Bauern über Jahrhunderte gepflegte Kulturlandschaft stellt ein unverzichtbares Kapital des Tourismus dar. Eine Aufgabe der landwirtschaftlichen Nutzung würde zwangsläufig zu einem Verlust an Kulturlandschaft und damit an landschaftlicher Attraktivität führen. Damit wäre der Tourismus seiner wesentlichen Anziehungspunkte in diesen Regionen beraubt. Es besteht also in den meisten ländlichen Regionen eine unmittelbare und wechselseitige Abhängigkeit zwischen bäuerlicher Landwirtschaftsstruktur einerseits und dem Tourismus andererseits. Dies wird bislang weder von der Landwirtschaft noch vom Tourismus in ausreichendem Maße erkannt und dementsprechend gewürdigt.

Biosphärenreservate sind großräumige Landschaften, in denen diese Wechselbeziehungen modellhaft dargestellt und Wege zur Optimierung aufgezeigt werden können. Die UNESCO will global etwa 340 Biosphärenreservate ausweisen, um in allen biogeographischen Provinzen der Erde die traditionelle Form der Kulturlandschaft wenigstens einmal repräsentativ erhalten und weiterentwickeln zu können. Sie sucht dazu jeweils solche Regionen oder Landschaften aus, in denen die bäuerliche Nutzung bislang schon besonders umwelt- und ressourcenschonend vorgenommen wurde. Dort soll dann die zukünftige land- und forstwirtschaftliche Nutzung, aber auch die gewerbliche, handwerkliche oder touristische Nutzung in einer Weise weitergeführt werden, die als ökologisch modellhaft angesehen werden kann.

Biosphärenreservate sind deswegen äußerst wichtige Prüfsteine für den Tourismus in mitteleuropäischen Landschaften. Hier ließe sich auch eine touristisch nachhaltige Nutzung (Sustainable Development) von attraktiven Urlaubs- und Erholungslandschaften als nachvollziehbares Modell am ehesten aufzeigen. Interessante Bausteine solcher Modelle einer Regionalentwicklung sind unter den 11 deutschen Biosphärenreservaten besonders in der Rhön und im Spreewald zu finden.

Teil 14
Sport und Umwelt-/Naturschutz

Sport heute: High-Tech und Kommerz

Umweltbelastungen

Gesamtkonzeptionelle Lösungsansätze

> *„Die neueste Verrücktheit heißt Heli-Biking und kommt aus der Schweiz. Radfahrer werden mit dem Hubschrauber auf den Berggipfel geflogen, von wo sie dann per Mountainbike zurück ins Tal rumpeln. Schon das Heli-Skiing hat Natur- und Umweltschützer die Stirne runzeln lassen, weil die Helikopter mit ihrem extremen Lärm und den vergnügungswütigen Brettlrutschern an Bord in Höhenregionen eindringen, die eigentlich in Ruhe gelassen werden sollten, zumal im Winter. Nun also auch noch dieser Touristen-Gag, der den Ökologen die Haare förmlich zu Berge stehen läßt. Denn die Alpen, Wasserreservoir, Klimakammer und zentrale Erholungslandschaft Europas in einem, aber auch Lebens- und Wirtschaftsraum für zwölf Millionen Einwohner, sind ohnehin schon ziemlich auf den Hund gekommen."*
>
> *(Schneider, 1993, S. 11)*

Sport heute: High-Tech und Kommerz

Das Dilemma dieses Handlungsfeldes kam sehr gut im Titel einer Fachtagung der Oberösterreichischen Umweltakademie (Mai 1992) zum Ausdruck: „Wieviel Sport verträgt unsere Umwelt?" Wurde Sport früher mit Erholung, Naturerlebnis, körperliche Ertüchtigung u.ä. assoziiert, kommt in jüngerer Zeit das Konfliktfeld Sport und Umweltzerstörung zunehmend ins öffentliche Bewußtsein (vgl. Wilken, 1992). Besondere Medienaufmerksamkeit erreichten zwei Phänomene:

- Die künstliche Beschneiung durch Schneekanonen (vgl. Lukschanderl, 1990)

    Reizwort Schneekanonen
    Der Widerstreit zwischen ökonomischen Interessen (Qualitäts- und Umsatzverbesserungen) und ökologischen Interessen (Belastbarkeit des Ökosystems) läßt sich exemplarisch an diesem Problemkreis aufzeigen. Pro und Contra der Beschneiungsanlagen wird von den Umweltschützern bzw. den Betreibern jeweils „einseitig" betont, objektiv wissenschaftliche Hilfestellung ist erst im Entstehen (so die Studie des österreichischen Umweltbundesamtes; vgl. auch Fischer 1992; Fischer/Wimmer, 1991). Allein in Österreich waren 1992 176 Beschneiungsanlagen in Betrieb und 63 geplant. Dafür werden pro Saison an die 3 Millionen cbm Wasser mit einem Energieaufwand von rund 6 Millionen kW/h zu Schnee verarbeitet; der Karstwasseranteil liegt bei etwa 40 % (nach Wimmer, Vortrag 22. 5. 92, Oberösterreichische Umweltakademie).
    Die eigentliche Umweltwirkung ergibt sich
    – aus dem Eingriff selbst und
    – der spezifischen Belastbarkeit des direkt und indirekt betroffenen Ökosystems.
    Für Wimmer (ebd.) sind vor Ort interaktiv mehrere Fragen (z.B. bezüglich Wasser, Landschaft, Boden, Bewuchs, Klima, Lärm, Verkehr, Energie) zu klären, für die es „a priori keine allgemeingültigen Antworten gibt".

- Der Nutzen von Golfplätzen (vgl. Pleumarom, 1992; Schemel, 1993; Knight, 1992)

    Reizwort Golf
    Ein durchschnittlicher 18-Loch-Golfplatz auf Mallorca braucht im Sommer pro Tag 1500 bis 2000 cbm Wasser – die Verbrauchsmenge eines Dorfes mit 800 Einwohnern (vgl. Elkington/Hailes, 1992, S. 129). Der unglaubliche Golfplatzboom in Thailand hat die Wasserknappheit verschärft. Die Anlagen, statt 64 Hektar wie in Europa durchschnittlich 160 bis 320 ha groß (der gerade in Phetchaburii gebaute spektakuläre Platz umfaßt 5600 ha Land), verbrauchen mindestens 3000 cbm pro Tag. Dazu kommt ein enormer Chemikalieneinsatz (vgl. Pleumarom, 1992, S. 107).
    Der Österreichische Alpenverein wandte sich Anfang 1993 gegen den Golfplatzboom, da die Anlagen meist in landwirtschaftlich besonders wertvollen Gebieten gebaut werden oder landwirtschaftliche Nutzflächen in Anspruch nehmen. Weitere Faktoren sind die Veränderung des Bodenprofils, die Errichtung neuer Infrastrukturen zumeist im Grünland, die Verseuchung der Oberflächen und des Grundwassers durch intensive Düngung und Pestizideinsatz sowie Beeinträchtigung der Tier– und Pflanzenwelt.
    Bei der Beurteilung von Golfpätzen (wie auch bei allen anderen Sportarten) ist vor einer Pauschalierung zu warnen: „Wenn in Werbebroschüren des Golfssports die

Formel ‚Sport+Natur=Golf' benutzt oder ganz einfach ‚Golf ist Naturschutz' behauptet wird, dann zeugt dies jedoch nicht von ehrlichem Bemühen um Konfliktvermeidung, sondern von einem simplen, ökologisch unsensiblen Problemverständnis (vgl. dazu Golf-Info-Service, 1989 und Presseinformation 1990). Trotz guter Beispiele umweltverträglicher Standortwahl und Platzgestaltung lassen sich die zitierten Verallgemeinerungen sachlich nicht rechtfertigen, ebensowenig wie eine pauschale Ablehnung von Golfplätzen aus Umweltsicht" (Schemel/Erbguth, 1992, S. 194).
Eine Golfplatzanlage, bei der sowohl bei der Planung (Beteiligung von Naturschutzverbänden), beim Betrieb (kein Einsatz von Herbiziden, Gestaltung von Ruhezonen) als auch bei der Überwachung der Durchführung (durch Naturschutzwart der Stadt) umweltorientierte Gesichtspunkte Berücksichtigung fanden, ist die Anlage in **Neuss/Himmelbachaue**.

Selbst zweifelsfei umweltfreundliche Sportarten (wie Radfahren) sind im Zeichen des hohen Stellenwerts der Natur ins ökologische Zwielicht und in Mißkredit geraten (z.B. Mountainbikes).

Über die Hälfte aller Bundesbürger betreibt in der Freizeit in irgendeiner Weise Sport, bevorzugt in naturnahen Räumen. 1992 gaben der Deutsche Gewerkschaftsbund und der Deutsche Naturschutzring eine Broschüre heraus, in der Surfern, Mountainbikern, Bergwanderern u.a. Hinweise zu einem rücksichtsvolleren und bewußteren Verhalten in Natur und Landschaft gegeben werden.

Beim Sport als Bestandteil des Freizeitbooms zeigen sich vor allem zwei Trends:

- War Sport früher in klassischer Weise eine Domäne der „feinen Leute", ist Sport heute von typischen Massenerscheinungen geprägt. Auch hier also Umweltprobleme primär als „Mengenprobleme". Die quantitative Entwicklung (besser wohl „Explosion") vom Individual- zum Massensport sollen stellvertretend folgende Zahlen verdeutlichen:

Golfer	163 000 (organisiert)
Surfer	1,5 Millionen
Skifahrer	7 Millionen Deutsche; 10 bis 12 Millionen in den Alpen (40 000 Abfahrten, 1000 Skilifte)
Tennisspieler	2 307 851 (organisiert)
Kletterer	50 000
Mountainbiker	fast 1 Million
Drachenflieger	10 000 (organisiert)

Eine stärkere Belastung entsteht nicht nur durch die wachsende Anzahl der Sporttreibenden, sondern auch durch die zunehmende Dauer (von saisonal zu ganzjährig).

- Im gleichen Maße, wie sich ehemals exklusive Sportarten den Massen „öffnen" (man denke an die Entwicklung des Segelns, des Tennis- oder Golf-

spiels), werden von der Freizeitindustrie alte Sportarten „ausdifferenziert"
und „neue" Sportarten erfunden und mit klassischen Marketinginstrumenten als neue Trends der Tourismusbewegung vermarktet, wobei viele dieser Sportarten in der freien Natur ausgeübt werden. Bei ständigem Schrumpfen ökologisch wertvoller (Rest-) Flächen und quantitativer Ausbreitung der Sportarten sind (Nutzungs-) Konflikte zwangsläufig.

Die in den letzten Jahren wie Pilze aus dem Boden schießenden „neuen Trend-Sportarten", Mountainbikefahren, Riverrafting, Gleitschirmfliegen, Helicopter-Skiing, Snowboardfahren, Sportklettern usw. (in Verbindung mit einer technischen Entwicklung von High-Tech-Geräten und einer zunehmenden Kommerzialisierung des Sports), machen das Dilemma bzw. den schmalen Grad zwischen Naturerlebnis und Naturzerstörung deutlich (vgl. Miglbauer, 1992). Dazu treten die traditionellen Sportarten wie Reiten, Segeln, Wandern, Klettern, Schwimmen oder Golfen. Nach einer Reiseanalyse des Studienkreises für Tourimus haben etwa 85 % der bundesdeutschen Urlauber eine sportliche Tätigkeit neben anderen Urlaubsaktivitäten ausgeübt. Sport, der unzweifelhaft wichtige soziale und gesundheitliche Funktionen erfüllt, wird immer mehr zur „Ware".

Umweltbelastungen

Da es unmöglich ist, alle Sportarten in ihren Umweltauswirkungen in dieser Veröffentlichung zu schildern, sollen hier nur in allgemeiner Form die Umweltbelastungen durch den Sport aufgezeigt werden.

Da vor allem die Sportausübung bei den Touristen in der (unberührten) Natur angestrebt wird, ist mit der Entwicklung zu einer Massenbewegung zwangsläufig eine steigende Belastung von Natur und Umwelt verbunden (eine detaillierte Untersuchung der wichtigsten Sportarten unter Umweltgesichtspunkten findet sich bei Schemel/Erbguth, 1992; vgl. auch die Literaturübersicht der Bundesforschungsanstalt für Naturschutz und Landschaftsökologie mit rund 900 Titeln!). Wilken (1992, S. 343) klassifiziert die Belastungen wie folgt:

1. Landschaftsverbrauch

   - durch den Bau von Sportanlagen, Wegen etc.
   - durch die Präparierung bzw. Nutzbarmachung von Landschaft für sportliche Zwecke (z.B. Skipisten, Golfplätze)
   - durch die Anlage von Parkplätzen, Rastplätzen etc.

2. Beeinträchtigung von Lebensräumen

   - durch die Errichtung von Infrastruktur
   - durch das Verlassen von Wegen, Pisten etc. durch die Urlauber selbst

3. Umweltverschmutzung
- durch die Pkw-Benutzung für die An- und Abfahrt
- durch den Gebrauch von Sportgeräten mit Schadstoffemissionen
- durch das Hinterlassen von Müll in der Landschaft
- durch die Produktion und Entsorgung von Sportgeräten und -bekleidung

Zu ergänzen sind die Lärmbelästigung, Erosionsschäden, Vernichtung von Artenbestand, Beeinträchtigung der Tierwelt, Gewässer-/Luftbelastungen/Abwasser.
Dazu treten die Konflikte zwischen Sporttreibenden und Grundeigentümern, Bewirtschaftern, Anrainern und anderen Nutzern wie Fischer oder Jäger.

Gesamtkonzeptionelle Lösungsansätze

Es ist ein Konsens zwischen Sportlern, Freizeitaktivisten, Tourismusverantwortlichen, Gesundheitspolitikern und Naturschützern notwendig; Praxis und Theorie geben zahlreiche gesamtkonzeptionelle Lösungsansätze (z.B. Miglbauer, 1992, S. 393 ff.). Besonders sind vorbeugende Maßnahmen anzustreben. 1989 wurde eine Initiative „Sport mit Einsicht" gegründet. Ziele und Aufgaben dieser Initiative sind (Neuerburg/Wilken, 1989, S. 219):
- die Aufklärung und Information der Öffentlichkeit über Möglichkeiten umwelt- und sozialverträglichen Sporttreibens (z.B. über den Sportfachhandel, Mitgabe sportartbezogener „Umweltregeln" beim Kauf von Sportartikeln, Verleihung von Umweltpreisen),
- die Förderung konzeptioneller Innovationen im Bereich des Freizeit- und Urlaubssports (z.B. Modellreisen in Bergwandern und Skifahren zum Erlernen umweltgerechten Handelns),
- die Förderung von Forschung und Weiterbildung im Bereich „Sport-Umwelt-Tourimus",
- die Beratung von Verbänden und Unternehmen, die in diesem Bereich tätig sind sowie
- die Verbesserung und Intensivierung der Zusammenarbeit der eigenen Mitgliederverbände in dem genannten Bereich.

Für einen „Sport mit Einsicht" gibt es zahlreiche, auf mehreren Ebenen gleichzeitig ansetzende Lösungsanregungen (vgl. Wilken, 1992, S. 347 ff.):
1. Lenkung/Zonierung und Konzentration/Kanalisierung von Sportaktivitäten auf bestimmte Gebiete/Wege etc. zur Entzerrung/Entlastung von Freiräumen (so führt der DAV etwa eine Zonierung der Klettergebiete Deutschlands durch, um Ruhezonen für Tiere/Pflanzen ausweisen zu können)
   - Ausweisung unterschiedlich belastbarer Landschaftsteile
   - umweltgerechte Straßen-, Wege-, Pisten- und Loipenführung
   - regionale Abstimmung der Angebotsstruktur
   - Höchstzahlfestlegung (z.B. für Boote)

- Kontingentierung von Sportmöglichkeiten
2. Förderung umweltverträglicher Infrastruktur
   - Nutzung vorhandener Infrastruktur
   - Umgestaltung belastender Altanlagen
   - Sanierung belasteter Flächen
   - Prüfung der Umweltverträglichkeit geplanter Anlagen
   - umweltschonende Errichtung neuer Infrastruktur
   - Anbindung der Sportstätten an das öffentliche Verkehrssystem
3. Förderung umweltverträglicher Angebote
   - Überprüfung der Umweltverträglichkeit
   - Orientierung an den vorhandenen Voraussetzungen
   - Qualität statt Quantität (z.B. raumgestalterische, baubiologische, energetische Gesichtspunkte) und Beachtung der Umweltverträglichkeit
   - Verzicht auf kurzfristige Moden
   - Anregung der Gäste zu umweltverträglicherem Verhalten
   - umweltbezogene Qualifizierung von Multiplikatoren
   - Angebot zur Lagerung und zum Verleih von Sportgeräten und -ausrüstungen
   - Förderung naturorientierter Angebote
   - Förderung gesundheitsorientierter Angebote
   - Förderung kulturorientierter Angebote
4. Information und Aufklärung der Gäste/Sportler
   - Verbreitung von Umwelttips (Der Deutsche Gewerkschaftsbund und der Deutsche Naturschutzring haben eine Broschüre „Tips für umweltverträgliches Freizeitverhalten" herausgegeben; die Stiftung „Sicherheit im Skisport" verteilt Broschüren an Schulen; vgl. Teil 15).
   - Anbringung von Informationstafeln
   - ausreichende und informative Markierung von Wegen
5. Verbote
   - partielle Verbote (z.B. Untersagen des Verlassens besonders markierter Wege, etwa „Off-road-biking")
   - generelle Verbote (z.B. 1987 in Zermatt für Mountainbikes)
6. Werbung und Marketing
   - verantwortliche Werbung
   - Berücksichtigung der Umweltverträglichkeit (Marketingfaktor)

Weitere wichtige Ansätze wären
- die Bestellung von Naturschutz-/Umweltbeauftragten in den Sportvereinen,
- die verstärkte Zusammenarbeit von Sportverbänden mit Naturschutzorganisationen und -bildungseinrichtungen,
- verbandsinterne Aus- und Fortbildungsveranstaltungen (der Deutsche Skiverband hat z.B. die Umwelterziehung in die Ausbildung von Skilehrern einbezogen; die Alpenvereinsjugend in Deutschland, Österreich und Südtirol praktiziert Umweltbildung „vor Ort" an sog. „Umweltbaustellen").

Zu den einzelnen Sportarten sind inzwischen unzählige Untersuchungen über ihre spezifischen Auswirkungen erschienen. Da wir den Tourismus aus einer Gesamtsicht betrachten, können wir keinen umfassenden Überblick geben.

Stellvertretend seien an dieser Stelle als subjektive Auswahl (mit Literaturhinweisen) genannt:

- ein „Sustainable Management" der Skigebiete Neuseelands (Kaspar, 1992)
- die Umweltbelastungen durch Golfanlagen (Schemel, 1987)
- verschiedenste Sportarten: Wasser-/Winter-Extrem-/Motorsport und anlagengebundener Sport (wie Golf) (BUND Landesverband NW, 1989)

Freizeit- und Urlaubssportler bevölkern zunehmend Seen und Flüsse. Auch dort kann ein Beitrag zum Umweltschutz geleistet werden.

Umwelt-Knigge für Bootshäfen
Mehr Umweltschutz will Umweltminister Peter Gauweiler in Bayerns Bootshäfen erreichen. Auf der ersten Nachfolgekonferenz zur Chiemseekonferenz hat das Landesamt für Umweltschutz einen Kriterienkatalog für umweltgerechte Häfen an bayerischen Seen und Flüssen vorgelegt. Wie das Umweltministerium mitteilte, sollen die Hafenanlagen in Natur und Landschaft eingebunden und ökologisch wertvolle Flächen geschützt werden. Außerdem sind Baustoffe und Pflanzen gefragt, die auch in Landschaft und Umgebung passen. Abwässer vom Waschen der Boote und Abfälle wie Farb- und Schleifreste von Anti-Faulmitteln müssen die Bootsbesitzer umweltgerecht entsorgen. Auch der Lärmpegel im Hafen soll reduziert werden: Künftig sollen nur noch lärmarme Motoren zum Einsatz kommen. Weiter fordert der Kriterienkatalog dazu auf, den Energiebedarf der Hafenanlage möglichst geringzuhalten und aus umweltfreundlichen Quellen zu decken. Mit Sonnenkollektoren und Energiesparlampen könnten die Bootseigentümer einen wichtigen Beitrag zu mehr Umweltschutz leisten, heißt es in dem Katalog.

Teil 15
Wie bringen wir den Menschen zu einem umweltbewußten Freizeit- und Reiseverhalten?

Umwelt – Mitwelt (Wider die anthropozentrische Sicht)

Ein Handlungskonzept zwischen Anreizen und Verboten
Restriktionen durch die staatliche Umweltschutzpolitik
Die Frage des richtigen Mix
Umwelt und Tourismus in der Europäischen Gemeinschaft

Ist der Tourist lernfähig?
Erziehung/praktisches Handeln
Tourismus als Thema in der Schule
Information/Aufklärung
Schulung der Beschäftigten in der Tourismusbranche

„Marcel Proust once said, the best journey would not be to travel through a thousand different countries with the same pair of eyes – but to travel through the same country with a thousand different pairs of eyes."

(Elkington/Hailes, 1992, S. 67)

Umwelt – Mitwelt (Wider die anthropozentrische Sicht)

„Dem Menschen des Mittelalters erschien die Natur noch als Feindin. Die Berge nannte er schrecklich, die Wälder gefährlich. Doch er lernte, seine vermeintliche Gegnerin zu bezwingen. Der Mensch der Moderne glaubt, die Natur zu durchschauen, weil er sich ihre Gesetze dienstbar macht. Dabei treibt er ein doppeltes Spiel: Er zerstört die Natur und verklärt, was von ihr übrigbleibt. Nun, da die Schöpfung nicht mehr mitspielt, erschrickt er. Ist unsere Beziehung zur Natur seit jeher nur ein einziges Mißverständnis?... ‚Es ist nicht mehr das gleiche', pflegte meine Großmutter zu sagen, wenn ihr eine Freude ihrer Jugend in modernisierter Form begegnete. In den fast achtzig Jahren ihrer Lebenszeit hat sie den Sprung aus einer bäuerlichen Welt in eine postindustrielle tun müssen; da ist ihre Seele nicht mitgekommen. Aber meiner Generation wurde kein geringerer Sprung zugemutet. In aller Stille (bis auf das diskrete Laufschuhtrappeln, Walkman-Zirpen, Grillholz-Knacken) ist mein Stück Wald aus der Natur in die Zivilisation umgesiedelt worden. Was Natur war, ist jetzt Naturnähe" (Muschg, 1992, S. 7).

Umweltschutz schützt heute lediglich die natürlichen Lebensgrundlagen des Menschen. „Schutz der Natur" durch Gesetze und technische Maßnahmen wird demnach nicht um der Natur willen praktiziert, sondern allein zur Sicherung ihrer Nutzung durch den Menschen. Der Nutzen des Menschen bestimmt auch das „Maß" der zulässigen Eingriffe bzw. Schäden.

„Die beschränkenden Vorschriften gegen Lärm oder unerträglichen Gestank oder gefährliche Abfälle kamen zwar auch der Umwelt ‚zugute' (teilweise wenigstens), aber sie waren zum Schutz des Menschen und/oder des Eigentums erlassen. Dieser anthropozentrische Ansatz der Schutzgesetzgebung hat sich bis heute erhalten, ja, schon das Wort ‚Umwelt' verrät ihn, meint die Welt um den Menschen herum, nicht die Gesamtheit der Natur" (Bieber, 1989).

Das „Maß", etwa ein explizit formulierter Emissionswert, wird in den Normen des Verwaltungsrechts festgelegt. Damit bestimmt der von Experten definierte sog. Stand der Technik den inhaltlichen Gehalt. In allen empfindlichen Bereichen des gesetzlichen Umweltschutzes ist, so sieht es Bieber sehr kritisch, inzwischen höchstrichterlich bestätigt, daß die Technik dem Recht vorschreibt, welche Grenzen das Recht der Technik vorschreiben darf – also die Subordination des Rechts unter sein Kontrollobjekt.

„Und hier, auf der Ebene der Festsetzung und Begrenzung rechtlichen Umweltschutzes durch außerrechtliche Erwägungen, beginnt dessen eigentliches Elend. Man muß kein Experte sein, um die oft haarsträubende Willkür zu erkennen, mit der ‚wissenschaftlich hinnehmbare Risiken' behauptet, konfisziert und wieder behauptet werden. Welche toxikologische Umweltbelastungen noch ‚unbedenklich' sind, darüber schwankt der ‚Stand der Wissenschaft' nicht nur von Zeit zu Zeit, sondern auch von Land zu Land; bei Schwefeldioxid zum Beispiel um bis zu 300 Prozent – so daß in der Literatur bereits die naheliegende Frage gestellt wird, ob es ‚schadstoff-resistentere Nationen' gebe. Die Litanei der Fiktionen, Zumutungen und Absurditäten, die hier anzuschließen wäre, ist endlos. Klar ist dies: Was den unbestimmten Rechtsbegriffen ‚Grenzwert', ‚Risiko', ‚Stand der Technik' oder ‚Interessens-Abwägung' ihren Inhalt gibt, das sind keine ‚ob-

jektiven wissenschaftlichen Erkenntnisse'. Es ist die rechtlich gesicherte Dezisionsmacht einer technokratischen Elite. Dabei spiegelt, sagt das ‚Umweltgutachten 1987' mit einem herzigen Augenaufschlag, ‚die jeweilige Höhe der Grenzwerte die Ernsthaftigkeit wider, mit der eine Gesellschaft die Ziele der Gefahrenabwehr und der Risikominderung verfolgt'. Sehr wahr. 600 000 Kubikmeter Abwässer – zum winzigen, lächerlichen Beispiel – fließen stündlich legal, gewissermaßen durch nichts als die begrifflichen Schleusen der gesetzlichen Leerformeln geklärt, in den Rhein: sechzehn Millionen Tonnen Chemikalien pro Jahr. Die Experten für einen pseudonymen ‚Stand der Technik' bestimmen rechtsverbindlich, daß dieser Schutz für die Umwelt ausreicht. Sie werden, falls der Schützling dabei zugrunde geht, zwar unrecht, aber Recht gehabt haben.
Dies alles darf nicht als Vorwurf an die Adresse des Gesetzgebers, der Jurisprudenz oder der Wissenschaftler mißverstanden werden. Im Horizont einer Lebensform der technisierten sozialadäquaten Raffgier sind durchschlagende rechtliche Alternativen schlechterdings nicht zu erkennen. Auf die Frage, wer denn die gesetzlichen Blankoformeln für die Folgen der Technik ausfüllen könnte, wenn nicht die Technik, lautet die Antwort: niemand. Nur der legalistische Optimismus, der von Herrn Töpfer bis zu den Grünen reicht, sollte langsam als ehrenwerte, aber antiquierte Illusion begriffen werden" (Merkel, 1989).

Längst, so etwa von Stone in den USA seit den frühen siebziger Jahren, wird die Frage diskutiert, ob der Natur eigene Rechte zuerkannt werden sollen. Der Gesetzgeber könnte den genannten Konstruktionsfehler (Umweltrecht = Verwaltungsrecht) leicht beseitigen, indem er, ähnlich wie für Leben und körperliche Unversehrtheit, ein „Grundrecht" auf Naturschutz einführen würde. In Deutschland sind von den einzelnen Parteien dazu Vorschläge erarbeitet worden. Ursprüngliche Ideen im Rahmen des GG Art. 20 sind inzwischen aber ersetzt worden von der Absicht, nur mehr ein „Staatsziel" zu formulieren etwa mit dem Inhalt: „Die natürlichen Lebensgrundlagen des Menschen stehen unter dem besonderen Schutz des Staates". Eine Einigung scheint in weiter Sicht, nachdem ein Kommissionsvorschlag anfangs 1993 scheiterte.

„Verantwortlich bin und handle ich für mich selber, für meine Freunde und Verwandten und – politisch, also gemeinsam mit anderen – für mein Land. Bestenfalls dies sagen etwa 150 Regierungen auf der Welt, und so ist die Menschheit mit 150 Augen oder Augenpaaren politisch blind für ihre gemeinsame Verantwortung" (Meyer-Abich, 1990; S. 394).

In einigen Verfassungen der Bundesländer ist eine solche Aufnahme bereits geschehen, 1976 bereits in Baden-Württemberg. Ein solcher Artikel im Grundgesetz wäre wesentlich unverbindlicher als ein Grundrecht. „So ein Staatsziel ist von minderer Normdichte und das heißt: von minderer rechtlicher Verbindlichkeit. Auf deutsch: Es ist unverbindlich. Der Konstruktionsfehler des Umweltschutzes wird dadurch nicht beseitigt. Es ist, mit anderen Worten, ein Ablenkungsmanöver. Es hat den großen Vorteil, daß man sagen kann, wir tun ja was im Grundgesetz. Vielleicht könnten Umweltschützer damit den einen oder anderen Prozeß gewinnen, den sie heute verlören. Denn so ganz ohne Wirkung ist auch so ein Staatsziel vor den Gerichten nicht. Aber im Grund ist es Augenwischerei" (Wesel, 1988).

Eine andere Möglichkeit, den Konstruktionsfehler des Umweltrechts zu beseitigen, die Verbandsklage etwa durch Umweltschutzorganisationen oder Naturschutzverbände, wie sie bereits seit vielen Jahren in den USA praktiziert wird, ist inzwischen von einigen Bundesländern eingeführt worden; allerdings nicht allgemein, sondern auf Naturschutzgebiete beschränkt. Selbst Befürworter dieses Instruments sähen bei einer allgemeinen Popularklage die Verwaltungsjustiz schlagartig zusammenbrechen.

„Ein Wort wie ‚Umwelt' verrät, daß wir uns noch immer nicht ganz als Betroffene, geschweige denn als Verursacher verstehen. Denn es ist ein Wort aus der Zuschauerperspektive, einer noch immer herrschaftlichen Mitte. Diesen Ort hat sich der nackte Affe in der langen Geschichte seiner Entwicklung zu sauer verdient, um ihn über Nacht räumen zu können – und wäre es bei Strafe seines Lebens als Art" (Muschg, 1992, S. 8).

Die Grenzen des gegenwärtigen Rechtsdenkens und der darauf entwickelten Handlungsinstrumente zeigen sich deutlich. Bisher, so sagt Bosselmann (1987), hat das Umweltrecht den Grundwiderspruch zwischen Ökonomie und Ökologie völlig unangetastet gelassen und sich statt dessen pragmatisch auf die Seite der Ökonomie geschlagen.

Ähnlich kritisch sieht Stock (1990) das Ergebnis der drei Nordseekonferenzen; sein Fazit: „Nichts hat sich daran geändert, daß sich der Umweltschutz nach wie vor an den Vorgaben der Industrie orientiert und eben nicht an der Belastbarkeitsgrenze der Natur."

„Dennoch setzt der Versuch, über ‚Eigenrechte' der Natur unserer anthropozentrischen Rechtsordnung eine ‚ökozentrische' ihrer Opfer aufzuzwingen, auf eine Illusion. Sie soll gar nicht der Kitschvorstellung von einer ‚an sich harmonischen Natur' verdächtigt werden, vor der schon Spinoza mit der lakonischen Bemerkung abgewinkt hatte, es sei das Eigenrecht der kleinen Fische zu schwimmen, und das der großen, die kleinen aufzufressen. Aber logisch unvermeidlich ist eine letzte anthropozentrische Definitionsmacht darüber, was denn der genaue Inhalt solcher Naturrechte sei und wie im Falle ihrer Kollision mit menschlichen Rechten entschieden werden solle – ob und wieweit also das Eigenrecht nicht nur der Robben, sondern, sagen wir, auch des Aids–Virus in Frage käme. Immer müßte die ‚Rechtsordnung' der Opfer von Umweltzerstörungen im Täterkreis fingiert werden. ‚Verantwortung vor der Natur', das hat schon Kant gesehen, ist unumgänglich unsere Verantwortung ‚in bezug auf die Natur' – und damit letztlich gegenüber uns selbst. Eine Gesellschaft, die die Folgen ihrer Umweltzerstörung beklagt und deren tiefste Ursachen, den Fortschrittswahn und die Habgier, in allen sonstigen Belangen prämiert, wird in ihren Umweltschutzbemühungen immer wieder an die Grenzmauern ihrer eigenen Wertungen stoßen: die technokratischen Gesetze eines unvermeidlich faulen Kompromisses. Wer ändert die Grundlagen? Das Recht wird es nicht tun. Es müßte selbst das andere Recht einer anderen Lebensform sein. Seine Prinzipien, die ‚Verantwortlichkeit' über die Kategorien Kausalität und Schuld immer nur einzelnen zuschreiben zu können, werden hilflos vor der vielfach verschlungenen, anonymen Gesamtbeteiligung aller. Die klassische rechtliche Analyse, schreibt Niklas

Luhmann, wird am Ende ‚nur zu der Feststellung führen, daß die Gesellschaft selbst schuld ist. Und das wissen wir sowieso'" (Merkel, 1989).

Ein Handlungskonzept zwischen Anreizen und Verboten

Ein Wandel im Tourismus wird sowohl von der Nachfragerseite (verfügbare Einkommen, politische Unruhen usw.) als auch von Faktoren der Angebotsseite beeinflußt (Umweltverschmutzung, Staus, Kriminalität usw.). Nur langfristig werden erkennbare Erfolge im pädagogisch-erzieherischen Bereich erzielbar sein. „Eine Milliarde neuer Touristen kann man nicht erziehen. Die Wende wird kommen, weil die Extrapolation des Tourismus ebenso zwangsläufig an die Grenzen des Wachstums stößt wie jede Wachstumskurve. Aber sie wird nicht durch weltweite Einsicht kommen, sondern durch äußere Anstöße, durch Gesetze, Geschmackswandel oder Katastrophen" (Swoboda, 1989, S. 3).

Restriktionen durch die staatliche Umweltschutzpolitik

Die Rolle des Staates bei einer Umsetzung eines umweltverträglicheren Tourismus wird hier nur kurz aus deutscher Sicht erörtert. Eine Einwirkung auf politisches Handeln in den Zielgebieten ist i.d.R. nicht möglich mit Ausnahme der EG, wo über Verordnungen bzw. Richtlinien für die Mitgliedsstaaten einheitliche Rahmenbedingungen geschaffen werden können (so z.B. die auch den Tourismus tangierende Umweltverträglichkeitsprüfung).

Die „Tourismuspolitischen Leitlinien der CDU/CSU" beziehen sich explizit auf einen gleichermaßen wirtschaftlich ergiebigen, umweltverträglichen und sozialverantwortlichen Tourismus (vgl. o.V., 3. 11. 1990). Einige Punkte daraus zum Thema Umweltschutz:

- Die Abwehr von Gefahren für Umwelt, Natur und Landschaft (z.B. Zersiedlung der Landschaft, Vernichtung von Biotopen und Arten, Belastung der Luft durch Fahrzeug- und Flugzeugabgase) hat Vorrang vor wirtschaftlichen Interessen. Intakte Natur als Grundvoraussetzung auch des langfristigen wirtschaftlichen Erfolges.
- Der Umweltschutz muß Vertragsbestandteil zwischen den großen Leistungsträgern des Tourismus werden.
- Neben Zonen intensiver Nutzung sind Zonen naturnaher Erholung vorgesehen. Besonders sensible Räume sind zu sperren.
- Für jedes Feriengebiet ist eine Landschaftsplanung zu erstellen. Kein größeres Projekt ohne Umweltverträglichkeitsprüfung.
- Die Fremdenverkehrspolitik und -wirtschaft sollten eng mit den Umweltschützern und Naturschutzorganisationen zusammenarbeiten.

Über die zur Erreichung des Zieles „Umweltschutz" zu beschreitenden Wege gehen die Vorstellungen weit auseinander. Während

- die einen eine Steuerung durch politische Instanzen als notwendig erachten, da es im wirtschaftlichen Entscheidungsprozeß keine handlungsrelevanten Indikatoren gibt,
- wollen andere statt staatlicher (dirigistischer) Zwangsmittel die freien Kräfte der Marktwirtschaft ganz bewußt in ihr Lösungskonzept einbauen und durch Anreize das Eigeninteresse der Industrie ansprechen.

In der Regel wird die staatliche Umweltpolitik aus einem „Mix" von ordnungspolitischen und ökonomischen Instrumenten bestehen (vgl. Hopfenbeck, 1992, S. 933).

Denkbar sind folgende Eingriffsarten, um einzelwirtschaftliches Verhalten zu beeinflussen:
- direkte Eingriffe des Staates (Beispiele: Verbote, Gebote)
- autonome Marktregelung unter Vorgabe von bestimmten Rahmenbedingungen (Beispiele: Umweltzertifikate, Abgaben, ökologische Buchführung, Ökobilanz, Audits)
- verschiedene Anreizinstrumente (Beispiele: Emissions-, Produkt- und Ressourcensteuer, Subventionen)
- Kompensationsmöglichkeiten (Beispiel: Wiederaufforstung)

Die mit dem industriellen Wachstum verbundenen Folgeprobleme, wobei die zunehmend sichtbar werdende Umweltzerstörung sich beim einzelnen immer mehr direkt fühlbar als Verringerung seiner individuellen Lebensqualität (und auch Urlaubsqualität!) äußert, sind inzwischen von allen Parteien der Bundesrepublik erkannt und in ihre Parteiprogramme aufgenommen worden. Semantisch zwar unterschiedlich formuliert, wird quer durch das politische Spektrum die gleiche Grundtendenz vertreten: Nach einer Entwicklung der freien zu einer sozialen Marktwirtschaft (in der ja inzwischen über ein Drittel des Sozialprodukts für den sozialen Ausgleich „umverteilt" wird!) ist jetzt eine zusätzliche Erweiterung und Anpassung in Richtung zu einer ökologischen Marktwirtschaft gefordert, in der wiederum dem Staat eine entscheidende Verteilungsfunktion bei den knappen Umweltressourcen zukommt. Der soziale Konsens, der soziale Ausgleich als konstitutives Element, hat die Wettbewerbskräfte unserer Marktwirtschaft sogar gestärkt.

„Keine Marktwirtschaft wird von dauerhaftem Bestand sein, die die verantwortliche ökologische Rücksichtnahme nicht zum Bestandteil ihres eigenen Mechanismus zu machen weiß. Die Widerstände auf diesem Weg sind groß, doch wir haben keine Alternative" (Richard von Weizsäcker, 1990).

Besonders Biedenkopf wies als einer der ersten darauf hin, daß, nachdem seit dem 19. Jahrhundert die soziale Frage gelöst werden mußte, nun als ähnliche Jahrhundertaufgabe die ökologische Herausforderung gelöst werden muß. Das Wesen ökologischen Handelns zu begreifen, sieht er durch unsere gegenwärtige Art des – primär quantitativen – Denkens behindert. Innerhalb unserer vorherrschenden Wachstumsgläubigkeit ist es deshalb bezeichnend, „daß wir die Begrenzungen, ohne die unsere Gesellschaft nicht zukunftsfähig ist, in der politischen Sprache als Verzichte bezeichnen."

Eine Lösung der ökologischen Herausforderung setzt wie bei der „sozialen Frage" ebenfalls einen grundlegenden gesellschaftlichen Bewußtseinswandel voraus. Die drohende ökologische Katastrophe wird zum beherrschenden politischen Thema der nächsten Jahrzehnte werden. „Die für alle Beteiligten auf offene Rechnung fortgeschriebenen Geschäfte gingen aber bislang zu Lasten der schweigenden und duldenden Natur. Sie präsentiert nun – in steigenden Raten- ihre Rechnung. Auf die zivilisierten Gesellschaften und ihre Unternehmer wartet eher eine Jahrtausend- als eine Jahrhundertaufgabe" (Seidel, 1989).

In der Bundesrepublik (weitgehend auch in Österreich und der Schweiz) wird Umweltpolitik auf der Grundlage von drei Prinzipien praktiziert:

- Gemäß dem Verursacherprinzip soll derjenige die Kosten der Vermeidung oder Beseitigung einer Umweltbelastung tragen, der für ihre Entstehung verantwortlich ist.
- Das Kooperationsprinzip will das Know-how des Verursachers in ein einvernehmliches
- Durchsetzen von umweltpolitischen Zielen einbinden.
- Und letztlich soll das Vorsorgeprinzip mit integrierten Umweltschutzlösungen immer mehr das Leitprinzip sein.

Für den betrieblichen Umweltschutz ist ein umfangreicher „Vorschriftenrahmen" vorgegeben (in jüngster Zeit vor allem durch die Abfallverordnung).

Neben bestimmten ordnungspolitischen Maßnahmen (z.B. die Entsorgungspflicht durch die Gemeinden, Raumordnungsverfahren) oder der Veränderung von Entscheidungsparametern (z.B. die aktuelle Diskussion um Ökosteuern) ist hier vor allem an die klassischen direkten Eingriffe zu denken. Auflagen in Form von Geboten oder Verboten schreiben ein bestimmtes Verhalten vor.

Verbote als zweite und schärfste Möglichkeit von Auflagen sind vor allem notwendig bei anerkannt gesundheitsschädlichen Produkten (z.B. Asbest, DDT) oder dann sinnvoll, wenn auf die umweltbelastende Produkte wegen Substituierbarkeit leicht verzichtet werden kann (z.B. FCKW in Spraydosen). Viele Bürger sehen die Hauptverantwortung für die Einleitung von Umweltschutzmaßnahmen beim Staat und befürworten deshalb (vielleicht gerade wegen ihres eigenen Fehlverhaltens) auch Sanktionsmaßnahmen. Nach einer Repräsentativbefragung des B.A.T. Freizeit-Forschungsinstituts 1989 (vgl. Opaschowski, 1991, S. 88 f.) werden positiv angesehen:

- Geldstrafen
(etwa für umweltgefährdendes Freizeit- und Urlaubsverhalten; nachdem seit Juni 1992 viele Bike-Strecken im Nationalpark Berchtesgaden gesperrt wurden, sind Bußgelder bis 20 000 DM möglich)
- Verbote
(etwa Fahr- und Parkverbote in Naherholungsgebieten oder Freizeit- und Erholungsparks; Siedlungs- und Bauverbote in freier Landschaft; Tempolimit 30 km/h in der näheren Umgebung von Naherholungsgebieten oder Freizeit- und Naturschutzparks; Verbot, sich im Wald und in Naturschutzparks außerhalb öffentlicher Wege aufzuhalten)

Dagegen werden mehrheitlich abgelehnt:

- generelle Fahrverbote an bestimmten Tagen
- die Einführung eines „flexiblen Wochendes" zur Entlastung der Umwelt
- Wanderverbote in Naturschutzgebieten

Nicht als Ersatz, als Ergänzung von Ge- und Verboten sind deshalb verschiedene marktwirtschaftliche Instrumente zur Gestaltung eines „offensiven" Umweltmanagements dringend erforderlich, da die Grenzen des ordnungsrechtlichen Instrumentariums immer deutlicher werden. Die Nutzung von Umweltgütern kann mit Kosten belegt werden; durch Abgaben entstehen ökonomisch-finanzielle Anreize und Anregungen zu Vermeidungsstrategien aus dem Eigeninteresse der Unternehmen heraus. Über den Regelungsmechanismus des („künstlichen") Preises für Umweltgüter sollen also innovative Marktprozesse ausgelöst werden.

Als neue ökonomische Instrumente finden sich in der aktuellen Diskussion:
- Branchenabkommen oder freiwillige Kooperationsabkommen, die setzen allerdings voraus, daß sich die Konkurrenten auch an die Vereinbarung halten; insgesamt hat die deutsche Industrie seit 1971 schon über 30 Selbstverpflichtungen beschlossen – oft unter sanftem staatlichen Druck)
- Aufrufe zum freiwilligen Verzicht, diese erreichen nur einen kleinen Teil der Verbraucher/Touristen; die mangelnde Wirkung sieht man etwa deutlich daran, daß trotz der in den Medien allgegenwärtigen Mülldiskussion die Einwegverpackungen ständig zunehmen)
- Ausweitung der Umwelthaftung
- Einführung eines „Umwelt-TÜV" mit besseren automatisierten Meß- und Kontrollverfahren
- „Arbeitsverweigerungsrecht" bei Verstößen gegen Umweltvorschriften
- Einsetzen eines Vorstandsmitgliedes für Umweltschutzaufgaben und Arbeitsicherheit
- steuerliche Förderung umweltfreundlicher Produkte und Herstellungsverfahren
- Abkehr des auf Individualinteressen fixierten Rechtsschutzes
- Schaffung der Verbandsklagemöglichkeit in Umweltangelegenheiten
- Verbot bestimmter Verpackungsarten mit Hilfe des Abfallgesetzes bzw. ministerielle Zielvorgaben etwa für flächendeckende Erfassung und Verwertung

Als Prototyp eines marktwirtschaftlichen Instruments im Umweltschutz wird die Abwasserabgabe bezeichnet (z.Zt. 60 DM). Mit Abgaben sollen zum einen gemäß dem Verursacherprinzip die bisher nicht erfaßten externen Kosten innerhalb der volkswirtschaftlich entstehenden Gesamtkosten erhoben werden, zum anderen über die bewußte Verteuerung der umweltbelastenden Produkte eine Verbrauchsdrosselung und eine Lenkung der individuellen Kaufentscheidung hin zu den (dann relativ billigeren) umweltfreundlicheren Produkten erreicht werden. Auf die zahlreichen Probleme beim Einsatz solcher Umweltsteuern (z.B. Bemessung der Höhe, voraussichtlicher Einfluß auf den Verbrauch, Verwendung der eingehenden Mittel, ihre Sozialverträglichkeit bei privaten Haushalten mit geringem Einkommen usw.) kann im Rahmen dieser Arbeit nur hingewiesen werden.

Denkbar sind Schadstoffabgaben (z.B. auf Abgase), Lärmschutzabgaben (z.B. für Lastwagen) oder gezielte Abgaben auf einzelne Stoffe oder Produkte (z.B. Einwegflaschen). Anfang 1993 wurden von verschiedenen Seiten auch „Sondersteuern auf alles Ungesunde" gefordert, wobei u.a. auch besondere Sportarten (wie Drachen-, Gleitschirmfliegen) mit Abgaben belegt werden sollten. Der Staatssekretär des bayerischen Wirtschaftsministeriums schlug eine Umweltabgabe für alpine Schutzhütten vor; über den Ökozuschlag soll der Bergsteiger an den Kosten der Abwasserentsorgung beteiligt werden.

Weitere ökonomische Instrumente des Umweltschutzes sind Gebühren und Beiträge, ein Entsorgungszuschlag auf den Kaufpreis bestimmter Produkte, eine erweiterte Rücknahmepflicht für den Hersteller bestimmter Produkte oder die Einführung von Ökosteuern, mit denen über die bewußte (staatliche) Veränderung der relativen Preise (also einer Internalisierung bisheriger externer Kosten) beim Verbraucher ein Lenkungseffekt erzielt werden soll. Zudem wird dieses Knappheitsprinzip „höherer Preis" in einer Marktwirtschaft den Unternehmen einen Anreiz bieten, durch den Einsatz des technischen Fortschritts ihre Kosten zu senken (zu den verschiedenen Ansätzen wie Pigou oder Coase siehe Hopfenbeck, 1992, S. 942). Dies ist sicherlich der entscheidende Punkt: Im Gegensatz zur bisherigen Situation soll mit Hilfe der Ökonomie (= Streben nach Kostensenkung) der Umwelt geholfen werden (= Verbesserung des umweltschutzorientierten Standes der Technik).

Das Institut der deutschen Wirtschaft (1989) sieht in Zukunft im Rahmen einer Kombination von ordnungspolitischen mit marktwirtschaftlich wirkenden Instrumenten folgende Arbeitsteilung:

- Ordnungsrechtliche Regelungen sollen immer dort Vorrang haben, wo Schutzansprüche der Bürger und ökologische Erfordernisse einen bestimmten Umweltschutzstandard verlangen.

- Marktwirtschaftliche Anreize müssen dort verstärkt genutzt werden, wo die Suche nach integrierten Vermeidungstechniken vorangebracht werden soll.

Zwar sehen wir durchaus den Nutzen etwa finanzieller Anreize zur Lenkung des Konsumenten (z.B. bei Einführung des Katalysators), doch wird ein Wandel ganz ohne Zwang eine Illusion bleiben.

Das UPI-Institut (Heidelberg) sieht neben dieser odnungspolitischen und marktwirtschaftlichen Steuerung noch eine dritte, bisher kaum in Betracht gezogene Handlungsmöglichkeit: den freiwilligen Verzicht.

Aus der Tatsache, daß etwa Politiker, die den Mut haben, wieder den Fußgänger oder den öffentlichen Verkehr im Stadtleben aufzuwerten (wie z.B. in Zürich oder Bologna), vielleicht gehaßt werden, aber trotzdem Stimmenmehrheiten bekommen, sieht Ahrends eine „längst gegebene schizophrene Erwartung, man möge uns doch endlich das ökologisch Notwendige befehlen, weil wir anders nicht bereit sind, auf die gewohnten Bequemlichkeiten zu verzichten. Gibt es nicht längst diese Sehnsucht nach Bestrafung für unsere Umweltsünden, um nicht täglich im schlechten Gewissen leben zu müssen? ... Offenbar hat konsequente Umweltpolitik mit dieser Schizophrenie zu tun, daß alle wollen, was keiner will, daß es ein allgemeines Interesse an Einschränkungen gibt, die jeder einzelne als Zumutung empfindet. Man will ja Opfer bringen, aber bitte nicht freiwillig!"

Ohne die Bedeutung dieser Druckmittel abschwächen zu wollen, erscheint uns dieser Ansatz etwas verkürzt, da er die Lernfähigkeit des Menschen leugnet. Warum sollte nicht über pädagogisches Training ein ökologieverträgliches Verhalten (auch als Reisender) bei unseren Kindern möglich sein? Zudem wird dieses „gewünschte" Politikerverhalten oft erst von unten entstehen, d.h. auf Druck umweltbewußter Bürger.

Die Frage des richtigen Mix

Veränderungen dürfen nicht nur auf einzelnen Maßnahmen basieren, sondern müssen Bestandteil eines geschlossenen Handlungskonzeptes sein. Opaschowski sieht eine Kombination von Ordnungsrecht und psychologischen Anreizen als notwendig, um tatsächlich über die Aufklärung hinaus auch handlungsbeeinflussend zu wirken. Das Bündel von Einflußfaktoren kann umfassen (ebd., 1991, S. 109 ff.; daraus auch Abbildung 51, S. 110):

- Wissen und Problembewußtsein vermitteln
- An Verantwortungs- und Gemeinschaftsgefühl appellieren
- Mit Verboten und Sanktionen drohen
- Auf die Selbstregulierung durch Marktsättigung hoffen
- Freiwillige Kapazitätsbeschränkungen vornehmen
- Attraktive Ergänzung zur Freizeitmobilität mit dem Auto schaffen
- Sanfte Freizeittechnologie fördern
- Fahrradfreundliche Städte schaffen

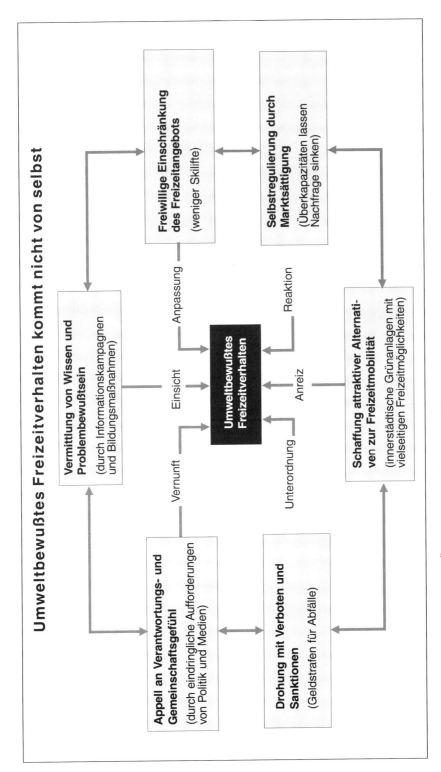

Abb. 51: Einflußfaktoren für eine Änderung des Freizeitverhaltens

- Die Freizeit- und Urlaubsströme an schützenswerten Landschaftsgebieten vorbeilenken
- Den Freizeit- und Ferienverkehr entzerren
- Die Ferienregelungen flexibilisieren
- Die Freizeit- und Tourismuspolitik umweltfreundlicher gestalten
- In der Freizeit ökologisch angelegte Sportanlagen fördern
- Den Tourismus auch als Mittel zur Landschaftserhaltung nutzen

„Aufklärungsarbeit ist sicherlich erforderlich. Aber genauso wichtig sind überzeugende Beispiele aus der Praxis, die zum Mit-, Nach- und Selbermachen anregen. Verstand *und* Gefühl müssen angesprochen werden, damit aus der Sicht- eine Lebensweise wird. Das emotionale Erleben ist für das Freizeitverhalten von zentraler Bedeutung. Wer also die Freizeitgewohnheiten beeinflussen oder verändern will, muß das Bedürfnis nach persönlicher Spontaneität, das Verlangen nach Freiheit und Unabhängigkeit, den Wunsch nach Abwechslung oder die Suche nach Anregung immer im Blick haben. *Nur mit, nicht gegen das emotionale Freizeiterleben kann ein umweltbewußtes Freizeitverhalten erreicht werden.* Es dauert lange, bis sich diese ökologische Erkenntnis auf breiter Ebene durchsetzt" (ebd., S. 11).

Neben Maßnahmen der Information und Erziehung zeigten wir im Rahmen des Besuchermanagements insbesondere marktorientierte Maßnahmen der „Lenkung durch bewußte Gestaltung", die neben die ordnungspolitischen Ge- und Verbote treten.

Umwelt und Tourismus in der Europäischen Gemeinschaft

Der Schutz der Umwelt ist mit Inkrafttreten der Einheitlichen Europäischen Akte seit 1987 als vertragliches (gemeinsames!) Ziel vereinbart, nach wie vor ist jedoch ein Ziel „Tourismuspolitik" nicht verankert worden. Die Zuständigkeit für den Tourismus liegt in der Kommission bei der Generaldirektion XXIII., der 1991 insgesamt 4,2 Mill. ECU Haushaltsmittel zur Verfügung standen. Damit wurden u.a. finanziert (vgl. Lanz, S. 126):

- ein Zweijahresprogramm für den Aufbau einer gemeinsamen Fremdenverkehrsstatistik mit „Eurostat"
- ein Ideenwettbewerb über Demonstrationsvorhaben für Land- und Kulturtourismus
- Aktionen zur Verbesserung des touristischen Leistungsangebotes durch Berufsbildung
- Projekte zum Sozialtourismus
- Projekte zur Verbesserung des Leistungsangebotes und des Erfahrungsaustausches

Erste Schritte in Richtung auf mehr Kompetenz im Tourismusbereich sieht Lanz durch das 1992 beschlossene „Aktionsprogramm zur Förderung des Fremdenverkehrs", mit horizontalen und spezifischen Maßnahmen als Schrittmacher für eine eigenständige EG-Fremdenverkehrspolitik.

Ist der Tourist lernfähig?

Das bereits beschriebene Umweltprojekt Belchen (Schwarzwald) zeigte, daß

- die Touristen bereit sind, auf ihr Auto zu verzichten, wenn Busse oder Alternativangebote bereitgestellt werden (Wander-, Fahrradpauschalen, öffentlicher Nahverkehr mit Sondertarifen, Ferienpässen etc.);
- die Touristen auch Gebote und Verbote achten, wenn sie entsprechend informiert werden. Auch auf dem Feldberg (Schwarzwald) ist ein hauptamtlicher Ranger beratend und aufklärend tätig. Informationszentren und Prospekte, die z.B. über die Lebensbedingungen eines Waldes oder Moores informieren sowie Tips für umweltgerechtes Verhalten geben, sollen Unwissenheit und Gleichgültigkeit entgegenwirken.

Neben Information und Aufklärung sehen wir vor allem Möglichkeiten in der Erziehung (insbesondere für Kinder, z.B. mit ökologischen Lehrpfaden), da bei den meisten Großstadtmenschen die vorhandene persönliche Distanz zur Natur nur durch neue Formen der Naturerfahrung abgebaut werden kann. Beipiele und Überlegungen zur Einstellungs- und Verhaltensmodifikation finden sich bei Winter (1991, S. 140 ff.).

Projekt-/Lernbörse Reisen
Zum 10. Mal bot 1993 die Projekt-/Lernbörse Reisen die Möglichkeit, aktuelle Entwicklungen im (Jugend-) Tourismus zu analysieren und diskutieren. Themenschwerpunkte waren Tourismusentwicklung, Ökologie und Reisen, Reisekultur sowie internationale Begegnungen. Abschließende „Visionen 2000" sollen neue Themen, Strukturen, Tagungsformen und Häuser benennen.
Die Projekt-/Lernbörse Reisen ist ein Forum, um Ideen zu entwickeln, Erfahrungen auszutauschen, Modelle zu diskutieren. Sie bietet Besuchern aus dem Osten und dem Westen Deutschlands die Möglichkeit, Kontakte für Kooperationen herzustellen und Ideen zu vernetzen. Sie will dem Fachgespräch, Meinungs- und Informationsaustausch dienen, und zwar zwischen
- (gemeinnützigen/privatwirtschaftlichen) Veranstaltern und Anbietern von Reisen,
- internationalen Begegnungen und Workcamps,
- regionalen Fremdenverkehrseinrichtungen,
- Planern und Forschern mit dem Arbeitsschwerpunkt Tourismus,
- tourismuskritischen Gruppen,
- Reisejournalisten,
- am Thema Interessierten.

Rahmen- und Plenumsveranstaltungen sowie Workshops charakterisieren die Projekt-/Lernbörse Reisen.
Seit über 10 Jahren engagiert sich die **Thomas-Morus-Akademie Bensberg**, die katholische Akademie im Erzbistum Köln, in der Diskussion touristischer Themen. Studienkonferenzen (Familien/Kinder im Urlaub, Jugendtourismus, Seniorenreisen, Behindertenurlaub, Alleinreisende, Reiseführer, Bildungsreisen, Reisejournalismus, Tourismusplanung u.a.), Studienprojekte (Tourismus auf Mallorca), Projektbörsen, Forschungsarbeiten und Arbeitskreise sind Ausdruck der verschiedenen Tätigkeiten im Bereich Tourismus.

Erziehung/praktisches Handeln

Will man eine Änderung im Tourismus über einen Wandel im Bewußtsein der Reisenden erreichen, so Botterill (vgl. 1992, S. 3), muß man zuerst die Urlaubsideologie „knacken", denn die versprochene Flucht aus dem trostlosen Alltag ist keine fruchtbare Basis, um ernsthaft und bewußt über die Auswirkungen der Urlaubsaktivitäten nachzudenken. Er sieht auch wenig Möglichkeiten, bei den Bereisten selbst massiv Bewußtsein zu wecken – dazu seien die ökonomischen Abhängigkeiten einfach zu groß.

Einige der negativen Auswirkungen des Tourismus sind auf das mangelnde Verständnis der Touristen für die Bedürfnisse und Wünsche der Einheimischen zurückzuführen. Wie aber sollen Ignoranz und Arroganz abgebaut und Einfühlungsvermögen, Respekt vor anderen Sitten und Gebräuchen aufgebaut werden? Tourism Concern (in Focus, Winterausgabe 1993) berichtet von einem interessanten Versuch, über das Theater die menschliche Wahrnehmung zu öffnen und zu vertiefen. Ein neues „Theatre-in-education" (TIE)-programm mit dem Titel „Vanishing Horizons", das vom Commonwealth Institute in London in Auftrag gegeben worden war, lief zwei Wochen innerhalb der Herbstserie von Erziehungsaktivitäten für Schulen.

Um die durch unsere Reise- und sonstigen Wirtschaftstätigkeiten ausgehenden Belastungen wirklich effektiv zu vermindern, bedarf es, wie bereits gezeigt, eines anderen Verhältnisses der Menschen zu ihrer natürlichen Umwelt. Nur wenn der Mensch sich als Teil dieser „Mitwelt" begreift, sind neue Lösungen möglich. Ein kleiner Weg, dem Großstädter die Natur wieder näher zu bringen, sind Maßnahmen der unmittelbaren Naturerfahrung und Umweltbildung.

Einen wichtigen Beitrag in dieser Richtung können Formen der naturkundlichen Bildung und des projektorientierten Lernens („erlebtes Wissen") leisten: geführte Wanderungen auf Lehrpfaden, Exkursionen, Workshops mit praktischer Tätigkeit etc.

Stiftung „Sicherheit im Skisport"
So wird etwa versucht, den Schul-Skikurs als Möglichkeit gezielter Umwelt- und Gesundheitserziehung einzusetzen. Eine fast hundert Seiten starke Broschüre der vom Deutschen Skiverband gegründeten Stiftung „Sicherheit im Skisport" wurde über die Kultusministerien an die deutschen Schulen ausgeliefert. Die üblichen schulischen Freizeitwochen sollen mit Einführungskursen für einen umwelt- und sozialverträglicher Wintersport verbunden werden. „Vor Ort" soll gelernt werden, verständnisvoller und behutsamer mit der Natur und auch mit der einheimischen Bevölkerung und deren gewachsener Kultur umzugehen.

Jugendherberge Tannenlohe (Oberpfälzer Wald)
In einem europaweit einzigartigen Pilotprojekt des Landesverbandes Bayern des Deutschen Jugendherbergswerks wurden 1990/91 die Außenanlagen der Jugendherbegre Tannenlohe

in einen Naturschaugarten umgewandelt. An diesem beispielhaften Ort soll Umwelterziehung möglich sein, soll der Rundgang Naturerfahrung und Naturgefühl vermitteln.

Gut Dürnhof (Rieneck, Spessart)
Als Ausdruck seiner Unternehmensphilosophie und damit die Gäste wieder einen Zugang zur Natur bekomen, hat das Gut Dürnhof einen Naturgarten angelegt, dazu einen Gemüse- und Kräutergarten und Blumenwiesen und einen Fischweiher.

Wildpark Eekholt
Der Wildpark Eekholt im Osterautal, eine privaten Einrichtung, die durch zahlreiche Umweltpreise gewürdigt wurde, will auf einem ursprünglich 50 Hektar großen Gehege, das schon 1972 zu einer großzügigen Naturbildungsstätte erweitert wurde, durch Darstellungen der Wechselbeziehungen zwischen Tier- und Pflanzenarten dem Informations- und Bildungsbedürfnis der Besucher entsprechen. Der Wildpark wurde 1970 gegründet und umfaßt heute in seinen Gehegen einen Tierbestand von 400 Tieren (etwa 65 Arten).

Da die Zivilisationsgesellschaft unserer Tage unter einer verhängnisvollen Entfremdung von Wildtier und belebter Landschaft leidet und Wechselbeziehungen bzw. Systemzusammenhänge häufig nicht mehr verstanden werden, wollen Wildgehege zur naturkundlichen Bildung, zum Verständnis für Waldlebensgemeinschaften und zur Erhaltung bedrohter Tierarten beitragen – auch wenn eine Ambivalenz nicht übersehen werden darf (Erholungsnutzung der Landschaft und ihr notwendiger Schutz). Das Wildgehege erschließt dem Menschen Freizeitangebote, die ihn ästhetisch befriedigen und in Verbindung mit lebendiger Anschauung wertvolle Einsichten in Zusammenhänge vermitteln. Der Wildpark Eekholt nennt folgende Ziele:
- Die Besucher sollen Erkenntnisse über die eigene Umwelt und darin bestehende Probleme erlangen.
- Er soll dazu beitragen, das Grundverständnis im Bereich der Umwelt zu entwickeln.
- Er soll durch die Flächengröße und naturnahe Wildhaltung eine Lernhilfe zum Entdecken von Umwelt und zur Sensibilisierung auf der Grundlage von Pädagogik durch Erfahrung anbieten.

In Zusammenarbeit mit der PH Kiel finden im „Umwelterlebnispark" auch Seminare über „Ökologisches Managementlernen" und Projektwochen statt. „Ökologisches Managementlernen soll die Voraussetzungen schaffen zur besseren Bewältigung vielfältiger Umweltprobleme. Ein Managementverhalten, das sich ausschließlich an ökonomischen Tageserfordernissen ausrichtet und von den grundsätzlichen Funktionsprinzipien der Natur aus Kenntnismangel entfernt ist, kann für das eigene Unternehmen zukünftig keine zuverlässige Identität aufbauen. Es läßt nicht nur die enormen Möglichkeiten der Einsparung und Wiederverwendungstechnologien ungenutzt, sondern verkennt, daß im Umweltschutzbereich vom Unternehmer nicht nur inneres Format, sondern hohe Umweltmoral verlangt wird".

Ein Auszug aus dem Themenkatalog:
- Kenntnisvermittlung über das Erfolgsprinzip der Natur
- Ökosysteme und die Grenzen ihrer Belastbarkeit
- Was Unternehmer von der Natur lernen können in den Bereichen Energieeinsparung, globale Ressourcenschonung, Technik des geeigneten Produktes
- Was zeigt uns die Photosynthese in der Superfabrik Biosphäre?
- Der Zweite Hauptsatz der Thermodynamik als Grundgesetz des Niedergangs
- Das Recyclingprinzip im natürlichen Ökosystem
- Input – Produktion – Output als Chance im umweltkritischen Bereich des Unternehmens
- Was motiviert die unternehmerische Verantwortung im Umweltbereich?

Alpenvereine
Eine interessante Variante der Umwelterziehung sind die sog. „Umweltbaustellen", d.h. freiwillige Arbeitseinsätze der Alpenvereinsjugend, die dem Natur- und Landschaftsschutz dienen. Diese umweltpädagogischen Maßnahmen sind prozeß- statt objektbezogen und sollen einen produktiven Umgang mit der Umweltproblematik gewährleisten (Vortrag Maier, 22. 5. 92, Oberösterreichische Umweltakademie). Österreichweit sind seit 1986 rund 40 derartige Projektwochen mit pro Jahr jeweils rund 80 bis 100 jungen Leuten zwischen 15 und 25 durchgeführt worden, z.B. für die Verlegung von Wegen aus empfindlichen Biotopen, Säuberungsaktionen auf Almen, Bau von Sandfilter-Kläranlagen, Wiederbegrünungen, Sanierung von Erosionsrinnen u.ä. Ähnliche Programme werden inzwischen auch für die Jugend des Deutschen Alpenvereins oder des Alpenvereins Südtirol angeboten.

Deutsches Jugendherbergswerk
Unter Berücksichtigung seiner Maximen („Größtmögliche Umwelt- und Sozialverträglichkeit der Freizeitangebote") hat der DJH-Reisedienst in Verbindung mit dem Projekt „Jugendreisen mit Einsicht" im Sommerprogramm ca. 30 Veranstaltungen als Modellveranstaltungen ausgeschrieben, um die Realisierung dieses hohen Qualitätsanspruches exemplarisch zu prüfen (vgl. dazu Lampe, 1992, S. 190; daraus auch Abbildung 52). Ziel des zweijährigen Projekts ist die Sammlung, Entwicklung, Erprobung und Verbreitung sozialverantwortlicher und umweltverträglicher Angebote für den Jugendtourismus. Schwerpunkte der Arbeit sind:
- regelmäßiger Info-Dienst/Beratung
- Entwicklung von Reisekonzepten
- Sammlung und Dokumentation sanfttouristischer Angebote
- Erstellung von pädagogischen Info-Materialien (z.B. Plakatserie, Ausstellung)
- Beteiligung an der Entwicklung und Verbreitung des „ÖTE.-Gütesiegels".

Die ersten Modellreisen fanden bereits 1991/92 statt, so etwa: „Wasserwandern im Spreewald", „Mit Paddel und Kanu im Wildeshausener Geest" oder „Beim Skilanglauf der Natur auf der Spur" im Bayerischen Wald. Bestandteil einer Grundausstattung ist eine „landschaftsökologische Spurensuche", für die die Teilnehmer eine Grundausstattung bekommen (eine Anleitung, Bestimmungshilfen für biologische Untersuchungen, Tests für chemische Untersuchungen, Hilfsmaterialien). Im einzelnen werden folgende Qualitätsmerkmale angestrebt:
- Reiseziele: Bevorzugung von Regionen bzw. Jugendherbergen mit Umweltengagement
- Teilnehmerinfo: über bereiste Landschaft, „Öko-Sportregeln", Abfallvermeidung, Fahrpläne u.ä.
- An- und Abreise: umweltverträglich mit Bahn, Bus; Pkw nur mit Fahrgemeinschaften
- Unterkunft: Abfallvermeidung (z.B. keine Portionsverpackungen, Mehrwegflaschen), getrennte Wertstoffsammlung, umweltbewußter Materialeinsatz u.v.m.
- Verpflegung: weitgehend Lebensmittel aus der Region, Vollkornernährung (viel Frischkost, Vollkornprodukte; keine industriell verarbeiteten Lebensmittel; Produkte möglichst aus ökologischem Landbau)
- Freizeitaktivitäten: (Natur-)Erlebnisse statt Besichtigungen, Bevorzugung von Programmen mit Rad, Kanu oder zu Fuß, umweltverträgliche Sportausübung; keine Motorsportarten.
- Reiseleitung: den Grundsätzen eines umwelt- und sozialverträglichen Reisens verpflichtet, Fähigkeit zur Vermittlung von „Einsichten in die Natur und Kultur der Region" (nicht als „alleswissender Guru", sondern als „motivierender Mitentdecker" mit Methodenkenntnis)

In bestimmten Jugendherbergen wird eine besondere Umwelterziehung betrieben. An sog. „Umweltstudienplätzen" wird eine ganzheitliche erlebnis- und handlungsorientierte Umwelterziehung praktiziert.

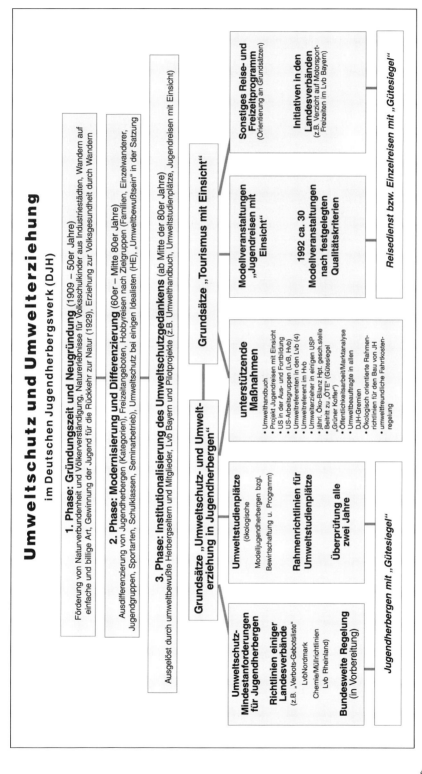

Abb. 52: Umweltschutz und Umwelterziehung

Jugendreisen mit Einsicht in Wort und Bild

Teilnehmer-Informationen (z.B. über die bereiste Region, "Umwelt-Sport-Regeln", Erreichbarkeit mit öffentl. Verkehrsmitteln) u. **Auswahl des Reiseziels** (Unterkunft/Region) nach Umweltkriterien

Lebensmittel aus der Region, regional-typische Speisen

Umweltfreundliche Anreise (z.B. Bahn und Fähre statt Auto und Flugzeug, Fahrgemeinschaften statt Einzelanreise)

Lebensmittel aus dem Ökologischen Landbau (soweit wie möglich), "sanfte Chemie"

Jugendgemäße Methoden zur "Einsicht" in die Natur bzw. Landschaft der Region (z.B. landschaftsökologische Spurensuche, Naturerkundungsspiele, Sammeln von Beeren oder Pilzen, Basteln mit Naturmaterialien)

Umwelt- und sozialverträgliche Freizeitprogramme, z.B. Rad-, Kanutouren, Wanderungen, "Winterfreizeiten", Gesprächs- und Kooperationspartner aus der Region, (Natur)Erlebnisse und (Natur)Erkundungen

Jugendgemäße Methoden zur "Einsicht" in die Kultur der Region, z.B. Stadtspiele; Einkauf, Zubereitung bzw. Verzehr typischer Speisen; Teilnahme an kulturellen Veranstaltungen (hier: "Rentiertaufe")

Getrennte Abfallentsorgung (z.B. Abfall in die Unterkunft mitnehmen, Erkundigung nach Wertstofftonnen)

Abfallvermeidung, z.B. Mehrwegflaschen, Brotbox (abfallfreies Lunchpaket); bewußter Einkauf

Tourismus als Thema in der Schule

Im Raster der Lehrpläne taucht das komplexe Thema als fächerübergreifender Lehrstoff kaum auf, „Reisen" lernen Kinder im Unterricht nicht. Betz

(1992, S. 29) sieht in der Schule ein Betätigungsfeld, auf dem die Tourismuskritik schon vor Jahren hätte ansetzen sollen. „Denn es sind viel eher die Kinder, die das Verhalten einer Familie beeinflussen können, als die Eltern, die zumeist auf ausgetretenen Pfaden wandeln – und vielleicht vor ihren Kindern zugeben müßten, daß sie jahrelang eine rosarote Brille getragen haben. Zeigt man Kindern jene Skipiste im Sommer, die sie im Winter befahren haben, reagieren sie in der Regel betroffener als Erwachsene, und es sind sie, die fragen, was sie beim Skilaufen künftig unterlassen sollen. Wenn Tourismuskritik hier ansetzt, muß sie unter allen Umständen verhindern, daß sie zwischen Kindern und Eltern jene Front aufbaut wie sie zwischen der Tourismuskritik und der Reiseindustrie seit Jahren besteht."

Tourismus als Fach in der Schule wird z.B. gefördert durch den Kur- und Verkehrsverein Sörenberg. In Großbritannien wurde 1990 mit einem „Learn to Travel Schools Project" an drei Grundschulen in East Devon in Zusammenarbeit mit dem Polytechnic South West begonnen; ein Begleitbuch für Lehrer wird vom WWF publiziert.

Allerdings geht es hier nicht um die reine Vermittlung von isoliertem, additivem Wissen. Als geeignete neue Vermittlungsform schlägt van Martre die „Earth Education" (Erd-Erziehung) vor, bei der die selbstgemachten Erfahrungen im Mittelpunkt stehen. Ähnlich wie im vorigen Fallbeispiel Wildpark Eekholt geht es um das „Begreifen", die Möglichkeit zu einem Eigenurteil. Van Martre gibt als Beispiel einen Naturlehrpfad (zitiert bei Betz, 1992, S. 39):

Nach seinem Vorschlag würden alle Schilder abmontiert, weil sie lediglich „etikettieren, wie eine Pflanze heißt, aber nicht vermitteln, was sie bedeutet. Nach van Martre macht schon jeder Lehrer einen Fehler, der seine Schüler in gönnerischem Tonfall fragt: ‚Na, Kids, was glaubt ihr wohl, was das für ein Baum ist?' Indem sie nach bloßen Namen fragen, würde die ‚Schule der Vernunft' – sprich: die Pädagogik – nur beweisen, daß sie etwas weiß. Gleichzeitig verhinderte sie jede ernsthafte Auseinandersetzung über einen lebenden Gegenstand – indem sie das Ergebnis vorwegnimmt. In einem Naturlehrpfad ohne Hinweisschilder können zunächst Eigenschaft, Aussehen, Geruch einer Pflanze zur Sprache kommen, verbunden mit der Aufforderung, der Pflanze selbst einen Namen zu geben. Erst zum Schluß folgt der Blick ins Lexikon. Wer glaubt, er könne sich die Beschäftigung mit Pflanzen und Bäumen ersparen, braucht ja nur mal eine Zeitlang den Atem anzuhalten, um zu wissen, was Luft ist, wo Sauerstoff herkommt. *Earth Education* lehrt kein additives, sondern laterales Wissen – Wissen, das in die Breite geht: ‚Wissen, das sich nicht vorwärts bewegt wie ein fliegender Pfeil, sondern sich seitwärts ausbreitet wie ein im Flug sich vergrößernder Pfeil' (Robert M. Pirsig). Nur so läßt sich das Gefühl vermeiden, als Schüler nur zum Gegenstand erzieherischer Absichten zu werden – ohne zu überschauen, warum, ohne selbst zu entdecken und zu erkennen."

Jugendwettbewerb Sparkassen
Wie wichtig Kindern und Jugendlichen der Schutz der Natur ist, zeigt der letzte Wettbewerb der Sparkassen unter dem Motto „Nachbar Natur", zu dem 40 000 Arbeiten aus Bayern eingereicht wurden (Bilder, Collagen, selbst geschriebene Bücher, Modelle, Hörspiele, Videos, Dokumentationen von Umweltschutzaktionen etc.)

Internationaler Jugendwettbewerb der Genossenschaftsbanken
Der von 25 000 Genossenschaftsbanken in Europa und Kanada jährlich veranstaltete Internationale Jugendwettbewerb ist weltweit der größte seiner Art. Mit seinen Themen greift er wichtige Probleme der Zeit auf, mit denen man nicht nur die Jugend, sondern über die Jugend auch die Gesellschaft konfrontieren will. Es wurden bereits mehrmals Themen aus dem Natur- und Umweltschutzbereich aufgestellt, zum Wettbewerb „Tiere lieben – Tiere schützen" gingen 1 994 000 (!) Arbeiten ein, ein anderer Wettbewerb stand unter dem Motto „Luft ist Leben". Die Themen werden methodisch hervorragend durch Begleitmaterial unterstützt. In einer Stückzahl von jeweils 50 000 gibt es für die Schüler ein Buch mit 127 Seiten Informationen zum Thema Luft, und an die Lehrer wird eine 70seitige Schrift verteilt.

Information/Aufklärung

„Wo wir früher in der guten alten Zeit der 60er und 70er Jahre noch 10 000 Interrail-Kilometer in vier Wochen mit der Bahn abgerissen haben, macht sich die Studentengeneration der 90er Jahre auf, mindestens 30 000 Flugkilometer hinter sich zu bringen – um dann am heimischen Herd wieder verbissen Aludeckel und Joghurtbecher getrennt zu sammeln. Da während nur eines Fluges von New York nach Frankfurt und zurück 1410 Kilogramm des Treibhausgases Kohlendioxid pro Reisenden (Berechnung IFEU) produziert werden, stimmt mich weder Joghurtbecher-Sammeln noch Vollwertessen noch absolut rückstandsfreier Tee friedlich." (Assenmacher, 1992, S. 48).

Die Tourismusindustrie muß dem Reisenden klarmachen, daß die Buchung einer Reise nicht nur der Kauf eines Traumes ist, sondern auch der Einbezug von Verantwortung. Zur Beeinflussung des Verhaltens von Reisenden stehen zahlreiche Qualifizierungsmaßnahmen zur Verfügung (vgl. Kirstges, 1992, S. 108 ff.; Maurer u.a., 1992, S. 168 ff.):

- Ausweitung der allgemeinen Reisezielbeschreibungen im Katalog (statt Klischees realistische Informationen, Sensibilisierung).
- Ratgeber wie „Natourismus – Urlaub auf die sanfte Tour" des WWF mit konkreten Tips für eine naturverträgliche Urlaubsplanung und -durchführung oder die WWF-Reisekatalogstudie mit Informationen über mehr als 100 getestete deutsche Reisekataloge. Ausgezeichnet auch das Angebot an umsetzbaren und umweltschonenden Alternativen im Freizeitverhalten bei Hoplitschek u.a., 1991.
- Die Internationale Alpenschutzkommission (CIPRA) hat 1993 in Zusammenarbeit mit den Gemeinden Garmisch-Partenkirchen, Berchtesgaden und Hindelang mit einer zweijährigen Pilotphase für die Aktion „Alpenraum: Mehr wissen, weniger belasten" begonnen. In ihr sollen mit Prospek-

ten und Faltblättern Informationen über die Umweltinitiativen der Gemeinden und zugleich dem Urlauber Anregungen zum schonenden Umgang mit der Natur gegeben werden. Die Kampagne wird von der Bundesstiftung Umwelt gefördert und vom Studienkreis für Tourismus wissenschaftlich begleitet. Die FUTOUR-Umwelt- und Tourismusberatung hat im Rahmen dieses Projektes die Aufgabe, einen aus interessierten und engagierten Unternehmen bestehenden „Initiativkreis Alpen" aufzubauen. Dessen Mitglieder sollen zukünftig Umweltinformationen an Mitarbeiter und Kunden direkt weitergeben.

- Beilage von Informationsbroschüren zu den Reiseunterlagen (z.B. Broschüre des DRV „Zu Gast in fremden Ländern", die Informationsmaterialien des Arbeitskreises Tourismus und Entwicklung in Basel oder die Sympathie-Magazine des Studienkreises für Tourismus u.ä.). Zahlreiche Reiseveranstalter legen inzwischen solche Broschüren den Reiseunterlagen bei. In Großbritannien wurde im Rahmen der Travel Bug Kampagne der Umweltgruppe Ark ein Kofferlabel (mit der Aufschrift „The ARK Guide to Sun, Sea, Sand and Saving the World") zusammen mit einem Magazin an Chartertouristen verteilt, dazu ein kurzer Werbespot auf Charterflügen der Britannia Gesellschaft und ein „Good Tourist Code" entwickelt.
- eigene Veranstaltungen vor Antritt der Reise z.B. bei Hotelplan (Schweiz)
- die Blickwechselfilme des StfT
- Aufklärungskampagnen über das „Machbare" und die Grenzen der eigenen Möglichkeiten
- Vermittlung umwelt- und sozialorientierter Kenntnisse durch dafür geschulte Reiseleiter oder Animateure
- Ausstellungen (wie „freizeit fatal" durch den BUND oder „Achtung Touristen" durch die Gruppe Neues Reisen)
- Kurse und Seminare im Rahmen der Erwachsenenbildung (etwa an Volkshochschulen) zum Themenkreis Tourismus (vgl. dazu insbesondere Zimmer, 1988, S. 70 ff.)
- Aufklärung und Information der Gäste vor Ort (viele Reisende wollen allerdings nicht auch noch im Urlaub mit Problemen konfrontiert werden)

Ich als Tourist (nach AG Tourismus mit Einsicht)

1. Ich freue mich auf das Wochenende außerhalb meiner vier Wände, ich freue mich auf meine Ferien. Ich habe das Ausspannen nötig und auch redlich verdient. Ich weiß aber auch, daß ich (und nicht nur ich) mehr davon habe, wenn ich meine Freizeit nicht gedankenlos konsumiere.
2. Weg von zu Hause und frei: Die Versuchung ist groß, manchmal Dinge zu tun, die ich daheim nie täte. Ich will dieser Gefahr ausweichen, indem ich mich auf der Reise selbst kritisch beobachte und zurückhaltend auftrete. Ich will genießen, ohne andere zu verletzen oder ihnen Schaden zuzufügen.
3. Ich weiß: Wenn ich reise, bin auch ich Tourist wie jede/r andere, nur eine/r von Tausenden. Ich akzeptiere diese Rolle und versuche nicht,

von den anderen Touristen abzusetzen. Ich suche den Kontakt zu den Mitreisenden.
4. In den Gebieten, die ich besuche, leben Menschen mit ihrer eigenen Kultur. Ich will mehr über das Land und seine Menschen erfahren. Ich will mich der gastgebenden Bevölkerung anpassen und nicht als „König Gast" das Umgekehrte verlangen. Fragen statt antworten; suchen statt finden.
5. Ich will das Neue und Unbekannte auch selbst ausprobieren und davon lernen: die anderen Gepflogenheiten, das andere Essen zum Beispiel, die anderen Lebensformen, den anderen Lebensrhythmus.
6. Was für uns Touristen Freizeit und Vergnügen ist, bedeutet für die gastgebenden Menschen Belastung und Arbeit. Unser Geld ist deren Brot. Ich will mich davor hüten, diese ungleiche Situation auszunützen.
7. Ich bin bereit, auch gegenüber der bereisten Umwelt ein Stück Verantwortung zu übernehmen: Ich gebe mich mit dem zufrieden, was vorhanden ist, und verlange nicht ständig nach mehr Komfort, Luxus und Feizeit-Einrichtungen aller Art; ich benütze umweltfreundliche Verkehrsmittel und gehe viel zu Fuß. Ich bin auch ohne Zweitwohnung glücklich. Natur erfahren und in Eintracht mit ihr leben – wenn schon im Alltag schwierig, dann wenigstens in den Ferien.
8. Ich will mir mehr Zeit nehmen und mich der allgemeinen Reisehektik entgegenstellen. Mehr Zeit zum Beobachten, mehr Zeit für Begegnungen, mehr Zeit füreinander. Mehr Zeit insgesamt, um mir etwas anzueignen und in den Alltag mitzunehmen.
9. Ich kaufe kritisch und hinterfrage die verführerischen Reiseversprechen. Ich wähle jene Angebote, von denen ich weiß, daß sie der gastgebenden Bevölkerung den größtmöglichen Nutzen bringen. Handeln um immer tiefere Preise kann Ausbeutung bedeuten.
10. Ich bleibe auch hin und wieder bewußt zu Hause, anstatt immer einfach wegzufahren. In meiner näheren Umgebung gibt es noch viel Interessantes zu entdecken. Das Reisen soll mir nicht zur Routine werden. Die Freude auf des nächste Mal wird um so größer sein.

SSR (CH)

Der Züricher Reiseveranstalter SSR verbindet einige der genannten Qualifizierungsmaßnahmen; so werden
- die Reiseleiter intensiv geschult und
- den Reisenden vor Beginn der Reise Informationsmöglichkeiten gegeben (z.B. durch Abende und ein länderspezifisches „Informationspaket" mit verschiedensten Broschüren)

Schulung der Beschäftigten in der Tourismusbranche

Eine Schulung und Ausbildung muß auch bei den im Tourismus Beschäftigten durchgeführt werden. Die Trainingsmethoden sollten sich dabei von einer inhalts- zu einer mehr problemlösungsorientierten (ganzheitlichen) Weiterbildung mit Methoden des „lebendigen Lernens" wandeln (vgl. Zimmer 1989 b, S. 11). Gegenüber früherer Personalarbeit (Bildungsbedarfsanalyse nach Abfrage der Vorgesetzten) stehen heute Konzeptionen der Personalentwicklung

(PE) mit aktiven Dialogformen (gemeinsame Zielbestimmung usw.) zur Diskussion. Begleitet wird dies durch Formen der Organisationsentwicklung (OE), die Lern- und Entwicklungsprozesse anstoßen soll. Es sei an dieser Stelle auch nochmals darauf hingewiesen, daß umweltbewußte Tourismusbetriebe sich durch ihr gewandeltes Image erhebliche Vorteile am Arbeitsmarkt verschaffen können.

Beispiele für eine umweltorientierte Schulung:

- die Schulung von Reiseleitern, die als „Filter" der Raum- und Umweltwahrnehmung des Reisegastes wirken (vgl. Vogel, 1992, S. 457 ff.), z.B. beim Studienreiseanbieter Studiosus
- die Schulung der Mitarbeiter von Beteiligungsgesellschaften (wie bei der TUI mit sog. Öko-Praxis-Seminaren)
- die Fort- und Weiterbildung von Führungskräften in kommunalen und regionalen Fremdenverkehrsstellen (zum Curriculum der angebotenen Seminare siehe Wolf, 1992, S. 464 ff.)
- die entwicklungspolitischen und landeskundlichen Fortbildungsseminare der DSE für Fernreiseleiter (seit 1977) und die seit 1974 vom ZEB, dem StfT und der Evangelischen Akademie in Bad Boll durchgeführten „Entwicklungspolitischen Motivationsseminare für Fernreiseleiter"
- die Hotelfachschule Belvoirpark in Zürich hat einen Kurs über Abfallmanagement in ihr Ausbildungsprogramm aufgenommen.
- der Schweizer Hotelier-Verein (SHV) baut das Umweltthema verstärkt in Ausbildung und Schulung ein. Es wurde eine eigene Umweltberatungstelle für das Gastgewerbe eingerichtet, ein Umwelttelefon für Ökofragen; in der Weiterbildung wurden ein- und zweitägige Fachkurse („Ökologie im Betriebsalltag") angeboten.
- der Schweizer Wirteverband offeriert in der Berufsbildung einen eintägigen Kurs „Ökologie im Gastgewerbe"
- der Hotel- und Gaststättenverband bietet über seine Landesverbände Tagesseminare an, z.B. Wege zum umweltfreundlichen Hotel- und Gaststättenbetrieb (der Kurs des Verbands Baden-Württemberg mit der Akademie für Natur- und Umweltschutz hatte folgende Schwerpunkte: Der umweltfreundliche Betrieb in Beschaffung und Küche; Perspektiven ökologischen Wirtschaftens; Wohin mit Küchenabfällen – Wege zu einer umweltfreundlichen Entsorgung; Lebensmittelüberwachung contra Umweltschutz?).
- Im Benehmen mit dem Schulreferat wurde an der Berufsschule für das Hotel-, Gaststätten- und Braugewerbe in München eine ganze Projektwoche zum Umweltschutz durchgeführt. Lektionen waren u.a. umweltfreundliche Gastronomie, umweltfreundliche Reinigungsmittel, richtiger Umgang mit Abfall. Nach fünf Tagen gab es eine Ausstellung und fürs leibliche Wohl Vollwertgerichte.

Teil 16
Tourismus und Ethik

Moral – Verantwortung – Ethik

Wie gehts weiter? (Verzicht oder „To go or not to go?")

> „Over those next 50 years there are difficult choices to be made between protecting the environment, supporting economies and our freedom to travel. If, as tourists, we continue to ruin the world our postcards home read "Paradise lost. Wish you were'nt here". Or will foreign holidays become the pastine of the privileged few with the rest of us having no choice but to stay at home like our grandparents before us?"
>
> *(BBC, Wish you were'nt here)*

Moral – Verantwortung – Ethik

„Die Zukunft der natürlichen Umwelt ist auch unsere Zukunft. Wir müssen unsere Wirtschaftsweise ändern und die Umweltprobleme als Chance sehen, als Herausforderung zu neuem Denken und Handeln in der Wirtschaft. Wir brauchen neue Konzepte für ein Wirtschaften im Einklang mit der Natur, denn nur das ökologisch Richtige ist langfristig auch ökonomisch richtig." (Stoll, 1984).

Meyer-Abich (1985) sieht in der Forderung nach Umweltschutz (um mit ihm Schaden von uns abzuwenden) nur eine Immunisierung gegen unsere eigenen Fehler – statt daß wir die Fehler überhaupt unterlassen. Die Frage des „richtigen" Weges bedarf vielmehr einer politischen und ethischen oder religiösen Bewertung. In einer Demokratie wird die politische, rationale Bewertung als Diskussions-, Abwägungs- und Entscheidungsprozeß in der Öffentlichkeit und den legitimierten Gremien zunehmend partizipativ vollzogen. In den Wirtschaftswissenschaften ist viel über die Schwierigkeiten geschrieben worden, die Inanspruchnahme der „freien Naturgüter" mit einem adäquaten Preis zu versehen, da der fehlende Preismechanismus zur Beachtung der Knappheitsrelationen der Ressourcen zu einem dramatischen Raubbau in den letzten Jahrzehnten geführt hat.

Steger (1989) sieht damit – unter Einbindung des unternehmerischen Eigeninteresses – dem Staat mit seinen demokratisch gewählten Instanzen die Rolle eines „Sollwertgebers" zugewiesen, denn wenn „Umweltstandards weder vom Markt bestimmt noch aus den individuellen Umweltpräferenzen abgeleitet werden können, so müssen sie zwangsläufig von der gesellschaftlichen Organisation festgelegt werden".

Dieser, wie es uns täglich vor Augen geführt wird, äußerst komplexe und schwierige politische Prozeß muß von der Wissenschaft und auch den Medien vorbereitet und begleitet werden. „Politisierung heißt Thematisierung von Entscheidungen" (Spaemann). Da für viele der ökologischen Fragestellungen entsprechende Erkenntnisse, Konzepte, Verfahren oder Lösungen fehlen, ist dies ein höchst innovativer Prozeß. Der Staat als moralische Instanz erfordert den aufgeklärten Bürger, der sich an diesem Prozeß aktiv beteiligt.

Die natürliche Umwelt als Lebensraum und Basis allen Wirtschaftens ist in ihrer Bedeutung erkannt. Die Reduzierung der Natur durch die Menschen zu einem beherrschbaren und ausbeutbaren „Objekt", diese Einstellung wird durch eine „umweltorientierte Unternehmensführung" allein nicht überwunden. Solange das Verhalten der Menschen derart geprägt ist, daß die Natur nur als Ressource wahrgenommen wird und der Mensch als Maß aller Dinge gilt bzw. die Natur von der Wertschätzung des Menschen abhängig ist, wird das geschädigte ökologische Gleichgewicht trotz aller gutgemeinten Vorsätze kaum verbessert, sondern in globaler Sicht mit Sicherheit noch verschlechtert werden (Meyer-Abich, 1985).

Voraussetzung für eine ökologische Regeneration ist in erster Linie eine Veränderung der Einstellung der Menschheit gegenüber der natürlichen Umwelt. Koslowski (1989) formuliert dies so: „Der Mensch und seine Wissenschaft können daher die Natur und die Begrenztheit der Ressource Natur nur angemessen begreifen, wenn sie die Natur als ein organisches Ganzes und nicht als Rohstoff-, Energie- oder Raumressource ansehen."

Eine Grundeinstellung gegenüber der Natur im Sinne einer „ökologischen Ethik" sollte vorherrschen, denn die durch gesetzgeberische Maßnahmen garantierte „Minimalethik" (Raffée) greift zu kurz und wird zudem häufig nicht einmal realisiert.
Kaum ein Begriff wird in diesen Tagen so (über-)strapaziert wie die „Ethik" – kaum ein Fachartikel oder Managementseminar ohne Bezug auf dieses Schlagwort. An amerikanischen Wirtschaftsfakultäten wird Ethik als Pflichtkurs eingeführt, so etwa an der weltberühmten Harvard Universität 1989 erstmals „Unternehmerische Entscheidungen und ethische Werte". Ethik als Management-Gimmick unserer Tage? Fast unweigerlich bei dieser Ethikwelle auch der Bezug zu dem von Jonas formulierten Prinzip der Verantwortung als Handlungsanleitung, welches fordert, die natürlichen Lebensgrundlagen in intakter Form an zukünftige Generationen weiterzugeben („Handle so, daß die Wirkungen deiner Handlungen verträglich sind mit der Permanenz echten menschlichen Lebens auf Erden"). Dies impliziert eine Beschränkung der Nutzung auf das Ausmaß der Regenerationsfähigkeit der Natur, da – wie es zur Zeit geschieht – ein darüber hinausgehender Verbrauch bereits einen Verzehr des „Naturstocks" und somit eine Reduktion zukünftiger Lebenschancen und Gestaltungsoptionen bedeutet.

Biedenkopf sieht eine Möglichkeit der „gesellschaftlichen Begrenzung" durch Anwendung des „Prinzips der Nachhaltigkeit" (sustainability). Dieser Grundsatz wurde erstmals in der badischen Forstgesetzgebung 1833 postuliert, und er verfügte, daß nicht mehr Bäume geschlagen werden dürften, als jeweils nachwachsen (siehe auch Teil 7).

„Der Mensch ist das einzige uns bekannte Wesen, das Verantwortung tragen kann. Mit der Macht wächst die Verantwortung. Die so gewachsene Verantwortung können wir nur dann ausüben, wenn proportional auch unsere Voraussicht der Folgen wächst" (Jonas, 1987, Rede zur Entgegennahme des Friedenspreises des deutschen Buchhandels).

Bereits Rupert Lay hatte ökologisch orentierte Leitsätze auf der Grundlage des kategorischen Imperativs aufgestellt:

- Grenze deine Bedürfnisse gegen die Ansprüche anderer Menschen so ab, daß ein allseitiges Optimum der Befriedigung von Erhaltungs- und Entwicklungsbedürfnissen möglich wird.
- Handle so, daß auch in hundert Jahren die Erde noch Lebensraum für Menschen sein kann.
- Löse keine Probleme, die aus dem Umgang mit der Umwelt entstehen, allein durch technisch-rationales Verhalten.
- Handle so, daß sich deine Arbeit und die Folgen deiner Arbeit nicht gegen die Natur richten und deren Regenerationskraft überschreiten.

Wagner (vgl. 1990, S. 295 ff.) sieht die Gefahr, daß der Begriff Ethik (als eine Basiskategorie i.S. des maßgeblichen Leitprinzips) im Sinne nachgeordneter Kategorien wie Moral oder Verantwortung verwendet wird und damit der Sinngehalt der Begriffe schleichend aufgeweicht wird. Bei Betrachtung ethischer Anforderungen an Unternehmerhandeln im Lichte gegebener Gesellschaftsverfassungen stellt Wagner fest: Eine umweltbezogene Verfassungsvorgabe ähnlich der Sozialverpflichtung des Eigentums aus Art. 14 Abs. 2 GG etwa i.S. einer Umweltverpflichtung gibt es nicht. Statt ethische Größen auf das Niveau des rein Instrumentellen zu zerren, empfiehlt Wagner (ebd., S. 311) näherliegende Denk- und Handlungsweisen:

- einfache Rückbesinnung auf gesellschaftlich ohnehin tradierte Prinzipien von Moral
- selbstverständliche Einbeziehung dieser Prinzipien in sämtliche Gesellschafts- und/oder ökologierelevante Unternehmensentscheidungen
- betriebliche wie überbetriebliche Konstituierung institutioneller Regelungen, die die Berücksichtigung dieser Prinzipien absichern (z.B. Umweltschutzleitlinien)

Der einzelne kann in unseren extrem arbeitsteiligen Wirtschaftsstrukturen nur auf den winzigen Ausschnitt der „individuellen" Handlung bezogen überhaupt noch Verantwortung übernehmen. Für sein Handeln bietet die Ethik dem Menschen Wertmaßstäbe, äußert sich in seinem „Gewissen". Aber ein moralisches Verhalten des einzelnen wird nicht ein eventuell unerwünschtes Ergebnis des unüberschaubaren Produktionsergebnisses verhindern. Neben einer bestimmbaren, verantwortlichen Unternehmenspolitik kann das ethische Bewußtsein nur beim einzelnen Menschen (und damit dem einzelnen Mitarbeiter, egal welcher Hierarchie) verankert sein.

„Geschäfte sind wichtig, Mensch und Natur sind wichtiger" (Altner).

Die Notwendigkeit verantwortlichen unternehmerischen Handelns wird weitgehend erkannt, überwiegend jedoch nur halbherzig verfolgt. So hat z.B. eine nicht von innerer Überzeugung und Offenheit getragene Umweltinformationspolitik einiger von den jüngsten Umweltskandalen betroffener Unternehmen der Vertrauens- und Glaubwürdigkeit der Wirtschaft generell Schaden zugefügt.

Im Sinne eines „geistigen Wandels" werden die Werthierarchien der verantwortlichen Führungskräfte und die Leitbilder (als die den Entscheidungsprozeß steuernden Richtlinien) sich wesentlich verändern müssen – neben ökonomisch-rationalen Überlegungen haben sittlich-ethisch-moralische Grundhaltungen zu treten.

Opaschowski (1991, S. 162) betont die Notwendigkeit einer Veränderung unserer Lebensweise, eine Ökologie im Freizeitalltag:

„Die Wende zur ‚umweltverträglicheren Freizeit' kommt nicht von selbst. Und die Freizeit mit Einsicht (in Abwandlung der Aktion ‚Tourismus mit Einsicht') bedarf vor allem der ‚Akzeptanz der Akteure' (ABN 1989). In Zukunft werden wir auf eine umweltsensible Ethik nicht verzichten können. Damit ist eine umweltbewußte Freizeitethik gemeint, deren Handlungsmaxime das verantwortliche Handeln gegenüber der natürlichen Umwelt ist und die das Freizeitverhalten so wirksam zu motivieren und steuern vermag, daß die Hauptziele des Natur- und Umweltschutzes in individuelle Ziele der Freizeitbürger übersetzt werden können".

„Die Gesellschaft wird dem Unternehmer auf Dauer seine Freiheit nur zugestehen, wenn er durch praktizierte Solidarität zeigt, daß sein Erfolg auch der Gemeinschaft zugute kommt" (Schmidheiny, 1987; Schweizer Unternehmer).

Touristen, Transistorradios oder Stein

Wohin du dich wendest
die gleiche Geschichte
Entwicklung trifft dich
wie ein geschleudertes Messer
Ich gehe hinunter ins Dorf
und stelle fest
unser örtlicher Kleinbauer
der uns mit der wöchentlichen
Ration von Eiern und Gemüse
versorgte wurde von einem
Hotel-Investor aufgekauft
Er ist jetzt Kellner
in dessen Hotel
Seine Tochter sitzt
ihre Zeit ab in dem ange-
gliederten Begleitungsservice.

Mit Schwefel im Herzen
kehre ich heim
öffne eine Zeitung und lese
die Planung sei schon fortgeschritten um mein liebstes
Fischerdorf zu verwandeln in

ein weiteres Mekka
für Touristenqualen

Die Fischerstege werden
herausgerissen um Platz
zu schaffen für ein schwimmendes
Kasino, Bars, Massagestudios und all
das Drum und Dran der Dekadenz
Und bald werden die Fischer
ihre Fische kaufen gehn!

Wie jeder ehrliche Bürger
hab ich mit dem Fortschritt
kein Hühnchen zu rupfen
doch wenn Croupiers
und Kellner
und fremde Investoren
die Nachfolger unserer
Bauern und Fischer sind
bitte, sag mir
wenn mein Sohn größer wird
was wird er dann essen
Touristen, Radios oder Stein (Cecil Rajendra 1992)

Wie geht's weiter?
(Verzicht – oder „To go or not to go"?)

„To go or not to go?" überschreiben Elkington/Hailes ein Kapitel ihres Buches und verkürzen u.E. damit den Kern des Problems: „Some ‚deep green' environmentalists argue that „truely aware" people would spurn holidays altogether ... The green logic is easy to follow. Persuade people to stay at home and they will put more effort into cleaning up their own environment – ad less time trampling over other people's" (1992, S. 20).

> „Keine Frage: Tourismus ist immer ein Störfaktor, er verändert zwangsläufig Land und Leute, ist gleichzeitig aber auch der wichtigste Wirtschaftszweig bestimmter Regionen. Selbstbeschränkung und auch Verzicht im Urlaub sollten selbstverständlich werden, um so die Voraussetzung für das zu schaffen, was mittlerweile 86 % aller deutschen Urlauber suchen – Erholung mit Umweltqualität."
>
> (WWF, Natourismus)

„Doch allem Wissen über die Umweltauswirkungen von Tourismus steht die Furcht gegenüber, zukünftig überhaupt nicht mehr reisen zu dürfen. Allein der Gedanke in diese Richtung ist für viele derart beängstigend, daß kaum eine Chance besteht, darüber in entspannter Atmospäre zu plaudern. Es sei denn, es gelänge, dem Recht auf freie Fahrt sein ‚Recht' zu belassen, jenes Angsttabu aufzubrechen und gleichzeitig unangenehme Wahrheiten nicht zu verschweigen: Wenn die Skiorte den Gletscherschnee im Sommer mit Stickstoff-Zement behandeln, ist nicht allein die Landwirtschaft der Verursacher der Überdüngung, sondern auch der Tourismus." (Betz, 1992, S. 29).

Aus Gründen, die wir zu Beginn des Buches bereits aufzeigten, ist diese Erkenntnis zwar vom Prinzip her richtig, aber als reine (Verzichts-)Forderung weder umsetzbar noch ökonomisch erwünscht:

- Die Reiselust ist ungebrochen, in Ländern wie den USA, Japan und Osteuropa liegt zudem noch ein riesiges Entwicklungspotential. Romeiß-Stracke sieht den Drang in die Ferne gespeist aus dem Drang „Nix wie weg" (Wohnverhältnisse, Wetter, Gewohnheit etc.) und dem „Paradiestraum". Diese „Flucht" wird anhalten, solange sich keine „neue Ordnung mit Normen, Werten und sozialen Selbstverständlichkeiten" herausgebildet hat. Bis dahin sei „der Drang ins irdische Paradies stärker als die Einsicht, daß es doch keinen Sinn hat"
- Der Tourismus ist andererseits in vielen Ländern ein Wirtschaftszweig, auf den nicht verzichtet werden kann. Zudem hat der Devisenbeschaffungseffekt wiederum Rückwirkungen auf die Importfähigkeit (also unsere Exporte) dieser Länder.

Auswege bieten Schritte zu einem „Sustainable Tourism". Wir versuchten Ansätze zu beschreiben:

- Zum einen beim touristischen Produkt selbst, das zur Beurteilung als neuen Qualitätsfaktor die „Umweltverträglichkeit" zu integrieren hat. Eine „gesteuerte" Entwicklung des Tourismus mit Einsatz verschiedener Instrumente eines Visitor Managements, also ohne weiteren Anstieg der Umweltbelastungen. Eine Entwicklung unter Berücksichtigung einer Umweltsensibilität und unter Berücksichtigung der Einheimischen. Dies kann (besonders bei Massenzielorten) auch die Form einer „freiwilligen Angebotsbeschränkung" beinhalten, wenn die „Carrying Capacity" überschritten wird.
- Zum anderen beim Reisenden selbst, der eigene Verhaltensweisen und ihre Konsequenzen zu überprüfen hat. Appelle, daheimzubleiben oder „Urlaub auf Balkonien" zu machen sind sinnlos, in einer freiheits- und freizeitorientierten Gesellschaft eine Illusion. Wir brauchen ein neues Denken bei den Politikern, in der Erziehung und Pädagogik und vor allem beim Touristen und seinen Werten selbst. „Slow down", sagen Elkington/Hailes. Urlaubsqualität ist auch Teil der Lebensqualität. Qualitative Kriterien werden stärkeres Gewicht erhalten, je mehr die Umweltschäden ins Bewußtsein treten und die Erkenntnis reift, daß „weniger auch mehr sein kann". Haben wir Angst vor notwendigen Einsichten und Beschränkungen?

Auch Opaschowski befürwortet diesen Wandel vom quantitativ grenzenlosen zum qualitativ dimensionierten Tourismus als das ökologische Gebot der 90er Jahre.

„Um es deutlich zu sagen: Auch ein Qualitätstourismus der Zukunft wird massentouristische Strukturen aufweisen müssen, solange die Mobilität der Menschen als ‚Freizeitwert an sich' gilt. Schließlich ist der Massentourismus eine Folge des Massenwohlstands. Wer also den Massentourismus abschaffen wollte, müßte zunächst einmal den Massenwohlstand in Frage stelllen. Wer will das schon? *Nicht vom Massentourismus als sozialer Errungenschaft, sondern vom grenzenlosen, d.h. unkontrollierten Massentourismus muß Abschied genommen werden"* (1991, S. 119).

Der Konflikt zwischen Nutzung für den Tourismus und dem Schutz der Natur als Lebensbasis bedarf auch einer anderen Beurteilung des Wertes, den wir der Natur einzuräumen bereit sind. Zwischen dem öffentlichen Gut „Urlaubs- und Freizeitmöglichkeiten" und dem öffentlichen Gut „Schutz der Natur" müssen neue Formen des Ausgleichs und der Konfliktbewältigung zwischen Tourismus (Ökonomie) und Ökologie gefunden werden. Hier geht es nicht nur um rechtliche Fragen, sondern auch um Fragen der praxisorientierten Umwelterziehung.

> „Come as a guest in our home not as the demanding customer. We are real people, we are not a back-trop for your holiday."
>
> (The Phuket Environmental Protection Association, Video „Thailand for Sale" 1991)

Anhang

Abkürzungsverzeichnis

Literaturverzeichnis

Praxisbeispiele – Firmenverzeichnis

Wichtige Adressen

Stichwortverzeichnis

Abkürzungsverzeichnis

ADAC	: Allgemeiner Deutscher Automobil Club
AFB	: Allgäu-Schwäbisches Fremdenverkehrsblatt + Wirtemagazin
AITO	: Association of Independent Tour Operators
ASTA	: American Society of Travel Agents
ASU	: Arbeitsgemeinschaft selbständiger Unternehmer
A.U.G.E.	: Aktionsgemeinschaft Umwelt, Gesundheit, Ernährung
ATAG	: Air Transport Action Group
AWG	: Abfallwirtschaftsgesetz
BA	: British Airways
B.A.U.M.	: Bundesdeutscher Arbeitskreis für umweltbewußtes Management
BDI	: Bundesverband der Deutschen Industrie
BJU	: Bundesverband junger Unternehmer
BMU	: Bundesministerium für Umwelt, Naturschutz und Reaktorsicherheit
BMZ	: Bundesministerium für wirtschaftliche Zusammenarbeit
BSP	: Bruttosozialprodukt
BUND	: Bund Naturschutz
BUS	: Bundesamt für Umweltschutz Schweiz
CART	: Centre for the Advancement of Responsible Travel
CBR	: Caravan Boot & Reisemarkt
CIPRA	: Internationale Alpenschutzkommission
DAV	: Deutscher Alpenverein
DBV	: Deutscher Bäderverband
DBV	: Deutscher Bund für Vogelschutz
DEG	: Deutsche Investitions- und Entwicklungsgesellschaft
DEHOGA	: Deutscher Hotel- und Gaststättenverband
DER	: Deutsches Reisebüro
DFV	: Deutscher Fremdenverkehrsverband
DRV	: Deutscher Reisebüroverband
DGU	: Deutsche Gesellschaft für Umwelterziehung
DoE	: Department of the Environment (U.K.)
DWIF	: Deutsches Institut für Fremdenverkehr an der Universität München
DZT	: Deutsche Zentrale für Tourismus
ECTWT	: Ecomenical Coalition on Third World Tourism
EIA	: Environmental Impact Assessment
EIU	: The Economist Intelligence Unit
EPS	: Environmental Purchasing Specification
ETA	: Environmental Transport Association
ETAF	: Environmental Task Force der IATA
ESOC	: Ecotourism Society of Kenya
FEEE	: Foundation of Environmental Education in Europe

FÖNAD	:	Föderation der Natur- und Nationalparke Europas, Sektion Deutschland
GFI	:	Green Flag International
GTU	:	Gesellschaft für Technologie und Umweltschutz,
HOGAST	:	Einkaufsgenossenschaft für das Hotel- und Gastgewerbe
IATA	:	International Air Transport Association
ICAO	:	International Civil Aviation Organization
ICC	:	International Chamber of Commerce
IDA	:	International Development Association
IFC	:	International Finance Corporation
IFEU	:	Institut für Energie und Umweltforschung
IFTO	:	International Federation of Tour Operators
IGU	:	Internationale Gesellschaft für Umweltschutz
IHEI	:	International Hotel Environment Initiative
INEM	:	International Network for Environmental Management
ITB	:	Internationale Tourismusbörse Berlin
ITS	:	International Tourist Services
MEDSPA	:	Mediterranean Specially Protected Areas Programm (EG)
NOP	:	National Opinion Poll
NUR	:	NUR Touristic
OeAV	:	Österreichischer Alpenverein
OECD	:	Organisation for Economic Co-operation and Development
ÖIR	:	Österreichisches Institut für Raumplanung
ÖTE	:	Ökologischer Tourismus in Europa
PEP	:	Phuket Environmental Protection Group
RA	:	Reiseanalyse des Studienkreises für Tourismus
SAT	:	Studentische Arbeitsgemeinschaft Tourismus
SHV	:	Schweizer Hotelier-Verein
StfT	:	Studienkreis für Tourismus
SWV	:	Schweizer Wirteverband
SZ	:	Süddeutsche Zeitung
TEN	:	Third World Tourism Ecumenical European Network
TOSG	:	Tour Operator's Study Group
TmE	:	Arbeitsgemeinschaft Tourismus mit Einsicht
TUI	:	Touristik Union International
UBA	:	Umwelt Bundesamt
UIS	:	Umwelt Informationssystem
UNEP	:	United Nations Environment Programme
UNCED	:	United Nations Conference on Environment and Development
VCS	:	Verkehrsclub der Schweiz
VDFU	:	Verband Deutscher Freizeit-Unternehmen
VDRJ	:	Vereinigung Deutscher Reisejournalisten
WIFI	:	Wirtschaftsförderungsinstitut
WTO	:	World Tourism Organisation

WWF	: World Wide Fund For Nature/World Wildlife Fund
WWTC	: World Travel and Tourism Council
WTTERC	: World Travel and Tourism Environmental Research Centre
ZEB	: Zentrum für Entwicklungsbezogene Bildung

Literaturverzeichnis

ADAC (Hrsg.), Mehr Wissen – Mehr Handeln, München 1990

Ahn, J.-Y., Honey Pot Concept As A Way To Meet Massive Tourism Demand Within A Frame Of Environmental Protection: Regional Tourism Planning Case In Korea, in: Pillmann, W./Predl, S., (Hrsg.), Strategies for Reducing the Environmental Impact of Tourism, Wien 1992

Ahrens, D., Gesellschftspolitische Verantwortung der Unternehmen und Erfahrungen mit qualifizierten Indikatoren, Vortrag vor der Deutschen Gesellschaft für Personalführung, Düsseldorf, 1. 10. 1985

Antes, R., Umweltschutzinvestitionen als Chancen des aktiven Umweltschutzes für Unternehmen im sozialen Wandel, Schriftenreihe des IÖW, 16/1988

Appleyard, B., The package pilgrimage, in: The Times, 13. 8. 1992

Arbeitsgemeinschaft für zeitgemäßes Bauen (Hrsg.), Ökologisches Bauen, Nachdruck Heft I, II, III, Umweltverträgliche Baustoffe, Heft 189, Kiel, März 1992

Armanski, G., Die kostbarsten Tage des Jahres, Berlin 1976/Bielefeld 1986

Aschenbrenner, E., Massentourismus – Dekadenz oder Demokratie?, in: Klingenberg/Trensky/Winter (Hrsg.), Wende im Tourismus. Vom Umweltbewußtsein zu einer neuen Reisekultur, Stuttgart 1991

Assenmacher, H., Kann denn Fernreise Sünde sein?, in: fairkehr, H. 1/1992

Atteslander, P., Ökonomisches Handeln in ökologischer Verantwortung, in: IBM Nachrichten, 39 (1989), H. 296

Barg, C.-D., Umfrage – Touristikunternehmen aus Manager-Sicht: Spieglein Spieglein an der Wand, in: touristik management H. 3/93

Bauer, U./Kranz, J./Nordmann, H., Modell „ÖNV 4 Berge und 40 Täler" zwischen Hochschwarzwald, Freiburg und Rhein, in: Pillmann, W./Predl, S., (Hrsg.), Strategies for Reducing the Environmental Impact of Tourism, Wien 1992

Bausinger, H./Beyrer, K./Korff, G. (Hrsg.), Von der Pilgerfahrt zum modernen Tourismus, München 1991

Bayerisches Staatsministerium für Landesentwicklung und Umweltfragen (Hrsg.), Der umweltbewußte Hotel- und Gaststättenbetrieb. Ein Leitfaden für das Gastgewerbe, München 1991

Becker, Ch./Schertler, W./Steinecke, A. (Hrsg.), Perspektiven des Tourismus im Zentrum Europas, ETI-Studien, Band 1, Trier 1992

Behrens-Egge, M., Tourismusentwicklung: Strategien zur Förderung kommunalen Umweltschutzes, in: Pillmann, W./Predl, S., (Hrsg.), Strategies for Reducing the Environmental Impact of Tourism, Wien 1992

Beller, W./d'Ayala, P./Hein, P. (Hrsg.), Sustainable development and environmental management of small islands, Unesco/The Pantheon Publishing Group, Paris/New Jersey 1990

Betz, K., Schatten auf dem kurzen Glück, in: Deutsches Allgemeine Sonntagsblatt, 27. 3. 1992, S. 29

Bieber, H., Die neue alte Überheblichkeit, in: Die Zeit, Nr. 45/1989

Biedenkopf, K., Konsequenzen begrenzter Ressourcen für die Gesellschaft, in: Verantwortung für die Zukunft. Konsequenzen begrenzter Ressourcen für Wissenschaft, Wirtschaft und Gesellschaft, ebs/IWG (Hrsg.), Bonn 1989
Black, J., The British Abroad: Grand Tour in the Eighteenth Century, The Bath Press, Bath 1992
Bleile, G., Zügel für die Menschenmassen, in: touristik management, H. 10/1991
Boo, E., Ecotourism: The potentials and Pitfalls, hrsg. vom WWF, Volume 1, 1990; Volume 2: Country Case Studies, 1990
Botterill, D., Facing the challenge, in: In Focus, No. 3, Spring Issue 1992
Braun-Moser, U., (Hrsg.), Europäische Tourismuspolitik, Sindelfingen 1990
Braunschweig, A., Die ökologische Buchhaltung als Instrument der städtischen Umweltpolitik, Grüsch 1988
Braunschweig, A., Auf dem Weg zur Ökobilanz – oder: Wie identifziere ich ökologische Prioritäten?, in: INDEX, H. 4/1990
Brendon, P., Thomas Cook. 150 years of popular tourism, Secker & Warburg, London 1991
BUND Bundesverband, (Hrsg.) Sanfter Urlaub – aber wie? Urlaub und Freizeit mit der Natur, Bonn 1991
BUND Landesverband NW (Hrsg.), freizeit fatal. Über den Umgang mit der Natur in unserer freien Zeit, Köln 1989
Bundesforschungsanstalt für Naturschutz und Landschaftsökologie, Sport und Naturschutz, Sonderheft 18/Bibliographie Nr. 64 in der Schriftenreihe Dokumentation Natur und Landschaft, 1992
Cater, E., SustainableTourism in the Third World: Problems and Perspectives, Discussion Paper No. 3, Department of Geography, University of Reading, December 1991
Charter, M., The greening of the hotel industry, in: European Environment, Vol. 2, Part 2, April 1992
Churchill, D., Booked on a long trip to restoration, in: Financial Times, 20. 2. 1991
Constantini, D./Martello, G., The Environmental Impact Assessment: An Indispensable Instrument For The Individuation And The Mitigation Of Human Impact In the Mountain Environment, in: Pillmann, W./Predl, S., (Hrsg.), Strategies for Reducing the Environmental
Impact of Tourism, Wien 1992
Dadomo, M., Die „Robin Woods" von NUR, in: touristik aktuell, Nr. 9, 2. 3. 1993
Danninger, S., Alptraum Tourismus, in: Umweltschutz, H. 5/1991
David, W., Stunk am blauen Meer, in: Rheinischer Merkur/Christ und Welt, 19. 7. 1991
Davidson, D.A., GIS and Environmental Management, in: European Environment, Vol. 2, Part 3, June 1992
Deegan, J., Tourism and the Environment: some Policy Issues, in: Via Europe, Nr. 2/19, EPBS (Hrsg.), Reutlingen

Della, W./d'Ayala, P./Hein, P.(Hrsg.), Sustainable development and environmental management of small islands, Unesco/The Parthenon Publishing Group, Paris/New Jersey 1990
DEHOGA (Hrsg.), So führen Sie einen umweltfreundlichen Betrieb. Tips für das Gastgewerbe, die sich rechnen, Bonn, o.J.
Deutscher Gewerkschaftsbund/Deutscher Naturschutzring (Hrsg.), Tips für umweltverträglicheres Freizeitverhalten, 1992
Deutscher Reisebüro-Verband (DRV), Wirtschaftsfaktor Tourismus. Eine Grundlagenstudie der Reisebranche, Frankfurt/M. 1989
Deutsches Jugendherbergswerk, Handbuch „Umweltschutz und Umwelterziehung in Jugendherbergen", Detmold 1990
Dowden, R., Eco-missionaries preach the new gospel in Africa, in: The Independent, 3. 6. 1992, S. 10
Duch, K., Zauber der Kultur – oder Kulturzauber? – Unternehmenskultur auf dem Prüfstand, in: Personalwirtschaft, H. 11/1985
Durm, M., Touristen in der Schußlinie, in: Die Zeit, 13. 11. 1992
Dyllick, Th., Management der Umweltbeziehungen. Öffentliche Auseinandersetzungen als Herausforderungen, Wiesbaden 1989
Dyllick, Th., Ökologisch bewußte Unternehmensführung: Der Beitrag der Managementlehre, Schriftenreihe Ö.B.U./A.S.I.E.G.E., 1/1989
Ecumenical Coalition on Third World Tourism, The challenge of Tourism. Learning resources for study and action, Bangkok 1990
Ecumenical Coalition on Third World Tourism, „More power to the people", in: Contours, Vol. 5, No. 8, December 1992
Eder, G./Brahms, E./Bordukat, A./Rubach, K., Spuren im Sand. Eine Analyse des Fremdenverkehrsmülls für den Kreis Ostholstein zeigt Vermeidungs- und Verwertungspotentiale auf, in: Müllmagazin., H. 1/1993
Edington, J.H./Edington, M.A., Ecology, Recreation and Tourism, Cambridge University Press, Cambridge, 1986
Elkington, I./Hailes J., Holidays that don't cost the earth, Victor Gollancz, London 1992
English Tourist Board (Hrsg.), The green light. A guide to sustainable tourism, London (a)
English Tourist Board (Hrsg.), Tourism and the environment. Maintaining the balance, London 1991 (b)
Sonderhefte: Report of the Countryside working group, April 1991 (c)
Report of historic town working groups, April 1991 (d)
Report of heritage side working groups, April 1991 (e)
Visitors Management + Case Studies, April 1991 (f)
Enock, A. Worldly wise, in : Time out, London 15.–22. 4. 1992
Enzensberger, H.M., Eine Theorie des Tourismus, Frankfurt/M. 1964
Ermlich, G., Es wandelt niemand ungestraft unter Palmen...-Center Parcs holt die Tropen in die Lüneburger Heide, in: Euler (Hrsg.), „Eingeborene" – ausgebucht. Ökologische Zerstörung durch Tourismus, Gießen 1989

Euler, C. (Hrsg.), „Eingeborene" – ausgebucht. Ökologische Zerstörung durch Tourismus, Ökozid 5, Gießen 1989
Evans, P., What is this thing called life?, in: The Guardian, 21. 8. 1992
Falch, R., Sachzwänge und Entscheidungskonflikte bei der touristischen Entwicklung – Ansatzpunkte und Strategien zu ihrer Korrektur, in: Intelligenter Tourismus – eine Chance für die Zukunft, Innsbruck 1988
Feibel, A., Das Europa des einheitlichen Binnenmarktes und der touristische Mittelstand, in: Braun-Moser (Hrsg.), Europäische Tourismuspolitik, Sindelfingen 1990
Feige, M./Möller, A., Kommunale Belastungen durch fremdenverkehrsbedingtes Müllaufkommen, Schriftenreihe des Deutschen Wirtschaftswissenschaftlichen Instituts für Fremdenverkehr an der Universität München Heft 44, München 1992
Fiquet, A.-M., Le tourisme et l'environnement, in: Blangy, S. (Hrsg.), tourisme et environnement du tourisme de nature á l'écotourisme, Paris 1993
FÖNAD (Hrsg.), Nationalparks in Deutschland: Naturschutz trotz Tourismus?, Grafenau 1992
Fontanari, M.L., Strategiekonzepte für Tourismusgemeinden, in: Pillmann, W./Predl, S., (Hrsg.), Strategies for Reducing the Environmental Impact of Tourism, Wien 1992
Fontanari, M./Bellinger, C., Ökostrategien im Tourismus – Umweltorientierung als strategischer Erfolgsfaktor im Hotelgewerbe, in: Becker/Schertler/Steinecke/Hrsg.), Perspektiven des Tourismus im Zentrum Europas, Trier 1992
Förderungsgemeinschaft für das Westfälische Hotel- und Gaststättengewerbe (Hrsg.), Gastgewerbe contra Ökologie. Umweltbewußtsein im Hotel- und Gaststättengewerbe, Dortmund, o.J.
Freimann, J., Plädoyer für die Normierung von betrieblichen Öko-Bilanzen, in: Freimann (Hrsg.), Ökologische Herausforderung der Betriebswirtschaftslehre, Wiesbaden 1990
Fremdenverkehrsverband Schleswig-Holstein (Hrsg.), Natur und Urlaub in Schleswig-Holstein. Empfehlungen für einen natur- und umweltfreundlichen Tourismus in Schleswig-Holstein, Kiel o.J.
Frick, W./Schaller, Ch., Europäische Regionen und regionale Tourismusförderung, in: Braun-Moser (Hrsg.), Europäische Tourismuspolitik, Sindelfingen 1990
Friedrich-Ebert-Stiftung, Reisen in Deutschland, Reihe Forum Deutsche Einheit, aktuelle Kurzinformationen Nr. 5/92
Ganser, A., Läßt sich der Kollaps noch abwenden?, in: SZ, 24. 3. 1992, S. 39
Gleich, M., Zahltag, in: natur, H. 12/1989
Gleich, M., Die Natur guckt in die Röhre. Skurrile Ersatznatur unter Glaskuppeln, in: BUND Landesverband, (Hrsg.), freizeit fatal. Über den Umgang mit der Natur in unserer freien Zeit, Köln 1989
Greffrath, M., Das Prinzip Goldmarie, in: Die Zeit, 2. 2. 1990
Goerdeler, C./Ende, M., Wo bitte ist der Amazonas, in: ZEITmagazin, 23. 10. 1992

Gomez, P./Probst, G., Vernetztes Denken im Management, in: Die Orientierung Nr. 89, Bern 1987

Gompertz, P., Restoring the balance, in: In Focus, No. 3, Spring Issue 1992

Grotta, D./Grotta, S.W., The green travel sourcebook. A guide for the physically active, the intellectually curious, or the socially aware, John Wiley & Sons, New York u.a. 1991

Grünewald, S., Umweltanalyse als Instrument strategischer Unternehmensführung, in: Büro + Verkauf, H. 6/1983

GSF-Forschungszentrum für Umwelt und Gesundheit (Hrsg.), Flugverkehr und Umwelt, Journalistenseminar der Information Umwelt Band 8, Neuherberg 1991

Haimayer, R./Huber, R., Pettnau am Arlberg. Leitbild und Konzept zur touristischen Zukunft, in: Materialien für Freizeit und Tourismus, H. 5, Innsbruck 1990

Hallay, H. (Hrsg), Die Ökobilanz. Ein betriebliches Informationssystem, Schriftenreihe des IÖW 27/89, Berlin 1990

Hallay, H./Pfriem, R., Öko-Controlling. Umweltschutz in mittelständischen Betrieben, Frankfurt/M., New York 1992

Hamele, H., Sanfter Tourismus – zwischen Einsicht und Umsetzung, in: Pillmann, W./Predl, S., (Hrsg.), Strategies for Reducing the Environmental Impact of Tourism, Wien 1992

Hamele, H., „Wer die Umweltprobleme nicht ernst nimmt, ist selber eines". Ergebnisse aus einer Untersuchung, in: BUND Landesverband NW (Hrsg.), freizeit fatal. Über den Umgang mit der Natur in unserer freien Zeit, Köln 1989

Hamele, H./Laßberg, D.v./Schemel, H.-J./Ufer, CH., Sanfter Tourismus in Bayern. Beispielhafte Initiativen aus bayerischen Fremdenverkehrsorten, Schriftenreihe des Landesfremdenverkehrsverbandes Bayern Heft 17, München 1991

Hamm, R., Im Zweifel für die Natur ... und gegen das Strafrecht im Umweltschutz, in: Die Zeit, 27. 10. 1989

Hanna, N., Take only photographs, leave only footprints ..., in: The Sunday Times, 21. 11. 1990

Haunerdinger, M., Ökologisches Controlling im Tourismus, in: controller magazin, H. 6/1992

Haußmann/Mies/Sollner/Wacker, Gütesiegel für umweltverträglichen und sozialverantwortlichen Tourismus, WiP Band 4, Heilbronn 1991

Heider, M./Jend, M./Saerbeck, B., Standardisierbare Leitlinien und Indikatoren für das EG-Öko-Audit-System am Beispiel der Touristikindsutrie, hrsg. von EPS Environmental Protection Services, Bonn 1992

Helu-Thamann, K., Beyond hula, hotels and handicrafts, in: In Focus , No. 4, Summer Issue 1992

Hennrich, H., Die Touristen bringen Geld, aber auch Probleme ..., in: SZ, 8. 10. 1991

Hesse, H., Gewinn mit Moral, in: Wirtschaftswoche, Nr. 3/1988

Hessischer Fremdenverkehrsverband (Hrsg.), Empfehlungen für einen natur- und umweltfreundlichen Tourismus in Hessen, Wiesbaden o.J.

Hiaasen, C., Tourist season, Pan Books, London 1992

Hoffmann, A., Höhenflüge schaden dem Klima, in: SZ, 1. 11. 1990

Hopfenbeck, W., Umweltorientiertes Management und Marketing. Konzepte, Instrumente, Praxisbeispiele, 2. Aufl., Landsberg a. L. 1991

Hopfenbeck, W., Allgemeine Betriebswirtschafts- und Managementlehre. Das Unternehmen im Spannungsfeld zwischen ökonomischen, sozialen und ökologischen Interessen, Landsberg a. L., 6. Aufl., 1992

Hopfenbeck, W., Kommunikationspolitik und Ökologie, in: Berndt/Hermanns (Hrsg.), Handbuch Marketing-Kommunikation, Wiesbaden 1993

Hoplitschek, E./Scharpf, H./Thiel, F. (Hrsg.), Urlaub und Freizeit mit der Natur. Das praktische Handbuch für ein umweltschonendes Freizeitverhalten, Stuttgart und Wien 1991

Hotel- und Gaststättenverband Baden Württemberg, Umweltschutz im Gastgewerbe. Öko-Checkliste, Stuttgart 1991

Hotes, A., Luftverkehrstourismus – auf Kosten der Umwelt?, in: Pillmann, W./Predl, S., (Hrsg.), Strategies for Reducing the Environmental Impact of Tourism, Wien 1992

Hugo, M.L., The Concept Of Compatibility In Determing Recreation Carrying Capacity, in: Pillmann, W./Predl, S., (Hrsg.), Strategies for Reducing the Environmental Impact of Tourism, Wien 1992

Hugo, M.L./Cooks, J./Hattingh, P.S./Bewsher, P.K., Minimizing Environmental Impact Of Hiking Through Terrain Evaluation, Environmental Impact Assessment And Auditing, in: Pillmann, W./Predl, S., (Hrsg.), Strategies for Reducing the Environmental Impact of Tourism, Wien 1992

IATA (Hrsg.), Air transport & the environment, o.J.

IATA (Hrsg.), The economic benefits of air transports, o.J.

Institut für ökologisches Recycling (Hrsg.), Gastfreundlich. Eine Informationsschrift des Instituts für ökologisches Recycling, Berlin o.J.

Inter-Continental Hotels Group, Environmental Reference Manual, 1991

Jägemann, H., Vorschläge zur Harmonisierung von Naturschutz und Naturnutzung im Urlaubssport, in: Pillmann, W./Predl, S., (Hrsg.), Strategies for Reducing the Environmental Impact of Tourism, Wien 1992

Jenner, P./Smith, Ch., The Tourism Industry and the Environment, hrsg. von The Economist Intelligence Unit, London 1992

ICC (Hrsg.), Umweltschutz Audits, Köln 1989

Jetz, K., Schatten auf dem kurzen Glück, in: Deutsches Allgemeines Sonntagsblatt, 27. 3. 1992, S. 29

Jones, T., Parks struggle to cope with growing popularity, in: The Times, 8. 6. 1992

Kagerbauer, A., Donnervögel mit sanften Schwingen, in: touristik management, H. 11/1991

Kapp, K.W., Für eine ökosoziale Ökonomie. Entwürfe und Ideen – Ausgewählte Aufsätze, Frankfurt 1987

Kapp, K.W., Soziale Kosten der Marktwirtschaft, (Engl. Originalausgabe 1963), Frankfurt 1979

Kaspar, R., Ski Tourism in New Zealand towards sustainable tourism. Can New Zealand be taken as a model for Austria?, in: Pillmann/Predl (Hrsg.), Strategies for reducing the environmental impact of tourism, Wien 1992

Keller, L./Wyss, F., Handlungsorientierte Ökobilanz im Unternehmen am Beispiel Swissair, Vortrag an der GDI-Fachtagung „Ökobilanzen-Grenzen und Möglichkeiten" vom 2/3. 4. 92

Kippes, St., Leitbilder – Funktion und Bedeutung am Beipiel internationaler Verkehrsflughäfen, in: io Management Zeitschrift, H. 11/1992

Kirchberg in Tirol, Gemeinde (Hrsg.), Lebenswertes Kirchberg i. Tirol, Ein Leitbild für die Zukunft, o.J.

Kirstges, T, Sanfter Tourismus: Chancen und Probleme der Realisierung eines ökologieorientierten und sozialverträglichen Tourismus durch deutsche Reiseveranstalter, München/Wien 1992

Klaus, J./Ebert, W., Satellitensystem „Umwelt", in: WiSt, H. 2/1989

Kleindienst, J., Stoßtrupps in die letzten Winkel. Trotz aller Kritik blüht der Expeditions-Tourismus, in: Die Zeit, Nr. 11, 6. 3. 1992, S. 91

Klewitz, B., Liebe Leserin, lieber Leser, in: Flug-Blatt, Berlin September 1992

Klingenberg, K.-H./Aschenbrenner, E., Reise-Stationen, in: Klingenberg/Trensky/Winter (Hrsg.), Wende im Tourismus. Vom Umweltbewußtsein zu einer neuen Reisekultur, Stuttgart 1991

Klingenberg, K.-H./Trensky, M./Winter, G.(Hrsg.), Wende im Tourismus. Vom Umweltbewußtsein zu einer neuen Reisekultur, Stuttgart 1991

Knebel, H.-J., Soziologische Strukturwandlungen im modernen Tourismus, Stuttgart 1960

Knight, P., Rough time for birdies, in: Financial Times, 19. 8. 1992

Königstein, N., Ohne Auto zum Lift, in: Die Zeit, Nr. 7, 7. 2. 1992

Koslowski, P., Konsequenzen begrenzter Ressourcen für die Wirtschaft, in: Verantwortung für die Zukunft. Konsequenzen begrenzter Ressourcen für Wissenschaft, Wirtschaft und Gesellschaft, ebs/IWG (Hrsg.), Bonn 1989

kraftWerk (Hrsg.), Umwelt – Tourismus – Verkehr, Tagungsband, Hallstatt, 3/4. 11. 1992

kraftWerk (Hrsg.), „Sperr"-Gut Alpen?, o.J.

Kraus, J., Praxismodell „Gläsernes Restaurant", Frankfurt/M. 1989

Kreib, Y., Sanfter Tourismus: Die Interessen der Bereisten drohen im Ökowirbel unterzugehen!, in: Pillmann, W./Predl, S., (Hrsg.), Strategies for Reducing the Environmental Impact of Tourism, Wien 1992

Krieber, E., Der umweltbewußte Tourismusbetrieb, in: Pillmann, W./Predl, S., (Hrsg.), Strategies for Reducing the Environmental Impact of Tourism, Wien 1992

Krippendorf, J., Die Landschaftsfresser. Tourismus und Erholungslandschaft – Verderben oder Segen?, Bern 1976

Krippendorf, J., Die Ferienmenschen. Für ein neues Verständnis von Freizeit und Reisen, Zürich/Schwäbisch Hall 1984

Krippendorf, J., Tagträume statt Alpträume, in: BUND Landesverband NW (Hrsg.), freizeit fatal. Über den Umgang mit der Natur in unserer freien Zeit, Köln 1989

Krippendorf, J., Tourismus und Umwelt – Möglichkeiten einer nachhaltigen Entwicklung, Vortrag Sevilla, 1992

Kronbichler, A., Ökologie im Tourismusbetrieb, in: Pillmann, W./Predl, S., (Hrsg.), Strategies for Reducing the Environmental Impact of Tourism, Wien 1992

Krusche, P. u.a., Ökologisches Bauen, Umweltbundesamt (Hrsg.), Wiesbaden/ Berlin 1982

Lamb, R., Booking in for green dreams, in: The Sunday Times, 22. 3. 1992

Lampe, B., Umweltschutz und Jugendreisen mit Einsicht im Deutschen Jugendherbergswerk, in: Pillmann, W./Predl, S., (Hrsg.), Strategies for Reducing the Environmental Impact of Tourism, Wien 1992

Landesverband NW (Hrsg.), freizeit fatal. Über den Umgang mit der Natur in unserer freien Zeit, Köln 1989 (b)

Laschke, H., Umweltschonender Tourismus in Hessen – ein Konzept der kleinen Schritte, in: Pillmann, W./Predl, S., (Hrsg.), Strategies for Reducing the Environmental Impact of Tourism, Wien 1992

Lechner, W., Das verkaufte Land, in: ZEITmagazin, Nr. 30, 19. 7. 1991

Lindemair, F./Holzner, G., Ökomanagement. Über Wege und Chancen einer umweltbewußten Unternehmensführung, in: Bayern 2 (Wirtschaftsfunk-Manuskript), 20. 4. 1988

Linke, W., PKW und Umwelt – ein Zielkonflikt. Umweltschutz hat einen hohen Stellenwert, in: Verlagsbeilage der Süddeutschen Zeitung Nr. 137, 16./17. 6. 1988

Loppow, B., Himmelfahrtskommando Luftverkehr?, in: Die ZEIT, Nr. 10. 5. 3. 1993

Luftverkehr und Umwelt am Beispiel der Swissair, Gruppendiplomarbeit an der Höheren Wirtschafts- und Verwaltungsschule HWV, St.Gallen, 1992

Lukschanderl, L., Schnee aus Kanonen, in: Umweltschutz H. 12/1990, Wien

Marinellis, Ch., Hellas, Tourismus- und die Umwelt, in: touristik aktuell, H. 12/1993

Mason, P., Tourism. Environment and development perspectives, WWF UK 1990

Mathieson, A./Wall, G., Tourism: economic, physical and social impacts, Longman Group Ltd., Harlow 1982

Maurer, M. u.a. Tourismus und Dritte Welt. Ein kritisches Lehrbuch mit Denkanstößen, Berner Studien zu Freizeit und Tourismus 29, Bern 1992

McKee, V., Bringing back the blues. The better the holiday, the worse the return to work can seem, in: The Times, 11. 9. 1992

Meffert, H./Bruhn, M./Schubert, F./Walther, Th., Marketing und Ökologie – Chancen und Risiken umweltorientierter Absatzstrategien der Unternehmungen, in: DB, H. 2/1986

Meffert, H./Benkenstein, M./Schubert, F., Umweltschutz und Unternehmensverhalten, in: Harvard-Manager, H. 2/1987

Meffert, H./Ostmeier, H./Kirchgeorg, M., Ökologisches Marketing – Ansatzpunkte einer umweltorientierten Unternehmensführung, in: Burkhard, H. (Hrsg.), Öko-Marketing, Schriftenreihe des IÖW, 18/1988

Meffert, H./Kirchgeorg, M., Marktorientiertes Umweltmanagement, Stuttgart, 1992

Merkel, R., Die Placeboparagraphen, in: Die Zeit, Nr. 43/1989

Meyer-Abich, K.M., Wege zum Frieden mit der Natur, in: Ökologie und Unternehmensführung, hrsg. von H. Meffert und H. Wagner, Münster 1985

Meyer-Abich, K.M., Umdenken für die Mitwelt. Ist Verantwortung heute noch möglich? Evangelische Kommentare 1990

Mielke, I., Externalisierung als Strategie im „Sanften Tourismus", in: Pillmann, W./Predl, S., (Hrsg.), Strategies for Reducing the Environmental Impact of Tourism, Wien 1992

Miglbauer, E., Neue Sommer-Trendsportarten – Konflikte und Lösungsansätze, in: Pillmann, W./Predl, S., (Hrsg.), Strategies for Reducing the Environmental Impact of Tourism, Wien 1992

Müller, H., Das Phänomen Tourismus mit seinen Triebkräften, in: Klingenberg/Trensky/Winter (Hrsg.), Wende im Tourismus. Vom Umweltbewußtsein zu einer neuen Reisekultur, Stuttgart 1991

Müller, H./Kramer, B., Innovationen im Tourismus, Bern 1990

Müller, H./Egger, M., Achtung Steinschlag. Wechselwirkungen zwischen Wald und Tourismus- Strategien zu einer waldverträglichen Tourismuspolitik, Bern 1991

Müller, H./Mezzasalma, R., Umweltengel mit Sprechblase, in: touristik management, H. 5/1992

Müller, M./Meyer-Abich, K.M., Kommt die Öko-Diktatur? Das Modell der Industriegesellschaft muß geändert werden, in: Die Zeit, 6. 4. 1990

Murphy, P.E., Tourism. A community approach, Routledge, London 1985

Muschg. A., Wider die Natur, in: Zeit-Magazin, Nr. 7, 7. 2. 1992

Nahrendorf, R., Ohne Ethos verkommt die Wirtschaft, in: Handelsblatt, 15/16. 12. 1989

Neuerburg, H.-J./Wilken, Th., Schlechte Aussichten oder neue Einsichten? Die Initiative „Sport mit Einsicht", in: BUND Landesverband NW (Hrsg.), freizeit fatal. Über den Umgang mit der Natur in unserer freien Zeit, Köln 1989

Neumann-Opitz, P., Umweltschutz am Flughafen Frankfurt, in: Pillmann, W./Predl, S., (Hrsg.), Strategies for Reducing the Environmental Impact of Tourism, Wien 1992

Nickel, V., Aktiv oder sprachlos? Ansatzpunkte für umweltorientierte Öffentlichkeitsarbeit, in: Markenartikel, 2/1990.

Niles, E., Sustainable tourism development – a myth or a reality?, in: In Focus, No. 1, Summer Issue 1991

OECD (Hrsg.), Tourism policy and international tourism in OECD member countries, Paris 1992

Österreichischer Gemeindebund (Hrsg.), Tourismus, Landschaft, Umwelt. Ein Leitfaden zur Erhaltung des Erholungs- und Erlebniswertes der touristischen Landschaft, Wien 1989

Oeser, K., „Dicke Luft". Belastungen der Atmosphäre durch den Düsenflugverkehr alarmierend, in: UmweltMagazin, Mai 1991

Opaschowski, H.W., Ökologie von Freizeit und Tourismus, Freizeit- und Tourismusstudien Band 4, Opladen 1991

Opaschowski, H.W., Freizeit 2001. Ein Blick in die Zukunft unserer Freizeitwelt. B.A.T, Freizeit-Forschungsinstitut, Hamburg 1992

Ostheeren I., Eine Idylle für Millionen, in: SZ, 17./18. 6. 1992

Paulus, J., Bleiben, wo der Pfeffer nicht wächst, Öko-Test Magazin Nr. 6, Juni 1991

Pearce, D.G., Tourist Development, 2nd.ed., Longman Group UK Ltd., Harlow 1989

Peter, H., Die Freizeitgesellschaft braucht eine neue Zeitordnung, in: Pillmann, W./Predl, S., (Hrsg.), Strategies for Reducing the Environmental Impact of Tourism, Wien 1992

Pfriem, R., Der Nutzen von Ökobilanzen. Thesen aus der Sicht ökologischer Unternehmensführung, in: Umweltschutz, Gewinn für die Zukunft, hrsg. vom Förderkreis Umwelt future e.V., Lengerich 1988

Pfriem, R., Die Ökobilanz – Ein betriebliches Informationsinstrument, in: future-forum 1988, Von der Öko-Bilanz zum Öko-Controlling. Chancen umweltorientierter Unternehmenspolitik.

Pillmann, W., Umweltbezogene Systemanalyse der Wirkungen im Tourismus, in: Pillmann, W./Predl, S., (Hrsg.), Strategies for Reducing the Environmental Impact of Tourism, Wien 1992

Pleumarom, A., Course and effect. Golf Tourism in Thailand, in: The Ecologist, Vol. 22, No. 3, May/June 1992 (a)

Pleumarom, A., The Golf War, in: In Focus No. 5, H. 5/1992 (b)

Popp, D., Tourismusansätze in einem Biosphärenreservat, Unveröffentlichtes Manuskript, München 1993

Porter, M.E., Wettbewerbsvorteile, Frankfurt/New York 1986

Probst, G./Gomez, P. (Hrsg.), Vernetztes Denken. Unternehmen ganzheitlich führen, Wiesbaden 1989

Prosser, B., Societal change and the growth in alternative tourism, Rede auf der Konferenz „Ecotourism – A sustainable Option?", London 23. 9. 92

Pümpin, C., Strategische Führung in der Unternehmungspraxis, in: Die Orientierung Nr. 76, Bern 1980

Quest, M. (ed.), Horwath Book of Tourism, The Macmillan Press Ltd. London, 1990

Raffée, H./Wiedmann, K.-P., Die Selbstzerstörung unserer Welt durch unternehmerische Marktpolitik?, in: Marketing ZFP, H. 4/1985

Rajendra, C., Zerbrochene Träume, in: Tourismus und Dritte Welt, (Hrsg.), Mechtild Maurer u.a., Bern 1992

Ravenscroft, N., The environmental impact of recreation and tourism development: a Review, in: European Environment, Vol. 2, Part 2, April 1992

Rein, H., Umweltauswirkungen von Golfanlagen, in: Pillmann, W./Predl, S., (Hrsg.), Strategies for Reducing the Environmental Impact of Tourism, Wien 1992

Rochlitz, K.-H., Naturnaher Tourismus im Alpenraum – Möglichkeiten und Grenzen, in: Heft 37 Arbeitsmaterialien zur Raumordnung und Raumplanung, Bayreuth 1986

Röscheisen, H., Das Gütesiegel „Der Grüne Koffer", in: Pillmann, W./Predl, S., (Hrsg.), Strategies for Reducing the Environmental Impact of Tourism, Wien 1992

Romeiß-Stracke, F., Zukünftige Bedingungen von Freizeit und Tourismus, in: Krippendorf/Zimmer/Glauber (Hrsg.), Für einen anderen Tourismus, Frankfurt/M. 1988

Romeiß-Stracke, F., Neues Denken im Tourismus. Ein tourismuspolitisches Konzept für Fremdenverkehrsgemeinden, hrsg. vom ADAC, München 1989

Romeiß-Stracke, F., „Niemand wird zwangsverschickt", Spiegel-Interview, H. 1/1992

Romeiß-Stracke, F., Besucherlenkung – Machbarkeit oder Notwendigkeit, Vortrag Husum, 10. 2. 93 (a)

Romeiß-Stracke, F., Freizeit- und Tourismusarchitektur, in: Haedrich/Kaspar/Klemm/Kreilkamp (Hrsg.), Tourismus-Management. Tourismus-Marketing und Fremdenverkehrsplanung, Berlin/New York 1993 (b)

Romeiß-Stracke, F., Tourismus in den Medien. Zuckersoße, Verdrängung oder Strategie, Vortrag ITB, 10. 3. 1993 (c)

Romeiß-Stracke, F./Pürschel, M.-B./Stadelmann, U., Familiengerechte Ferienorte, hrsg. vom ADAC, München 1987

Roth, P., Umweltverträglicher Tourismus: Von der Forderung zur Realisierung, in: Roth/Schrand (Hrsg.), Touristik Marketing, München 1992

Rommerskirchen, St., Mehr Mobilität – Mehr Wohlstand?, Forum Nr. 6, 5. 2. 1991

Rübesamen, H.E., Schneekanonen und Klassenkampf auf Pisten. Randbemerkungen zum Auftakt der neuen Skisaison, in: SZ, 12. 11. 1991

Salzburg Diskussionen, Tourismus und Verkehr. Problembewußtsein und Alternativen, Schriftenreihe des Landespressebüros Nr. 17, Salzburg 1992

SAT (Hrsg.), Hospitalitas Quo Vadis. Umweltschutz und andere Zukunftskonzepte, München 1991

Schauer, R., Wir alle sind Columbus. Ein Plädoyer für den touristischen Verzicht, in: Frankfurter Rundschau, 5. 12. 1992

Schemel, H.J., Umweltverträgliche Freizeitanlagen – eine Anleitung zur Prüfung von Projekten des Ski-, Wasser- und Golfsports aus der Sicht der Umwelt, Berichte des Umweltbundesamtes 5/8t, Berlin 1887
Schemel, H.-J., Tourismus und Landschaftserhaltung. Eine Planungshilfe für Ferienorte mit praktischen Beispielen, hrsg.vom ADAC, München 1988
Schemel, H.-J., Die Umweltverträglichkeitsprüfung (UVP) für touristische Projekte, in: Haedrich/Kaspar/Klemm/Kreilkamp (Hrsg.), Tourismus-Management, Berlin/New York 1993
Schemel, H.-J./Erbguth, W., Handbuch Sport und Umwelt, Aachen 1992
Schertler, W./Spehl, H./Fontanari, M. (Hrsg.), Umweltstrategien im Tourismus, Schriftenreihe zum Schwerpunkt Tourismus, Regional- und Siedlungsplanung Nr. 1, Trier 1991
Scherzinger, W., Kapazitätsgrenzen für Tourismus in Schutzgebieten, in: FÖNAD (Hrsg.), Nationalparke in Deutschland: Naturschutz trotz Tourismus? Grafenau 1992
Schmidheiny, St., Kurswechsel. Globale unternehmerische Perspektiven für Entwicklung und Umwelt, München 1992
Schmith, CH./Jenner, P., Tourism and the environment, in: EIU Travel & Tourism Analyst No. 5/1989
Schmith, CH./Jenner, P., The leakage of foreign exchange earnings from tourism, in: EIU Travel & Tourism Analyst No. 3/1992
Schneider, Ch., Mit dem Radl von Gipfel zu Gipfel. Der Schutz des alpinen Ökosystems scheitert an nationalen und finanziellen Egoismen, in: SZ, 12. 2. 1993, S11
Schreiber, R.L., Ökologische Aspekte der Unternehmensführung, in: Schimmelpfeng-Review, H. 31/1983
Schreiber, R.L., Öko-Marketing: die Managementjahrhundertaufgabe, in: Marketing, 7. Jg., H. 4/1985
Schreiner, M., Umweltmanagement in 22 Lektionen. Ein ökonomischer Weg in eine ökologische Wirtschaft, Wiesbaden 1988
Schulz, J.-M., Die Umwelt schützen und sinnvoller nutzen vermehrt die Lebensqualität, in: Handelsblatt, 7. 6. 1990
Schütze, Ch., Das Grundgesetz vom Niedergang, in: SZ, 9./10. 1. 1988
Schweizer Hotelier-Verein/Schweizer Wirteverband, Natürlich erfolgreich. Das praktische Umwelthandbuch mit 400 Tips für das Schweizer Gastgewerbe, Bern/Zürich 1993
Seidel, E., ‚Wollen' und ‚Können'. Auf dem Wege zu einer ökologisch verpflichteten Unternehmensführung, in: zfo, 2/1989
Seiler, B., Kennziffern einer harmonisierten touristischen Entwicklung, Berner Studien zu Freizeit und Tourismus, Heft 24, Bern 1989
Senarclens, M. de, Der Umweltschutz im Luftverkehr: Aufgabe mit Zukunft, in: io Management Zeitschrift, 62, Nr. 1/1993
Siemens (Hrsg.), Umweltschutz – Versuch einer Systemdarstellung, Berlin/München 1986

Sissman, D., Sustainable Tourism: The Way Forward, Rede auf der Konferenz „Ecotourism – A sustainable Option?", London 23. 9. 92
Smeral, E., Why We Discuss The Environmental Impact Of Tourism? Reasons And Strategies For Reducing, in: Pillmann, W./Predl, S., (Hrsg.), Strategies for Reducing the Environmental Impact of Tourism, Wien 1992
Spiegler, A., Selbstbegrenzung und Partnerschaft – zwei kategorische Imperative für eine nachhaltige Tourismuswirtschaft, in: Pillmann, W./Predl, S., (Hrsg.), Strategies for Reducing the Environmental Impact of Tourism, Wien 1992
Srisang, K., Third World Tourism – The New Colonialism, in: In Focus, No. 4, Summer Issue, 1992
Stahlmann, V., Umweltorientierte Materialwirtschaft. Das Optimierungskonzept für Ressourcen, Recycling, Rendite, Wiesbaden 1988
Stahlmann, V., Ökologisierung der Unternehmenspolitik durch eine umweltorientierte Materialwirtschaft, in: Vogl/Heigl/Schäfer, Handbuch des Umweltschutzes, Bd. 8, 46. Erg.-Lfg., 12/89
Stankiewitz, K., Wie man die Autos aus den Alpen verbannt, in: SZ, 24./25./26. 12. 1991
Stankiewitz, K., Alte Weiden werden zu neuer Augenweide, in: SZ, 20. 10. 1992, S. 39
Steger, U., Konsequenzen begrenzter Ressourcen für die Wirtschaft, in: Verantwortung für die Zukunft. Konsequenzen begrenzter Ressourcen für Wissenschaft, Wirtschaft und Gesellschaft, ebs/IWG (Hrsg,), Bonn 1989
Steger, U., Umweltmanagement, Erfahrungen und Fundamente einer umweltorientierten Unternehmensstrategie, Frankfurt/Wiesbaden 1988
Steger, U., Handbuch des Umweltmanagements, Anforderungs- und Leistungsprofile von Unternehmen und Gesellschaft, München 1992
Steinecke, A., Serie Zukunft, in: AFB, H. 1/1992
Stock, U., Das Nordsee-Ritual, in: Die Zeit, 16. 3. 1990
Stoll, E., Betriebliche Umweltpolitik – Der ökonomische Zwang zur Naturvergessenheit, in: Betriebswirtschaftslehre und ökonomische Krise. Kontroverse Beiträge zur betriebswirtschaftlichen Krisenbewältigung, hrsg. von W.H. Staehle und E. Stoll, Wiesbaden 1984
Storm, P.-C., Umwelt und Tourismus, Vortrag ITB, 10. 3. 1993
Storm, P.-Ch./Bunge, Th., Hrsg., Handbuch der Umweltverträglichkeitsprüfung, Berlin 1988
Strasdas, W., Umweltverträglichkeitsprüfung und Standortfinanzierung für wetterunabhängige Feriengroßprojekte, in: Pillmann, W./Predl, S., (Hrsg.), Strategies for Reducing the Environmental Impact of Tourism, Wien 1992
Südtiroler Hotel- und Gastwirtejugend (Hrsg.), Südtiroler Öko-Leitfaden für das Gastgewerbe, Bozen 1990
Swarbrooke, J., The Role Of The Media And Marketing In Rural Tourism: A Case Study Of France, in: Pillmann, W./Predl, S., (Hrsg.), Strategies for Reducing the Environmental Impact of Tourism, Wien 1992
Swissair, Ökobilanz, Zürich 1991

Swoboda, H.G., Umweltbewußtes Tourismusmanagement in Gemeinden und Regionen, in: Pillmann, W./Predl, S., (Hrsg.), Strategies for Reducing the Environmental Impact of Tourism, Wien 1992

Swoboda, H., Tourismus: Wachstumsgrenzen. Der Urlauberstrom vernichtet seine Urlaubsparadiese – Das Fernweh beginnt auf der Stelle zu treten, in: Wiener Zeitung, 4. 8. 89

Taurer, W., Ganzheitliche Entwicklung von Tourismuskonzepten, in: Pillmann, W./Predl, S., (Hrsg.), Strategies for Reducing the Environmental Impact of Tourism, Wien 1992

Teigland, J., Environmental Impacts From Mega-Sports-Events: Impact Strategies For The Winter Olympic Games In 1994, in: Pillmann, W./Predl, S., (Hrsg.), Strategies for Reducing the Environmental Impact of Tourism, Wien 1992

Thaler, R., Sanfte Mobilität im Tourismus – Rasen, Staunen oder Reisen – Auswege aus dem Tourismusverkehrschaos, in: Pillmann, W./Predl, S., (Hrsg.), Strategies for Reducing the Environmental Impact of Tourism, Wien 1992

Thomas, J., The Built Heritage: Tourist Attraction Or Financial Liability? A Case Study Of Oxford, United Kingdom, in: Pillmann, W./Predl, S., (Hrsg.), Strategies for Reducing the Environmental Impact of Tourism, Wien 1992

Tödter, U., Die Alpenkonvention-Argumente der CIPRA zum Regelungsbedarf im Alpentourismus, in: Pillmann, W./Predl, S., (Hrsg.), Strategies for Reducing the Environmental Impact of Tourism, Wien 1992

Tolba, M.K., Saving our planet. Challenges and hopes, Chapmann & Hall, London 1992

Tourism Concern/WWF, Beyond The Green Horizon. Principles for sustainable tourism, Godalming 1992

Trask, H.-K., Lovely Hula Hands: Corporate tourism and the prostitution of Hawaiian Culture, in: Contours, No. 1/March 1991

Travis, A.S., Sustainable Concepts And Innovations In City-Tourism And In Eco-Tourism, in: Pillmann, W./Predl, S., (Hrsg.), Strategies for Reducing the Environmental Impact of Tourism, Wien 1992

Tschurtschenthaler, P., Probleme der Umweltnutzung in hocherschlossenen alpinen Tourismusregionen, in: Pillmann, W./Predl, S., (Hrsg.), Strategies for Reducing the Environmental Impact of Tourism, Wien 1992

TUI (Hrsg.), In Sachen Umwelt ... TUI auf dem Prüfstand, Berlin 1992, 1993

Tüting, L., Trekkingtourismus in Nepal. Das ‚Annapurna Conservation Area Project' als hoffnungsvoller Ansatz, in: Euler (Hrsg.), „Eingeborene" – ausgebucht. Ökologische Zerstörung durch Tourismus, Gießen 1989

Tutzinger Materialien, hrsg. von M. Held, Ökologische Folgen des Flugverkehrs, Tutzing 1988

Ulrich, H./Probst, G., Anleitung zum ganzheitlichen Denken und Handeln. Ein Brevier für Führungskräfte, Bern/Stuttgart 1988

Ussler, W.-R., Umdenken und umlenken, in: Wirtschaftswoche, Nr. 28, 7. 7. 1989

Vahrenholt, F., Schluß mit der Heimlichtuerei! Ein Plädoyer für mehr Glasnost in der Umweltpolitik, in: Die Zeit, Nr. 21/1987

Van der Borg, J., The Management of Tourism in Cities Of Art, in: Pillmann, W./Predl, S., (Hrsg.), Strategies for Reducing the Environmental Impact of Tourism, Wien 1992

Verkehrs-Club der Schweiz (VCS), Ökobilanz der Verkehrsmittel, Dezember 1991

Vester, F., Leitmotiv vernetztes Denken. Für einen besseren Umgang mit der Welt, München 1988

Vester, F., Sensivitätsmodell Prof.Vester . Ein computerunterstütztes Planungsinstrumentarium zur Erfassung und Bewertung komplexer Systeme, München 1992

Vogel, H., Aufgaben und Möglichkeiten von Reiseleitern zur Verhaltenssteuerung von Touristen, in: Pillmann, W./Predl, S., (Hrsg.), Strategies for Reducing the Environmental Impact of Tourism, Wien 1992

Vollherbst, F.-J., Die externe gesellschaftsbezogene Berichterstattung der Unternehmung als Instrument gesellschaftlicher Konfliktregelung, Diss., Pfaffenweiler 1984

Wagner, G.R., „Unternehmensethik" im Lichte der ökologischen Herausforderung, in: Czap (Hrsg.), Unternehmenstrategien im sozio-ökonomischen Wandel, Berlin 1990

Wanhill, S.R.C., Tourism And The Enironment: A National Tourist Board Perspective, in: Pillmann, W./Predl, S., (Hrsg.), Strategies for Reducing the Environmental Impact of Tourism, Wien 1992

Wesel, U., Kein Recht auf Bäume, in: Die Zeit, Nr. 12/1988

Wheeler, B., Tourism's troubled times. Responsible tourism is not the answer, in: Tourism Management, June 1991

Wheeler, B., Is Progressive Tourism Appropriate?, in: Tourism Management, 13/1992

Wendland, J., Hauptsache weit weg. Auch 1992 werden die Urlauber sich selbst nicht entkommen, in: Deutsches Allgemeines Sonntagsblatt

Werkmeister, H.F., Selbst der Sphinx verschlägt's den Atem, in: Die Welt, 13. 4. 1991

Wicke, L., Die ökologischen Milliarden. Das kostet die zerstörte Umwelt – so können wir sie retten, München 1986

Wicke/Haasis/Schafhausen/Schulz, Betriebliche Umweltökonomie, Eine praxisorientierte Einführung, München 1992

Widenmayer, M., Soziale Kosten als Bestandteil gesellschaftsbezogener Rechnungslegung, in: ZfB, 51. Jg., H. 2/1981

Wilken, T., Urlaubssport zwischen Naturerlebnis und Naturzerstörung – Probleme und Lösungsansätze, in: Pillmann, W./Predl, S., (Hrsg.), Strategies for Reducing the Environmental Impact of Tourism, Wien 1992

Winter, G., Das umweltbewußte Unternehmen. Ein Handbuch der Betriebsökologie mit 22 Check-Listen für die Praxis, München 1987 (3. Aufl.,1990)

Winter, G., Strategien zu Einstellungs- und Verhaltensänderungen, in: Klingenberg/Trensky/Winter (Hrsg.), Wende im Tourismus. Vom Umweltbewußtsein zu einer neuen Reisekultur, Stuttgart 1991

Wirtschaftsförderungsinstitut der Bundeskammer der gewerblichen Wirtschaft, Moderne Abfallwirtschaft. Branchenkonzept Hotel- und Gastgewerbe, Wien 1992

Wirtschaftsförderungsinstitut der Handelskammer, Umweltschutz im Hotel- und Gaststättengewerbe, Schriftenreihe Nr. 208, Wien 1991

Witt, S.F./Prentice, R.C./Wydenbach, E.G., The Impacts of Tourism On Tourists: The Neglected Dimension Of Tourism Impact Analysis, in: Pillmann, W./Predl, S., (Hrsg.), Strategies for Reducing the Environmental Impact of Tourism, Wien 1992

Wolf, A., Curriculum „Umweltverträglicher Tourismus zur Fort- und Ausbildung leitender Mitarbeiter kommunaler und regionaler Fremdenverkehrsstellen und Führungskräfte von Verwaltung und Politik", in: Pillmann, W./Predl, S., (Hrsg.), Strategies for Reducing the Environmental Impact of Tourism, Wien 1992

Wood, K./House, I., The good Tourist, Mandarin, 1992

WTO, Risks of saturation or tourist carrying capacity overload in holiday destinations, Madrid, 1983

WTTERC, Travel & Tourism, Worl Travel & Tourism Environment Review, Oxford 1992

WWF Journal, Urlaub auf die sanfte Tour?, H. 2/1990

WWF, natours, o.J.

Wyss, F./Keller, L., Environmentally-Acceptable Air Transport? Possibilities And Parameters Of Swissair's „Ökobilanz" Environmental Audit, in: Pillmann, W./Predl, S., (Hrsg.), Strategies for Reducing the Environmental Impact of Tourism, Wien 1992

Zimmer, P., Alternativtourismus – Anspruch und Wirklichkeit, Berner Studien zu Freizeit und Tourismus Heft 21, Bern 1984

Zimmer, P., Reisen lernen daheim – Tourismus in der Erwachsenenbildung, in: Krippendorf/Zimmer/Glauber (Hrsg.), Für einen anderen Tourismus, Frankfurt/M. 1988

Zimmer, P., Ganzheitliches Management. Entwicklung der fachlichen und persönlichen Qualifikation des touristischen Führungspersonals im Bereich Tourismus/Fremdenverkehr, inklusive Heilbäderwesen für das kommende Jahrzehnt, 1. Preisträger im internationalen Ideenwettbbewerb „Tourismusmanagement 2000" des Deutschen Seminars für Fremdenverkehrs, Nov. 1989 (a)

Zimmer, P., Sanfter Tourismus aus verkehrstouristischer Sicht, in: Steinecke (Hrsg.), Tourismus-Umwelt-Gesellschaft, Bielefeld 1989 (b)

Zimmer, P., Nur wer sanft ist, wird versiegelt, in: touristik management, H. 11/1990

Zimmer, P., Umwelt-Management als Unternehmensstrategie, in: Fremdenverkehrswirtschaft, H. 5/1992

Zimmer, P., Ganzheitliches Tourismusmarketing als zentrale Managementaufgabe, Vortrag ITB, 9. 3. 1993

Zolles, H., Umwelt als Kapital. Tourismus nach Ökoprinzipien im Kommen. Umweltgütegütekarten werden die Reiserouten bestimmen, in: Wiener Zeitung, 4. 8. 1989

o.V., Tourism and developing countries, in: EIU Travel & Tourism Analyst No. 6/1989

o.V., Umfassendes Tourismusprogramm der CDU/CSU auf Bundesebene. Für wirtschaftlich ergiebigen, umweltverträglichen und sozialverantwortlichen Tourismus, in: Allgemeine Hotel- und Gaststättenzeitung/Deutsche Hotel-Nachrichten, 3. 11. 1990

o.V. Gütesiegel für touristische Angebote: Fremdenverkehr und Umwelt gehören zusammen, in: Allgemeine Hotel- und Gaststätten Zeitung 4. 1. 1992, S. 1

o.V., Öko-Nachweis oder Alibi-Plakette?, in: touristik management, H. 1/ 1991

o.V., Das schöne Produkt Freiheit. Ferienclubs und vollklimatisierte Freizeit-Ghettos breiten sich weltweit aus, Der Spiegel, H. 10/1992

Praxisbeispiele – Firmenverzeichnis

ADAC
Akzent-Gruppe
Alhambra
Alp Staetz
Alpengasthof Krone, Unterjoch
Alsterhof Berlin
American Express
Ameropa
Arbeitsgemeinschaft Umweltberatung Kärnten
Arbeitskreis Freizeit & Tourismus an der Uni Innsbruck
ARGE Alp
ASTA
ATT Touristik
AUGE
Bad Brückenau
Bahn
Bahn & Bus 2000
Bayerisches Förderprogramm
Bayern
Bayhoga
Belchen
Berghaus Jungfraujoch
Biohotel Alpenrose, Obermillstatt
Biohotel Stanglwirt, Going (Tirol)
Biosphärenreservat
Blaue Flagge
Boo
Bootshäfen
Botley Park Hotel and Country Club
Britische Fremdenverkehrszentrale
British Airways
BTE
BUND
Büro Krippendorf
Business Leaders Forum
Canadian Airlines
Canadian Pacific Hotels & Resorts
Caravan Club
Casamance
CBR
Centre Parcs
Cheeca Lodge

CIPRA
Consumer Association (U.K.)
Countrywide Holidays
Dartmoor
DAV Summit Club
DEHOGA
DER
Deutsche Bahn
Deutscher Alpenverein (DAV)
Deutsches Jugendherbergswerk (DJH)
Dorfurlaub in Österreich
DRV
DRV-Internationaler Umweltpreis
DRV-Umweltempfehlungen
DSG
Eastleigh (Hampshire)
ECOMOST Projekt Mallorca
ECOTRANS
EG-Umweltschutzprogramm
English Tourist Board
Environmental Transport Association (ETA)
EURES
Eurocamp
Europäische Reisebüro Verbände (ECTAA)
Europäische Reiseversicherung
Feldberg (Schwarzwald)
FIF
Flughafen München
Forte Hotels
Frankfurter Flughafen
FUTOUR Umwelt- und Tourismusberatung
Genossenschaftsbanken
Golfanlage Neuss/Himmerbachaue
Graubünden
Grecotel
Green Flag International
Griechenland
Grieshaber-Reisen
Grüne Hand
Grüner Baum
Grüner Koffer
Grüner Urlaubsführer Österreich
Gut Dürnhof
Gütegemeinschaft Autofreier Schweizer Tourismusorte (GAST)

Handelskammer Salzburg, Ökologische Betriebsberatungstätte
Hauser Reisen International
Hessen
Hindelang
Hooge Veluwe National Park
Hotel Domizil, Chemnitz
Hotel Europa, St.Moritz
Hotel Hochwiesmühle, Bexbach
Hotel Kürschner, Kötschach-Mauthen
Hotel Post, Königsdorf
Hotel San Gian, St. Moritz
Hotel Ucliva, Waltensberg
Hotelplan
IFTO
Inter-Continental Group
Inter-Continental Hotel New Orleans
Inter-Continental Hotel Sdyney
Interessengemeinschaft für Autofreie Kur- und Fremdenverkehrsorte (IAKF)
International Hotels Environment Initiative
ITS
JTT Sheraton Africa and Indian Ocean
Jugendherberge Tannenlohe
K&S Reisen
Kästle
Kirchberg in Tirol
Kleinwalsertal
Kohl & Partner Tourismusberatung
Kötschach-Mauthen
kraftWerk
Kreta
Kuoni
Lakewood
Landidyll-Hotels & Restaurants
Leuterbad
LTU
Lufthansa
Lungau
Marriott Hotel München
Marriott Hotels
Medico Flugreisen
Mittelberg (Kleinwalsertal)
Naturpark Altmühltal
Neuer Reisen
Neukirchen am Großvenediger

Neuseeland
Niedersachsen
Nordica
NUR
ÖAR Regionalberatung
Ökoscience, Zürich
Österreich Werbung
Österreichischer Alpenverein Ökologische Betriebsberatung Salzburg
ÖTE
Oxford
Parkhotel Kurhaus, St. Moritz
Penwith
Platzl-Hotel München
Projekt-/Lernbörse Reisen
Ramada
RDA
Reisepavillon Hannover
Reit im Winkl
Rheinland-Pfalz
Ringhotels
Robinson Club Baobab
Rottach Inn
Saalbach-Hinterglemm
Saarland
Salzburger Land Tourismus
Schleswig-Holstein
Schwarzwald
Schweizer Hotelier-Verband
Seefeld
Seetours
Silencehotels
Sissinghurst Garden
Solar-Park-Hotel, Freital/Wurgwitz
Sparkassen
Sport mit Einsicht
SSR-Reisen
Staatlicher Mineralbrunnen Bad Brückenau
Steigenberger Hotels
Stiftung Sicherheit im Skisport
Stratford upon Avon
Stromberg/Heuchelberg
Studienkreis für Tourismus
Studiosus
Swissair

Thomas-Morus-Akademie
Tirol Werbung
Tiroler Umweltsiegel
Tour Operator's Study Group
Tourism Concern
Tourism for Tomorrow Award
Tourismus mit Einsicht
Transair
TUI
Uhldingen-Mühlhofen
(Die)Umwelt-Akademie/DLR, Oberpfaffenhofen
Umweltbundesamt
Verträglich Reisen
Vorarlberg
Waldhotel am Notschrei
Wildpark Eekholt
World Travel & Tourism Environment Research Centre (WTTERC)
WWF

Wichtige Adressen (D, A, CH, International)

Allgemeiner Deutscher Automobil Club (ADAC), Am Westpark 8, 81373 München, Tel: 089/7676-0 Fax: 089/7676-6155

Allgäu-Schwäbisches Fremdenverkehrsblatt + Wirtemagazin (AFB), Bodmanstr. 10, 87435 Kempten, Tel.: 083124011, Fax: 0831/12867

Arbeitsgemeinschaft ökologischer Forschungsinstitute (AGÖL), Alexanderstr. 17, 53111 Bonn, Tel.: 0228/630129

Association of Independent Tour Operators (AITO), PO Box 180, Isleworth, Middlesex TW77EA, Tel.: 44/815698092 Fax: 44/817581280

Ark, 162 Regent Str., London W1R5TB

A.U.G.E., Reimerswiete 22, 20457 Hamburg, Tel.: 040-362894, Fax: 040-373869

B.A.T. Freizeitforschungsinstitut, Alsterufer 4, 20354 Hamburg, Tel.: 040/4151-2573, Fax: 040/4151-3233

B.A.U.M. Bundesdeutscher Arbeitskreis für umweltbewußtes Management, Tinsdaler Kirchenweg 211, 22559 Hamburg, Tel.: 040/810101

BAUM Österreich, Lahnsteinstr. 36, A-2380 Perchtoldsdorf, Tel: 0222/860614

Center for Responsible Tourism, P. O. Box 827, San Anselmo, CA 94979, USA Tel.: 1/415/2586594

Bayerisches Staatsministerium für Landesentwicklung und Umweltfragen 81925 München 81, Tel.: 089/92140

Berufsakademie Ravensburg – Staatliche Studienakademie – Fachrichtung Fremdenverkehrswirtschaft, Marienplatz 2, 88212 Ravensburg, Tel.: 0751/806-3, Fax: 17695

Büro Krippendorf für soziale und ökologische Fragen, Schildknechstr. 4, Ch-3006 Bern, Tel: 031/433400, Fax: 031/433406

Bund Architektur und Baubiologie e.V. (BAB), Cronestr. 3, 48653 Coesfeld Tel.: 02541/71110

Bundesministerium für wirtschaftliche Zusammenarbeit, Karl-Marx Str. 4–6, 53113 Bonn, Tel.: 0228/535-1, Fax: 535-202

British Airways, P. O. Box 10, Heathrow Airport, Hounslow, TW62JA, UK Tel.: 44/81/7595511

Büro für Tourismus- und Erholungsplanung (BTE), Vahrenwalder Str. 7, 30165 Hannover, Tel.: 0511/9357280, Fax: 0511/9357100

Bund für Umwelt und Naturschutz Deutschland, Im Rheingarten 7, 53225 Bonn, Tel.: 0228/40097-0

Bundesamt für Umwelt, Wald und Landschaft, Hallwyl-Str.4, Ch-3003 Bern Tel.: 031/619329

Centre for the Advancement of Responsible Travel (CART), 70 Dry Hill Park Road, Tonbridge, Kent, TN 103BX; Tel. 44/732/352757

Centre for Tourism, School of Leisure and Food Management, Sheffield City Polytechnic, Pond Street, Sheffield, S11WB, UK

CIPRA-Deutschland, Praterinsel 5, 80538 München, Tel.: 089/235090-21, Fax: 089/226054

Co-op America, 2100 M St. NW, Washington, DC 20063, USA, Tel.: 1/800/4242667, 1/202/8725307

Deutscher Alpenverein (DAV), Praterinsel 5, 80538 München, Tel.: 089/235090-0, Fax: 089/226054

DAV Summit Club, Am Perlacher Forst 186, 81545 München, Tel.: 089/651072-0 Fax. 089/651072-72

Deutscher Bäderverband (DBV), Schumannstraße 111, 53113 Bonn, Tel.: 0228/262010, Fax: 0228/215524

Deutscher Bund für Vogelschutz (DBV), Hofgarten 4, 53113 Bonn, Tel.: 0228/221411

Deutscher Fremdenverkehrsverband (DFV), Bertha-von-Suttner-Platz 13, 53113 Bonn, Tel.: 0228/98522-0, Fax: 0228/698722

Deutsche Gesellschaft für Umwelterziehung (DGU), Frauenthal 25, 20149 Hamburg, Tel.: 040/4106921

Deutscher Hotel- und Gaststättenverband (DEHOGA), Kronprinzenstr. 46, 53173 Bonn, Tel.: 0228/820080, Fax: 0228/8200846

Deutsches Reisebüro (DER), Emil-von-Behringstr. 6, 60439 Frankfurt/M., Tel.: 069/958800, Fax: 069/9588-1010

Deutscher Reisebüroverband (DRV), Mannheimerstr. 15, 60329 Frankfurt/M., Tel.: 069/273907-0, Fax: 069/ 236647

Deutsches Seminar für Fremdenverkehr (DSF) Berlin e.V., Schlegelstr. 26–27, 10115 Berlin-Mitte, Tel.: 030/2826280, Fax: 2827203

Deutsches Touristik-Institut e.V., Trappentreustr. 1, 80339 München, Tel.: 089/501060, Fax: 5021541

Deutsches Institut für Fremdenverkehr an der Universität München (DWIF), Postfach 330264, Hermann-Sack-Straße 2, 80331 München, Tel.: 089/267091, Fax: 089/ 267613

Deutsche Zentrale für Tourismus (DZT), Beethovenstr. 69, 60325 Frankfurt/M., Tel.: 069/7572-0, Fax: 069/751903

Ecotourism Society, 2021 L Street NW, Suite 250, Washington, DC 20036, USA, Tel.: 1/202/2345465

Ecumenical Coalition on Third Worl Tourism (ECTWT), P. O. Box 24 Corakhebua, Bangkok, 10230 Thailand

Environmental Transport Association, The Old Post House, Heath Road, Weybridge, England KT 13 8RS, Tel.: 44/932828882, Fax: 44/932829015

Europäisches Tourismus Institut an der Universität Trier (ETI), Bruchhausenstr. 1, 54290 Trier, Tel.: 0651/44832, Fax: 41294

Fachhochschule Heilbronn/Studiengang Touristikbetriebswirtschaft, Max-Planck-Str., 74081 Heilbronn, Tel.: 07131/5040, Fax: 52470

Fachhochschule Kempten/Allgäu – Fachhochschule für Wirtschaft und Technik, 87406 Kempten, Tel.: 0831/2523-0, Fax: 2523-104

Fachhochschule München (Studiengang Tourismus), Schachenmeierstr. 35, 80636 München, Tel.: 089/1265-2711, Fax: 1265/2714
Fachhochschule Rheinland-Pfalz Abt. Worms (Verkehrswesen u. Touristik), Erenburger Str. 19, 67549 Worms, Tel.: 06241/509-126, Fax: 509-220
Fachhochschule Wilhelmshaven (Tourismuswirtschaft/Hotellerie/Kur- und Bäderwirtschaft), Friedr.-Pfaffrath-Str. 101, 26389 Wilhelmshaven, Tel.: 04421/804-1, Fax: 804304
Fachstelle Ferntourismus im Zentrum für Entwicklungsbezogene Bildung (ZEB), Nikolaus-Otto-Str. 13, 70771 Leinfelden-Echterdingen, Tel.: 0711/7989-281, Fax: 7989-123
Förderkreis Freizeit- und Tourismusforschung in Mecklenburg-Vorpommern, Lindenstr. 11, 81545 München, Tel.: 03834/882400, Fax: 883353
Forschungsinstitut für Freizeit und Tourismus (FIF) der Universität Bern, Montbijoustr. 29, CH-3011 Bern, Tel.: 031653711
Freie Universität Berlin – Institut für Tourismus, Weddigenweg 32, 13357 Berlin, Tel.: 030/8114014, Fax: 8385286
FUTOUR Umwelt- und Tourismusberatung Peter Zimmer & Partner, Lindwurmstr. 88, 80337 München, Tel.: 089/7253039 Fax: 089/7250676
future, Kollegienwall 22a, 49074 Osnabrück, Tel.: 0541-29590/27928, Fax: 0541-28304
Geographisches Institut der Universität Zürich, Winterthurer Str. 190, CH-8057 Zürich
Green Flag International (GFI), P. O. BOX 396, Linton, Cambridge CB16UL, UK, Tel.:/Fax: 44/223/893587
INEM, Hellgrund 92, 22880 Wedel, Tel.: 49-4103-84019, Fax: 49-4103-13699
Institut für Fremdenverkehr und Verkehrswirtschaft (IFV) an der Hochschule St. Gallen
Institut für ökologisches Recycling (IföR), Kurfürstenstr. 14, 10785 Berlin, Tel: 030/2628021
International Air Transport Association (IATA), Route de l'Aèroport 33, CH-1215 Genf 15, Flughafen
Internationale Gesellschaft für Umweltschutz (IGU), Marxerg 3/20, A-1030 Wien, Tel.: 0222/7152828
Internationale Handelskammer, Kolumbastr. 5, 50667 Köln, Tel.: 0221/219531-32
International Hotel Environment Initiative (IHEI), Business Leader Forum, Devonshire House, Mayfair Place, London WiX5, Tel.: (44)/71/3216467
International Business in the Community, 5 Cleveland Place, St. James's, London SWIY6JJ, Tel.: 44/71/9252933 Fax:44/71/321 6480
Institute of Tourism, Merliniego 9a, 02-511 Warsaw, Tel.: 0441263, Fax: 0441263
IÖW, Rechte Wienzeile 19/5, A-1043 Wien
ITS, Flughafen Köln/Bonn, Postfach 980220, 51140 Köln, Tel.: 02203/420, Fax: 02203/42247

Jugendreisen mit Einsicht, Deutsches Jugendherbergswerk, Bismarckstr. 8, 32756 Detmold, Tel: 05231/740154

Kohl & Partner Tourismusberatung, Bahnhofstr. 8, A-9500 Villach, Tel.: 04242/211230 Fax: 04242/29553

Kommission der Europäischen Gemeinschaften, Generaldirektion Umwelt und Verbraucherschutz, Rue de la Loi 200, B-1049 Brüssel, Tel.: 0032/22351182

kraftWerk, Gregor Mendel-Str. 10, A-1180 Wien, Tel.: 0222/4705576 Fax: 43/222/4705576-18

Lüneburger Universitäts Studienkreis Touristik (LUST), Wilschenbrucher Weg 84, 21335 Lüneburg

Landesfremdenverkehrsverband Bayern, Prinzregentenstr. 18, 80538 München, Tel.: 089/212397-0 Fax: 089/293582

NUR Touristik GmbH, Zimmermühlenweg 55, 61440 Oberursel (Taunus), Tel.: 06171/65-00, Fax: 06171/65-652125

ÖAR-Regionalberatung, Amalienstr. 68, A-1130 Wien

OecoManagement, Santnerstr. 453, A-5071 Salzburg-Wals, Tel.: 0662/853403

OECD: Organisation for Economic Co-operation and Development, August-Bebel-Allee 6, 53175 Bonn, Tel.: 0228/959120, Fax: 0228/9591217

Ökologischer Tourismus in Europa (ÖTE), Am Michaelshof, 8–10, 53177 Bonn, Tel.: 0228/359008, Fax: 359096

Ökoscience, Institut für praxisorientierte Ökologie AG, Quellenstr. 31, CH-8031 Zürich, Tel.: 01271/6805, Fax: 02173/1550

Oxford Centre for Tourism and Leisure Studies, Oxford Polytechnic, Gipsy Lane, Headington, Oxford OX3OBP, UK

Pro Vita Alpina, c/o Hans Haid, Roale, Heiligenkreuz 8, A-6450 Sölden

RDA-Akademie, Hohenzollernring 86, 50672 Köln, Tel.: 0221/120215, Fax: 137929

Schule für Touristik Wegland Kg, Kaiserstr. 5a, 60311 Frankfurt/M., Tel.: 069/ 282974, Fax: 283705

Schweizer Hotelier-Verein (SHV), Montbijoustr. 130, 3001 Bern, Tel.: 031/ 507111/3704111

Schweizer Wirteverband (SSV), Blumenfelderstr. 20, 8046 Zürich, Tel.: 01/ 3775111

SET, Scuola di Economia del Turismo, Riv. San Pietro 83, I-30030 Oriago di Mira

Staatliche Bad Brückenauer Mineralbrunnen GmbH, Tel.: 09741-8030, Fax: 803-103

Studentische Arbeitsgemeinschaft Tourismus (SAT), Lothstr. 34, 80335 München

Studienkreis für Tourismus (StfT), Dampfschiffstr. 2, 82319 Starnberg, Tel.: 08151/774-0, Fax: 08151/774-25

Studiengruppe für Biologie und Umwelt (sbu), Nußbaumstr. 14, 80336 München, Tel.: 089/535010

Swissair, P. O. BOX, Swissair Buildung, Balsberg/Kloten, CH-8058 Zürich, Tel.: 01/8121212

Thomas-Morus-Akademie, Overatherstr. 51–53, 51429 Bergisch Gladbach, Tel.: 02204/408472, Fax: 408697

The Tourism Company, 11A High Street, Ledbury Herefordshire HR8 1DS, Tel.: 0531/635451, Fax: 0531-635453

Tourism Concern, Froebel College, Roehampton Lane, London SWI55PU, Tel.: 44/818789053

Tourism for Tomorrow Award, BGB Associates Ltd, 146 Buckingham Palace Road, London SW1 W 9TR, Tel.: 004471/7309292, Fax: 004471/7308664

Tourismus- und Ökologieberatung Südtirol, U. v. Tauferstr. 14, I-39030 Gais (BZ)

Touristik Union International (TUI), Karl-Wiechert-Allee 23, Postfach 610250, 30629 Hannover, Tel.: 0511/567-0, Fax: 0511/567-1301

TU Berlin, Institut für Landschafts- und Freiraumplanung, Franklinstr. 28/29, FR2-6, 10587 Berlin

Die Umweltakademie, c/o DLR, 82234 Oberpfaffenhofen

Umweltbundesamt, Bismarckplatz 1, 414193 Berlin, Tel.: 030/8903-1

Universität Bielefeld, Universitätsstr. 25, 33615 Bielefeld, Tel.: 0521/106-3300 + 3301, Fax: 106-5844

Universität Lüneburg, Wilschenbrucher Weg 84, Tel.: 04131/714-0, Fax: 714-428

Universität Trier – Abt. Fremdenverkehrsgeographie, Postfach 3825, Kohlenstraße, 54296 Trier, Tel.: 0651/201-2250, Fax: 201-3915

University for Tourism and Hotel Management Opatija, Istarska 63, 51 Rijeka, Kroatien

University of Wales, Swansea, Singleton Park, Swansea, SA28PP, UK

University of Wales, Cardiff, 65–67 Park Place, Cardiff, CF13AS, UK

Verband Deutscher Seilbahnen und Schlepplifte (VDS), Westendstr. 199, 80686 München, Tel.: 089/57911315, Fax: 089/57911316

Vereinigung Deutscher Reisejournalisten (VDRJ), Gollenstr. 25, 73733 Esslingen, Tel.: 0711/378007, Fax: 0711/378040

Verträglich Reisen, Bach 33, 84149 Velden, Tel.: 08742/1077 Fax: 08742/2360

Wildpark Eeckholt, 24623 Großenaspe über Neumünster (Holst.), Tel.: 04327/386 Fax: 04327/1232

Wirtschaftsuniversität Wien, Taborstr. 67, A-1020 Wien

World Tourism Organisation (WTO), Capitán Haya 42, E-28020 Madrid

WWF-Deutschland, Hedderichstr. 110, 60596 Frankfurt/M., Tel.: 069/60500342

World Wide Fund For Nature (WWF), Panda House, Weyside Park, Catteshall Lane, Godalming, Surrey GU7IXR, UK Tel.: 44/483/426444 Fax: 1/483/426409

World Travel and Tourism Council (WWTC), Chaussée de La Hulpe, 181; B-1170 Brussels, Tel.: 322/6602067, Fax: 322/6609170

World Travel and Tourism Environmental Research Centre (WTTERC), Oxford Polytechnic, Headington, Oxford OX30BP, UK; Tel.: 44/0865819908 Fax: 44/0865819907

Zentrum für Entwicklungsbezogene Bildung, (ZEB), Nikolaus-Otto-Straße 13, Postfach 100340, 70771 Leinfelden-Echterdingen, Tel.: 0711/7989-287, Fax: 7989-123

Stichwortverzeichnis

A

Abfall(-), 306
– arten, 206
– gesetz, 106, 197, 305
– management, 309
– vermeidung, 202
– wirtschaft(s),
– – management, 198
– – tourismusspezifische, 194
ADAC
– Planungshilfe, 393
– Sommerservice, 143
AGÖL, 337
Ägypten, 26
Aktionsprogramm
– der EG, 127
– zur Förderung des Fremdenverkehrs, 474
Alhambra, 267
Alp Staetz Bergrestaurant, 301
Alpengasthof Krone, 317
Alpenkonvention, 29
Alternativtouristen, 55
American Express, 181
American Society of Travel Agents, 369
Ameropa, 391
Angebote, natürliche, 42
Anreise, 375
Anreize, 467
Arbeits-
– gemeinschaft Umweltberatung Kärnten, 167
– plätze, 39
– zeitordnung, 288
Arge Alp, 372, 409
ASTA, 369
Audits, 231
Aufklärung, 482

Auswirkung, 21
Auto(-), 284, 393
– freiheit, 409
– verkehr, 393

B

Bad Brückenau, 405
Bahn, 384
– und Bus 2000, 391
Balance, 267
Baubiologie, 295
Bauen, ökologisch, 298
Begrenzungsstrategie, 282
Belastbarkeit(s-),
– Grenzen der, 21
– profil, 274
Belastung(s-),
– grenzen, 268
– kapazität, 260
– soziokulturelle, 45
Belchen, 283
Berater, private, 144
Beratungsdienste, 141
Beschäftigungseffekt, 39
Beseitigungsstrategie, 61
Besuchermanagement, 23, 266, 447
Betriebsberatung Salzburg, ökologische, 146
Bewertungsskala, 270
Biohotel
– Alpenrose, 167
– Stanglwirt, 298
Biosphärenreservat, 452
Blaue Flagge, 163
Bonaire Marine Park, 452
Bootshäfen, 461
Botley Park Hotel and Country, 280
British Airways, 217

Brundtland-Report, 256
Büro Krippendorf, 150
Bustouristik, 392

C

Canadian
- Airlines, 383
- Pacific Hotels & Resorts, 310

Caravan Club (U.K.), 298
Carrying Capacity, 268
Casamance, 88
Ceccini-Report, 19
Center Parcs, 444
Chancen-Risiko-Analyse, 116
Charta für Ethik im Tourismus, 125
Checklisten, 95, 301
Consumer Association (U.K.), 23
Countrywide Holidays (U.K.), 234

D

Dartmoor, 417
Datenbanken, 142
DAV-Summit-Club, 200
De-Marketing, 279, 281
DEHOGA(-), 292, 303
- Kennzahlen, 222

Denken, vernetztes, 61
Dept-for-nature-swaps, 19
DER (Deutsches Reisebüro), 180
Deutsche(r)
- Bahn, 386
- Fremdenverkehrsverband, 424
- Golf Verband (DGV), 176
- Reisebüro-Verband (DRV), 28, 368
- Service Gesellschaft der Bahn, 387
- Umweltstiftung, 176

Deutsches
- Jugendherbergswerk, 322, 478
- Reisebüro (DER), 366

Devisenbeschaffung, 39, 41
Dialog, 178
Dienstleistungsbewußtsein, 100
Dorfurlaub in Österreich, 89, 433
DRV-Umweltempfehlung, 343, 363
Duales System, 206

E

ecologically sustainable development (ESD), 30
ECOMOST, 142, 369
Ecotrans, 142, 152, 424, 433
EG-
- Aktionsprogramm, 38
- Binnenmarkt, 19

Eigenrechte der Natur, 466
Einbezug der Betroffenen, 287
Einkauf, 307
Einkommen, 39
Energie-
- bilanz, 175, 240
- einsparungen, 305
- kennzahlen, 221
- verbrauch, 375

Entsorgung(s-), 206
- logistik, 198

Environmental
- Awards, 292
- Impact Assessment, 232
- Manual for Hotels, 292
- Transport Association, 377

Erd-Erziehung, 481
Erfa-gruppe, 307
Erfolgserlebnis, 118
Erschließungskreisel, 42
Erziehung, 476
Ethik, 488
Eurocamp, 234
Europäische
- Gemeinschaft, 36, 262, 474
- Reisebüro-Verbände, 370
- Reiseversicherung (ERV), 180

F

Feldberg, 283
Ferienzentren, 443
FIF, 151
Finanzierung, 190
Flugaufkommen, 379
Flughafen München, 380
Förderhilfen, 191
Förderungsprogramm, bayerisches, 146
Fortbildung, berufliche, 189
Forte Hotels, 317
Frankfurter Flughafen, 122
Freizeit(-)
– 2001, 35
– und Tourismus(-), 174
– – architektur, 296
– komplexanlage, 440
– menschen, 34
– parks, 440
– politik, 288
– verhalten, 288, 473
Fremdenverkehrs-
– orte, 399
– verband Schwarzwald, 432
Führungsmodell, strategisches, 109
Futour, 147

G

GAST, 411
Gastronomie, 336
Gaststättenmanagement, 291
Gebiete, unberührte, 54
Gesamt-
– fassungsvermögen, 273
– konzeption, 107
Gesundheitstourismus, 419
Golf, 456
Graubünden, 435
Grecotel, 122, 236
Green Flag International, 154

Griechenland, 437
Grindelwald, 274
Grundfunktionen, 198
Grüne(r)
– Hand, 168
– Welle, 89
– Baum, 167
– Koffer, 164
– Urlaubsführer Österreich, 420
Gütezeichen, 29

H

Handeln, praktisches, 476
Handtuch-Aktion, 324
Hannoveraner Erklärung, 378
Hauptmotivation der Reisenden, 34
Hessen, 337, 425
Hindelang, 181
Hochschulen, 151
Honey-Pot-Concept, 441
Hooge Veluwe National Park, 451
Hotel(-)
– baukultur, 299
– Hochwiesmühle, 320
– Inter-Continental
– – New Orleans, 204
– – Sydney, 304
– kette, 292
– kooperation Tinghotels,
– management, 291
– plan, 346, 375
– Post Königsdorf, 31

I

Indikatoren-
– katalog, 224
– modell, 116
INEM, 155
Information
– wesen,

Mittelberg, 285
Mittelmeerraum, 36
Mitwelt, 464
Mobilität, 372
Motivation, 106
Müllaufkommen, 195

N

Nachfragedruck, 103
Nationalpark(-), 447
– Schleswig-Holsteinisches Wattmeer, 450
Natur- und Gesundheitshotel Kürschner, 332
Naturpark
– Altmühltal, 450
– Holsteinische Schweiz, 449
Nettoreiseintensität, 37
Neuer Tourismus, 366
Neukirchen am Großvenediger, 418
Niedersachsen, 431
Nordica-Kästle, 208
NUR-Touristik, 360
Nürnberger Erklärung, 29, 124
Nutzen-Schaden-Matrix, 68

O

Öffentlichkeitsarbeit, 177
Öko-
– bilanz, 238
– – der Verkehrsmittel, 375
– Bonus, 393
– Gourmet, 337
– konzeption, 239
– preis Neuseeland, 177
– punkt, 252
– science, 148
– strategien, 133
– system, 72
– tourismus, 56
– welle, 13
Ökologie-Portfolio, 135
Ökologischer Tourismus in Europa (ÖTE), 29
Organisation, 183
– private, 151
Österreich Werbung, 432
Oxford, 274

P

Pamukkale, 352
Papiercomputer, 64, 271
Pauschalreisende, 85
Penwith, 266
Personalpolitik, 187
Phuket, 26
Platzl Hotel München, 308
Portfolioanalyse, 135
Preis-
– orientierung beim Nachfrager, 96
– politik, 159
Principles for Sustainable Tourism, 258
Prinzip
– der Nachhaltigkeit, 489
– der Verantwortung, 489
Prioritäten-
– hierarchie, 203
– reihenfolge, 129
Problem der Masse, 51
Produkt(-)
– auswahl, 199
– lebenszyklus, 54
– Markt-Matrix, 133
– politik, 342
Push- und Pull-Konzept, 348

Q

Qualifizierungsmaßnahmen, 482

Qualitäts-
- führerschaft, 137
- management, 257
- standard, 43
- tourismus, 95, 432

R

Ramada International, 181
Recyclingmanagement, 204
Regelkreise, 66
Regionalberatung ÖAR, 149
Reise-
- booms, Ursachen des, 34
- häufigkeit, 37
- veranstalter, 340
- vermittler, 363
- zeit, Flexibilisierung der, 288
Reit im Winkl, 281
Rheinland-Pfalz, 413
Rio, 256
Robinson Club Baobab, 446
Rücknahme-Garantie, 208

S

Saarland, 429
Salzburger Land-Tourismus, 435
Sättigungserscheinung, 37
Schadstoffbilanz, 376
Schleswig-Holstein, 430
Schneekanone, 456
Schule, 480
Schulung, 485
Schwalbe, 168
Schweizer Hotelier-Verein, 292, 310
Seefeld, 411
Seetours, 350
Sensibilisierung, 24
Sensitivitätsmodell, 66
Sicht, anthropozentrische, 464
Sickereffekt, 41

Silberdistel, 168
Silencehotel, 324
Simulationsmodelle, 66
Sissinghurst Garden, 263
Situationsanalyse, 112
Sponsoring, 179
Sport(-), 456
- arten, 457
- mit Einsicht, 459
Staatlicher Mineralbrunnen – Bad Brückenau, 242
Standortmanagement, 295
Stärken-Schwächen-Profil, 117
Steigenberger Hotels AG, 325
Stiftung Sicherheit im Skisport, 477
Stoff- und Energiebilanzierung, 240
Stratford upon Avon, 281
Streßsymptome, 21
Studienkreis für Tourismus, 152
Sustainable
- Development, 77, 256
- Tourism, 260, 493
- – Development, 25
Swissair, 243
Symbole, 118
Systeme, lebensfähige, 65

T

Tagestourismus, 284
The International Hotels Environmental Initiative, 293
Thomson Travel Group, 352
Tirol, 424
Toblacher Thesen, 125
Tourism
- Concern, 20, 154, 258
- Education Award, 177
Tourismus(-), 20, 21
- ausgabe, 37
- beratung, Kohl & Partner, 149
- Entwicklung des, 34
- formen, alternative, 85

- harter, 130
- industrie, 20, 39, 50
- in Europa, ökologischer, 154
- konzept, umweltverträgliches, 105
- Kosten des, 43
- kritik, 44
- management, 97
- marketing, 155
- mit Einsicht, 54, 125, 154, 484
- nachhaltiger, 255
- Nachteile des, 43
- netz, 102
- Neuorientierung im, 80
- Nutzen des, 38
- politik, 101
- sanfter, 83, 130
- Theorie, 37
- umweltorientiertes Management im, 56
- Umweltwirkungen des, 44
- verbände, 422
- Vorteile des, 38

Touristen(-),
- Bewußtsein des, 157
- Bewußtseinswandel beim, 27
- ghetto, 441
- Umweltbewußtsein der, 30

Transair, 348
Trend-Sportarten, 458
TUI(-), 132, 353
- Umweltchecklisten, 358

U

Ucliva, 322
Uhldingen-Mühlhofen, 284
Umdenken, 81
Umwelt(-)
- als Produktionsfaktor, 75
- aktion, kommunale, 176
- analyse

- auswirkungen, 230
- baustelle, 460, 478
- beauftragte, 359
- belastung, 47
- berichte, 216
- Chancen der, 115
- controlling, 211
- empfehlungen der DRV, 125
- erziehung, 479
- gütezeichen, 162
- handbuch, 110, 303, 310
- informationssystem (UIS), 142
- kosten, 44, 214
- management, offensives, 81
- modelle, 66
- politik, Prinzipien der, 469
- preis, 28, 175
- qualität, 94, 135
- referenten, 183
- Risiken der, 115
- schutz-
- – beauftragter, 29
- – politik, 467
- – strategie, 133
- – ziel, 129
- sensibilität der Urlauber, 24
- siegel Tirol, 168, 173
- standards, 76
- verträglichkeitsprüfung (UVP), 28, 66, 226
- ziele, 234

Unternehmens-
- analyse,
- – Schwächen der, 113
- – Stärken der, 113
- führung, umweltorientierte, 80
- grundsätze, 119
- kultur, 117
- leitlinien, 121
- philosophie, 119
- politik, 103
- – umweltorientierte, 103

UVP-Fallstudie, 230

533

V

Verantwortung, 265
Verband Appenzell, 404
Verbandsarbeit, 368
Verbote, 467
Verbraucherkennzahlen, 221
Vereinigung Deutscher Reisejournalisten (VDRJ), 176
Verhaltenskodizes, 123
Verkehrs-
– beruhigung, 284, 409
– management, 284
– mittel, 375
– – öffentliches, 385
– verein Graubünden, 404
Vermeidungsstrategie, 60
Verminderungsstrategie, 60
Verpackungen, 205
Verpreisung, 265
Verursacherprinzip, 215
Verwertungsstrategie, 61
Verzicht, 492
Visitor Management, 264, 266
Vorarlberg, 374
Vorschlagswesen, 190

W

Wachstumsspirale, 53
Waldhotel am Notschrei, 321
Wallis, 257
Wandel, Anstoß zum, 97
Warn-
– signal im Tourismus, 20
– und Chancenprofil, 116, 274

Wechselwirkung, 70
Werbung, 161
Wettbewerb(s-), 175
– strategie, 134
– vergleich, 413
– vorteile, 81
Wirkungskette, 68
WWF(-), 182, 258, 386
– Studie Reisekatalog, 350

Y

Yellowstone, 278

Z

Ziel-
– priorität, 305
– system, 403
Zugangsmanagement, 277
Zusatznutzen, 161